Johannes Paul II. und Österreich

Johannes Paul II.
und Österreich

Festgabe der
Österreichischen Bischofskonferenz
zum 80. Geburtstag des Heiligen Vaters

Herausgegeben vom Sekretariat
der Österreichischen Bischofskonferenz

Buchverlag

Die Deutsche Bibliothek - CIP-Einheitsaufnahme

Johannes Paul II. und Österreich : Festgabe der Österreichischen
Bischofskonferenz zum 80. Geburtstag des Heiligen Vaters / Hrsg.:
Sekretariat der Österreichischen Bischofskonferenz. – St. Pölten ;
Wien ; Linz : NP-Buchverl., 2000
ISBN 3-85326-150-7

1. Auflage 2000

Gedruckt mit Unterstützung des Bundesministeriums
für Bildung, Wissenschaft und Kultur, Wien

© 2000 by
Sekretariat der
Österreichischen Bischofskonferenz, Wien

Herausgeberische Betreuung:
Ägidius Johann Zsifkovics, Walter Lukaseder
und Paul Wuthe

Umschlaggestaltung und Layout:
Kurt Hamtil, Wien

Gesamtherstellung:
Niederösterreichisches Pressehaus
Druck- und Verlagsgesellschaft mbH
A-3100 St. Pölten, Gutenbergstraße 12

ISBN 3-85326-150-7

Inhaltsverzeichnis

Seine Heiligkeit Papst Johannes Paul II.   7

Zum Geleit (Christoph Kardinal Schönborn)   8

Die Mitglieder der Österreichischen Bischofskonferenz   10

Grußwort des Bundespräsidenten (Thomas Klestil)   15

Der pastorale Aspekt der Reisen von Papst Johannes Paul II. und die drei Besuche in Österreich (Donato Squicciarini, Apostolischer Nuntius in Österreich)   17

Grußwort des österreichischen Botschafters beim Heiligen Stuhl (Gustav Ortner)   28

Erinnerungen und Eindrücke
    Persönliche Erinnerungen an Papst Johannes Paul II. (Franz Kardinal König)   31

    Erinnerungen und Einsichten aus fünf Jahren beim Heiligen Stuhl.
    Rom, 29. XI. 1988 – 23. I. 1994 (Georg Hohenberg)   40

    Impressionen vom Besuch des Heiligen Vaters in der Anima
    am Sonntag, dem 24. Juni 1990 (Johannes Nedbal)   48

    Eindrücke aus einer persönlichen Freundschaft (Lonny Glaser)   51

Dokumentation
    Ad-limina-Besuch der österreichischen Bischöfe in Rom 1982   57
    Erster Pastoralbesuch von Papst Johannes Paul II. in Österreich 1983   65
    Ad-limina-Besuch der österreichischen Bischöfe in Rom 1987   191
    Zweiter Pastoralbesuch von Papst Johannes Paul II. in Österreich 1988   201
    Ad-limina-Besuch der österreichischen Bischöfe in Rom 1992   347
    Dritter Pastoralbesuch von Papst Johannes Paul II. in Österreich 1998   359
    Ad-limina-Besuch der österreichischen Bischöfe in Rom 1998   421

Weihegebet des Papstes an die Gottesmutter in Mariazell   432

Anhang   437

Seine Heiligkeit Papst Johannes Paul II.

Papst Johannes Paul II., Statthalter Jesu Christi, 263. Nachfolger des Apostelfürsten Petrus als Bischof von Rom, Oberhaupt der Katholischen Kirche, Patriarch des Abendlandes, Primas von Italien, Erzbischof und Metropolit der römischen Kirchenprovinz, Bischof von Rom, Souverän des Staates der Vatikanstadt.
Vormals Karol Wojtyła, geb. am 18. Mai 1920 in Wadowice, Erzdiözese Krakau (Polen), zum Priester geweiht am 1. November 1946, als Titularbischof von Ombi zum Weihbischof von Krakau ernannt am 4. Juli 1958, zum Bischof geweiht am 28. September 1958, mit 13. Jänner 1964 zum Erzbischof von Krakau ernannt, Inthronisierung am 8. März 1964, zum Kardinal kreiert am 26. Juni 1967, Titularkirche San Cesareo in Palatio (Rom), zum Papst gewählt am 16. Oktober 1978, feierliche Einführung in das Petrusamt am 22. Oktober 1978.

Wahlspruch:

TOTUS TUUS

Johannes Paul II. und Österreich

Zum Geleit

Voll Dankbarkeit dürfen wir Österreicher Papst Johannes Paul II. zu seinem 80. Geburtstag am 18. Mai des Jubeljahres 2000 alles Gute und Gottes Segen wünschen. Sein unermüdliches Bemühen, sich der Familien, der Jugendlichen, der Schwachen und Benachteiligten anzunehmen und nicht nur die Christen, sondern die ganze Menschheit zu Nächstenliebe zu mahnen, hat diesem Papst international Anerkennung und liebevolle Achtung eingetragen. Wie kaum ein anderer Papst zuvor hat er sich auch unseres Landes angenommen. Unter den bisher 120 von ihm bereisten Ländern sind es nur fünf, in denen Johannes Paul II. öfter war als bei uns. Seine drei Besuche in Österreich in den Jahren 1983, 1988 und 1998 haben wichtige spirituelle Impulse gesetzt und vor allem die tiefe Liebe des Heiligen Vaters zu Gott und den Menschen aufleuchten lassen.

Mit der vorliegenden Dokumentation will die Österreichische Bischofskonferenz die Momente der Begegnung von Johannes Paul II. mit unserem Land anläßlich der Pastoralreisen und während der Ad-limina-Besuche der österreichischen Bischöfe wieder in Erinnerung rufen. Sie zeigt, mit welch großem Interesse der Heilige Vater an dem Schicksal Österreichs und dem seiner Bürger/innen Anteil nimmt, wie gut er über uns und unsere Heimat informiert ist. Das liegt zum Teil auch in der persönlichen Lebens- und Familiengeschichte des Heiligen Vaters begründet, war doch sein Vater Leutnant in der k.u.k. Monarchie, seine engere Heimat viele Jahrzehnte Teil Österreichs.

Neben den historischen und persönlichen Banden ist es aber vor allem das gemeinsame Band des christlichen Glaubens, das den Nachfolger Petri als obersten Hirten der Kirche mit seiner Herde in Österreich verbindet. Der Auftrag Jesu an Petrus: „Stärke deine Brüder" (*Lk* 22,32) wird von Johannes Paul II. sehr ernst genommen und ist der Grund für seine zahlreichen Reisen, die er trotz körperlicher Schwäche unermüdlich unternimmt. Erst vor wenigen Wochen hatten wir Gelegenheit, den Heiligen Vater bei seinem Besuch im Heiligen Land zu erleben und durften miterleben, wie er, getragen von Gottes Gnade, mit wachem Intellekt, großer Menschenliebe und Einfühlung die Herzen der Menschen zu gewinnen vermag, welcher Konfession oder Nation sie auch angehören mögen.

Zum Geleit

Von ganzem Herzen darf ich im Namen der österreichischen Bischöfe, des Klerus, der Ordensleute, aller Laienmitarbeiter/innen im kirchlichen Dienst sowie des gesamten Volkes Gottes in unserer Heimat Papst Johannes Paul II. zum 80. Geburtstag die besten Glück- und Segenswünsche entbieten. Möge Gott weiterhin sein Wirken für die Menschen und die Kirche so reichlich segnen.

Christoph Kardinal Schönborn

Erzbischof von Wien
Vorsitzender der Österreichischen Bischofskonferenz

Wien, im Mai des Heiligen Jahres 2000

 Johannes Paul II. und Österreich

Die Mitglieder der Österreichischen Bischofskonferenz
(Stand: Jänner 2000)

Dr. Christoph Kardinal Schönborn OP
Erzbischof von Wien (seit 1995);
Vorsitzender der Österreichischen Bischofskonferenz
(seit 1998)

Dr. Johann Weber
Bischof von Graz-Seckau (seit 1969);
Stv. Vorsitzender der Österreichischen
Bischofskonferenz (seit 1998)

Die Österreichische Bischofskonferenz

Dr. Georg Eder
Erzbischof von Salzburg
(seit 1989)

Dr. Egon Kapellari
Bischof von Gurk
(seit 1981)

Dr. Maximilian Aichern OSB
Bischof von Linz
(seit 1981)

DDr. Klaus Küng
Bischof von Feldkirch
(seit 1989)

Dr. Kurt Krenn
Bischof von St. Pölten
(seit 1991)

Johannes Paul II. und Österreich

Mag. Christian Werner
Militärbischof von Österreich
(seit 1994)

Dr. Paul Iby
Bischof von Eisenstadt
(seit 1993)

Dr. Alois Kothgasser SDB
Bischof von Innsbruck
(seit 1997)

Dr. Kassian Lauterer OCist.
Abt der gefreiten Abtei Wettingen-
Mehrerau (seit 1968)

Jakob Mayr
Weihbischof in Salzburg
(seit 1971)

Die Österreichische Bischofskonferenz

DDr. Helmut Krätzl
Weihbischof in Wien
(seit 1977)

Dr. Heinrich Fasching
Weihbischof in St. Pölten
(seit 1993)

Dr. Andreas Laun OSFS
Weihbischof in Salzburg
(seit 1995)

Dr. Alois Schwarz
Weihbischof in Wien
(seit 1996)

Mag. Dr. Ägidius Johann Zsifkovics
Sekretär der Österreichischen Bischofskonferenz
(seit 1999)

Grußwort des Bundespräsidenten

Im Namen der Republik Österreich darf ich Ihnen, hochverehrter Heiliger Vater, auf diesem Weg die herzlichsten Glückwünsche zur Vollendung des 80. Lebensjahres übermitteln.
Durch Ihre drei Pastoralbesuche in Österreich und in vielen Ansprachen, die im vorliegenden Buch dokumentiert sind, haben Sie Ihre persönliche Verbundenheit mit den Menschen in Österreich und Ihre Wertschätzung für unsere zutiefst vom christlichen Glauben geprägte Kultur und Geschichte zum Ausdruck gebracht. Dafür möchte ich Ihnen erneut aus ganzem Herzen danken.
Seit Ihrem Abschied am 21. Juni 1998 sind nicht einmal zwei Jahre vergangen. Und Ihre Worte im Zeremoniensaal der Wiener Hofburg sind uns noch sehr lebendig im Bewußtsein. Damals haben Sie uns auf die besondere europäische Aufgabe Österreichs im Herzen unseres Kontinents verwiesen, die auch viele Hoffnungen und Erwartungen unserer Partner und Nachbarn mit einschließt.

> *Österreich bekennt sich unverbrüchlich zur europäischen Wertegemeinschaft.*

Österreich bekennt sich unverbrüchlich zur europäischen Wertegemeinschaft. Dies umfaßt das aktive Eintreten für Toleranz und Verständnis gegenüber allen Menschen – ungeachtet ihrer Herkunft, Religion oder Weltanschauung. Auch die neue österreichische Bundesregierung bekennt sich ohne Einschränkung zu Demokratie, Menschenrechten und Grundfreiheiten, wie dies auch in einer Präambel zur Regierungserklärung ausdrücklich festgehalten ist.
Mit meiner Bitte um Ihr Wohlwollen für die Menschen Österreichs verbinde ich meine herzlichen Wünsche um Gottes Kraft und Segen für Ihre Gesundheit, damit Sie Ihre so wichtige weltweite Mission auch über das Heilige Jahr hinaus weiter erfüllen können!

Thomas Klestil

Einleitung

Der pastorale Aspekt der Reisen von Papst Johannes Paul II. und die drei Besuche in Österreich
Donato Squicciarini

Gerne folge ich als Apostolischer Nuntius der Einladung, für die Herausgabe der Texte der drei Pastoralbesuche des Heiligen Vaters in Österreich einige Gedanken voranzustellen. Ich verbinde damit zugleich die dankbare Erinnerung an jene päpstlichen Reisen, bei denen ich durch die unmittelbare Erfahrung der Ereignisse die Begeisterung der Menschen und die dynamische Entfaltung der Kirche in der Dritten Welt selbst miterleben konnte. Es war dies zuerst 1967 bei der Vorbereitung der Reise von Papst Paul VI. in die Türkei, mit dem Besuch des Hauses der Gottesmutter in Ephesus und der Begegnung mit dem Ökumenischen Patriarchen Athenagoras I., dann später von 1978 – 1989 in meiner Eigenschaft als Nuntius in Afrika der Besuch von Papst Johannes Paul II. in Kamerun, Gabun und Äquatorial-Afrika und schließlich der Besuch des Papstes in Österreich.

Theologische Grundlagen der Reisen des Nachfolgers Petri
Die Pastoralreisen des Papstes haben ihre Grundlage in der Heiligen Schrift bzw. in der ihrem Wesen nach zutiefst missionarischen Kirche.
Der Auftrag des Herrn an die Apostel, allen Völkern der Welt das Evangelium zu verkünden (vgl. *Mk* 16,15; *Mt* 28,19), und das Wort an Petrus: Ich habe für dich gebetet, daß dein Glaube nicht wanke, du aber stärke deine Brüder (vgl. *Lk* 22,32), sind die beiden Hauptimpulse für die internationale Reisetätigkeit des Heiligen Vaters:
„Diese Worte Christi haben eine besondere Bedeutung für mich als den Nachfolger des heiligen Petrus. Sie zeigen nämlich die spezifische Mission an, die Petrus in der Kirche anvertraut worden ist und mit Petrus all jenen, die ihm in seinem Amt nachfolgen sollten. Sie bezeichnen meine eigene Sendung in der Kirche von heute: nämlich meine Brüder und Schwestern im Glauben zu stärken.
Diese Sendung, die mir von Christus anvertraut worden ist, ist der Grund, warum ich mich gedrängt fühle, meine Pastoralreisen zu unternehmen und die Ortskirchen in der ganzen Welt zu besuchen ... ich bin gekommen als der Nachfolger des heiligen Petrus, um euch im Namen Jesu Mut zu machen und euch in eurem Glauben zu bestärken" (Lateinamerika, Saint Lucia, am 7. 7. 1986).

Der erste Missionar der Kirche

Durch diesen Sendungsauftrag sieht sich der Papst „als erster Missionar" und zugleich „verantwortlich für die Missionstätigkeit" der Kirche (Javier, Spanien, am 6. 11. 1982). Erster Missionar der Kirche und „Seelsorger der Welt" ist der Papst tatsächlich aufgrund seiner persönlichen Begegnung mit unzähligen Völkern und Sprachen und aufgrund seiner Fürsorge und seines Einsatzes für jeden einzelnen Menschen.

Ein weiterer wesentlicher Aspekt, der ihn als wahren Missionar auszeichnet, ist die Hoffnung, die er zum Prinzip und zur Seele seines ganzen pastoralen Wirkens gemacht hat.

Die Hoffnung ist jene Tugend, die Resignation und Kleinmut überwindet, weil sie jederzeit den Zugang zur übernatürlichen, endzeitlichen Dimension unseres Glaubens öffnet.

Die Menschen spüren das und nehmen den Papst begeistert auf.

Bei der Verwirklichung dieses missionarischen Auftrages spiegelt sich auch die Dynamik und die Lebendigkeit der ehrwürdigen und zugleich immer jungen Kirche, die zu allen Zeiten sich dieser Sendung bewußt war.

Bereits die Apostel verkündeten das Evangelium bis an die Grenzen der damaligen Welt, und der heilige Paulus wird zum großen Missionar der Heidenvölker. Seine weiten und gefahrvollen Reisen zu Fuß und mit dem Schiff sind beeindruckende Leistungen und geben Zeugnis von der missionarischen Kraft der Kirche.

Petrus selbst kommt nach Rom ins Zentrum der Macht. Über Jahrhunderte schon lenken seine Nachfolger von Rom aus die Ausbreitung des Evangeliums. Mit dem Papst, der in Rom „residiert", hat die Kirche ihren „Ort" der Sammlung, den Brennpunkt ihrer katholischen Kraft.

Der Papst ist kein weltlicher Machthaber, sondern Botschafter Gottes, Lehrer der Menschlichkeit und Missionar der Frohbotschaft Gottes für die Welt: *„Ich möchte von Ihnen nichts erbitten als die Freiheit, Ihnen dienen zu dürfen in dem, was unsere Zuständigkeit ist, und zwar mit Selbstlosigkeit, Demut und Liebe."* So Papst Paul VI. vor den Vertretern der Vereinten Nationen in New York im Jahre 1965.

Der Beginn der Reisetätigkeit

Entscheidende Voraussetzungen für diese Entwicklung waren das Wirken von Papst Johannes XXIII., das Zweite Vatikanische Konzil mit seiner Öffnung zur Welt und vor allem die weltweite Kommunikationstechnologie und die schnellen Verkehrsmittel unserer Zeit. Noch während des Konzils 1964 hat Papst Paul VI. die Reihe der internationalen Reisen der Päpste in der modernen Epoche eröffnet mit seiner Pilgerfahrt ins Heilige Land, auf die bald darauf weitere acht Reisen folgen sollten: zunächst in den Libanon, dann 1965 zur UNO nach New York, 1967 nach Fatima und in die Türkei, 1968 nach Bogotá, 1969 nach Genf und nach Uganda und schließlich 1970 die längste Reise mit Stationen im Iran, Pakistan, Philippinen, Samoa, Australien, Indonesien, Hongkong und Sri Lanka.

Einleitung

Die systematische Anwendung der paulinischen Reisepastoral unter Ausnutzung aller modernen Mittel der Verkündigung begann aber erst mit dem Pontifikat Johannes Pauls II. im Jahre 1978.

Er hatte damals dieses Kapitel des Wirkens des Papsttums schon vorgefunden und war davon überzeugt, daß man es fortsetzen müsse. Die Wahl seines Namens – Johannes Paulus – ist wohl nicht nur eine Anknüpfung an seine beiden Vorgänger, sondern auch der Ausdruck seines Programms: die persönliche Nähe zu Christus und seiner heiligsten Mutter und die missionarische Kraft der Verkündigung eines heiligen Paulus, von dessen Missionsmethode sich der Papst angezogen fühlt:

„Wie fühlt man sich nicht bewegt beim Lesen der Pilgerfahrten des Völkerapostels, wie sie uns die Apostelgeschichte mit so großer Lebendigkeit vor Augen stellt? Wie fühlt man sich nicht erschüttert von jener Kühnheit, von jener Herausforderung durch alle Hindernisse, durch alle Schwierigkeiten? Die technischen Mittel, die von unserer Zeit angeboten werden, erleichtern heute diese Methode und zwingen in gewissem Sinne dazu, ihr zu folgen" (Ansprache vor Mitgliedern der römischen Kurie am 28. 6. 1980).

In seiner bisherigen Amtszeit – die inzwischen schon zum siebentlängsten Pontifikat der Kirchengeschichte geworden ist – hat der Papst bereits 140 Reisen innerhalb Italiens und 90 Pastoralreisen ins Ausland unternommen und dabei 118 Länder der Erde besucht. Damit war der Papst über 1 Jahr im Ausland bzw. mehr als 2 Jahre außerhalb des Vatikan.

In den 21 Jahren seines Pontifikats legte er eine Strecke von über 1,15 Millionen km zurück (was etwa einer 27fachen Umrundung der Erde entspricht).

> *In seiner bisherigen Amtszeit hat der Papst bereits 140 Reisen innerhalb Italiens und 90 Pastoralreisen ins Ausland unternommen und dabei 118 Länder der Erde besucht.*

Die Strapazen der Reise, der Klimawechsel, die vielen Vorbereitungen, das Studium der Sprachen, die über 3100 Ansprachen, die er vielfach in der jeweiligen Landessprache gehalten hat, und dazu die Begegnung mit Millionen von Menschen, wie sie in dieser Form wohl niemandem auf der Welt sonst möglich ist – dies alles ist nicht rein natürlich zu erklären und gewiß ein besonderes Charisma dieses Pontifikates.

Der einzige Zweck des „pilgernden Papstes"

Der Papst entdeckte mit genialer Intuition, daß es nicht genügt, im Vatikan zu regieren, Enzykliken zu verfassen und auf Besucher zu warten. Man muß das Evangelium zu den Menschen bringen. *„Ich wollte selbst das Evangelium verkünden und in gewisser Weise zum reisenden Katecheten werden"*, schreibt der Heilige Vater in seiner Botschaft zum Sonntag der Weltmission am 18. Oktober 1981. *„Es sind Reisen des Glaubens, des Gebetes, die immer im Zentrum die Betrachtung und die Verkündigung des Wortes Gottes haben, die Eucharistiefeier, die Anrufung Mariens. Sie sind glei-*

*cherweise Gelegenheiten zu einer Art Wanderkatechese, zur Verkündigung des Evangeliums auf allen Breitengraden und der Ausdehnung des apostolischen Lehramtes bis an die heutigen Grenzen der Erde ... **Dies, und nur dies ist der Zweck des pilgernden Papstes"*** (Ansprache vor den Mitgliedern der römischen Kurie am 28. 6. 1980). Er ist der „Prediger der Völker" und der „Katechet der Welt", der seinen Zuhörern die großen Wahrheiten Gottes über den Menschen vorlegt bzw. wieder in Erinnerung ruft und sie zugleich einbezieht in eine lebendige Begegnung mit dem Statthalter Christi. Mit dem Besuch des Papstes wird die universale Glaubensgemeinschaft der Weltkirche sichtbar gemacht. *„Diese Reisen sind Besuche der verschiedenen Lokalkirchen und sie haben zum Ziel, den Platz aufzuzeigen, den diese in der universalen Dimension der Kirche einnehmen und auch, um ihre besondere Stellung als Teil der Gesamtkirche zu unterstreichen. Jede Reise des Papstes ist eine echte Pilgerfahrt zum lebendigen Heiligtum des Volkes Gottes"* (An die Mitglieder der römischen Kurie, 28. 6. 1980).

Der Papst als sichtbares Prinzip der Einheit, als Oberhaupt der Gesamtkirche und als Diener der Freude – das ist das von den Menschen erwartete Zeichen. In Gabun, von wo aus vor 130 Jahren die Evangelisierung Afrikas ihren Ausgang nahm, sagte der Papst: „Ich möchte, daß meine bescheidene Präsenz ... ein Zeichen dafür ist, daß Gott euch liebt." Zu wissen, er kommt nicht aus eigenem Antrieb, sondern als Gesandter Christi, ja gleichsam als Verkörperung des Herrn – dies erklärt den Jubel und die Begeisterung, wie ich es in den Ländern der Dritten Welt erlebt habe, und dies macht auch seine bleibende Wirkung in den Herzen der Menschen verständlich.

Das Geheimnis des Menschen
Der Mensch mit seinem Drang nach Freiheit, Gerechtigkeit, Wahrheit und Liebe und seiner wahren Verwirklichung in Christus – das ist das immer wiederkehrende Thema seiner Verkündigung in tausendfachen Variationen.

Papst Johannes Paul II. ist ganz und gar von Christus ergriffen und davon überzeugt, daß der Mensch nur in Christus seine wahre Identität und Berufung finden kann, denn das Geheimnis des Menschen liegt verborgen im Christusgeheimnis.

Seit der Menschwerdung Gottes gehören Gott und Mensch untrennbar zusammen, das ist die Perspektive seiner bisherigen 12 Enzykliken, die wie ein offener Brief an die Welt sind.

In das Drama der menschlichen Existenz hinein verkündet der Papst die entscheidende und ewige Botschaft: *„Der Erlöser des Menschen, Jesus Christus, ist die Mitte des Kosmos und der Geschichte"* (Redemptor hominis, Nr. 1). Ihm überall die Tore zu öffnen, das ist der Sinn seiner Reisen und das eine und einzige Thema seiner Verkündigung.

Der Papst kommt als Hirte, der *„den Pilgerstab der Evangelisierung ergreift"* (Fernsehbotschaft an das kolumbianische Volk, 29. 6. 1986), *„um der Kirche zu dienen"* (Lissabon, 10. 5. 1991). Er kommt als *„Missionar Gottes"* (Guinea-Bissau, 27. 1. 1990),

Einleitung

als *„Herold des Glaubens und des Friedens"* und als *„Pilger der Liebe"* (Mexiko, 6. 5. 1990). Er weiß, daß es die ihm von der Vorsehung auferlegte Bestimmung ist, gleichsam rastlos Christus überall zu verkünden. So sagte er auf seiner zweiten Mexiko-Reise bei seiner Ankunft am 6. Mai 1990: *„Gott, der Herr der Geschichte und unseres Schicksals, hat gewollt, daß mein Pontifikat das eines Pilgerpapstes der Evangelisierung sei, der die Wege der Welt durcheilt, um die Botschaft von der Erlösung überallhin zu bringen."*

Mit dem ihm eigenen Charisma vermag er alle Schichten der Menschen gleichermaßen anzusprechen und zu erreichen.

Breit gefächert ist das Spektrum seiner Ansprachen. Sie umfassen sowohl die allzeit gleichbleibenden großen Themen des Menschen wie auch die speziellen Anliegen der jeweils besuchten Bevölkerung.

Dabei scheut der Papst nicht zurück, selbst auf heikle Bereiche einzugehen und an das Gewissen der Mächtigen zu appellieren. Dies wird zusammenfassend von ihm zum Ausdruck gebracht bei der Ankunft in Santiago de Chile am 1. April 1987, wo der Papst unter anderem sagt:

„Als Sendbote Christi, als Verkünder seiner Botschaft im Dienst des Menschen, in Einheit mit allen Hirten der Kirche verkünde ich die unveräußerliche Würde der menschlichen Person, die von Gott nach seinem Bild und Gleichnis erschaffen wurde und für das ewige Heil bestimmt ist.

Von diesem ausschließlich religiösen und pastoralen Geist beseelt, möchte ich mit euch das Ostergeheimnis Jesu Christi feiern, um ihn in der Geschichte eurer geliebten Heimat präsent zu machen.

Wir werden gemeinsam die Lehren des Herrn betrachten, gemeinsam beten und gemeinschaftlich versuchen, die Botschaft des göttlichen Erlösers in unser Herz und in die Strukturen der Gesellschaft eindringen zu lassen, um sie nach dem Plane Gottes zu verwandeln durch die Bekehrung der Herzen und den Aufbau eines versöhnten Landes."

Botschafter des Friedens*

„Mich führt eine Mission religiöser Natur ... ich komme als Botschafter des Friedens", sagte der Papst am 4. 3. 1983 in Nicaragua. Auf seinen zahlreichen Pastoralreisen hat

---

* Um den päpstlichen Friedensbotschaften eine möglichst weite Verbreitung zu verschaffen, hatte ich im Jahre 1979, kurz nach Beendigung meiner Funktionsperiode als Nuntiaturrat und als Ständiger Vertreter des Heiligen Stuhls bei den internationalen Organisationen in Wien (1975-1978), über den Verlag Duncker & Humblot einen Sammelband mit den „Weltfriedensbotschaften Papst Pauls VI." herausgegeben, in dem die ersten elf Botschaften des Heiligen Vaters zu den Päpstlichen Weltfriedenstagen 1968-1978 enthalten sind, an die sich jeweils ein Kommentar zum angesprochenen Thema anschließt.

Rechtzeitig zur Feier des XXV. Päpstlichen Weltfriedenstages am 1. Januar 1992 konnte ich sodann die 12. Weltfriedensbotschaft Papst Pauls VI. (1979) zusammen mit 12 weiteren Weltfriedensbotschaften von Papst Johannes Paul II. (1980-1992) in einem zweiten Sammelband herausgeben.

Aus Anlaß des 80. Geburtstages Seiner Heiligkeit Papst Johannes Pauls II. am 18. Mai 2000 soll nun ein dritter Sammelband mit den Botschaften von Papst Johannes Paul II. von 1993 bis 2000 entstehen.

Papst Johannes Paul II. eine Art von Friedenspädagogik entwickelt, in deren Mittelpunkt die unermüdliche Sorge steht, in den Menschen die Erkenntnis der großen transzendenten Werte zu fördern. Frieden bedeutet ihm nicht nur das Ausbleiben von Konflikten, sondern vor allem die Annäherung an das Bewußtsein, Teil jener umfassenden Schöpfungsharmonie zu sein, die der Kern jedes Friedens ist. Diese Botschaft des Friedens, wie sie schon mit der Engelsbotschaft bei der Geburt unseres Herrn und Erlösers verkündet wurde, ist die umfassende Zielvorstellung christlicher Heilsverkündigung. Dabei bedarf der Friede aber nicht nur der Huld des Herrn, sondern auch des guten Willens und der ihn begleitenden Tat jedes einzelnen Menschen.

So spricht er zu den Eltern und Familien, zu den Intellektuellen genauso wie zu den Arbeitern und den am Rande der Gesellschaft Stehenden.

Er begegnet den Priestern, Bischöfen und Ordensleuten. Er spricht zu den Studierenden, zur Jugend, zu den Kranken und Alten. Er begegnet den Kindern, sucht das Gespräch mit den anderen Konfessionen und ebenso mit den Religionen der Welt.

Er wird bei allen Reisen empfangen wie ein Staatsoberhaupt und kommt dennoch als Pilger. Er ist das Staatsoberhaupt des Vatikan und zugleich Statthalter Christi. Das ermöglicht ihm den nötigen Freiraum, um seine Friedensmission in der Welt zu erfüllen.

Er kommt mit der Politik-Prominenz in Berührung und kann dadurch mit denen ins Gespräch kommen, die die Geschicke der Welt in Händen haben, um ihr Gewissen zum Frieden aufzurufen.

Man kann sagen: Bei diesen Pastoralreisen begegnet der Papst einer zweifachen Wirklichkeit: sowohl der Bevölkerung in ihrer ganzen Vielschichtigkeit als auch der Repräsentanz und den Verantwortungsträgern des öffentlichen Lebens. *„Diese zweifache Wirklichkeit entspricht dem zweifachen Dialog, in den beständig einzutreten ich gemäß meiner Sendung als universaler Hirte für meine Pflicht halte: der eine Dialog kommt mit dem Menschen des konkreten Lebens zustande, um in ihm die Kraft des Evangeliums wiederzubeleben oder es ihm wenigstens zu verkünden ... der andere Dialog richtet sich an die Verantwortlichen des politischen und gesellschaftlichen Lebens"* (Vatikan, 12. 1. 1981, Ansprache an das Diplomatische Corps).

Auf dem Hintergrund dieses zweifachen Dialogs sind auch die Besuche des Heiligen Vaters in Österreich zu sehen und zu bewerten.

Die drei Pastoralreisen Papst Johannes Pauls II. nach Österreich

Im Jahre 1782 reiste Papst Pius VI. in einer vierwöchigen Fahrt von Rom nach Wien, um die Autonomie der Kirche gegenüber dem österreichischen Staatsabsolutismus zu verteidigen.

200 Jahre später wird Papst Johannes Paul II. wiederum von Bischöfen und Regierung eingeladen, der Donaustadt einen Besuch abzustatten. Als der Heilige Vater 1983 zum erstenmal auf dem Flughafen Schwechat Österreich betrat, kam er als Pilger in ein Land, das ihm – wie er bei der Begrüßungsansprache sagte – *„aus früheren*

Einleitung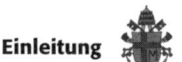

Tagen schon weitgehend bekannt und vertraut" war. (Flughafen Wien-Schwechat, 10. 9. 1983, Nr. 1)

Grundsätzlich geht einer Reise immer eine Einladung voraus, deren Verwirklichung dann aber noch einmal abhängig ist von einer ganzen Reihe von Faktoren. Vor allem ist der Papst bemüht, die Reisen auch mit äußeren pastoralen Akzenten zu versehen, was Begegnung, Zeitpunkt und Auswahl der zu besuchenden Orte anbelangt. Er kommt als Hirte der Gesamtkirche, aber auch als Pilger zu den Heiligtümern des jeweiligen Landes, vornehmlich zu den Wallfahrtsstätten der Muttergottes. Immer geht es ihm auch darum, den Bezug zur Geschichte, zu den Werten der Nationen und zum Erbe des Glaubens hervorzuheben und wieder ins Bewußtsein zu rufen.

So war der *1. Österreichbesuch* vom 10.-13. September 1983 zunächst aus Anlaß des Österreichischen Katholikentages in Wien erfolgt, der unter dem Leitwort stand: *„Hoffnung leben – Hoffnung geben"*. Er war aber auch verbunden mit einem Besuch des Marienwallfahrtsortes Mariazell, mit dem 300-Jahr-Gedenken der siegreichen Verteidigung der Stadt Wien (und letztlich Europas) gegenüber den anstürmenden Osmanen, mit der Weihe einer Kapelle auf dem Kahlenberg zu Ehren der Madonna von Jasna Góra und ebenso mit dem in Österreich besonders geschätzten Gedenktag „Mariä Namen".

Schließlich war das Jahr 1983 auch das 1950-Jahr-Jubiläum der Erlösung, dem der Papst das Apostolische Schreiben *Aperite portas Redemptori* gewidmet hatte und auf das er bei seinen Ansprachen Bezug nahm.

Der 2. Besuch im Jahre 1988, die 38. Auslandsreise von Papst Johannes Paul II., war mit fünf Tagen sein längster Besuch in Österreich.

Waren 1983 nur Wien und Mariazell Stationen seines Besuches gewesen, so waren diesmal auch andere Diözesen miteinbezogen mit den Wirkungsstätten der großen Glaubenszeugen.

Unter dem Thema: *„Ja zum Glauben – Ja zum Leben"* ging es dem Papst in seinen Ansprachen immer wieder um die Beispielhaftigkeit der Heiligen.

Dieser 2. Besuch war zugleich im Marianischen Jahr. Dementsprechend oft verwies der Papst auf das Glaubensbeispiel der Mutter des Herrn und auf die Enzyklika *Redemptoris Mater*.

10 Jahre später kam der Papst noch einmal nach Österreich. Diese nur drei Tage dauernde 83. Auslandsreise führte ihn in die Landeshauptstädte Salzburg und St. Pölten und in die Bundeshauptstadt Wien.

Der Besuch – im Vorbereitungsjahr auf das Millennium 2000 mit dem Thema *„Komm, Schöpfer Geist"* überschrieben – stand auch in besonderer Verbindung mit dem 1200-Jahr-Jubiläum der Errichtung des Erzbistums Salzburg, mit drei Seligsprechungen in Wien und mit dem geplanten *„Dialog für Österreich"*.

Damit war der Bischof von Rom im ganzen 12 Tage in Österreich und hielt insgesamt 41 Ansprachen. Daß der Papst das kleine Österreich bereits dreimal besucht hatte, ist gewiß eine besondere Auszeichnung für dieses Land und seine Bevölkerung.

Denn von den über 120 Ländern, die er bisher bereiste, waren nur 5, in denen er öfter war: Er war 8mal in seiner Heimat Polen, 6mal in Frankreich und je 4mal in Mexiko, USA und Spanien. Dazu kommen Österreich, Deutschland, Brasilien, Kenia und Elfenbeinküste mit je drei Besuchen.

> *Daß der Papst das kleine Österreich bereits dreimal besucht hatte, ist gewiß eine besondere Auszeichnung für dieses Land und seine Bevölkerung.*

In der gebotenen Kürze sollen in einer Art Längsschnitt nur ein paar Grundlinien herausgehoben werden, die auf allen seinen Auslandsreisen zu den immer wiederkehrenden pastoralen Anliegen gehören. Es sind dies:
1. die Einheit mit Petrus,
2. die unverkürzte Lehre und die Stärkung im Glauben,
3. das Zeugnis des christlichen Lebens und
4. die kirchliche Soziallehre.

Die Einheit mit Petrus

Durch die wachsende Zahl der Ortskirchen in den Missionsländern und durch die Verschiedenartigkeit der Kulturen ist es notwendig, die Universalität der Kirche und ihre Einheit durch Petrus auch sichtbar zum Ausdruck zu bringen.

Es bleibt die legitime Vielfalt und Eigenständigkeit, aber sie muß integriert sein in die verbindliche Einheit des gemeinsamen Credo unter dem von Christus eingesetzten Amt des Petrus. Auf keiner Missionsreise läßt der Papst diesen Punkt aus. Auch bei den Besuchen in Österreich war dies ein wichtiger Bereich, der zwar nicht immer eigens thematisiert, aber doch stets unausgesprochen anwesend war. Wünsche und Anregungen aus den Ortskirchen sind immer im Hinblick auf die Einheit der Kirche zu sehen. Das geduldige Gespräch ist zu führen auf dem Hintergrund des Wortes Gottes und der Lehre der Kirche. Nur so kann daraus ein Dialog des Heiles werden. *„Mangel an Einheit und Vertrauen, eine verletzende Anklage, aggressive Kritik – all das zeigt einen Mangel an Christi Gegenwart ... wer solche Worte immer neu wiederholt und sich auf sie festlegt, verhärtet sein Herz"* (Lorch, 25. 6. 1988, Nr. 4).

Bischofsbestellungen sind Sache des Papstes. *„Es ... ist unmöglich, die Einheit mit dem Vater zu finden und dabei an den vom Herrn bestellten Aposteln und ihren Nachfolgern, den Bischöfen, vorbeizugehen"* (Lorch, 25. 6. 1988, Nr. 4).

Der Papst weiß, daß die demokratischen Verhaltensmuster der Gesellschaft manchmal auch auf die Kirche abfärben und unter dem Druck der öffentlichen Meinung eine Veränderung der Strukturen erzwingen wollen. Diesem Druck aber müssen die Hirten der Kirche standhalten.

Aufgabe der Hirten ist es daher, vermehrt das Geheimnis der Kirche bewußt zu machen als eine göttliche Einrichtung. *„Die Wahrheit ist kein Produkt einer Kirche von unten, sondern kommt von oben, von Gott"* (Ad limina, 20. 11. 1998).

Einleitung

Daher muß sich auch der wahre Dialog, wenn er ein Dialog des Heils sein soll, „*in der Communio der Kirche vollziehen*", die ihrerseits getragen ist von der Communio der Trinität (Ad limina, 20. 11. 1998). Die eigentlichen Fragen aber, die hinter all dem liegen, sind Fragen des Glaubens und letztlich die Frage nach Gott.

Schon beim ersten Besuch 1983 stellt der Papst am 12. September in Wien den Bischöfen die Frage: „*Ich glaube an Gott, den allmächtigen Vater ... Formt dieser Satz wirklich das Leben der Christen von heute? ... Stärker denn je wird es heute ein Problem, wenn ... die stillschweigend vorausgesetzte Gottesbeziehung als garantiert angesehen wird*"; um dann 15 Jahre später in der Nachbetrachtung der 3. Pastoralreise den Bischöfen beim Ad-limina-Besuch erneut zu sagen, daß die Gottesfrage „*das vielleicht ernsteste Problem ist, das ihr als Hirten in Österreich zu bewältigen habt*".

> *Die eigentlichen Fragen aber, die hinter all dem liegen, sind Fragen des Glaubens und letztlich die Frage nach Gott.*

Die unverkürzte Lehre und die Festigung im Glauben

Christus ist mehr als nur „ein Mensch für andere". Er ist der wahre Sohn Gottes, der den Menschen erlöst hat durch das Kreuz und seine Auferstehung am dritten Tag. „*Die erste Pflicht des Papstes ist es, in Gemeinschaft mit den Bischöfen der ganzen Welt diesen Glauben zu verkünden*" (Lorch, 25. 6. 1988, Nr. 3).

„Ja zum Glauben – Ja zum Leben" war das Motto des 2. Österreichbesuches. Mit diesem Begriffspaar wurde auf sehr eindringliche Weise zum Ausdruck gebracht, wie sehr Leben und Glauben zusammenhängen.

Weil unser christlicher Glaube mit dem Leben zu tun hat, mit dem Leben in Fülle, mit dem ewigen Leben, ist „*die lebendige Weitergabe des Glaubens heute eine der wichtigsten Aufgaben der Kirche*" (Salzburg, 24. 6. 1988, Ansprache an die Bischofskonferenz, Nr. 4).

Es ist daher die erste Aufgabe der Hirten, über den Glauben zu wachen und ihn unverfälscht weiterzugeben, denn „*wo Lehre veruntreut wird, wird Leben angegriffen*" (Salzburg, 24. 6. 1988, Ansprache an die Bischofskonferenz, Nr. 4). Damit ist nicht nur die Klarheit der Verkündigung gemeint, sondern auch ihre Vollständigkeit. Denn es gibt heute auch „*vergessene Glaubenswahrheiten*" und „*vergessene Gebote*".

Der Papst ist überzeugt: „*Unser Glaube hat die Kraft, zur Lösung der ungeheuren Probleme, die die Menschheit bedrücken, einen wirksamen Beitrag zu leisten ...*" Aber dazu bedarf es eines erneuerten Aufschwungs. „*Nur eine neue Evangelisierung wird die Vertiefung eines reinen und festen Glaubens gewährleisten*" (Salzburg, 19. 6. 1998, Nr. 5).

Weil die Eucharistie „*der vorrangige und tiefste Vollzug unseres Glaubens ist*" (Lorch, 25. 6. 1988, Nr. 4) und den geweihten Priester verlangt, der am Altar Christus repräsentiert, ist der Priestermangel die große Herausforderung für die Kirche unserer Zeit. Trotz aller Anerkennung und Wertschätzung der Dienste der Laien kann doch „*ein Priester nur durch einen Priester ersetzt werden*" (St. Pölten, 20. 6. 1998, Nr. 4).

Das Zeugnis des christlichen Lebens

Der Glaube allein aber ist zu wenig, wenn er nicht gelebt wird. Denn die Überzeugungskraft der Botschaft ist auch gebunden an die Glaubwürdigkeit ihrer Botschafter: Rechtgläubigkeit verlangt Glaubwürdigkeit. *"Die Menschen der Gegenwart brauchen nachdrücklich die Stärkung im Glauben durch den gottverbundenen Zeugen"* (Wien, 11. 9. 1983, Ansprache an die Bischöfe), und deshalb, sagt der Papst, *"fängt die Neuevangelisierung bei uns selber an, bei unserem Lebensstil"* (Wien, 21. 6. 1998, Seligsprechung).

Der Papst ist überzeugt, daß davon die Zukunft Europas abhängt und die Zukunft der Kirche, denn *"wenn die Christen ihren Glauben nicht mehr durch das Beispiel ihres Lebens bezeugen ... dann wird das Licht von ihnen genommen. Andere werden kommen und den Platz in Anspruch nehmen, den die Christen nicht mehr ausfüllen"* (Gurk, 25. 6. 1988, Nr. 4).

Das Christusbekenntnis ruft in die Christusnachfolge. Jesus sucht mehr als bloß Menschen, die ihm zujubeln. Er sucht Menschen, die ihm nachfolgen. Maßgebend und beispielhaft dafür sind die Heiligen der Kirche. Dies ist der Grund, warum die Pastoralreisen immer auch eine willkommene Gelegenheit sind, Selig- bzw. Heiligsprechungen vorzunehmen.

Nicht nur Bischöfe, Priester und Ordensleute, sondern *"jeder Laie muß vor der Welt Zeuge der Auferstehung und des Lebens Jesu, unseres Herrn, und Zeichen des lebendigen Gottes sein"* (Wien, Stephansdom 1988, Nr. 5; vgl. *Lumen gentium*, Nr. 38).

Gewiß, es gibt die aufsehenerregende Heiligkeit einiger Menschen. *"Es gibt aber ebenso auch die unbekannte Heiligkeit des täglichen Lebens"* (Wien, Stephansdom, 12. 9. 1983, an die Vertreter des Laienapostolates, Nr. 6).

Die Soziallehre der Kirche

Die Würde des Menschen, das Recht auf Arbeit, Gerechtigkeit und Frieden, die Sorge um die Familie, die Bildung und Erziehung, die Mitverantwortung des einzelnen im Gesamt der Gesellschaft – keines dieser Themen hat der Papst in Österreich ausgespart. Gegenüber den Vertretern des öffentlichen Lebens ist der Papst Mahner und Wegweiser für die Einhaltung der Rechte der menschlichen Person.

Er tritt ein für seine Freiheit und Würde und für die Bildung des moralischen Gewissens. Gegen die herrschende „Kultur des Todes" verkündet er mit Freimut den Vorrang der „Kultur des Lebens". So wurde der Papst in den Jahren seines Pontifikates zur heute bedeutendsten moralischen Autorität der Menschheit.

Er ist Verkünder und Träger jener Tugend der Hoffnung, die sich viel mehr von der Kraft Christi und der Umkehr der Menschen erwartet als vom Druck der internationalen Diplomatie: *"Die Welt – auch in ihrem heutigen Zustand – ist uns von Gott als Aufgabe übergeben – dennoch ist dabei der Mensch als Abbild Gottes nach seiner bleibenden Würde und nicht nach seiner Arbeit und Leistung zu bewerten"* (Wien, 12. 9. 1983, Kirche Am Hof, Nr. 6).

Einleitung

Österreich, das ehemals ein Grenzland war, hat heute in Europa eine Brückenfunktion. Vor seinem Abflug 1983 sprach der Papst den Wunsch aus: Gott möge Österreich zum Segen für ganz Europa machen (vgl. Wien-Schwechat, 13. 9. 1983, Nr. 4). Fünf Jahre später bei der Verabschiedung in Innsbruck: *„Seid wachsam, steht fest im Glauben, seid mutig, seid stark! Alles, was ihr tut, geschehe in der Liebe!"* (Innsbruck, 27. 6. 1988, Nr. 2). 1998 sagte der Papst beim Abflug in Schwechat: *„Europa braucht ein geistiges Antlitz. ... Den Christen im Europa der Zukunft kommt also eine hohe Aufgabe zu"* (Wien-Schwechat, 21. 6. 1998, Nr. 4).

> *Gegen die herrschende „Kultur des Todes" verkündet er mit Freimut den Vorrang der „Kultur des Lebens".*

Wenn es die Vorsehung will, wird das Jubiläumsjahr 2000, für dessen Vorbereitung der Heilige Vater bereits viel Kraft und Energie eingesetzt hat, noch durch weitere Pilgerfahrten des Papstes bereichert und ausgezeichnet.

Während heute der Geist des Relativismus die absolute Einzigartigkeit des christlichen Heilsweges in Zweifel ziehen möchte und damit auch den Eifer für die Mission zu schwächen versucht, setzt das Oberhaupt der Katholischen Kirche mit der Last seiner 80 Lebensjahre erneut ein Zeichen der Hoffnung und der Vitalität: Die Kirche ist immer jung. Sie ist immer missionarisch. Christus trägt und regiert sie. Es ist sein Geist, der in ihr wirkt und der lebendig macht und der sie hinaustreibt bis an die äußersten Grenzen der Erde: „Seid gewiß, ich bin bei euch alle Tage bis zum Ende der Welt" (*Mt* 28,20).

Johannes Paul II. und Österreich

Grußwort des österreichischen Botschafters beim Heiligen Stuhl
Gustav Ortner

Als ich als Botschaftssekretär bei der österreichischen Botschaft beim Heiligen Stuhl in den sechziger Jahren, den Jahren des II. Vatikanischen Konzils, tätig war, begegnete ich das erste Mal dem damaligen Erzbischof von Krakau, Karol Wojtyła, bei Empfängen zu Ehren der Konzilsväter. Die österreichische Botschaft übte damals eine Brückenfunktion zwischen Ost und West aus, zumal die Staaten des kommunistischen Machtbereiches beim Heiligen Stuhl keine diplomatischen Vertretungen unterhielten. Der polnische Episkopat war der einzige aus den Ländern hinter dem Eisernen Vorhang, dem es möglich war, zum Konzil nach Rom ausreisen zu können. Bekanntlich fielen in diese Zeit die Bemühungen von Erzbischof Slipyi aus der Ukraine und Kardinal Beran aus Prag, die Ausreise aus ihren Ländern nach Rom zu ermöglichen, was damals als ein bahnbrechender Erfolg verzeichnet wurde.

Jahre vergingen, und ich versah meinen Dienst als österreichischer Diplomat an anderen Orten dieser Welt, um im April 1988 als Protokollchef ins Außenministerium nach Wien zurückzukehren. Der erste Staatsgast, dem ich am Flughafen Schwechat, den internationalen protokollarischen Gepflogenheiten entsprechend, ins Flugzeug entgegenging, um ihn in Österreich willkommen zu heißen, war Seine Heiligkeit Papst Johannes Paul II., der im Juni 1988 seinen zweiten Pastoralbesuch Österreich abstattete. Bei dieser Gelegenheit hatte ich unter anderem die Aufgabe, dem Papst das gesamte in Österreich akkreditierte Diplomatische Corps im großen Festsaal der Hofburg vorzustellen.

Am 9. Jänner 1997 habe ich als österreichischer Botschafter dem Heiligen Vater das Beglaubigungsschreiben überreicht, durch welches ich vom österreichischen Bundespräsidenten bei Seiner Heiligkeit als Botschafter akkreditiert worden bin. In seiner Antwortrede brachte der Papst hiebei den in der Folge vielzitierten Gedanken zum Ausdruck, wonach Österreich im „europäischen Haus" als Areopag zur Vertiefung der spirituellen und religiösen Werte des Menschen fungieren solle.

Seither beobachte ich aus der Perspektive des Botschafters beim Heiligen Stuhl mit Bewunderung die weltumspannenden Aktivitäten Papst Johannes Pauls II., der keine Mühen scheut, um seine weitgesteckten Ziele zugunsten der Menschheit zu verwirklichen.

Erinnerungen und Eindrücke

Persönliche Erinnerungen an Papst Johannes Paul II.
Franz Kardinal König

Es war im Jahre 1961 beim tschechisch-polnischen Grenzbahnhof Teschen – die Vorbereitung des von Johannes XXIII. angekündigten Vatikanischen Konzils war bereits im Gange –, als ich aufgrund meiner persönlichen Verbindungen mit dem damaligen polnischen Primas Stefan Wyszyński unterwegs war, um auch den westlichen Teil Polens zu besuchen und näher kennenzulernen. – Während ich also mit meiner Wiener Autonummer im Besitze eines seltenen polnischen Einreisevisums durch das Gebiet von Böhmen fuhr, dabei von tschechischen Passanten unterwegs neugierig oder scheu beobachtet wurde – erwartete mich auf der anderen Seite des Bahnhofs, auf polnischem Boden, eine größere Menschenmenge, die aus den westlichen Medien von meiner bevorstehenden Reise damals erfahren hatte.

Die Reise eines katholischen Bischofs in einen Staat des kommunistischen Ostblocks, die Überquerung des Eisernen Vorhanges, war in jenen Jahren noch eine große Seltenheit. Mit einer gewissen inneren Spannung erwartete ich eventuelle Schwierigkeiten beim Grenzübertritt, die aber nicht erfolgten. Damals war mir noch lebhaft in Erinnerung, welche Aufregung zum Beispiel mein erster Besuch bei Kardinal Mindszenty in der amerikanischen Botschaft zu Budapest nicht nur in der österreichischen Öffentlichkeit ausgelöst hatte.

Angesichts der größeren Menschenmenge, die mich hier erwartete, als österreichischen Gast und Vertreter einer freien Kirche begrüßen wollte, merkte ich sofort: Polen ist anders als der damalige tschechoslowakische Staat, den ich, von Wien kommend, durchfahren hatte. Ein herzlicher, gedolmetschter Willkommensgruß machte dies alsogleich deutlich. Während des Begrüßungsgespräches bemerkte ich einen jungen Priester im Talar am Rande der Gruppe, der in respektvoller Distanz verblieb. Ich ging auf ihn zu und fragte ihn: „Ja, Herr Kaplan, woher kommen Sie?", darauf kam lachend die Antwort aus seiner Umgebung: Der junge Priester sei Hochschulseelsorger an der Universität von Krakau und vor etwa zwei Jahren bereits zum Weihbischof ernannt worden, er sei der jüngste Bischof in der polnischen Hierarchie. Der junge Weihbischof, den ich jetzt herzlich begrüßte, schien mir gegenüber scheu und eher wortkarg. In der Stadt Krakau, im erzbischöflichen Haus, wo wir abends ankamen, führte er mich in das Schlafzimmer des dort vor nicht langer Zeit verstorbenen und sehr verehrten Erzbischofs Adam Sapieha. Im anschließenden Gespräch legte der interimistische Hausherr, der junge Weihbischof Wojtyła, seine zurückhaltende Haltung ab und richtete eine Reihe von Fragen an mich über die Wege der Kirche auf der anderen Seite des Eisernen Vorhanges. Wojtyła selbst war 1946, nach dem Besuch eines geheimen Priesterseminars im Hause seines Erzbischofs, zum Priester geweiht worden, und, was damals noch möglich war, im gleichen Jahr ging er nach Rom, um an der dortigen Dominikaneruniversität sein philosophisches Doktorat – später sein theologisches in Krakau – zu erwerben.

1953 übernahm der damalige Kaplan Karol Wojtyła aufgrund seiner Dissertation über Max Scheler einen Lehrstuhl für Ethik an der katholischen Universität von Lublin. Einige Jahre später, im Jahre 1958, wurde er mit 38 Jahren Polens jüngster Bischof; und 1964, kurz vor Ende des Vatikanischen Konzils, wurde der junge Kapitelvikar und Weihbischof Wojtyła zum Erzbischof von Krakau ernannt.

Seit meiner ersten Begegnung mit dem jungen Weihbischof an der tschechisch-polnischen Grenze von Teschen ergab sich – nachdem jene erste respektvolle Distanz überwunden war – ein guter persönlicher Kontakt, wie die zahlreichen Reisen und Besuche seinerseits in Österreich und Wien zeigten. Das Interesse seiner zahlreichen Reisen, die ihn immer wieder auch nach Österreich führten, galt vor allem der Seelsorge in unserem Land; sein pastorales Interesse galt nicht zuletzt der studierenden Jugend.

Persönlich interessierte mich in jenen Jahren sein Verhältnis zu Kardinal und Primas Wyszyński, der als Mann der Kirche und durch seinen hinhaltenden Widerstand gegen das kirchenfeindliche Regime seines Landes nicht nur in Polen, sondern auch diesseits des Eisernen Vorhanges ein sehr hohes Ansehen besaß. Meine Frage lautete gewissermaßen: Würde die polnische Parteiführung versuchen, zwei Männer von solchem Range und solchem Ansehen in der öffentlichen Meinung gegeneinander auszuspielen, um selbst einen künstlichen Gegensatz zu ihrem Vorteil nützen zu können?

Meine erste Begegnung mit Kardinal Wyszyński ist mir noch immer sehr lebhaft in Erinnerung: Es war der 7. Mai 1957. Die österreichische Grenzpolizei hatte mich an jenem Tag am Morgen verständigt, daß der polnische Primas soeben die österreichisch-tschechische Grenze erreicht habe und im Begriffe sei, seine Reise im Schnellzug über Wien nach Rom fortzusetzen. Es war seine erste Auslandsreise, die ihm überraschenderweise gestattet wurde und ihm die Gelegenheit bot, sich Pius XII. vorzustellen, dem er bis dahin nie begegnen konnte; außerdem ergab sich damit die Möglichkeit, dem Papst einen ausführlichen Bericht über die Lage der Kirche in seiner

Heimat zu erstatten. Die Nachricht, daß Kardinal Wyszyński nach Österreich komme, verbreitete sich in Windeseile in Wien und Niederösterreich. Daher war vorauszusehen, daß ein geplanter kurzer Aufenthalt im Erzbischöflichen Palais von Wien eine Unmenge von Journalisten und Reportern veranlassen würde, ihn um ein Interview zu bitten, was ich um jeden Preis verhindern wollte. Um also dem mir persönlich noch nicht bekannten hohen Gast eine solche Aufregung diesseits des Eisernen Vorhanges zu ersparen, fuhr ich kurz entschlossen mit meinem Wagen an die nördliche Grenze der Erzdiözese und holte den Kardinal in Gänserndorf aus dem Schnellzug nach Wien. Der Kardinal war über eine solche unerwartete Einladung überrascht und sehr erstaunt.

Zwei Dinge bleiben mir von dieser Fahrt im Auto durch das Weinviertel nach Wien noch besonders in Erinnerung. Kardinal Wyszyński, der in kurzen Sätzen immer wieder hinwies auf die Schwierigkeiten seines Landes und seiner Kirche, fragte mich plötzlich – noch etwas in Gedanken versunken: „Was hat der liebe Gott wohl vor mit uns, mit dem schweren Schicksal der Kirche im kommunistischen Einflußbereich? Wohin führt wohl der Weg, und wann wird sich die dunkle Wegstrecke wieder erhellen?" – Und der andere Teil des Gespräches: Mein

Was hat der liebe Gott wohl vor mit uns, mit dem schweren Schicksal der Kirche im kommunistischen Einflußbereich?

Gast berichtete, nicht ohne persönliche Ergriffenheit, daß seine Kirche in Polen im Begriffe sei, sich auf ein Millennium der Christianisierung im Jahre 1966 vorzubereiten; dies sollte mit einer Weihe des ganzen Landes an die Gottesmutter verbunden sein und die Einheit der katholischen Kirche des Landes gegenüber dem Regime aufs neue dokumentieren.

Als der Kardinal dann später seine Romreise fortsetzte, erfuhr ich, daß er am Abend vor seiner Reise am Bahnhof in Warschau von einer großen Volksmenge verabschiedet worden war, die ihm ihre Anhänglichkeit und Sympathie damals in auffallender Weise bezeugen wollte. Einige Tage zuvor – so erzählte er mir später – hatte er am 1. Mai jenes Jahres ein Gespräch mit dem ersten Parteisekretär Gomułka sowie mit dem Ministerpräsidenten Cyrankiewicz. Jenes Gespräch hatte am 1. Mai um etwa 21 Uhr abends begonnen und endete erst in den frühen Morgenstunden des nächsten Tages. Die Funktionäre der kommunistischen polnischen Staatsführung hatten offenbar versucht, den Kardinal für seine Audienz bei Pius XII. entsprechend zu präparieren, aber offensichtlich ohne Erfolg.

Während des Zweiten Vatikanischen Konzils konnte ich etwas deutlicher erkennen, daß die beiden polnischen Erzbischöfe wohl gemeinsam ihre verfolgte Kirche verteidigten; aber in der Art und Weise, wie sie es taten, in ihrem „Wie" merkte man, daß sie aus zwei verschiedenen Welten und Erfahrungsbereichen kamen. Während des

Konzils hatte nicht nur ich Gelegenheit, festzustellen, daß der polnische Primas mit einzelnen Themen und Auseinandersetzungen in der Konzilsaula nicht immer einverstanden war. Mehr als einmal stellte er schmerzlich fest, daß er es bedauere, daß die Kirche in den westlichen, also in den freien Ländern, sich zu sehr mit sich selbst beschäftige und den großen Problemen der Kirche in der kommunistischen Welt zu wenig Verständnis entgegenbringe; sie verwende wenig Zeit und Mühe dafür. In dem einen oder anderen Gespräch bzw. Interview hat er ganz offen auf diese seine Enttäuschung hingewiesen.

Einige Tage vor Beginn des Konklaves des Jahres 1978 wurde für mich noch einmal das persönliche Verhältnis der beiden polnischen Kardinäle deutlicher erkennbar. In diesen Tagen traf ich verschiedentlich Kardinal Wyszyński und unterhielt mich, unter anderem, auch mit ihm über die bevorstehende Wahl eines neuen Papstes nach dem plötzlichen Tod Johannes Pauls I. – Nachdem der Kardinal selbst kaum etwas über das Konklave sprach, richtete ich an ihn die Frage: „Wer ist denn in Ihren Augen ein Kandidat für die nächste Papstwahl?" Darauf blickte mich der Primas etwas erstaunt an und meinte: „Ich sehe meinerseits keinen einzigen Kandidaten, von dem man jetzt schon sagen könnte, er sei ‚papabile'." Daraufhin meinte ich so ungefähr: „Ja, aber Polen könnte vielleicht einen Kandidaten für das nächste Konklave mitbringen." Daraufhin blickte der Primas mich noch etwas erstaunter an und sagte etwa folgendes: „Ja, meinen Sie, ich sollte nach Rom gehen? Sie wissen doch, wie sehr die kommunistische Führung in meinem Lande so etwas wünscht. Wenn ich aus einem solchen Grunde Polen verlassen müßte, wäre das gleichzeitig der größte Triumph für die Kommunisten, nicht nur in Polen." Daraufhin erwiderte ich: „Ja, aber es gäbe doch noch einen Kardinal in Polen, nämlich jenen von Krakau." Daraufhin der Primas etwas erleichtert: „Ja, wenn Sie das meinen – aber der hat doch nicht die geringste Chance; er ist viel zu wenig bekannt und überdies noch ein bißchen jung ..." – In diesen Tagen vor dem Beginn des Konklaves gab es, wie auch sonst vor einer bevorstehenden Papstwahl, viele Vermutungen und Gerüchte. Mehr als sonst – für mich selbst war es das dritte Konklave, das in den nächsten Tagen beginnen sollte – beschäftigte sich nicht nur die italienische Öffentlichkeit mit der Frage, ob die jahrhundertealte Tradition, einen Italiener zu wählen, aufrecht bleibe, oder ob es diesmal zur Wahl eines Nichtitalieners kommen könnte. Damit meinte man wohl Europa und noch keinen anderen Kontinent, wie etwa heutzutage.

Ja, aber Polen könnte vielleicht einen Kandidaten für das nächste Konklave mitbringen.

Zu Beginn des Konklaves und nach den ersten Abstimmungen, die kein Resultat brachten, kam es relativ rasch zu dem bekannten Ergebnis: Der Kardinal von Krakau hatte eine gute Zweidrittelmehrheit in einer der späteren Abstimmungen erhalten. Damit waren damals zwei große Überraschungen verbunden: Erstens wurde ein

Nichtitaliener gewählt, und zweitens kam der neue Papst zwar aus Europa, aber aus dem Ostblock, das heißt, aus einem Land hinter dem Eisernen Vorhang. Das war eigentlich die viel größere Überraschung, die man sich heute kaum mehr vorstellen kann. – Als der Vorsitzende des Konklaves in der Sixtinischen Kapelle wie üblich nach dem Ergebnis der feststehenden Zweidrittelmehrheit sich zu Kardinal Wojtyła begab und an ihn die offizielle Frage richtete: „Nehmen Sie die Wahl an?", hörten wir eine interessante und zu Herzen gehende theologische und persönliche Begründung, warum er die Wahl annehme. In diesem Augenblick ging mein Blick zu Kardinal Wyszyński auf der anderen Seite der Sixtinischen Kapelle. Ich merkte: Er war zutiefst betroffen und zugleich gerührt, als er hörte, daß sein Landsmann, Kardinal Wojtyła, die Wahl annehme. – Wyszyński war einer der ersten, der aufstand, auf den neugewählten Johannes Paul II. zuging, um ihm seinen Respekt, seine Freude und seine große Wertschätzung zum Ausdruck zu bringen. Die Wahl des Erzbischofs von Krakau war eine Sensation, nicht nur für Rom, sondern für die ganze Welt. In den ersten Wochen konnte man oft die Frage hören: Was bedeutet die Wahl eines Papstes aus einem der Warschauer-Pakt-Staaten für das Verhältnis von Ost- und Westeuropa, für den weiteren Weg des Kommunismus?

Die Wahl des Erzbischofs von Krakau war eine Sensation, nicht nur für Rom, sondern für die ganze Welt.

Heute, nach dem lautlosen und unerwartet raschen Zusammenbruch des Kommunismus, lautet die Frage wieder: Welchen Einfluß hatte Johannes Paul II. auf den plötzlichen Zusammenbruch des kommunistischen Imperiums? – Sein Einfluß war ohne Zweifel sehr groß. Einige der zahlreichen, in der Zwischenzeit erschienenen neuen Papst-Biographien legen Wert darauf, gerade diese Frage besonders zu untersuchen. Aber welche direkten oder indirekten Zusammenhänge diesbezüglich bestehen, wird wohl erst im Laufe der Zeit näher geklärt werden können. Die Ursachen des Zusammenbruches des kommunistischen Imperiums, das damals noch von langer Dauer zu sein schien, kamen zum Teil von innen, zum Teil von außen. Es besteht kein Zweifel, daß dies aber auch mit der Person des neuen Papstes zusammenhing, ohne heute faktische Beweise hierfür vorlegen zu können.

Welchen Einfluß hatte Johannes Paul II. auf den plötzlichen Zusammenbruch des kommunistischen Imperiums?

Aus meiner Sicht löste die Wahl des Papstes eine sehr große Unsicherheit im kommunistischen Führungsbereich aus. Es dauerte einige Monate, bis die Medien des damaligen Ostblocks zur Wahl des neuen Papstes überhaupt Stellung nahmen. Die kommunistische Führung mußte wissen: Dieser Papst kennt uns sehr genau in Theorie und Praxis. Er ist verschwiegen, aber er durchschaut uns; und darum stellte sich der kommunistischen Führung nicht nur in Polen die Frage: Was wird er tun? – Aus meiner Sicht und Kenntnis der Situation hat der neue Papst auf zwei Wegen die Fundamente des kommunistischen Weltgebäudes langsam, fast lautlos immer mehr verunsichert. – Einerseits war es das internationale Ansehen der Katholischen Kirche als Weltkirche, die er immer wieder durch seine Reisen zu stärken versuchte. Es war der geschickte Umgang mit den westlichen Medien und den damit zugänglichen Informationen; in seinen zahlreichen Ansprachen wies er ohne Unterlaß auf das christliche Welt- und Menschenbild hin, zeigte den Gegensatz zu den marxistisch-stalinistischen Vorstellungen und hob die Widersprüche gerade der beiden Menschenbilder hervor. – Seine stärkste Waffe allerdings war der beständige Hinweis auf Menschenrechte und Religionsfreiheit auf der Weltebene. Die den Menschenrechten innewohnende Sprengkraft kam – geradezu zum Staunen der ganzen Welt – in den letzten Dezembertagen des Jahres 1989 besonders wirksam zum Ausdruck.

Aber mehr als damals fragen wir uns heute, welche Gedanken und Pläne den neugewählten Papst Johannes Paul II. nach seiner Wahl am meisten beschäftigten. Sein erstes Rundschreiben, *Redemptor hominis* (6. 3. 1979), ein halbes Jahr also nach seiner Wahl, gibt uns darüber sehr gut Aufschluß. – Er habe – so heißt es – die beiden Namen „Johannes" und „Paul" für sich gewählt, um, wie er sagte, „meine Liebe zu dem einzigartigen Erbe zu bekunden, das die beiden Päpste Johannes XXIII. und Paul VI. der Kirche hinterlassen haben; und um mich damit zugleich persönlich bereit zu erklären, es mit der Hilfe Gottes weiter auszubauen" (Nr. 2). Er war sich dabei der innerkirchlichen Schwierigkeiten der nachkonziliaren Zeit wohl bewußt; denn damals waren es ja bereits an die 14 Jahre, daß das Konzil seine Tore geschlossen hatte. Die Kirche, die ihm damals als Steuermann übergeben worden war, sei, so sagte er, „gewiß nicht frei von Schwierigkeiten und internen Spannungen". Und was der Geist der Kirche heute durch das Konzil sage, was er in dieser seiner Kirche allen Kirchen sage, das diene ganz gewiß „trotz einiger gelegentlicher Unruhen dem Ziel, dem ganzen Volke Gottes im Bewußtsein seiner Heilssendung einen noch festeren Zusammenhalt zu geben". Sie sei, so meinte er, heute im Inneren „mehr gefestigt gegen Übertreibungen der Selbstkritik: Man könnte sagen, daß sie kritischer ist gegenüber den verschiedenen unbesonnenen Kritiken" – wenn es darum gehe, aus dem bleibenden Schatz Neues und Altes hervorzuholen (Nr. 4).

Ein anderer Sachverhalt, den man zunächst weniger bedachte, ergab sich daraus, daß der neue Papst nicht nur aus dem Ostblock kam, sondern außerdem den kurialen Apparat als Instrument der päpstlichen Regierung noch nicht kannte und daher erst zu gebrauchen lernen mußte. Denn der Papst benötigt heute mehr denn je, als Inhaber des Petrusamtes, ein Instrument, einen „bürokratischen Apparat", um die notwendige Einheit und mögliche Vielfalt der obersten kirchlichen Führung zu garantieren. Die päpstliche Kurie, wie es in der Regel heißt, ist stark und mächtig geworden. Wie weit sie heute ihre notwendige Dienstfunktion gegenüber dem Papst sieht und erfüllt, läßt sich nicht immer klar entscheiden. Die heute wiederholt geäußerte Kritik gegenüber einer „zentralistischen Kirchenstruktur" weist auf eine Spannung zwischen Kirchenführung und notwendig gewordenem Umbau in Richtung einer Kollegialität der Weltkirche hin. Das Ziel kann nur lauten: Notwendige Einheit in Verbindung mit der möglichen Vielfalt.

Ein neuer Papst, der keine kuriale Erfahrung mitbringt, seinen „Apparat" noch nicht kennt, wird wohl genötigt sein, sich zunächst sein eigenes kleines Sekretariat einzurichten, mit Personen, die ihm von früher her persönlich bekannt sind. Es wird daher notgedrungen eine Zeit dauern, bis der Inhaber des päpstlichen Thrones das große Instrumentarium des Vatikans in seiner Vielfalt und mit allen Einsatzmöglichkeiten kennen- und benützen lernt. Es ist kein Wunder, wenn diesbezügliche Schwierigkeiten auch für Johannes Paul II. in der ersten Zeit bestanden.

In der Folgezeit kommt immer mehr das ökumenische Anliegen des Papstes zum Vorschein, wie es vom Konzil in einem eigenen Dekret über den Ökumenismus verlangt wird: „Die Einheit aller Christen wiederherstellen zu helfen ist eine der Hauptaufgaben des Heiligen Ökumenischen Zweiten Vatikanischen Konzils. Denn Christus, der Herr, hat eine einige und einzige Kirche gegründet." – Die ökumenische Bewegung, das Bemühen, die getrennten Christen zur Einheit zurückzuführen, beherrschte vor allem in der späteren Zeit in besonderer Weise die Gedanken des Heiligen Vaters. So stellt er bereits in der Einleitung zu seiner Enzyklika *Ut unum sint* (25. 5. 1995) ausdrücklich fest (Nr. 3): „Mit dem Zweiten Vatikanischen Konzil hat sich die Katholische Kirche unumkehrbar dazu verpflichtet, den Weg der Suche nach der Ökumene einzuschlagen und damit auf den Geist des Herrn zu hören, der uns lehrt, aufmerksam die ‚Zeichen der Zeit' zu lesen." Der durch das Ökumenische Konzil in Gang gesetzte ökumenische Dialog wäre nach der Auffassung des Papstes der Grund, warum es jetzt „das erste Mal in der Geschichte sei, daß der Einsatz für die Einheit der Christen so große Ausmaße und einen so gewaltigen Umfang angenommen hat" (Nr. 41). – Das ökumenische Anliegen, so stellt der Papst weiter fest, gehöre zu den „pastoralen Prioritäten" seines Pontifikates: „Ich bin überzeugt, diesbezüglich eine besondere Verantwortung zu haben, vor allem, wenn ich die ökumenische Sehnsucht der meisten christlichen Gemeinschaften feststelle und die an mich gerichtete Bitte vernehme, eine Form der Primatausübung zu finden, die zwar keineswegs auf das Wesentliche ihrer Sendung verzichtet, sich aber einer neuen Situation öffnet" (Nr. 95). – Daß Johannes Paul II. diesbezüglich dann noch anfügte, er erwarte sich Vorschläge von den getrennten Kirchen, wie dies realisiert werden könne – das hat großes Staunen ausgelöst.

> *Die ökumenische Bewegung beherrschte vor allem in der späteren Zeit die Gedanken des Heiligen Vaters.*

Konkrete Schritte in diesem Zusammenhang sind wohl erst zu erwarten, wenn die zur Zeit bestehende, sehr zentralistische oberste Kirchenführung – und dazu gehört wesentlich die Vatikanische Kurie – in Richtung Dezentralisierung konkrete Schritte plant und überlegt. In dieser Richtung finden sich in *Lumen gentium*, im Konzilsdokument, Nr. 19-24, die entsprechenden Ansätze und Hinweise.

Zu dem großen Ansehen des Papstes auf der Weltebene gehören jedenfalls seine vielen Reisen, die er in den Jahren seines Pontifikates unternommen hat. Die Papstreisen werden sowohl in Europa wie auch in den anderen Kontinenten verschieden beurteilt. Die einen treten dafür ein, daß solche Reisen nur in ganz seltenen Fällen unternommen werden sollten, damit der Bischof von Rom aufgrund seiner Verantwortung für die Kirche sich vor allem auch an Ort und Stelle Überblick über die gesamte Kirche verschaffen kann. Andere wieder sind der Meinung – und einer solchen möchte ich mich selber anschließen –, daß in unserer Zeit der Globalisierung die pastoralen Reisen des Papstes den Aufgaben der Kirche von heute entsprechen. – „Geht hinaus in die ganze Welt und verkündet das Evangelium"; es geht also darum, die Sorge der Kirche zu verdeutlichen, die einen weltweiten Auftrag besitzt, das heißt, daß eine bisher europäisch geprägte Kirche sich der ganzen Welt öffnen solle. Der Papst selber stellt in diesem Zusammenhang fest (*Tertio millennio adveniente*, Nr. 24) – wörtlich: „Die Pilgerreisen des Papstes sind zu einem wichtigen Element im Einsatz für die Verwirklichung des Zweiten Vatikanischen Konzils geworden." Und er fährt dann fort: Dabei sei besonders zu achten „auf die Entwicklung der ökumenischen Beziehungen zu den Christen der verschiedenen Konfessionen" (a.a.O.). In diesem Zusammenhang geht der Papst auf seine künftigen Pläne ein und meint: „Es wäre von großer Bedeutung, wenn es anläßlich des Jahres 2000 möglich wäre, alle jene Orte zu besuchen, die sich auf dem Wege des Gottesvolkes des Alten Bundes befinden." In diesen Tagen, da ich dies niederschreibe, hat der Papst das Katharinenkloster am Mosesberg besucht und die ersten großen Schritte in diesem Sinne getan.

> *Zu dem großen Ansehen des Papstes auf der Weltebene gehören jedenfalls seine vielen Reisen.*

Heute kann wohl niemand leugnen, daß kein Papst in der bisherigen Geschichte der Kirche einen so hohen Bekanntheitsgrad, eine so große Wertschätzung besaß, wie Johannes Paul II. Der Grund hiefür ist einerseits das persönliche Interesse, das Johannes Paul II. von Haus aus mitgebracht hatte für fremde Sprachen und Kulturen, für andere Völker und Denkweisen. Andererseits gibt es heute technische Möglichkeiten, große Reisen in kurzer Zeit zu unternehmen und eine diesbezügliche Nachricht in kürzester Zeit über die Medien weltweit zu verbreiten. – Sein Vorgänger, Paul VI., war es, der damals begann, als Papst zum ersten Mal Rom zu verlassen und nach Afrika, Israel und Amerika zu reisen. Kein Papst zuvor wurde so, wie Johannes Paul II., auf der internationalen Ebene zu Gesprächen und Begegnungen eingeladen, sei es in New York, in Genf oder in anderen großen Städten der Welt. Zwei Gründe scheinen mir der Anlaß dafür zu sein: Einmal ist es die Öffnung der Kirche zur Welt, wie es Johannes XXIII. mit seinem Konzil begonnen hatte. Im Konzilsdokument *Die Kirche in der Welt von heute*, an dem der damalige Erzbischof von Krakau im Schlußteil mitgearbeitet hatte, heißt es im Vorwort: „Es gibt nichts wahrhaft Menschliches, das nicht in ihrem Herzen (der Kirche) seinen Widerhall fände. – Ist doch ihre eigene Gemeinschaft (d. h. jene der Kirche) aus Menschen gebildet ... die eine Heilsbotschaft empfangen haben, die allen auszurichten ist." Und dieser Hinweis schließt mit den Worten: „Darum erfährt die Gemeinschaft der Kirche sich mit der Menschheit und ihrer Geschichte wirklich engst verbunden" (Nr. 1).

Eine solche Öffnung und Hinwendung der Kirche zur Welt von heute war nicht nur die Auffassung des Konzils, sondern entsprach vor allem auch der inneren Einstellung eines an der Welt von heute besonders interessierten Papstes.

Erinnerungen und Einsichten aus fünf Jahren beim Heiligen Stuhl
Rom, 29. XI. 1988 – 23. I. 1994

Georg Hohenberg

Die Annäherung des Zivilisten, oder wie man heute sagt, Laien, an den Heiligen Vater ist natürlich ein wenig anders als die des Geweihten, des Priesters, des Diakons oder der Nonne oder gar erst des Bischofs oder Kardinals. Irgendwie bewegt sich der Laie, auch wenn er Träger einer hohen Aufgabe und ein wenig keuchend unter der Last der Geschichte ist, unbefangener oder, um ein heutiges Modewort zu gebrauchen, lockerer in den Sälen und Korridoren der – durchaus ernst gemeinten – „heiligen Hallen", in denen er unter einem Dach mit dem – für ihn gleichfalls durchaus ernst gemeinten – Stellvertreter Jesu Christi sich zu befinden die Auszeichnung genießt.

Ich selbst bin nach dem harten Winter 1928/29, in welchem das Thermometer, beispielsweise in Zwettl, auf minus 36° Celsius gefallen war, geboren und somit, wie ich glaube, nicht nur ein „Zwilling" der Mickey Mouse und der Weltwirtschaftskrise, sondern auch der Lateranverträge. Daß die sogenannte „Konstantinische Schenkung" den Nachfolgern Petri nicht nur Segen gebracht hat, weiß heute wohl jeder. Aber „nachher" ist man ja immer sehr gescheit. Als einer der Beweise dient mir die Tatsache, daß mir fast niemand aus dem Stegreif beantworten kann, wie der Vorgänger Pius' IX. hieß, aber jeder einigermaßen gebildete Mensch die Päpste danach ziemlich fehlerlos aufzuzählen vermag. Und unter diesen ist wohl keiner, den man nicht als „bedeutend" ansehen muß. So hat man sich wohl „Höchstenorts" einen neuen modus vivendi am Tiber gewünscht und die Kirche seither mit zehn sehr bedeutenden Päpsten getröstet und belohnt. Mit großer Freude und Genugtuung wurde in meinem Elternhaus von den Lateranverträgen und ihren Autoren gesprochen.

Pius XI., der Papst meiner Kindheit, sah – ganz zufälligerweise – unserem Ortspfarrer ähnlich, und wiewohl damals für uns Rom und sein Bischof in unerreichbarer Ferne waren, gab es doch schon das – nur bisweilen funktionierende – Radio, und hie und da sprachen die „Erwachsenen" von Rom oder auch von den Christenverfolgungen in Rußland, in Spanien, in Mexiko, und bis 1938 sammelten wir Kinder auch für die Missionen. Die Jahre der deutschen Besetzung und der neue Papst, Pius XII., gaben unserer Katholizität insoferne neuen Elan, als wir uns mit der Kirche mehr denn je auf derselben Linie fanden, war uns doch das menschenverachtende Neuheidentum zutiefst zuwider und alle die unerträgliche Präpotenz eines germanischen Chauvinismus. Unser – oben erwähnter – Ortspfarrer war aus Posen, und so war mir die polnische Aussprache des Deutschen von Kindheit an vertraut, was Wunder also, daß ich bei meinen ersten Gesprächen mit Johannes Paul II. mich fast ein wenig in die Religionsstunde bei Pfarrer Anton Kubski in meiner Heimat zurückversetzt fühlte – die gleiche mir so vertraute Sprachmelodie.

Aber bis dahin mußte noch etwas Zeit vergehen. Nach den Verheerungen des Krieges und den Jahren danach; nach Absolvierung der letzten drei Klassen Gymnasium in Melk und glücklich bestandener erster juridischer Staatsprüfung in Wien konnte ich zum Heiligen Jahr 1950 das erste Mal in meinem Leben nach Rom pilgern. Eingeladen bei meinem Onkel (und späteren Vorgänger in der Via Reno), Johannes Schwarzenberg, der damals Botschafter beim Quirinal war, erlebte ich all die Schönheiten und Gnaden Roms, machte – zu Fuß – meine Besuche in den Hauptkirchen und tauchte ein in eine Atmosphäre, in der man gleichzeitig bei Romulus und Remus, Petrus und Paulus, also im Rom der Antike und im Rom der Christenheit, war. Zu den unvergeßlichen Ereignissen dieses Besuches gehört eine große Papstaudienz in der Peterskirche bei Pius XII., dem Papst, an den wir – vor allem – während des Krieges so viel und so innig gedacht hatten. Diesen Mann, der so viele Jahre unsere Hoffnung und unser Trost war (... non praevalebunt ...), lebendig vor mir zu sehen, hat mich zutiefst beeindruckt und kann ich wohl nie mehr vergessen. Erstaunlicherweise saß ich bei dieser Audienz ungefähr genau an derselben Stelle, an der ich so viel später als Botschafter zu sitzen pflegte. Ich erinnere mich auch noch an einen Besuch bei Botschafter Kripp in der Via Reno, wo ich übrigens zum letzten Mal dem so liebenswürdigen und in meiner Erinnerung so mutigen Kardinal Innitzer begegnete. (Der meines Wissens nach einzige Bischof des Großdeutschen Reiches, der eine überwältigende Demonstration gegen den Nationalsozialismus erfolgreich provozierte.)

1954 war ich noch einmal für zwei Wochen in Rom, und in den folgenden 44 Jahren kam ich – sozusagen „im Vorübergehen" – noch neunmal jeweils etwa zwei oder drei Tage nach Rom. Zuletzt kam ich, wie der alte Aeneas, sozusagen von Karthago nach Latium. Es wird niemand erstaunen, daß ich mir – aufgrund meiner Weltanschauung – diesen Posten gewünscht habe. Mein – auch an anderen Orten und bei so vielen Gelegenheiten – von mir vertretenes, geliebtes Vaterland beim Heiligen Stuhl zu vertreten, schien mir ein in hohem Maße anstrebenswertes Ziel, um meine Karriere als Diplomat zu beenden.

Zunächst aber erlebte ich bei meiner Reise zum Antritt meines Postens als österreichischer Botschafter in Tunis, Mitte September 1978, die nicht nur in Rom, sondern auch von meinem Fährschiff im Mittelmeer aus gut sichtbare Mondesfinsternis, die den einzigen Vollmond der Regierungszeit Johannes Pauls I. verhüllte und so den etwas fragwürdigen Prophezeiungen des Nostradamus recht zu geben schien.

In Karthago gab es außer dem tunesischen Fernsehen nur RAI uno, das man empfangen konnte, und so war es mir möglich, die ersten sechs Jahre des neuen Pontifikates ungleich besser und lebendiger mitzuerleben, als dies damals in Österreich möglich gewesen wäre. Die Wahl, die erste Ansprache (… Fürchtet euch nicht …), die ersten Reisen, einschließlich der ersten Reise nach Österreich, und das furchtbare Attentat am Petersplatz, das mir die braven muselmanischen Angestellten mit den Worten meldeten: „Sie haben euern Papst erschossen!" Sozusagen im Schatten von Sarajewo aufgewachsen, wird man mir die tiefe Erschütterung glauben, die mich damals bewegte. Nicht nur den beängstigend mutigen Papst wollte man uns da ermorden, sondern fast einen Landsmann, ein Kind der k.u.k. Armee (wenn man so sagen darf).

> *Nicht nur den beängstigend mutigen Papst wollte man uns da ermorden, sondern fast einen Landsmann, ein Kind der k.u.k. Armee (wenn man so sagen darf).*

Beim zweiten Besuch Johannes Pauls II. war ich wieder in Österreich und erlebte den Einzug des Papstes in St. Stephan und die große Feier bei Trausdorf an der Wulka. Als ich den Heiligen Vater später einmal fragte, was ihn bei dieser Reise in Österreich am meisten beeindruckt habe, antwortete er mir, ohne zu zögern: „Lorch". Er erklärte mir das dann auch, daß nämlich für ihn, aus Rom kommend, die Begegnung mit einem römischen Märtyrer an der Donau und die gleichzeitige Erinnerung an seine zeitweilige Krakauer Pfarre zum heiligen Florian ein auch für ihn ganz unerwarteter, sehr starker Eindruck war.

Das war auch die Zeit, wo ich in die – damals schon recht verbreitete – Konduiteliste des k.u.k. Infanterie-Regimentes Graf Daun No. 56 bezüglich des Rechnungsunteroffiziers Karl Wojtyła (des Vaters von Johannes Paul II.) Einsicht nehmen konnte. Da gibt es eine Rubrik „Eigenschaften des Gemütes und des Charakters", und da kann jedermann sehen, wie sehr Wojtyła im Regiment geschätzt war und wie sehr Johannes Paul II. seinem Vater nachgeraten ist. Da steht nämlich, natürlich in der Sprache von 1908: „Äußerst gut entwickelter, biederer Charakter, ernst, sehr gesetzt, bescheiden, ehrliebend mit hoch entwickeltem Pflichtgefühl, sehr gutmütig und unverdrossen." So wie der Vater hier beschrieben wird, fand ich den Sohn; und ist es nicht überraschend, daß, wenn man dann die Ernennung als Botschafter beim Heiligen Stuhl zu Rom in der Tasche hat, man ins Kriegsarchiv in Wien gehen kann, um sich darüber zu informieren, wie etwa die „Eigenschaften des Gemütes und des Charakters" des glorreich regierenden Pontifex Maximus sein mögen!

Mitte Dezember 1988 konnte ich dann mein Beglaubigungsschreiben dem Heiligen Vater überreichen. Der Marxismus war weitum noch ziemlich intakt und der Eiserne Vorhang höchstens stellenweise etwas schleißig geworden. So hatte ich denn auch das eine oder andere Brieflein von jenseits dieses Vorhangs in den Schößen meines

Fracks verborgen, die dann – ohne den Papst direkt damit zu belästigen – dennoch auf kurzem Wege in seine Hände gelangt sein dürften. Die Erlaubnis, als gelegentlicher „Postillion" auftreten zu dürfen, war mir in Wien erteilt worden. Es war dies alles außerordentlich angenehm mit Johannes Paul II. zu bearbeiten, denn einerseits konnte man sich – bei jemand, der jahrelang Beichte gehört hat – auf die absolute Diskretion verlassen, bei einem Menschen mit so hoher Intelligenz und perfekter Beherrschung der deutschen Sprache war es nun andrerseits gar nicht schwierig, sich – sozusagen – in Halbtönen zu unterhalten. Er verstand mich und ich verstand ihn, und ein Dritter hätte vielleicht nicht einmal verstanden, wovon wir sprechen. So kam es mir jedenfalls vor, denn wer wußte denn zum Beispiel so genau, daß man zum Beispiel für dieselbe Gegend einmal „Westukraine" und einmal „Ostgalizien" sagen konnte.

> *Er verstand mich und ich verstand ihn, und ein Dritter hätte vielleicht nicht einmal verstanden, wovon wir sprechen.*

Nun ist es ja nicht so, daß man als Botschafter immer wieder mit dem Heiligen Vater Gespräche führen kann. Für den Verkehr mit den diplomatischen Vertretern der Staaten sind in erster Linie das Staatssekretariat, aber auch die anderen Dikasterien, wie man das nennt, was unseren Ministerien entspricht, und alle möglichen weiteren Dienststellen des Vatikans und nicht zuletzt verschiedene Ordensobere, die in Rom ihren Sitz haben, zuständig. Da diese aber alle „nach oben", also zum Papst hin, ausgerichtet sind, merkt man bald das unverhältnismäßig große Wohlwollen, das dem Vertreter Österreichs entgegengebracht wird und dessen Quelle man „ganz oben" vermuten darf. Man sollte sich nicht einbilden, als Vertreter eines Staates mit nur neun relativ kleinen Diözesen eo ipso ein „Schwergewichtler" zu sein. Da muß schon mehr als eine allgemeine Freundlichkeit dahinterstecken, und – im offenen Widerspruch zur Wahrscheinlichkeit – habe ich gelernt, daß im Vatikan doch fast alles von „ganz oben" kommt. Der einzige Zwist, den es wohl immer geben kann und wahrscheinlich auch wird, ist das, was ich heute noch den „Investiturstreit" nennen möchte. In meiner ganzen diplomatischen Laufbahn bin ich nie so elegant, aber auch so liebenswürdig, noch ehe ich irgend etwas deutlich gesagt hatte, abgewiesen worden als vom Heiligen Vater selbst in der Frage von Investituren. Ich hatte in diese Richtung eben einen Satz begonnen (ich fühlte mich ohnehin dabei nicht sehr wohl), als Johannes Paul II. sagte: „Ich bete jeden Tag für gute Beschlüsse in dieser Frage, da sie mir so überaus wichtig erscheint." Wenn der – wie ich nun einmal glaube – Stellvertreter Christi in dieser Frage mit dem verkehrt (und auch noch dazu täglich), den er vertritt, so ist es auch für den beliebtesten Botschafter nicht unweise, den Mund zu halten. Immer werde ich dankbar sein, daß mir der Pontifex hier eine nahezu unvermeidliche Blamage erspart hat. So hatte ich, gleich zu Beginn meines römischen Aufenthaltes, eine wichtige Lektion gelernt, war dafür dankbar und konnte mich in der Folge auf ein Wohlwollen verlassen, das ich in meinem Innersten die „k.u.k. Solidarität" nennen zu dürfen mir einbildete.

Es hat mich immer gekränkt, daß das Fest Mariä Namen am 12. September aus dem römischen Kalender entschwunden war. Beim zuständigen Kardinal Noè erkundigte ich mich, ob es erlaubt sei, das Grab des „Türkenpapstes" Innozenz XI. am 12. September zu schmücken und in der Peterskirche, wo er begraben liegt, bei der Nachmittagsmesse seiner zu gedenken. Die Erlaubnis wurde mir erteilt, und der zu solchen Dingen immer bereite, liebenswürdige Bischof Alois Wagner zelebrierte die heilige Messe. Es war das einzige Mal, daß ich dabei die Epistel lesen durfte, und ich gestehe, daß es ungeheuer beeindruckend ist, vom Altar der Cathedra Petri aus in diese riesige Kirche hinein die Epistel vorzutragen. Wir machten das zwei- oder dreimal, und dann bat das Domkapitel von St. Peter, ohne unser Zutun, den Heiligen Vater, das Fest Mariä Namen für die Peterskirche wieder einzuführen. Da konnten wir uns dann wirklich auf den Heiligen Vater verlassen, denn ein Marienfest, an dessen Entstehung auch noch ein polnischer König, Jan Sobieski, beteiligt war: Das mußte gelingen. Und es gelang! Für die Peterskirche wurde das Fest Mariä Namen wieder eingeführt, und ich war erfreut, als Patriot und als Ehemann, ist doch der 12. September auch der Geburtstag meiner Frau.

Weit über 100 Jahre waren vergangen, seit Pius IX. die „Anima" besucht hatte. Das war noch – wenn ich mich recht erinnere – vor der Besetzung Roms durch die italienischen Truppen der Savoyer, also wirklich sehr lange her. Fast alle nationalen Kollegien in Rom hatte Johannes Paul II. schon besucht (man könnte auch sagen: inspiziert), nur das „unterm Doppeladler" wartete seit den Lateranverträgen vergeblich auf solch hohen Besuch. Es stellte sich heraus, daß seit dem Zeitpunkt, da dies möglich gewesen wäre, also seit den Lateranverträgen, unglückseligerweise niemand daran gedacht hatte, den Bischof von Rom in die Anima einzuladen. Die schriftliche Einladung des Gastgebers, des hochverdienten Rektors Johannes Nedbal, war noch kaum im apostolischen Palast eingelangt, so entschloß sich der Heilige Vater schon, „den Österreichern", wie er gesagt haben soll, einen Besuch zu machen. An einem wunderschönen Junitag ziemlich zeitig in der Frühe kam der Besuch dann auch zustande, alles funktionierte vorzüglich, und Johannes Paul II. blieb sogar noch zum Mittagessen, das er mit allen anwesenden Klerikern einnahm.

Natürlich ist auch die Anima kein rein österreichisches Institut, so wie das Campo Santo Teutonico nächst der Peterskirche oder etwa das Collegium Germanicum der Jesuiten, Institute, die ja auch längst vor 1866 gegründet worden sind, aber die Tradition ist eben in Rom eine starke Rechtsquelle. So wie ich einen neu angekommenen deutschen Botschafter beim Heiligen Stuhl aufzuklären versucht habe: „Wo immer Sie in Rom einen Doppeladler sehen, gehört ein Kopf zweifellos mir."

Drei österreichische Bundesländer durfte ich mit ihren prachtvollen Christbäumen, ihren Pilgern und ihrer Folklore am Petersplatz und beim Heiligen Vater einführen, der diese Besuche aus Oberösterreich, Vorarlberg und der Steiermark mit sichtlicher Freude empfangen hat. Ich erinnere mich noch gerne jener Audienz, bei der er selbst uns alle aufforderte, mitzusingen, und das alte Lied „O Tannenbaum ..." anstimmte. Am Ende dieser Audienz mußte ich ihn noch einmal zurückrufen oder -bitten, um noch ein paar Worte für „Licht ins Dunkel" in die Kamera bzw. ins Mikrofon zu sagen, was er ungeachtet des Drängens und der Gestikulationen seiner Umgebung gerne tat. Die Entwicklung in Jugoslawien beschäftigte ihn sehr, und die Haltung Österreichs in diesen Fragen dürfte ihn durchaus interessiert haben, da ich von seinen Mitarbeitern häufig dazu befragt wurde. Daß er mir gesagt habe: „Was für ein Jahrhundert, beginnt mit Sarajewo und endet mit Sarajewo!", muß ich ins Reich der Fabel verweisen. Er mag es gesagt haben, aber jedenfalls nicht zu mir.

Die zahlreichen Pilger, die in den Vatikan oder nach Castel Gandolfo zu begleiten ich die Ehre hatte, gaben mir reichlich Gelegenheit, den Papst im Umgang mit meinen Landsleuten zu beobachten. Häufig steht man dann als Botschafter ein wenig wie „bestellt und nicht abgeholt" dabei und gelegentlich auch „daneben". Unglaublich, wie gut informiert der Heilige Vater über unser Land ist und wie gerne er die Gelegenheit benützt, die zunächst naturgemäß etwas steife Atmosphäre aufzulockern. Als Bischof László – der sich, wie ich glaube, zu Recht „Freund des Papstes" nennen durfte – mit einer stattlichen Anzahl seiner Diözesanen dem Heiligen Vater einen Dankesbesuch für dessen Kommen nach Trausdorf im Hof von Castel Gandolfo machte, kam ich ziemlich unmittelbar hinter dem Bischof zu stehen. In den drei Sprachen seiner Diözese verlas Bischof László eine schöne Ansprache an den Papst. Hinter ihm stehend, konnte ich seine Rede mitlesen. Nun kann ich weder kroatisch noch ungarisch, sah aber im ungarischen Text ein Wort von so unbeschreiblicher Länge, daß ich mir dachte: „Wenn er da nur drüberkommt!" Unglücklicherweise blieb er stecken, und was konnten wir anderes tun, als mit dem schmunzelnden Papst mitzulachen. Als der Heilige Vater später sich auf seine Reise nach Ungarn vorbereitete, wird er seinem Freund László Abbitte geleistet haben, denn ich weiß vom Ungarischlehrer Seiner Heiligkeit, wie ungeheuer schwer, ja fast hoffnungslos, ihm das Erlernen dieser Sprache erschienen ist.

> *Unglaublich, wie gut informiert der Heilige Vater über unser Land ist und wie gerne er die Gelegenheit benützt, die zunächst naturgemäß etwas steife Atmosphäre aufzulockern.*

Eine der in den Augen des Vatikans glorreichsten Institutionen Österreichs – Pro Oriente – hatte ich auch anläßlich eines Rombesuchs zu begleiten, und die Audienz beim Heiligen Vater mit der Begegnung des Papstes mit Kardinal König und den anderen Teilnehmern an dieser Pilgerreise war für mich wegen des lebhaften Interesses, das der Papst an dieser Institution zeigte, lehrreich. Durch spätere Kommentare der engsten Mitarbeiter des Pontifex Maximus konnte ich erkennen, wie sehr Pro Oriente geschätzt wurde. Als während der Audienz die Mittagsglocken zu läuten begannen, sagte der Papst: „Jetzt werden wir den Angelus beten", und indem er mit einem fast schelmischen Lächeln seine wichtigen Gäste anblickte, fuhr er fort: „Auf lateinisch, wenn wir das noch können."

Es gäbe noch viele Beweise für die außerordentlichen Gefühle der Sympathie, die der Heilige Vater für Österreich zu hegen scheint. So sagte mir der Privatsekretär des Papstes einmal in einem Gespräch: „Wissen Sie, Warschau ist natürlich unsere Hauptstadt, die wir achten und ehren, aber Wien und Österreich haben wir gerne, und nicht nur, weil es am Weg nach Rom liegt."

So gibt es eine Menge Erlebnisse in meiner Erinnerung, bei denen ich mich durch die auffallende Freundlichkeit des Papstes ausgezeichnet fühlte. Wir haben die Gewohnheit, das Wort Charme eher mit Liebreiz zu übersetzen, wo wir doch – wenn wir an die Wurzel des Wortes gehen – von Bezauberung sprechen sollten. Diese nicht zu leugnende Bezauberung dürfte von der kompletten Ehrlichkeit Johannes Pauls II. kommen. Sei es im Umgang mit Menschen, sei es aber natürlich auch im Umgang mit dem, den er zu vertreten hat. Ich habe vielen heiligen Messen (auch in ganz kleinem Kreis) des Papstes beigewohnt, ich war in seiner unmittelbaren Nähe, wenn er betete, und war tief beeindruckt von der ganz selbstverständlichen und natürlichen Frömmigkeit und Andacht. Ja, so hatte man das sichere Gefühl, hier baut der Pontifex Maximus wirklich eine Brücke in ein Jenseits, das wir nur ahnen, während es für ihn vollständig problemlos ist. Bei meiner Abberufung von Rom war vielleicht mein größter Schmerz, von diesem großartigen Menschen, dessen Liebe und Freundschaft man spüren konnte, getrennt zu werden.

Zuletzt noch eine heitere Anekdote: Ich hatte im Dezember 1988 mein Beglaubigungsschreiben überreicht und war daher bei der Neujahrsgratulation im Jänner 1989 einer der rangjüngsten Botschafter. In der prachtvollen Sala Regia von den Beamten des Protokolls entsprechend unserem Range aufgestellt, warteten wir, daß, nach den Ansprachen, der Papst zu den einzelnen Botschaftern ging und ihre Wünsche oder die ihm durch die Botschafter ausgerichteten Glückwünsche der Staatsoberhäupter entgegennahm. Der Heilige Vater trug ein Pektorale (Brustkreuz), dessen vier Kreuzesarme in goldenen Kügelchen endeten. Kein Mensch kann immer ganz unbefangen sein, und so beobachtete ich (es war ja für mich das erste Mal, daß ich dieser Zeremonie beiwohnte, und nie fühlt man sich so sehr als der Vertreter der fernen Heimat als bei solchen Gelegenheiten), wie der Heilige Vater mit einer Hand immer wieder mit seinem Pektorale spielte (wenn man das so nennen darf). Bei mir angekommen, begann ich gerade meine Glückwünsche und die des Herrn Bundespräsidenten zu Gehör zu bringen, als ich bemerkte, daß Johannes Paul II. mir überhaupt nicht zuhörte, seinen weißen Talar gerafft hielt und auf den Boden schaute oder, wie mir zunächst schien, auf seine Schuhe. Nun ist dieser Papst vermutlich der erste seit sehr langer Zeit, der ganz normale braune Schuhe trägt. Was war da geschehen? Sicher hatte ich etwas falsch gemacht. In diesem Augenblick entdeckte ich, daß ein Goldkügelchen des Pektorales fehlte; der Papst hatte es abgeschraubt, und es mußte auf den Boden gefallen sein. Im gleichen Augenblick wie der Chef des päpstlichen Protokolls sah ich das Kügelchen vor den braunen Schuhen des Papstes liegen, und in einer Art Reflexbewegung wollte ich es aufheben (Ich hatte als Kind schon gelernt, daß man jemandem, der neun Jahre älter und obendrein Papst ist, ohne zu zögern, etwas Herabgefallenes aufhebt.). Der Protokollchef hatte offenbar eine analoge Erziehung genossen, und so krachten unsere Köpfe etwa in Kniehöhe des Papstes zusammen. Das Kügelchen aber hatte ich! Ich bin heute noch stolz darauf, es mit der linken Hand und ohne Brille wieder angeschraubt zu haben. Der Heilige Vater stand ganz geduldig eher amüsiert da, und meine lieben Kollegen, die mich zum Teil noch gar nicht kannten, reckten die Hälse und fragten, was denn der Heilige Vater so lange bei „dem Österreicher" mache. Zuletzt wurde mir gedankt, und die Zeremonie konnte fortgesetzt werden. Meine – etwas freche – Frage an den Kardinalstaatssekretär Casaroli, ob ich mich jetzt vielleicht päpstlicher Hofjuwelier nennen dürfe, hat der Papst wohl nicht mehr gehört.

Noch einmal die Konduiteliste des Karl Wojtyła von 1908: Bei der Rubrik „Benehmen im Dienste" steht: „Ein sehr verläßlicher, sehr genauer, gegen Vorgesetzte gehorsamer, auf Untergebene günstig einwirkender Unteroffizier." Wenn man statt Unteroffizier Papst schreibt und dazu bedenkt, daß als Vorgesetzter für ihn nur mehr der liebe Gott in Frage kommt, kann die Beurteilung des Vaters auch für den Sohn gelten.

Impressionen vom Besuch des Heiligen Vaters in der Anima am Sonntag, dem 24. Juni 1990

Johannes Nedbal

Mein Vorgänger hat mir hinterlassen, daß er den Heiligen Vater in die Anima eingeladen hatte. Es sei auch schon ein Termin fixiert gewesen, doch dann sei das Attentat dazwischengekommen, und der Besuch habe nicht stattgefunden. Die Zeit nachher war ein bißchen schwierig, man wußte natürlich nicht, wann man dem Heiligen Vater wieder etwas zumuten konnte, obwohl er immer einen sehr ruhigen und gesunden Eindruck machte.

Schließlich bekam ich dann zehn Tage vor dem wirklichen Besuch, also am 13. Juni, einen Anruf von Monsignore Monduzzi, dem Präfekten des apostolischen Hauses. Er hatte mich am Tag vorher schon gesucht und teilte mir mit, der Heilige Vater könne am Sonntag, dem 24. Juni, in die Anima kommen.

Dabei gab es eine Menge Schwierigkeiten. Es waren schon Ferien. Die Priester des Kollegs waren beinahe alle schon wieder in ihre Heimat zurückgekehrt. Ich kann sagen, daß beinahe alle wieder zurückgekommen sind, um den Besuch des Heiligen Vaters zu erleben. Sonst gab es eine Menge Schwierigkeiten; bei der Deutschen Gemeinde hat man nicht gewußt, ob da Leute kommen werden; ob es denn jetzt sein muß, ob es zu so früher Stunde sein muß, um halb acht Uhr. Ich bin sehr schnell draufgekommen, daß der Heilige Vater ja zu Mittag wieder beim Angelus zu Hause sein will. Wenn er nicht ins Gedränge kommen will, muß er zu so früher Stunde kommen. Die größeren Schwierigkeiten stammten eigentlich aus der entgegengesetzten Richtung: daß man das und jenes noch restaurieren sollte, schnell, etwas vorbereiten. Man kann doch nicht alles im alltäglichen Zustand belassen. Ich bin dann froh gewesen, daß nicht mehr als zehn Tage zur Verfügung gestanden sind, sonst wären die Vorbereitungen ins Gigantische gewachsen.

Die organisatorische Vorbereitung ist im Vatikan schon Routine gewesen. Der Zeremoniär hatte sein Schema. Die Sicherheitskräfte haben gewußt, worauf sie besonders achten mußten, sie sind vorher ins Haus gekommen. Es war vorauszusehen, daß man ein bißchen martialisch vorgehen müßte bei der Vorbereitung eines solchen Besuches, daß alle Leute in der Umgebung zuerst von der Polizei besucht wurden und ausgefragt wurden, ob sie nicht gebeten worden sind, jemanden durch ein Fenster hinausschauen zu lassen. An alles das hatte man sich ja seit dem Attentat schon gewöhnt gehabt. Radio Vatikan hat noch vorher seine Leitungen verlegt, so daß alles schön aufgenommen werden konnte.

Am Freitag vor dem Sonntag, am 22. Juni, war ich beim Heiligen Vater zum Abendessen eingeladen in einer sehr gelösten und gemütlichen Atmosphäre. Ich habe dort nicht nur dem Sekretär die Meßtexte zur Vorbereitung für den Heiligen Vater hinterlassen können, sondern er hat mich auch ziemlich ausführlich gefragt, wie das mit dem Besuch sein wird. Er hat auch gewußt, daß wir das Grab eines Papstes beherbergen, Hadrians VI., des letzten, der kein Italiener gewesen ist. Wie es mit meiner Begrüßung sein werde, bin ich schon vorher gefragt worden: Sehr viel dürfe ich nicht reden, ich solle doch vorher den Text abgeben, damit er ein bißchen akkordiert werden kann. Am nächsten Tag wurde mir gesagt, das sei doch nicht nötig, ich könne reden, was ich wollte.

Schließlich ist dieser Sonntag herangekommen. Der Heilige Vater ist durch den Kollegs-Eingang von hinten in die Kirche hereingekommen. Im Hof sind die Angestellten des Kollegs gestanden und haben den Heiligen Vater begrüßt. Er ist dann in die Sakristei gekommen, hat dort die Paramente genommen und ist so, wie sonst zum Papsthochamt in St. Peter, in die Kirche der Anima eingezogen. Bei der Begrüßung habe ich gesagt, daß die Anima, wenn sie keine juridische, sondern eine physische Person wäre, uns durch die Jahrhunderte viel erzählen könnte, daß sie als kleines Mädchen am Straßenrand gestanden ist und gewinkt hat, als im Jahre 1417 Martin V. wieder als erster rechtmäßiger Papst nach dem Schisma in Rom eingezogen ist, daß sie sonst immer von den Päpsten gut behandelt, ja geradezu verhätschelt worden ist und daß einer von ihnen sogar seine letzte Ruhestätte bei uns gefunden hat. Hier konnte ich auf das Grab Hadrians VI., rechts vorne im Presbyterium, hinweisen. Bei der Messe hat nicht nur der Chor der Anima gesungen, sondern auch die Sängerknaben von Göttweig, deren Kommen sowieso schon vorgesehen war. Sie sind nicht erst um zehn, sondern schon um sieben Uhr gekommen und haben unter anderem auch mitgeholfen, die lange Wartezeit von einer dreiviertel Stunde, die die Leute früher in der Kirche sein mußten, zu verkürzen. Natürlich hat die Gemeinde nicht ausgelassen; die Kirche war voll; wir mußten Eintrittskarten ausgeben, um den Andrang zu regulieren.

Der Heilige Vater ist nach der Messe dann in das Kolleg hinaufgekommen. Wenn der Papst ein Priesterkolleg besucht, besteht die Gefahr, daß so viele andere Leute mit eingeladen sind, die dann den eigentlichen Besuch überschatten. Zwei Bischöfe sind dagewesen, um den Heiligen Vater zu begrüßen, Bischof Reinhard Lettmann von Münster als Vertreter der Deutschen Bischofskonferenz und Bischof Krenn, der damals gerade noch Auxiliarbischof von Wien gewesen ist. Der österreichische Botschafter beim Heiligen Stuhl war natürlich da. Der deutsche Botschafter war damals gerade in statu abeundi und wurde durch den Botschaftsrat vertreten. Auch der deutsche Botschafter bei der italienischen Regierung war gekommen und hat einige Gäste mitgebracht. Wir haben die Sache so gelöst, daß die Kollegsmitglieder im Speisesaal auf den Heiligen Vater gewartet haben. Die Diplomaten und andere Honoratioren haben sich im Salon versammelt. Der Heilige Vater ist zuerst zu ihnen gegangen. Ich habe Bischof Lettmann, einen „Alt-Animalen", gebeten, er möge bei den Diplomaten bleiben und sie auch bewirten. Der Heilige Vater ist dann in den Speisesaal zurückgekommen und hat mit uns gefrühstückt. Die Atmosphäre war gelöst, so, als hätte der Papst überhaupt nichts mehr zu tun, als mit uns zu plaudern. Ich habe aus dem Bruderschaftsbuch der Anima einige Seiten herauskopieren lassen, in denen Handwerker aus Krakau als Pilger ausgewiesen waren, und sie dem Heiligen Vater geschenkt. Dann habe ich gefragt, ob das richtig ist, daß der spätere Kardinal Fürstenberg Rektor im Belgischen Kolleg war, als er selber als junger Priester nach Rom gekommen ist, um am Angelicum Philosophie zu studieren. Das hat gestimmt. Und es war damals auch im Belgischen Kolleg so, daß viele Priester aus anderen Nationen in dem kleinen Kolleg untergebracht waren, wie bei uns, wo nicht nur deutschsprachige Priester wohnten. Die Unterhaltung ist ziemlich zwanglos verlaufen, man kann nicht einmal einen ganz besonderen Inhalt feststellen.

Nach etwa einer halben Stunde ist der Sekretär aufgestanden, und der Heilige Vater hat mich etwas belustigt angeschaut und gesagt: „Sie sind selber Sekretär gewesen, Sie wissen, daß Bischöfe ihren Sekretären gehorchen müssen." Ich habe ebenso belustigt zurückgeschaut, es sind alle aufgestanden, und wir haben das Tischgebet gesprochen. Die Schwestern haben schon im Vorraum gewartet, haben den Heiligen Vater begrüßt und ihm auch ein Geschenk überreicht. Wir sind auf die Terrasse hinausgegangen, haben ein Bild gemacht, auch der Kirchenchor der Anima hat sich mit dem Heiligen Vater fotografieren lassen und natürlich auch die Sängerknaben aus Göttweig. Der Heilige Vater ist in die Bibliothek hinuntergegangen, wo die Leute schon auf ihn gewartet haben. Er hat sich in etwas launigen Worten verabschiedet, für die Gastfreundschaft gedankt und uns den Segen gegeben. Dann hat er durch den Ausgang neben der Fassade der Kirche das Haus verlassen. Der Portier hat sich noch darüber gefreut, daß er im Hinausgehen sein Kind gestreichelt hat und natürlich diese Szene in der Fotografie festgehalten ist.

Eindrücke aus einer persönlichen Freundschaft
Lonny Glaser

1978 – Es war ein gemütliches Landhaus in Warmbad Villach. Von unserem Fenster aus blicken wir durch einen Waldausschnitt auf den Dobratsch.

Ein paar Tage Erholung – wandern, schwimmen, Abstand halten zum gewohnten Alltagstrott und sich von Herzen an der Schönheit der Berglandschaft freuen – ist unser Programm. So liegen wir wohlig auf den Betten, schauen aus dem Fenster, das ein weites Panorama bietet, und hören gespannt die Übertragung vom Vatikan im Radio. Plötzlich dringt eine erregte Reporterstimme durch: „Weißer Rauch steigt auf!", dann die ruhigen Worte des „Habemus papam!" Wer wird es sein, fragen wir uns, und schon spricht die Stimme weiter: „Carolus ...", und wir rufen beide wie aus einem Mund: „... Wojtyła!"
Eine große Freude erfaßte uns. Ein neuer Papst, ein Papst, den wir persönlich kennen, mit dem wir seit vielen Jahren immer wieder zusammengetroffen sind. Es scheint uns unfaßbar. Ins höchste kirchliche Amt ist eine Persönlichkeit berufen worden, der man oft begegnet ist, und an diese Begegnungen knüpfen sich sehr positive Erinnerungen. Unsere ersten Schritte nach Verarbeitung dieser frohen Nachricht führten uns zur Post. Dort verfaßten wir einen längeren Text für ein Glückwunsch-Telegramm.
Es war wohl eine große Sensation für den Beamten des kleinen Postamtes. Er begann den Text langsam zu lesen, unterstrich mit dem Finger jeden Buchstaben, zählte bedächtig die Worte, schüttelte den Kopf und nannte schließlich den Betrag. Dabei sah er uns an, als kämen wir von einem anderen Planeten. Beim Weggehen hörten wir schon ein freundliches Gemurmel der Wartenden, denen er wohl zu verstehen gegeben hatte, daß dies ein Telegramm an den Papst gewesen sei. In den darauffolgenden Tagen wurden wir von fremden Leuten höflich gegrüßt. Wir – das sind meine Adoptivtochter Anna und ich.
Am Tag nach der Papstwahl erschien in der lokalen Tagespresse die Werbeeinschaltung eines Gasthofes in Villach mit der Kopie einer Eintragung aus dem Gästebuch aus dem Vorjahr: „Karol Wojtyła – Beruf: Kardinal".
Von den Leuten in unserem Quartier erfuhren wir, daß der Erzbischof von Krakau auf seinem Weg nach Rom gerne mit Priesterfreunden in den Alpen gewandert war. Es fügte sich einmal, daß sie spät in der Nacht am Pfarrhof läuteten und um Übernach-

tung ersuchten. In Polen ist dies nicht ungewöhnlich. Der Pfarrer wies sie empört ab, und so kam es zu der Übernachtung in dem Gasthof.

Im Jahre 1967 erhielt ich einen überraschenden Anruf aus der Apostolischen Nuntiatur in Wien. Ich wurde eingeladen, am nächsten Tag dorthin zu kommen. Es stellte sich heraus, daß der Erzbischof von Krakau, Kardinal Wojtyła, dies veranlaßt hatte. Ich war dort zum ersten Mal dem Mann begegnet, von dem ich schon so viel von unseren Krakauer und Lubliner Stipendiaten gehört hatte. An der Katholischen Universität Lublin hatte der Erzbischof von Krakau den Lehrstuhl für Ethik inne und lehrte auch Philosophie. Ich arbeitete zwar schon zehn Jahre für Polens Intelligenz, war aber mit dem Primas von Polen, Kardinal Stefan Wyszyński, sehr verbunden, der auch persönlich das „JANINEUM" besucht hatte.

Es war dann ein überraschendes Gespräch für mich. Der Erzbischof von Krakau war voller Dankbarkeit und Anerkennung für den Erzbischof von Wien, Kardinal Dr. Franz König, der so viel Verständnis, Kenntnis und guten Willen zu helfen für die Menschen hinter dem Eisernen Vorhang hatte. Er sah diese Einstellung des Wiener Erzbischofs auch ausgedrückt durch die Förderung des JANINEUMS, das schon damals den Eisernen Vorhang zu durchlöchern vermochte. Dies trug dazu bei, im Laufe der Zeit tausenden christlichen Kulturschaffenden den Anschluß an den westlichen Kulturkreis, zu dem sie gehören, zu erhalten. Gott fügte es damals, daß in dieser kritischen und gefährlichen Zeit diesseits und jenseits der eisernen Grenze Männer in höchste kirchliche Positionen berufen waren, die die Gefahren der Zeit für Europa erkannten und den Mut, aber auch das Wissen hatten, klug entgegenzuwirken und das christliche Europa vor dem Versinken in Gottlosigkeit und dem Verlust seiner Freiheit zu bewahren.

Gott fügte es damals, daß in dieser kritischen und gefährlichen Zeit diesseits und jenseits der eisernen Grenze Männer in höchste kirchliche Positionen berufen waren, ...

Im Laufe dieses Gespräches – dem in den weiteren Jahren andere folgten – schlug Kardinal Wojtyła viele Kandidaten für ein Stipendium in Wien vor. Es waren Laien, darunter sehr viele Frauen, die er empfahl. Der Erzbischof von Krakau unterstrich, daß seiner Überzeugung gemäß die Kirche Laien ausbilden muß. Laien dringen in weitere Kreise vor als Priester. Sie haben viel Gelegenheit, am Arbeitsplatz, in der Familie, im Freundes- und Bekanntenkreis das Evangelium glaubhaft zu leben und durch das gute Beispiel zu überzeugen. Frauen seien von Natur aus prädestiniert, gute Kulturträgerinnen sowohl im weltlichen als auch im kirchlichen Bereich zu sein. Sie haben von Gott große Sensibilität bekommen, die sie oft vor zerstörerischem Übereifer bewahrt.

Erzbischof Wojtyła erwähnte damals auch die Notwendigkeit eines Kirchenbaues in der Industriestadt Nowa Huta am nordöstlichen Stadtrand von Krakau. Von den

Erinnerungen und Eindrücke

Kommunisten wurden dort, fernab von jeglichen Rohmaterial-Quellen, riesige Hüttenwerke gebaut. Aus ganz Polen wurden in der Folge Arbeiter dort angesiedelt. Dem Erzbischof von Krakau war es sofort klar, daß Menschen aus ihrem Milieu entwurzelt werden, um leichter den „roten" Einflüssen zu unterliegen. Sie sollten sich als gottloses Bollwerk dem erzkatholischen Bürgertum der Stadt entgegenstellen.
Kardinal Wojtyła berief einen klugen und den Kommunisten gewachsenen Priester zum Pfarrer dieser neuen Gemeinde. Er wurde beauftragt, eine Kirche zu bauen. Im Laufe des Gesprächs ersuchte mich der Erzbischof, diesem Priester zu helfen, was in den folgenden Jahren auch geschah. Diese Kirche wurde ein Schmuckstück inmitten einer öden, grauen Industriestadt. In der Form einer Arche, mit der tätigen Hilfe der Arbeiterbevölkerung gebaut, wurde sie im Mai 1977 von Kardinal Wojtyła selbst geweiht und als Zeichen der Hoffnung gesehen, daß der christliche Glaube in dieser Gemeinde nicht gebrochen werden kann.

In den folgenden Jahren wurde ich immer wieder von Kardinal Wojtyła, anläßlich seiner Besuche in Wien, in die Nuntiatur eingeladen. Bei diesen Gesprächen konnte ich die sehr menschliche, unkomplizierte Seite dieses schwierigen Philosophen kennenlernen, der viele philosophische Werke schrieb und Predigten hielt, die nicht nur für das einfache Volk, sondern auch für sehr gebildete Menschen einen zu hohen Horizont hatten.

... die die Gefahren der Zeit für Europa erkannten und den Mut, aber auch das Wissen hatten, klug entgegenzuwirken.

Daher erstaunten mich auch die berührenden Geschichten nicht, die mir erzählt wurden. Der Kardinal fuhr einmal zu einem Festgottesdienst in feierlichem Gepränge durch die Straßen Krakaus. Plötzlich befahl er seinem Chauffeur anzuhalten. Er stieg aus, ging zu einer Frau, die weinend vor der geschlossenen Klosterpforte eines beschaulichen Ordens stand. Er erfuhr, daß die Katze der Frau in den Klostergarten gelaufen sei und die Schwestern ihr nicht erlaubten, in dem Garten die Katze zu suchen, weil dieser ein Teil der Klausur war. Der Kardinal zog energisch an der Glocke zur Pforte. Erstaunt und in großer Ehrerbietung rief die Pfortenschwester die Oberin. Wie beschämt mußten die Schwestern gewesen sein, als ihr Erzbischof sie an die christliche Pflicht der Nächstenliebe erinnerte.

An dieser Stelle sei noch auf zwei weitere typische Begebenheiten hingewiesen, die überall in Südpolen erzählt werden. Papst Johannes Paul II. war ein leidenschaftlicher Skifahrer. Einmal unterwegs in der Tatra, geriet er auf slowakisches Gebiet. Eine slowakische Grenzpatrouille stellte ihn und nahm ihn mit zum Wachtposten. Dort zeigte er seinen Ausweis vor, in dem der Titel „Kardinal" stand. Die Beamten betrachteten mißbilligend diesen Mann in einem alten Skianzug mit einer Wollmütze auf dem Kopf und sagten: „Wo hast du Schuft diesen Ausweis gestohlen?" Erst ein Telefongespräch mit der Krakauer Kurie brachte die Sache in Ordnung.

Einmal wurde der Erzbischof von Krakau gefragt, wieviele Kardinäle in Polen Ski fahren. Prompt antwortete er: „Die Hälfte." Damals gab es außer ihm nur noch Kardinal Stefan Wyszyński.

Von diesen Besuchen in der Wiener Nuntiatur und den dort geführten Gesprächen mit Kardinal Wojtyła, sowie jenen anläßlich unserer jährlichen Besuche in Rom, seit er Papst ist, die ich aus dem Gedächtnis nicht mehr chronologisch reihen kann, möchte ich einfach Inhalte, die mir in Erinnerung geblieben sind, wiedergeben.

- Beim Ersuchen, diesen oder jenen Priester nach Wien einzuladen, betonte der Kardinal: „Es ist sehr wichtig, daß unsere jungen Priester die deutsche Sprache lernen. Sie gibt ihnen das Rüstzeug, die deutschen kulturellen Werte zu verstehen, gute Kontakte mit den Menschen dieses Sprachraumes zu knüpfen. Das ist sehr wichtig für das christliche Europa."

- „Stellen Sie harte Kriterien und hinterfragen Sie Empfehlungen, auch meine. Rufen Sie immer wieder an. Es gibt menschliche Schwächen. Erkundigen Sie sich auch über die wissenschaftlichen Qualitäten der Kandidaten."

- „Ich liebe Österreich. Mein Vater war doch Bürger und treuer Beamter der k.k. Monarchie. Noch heute würde ich gerne in den österreichischen Alpen wandern, wenn es durch mein Amt nicht so kompliziert wäre."

- „Wie benehmen sich die polnischen Priester in Ihrem Land? Wie fühlen sie sich in dieser neuen Welt? Ich hörte, daß Bischof Krätzl sich ihrer sehr annimmt. Er veranlaßt gemeinsame Treffen und hilft ihnen, den Mentalitätsunterschied zu überwinden. Sagen Sie ihm, daß ich ihm danke und mich darüber freue."

- Bei unserem bisher letzten Besuch fragte der Papst: „Wie geht es eurem Kardinal Schönborn? Hoffentlich kommt jetzt eine ruhigere Zeit."

- Österreichische Bischöfe berichteten immer wieder, daß der Heilige Vater beim Abschied sagte: „Grüßen Sie mir Österreich und Frau Lonny Glaser."

- „Kein anderes Land hat unsere Situation im Osten so gut verstanden wie Österreich. Die Einheit Europas haben wir zum Teil schon in der österreichisch-ungarischen Monarchie erfahren können. Kein anderes Volk hat diesen Gedanken so kontinuierlich wie die Österreicher bis heute getragen."

- „Ich freue mich, daß das JANINEUM, jetzt nach der Öffnung der Ostgrenze, aus allen postkommunistischen Ländern Stipendiaten einladet. Es ist sehr wichtig, daß die Stipendiaten viel Gelegenheit haben, miteinander zu sprechen und sich gut kennenzulernen."

- In einem der Innenhöfe des Vatikan, in den wir eingeladen wurden, um bei der Begrüßung des Papstes nach seiner Rückkehr aus einem afrikanischen Land dabeizusein, ging der Papst auf uns zu und sagte: „Grüßt mir eure Landsleute, grüßt mir Österreich."

Bei der Priesterweihe unseres Stipendiaten Dr. Janusz Jaworski – Arzt und Priester in Papua-Neuguinea – rief der Papst aus: „Ich freue mich über den Kandidaten des JANINEUMS und danke euch. Gut, daß er bei euch so lange mit Laien zusammen gewohnt hat. Das machte ihn reif für seine jetzige Aufgabe."

Mit dem Kuratorium des JANINEUMS reisten wir nach Rom. Die Audienz beim Heiligen Vater schien in einem Fiasko zu enden. Er brach sich den Arm, und alle Audienzen wurden abgesagt. Es überraschte uns ein Anruf von seinem Sekretär, Dr. Dziwisz, in dem uns mitgeteilt wurde, am nächsten Tag um 12 Uhr beim bronzenen Tor zu sein. Wir wurden in eine der schönen Bibliotheken geführt. Dort erhielten wir die Erlaubnis, während der Wartezeit alle offenen Räume zu besichtigen. Wir durften auch fotografieren.

Kein anderes Land hat unsere Situation im Osten so gut verstanden wie Österreich.

Aus dem Zimmer des Papstes eilten Kardinäle und Kurienbeamte mit dicken Aktenbündeln und Unterschriftenmappen hin und her. Sie warfen uns erstaunte Blicke zu. Bald wurden wir in das Audienzzimmer gebeten. Der Heilige Vater ließ sich jedes Mitglied des Kuratoriums genau vorstellen. Wieder hörten wir ihn über seine Liebe zu Österreich sprechen und seine Dankbarkeit, daß Österreich so vielen Führungskräften aus dem Osten die Chance gibt, ihr Wissen in Österreich zu erweitern. Der Papst zeigte uns mit Freude, daß die Statue der Mariazeller Muttergottes gemeinsam mit der Figur der Muttergottes von Ludzmierz / Tatra, die ihm so nahe ist, in der großen Bibliothek steht, ein Zeichen der guten Verbindung.

Zum 20. Jubiläum der Papstweihe brachten wir 20 Rosen. Der Heilige Vater übernahm den Strauß, blinzelte schelmisch mit einem Auge und fragte: „Sind es wirklich 20 – ich werde sie zählen. Euch aber müßte ich 40 Rosen schenken zum 40. Jubiläum des JANINEUMS." Wir waren tief berührt. Der Mann, der tausende Menschen empfängt, der Sorgen für eine Weltkirche hat, mit unzähligen Problemen belastet wird, dankt dem kleinen JANINEUM und erinnert sich an dessen Jubiläum. Nur ganz bedeutende Menschen tragen eine solche Dankbarkeit in sich. Neben uns im Audienzsaal stand eine deutsche Gruppe, hörte zu und staunte.

Johannes Paul II. und Österreich

Im Jahr 1983, als Papst Johannes Paul II. in Wien weilte, klingelte kurz vor Mitternacht am letzten Abend seines Besuches das Telefon. Dr. Stanisław Dziwisz sagte mir: „Der Heilige Vater hat Sie nirgends gesehen, er läßt Sie daher ersuchen, morgen um 7 Uhr in die Nuntiatur zu kommen." Pünktlich war ich mit meiner Tochter dort. Die Beamten der Staatspolizei ließen uns eintreten, sie waren schon informiert worden. Wir warteten ein wenig beim Stiegenaufgang. Der Heilige Vater kam herunter und sprach schon im Gehen: „Schön, daß Sie da sind. Sie kamen immer in dieses Haus, wenn ich Sie rufen ließ, und erfüllten meine diversen Bitten. Heute möchte ich, der Papst, Sie in diesem Haus willkommen heißen." Dann zeigte er mit dem Daumen hinter sich und sagte: „... Ks. Stanisław hat schon etwas für Sie vorbereitet." Tatsächlich bekam ich eine große Schachtel mit päpstlichen Rosenkränzen und Medaillen für Stipendiaten und Freunde.
Zahlreichen Menschen in Klöstern und Altersheimen konnte ich damit viel Freude bescheren.

Bei unserer letzten Visite in Rom im vorigen Jahr sagte der Heilige Vater zu uns: „Kommen Sie immer wieder, besuchen Sie mich, so lange ich lebe; das JANINEUM liegt mir sehr am Herzen. Vergessen Sie mich nicht. Stellen Sie mir auch Freunde und Stipendiaten vor. Ich bin den österreichischen Bischöfen so dankbar, daß sie die Ziele und Arbeit dieses Instituts verstanden haben. Österreich steht uns, die wir Jahrzehnte hinter dem Eisernen Vorhang gelebt haben, sehr nahe. Wir fühlen uns in Ihrem Land wohl."

* * *

Für uns ist es tief berührend, daß der Heilige Vater für unseren Besuch dankt und uns auffordert, ihn immer wieder zu besuchen. Wir haben allen Anlaß, ihm dankbar zu sein. Dankbarkeit ist eine seltene Tugend in unserer Zeit. Wir wollen sie gerne üben.

Ad-limina-Besuch der österreichischen Bischöfe in Rom 1982

Grußwort des Vorsitzenden der Österreichischen Bischofskonferenz, Erzbischof Franz Kardinal König
(6. Juli 1982)

Heiliger Vater!

Namens der hier versammelten österreichischen Bischöfe danke ich dem Heiligen Vater sehr herzlich für die uns heute gewährte gemeinsame Audienz sowie für die vorangegangenen Einzelaudienzen.

Es sind 14 Bischöfe anwesend. Zwei Mitglieder der Bischofskonferenz fehlen wegen Alter oder Krankheit. Es sind die beiden früheren Rektoren des Pontificio Collegio S. Maria dell'Anima, d. i. Bischof Weinbacher und Bischof Stöger.

Mit großer Freude erwarten wir österreichischen Bischöfe den Besuch des Heiligen Vaters im September nächsten Jahres. Die Vorbereitungen für diesen Besuch sind schon lange im Gange, und wir erlauben uns, ein Programm, soweit es bisher feststeht, Eurer Heiligkeit zu überreichen.

Die österreichischen Bischöfe danken Eurer Heiligkeit auch besonders dafür, daß Sie durch Ihren Stil, durch Ihre Reisen das Papsttum mit neuem Glanz umgeben, das Ansehen der Katholischen Kirche bereichern, durch Ihre Persönlichkeit der Welt Hoffnung geben, daß Sie in internationalen Konflikten als Mittler des Friedens zwischen den Völkern auftreten können. Durch die großen Enzykliken, die an alle Menschen guten Willens gerichtet sind, wachsen Eurer Heiligkeit neue Dimensionen zu.

Die Sorge der österreichischen Bischöfe ist – wie auch in anderen Ländern – die Säkularisierung in der gesellschaftlichen öffentlichen Meinung, zu unseren Sorgen zählen die Jugend, Priester- und Ordensberufe, die jungen Familien.

Wir können aber auch auf positive Fakten der Erneuerung hinweisen. Es sind dies die laienapostolischen Gruppen wie folgt: Fokolare, Legio, Cursillo, Bewegung für eine bessere Welt, Charismatiker, Marianische Kongregation, Pfadfinder, MKV usw.

Die Katholische Aktion ist engagiert in der Vorbereitung des Katholikentages und auf regelmäßige Gesprächskontakte mit den drei politischen Parteien.

Die österreichischen Bischöfe spüren die Notwendigkeit einer europäischen Zusammenarbeit in der Analyse der pastoralen Probleme wie in der grenzüberschreitenden Planung der Evangelisierung einer zum Teil postchristlichen Gesellschaft.

Ad-limina-Besuch 1982

Ansprache des Papstes an die österreichischen Bischöfe
(6. Juli 1982)

Verehrte, liebe Mitbrüder!

1. Es ist mir ein besonderes Anliegen, die Bischöfe eines Landes oder einer Region während ihres Ad-limina-Besuches auch gemeinsam zu empfangen. Trotz der Eigenverantwortung eines jeden Bischofs für seine Diözese verbindet alle Bischöfe der Kirche – unabhängig von den jeweiligen konkreten seelsorglichen Fragen und Schwierigkeiten – der ihnen von Christus anvertraute gemeinsame Auftrag, seine Heilssendung im Volk Gottes und in der Welt fortzusetzen und für die Menschen unserer Zeit fruchtbar zu machen.

Im Geist dieser kollegialen bischöflichen Verbundenheit und gemeinsamen pastoralen Verantwortung grüße ich heute euch, die Oberhirten von Österreich, von Herzen zu dieser brüderlichen Begegnung im Vatikan. Ich grüße besonders den hochwürdigsten Herrn Erzbischof von Wien und Präsidenten der Österreichischen Bischofskonferenz, Kardinal Franz König, sowie die Bischöfe von Innsbruck, Linz und Klagenfurt, die erst vor kurzer Zeit mit der Würde des Bischofsamtes betraut worden sind.

Euch alle heiße ich mit großer Freude zu eurem Ad-limina-Besuch willkommen und bekunde euch zugleich meine innige Verbundenheit mit den Diözesen und mit der ganzen Kirche in Österreich, die ihr hier als deren Oberhirten vertretet. Erst kürzlich hatte ich Gelegenheit, mich in einer kurzen Grußbotschaft unmittelbar an alle Glaubensbrüder und -schwestern in eurem Land zu wenden und sie zu dem Jahr der religiösen Erneuerung zu ermutigen, mit dem ihr euch auf die Feier des Österreichischen Katholikentages im September 1983 geistig vorbereiten wollt. „Hoffnung leben und Hoffnung geben" ist das anspruchsvolle Leitwort eurer gemeinsamen Vorbereitungsarbeit und der abschließenden großen Glaubensfeier, an der ich, so Gott will, eurer freundlichen Einladung entsprechend, gern auch persönlich teilnehmen werde.

2. „Hoffnung leben und Hoffnung geben" kann uns auch heute als Leitwort dienen, da wir uns bei dieser kurzen Begegnung anläßlich eures Ad-limina-Besuches neu auf unseren pastoralen Auftrag inmitten des Volkes Gottes besinnen. Über den vielfälti-

gen Pflichten und Aufgaben eures bischöflichen Amtes, über allen Sorgen und Schwierigkeiten, die mit der täglichen treuen Arbeit im Weinberg des Herrn unvermeidlich verbunden sind, muß vor allem die Hoffnung stehen. Euer Besuch und betendes Verweilen bei den Gräbern der Apostel in der Ewigen Stadt und unser brüderliches Gespräch sollen hauptsächlich dazu dienen, uns gegenseitig wieder neu darin zu bestärken. Ohne Hoffnung wären wir nicht nur unglückliche und beklagenswerte Menschen, unser ganzes seelsorgliches Wirken würde unfruchtbar; wir würden überhaupt nichts mehr zu unternehmen wagen. In der Unbeugsamkeit unserer Hoffnung liegt das Geheimnis unserer Sendung. Sie ist stärker als die wiederholten Enttäuschungen und ermüdenden Zweifel, denn sie schöpft ihre Kraft aus einer Quelle, die weder unsere Unachtsamkeit noch unsere Nachlässigkeit zum Versiegen bringen können. Die Quelle unserer Hoffnung ist Gott selber, der durch Christus für uns die Welt ein für allemal überwunden hat und heute durch uns seine Heilssendung unter den Menschen fortsetzt.

> *In der Unbeugsamkeit unserer Hoffnung liegt das Geheimnis unserer Sendung.*

3. „Seid stets bereit, jedem Rede und Antwort zu stehen, der nach der Hoffnung fragt, die euch erfüllt" (*1 Petr* 3,15), so ermahnt uns der heilige Petrus. Unser Zeugnis für die Hoffnung ist auf das engste verbunden mit der mutigen und unverkürzten Verkündigung der Frohen Botschaft Christi und der Entschlossenheit, mit der wir unser eigenes Leben aus dem Glauben gestalten und uns für christliche Brüderlichkeit unter den Menschen und für Gerechtigkeit und Frieden in der Gesellschaft einsetzen. Wir bezeugen unsere Hoffnung, die auf dem Glauben gründet, am wirksamsten dadurch, daß wir sie selber den anderen vorleben. Wir vermitteln sie am besten an die vielen verzagten, mut- und hoffnungslosen Mitmenschen unter uns, indem wir sie durch unsere Taten, durch unseren Einsatz für sie, durch die Verteidigung ihrer Menschenrechte und ihrer Menschenwürde Hoffnung, Lebenssinn und menschliche Erfüllung konkret erfahren lassen.

> *Wir bezeugen unsere Hoffnung, die auf dem Glauben gründet, am wirksamsten dadurch, daß wir sie selber den anderen vorleben.*

Das Zweite Vatikanische Konzil ermahnt insbesondere die Priester, „vor ihren Gläubigen ... ein Zeichen unerschütterlicher Hoffnung (zu geben), damit sie die, die in irgendwelcher Bedrängnis leben, trösten können durch die Ermutigung, mit der auch sie von Gott ermutigt werden" (*Presbyterorum ordinis*, Nr. 4). Nehmt deshalb, liebe Mitbrüder, dieses Jahr der Vorbereitung auf euren Österreichischen Katholikentag zum Anlaß, zuallererst bei euch selber, bei den Priestern und deren Mitarbeitern in der Seelsorge die Tugend der Hoffnung neu zu wecken und sie im täglichen pastoralen Dienst in den Gemeinden, in den Familien und am einzelnen Mitmenschen konkret zu üben.

4. „Hoffnung leben und Hoffnung geben." – Zunächst selber die christliche Hoffnung beispielhaft verwirklichen, um sie dann anderen mitteilen zu können. Dieser Leitgedanke eures Katholikentages eignet sich vorzüglich auch für ein längerfristiges Pastoralprogramm in euren Diözesen und Pfarreien wie auch, auf der Ebene der Bischofskonferenz, in der ganzen Kirche eures Landes. Er zielt nicht nur auf eine Vertiefung und Erneuerung des persönlichen religiösen Lebens, sondern ruft zugleich auf zu einem verstärkten missionarischen Einsatz der Gläubigen in der Kirche und in der Gesellschaft. Es ist hier nicht die Gelegenheit, um einen solchen Pastoralplan im einzelnen vor euch näher zu erläutern und zu entfalten. Es wird eure eigene Aufgabe sein, liebe Mitbrüder, aus eurem Aufruf zum Katholikentag einzeln und gemeinsam, das heißt in kollegialer pastoraler Verantwortung und Zusammenarbeit, die konkreten Schlußfolgerungen für eure künftige Seelsorgsarbeit zu ziehen. Worauf es mir bei dieser kurzen Begegnung anläßlich eures Ad-limina-Besuches vor allem ankommt, ist dies, euch nachdrücklich darin zu ermutigen, selber die Hoffnung zum Prinzip und zur Seele eures ganzen pastoralen Handelns zu machen und sie durch gemeinsame seelsorgliche Anstrengungen über den Katholikentag hinaus auch all euren Priestern und durch sie den Gläubigen weiterzuvermitteln. Welch pfingstlicher Neuaufbruch könnte in allen Bereichen des kirchlichen Lebens erfolgen, wenn der Geist der Hoffnung in allen Christen wieder voll lebendig und wirksam würde! Resignation und Kleinmut wären überwunden! Die Tugend der Hoffnung eröffnet uns neu den Zugang zur übernatürlichen, endzeitlichen Dimension unseres Glaubens. Sie überwindet zugleich den Geist der Säkularisation, der Verabsolutierung der jetzigen Welt, welcher gerade heute das menschliche Zusammenleben und auch das Glaubensbewußtsein der Christen so bedroht.

5. Die christliche Hoffnung führt uns über die Enge und Begrenztheit des rein Faktischen des Augenblicks hinaus und verweist uns in die unermeßliche Weite des Zukünftigen, des Unsichtbaren, Ewigen, auf Gottes Verheißung endzeitlicher Vollendung. Indem sie sich auf die Erlösung gründet, die in Christus bereits geschehen ist, bezieht sie sich jedoch auf eine Zukunft, die schon begonnen hat. Die Hoffnung des Christen hat den Besitz jener Heilsgüter zum Inhalt und Ziel, die zum Reich Gottes gehören und die – wie dieses – schon gegenwärtig und zugleich noch zukünftig sind: Deshalb sagt der heilige Paulus im Römerbrief: „An die Hoffnung ist unsere Rettung gebunden" (*Röm* 8,24). Der Christ hofft noch auf die Vollendung des Reiches Gottes, die Wiederkunft Christi, die Auferstehung und das ewige Leben; er hofft auf die Teilnahme an der Herrlichkeit Christi und an den verheißenen Heilsgütern, deren Größe und Schönheit noch kein menschliches Auge gesehen und von denen noch kein menschliches Ohr Kunde erhalten hat.

Die christliche Hoffnung, die uns diese in die Zukunft weisende, endzeitliche Heilsdimension unseres Christseins eröffnet, wird für den Christen zur unversiegbaren Quelle der Freude, des Freimuts, der Kraft und der Zuversicht – auch und gerade für den Dienst am Mitmenschen in der Kirche und in der Welt von heute. Zusammen mit dem Glauben und der Liebe, mit denen sie eng verbunden ist, bildet die Hoffnung das innere Leben des Christen, die Seele, die sein apostolisches Wirken zutiefst prägt und ihm Fruchtbarkeit verleiht. Sie gibt dem Einsatz des Christen für Fortschritt und Wohlfahrt unter den Menschen und Völkern, seinem Kampf gegen Ungerechtigkeit, Unterdrückung und alle Formen der Unfreiheit in der Welt die spezifisch christliche Dimension und Tiefe.

6. Erneuerung der Hoffnung bedeutet also zugleich Erneuerung des ganzen christlichen Lebens wie auch Erneuerung des missionarischen Einsatzes für den Menschen und die Errichtung des Reiches Gottes in der Welt. Da diese Tugend jedoch, wie ich in meiner schon erwähnten Grußbotschaft an die österreichischen Katholiken hervorgehoben habe, zutiefst ein Geschenk ist, muß sie vor allem durch persönliche Besinnung und Umkehr, durch eine ständige Glaubenserneuerung und gelebte Gottes- und Nächstenliebe immer wieder neu von Gott erbeten und erwirkt werden. Eure vordringliche Aufgabe als Hirten des Volkes Gottes ist es, den Priestern und durch sie den Gläubigen durch eine zeitgemäße Verkündigung des Gotteswortes, durch eingehende katechetische Unterweisung, durch eine Verlebendigung der Sakramentenpastoral, durch intensive Betreuung der Familien und eine beständige Erwachsenenkatechese dazu alle dienlichen Wege und Hilfsmittel zu erschließen.

Es geht nicht so sehr darum, etwas Neues zu erfinden und zu tun, sondern darum, das Gewohnte und bereits Bewährte in einem neuen Geist, eben im Geist der Hoffnung, zu tun und diesen den anderen mitzuteilen.

Es geht nicht so sehr darum, etwas Neues zu erfinden und zu tun, sondern darum, das Gewohnte und bereits Bewährte in einem neuen Geist, eben im Geist der Hoffnung, zu tun und diesen den anderen mitzuteilen. Gebt, liebe Mitbrüder, Hoffnung, Mut und Zuversicht vor allem euren engsten Mitarbeitern, den Priestern und Ordensleuten. Im Vertrauen auf Gottes unwandelbare Treue werden sie ihre eigenen heiligen Versprechen und Verpflichtungen umso fruchtbarer zu machen wissen für ihren Heilsdienst an den Mitmenschen. Gebt den Eheleuten und Familien wieder neuen Mut zum Leben und zum Schutz der Würde des Menschen in allen Phasen seiner Existenz. Vermittelt neue Hoffnung insbesondere der Jugend, damit sie sich mitverantwortlich fühlt für die Zukunft der Kirche und des Volkes. Ermutigt die jungen Männer und Frauen, im Geist der Hoffnung ihr Leben auch ganz für Christus zu wagen, seinem Ruf zum Priestertum oder Ordensstand entschlossen zu folgen oder ihm auch als Laien im apostolischen Auftrag der Kirche mit Hingabe zu dienen. Gerade die Jugend ist die Hoffnung der Welt von morgen. Deshalb richtet sich auf sie auch weltweit die Aufmerksamkeit, wenn 1985 unter der verantwortlichen Planung der Vereinten Nationen in Wien das Internationale Jahr der Jugend begangen wird.

Gewiß wird die Katholische Kirche in Österreich ihre Möglichkeit nutzen, daß dem Geist des Evangeliums bei seiner Durchführung der ihm gebührende Raum gegeben wird und möglichst viele Jugendliche die Freude aus Gott erfahren können. Unterstützt sodann auch weiterhin alle hochherzigen Initiativen in eurem Land, durch die eure Landsleute, besonders auch die katholischen Organisationen notleidenden Mitmenschen, Unterdrückten und Verfolgten in aller Welt in Wort und Tat großzügig Beistand leisten. Durch dieses konkrete Zeugnis weltweiter christlicher Solidarität erfahren die geprüften Brüder und Schwestern nicht nur Linderung in ihrer leiblichen Not, sondern werden zugleich auch in ihrer Hoffnung und in ihrem Eintreten für jene höheren unveräußerlichen Werte und Rechte bestärkt, die den wahren Adel des Menschen begründen und deren Wahrung und Verwirklichung allein ein menschenwürdiges Zusammenleben der Menschen und Völker gewährleisten.

7. „Hoffnung leben und Hoffnung geben." Nur wenn wir Christen zuerst selber durch ein überzeugtes Leben in Glauben, Hoffnung und Liebe alle Lebensangst, Resignation und Gleichgültigkeit überwunden haben, können wir auch für andere Menschen in den vielfältigen Verwirrungen und Bedrohungen unserer Zeit zu wirklichen Boten und Vermittlern von Hoffnung werden, und zwar nicht nur auf eine bessere Welt von morgen, sondern vor allem auf das von Gott in Christus allen Menschen angebotene Heil, das alles erstrebenswerte irdische Glück unendlich übersteigt.
Möge die Vorbereitung und Durchführung des bevorstehenden Österreichischen Katholikentages die pastorale Arbeit in euren Diözesen und Pfarreien und das religiöse Leben in eurem Land im Geist der Hoffnung tiefgreifend erneuern und dadurch die Kirche für die Menschen unserer Zeit immer mehr zur „unzerstörbaren Keimzelle der Einheit, der Hoffnung und des Heils" (*Lumen gentium*, Nr. 9) werden. Dafür erfülle euch, die verdienten Oberhirten, sowie alle Gläubigen in Österreich „der Gott der Hoffnung ... durch den Glauben mit aller Freude und mit allem Frieden, damit ihr reich werdet an Hoffnung in der Kraft des Heiligen Geistes" (*Röm* 15,13). Das erbitte ich euch von Herzen mit meinem besonderen apostolischen Segen.

Erster Pastoralbesuch von Papst Johannes Paul II. in Österreich (10.-13. September 1983)

20. Auslandsreise

Hoffnung leben Hoffnung geben
Österreichischer Katholikentag 1983

Programm

Samstag, 10. September 1983

14.45 Uhr   Ankunft und Empfang des Papstes auf dem Flughafen Wien-Schwechat
16.00 Uhr   Europavesper auf dem Wiener Heldenplatz – Thema: Im Kreuz ist Hoffnung
20.30 Uhr   Begegnung des Papstes mit der österreichischen Jugend im Wiener Praterstadion – Thema: Jesus Christus – unser Weg

Sonntag, 11. September 1983

08.15 Uhr   Begegnung des Papstes mit Verantwortlichen der christlichen Kirchen im Erzbischöflichen Palais in Wien
10.15 Uhr   Eucharistiefeier im Donaupark
16.15 Uhr   Besuch im Haus der Barmherzigkeit: Begegnung des Papstes mit Behinderten, Kranken und Alten. Kurzer Wortgottesdienst in der Kapelle des Hauses
18.00 Uhr   Empfang beim Bundespräsidenten in der Wiener Hofburg
20.00 Uhr   Empfang des Diplomatischen Corps in der Nuntiatur

Montag, 12. September 1983

08.30 Uhr   Messe im Stephansdom: Begegnung des Papstes mit Vertretern des Laienapostolates und der verschiedenen kirchlichen Dienste. Ansprache des Papstes zum Thema: Aufgabe und Verantwortung des Laien in der Kirche
11.00 Uhr   Begegnung des Papstes mit Vertretern von Wissenschaft, Kunst und Publizistik im Kongreßzentrum in der Wiener Hofburg
12.30 Uhr   Treffen mit den österreichischen Bischöfen im Erzbischöflichen Palais
16.00 Uhr   Besuch des Papstes in der UNO-City: Begegnung mit Vertretern in Wien ansässiger Behörden der UNO

Erster Pastoralbesuch 1983

17.45 Uhr	Begegnung des Papstes mit österreichischen Arbeitnehmern und mit Gastarbeitern Am Hof – Thema: Solidarität in der Arbeit
19.15 Uhr	Besuch der polnischen Kirche am Rennweg
19.40 Uhr	Treffen mit polnischen Landsleuten auf dem Platz vor der Karlskirche

Dienstag, 13. September 1983

08.15 Uhr	Besuch der St. Josefs-Kirche auf dem Kahlenberg: Begegnung des Papstes mit Schülerinnen und Schülern katholischer Privatschulen, mit den Organisatoren und Helfern des Österreichischen Katholikentages und Papstbesuches, mit polnischen Landsleuten und sonstigen Besuchern
09.15 Uhr	Abfahrt zur Pioniertruppenschule Klosterneuburg

Wallfahrt des Papstes nach Mariazell – Thema: Spes nostra salve

09.30 Uhr	Abflug von Klosterneuburg nach Mariazell
10.15 Uhr	Eintreffen in Mariazell und Begrüßung
10.30 Uhr	Eintreffen vor der Basilika Fußwallfahrt des Papstes in die Basilika Adoratio und devotio
11.00 Uhr	Eucharistiefeier mit Priestern, Ordensleuten und Priesteramtskandidaten am Platz vor der Basilika
13.00 Uhr	„Salve Regina" vor dem Gnadenaltar in der Basilika Begegnung mit kranken und alten Priestern und Ordensleuten in der Basilika
13.45 Uhr	Mittagessen im Kloster der Benediktiner gemeinsam mit Priesteramtskandidaten und Novizinnen und Novizen der Ordensgemeinschaften
16.30 Uhr	Flug nach Wien-Schwechat
17.15 Uhr	Verabschiedung auf dem Flughafen Wien-Schwechat durch den österreichischen Bundespräsidenten in Anwesenheit der österreichischen Bischöfe und Rückflug nach Rom

Ankunft in Wien-Schwechat

Ansprache von Bundespräsident
Rudolf Kirchschläger bei der Ankunft des Papstes
am Flughafen Wien-Schwechat
(10. September 1983)

Nach 201 Jahren ist heute durch Eure Heiligkeit zum erstenmal wieder das Oberhaupt der Katholischen Kirche, das für uns Katholiken auch der Stellvertreter Christi auf Erden ist, nach Österreich gekommen.
In großer Freude entbiete ich Eurer Heiligkeit namens der Republik Österreich einen aufrichtigen und respektvollen Willkommensgruß. Ich danke dafür, daß Eure Heiligkeit mit diesem Pastoralbesuch der Bitte der österreichischen Bischöfe und meiner im Einvernehmen mit der österreichischen Bundesregierung ausgesprochenen Einladungen nachkommen.

> *Lassen Sie mich diesen Kuß österreichischen Bodens als einen Friedensgruß für ganz Österreich dankbar annehmen.*

Eure Heiligkeit haben in bewegender Demut beim Betreten österreichischen Bodens die Erde geküßt. Dieser österreichische Boden ist über lange Abschnitte seiner Geschichte eine mit Blut getränkte Erde gewesen. Die Kämpfe vor 300 Jahren um Wien, die mit ihrem Wendepunkt am 12. September das Ende der damaligen Türkennot brachten – in einer gemeinsamen europäischen Aktion –, sind nur ein Teil allzu vieler kriegerischer Auseinandersetzungen mit all deren Nöten, Leiden und Sterben.
Lassen Sie mich, Eure Heiligkeit, diesen Kuß österreichischen Bodens als einen Friedensgruß für ganz Österreich dankbar annehmen und versprechen, daß, wer in Österreich politische Verantwortung trägt, sich bemühen wird, dem Frieden im eigenen Land und dem Frieden in der Welt zu dienen. Ich meine damit jenen Frieden in Freiheit, Gerechtigkeit und Liebe, für den Eure Heiligkeit Mahner, Beter und Opfernder sind.
Möge der Besuch Eurer Heiligkeit in Österreich vom Segen des HERRN begleitet sein und viele Früchte des Glaubens, der Hoffnung und der Liebe bringen.

Ansprache des Papstes bei der Ankunft am Flughafen Wien-Schwechat

(10. September 1983)

1. Mit Freude und Ergriffenheit betrete ich heute österreichischen Boden. Von Herzen grüße ich alle hohen Persönlichkeiten und Gäste, die mich hier durch ihre Anwesenheit beehren. Zugleich grüße ich alle Bürger dieses schönen Landes, das mir aus früheren Tagen schon weitgehend bekannt und vertraut ist.

Aufrichtig danke ich Ihnen, sehr verehrter Herr Bundespräsident, für die herzlichen Willkommensworte, die Sie in so freundlicher Weise an mich gerichtet haben. Ebenso danke ich Ihnen und der Österreichischen Bischofskonferenz für die ehrenvolle Einladung zu diesem Besuch. Er soll *allen* Menschen, allen Diözesen und Gemeinden Österreichs gelten, obwohl sich das Programm meiner Reise auf Wien und Mariazell beschränkt. Meine Teilnahme am Österreichischen Katholikentag, den ich durch Gottes gnädige Fügung zusammen mit vielen Glaubensbrüdern und -schwestern aus allen Teilen des Landes feiern kann, gibt diesem Besuch seinen besonderen Charakter.

2. Mein Pastoralbesuch *anläßlich des Katholikentages* soll mit besonderer Deutlichkeit zeigen, wie sehr ich mich eins weiß mit den Glaubenden und Betenden, die in der problembelasteten Welt von heute Hoffnung leben und Hoffnung geben wollen.

> *Österreich ist nicht nur Träger einer großen geschichtlichen Tradition, sondern hat auch in der Gegenwart und Zukunft Europa und der Welt viel zu geben.*

Es geht hierbei um das gleiche zentrale Anliegen, auf das auch die Feier des Jubiläumsjahres der Erlösung ausgerichtet ist. Es geht um jene alle menschliche Resignation und Ausweglosigkeit überwindende christliche Hoffnung, die aus einem erlösten Herzen kommt und im Kreuze Jesu Christi ihren unversiegbaren Quellgrund hat.

Österreich, dessen Volk sich in so starker Mehrheit zum christlichen Glauben bekennt und das sich als Staat zur aktiven Neutralität verpflichtet hat, ist nicht nur Träger einer großen geschichtlichen Tradition, sondern hat auch in der Gegenwart und Zukunft Europa und der Welt viel zu geben. „Liegst dem Erdteil du inmitten, einem starken Herzen gleich", heißt es so trefflich in Ihrer Bundeshymne. Mit den Bürgern Österreichs hoffe und bete ich, daß dieses Herz immer gesund und voller Hoffnung schlagen möge. Es ist mein inniger Wunsch, daß von der intensiven Vorbereitung und der Feier des Katholikentages nachhaltige Impulse für eine christliche Neubesinnung in Kirche und Gesellschaft ausgehen und sich für das Gemeinwohl fruchtbar auswirken werden.

3. Es scheint ein glücklicher Rahmen für meinen Pastoralbesuch in Österreich zu sein, daß dieser mit einer Europavesper beginnt, die *im Zeichen des Kreuzes und des Magnificat* steht, und daß er enden wird im Heiligtum der „Magna Mater Austriae". Christus, dem Gekreuzigten, in dem allein Hoffnung auf Heil ist, und seiner Mutter, die unser aller Mutter ist, empfehle ich die kommenden Tage meiner Begegnung mit dem Volk und der Kirche Österreichs; ebenso unser gemeinsames Gedenken an die historische Entscheidung vom Jahre 1683, das weder von bloßer Erinnerung noch gar von Triumphalismus bestimmt sein soll. Es sei uns vielmehr Auftrag und Verpflichtung, aus der Geschichte Lehren zu ziehen und sie im Geist unseres Glaubens für eine hoffnungsfrohere gemeinsame Zukunft der Menschheit zu verwirklichen.
So verbindet sich mein Dank Ihnen gegenüber, sehr verehrter Herr Bundespräsident, und an Sie, lieber Herr Kardinal, mit meiner Freude, in Ihrem Land zu sein, und mit der Vorfreude auf die kommenden Tage unserer Gemeinschaft in Glauben, Hoffen und Gebet. Allen Menschen in diesem Lande rufe ich aus ganzem Herzen zu: Gott segne und beschütze euer geliebtes Österreich!

Erster Pastoralbesuch 1983

Begrüßung des Papstes durch Franz Kardinal König bei der Europavesper auf dem Heldenplatz in Wien
(10. September 1983)

Als Sprecher der hier auf dem Heldenplatz versammelten Katholiken, Christen und als Vertreter der österreichischen Bischöfe gebe ich unser aller großen Freude Ausdruck, Ihnen, Heiliger Vater, nach Ihrer Ankunft in Wien und Österreich den ersten offiziellen Gruß – ein herzlich Grüß Gott – entbieten zu können. Mit großer Spannung haben wir diesem Tag entgegengesehen. Nach fast zwei Jahren intensiver Vorbereitung erreichen wir jetzt den Höhepunkt. Die Spannung löst sich, eine große Freude und Begeisterung schlägt Ihnen entgegen.

Hier auf dem Heldenplatz mit dem Denkmal des Prinzen Eugen wird uns die geschichtliche Dimension dieser Stunde bewußt. Der Turm von St. Stephan ist stummer Zeuge eines Ereignisses, das die Grenzen unserer Heimat europaweit überschreitet. Hier gegenüber liegt die alte Hofburg, wo vor rund 200 Jahren Ihr Vorgänger, Pius VI., Aufenthalt nahm, um durch seine Begegnung mit dem Kaiser persönlich in die Auseinandersetzungen zwischen Kirche und Staat von damals einzugreifen.

Über dem Ballhausplatz und der Ringstraße liegt fast in Sichtweite das Denkmal der Kaiserin Maria Theresia, der Regentin vieler Völker, von wo unser Blick hinaufgeht zum Kahlenberg und zum Leopoldsberg. Dort, wo Ihre Landsleute, Heiliger Vater, mit König Sobieski einer bedrängten Stadt, einem bedrängten Land und einem bedrängten Europa zu Hilfe kamen, um im Verein mit anderen Nationen den politischen und religiösen Konflikt von historischer Reichweite zugunsten Österreichs und grundsätzlich Europas zu entscheiden.

In unserem kleinen Land, an der Trennungslinie zweier Welten, mit dem Donaustrom, der von Westen nach Osten verbindet, kann man, muß man von Europa sprechen. Die christlichen, das heißt europäischen Fundamente wurden auch in unserem Land von christlichen Missionaren, von Märtyrern aus der Zeit des zu Ende gehenden Römerreiches gelegt.

Ich denke an den heiligen Severin, an den Blutzeugen Florian. Die Kirche von Lauriacum an der Enns zwischen Nieder- und Oberösterreich ruht auf römischen Resten einer altchristlichen Basilika. Auf solchem christlichen und völkerverbindenden Fundament ruht auch unser Land. Irische Mönche, schottische Missionare kamen aus dem christlichen Westen nach dem Osten hierher. Die Slawenapostel Method und Cyrillus erreichten mit ihrer Christianisierung den Umkreis von Wien.

Europavesper auf dem Heldenplatz in Wien

Die geschichtliche und geografische Offenheit unseres Landes zwischen West und Ost will uns in dieser Stunde noch einmal sagen: Wir sind noch immer ein Land, wo man von Europa sprechen kann, sprechen soll.

Das gilt auch für das Jahr 1683. Damals fiel eine europäische Entscheidung für den geschichtlichen Weg der Kirche Christi. Politische und religiöse Interessen der Reformation und Gegenreformation waren noch miteinander verquickt, haben sich zum Teil überschnitten und verwirrten in manchen Gebieten die religiösen Fronten.

Etwas anderes ist es, das Türkenjahr aus der Sicht unserer Zeit zu sehen. Der zeitliche Abstand zu den Ereignissen von damals hat einen tiefen Wandel des christlichen Bewußtseins deutlich gemacht. Dieser Wandel reicht weit hinein in das Verhältnis von Religion, Staat und Krieg. Mit dem Ende der zeitbedingten Verstrickungen von damals, mit dem Auslösen historisch erklärbarer Unversöhnlichkeiten öffnete sich der Weg wieder für den ursprünglichen Auftrag des Christentums: daß der christliche Glaube eine Kraft der Versöhnung und des Friedens sein kann und sein soll, ein Zeichen Gottes unter den Menschen.

Der Blick auf das Jahr 1683 kann so eine neue Besinnung, eine neue Orientierung auf morgen vorbereiten.

Auf diesem Platz, der schicksalhafte Ereignisse unseres Landes miterlebt hat, wird das Zeichen des Kreuzes von dem hohen Gast aus Rom errichtet werden, um die historische Bedeutung dieser Stunde mit diesem Platz unauslöschlich zu verbinden. Das Kreuz ist unsere Hoffnung als Zeichen der Erlösung und Versöhnung. Unserem Land, unserer Heimat ist das Kreuz als Zeichen des Leides ohne Versöhnung aufgeladen worden bis zum Auslöschen seiner geschichtlichen Existenz. In dieser Stunde müssen wir aber auch bekennen, daß wir in unseren Vorfahren das Kreuz in schmerzlicher Weise anderen aufgeladen haben: in der Zeit der Gegenreformation, der Protestantenvertreibung, vor allem das schwere Kreuz der Judenverfolgung. Nach schmerzlicher Abirrung führen heute das Gespräch und der Dialog zurück zum Kreuz als Zeichen der Erlösung und Versöhnung für uns alle.

> *Nach schmerzlicher Abirrung führen heute das Gespräch und der Dialog zurück zum Kreuz als Zeichen der Erlösung und Versöhnung für uns alle.*

Heiliger Vater! Heute grüßt Sie hier in diesem Land eine große Gemeinschaft der Glaubenden, die in diesen Tagen aufschauen zum Kreuz, einem Zeichen des Heiles, der Hoffnung und der Zuversicht.

Es grüßt Sie ein Land, dessen Tore den Flüchtlingen aus nah und fern offenstehen.

Es grüßt Sie ein Land, geöffnet dem ökumenischen Dialog.

In Verehrung und herzlicher Freude grüßt die Katholische Kirche, mit ihr alle Christen und alle Menschen guten Willens Johannes Paul II. als Pilger und Boten des Friedens in einer zerrissenen, friedlosen Welt.

Es grüßt aber auch ein Land, das mit vielen Schwierigkeiten zu ringen hat, wie es sich aus der Konfrontation der Botschaft Christi mit der säkularisierten Umwelt europaweit ergibt. Eine Freude ist es andererseits, auf die Zeichen religiöser Erneuerung durch missionarisch gesinntes Laienapostolat hinweisen zu können, nicht zuletzt auch in der jungen Generation.

Wir sind voll Vertrauen und Zuversicht, daß durch Ihren Besuch, durch Ihr Wort und Beispiel alle Bereiche religiöser Erneuerung unseres Landes erfaßt werden. Mit Ihnen, Heiliger Vater, „haben wir unsere Hoffnung auf den lebendigen Gott gesetzt, den Retter aller Menschen", besonders der an Christus glaubenden (vgl. *1 Tim* 4,10).

So sollen diese Tage christlicher Hoffnung ein weithin sichtbares Zeichen sein des Trostes und der Zuversicht.

Europavesper auf dem Heldenplatz in Wien

Ansprache des Erzbischofs von Paris, Jean-Marie Kardinal Lustiger, zur Bergpredigt (Lk 6,20-23)
(10. September 1983)

Danke, daß Sie mich als Botschafter der Seligpreisungen ausgewählt haben. Jetzt will ich hier der Sprecher der Armen, der Weinenden, der Hungernden, der Märtyrer sein. Ihre Leben und Schmerzen sind über den Boden Europas ausgestreut worden. Jetzt sind sie in Gott verborgen wie Saatkörner in der Erde, um aufzugehen und Früchte zu tragen.

Wenn wir diese Geschichte Europas betrachten, dann glauben wir, vor allem Blut und Schmerzen, Treulosigkeit und Lüge zu sehen. Nur das kann der Mensch erkennen, wenn er nüchtern sich selbst betrachtet wie in einem Spiegel. Was verborgen bleibt, kann nur der Vater im Himmel sehen. Und das enthüllt uns das Wort Christi.

Wem gehört das Reich Gottes? Den *Armen*, die mit Christus allem entsagt haben. Diese Armen kennt nur Christus, weil sie wie er geworden sind. Sie können die Reichen dieser Welt retten, weil sie in unserer Geschichte die Gestalt Christi sind, der am Jüngsten Tage sagen wird: Ich war hungrig, und ihr habt mir zu essen gegeben.

> *Nur das göttliche Mitleid kann die unermeßliche Tiefe unseres Leidens ergründen.*

Wo ist Christus in unseren so reichen Ländern anwesend? In seinen den Menschen unbekannten Brüdern und Schwestern, die Hunger nach der Gerechtigkeit Gottes selbst haben. Diese *Hungernden* hindern uns daran, an unseren Reichtümern zu ersticken. Selig, weil sie mit Christus gefastet haben. Sie sind satt geworden, weil sie den Willen des Herrn getan haben.

Welche Tränen werden in den Jahrhunderten unserer Geschichte getrocknet? Nur das göttliche Mitleid kann die unermeßliche Tiefe unseres Leidens ergründen. Aber Männer und Frauen, Greise und Kinder haben *mit Christus geweint* vor dem Ärgernis des verlorenen Menschen. Und sie haben in der Geschichte die Freude widergespiegelt. Jetzt lachen sie, denn sie haben ihr Leben angeboten. Und sie sehen in den Augen des Retters die geretteten und bis zum Ende geliebten Brüder. Jetzt lachen sie, weil sie die Versöhnung Christi verteilen, wie man das Brot des Lebens verteilt.

Und wo sind die wahren *Propheten*, die um Christi willen ausgelacht worden sind? Sie wurden aus der Gesellschaft verstoßen. In ihrer Einsamkeit Gottes Wort treu, sind sie deshalb oft als einzige dem Menschen treu. Als Zeugen sind sie wie Christus der treue Zeuge, in der Verlassenheit bis zum Blut treu geblieben. Als Verfolgte sind sie unsere Schande. Als Geopferte sind sie unsere Erlösung. Sie sind unsere Ehre. Und Christus fordert diese Märtyrer, Gott bekannt, den Menschen vielleicht unbekannt, auf, sich zu freuen und zu jauchzen. Denn ihr Lohn im Himmel wird groß sein. Heute auf der Erde sind sie unser Lohn und deshalb unsere Freude.

Es ist heute unsere Pflicht, an diesem zentralen Orte der europäischen Geschichte diese unzähligen anonymen Seligen aus West und Ost, aus Nord und Süd zu preisen, deren Leben wir unser Leben verdanken. Sie haben alle diese verschiedenen Völker und Nationen, so oft durch Haß, Krieg und Mord entzweit, in einer brüderlichen Solidarität zusammengehalten. In ihren verschwundenen und flüchtigen Gesichtern können wir das wirkliche Gesicht Europas erkennen.

Als Christus diese Seligkeiten pries, richtete er, sagt Lukas, seine Augen auf seine Jünger. Auf Sie, meine Freunde, auf uns, meine Brüder! Selig seid ihr: Da öffnet sich unsere Zukunft!

Ansprache des Erzbischofs von Krakau,
Franciszek Kardinal Macharski
Meditation zur Europavesper:
„Ihr seid das Salz der Erde ..." (Mt 5,13)
(10. September 1983)

Liebe Brüder und Schwestern!

Ein Bischof aus einem nahen Land kommt in das Land, das ihm sehr nahe liegt, um ein Zeugnis abzulegen von der Macht des Evangeliums Christi auf polnischer Erde.

1. Möge mir der Heilige Vater gestatten, der hier unter uns und für uns anwesend ist, daß ich ein Zeugnis ablege mit den gleichen Worten, mit denen er seine und unsere Überzeugung vor drei Jahren in der UNESCO in Paris ausgesprochen hat; eines Volkes, dessen Nachbarn es mehrmals zum Tode verurteilt hatten – das Volk aber immer wieder am Leben blieb und stets seine Selbstachtung behielt. Das Volk hat nie seine Identität verloren, auch nicht während der Teilungen und der Besatzung; es bewahrte immer seine Unabhängigkeit als Volk – nicht aufgrund anderer Mittel der physischen Macht, sondern nur aufgrund seiner eigenen Kultur, die in diesen Fällen sich stärker als alle anderen Mächte erwiesen hat.

> *Liebe Brüder und Schwestern, ich hatte Ihnen ein Licht mitgebracht, das im ehemaligen Konzentrationslager Auschwitz angezündet wurde.*

2. Dieses Zeugnis habe ich vor Ihnen wiederholt, denn einige Erfahrungen berühren das, was für uns gemeinsam ist.
Um nämlich die Erde zu verteidigen, muß vor Vernichtung das Salz gerettet werden – Erde kann keine Erde sein, wenn Salz kein Salz mehr ist ... Um also der Menschenwelt unserer Länder, der Länder Europas willen, die wir zu retten haben, muß der Mensch gerettet werden.
Diese Erde kann nicht vor barbarischer Vernichtung durch Denkmäler des Christentums und der Menschheit, durch Museen und Andenken des Glaubens und der Kultur beschützt werden. Es muß Leben sein – ein christliches Leben – und dadurch ein

mehr menschliches. Denn viel wichtiger ist, wer der Mensch und was für ein Mensch er ist, als all das, was er geschaffen hat und besitzt.

3. Es darf also nicht verwittern all das, was von unserer Menschheit zeugt. Möge der Mensch Mensch sein und immer Mensch sein. Möge er sich verteidigen können vor der Versuchung, Leben, Liebe, Gerechtigkeit, Wahrheit und Selbstbestimmung auszuverkaufen ...
Möge er sich verteidigen können vor sämtlichen Manipulationen von außen und auch den nicht weniger gefährlichen Selbstmanipulationen ...
Möge er sein Christentum gegen scheinreligiöse Ersatzmittel nicht umtauschen – möge er seine Überzeugung vom Sinn des Lebens verteidigen, dem Sinn, der der „Geschmack" aller Dinge ist. Möge er zu Christus zurückkehren, zu Christus – der Wurzel (*Offb* 22,16), möge er Christus nicht weniger treu bleiben, als die Generationen vor uns es waren, die er so kritisch beurteilt.

4. Liebe Brüder und Schwestern, ich hatte Ihnen ein Licht mitgebracht, das im ehemaligen Konzentrationslager Auschwitz angezündet wurde. Jetzt bringe ich Ihnen – und überreiche sie dem Erzbischof von Wien – eine Handvoll Asche aus den Krematorien – die Asche der Opfer eines sinnlosen Hasses.
Das Licht aus der Todeszelle des heiligen Maximilian Maria Kolbe – das Licht der Welt ... und das Salz der Erde –, des Menschen, der überzeugt war, daß Christus die wahre Liebe ist und daß der Mensch aus Liebe leben kann.
Das Salz der Weisheit – das Salz der Liebe.

> *Jetzt bringe ich Ihnen – und überreiche sie dem Erzbischof von Wien – eine Handvoll Asche aus den Krematorien – die Asche der Opfer eines sinnlosen Hasses.*

5. Meine schwachen Worte bringen Ihnen, Brüder und Schwestern, Christus: Christus, unsere Hoffnung, Christus, der nur allein unsere Hoffnung retten kann.

Europavesper auf dem Heldenplatz in Wien

Ansprache des Bischofs von Berlin, Joachim Kardinal Meisner, zu Mt 5,43-45
(10. September 1983)

Liebe Brüder, liebe Schwestern!

In unserem Weltbild begegnet der Mensch eigentlich immer nur sich selbst. Die Entwicklung hat es mit sich gebracht, daß der Mensch nur noch auf sich selbst und die von ihm selber geprägten und geformten Probleme stößt. Er weiß nicht mehr, was es ist, auf eine Stimme zu hören, die nicht aus seinem eigenen Herzen und Hirn kommt. Darum wird er mit seinen Problemen nicht mehr fertig. Gespaltene Völker, gespaltene Städte, eine gespaltene Welt und eine gespaltene Kirche sind der leidvolle Ausdruck dieses Weltbildes. Von deutschen Landen ging die abendländische Glaubensspaltung aus. In deutschen Landen sind andere Spaltungen schmerzlich spürbar.

Die Isolierung des Menschen auf sich selbst ist so weit fortgeschritten, daß er unsicher ist, ob es überhaupt Stimmen gibt, die ihn von außen anreden können. Die Bergpredigt aber ist eine solche Anrede, die den Menschen aus einer anderen Sphäre, aus der Welt Gottes, trifft, weil ihm hier etwas gesagt wird, das nicht genauso gut von ihm selbst hätte erdacht und gesagt werden können. Darum gibt sie den Weg aus den Sackgassen und Irrwegen der Welt an. Die Abkoppelung

> *Um Spaltungen in Kirche und Welt zu überwinden, gibt uns die Bergpredigt die Richtung an.*

des Menschen von Gott trennt ihn von der schöpferischen und erneuernden Kraft des Heiligen Geistes und wirft ihn auf die eigene Kleingeisterei zurück. Der Mensch gerät dann in ein reaktionäres Verhaltensschema. Auf jede Aktion folgt die entsprechende Reaktion. Der Mensch besitzt die Eigenschaft, andere nachzuäffen. Das hört sich im Alltag dann so an: Du redest nicht mit mir, dann rede ich auch nicht mit dir! Du grüßt mich nicht mehr, also grüße ich dich auch nicht mehr! Du hast mich verraten, also verrate ich dich auch! Wie du mir, so ich dir! Wie man in den Wald hineinruft, so schallt es heraus!

Wir haben uns einkerkern lassen in das Schema von Aktion und Reaktion. Hier gibt es keine Hoffnung mehr.

Gott hat sich nicht in diesen Käfig sperren lassen. Er reagierte auf die Abwendung des Menschen nicht mit seinem Rückzug von der Welt in den Himmel. Er ist trotz allem als erster auf den Menschen zugegangen.

In der Bergpredigt bewegt er den Menschen zum Ausbruch aus seinem Käfig: Du sprichst zwar nicht mehr mit mir, aber ich werde trotzdem das Gespräch mit dir nicht abreißen lassen! Du grüßt mich nicht mehr, aber ich werde dir meinen Gruß nicht versagen. Hier entsteht plötzlich etwas Neues. Der Kerker von Aktion und Reaktion wird aufgebrochen. Auf eine Aktion folgt eine neue Aktion. Hier erfüllt sich das Gebet der Kirche zum Heiligen Geist: „Du wirst das Angesicht der Erde erneuern." Wie im Kleinen, so auch im Großen. Um Spaltungen in Kirche und Welt zu überwinden, gibt uns die Bergpredigt die Richtung an und die Mittel in die Hand, und dann lassen wir uns keine Feindbilder vor die Nase setzen. Wo der Heilige Geist Menschen mit dem Geist der Bergpredigt erfüllt, dort wird die Welt neu, dort lebt Hoffnung auf.

Ihnen gilt nicht mehr das reaktionäre „Wie du mir, so ich dir", sondern das schöpferische „Wie Gott mir, so ich dir".

Europavesper auf dem Heldenplatz in Wien

*Ansprache des Erzbischofs von Zagreb,
Franjo Kardinal Kuharić, zum Thema:
„Im Kreuz ist Hoffnung" (Mt 7,24-27)*
(10. September 1983)

Wir haben das Schlußwort der Bergpredigt gehört. Das ist Gottes Wort und Gottes Weisheit, und nicht die Weisheit dieser Welt (vgl. *1 Kor* 2,6-7). Die Bergpredigt ist das vollkommene Gesetz des neuen Lebens. Das ist ein neuer Geist und ein neues Herz (vgl. *Ez* 36,26) im neuen Menschen. Das ist die Grundlage der neuen Welt!
Die Bergpredigt ist Wahrheit! Das Leben des Menschen, der Familie und jeder menschlichen Gemeinschaft soll auf Wahrheit gebaut werden. Die Wahrheit ist ein fester und sicherer Grund gleich dem Felsen, auf dem das Haus gebaut wird.
Der Mensch kann ohne Wahrheit kein würdiges Leben verbringen. Er ist immer mit seinem inneren Wesen auf die Wahrheit angewiesen. Gott ist die absolute, lebendige, ewige Wahrheit. Gott hat die Wahrheit seines Lebens offenbart: die Wahrheit seiner ewigen Existenz und seines geistigen transzendenten Wesens und das Mysterium seiner Dreifaltigkeit.

> *Die Bergpredigt ist das vollkommene Gesetz des neuen Lebens.*

Gott hat die Wahrheit über den Menschen offenbart. Der Mensch ist das Ebenbild Gottes. Der Mensch ist ein Wesen mit körperlicher und geistiger Dimension. Das Leben mit Gott ist sein Sinn. Das ewige Leben ist seine absolute Zukunft. Es ist Gottes Offenbarung, daß der Mensch eine unsterbliche Seele hat und daß die Auferstehung die endgültige Verklärung auch seiner Körperlichkeit bedeutet. Der Mensch überlegt in seiner geistigen Realität; er sucht die Wahrheit über Gott, über sich selbst, über alle Dinge vom Atom bis zur Galaxis, von der lebendigen Zelle bis zur geistigen Welt. Der Mensch ist mit Gewissen und Freiheit beschenkt. Er kann sich für das Gute, für Wahrheit, Liebe, Gerechtigkeit entscheiden! Er ist dann ein weiser Baumeister seines Lebens und seines Wesens! Er baut mit Gott! Er baut mit der Kraft des Heiligen Geistes. In ihm wird die Erlösung, die ihre Quelle im durchbohrten Herzen des Gottessohnes hat, verwirklicht. Die Zivilisation der Liebe kann ohne Herz Jesu nicht verwirklicht werden. Ohne Kraft des Heiligen Geistes kann der neue Mensch nicht entstehen! Die Beziehungen der Gerechtigkeit, des Friedens und der Liebe in der Familie, im Volk und zwischen den Völkern können nur aufgrund der Wahrheit bestehen! Der Wahrheit über Gott und der Wahrheit über den Menschen!

Europa kann alles Schöne, Gute und Dauerhafte in seiner Zivilisation nur der Wahrheit des Evangeliums, auf dem es seine Zivilisation aufgebaut hat, verdanken. Im Gegenteil, als Europa auf diese Grundlage verzichtete, begann es, auf Sand zu bauen, und erlebte viele Ruinen!

„Denn einen anderen Grund vermag niemand zu legen als den, der gelegt ist, und das ist Jesus Christus" (*1 Kor* 3,11). Auf diese Grundlage verweist die Kirche unaufhörlich; auch das heutige Europa, besonders durch das Zeugnis des Petrus unserer Tage: Johannes Pauls II.

Das Kreuz ist die höchste Offenbarung der Wahrheit und der Liebe. Deshalb ist im Kreuze, in der Erlösung, in der Wahrheit und Liebe unsere ganze Hoffnung. Unsere gläubige Berufung ist: diese Hoffnung geben, diese Hoffnung leben!

Möge die Heiligste Gottesmutter und Mutter der Kirche unserer Generation die Gabe des Heiligen Geistes erbitten, dies zu leben. Und wir erbitten auch diese Weisheit Gottes.

Europavesper auf dem Heldenplatz in Wien

Ansprache des Papstes bei der Europavesper auf dem Heldenplatz in Wien
(10. September 1983)

1. *Der Friede sei mit euch!* Friede dieser Stadt! Diesem Land Österreich! Und allen seinen Nachbarn im Norden, Osten, Süden und Westen! Einen besonderen Gruß und Friedenswunsch euch österreichischen Katholiken, die ihr aus allen Diözesen, aus den Pfarrgemeinden, aus den vielen großen und kleinen Gemeinschaften zu diesem Katholikentag zusammengekommen seid. Friede allen, die von jenseits der Grenzen dieses Landes hierhergekommen sind oder durch Funk und Fernsehen an dieser feierlichen Vesper teilnehmen! Friede allen Christen, allen christlichen Kirchen! Friede auch allen Menschen, die den einen Gott verehren und ihm ihre Geschicke demütig anvertrauen!

Diesen Friedensgruß entbiete ich euch allen *im Namen Jesu Christi*, unter dessen Kreuz wir uns hier versammelt haben. Der wahre Frieden kommt aus dem geöffneten Herzen dessen, der – am Kreuz erhöht – alle an sich zieht. Seit heute ist sein Zeichen auf diesem großen und geschichtsträchtigen Platz Wiens aufgerichtet: als christliche Mahnung und Hoffnung, als Erinnerung an das Jahr des Heiles 1983, an das Jubiläumsjahr der Erlösung, an einen Katholikentag, der als Tag christlicher Hoffnung in die Geschichte dieses Landes eingehen soll. Unter dieses Kreuz stellen wir Österreich; unter dieses Kreuz stellen wir Europa. Denn *„allein im Kreuz ist Hoffnung"!* An ihm hat das Leben den Tod besiegt. Das Kreuz ist Zeichen der versöhnenden, Leid und Tod überwindenden Liebe Gottes zu uns Menschen, Verheißung der Brüderlichkeit aller Menschen und Völker, göttlicher Kraftquell für die beginnende Erneuerung der ganzen Schöpfung.

> *Unter dieses Kreuz stellen wir Österreich; unter dieses Kreuz stellen wir Europa. Denn „allein im Kreuz ist Hoffnung"!*

> *Österreich zeigt exemplarisch, wie eine Vielzahl von Volksstämmen auf begrenztem Raum spannungsreich und schöpferisch zusammenleben ...*

2. Die heutige Europafeier anläßlich des Österreichischen Katholikentages lenkt unseren Blick über alle natürlichen, nationalen und willkürlichen Grenzen hinweg auf ganz Europa, auf alle Völker dieses Kontinents mit ihrer gemeinsamen Geschichte, vom Atlantik bis zum Ural, von der Nordsee bis zum Mittelmeer. *Österreich* – selbst *im*

Herzen Europas gelegen – hat in besonderer Weise dessen Geschicke geteilt und entscheidend mitgeprägt. Es zeigt exemplarisch, wie eine Vielzahl von Volksstämmen auf begrenztem Raum spannungsreich und schöpferisch zusammenleben und in der Vielfalt eine Einheit schaffen kann: Auf dem Territorium des heutigen kleinen Österreich sind die Wesenszüge von Kelten und Romanen, von Germanen und Slawen tief eingegraben und in der Bevölkerung lebendig. Hierin ist Österreich ein Spiegel und Modell Europas.

Was dem europäischen Kontinent zur Einheit in der Vielfalt verholfen hat, war vor allem die *Verbreitung des einen christlichen Glaubens*. Die Wege der Missionare und der christlichen Pilger haben Länder und Völker Europas friedlich miteinander verbunden – wofür wiederum Österreich ein kennzeichnendes Beispiel ist. An der Evangelisierung eures Landes hat der heilige Severin, ein Römer – ihr habt vor kurzem sein Jubiläum gefeiert –, ebenso mitgewirkt wie Glaubensboten aus anderen europäischen Ländern. Euer Land hat aber nicht nur missionarische Hilfe empfangen, sondern diese auch anderen Völkern vielfach gewährt. Als Beispiel unter vielen sei aus aktuellem Anlaß die Gründerin der Grauen Ursulinen genannt, Schwester Maria Julia Ledóchowska. In Loosdorf bei Melk geboren, hat sie so segensreich in Polen gewirkt, daß sie im Juni dieses Jahres während meiner Reise in die polnische Heimat seliggesprochen werden konnte.

Zu den einheitstiftenden Wegen der Glaubensboten kommen die Wege der Pilger. Wallfahrten nach Rom zum Grab des heiligen Petrus, nach Santiago de Compostela auf den Spuren des heiligen Jakobus, zu den Wirkungs- und Grabstätten anderer Heiliger und zu den großen Marienheiligtümern haben nicht nur europaweit das fromme Andenken an die Mutter des Herrn, an die Apostel und Heiligen gepflegt, sondern auch das gegenseitige Verständnis der so verschiedenen Völker und Nationen gefördert. Dadurch haben sie auch mitgeholfen, Europas Identität zu prägen. Gerade auch nach Mariazell, in eurem Land, wallfahrten seit Jahrhunderten Christen aus ganz Europa, nicht zuletzt aus slawischen Ländern. Ich selbst, Pole und Römer, bin glücklich, in diesen Tagen als Pilger nach Mariazell zu kommen.

> *... und in der Vielfalt eine Einheit schaffen kann. Hierin ist Österreich ein Spiegel und Modell Europas.*

Die – trotz aller Krisen und Spaltungen fortbestehende – *kulturelle Gemeinsamkeit des europäischen Kontinents* ist ohne den Inhalt der christlichen Botschaft nicht zu verstehen. Diese – mit antikem Geist großartig verschmolzen – bildet ein gemeinsames Erbe, dem Europa seinen Reichtum und seine Kraft verdankt, das blühende Gedeihen von Kunst und Wissenschaft, Bildung und Forschung, Philosophie und Geisteskultur. Innerhalb des christlichen Glaubensgutes hat in ganz besonderer Weise *das christliche Menschenbild* die europäische Kultur mitgeprägt. Die Überzeugung von der Gottebenbildlichkeit des Menschen und von seiner Erlösung durch Jesus Christus, den Menschensohn, hat der Wertschätzung und Würde der menschlichen

Person, der Achtung ihres Anspruchs auf freie Entfaltung in mitmenschlicher Solidarität ein heilsgeschichtliches Fundament gegeben. So war es auch folgerichtig, daß die Formulierung und Verkündigung der allgemeinen Menschenrechte vom Abendland ausgegangen ist.
Dieses vom Christusglauben geeinte und geprägte Europa stellen wir erneut unter das Kreuz; denn „im Kreuz ist Hoffnung".

3. Niemand kann sich der Tatsache verschließen – und wer wäre davon nicht zutiefst betroffen –, daß die gemeinsame Geschichte Europas nicht nur leuchtende, sondern *auch dunkle, schreckliche Züge* trägt, die mit dem Geist der Menschlichkeit und der Frohen Botschaft Jesu Christi unvereinbar sind. Immer wieder haben Staaten und Parteien haßerfüllt und grausam gegeneinander *Krieg* geführt. Immer wieder wurde Menschen ihre Heimat genommen; sie wurden vertrieben oder sahen sich angesichts von Not, Diskriminierung und Verfolgung zur Flucht veranlaßt. Millionen von Menschen wurden aufgrund ihrer Rasse, ihrer Nation, ihrer Überzeugung oder einfach, weil sie anderen im Wege waren, ermordet. Es ist bedrückend, daß zu jenen, die ihre Mitmenschen bedrängten und verfolgten, auch gläubige Christen gehörten. Wenn wir uns zu Recht unseres Herrn Jesus Christus und seiner Botschaft rühmen dürfen, so müssen wir andererseits bekennen und dafür um Vergebung bitten, daß wir Christen Schuld auf uns geladen haben – in Gedanken, Worten und Werken und durch tatenloses Gewährenlassen des Unrechts.

> *Vor allem aber sind wir uns dessen bewußt, daß die Sprache der Waffen nicht die Sprache Jesu Christi ist.*

Doch nicht nur im staatlichen und politischen Leben ist Europas Geschichte von Zwietracht gezeichnet. Auch durch die eine Kirche Jesu Christi haben *Glaubensspaltungen* Grenzen und Gräben gezogen. Im Verein mit politischen Interessen und sozialen Problemen kam es zu erbitterten Kämpfen, zu Unterdrückung und Vertreibung Andersgläubiger und zu Gewissenszwang. Als Erben unserer Väter tragen wir auch dieses schuldbeladene Europa unter das Kreuz. Denn in ihm ist Hoffnung.

4. Das Österreich von heute – leider nicht ganz Europa! – ist frei von fremder Herrschaft und kriegerischer Gewalt, frei von unmittelbarer äußerer Bedrohung, unbelastet von haßerfüllten inneren Auseinandersetzungen. Welch denkwürdiger und freudiger Kontrast zu mancher früheren Epoche und besonders zum *Jahre 1683*. Dieses Jahr ist *ein großes Datum* nicht nur der österreichischen, sondern *der europäischen Geschichte*, wahrlich wert, daß wir uns seiner nachdenklich und dankbar erinnern. Jedem von uns ist vertraut, wie vor 300 Jahren Truppen des Osmanischen Reiches, wie schon 1529, bis vor diese Stadt gelangten und sie mit gewaltiger Übermacht belagerten. Der Zug der Armee war von Brandschatzung, Mord und Verschleppung gekennzeichnet; unsäglich waren die Not, der Jammer, das Elend, bewundernswert war

die Tapferkeit der Verteidiger Wiens. Sie schöpften Kraft aus ihrem Glauben, aus dem Gebet, aus ihrer Überzeugung, nicht nur für ihr Land, sondern für Europa und für die Christenheit zu streiten. Dem Papst steht es wohl zu, daran zu erinnern, daß sein damaliger Vorgänger, der selige Innozenz XI., Österreich und seine Verbündeten mit Subventionen, mit diplomatischer Hilfe und mit seinem Gebetsaufruf an die Christenheit wirksam unterstützt hat. Dem Papst aus Polen sei es auch gestattet, mit besonderer Bewegung davon zu sprechen, daß es der polnische König Jan Sobieski gewesen ist, unter dessen Oberbefehl die verbündeten Entsatztruppen Wien befreiten, zu einem Zeitpunkt, da sich die heldenhaften Verteidiger der Stadt nur mehr mit letzter Kraft der Belagerung erwehren konnten.

Es ist gerechtfertigt, mit Bewunderung der Verteidiger und Befreier Wiens zu gedenken, die in beispielhaftem Zusammenstehen dem Angriff Einhalt geboten. Uns sind die Aufrufe heiligmäßiger Prediger überliefert, welche die Menschen dieser Zeit nicht nur zu Tapferkeit, sondern vor allem zu christlicher Umkehr zu bewegen suchten. Die Geschichte gebietet uns, damaliges Geschehen aus dem Geist der damaligen Zeit zu verstehen und nicht einfach an unserer Gegenwart zu messen. Sie gebietet, *einseitige Verurteilung und Verherrlichung zu vermeiden*. Wir wissen, daß himmelschreiende Grausamkeiten nicht nur vom osmanischen Heer, sondern auch von der Armee des Kaisers und seiner Verbündeten begangen worden sind. Wir müssen, so sehr wir uns über den Verteidigungserfolg des christlichen Abendlandes freuen mögen, beschämt zur Kenntnis nehmen, daß die christliche Solidarität damals weder spontan noch europaweit war.

> *Wir wollen uns der Freiheit würdig erweisen, die damals mit so großem Einsatz verteidigt worden ist.*

Vor allem aber sind wir uns dessen bewußt, daß *die Sprache der Waffen nicht die Sprache Jesu Christi* ist und nicht die Sprache seiner Mutter, die man damals wie heute als die „Hilfe der Christenheit" angerufen hat. Bewaffneter Kampf ist allenfalls ein unausweichliches Übel, dem sich auch Christen in tragischen Verwicklungen nicht entziehen können. Aber auch hierbei verpflichtet das christliche Gebot der Feindesliebe, der Barmherzigkeit: Der für seine Henker am Kreuz gestorben ist, macht mir jeden Feind zum Bruder, dem meine Liebe gebührt, auch wenn ich mich seines Angriffs erwehre.

So sei dieses Jubiläum nicht die Feier eines kriegerischen Sieges, sondern eine Feier des uns heute geschenkten Friedens im dankbar bekundeten Kontrast zu einem Ereignis, das mit so viel Leid verbunden war. Und wir wollen uns der Freiheit würdig erweisen, die damals mit so großem Einsatz verteidigt worden ist.

5. *Österreich* bemüht sich, wie in der Vergangenheit, *auch heute* seiner *besonderen Verantwortung und Aufgabe im Herzen Europas* zu entsprechen. Euer Land setzt sich mit Nachdruck ein für Frieden und Völkerverständigung, für soziale Gerechtigkeit, für die Beachtung und Förderung der Menschenrechte auf nationaler und internationaler

Ebene. Ihr selbst habt Tausende von Flüchtlingen und Hilfesuchenden aufgenommen; Gäste aus aller Herren Länder kommen in euer Land und finden bei euch freundliche Aufnahme und Erholung. Ihr habt nicht nur von hochherzigen Helfern in Zeiten der Not wirksame Unterstützung empfangen, sondern auch selbst die Nöte anderer Länder, darunter auch meiner polnischen Heimat, hilfsbereit gelindert. Das Bekenntnis zur europäischen Solidarität läßt euch auch nicht die Augen vor der Not und Hilfsbedürftigkeit außereuropäischer Gebiete verschließen. Dankbar denke ich dabei an eure großen Beiträge zur Entwicklungshilfe und an den persönlichen Einsatz so vieler Missionare, Schwestern und Entwicklungshelfer. Euer Land spielt – seiner besonderen Lage und seinem geschichtlichen Erbe entsprechend – vor allem eine wichtige Rolle für die Schaffung eines stabileren und humaneren Europa und für den Abbau internationaler Spannungen. Diese Bemühungen verdienen Anerkennung und Ermutigung. Sie rufen jedoch zugleich angesichts der noch fortdauernden großen Schwierigkeiten innerhalb der Völkergemeinschaft nach immer größeren Anstrengungen. Die Katholische Kirche ist hierbei im Rahmen ihres Auftrages stets ein hilfsbereiter und solidarischer Partner.

> *Die Jünger Mohammeds, die damals als Feinde vor den Toren eurer Hauptstadt lagerten, ...*

Zum besonderen Vermächtnis des entscheidungsvollen Ereignisses von 1683 an die christlichen Kirchen gehört vor allem *das Anliegen des religiösen Friedens* – der Frieden zwischen den Erben Abrahams und die Einheit unter den Brüdern Jesu Christi. Die Jünger Mohammeds, die damals als Feinde vor den Toren eurer Hauptstadt lagerten, sie leben jetzt mitten unter euch und sind uns in ihrer gläubigen Verehrung des einen Gottes nicht selten Vorbild. Die jüdische Gemeinschaft, einst so fruchtbar mit den Völkern Europas verflochten und jetzt so tragisch dezimiert, mahnt uns gerade dadurch, jede Chance zu nützen, einander menschlich und geistig näherzukommen und miteinander vor Gott zu treten und von ihm her den Menschen zu dienen. Die Spaltungen unter den Christen, 1683 bis in die Politik hinein so verhängnisvoll wirksam, sind heute Anlaß und Aufforderung zu bewußter Gemeinschaft in Begegnung, Gebet und Diakonie.

6. Liebe Brüder und Schwestern! Wie ich in meiner Fernsehbotschaft an euch im Juni des vergangenen Jahres betont habe, sollen die erfolgreichen Anstrengungen der Christenheit zum Schutz des Abendlandes im Jahre 1683 und die jetzige Gedenkfeier während des Österreichischen Katholikentages vor allem „*die Christen von heute an ihre gemeinsame Verantwortung für Europa erinnern* und ihnen neuen Mut vermitteln zu opferbereitem Einsatz für Frieden und Gerechtigkeit, für Menschenrechte und christliche Solidarität unter den Völkern". Bei derselben Gelegenheit gab ich meiner Hoffnung Ausdruck, daß von eurem Katholikentag „für eure Heimat und für ganz Europa eine christliche Neubesinnung auf die tiefen gemeinsamen geistigen Wurzeln ausgehen" möge. Ein jeder von euch ist aufgerufen, dazu an seinem Platz und ent-

sprechend seinen Möglichkeiten einen ganz persönlichen Beitrag zu leisten. Uns Christen ist es aufgegeben, aus der Mitte unseres Glaubens und durch einen solidarischen Einsatz zum Wohl des Menschen und der Gesellschaft *wirksam zu bezeugen, daß es allein im Kreuz wahre Hoffnung gibt* – für den einzelnen, für das eigene Land, für Europa und für die ganze Menschheit.

Ihr Christen in Österreich und in allen Ländern des Kontinents!
Gebt Zeugnis von der tiefen christlichen Verwurzelung der menschlichen und kulturellen Werte, die euch – und ganz Europa – heilig sind, die seine Vergangenheit so entscheidend geprägt haben und auch seine Zukunft zu gewährleisten vermögen. Zeigt euch würdig jener Glaubensbrüder, die auch heute noch für ihre religiösen Überzeugungen und für ihre christliche Lebensführung Verfolgung leiden und schwere Opfer bringen müssen. Habt Mut und Entschlossenheit, euch auch in der Politik und im öffentlichen Leben aus christlicher Verantwortung für das Wohl des Menschen und der Gesellschaft im eigenen Land und über alle Grenzen hinaus einzusetzen.

... sie leben jetzt mitten unter euch und sind uns in ihrer gläubigen Verehrung des einen Gottes nicht selten Vorbild.

Im Kreuz ist Hoffnung für eine christliche Erneuerung Europas, aber nur, wenn wir Christen selbst die Botschaft des Kreuzes ernst nehmen.

Kreuz besagt:	Das Leben für den Bruder einsetzen, um es zusammen mit dem seinen zu retten.
Kreuz besagt:	Liebe ist stärker als Haß und Rache – Geben ist seliger als Nehmen – Sich-selbst-einsetzen bewirkt mehr als bloßes Fordern.
Kreuz besagt:	Es gibt kein Scheitern ohne Hoffnung – keine Finsternis ohne Stern – keinen Sturm ohne rettenden Hafen.
Kreuz besagt:	Liebe kennt keine Grenzen: Beginne mit dem Allernächsten und vergiß nicht den Fernsten.
Kreuz besagt:	Gott ist immer größer als wir Menschen, größer als unser Versagen – Leben ist stärker als der Tod.

Als Jünger Christi seid ihr, liebe Brüder und Schwestern, aufgerufen, aus der Kraft des Kreuzes Christi durch euer hoffnungsvolles Wort und christliches Lebensbeispiel den Menschen von heute in ihrer mannigfachen Bedrohung und Verwirrung die befreiende Antwort und Hoffnung zu geben.

Und pflegt in allem das *Gebet!* Betet, wie es die Christen in der Bedrängnis von 1683 getan haben. Betet, wie es gerade in eurem Land seit Jahrzehnten so vorbildlich im „Rosenkranz-Sühnekreuzzug um den Frieden der Welt" geschieht. Laßt euch von mir in dieser Stunde unter dem Zeichen des Kreuzes, das wir heute auf diesem Platz aufgerichtet haben, zu jenem *wahren* Kreuzzug der christlichen Tat und des Gebetes sammeln. Wie einst der selige Papst Innozenz XI. die bedrohten Völker zur Heiligen Allianz zusammenrief, so ruft euch heute sein Nachfolger auf dem Stuhl Petri ins Gewissen: Der geistige Kampf für ein Überleben in Frieden und Freiheit verlangt den gleichen Einsatz und Heldenmut, die gleiche Opferbereitschaft und Widerstandskraft, durch die unsere Väter damals Wien und Europa gerettet haben! Entscheiden wir uns dazu und legen wir diesen Entschluß unter das Kreuz Christi, des Herrn aller Geschichte. Denn in seinem Kreuz ist wirklich Hoffnung und Heil!

> *Pflegt in allem das Gebet! Betet, wie es die Christen in der Bedrängnis von 1683 getan haben.*

„Wir beten Dich an, Herr Jesus Christus,
und preisen Dich,
denn durch Dein heiliges Kreuz
hast Du die Welt erlöst."

Amen.

Begrüßung des Papstes durch Jugendbischof Egon Kapellari bei der Begegnung mit der Jugend im Wiener Praterstadion
(10. September 1983)

Heiliger Vater!

Sie haben während vieler Jahre Ihre Zeit und Ihre Kraft vor allem jungen Menschen geschenkt: jungen Arbeitern und Studenten. Auch als Papst hören Sie aufmerksam auf die Jugend, reden verständlich mit ihr, fordern sie positiv heraus.
An diesem Abend begegnen Sie vielen jungen Katholiken und vielleicht auch Suchenden, die nicht der Kirche angehören. Sagen Sie uns allen ein Wort des Glaubens und der Ermutigung. Beten Sie mit uns, damit wir den Weg nicht verlieren!

Begegnung mit der Jugend im Praterstadion

Begrüßung des Papstes durch Elisabeth Aichberger
(10. September 1983)

Ich freue mich, Sie, Heiliger Vater, namens der vielen Jugendlichen, die im Stadion sind, sehr herzlich begrüßen zu können.

Viele sind gekommen, um Ihnen zu sagen, was sie erfreut und was sie ängstigt; um Ihr Wort zu hören und um mit Ihnen zu beten.

Auf unseren Wegen suchen wir Ihn, der gesagt hat: „Ich bin der Weg, die Wahrheit und das Leben."

Wir suchen Ihn in der Kirche und durch Sie. Die Kirche ist für viele von uns Heimat. Wir wollen in ihr mitarbeiten, mitbestimmen und Verantwortung übernehmen.

Auch die Gesellschaft ist unser gemeinsames Haus. Auch dort müssen und möchten wir Verantwortung übernehmen.

Wir suchen Menschen, die uns als Eltern, Lehrer, Priester, Vorgesetzte und Politiker ein glaubwürdiges Beispiel geben.

Viele unserer Anliegen werden heute zur Sprache kommen, wo wir auf der Suche sind, was uns bewegt.

- Der Sinn unseres Lebens und die Kirche;
- der Friede und die Gerechtigkeit für die Dritte Welt;
- die Sorge um den Arbeitsplatz und Umwelt.

Mit Ihnen, Heiliger Vater, wollen wir das bedenken und im Gebet vor Gott bringen.

Erster Pastoralbesuch 1983

Ansprache des Papstes bei der Begegnung mit der Jugend im Wiener Praterstadion
(10. September 1983)

Liebe junge Freunde! Brüder und Schwestern!

1. An diesem Abend gehöre ich euch! – Aus ganz Österreich seid ihr hierhergekommen und habt auch Freunde aus den Nachbarländern mitgebracht. Viele von euch sind schon berufstätig. Andere besuchen Schulen, auch Hochschulen. Gemeinsam ist euch dieses schöne Land im Herzen Europas. Gemeinsam ist euch auch der Glaube an Jesus Christus oder wenigstens das Suchen und Fragen nach ihm. Darum steht unsere Begegnung heute abend unter dem Thema *„Jesus Christus – unser Weg"*.
Wenn ich euch oder die jungen Menschen anderer Länder sehe, dann erfüllt mich eine tiefe *Zuneigung* und eine große *Hoffnung*. Das Schicksal eures Landes bis weit hinein in das nächste Jahrtausend liegt auch in euren Händen. Und auch das Schicksal des Glaubens in Österreich und darüber hinaus wird von euch mitbestimmt sein. Aus euren Fragen und Anregungen, mit denen ihr das Wirken der Verantwortlichen in Staat und Kirche oft kritisch begleitet, erkenne ich eure Bereitschaft, euch den Aufgaben der Gegenwart zu stellen. Diese sind ungeheuer groß und verlangen euren ganzen Einsatz.
Ihr selbst habt es soeben sehr eindrucksvoll und ernst dargestellt:
Die Welt und die Zeit, in der wir heute leben, sind eine große *Herausforderung für euch*. Ihr seid betroffen vom Elend und Hunger in weiten Teilen der Erde und von soviel Ungerechtigkeit. Ihr warnt vor der tödlichen Gefahr gigantischer Waffenarsenale und eines drohenden Atomkrieges. Ihr macht euch Sorgen um die Umwelt. Ihr wißt, daß viele Menschen, vor allem Jugendliche, durch Arbeitslosigkeit bedroht sind oder schon jetzt keine Arbeit haben. Viele Menschen in anderen Ländern sind auch geistig unterdrückt und können ihren Glauben nicht in Freiheit bekennen. Das alles schafft da und dort das Gefühl, das Leben habe wenig Zukunft, wenig Sinn. In einer solchen Situation fliehen manche aus der Verantwortung: in kurzlebiges Vergnügen, in die Scheinwelt des Alkohols und der Drogen, in unverbindliche sexuelle Beziehungen, in Gleichgültigkeit, Zynismus oder auch Gewalt. Für einige wird die Flucht in den Tod zum scheinbar letzten Ausweg.

> *Aber die Mitte der Nacht ist zugleich schon der Anfang des Tages.*

Begegnung mit der Jugend im Praterstadion

2. Aber *die Mitte der Nacht* ist, wie jemand gesagt hat, zugleich schon *der Anfang des Tages*. Die Schwierigkeiten unserer Zeit wecken bei vielen Menschen, besonders bei den jungen, auch die kühnsten Träume, die besten Kräfte des Geistes, des Herzens, der Hände. Es erwacht die Bereitschaft, zu teilen und das Leben ohne Berechnung einzusetzen.

Überall auf der Welt haben Menschen begonnen, sich und andere zu fragen: Was kann ich tun? Was können wir tun? Wohin führt unser Weg? Es sind vor allem junge Menschen, die so fragen. Sie möchten ihren Beitrag leisten, um eine weithin müde und kranke Gesellschaft zu heilen. So geben sie ihrem Leben und dem Leben ihrer Freunde einen neuen Sinn. Dieser Sinn hat für viele von ihnen schon einen Namen: den Namen *„Jesus Christus"*. Sie haben Jesus gefunden. Er ist ihre neue Hoffnung geworden. Andere junge Menschen hingegen suchen Jesus. Zeigt *ihr* ihnen den Weg zu ihm!

Ihr seid auf verschiedenen Wegen miteinander zu Fuß in dieses Stadion gekommen. Die verschiedenen Wege, auf denen ihr gekommen seid, mündeten ein in das Kreuz, das einige von euch stellvertretend für die anderen mitten im Stadion auf den Boden gelegt, auf den Boden geschrieben haben. Es ist ein Kreuz aus Blumen, ein blühendes Kreuz. Es ist das Siegeszeichen Jesu, der als der Gekreuzigte zugleich auferstanden ist. Ein Zeichen des Osterglaubens gegen alles, was euch lähmen könnte.

> *Aus Fischern und Zöllnern wurden Apostel. Jesus ruft auch heute. Er ruft euch!*

Eure Wege und dieses Kreuz in unserer Mitte verweisen uns auf Jesus Christus, der von sich gesagt hat: *„Ich bin der Weg"* (Joh 14,6). Er hat vor bald 2000 Jahren junge Menschen, wie ihr seid, zu sich gerufen. Sie haben Boot und Netz verlassen und sind seine Jünger geworden. Aus Fischern und Zöllnern wurden Apostel. Jesus ruft auch heute. Er ruft *euch*! Und er zeigt euch den Weg durch das, was die Evangelien über seinen Umgang mit den Menschen berichten.

3. Uns berührt sogleich die große *Behutsamkeit und Zuneigung*, mit der er den *Menschen* begegnet: wie er Kinder segnet und den Sündern beim Mahl Gemeinschaft gewährt; wie er um seine Jünger besorgt ist und sie schrittweise in seinen Lebensplan einführt; wie er den Schmerz der Witwe von Naim teilt, auf den blinden Bettler hört, der am Wege schreit, und wie er mit der Frau am Brunnen ein Gespräch führt. Jede Seite des Evangeliums berichtet von der feinfühligen Güte dessen, der „umherging, Wohltaten spendend ..."

Über den Menschen hinaus zeigt sich Jesus mit der ganzen *Schöpfung* tief verbunden: Er beobachtet, wie die Saat auf dem Acker gedeiht und wie der Feigenbaum

Früchte ansetzt. Er achtet auf Wind und Wolken. Senfkorn und Weinstock, Lilien und Sperlinge werden zum Gleichnis für das Reich Gottes, das er verkündet.

Wirklich, es erstaunt nicht, daß junge Menschen von heute auf Jesus neu aufmerksam werden: Ihr seid ja besonders darauf bedacht, daß Mensch und Natur in ihrer Würde und in ihrem Wert ernstgenommen werden.

Freilich verkörpert Jesus mehr als nur einige Ideale des modernen Menschen. Er zeigt in Natur und Mensch einen tiefen Sinn auf: Die Welt ist Gottes Schöpfung; in ihr ist ohne Unterlaß *Gott, der ewige Vater, am Werk*. So wird alles Geschaffene durchsichtig auf Gott hin: die großen Ereignisse ebenso wie die scheinbar unbedeutenden Dinge, an denen man leicht achtlos vorübergeht.

Die Evangelien bezeugen also: Die Kraft, die Jesus und sein ganzes Leben durch und durch bestimmt, ist seine liebende Bindung an Gott Vater.

> ***Jesu Botschaft ist aber zugleich ein Anspruch. Zuneigung und Vertrauen zu ihm sollen in Nachfolge einmünden.***

Für uns sollte diese Botschaft Jesu von der beständigen Gegenwart Gottes inmitten dieser Schöpfung eine *Quelle der Zuversicht* sein: Gott kennt uns. Er kennt uns besser, als wir uns selber kennen. Er liebt uns, auch wenn diese Liebe oft verborgen ist. Er ist ein Gott, der uns Zukunft gibt. Er ist nicht ein Gott der Toten, sondern der lebendige und lebensspendende Gott. Ihm können wir uns anvertrauen, in ihm Wurzeln schlagen. Wenn wir fallen, dann fallen wir nicht tiefer als in Gottes Hand. Das hat Jesus in den 33 Jahren seines Weges inmitten der Menschen vorgelebt. Das hat er gemeint, als er sagte: „Ich bin der Weg."

Jesu Botschaft ist aber *zugleich ein Anspruch*. Zuneigung und Vertrauen zu ihm sollen in Nachfolge einmünden. Gefühle allein reichen nicht: Wir müssen bereit sein, unser Wollen und Handeln auf ihn einzurichten. Daran läßt der Herr keinen Zweifel: *„Wer meine Gebote hat und sie hält, der ist es, der mich liebt"* (Joh 14,21).

Ihr mögt vielleicht jetzt fragen: Was fordert der Herr? Wie verwirklichen wir seinen Willen? „Du kennst die Gebote", antwortet Jesus selbst im Evangelium dem jungen Mann, der ihm die gleiche Frage stellt. „Ihr kennt die Gebote!" Nehmt sie ernst! Sie weisen euch den Weg.

4. Liebe junge Freunde! Auf diesen Weg hat Christus euch gerufen. Und wie mit den Emmausjüngern ist er *mit euch unterwegs* auf eurem Weg zu den Menschen, in den Beruf, in die Gesellschaft.

> ***Habt keine Angst, euch in eurem Milieu als Christen zu bekennen.***

Ihr geht auf *Menschen* zu. Viele von ihnen sind euch noch gar nicht bekannt. Einer wird vielleicht der Partner für euer Leben sein, entscheidend ebenso für euch wie für die Kinder, deren Eltern ihr sein werdet. Wie findet ihr den Weg zueinander? Wie lernt ihr jene Liebe, die auch Enttäuschungen übersteht? Wie lernt ihr jene wahre Selbstverwirklichung, die nicht nur Ich sagen kann, sondern auch Du und Wir? Jesus hat gesagt: *„Kommt und lernt von mir."*

Begegnung mit der Jugend im Praterstadion

Ihr geht auch auf einen *Beruf* zu, und ich hoffe von ganzem Herzen, daß alle eine Arbeit finden können. Für viele wird es nicht ein Traumberuf sein, sondern ganz nüchtern ein Arbeitsplatz, an dem ihr aber doch als ganze Menschen gefordert seid. Leistet zuverlässige Arbeit, seid gute Kameraden. Und wenn es euch gegeben ist, seid auch bereit, besondere Verantwortung zu übernehmen. Habt keine Angst, euch in eurem Milieu als Christen zu bekennen. Dieses Bekenntnis bringt euch eine tiefe Freude, auch wenn ihr manchmal nicht verstanden oder sogar ausgelacht werden solltet.

Ihr seid schließlich auch unterwegs zu einer künftigen *Gesellschaft*. Ihr wünscht, daß sie besser sei als die jetzige Gesellschaft. Euer Wunsch ist berechtigt. Es wäre aber ungerecht, jenen nicht zu danken, die zu ihrer Zeit im voraus vieles für euch getan haben. Es wäre ungerecht, rückblickend und besserwissend alles Gewesene gering zu schätzen. Als Christen glauben wir aber auch an die Möglichkeit der Weiterentwicklung zum Besseren. Dies setzt freilich oft eine tiefgreifende Neubesinnung und Umkehr voraus.

> *Ich bin überzeugt, daß ihr keine Kirche wollt, die die Forderungen Jesu verkürzt oder die Schätze des Glaubens zu billigen Preisen veräußert.*

Ihr wollt eine Gesellschaft mit mehr Wahrhaftigkeit, Gerechtigkeit und Barmherzigkeit. Ihr wollt eine Gesellschaft mit mehr Verantwortungsbewußtsein gegenüber Mensch und Umwelt, mit mehr Toleranz und vor allem mit mehr Friede. Beginnt *ihr* damit, wahrhaftig und gerecht zu sein, barmherzig und um Frieden bemüht, um Frieden, den man von anderen nur erwarten kann, wenn man ihn selbst lebt.

Ihr geht auf eine Gesellschaft zu, die ihr mitgestalten müßt. Die nächste Generation wird euch genauso fragen, wie ihr heute die Älteren fragt: Was habt ihr aus eurem Leben und aus der Welt gemacht?

5. Ihr werdet auch, liebe Freunde, *die kommende Geschichte der Kirche* prägen. Ich bin überzeugt, daß ihr keine Kirche wollt, die die Forderungen Jesu verkürzt oder die Schätze des Glaubens zu billigen Preisen veräußert. Ihr wollt eine Kirche, die deutlich spricht und glaubwürdig lebt. Ohne sich an den Zeitgeist auszuliefern, soll sie den Menschen von heute Hoffnung vermitteln. Sie tut dies:

- indem sie unter den Menschen die Überzeugung wachhält, daß die Erlösung der Strukturen von der *Erlösung der Herzen* abhängt;
- indem sie das Heil nicht allein von unserer eigenen Anstrengung, sondern vor allem als *Gottes Geschenk* erwartet;
- indem sie *Gott als unsere endgültige Erfüllung* verkündet und uns die Angst nimmt, das Glück zu verpassen, wenn wir es uns nicht in raschem Zugriff selbst verschaffen;
- indem sie eine fröhliche Einfachheit lebt, weil sie in *Gott* ihren *wahren Reichtum* hat.

Jesus sagt heute zu jedem von euch, was er einst zum heiligen Franz von Assisi gesagt hat: Du sollst mein Haus, die Kirche, wiederaufbauen. Viele träumen von einer anderen, einer ganz neuen Kirche. Christus fordert euch jedoch auf, ihm euren *Einsatz für die gegenwärtige Kirche* zu schenken: Diese sollt ihr „wiederaufbauen", diese soll erneuert werden.

Heute schon kann euer Dienst beginnen, die Kirche von morgen bauen zu helfen: eine Kirche, die keine Trennung kennt, weder die Trennung der Konfessionen noch der Generationen; eine Kirche, die vielen Heimat bietet und doch deutlich macht, daß diese Welt nicht unser endgültiges Zuhause ist.

> *Verschreibt euch nicht dem Motto „Alles oder nichts", sondern habt Mut und Geduld zu kleinen Schritten.*

In dieser Kirche habt ihr alle einen Platz, eine Aufgabe. Ihr baut diese Kirche als junge Christen, als künftige Mütter und Väter, als gläubige Menschen in vielen Berufen und Lebensbereichen.

Unter euch sind sicher auch nicht wenige, die Christus zum Dienst des Priesters, der Ordensfrau, des Ordensmannes berufen will. Verweigert euch nicht seinem Ruf. Achtet auf seine leise Stimme inmitten der lauten Stimmen, die euch etwas anderes sagen wollen.

6. Eure Aufgabe ist groß, junge Freunde! Aber Jesus sagt auch zu euch: *„Fürchtet euch nicht!"* Laßt euch nicht lähmen durch Unheilspropheten. Verschreibt euch nicht dem Motto „Alles oder nichts", sondern habt Mut und Geduld zu kleinen Schritten. Denkt selbst nach und laßt euch nicht durch fremde Parolen leiten.

Jesus sagt auch zu euch: *„Kehrt um, bekehrt euch!"* Schiebt eure Verantwortung nicht auf andere, auf die Gesellschaft, auf den Staat, auf die Kirche. Kehrt um aus der Klage und Anklage zu Eigenverantwortung. Laßt euch im Bußsakrament versöhnen mit Gott und den Menschen, dann werdet ihr frohe Menschen sein und auch andere froh machen können.

Jesus fragt auch euch, wie er Petrus gefragt hat: *„Liebst Du mich?"* Wenn ihr ihn liebt, was darf dann diese Liebe kosten? Ihr seid reich an Begabungen, an Ideen, an gutem Willen. Ihr setzt euch ein für den Frieden und gegen die Not in der Dritten Welt. Ihr seid jung. Es ist auch heute schön, jung zu sein: offen für die Welt und für das Leben. Es ist schön, zu schenken und zu empfangen.

Jesus sagt zu euch: *„Ich sende euch."* Bleibt nicht sitzen in Bequemlichkeit. Bleibt nicht sitzen mit euren Zweifeln und Ängsten, sondern geht. Ihr wißt den Weg. Unser Weg ist Jesus Christus. *Gehen wir diesen Weg miteinander!*

Ökumenische Begegnung in Wien

Begrüßung des Papstes durch Franz Kardinal König bei der Begegnung mit den Verantwortlichen der christlichen Kirchen im Erzbischöflichen Palais in Wien
(11. September 1983)

Heiliger Vater, sehr geehrte Festversammlung!

In dieser historischen feierlichen Stunde begrüße ich sehr herzlich den Heiligen Vater, Papst Johannes Paul II., und Sie alle, die Sie uns die Ehre Ihrer Anwesenheit geben. Nach dem gemeinsamen Gebet und den Ansprachen werde ich Gelegenheit haben, jeden von Ihnen persönlich dem Heiligen Vater vorzustellen.
„Ökumene in Österreich" soll das Thema unserer Besinnung und Begegnung am Morgen dieses 11. September 1983 sein. Seit dem Abschluß des II. Vatikanischen Konzils haben wir viele Schritte vom Gegeneinander zum Nebeneinander und Miteinander versucht; ja, manchmal haben wir sogar zum Füreinander gefunden.
Dennoch wissen wir um das Viele, das noch vor uns liegt, bevor wir so glaubwürdig unseren gemeinsamen Herrn des Friedens und der Versöhnung bekennen, daß uns die Welt glauben kann.
Möge diese Begegnung neue Perspektiven eröffnen, Ängste abbauen und vertrauensvolle Impulse für die nächste Zukunft geben. Unsere gemeinsame Antwort vor dem Herrn der Kirche und der Welt ist groß.
Ich lade Sie ein, gemeinsam im Vertrauen auf den anwesenden Herrn für die Kirche zu beten.

Erster Pastoralbesuch 1983

Grußwort von Erzbischof Chrysostomos Tsiter, griechisch-orthodoxer Metropolit von Austria
(11. September 1983)

Eure Heiligkeit!

Es hat mich tief bewegt, daß die Österreichische Bischofskonferenz und ihr Vorsitzender, Seine Eminenz Kardinal Franz König, mich, als den Ältesten des geistlichen Standes der Orthodoxen Kirche in Wien, eingeladen haben, um Eure Heiligkeit im Rahmen der Feierlichkeiten des Österreichischen Katholikentages anzusprechen, welcher unter dem Schutz und Schild Eurer Heiligkeit und mit Beteiligung der Gläubigen aller Kirchen und der Vertreter der bahnbrechenden Stiftung Pro Oriente mitten im Heiligen Jahr stattfindet.

Die Anwesenheit Eurer Heiligkeit bei dem Österreichischen Katholikentag in dieser großen und historischen Hauptstadt der europäischen Kultur, der religiösen Gleichheit und der freien sozialen Gerechtigkeit bildet den Gipfel des feierlichen Ausdruckes des Bekenntnisses des österreichischen Katholiken zum christlichen Glauben, der als Kreuz der Liebe und der Aufopferung erlebt und verwirklicht wird.

> *Voll Zuversicht verfolgt die Menschheit die Reisen Eurer Heiligkeit und sieht in der Person des Papstes von Rom den Vorboten des Friedens auf Erden.*

Die persönliche Anteilnahme Eurer Heiligkeit an dem Österreichischen Katholikentag, zum Gedächtnis an das historische Ereignis für Europa vor 300 Jahren, und Ihr bevorstehender Besuch im Wallfahrtsort Mariazell hebt hervor und verewigt das Gedächtnis an den Sieg des Kreuzes und der höchsten menschlichen Werte.

Wir Anhänger des christlichen Glaubens, die aus dessen reichen Quellen trinken, uns erfrischen und erfreuen, schreitend auf dem Weg zu der reinen Urquelle, begleitet vom Geist der großen Kirchenoberhäupter Athenagoras I., Johannes XXIII., Paul VI., Dimitrios I. und Eurer Heiligkeit, feiern mit und empfangen den Segen Eurer Heiligkeit und beten zusammen, daß bald das Gebet unseres Herrn Jesus Christus, „daß alle eins seien", in Erfüllung geht.

Eure Heiligkeit fliegt unermüdlich in alle Länder der Erde, als echter Nachahmer des Apostels Paulus, und stärkt die Seelen der Gläubigen des Herrn, die Träger des Kreuzes des Unrechtes, der Furcht und der blinden Macht sind, öffnet für sie die Quellen des Glaubens und verwandelt die Tage der Ängste in Tage der Hoffnung.

Voll Zuversicht verfolgt die Menschheit die Reisen Eurer Heiligkeit und sieht in der Person des Papstes von Rom den Vorboten des Friedens auf Erden.
Möge Gott der Allmächtige Eure Heiligkeit schützen und Euer Werk segnen.
„Der Gott des Friedens heilige euch ganz und gar und bewahre euren Geist, eure Seele und euren Leib unversehrt" (*1 Thess* 5,23).
„Und der Friede Gottes, der alles Verstehen übersteigt, wird euer Herz und eure Gedanken in der Gemeinschaft mit Christus Jesus bewahren. Amen" (*Phil* 4,7).

Grußwort von Bischof Dieter Knall, Evangelische Kirche A. B.
(11. September 1983)

Eure Heiligkeit, geehrter Bischof von Rom, lieber Bruder in Christo!

Als Bischof und Vorsitzender des Evangelischen Oberkirchenrates Augsburgischen und Helvetischen Bekenntnisses in Österreich habe ich die Freude und Ehre, Sie als Oberhaupt der Römisch-katholischen Schwesterkirche grüßen und einige Worte an Sie richten zu dürfen. Ich tue dies auch im Namen des Vorsitzenden des Ökumenischen Rates der Kirchen in Österreich, Herrn Oberkirchenrat Peter Karner, der ebenfalls unter uns weilt.

Wir finden uns wieder in dem apostolischen Lobpreis des Epheserbriefes, der in Luthers deutscher Übersetzung lautet: „Gelobt sei Gott, der Vater unseres Herrn Jesu Christi, der uns gesegnet hat mit allerlei geistlichem Segen in himmlischen Gütern durch Christum ... in welchem wir haben die Erlösung durch sein Blut, die Vergebung der Sünden, nach dem Reichtum seiner Gnade, welche uns reichlich widerfahren ist ... auf daß wir etwas seien zu Lob seiner Herrlichkeit, die wir zuvor auf Christum hofften" (*Eph* 1,3.7.12).

Die sechste Vollversammlung des Ökumenischen Rates der Kirchen ließ Reichtum und Segen des Vaters unseres Herrn Jesu Christi in Vielfalt und Fülle erneut vor unsere Augen treten. Als die Delegierten fast aller christlichen Kirchen unseres Erdkreises das Lob Gottes anstimmten und miteinander bekannten, im Hören auf sein Wort leben und handeln zu wollen, gedachte ich im Gebet meiner Brüder und Schwestern aus Ihrer, der Römisch-katholischen Kirche, nicht ohne ihre Abwesenheit als Vollmitglied schmerzlich zu empfinden.

Die dankbar aufgenommenen Grüße, die Sie dem Generalsekretär des Ökumenischen Rates der Kirchen übermittelten, machten den in Vancouver versammelten Vertretern aus der weltweiten Christenheit ebenso bewußt, daß eine Schwesterkirche in der konziliaren Gemeinschaft auf dem Weg zur Einheit in versöhnter Verschiedenheit fehlt. Wir vermissen sie.

Dankbar hingegen blicken wir hier in unserer Heimat auf die positive Entwicklung der zwischenkirchlichen Verhältnisse. Der Wandel ist offenkundig und wird eindrucksvoll sichtbar, wenn man den letzten Besuch eines Papstes in Österreich vor rund 200

Jahren mit dem Ihren vergleicht. Während Ihr Vorgänger Pius VI. die damals beschwerliche Reise in einer Kutsche von Rom nach Wien unternahm, um den Kaiser zu bewegen, etliche seiner kirchlichen Reformen, insbesondere das Toleranzpatent, zurückzunehmen, durch das die gegenreformatorischen Maßnahmen eingestellt und den Akatholiken bescheidene Existenzrechte in Österreich wieder zugestanden wurden, bekunden Sie eben diesen Brüdern und Schwestern in Christus offen und unbefangen Ihre Aufmerksamkeit. Diese Tatsache wird vielen evangelischen Christen, die von Vorbehalten gegenüber der Römisch-katholischen Kirche angesichts einer so leidvoll erfahrenen Geschichte immer noch nicht frei sind, zur Bewältigung der Vergangenheit hilfreich sein. Als evangelischer Bischof danke ich Ihnen und ebenso

Der ökumenische Aufbruch ist eine der großen Gaben Gottes an seine Kirche im 20. Jahrhundert.

den römisch-katholischen Mitbischöfen, die nicht nur Verständnis für unsere Empfindlichkeit haben, sondern willens sind, in aufrichtiger Gesinnung der Führung durch den Heiligen Geist zu vertrauen und nach Möglichkeiten zu suchen, um gemeinsam mit den kleineren Kirchen in unserem Land das Miteinander der Christen zum Segen unseres Volkes noch überzeugender zu verwirklichen.

Der ökumenische Aufbruch ist, wie wir meinen, eine der großen Gaben Gottes an seine Kirche im 20. Jahrhundert. Aus dem konfessionellen Gegeneinander und späteren Nebeneinander ist vielfach ein konfessionelles Miteinander geworden, und nicht wenige träumen vom notwendigen konfessionellen Füreinander. Ich gehöre auch zu jenen, die den Kairos dafür gekommen sehen und Gottes Stunde nicht versäumen möchten. Freilich bekenne ich ebenso freimütig wie dankbar, daß Gott durch Jahrhunderte das Dienstamt in der Evangelischen Kirche bestätigt und mit geistlicher Vollmacht ausgestattet hat. Er hat viele Generationen von Menschen durch die geordnete Wortverkündigung und Sakramentsverwaltung des evangelischen Pfarrers in den Leib seiner Kirche eingegliedert und gesegnet für Zeit und Ewigkeit.

Es ist niemals bestritten worden, daß solcher Dienst der Diakonie Gottes auch innerhalb der Römisch-katholischen Kirche und ihrer Strukturen geschieht. Seit dem Zweiten Vatikanischen Konzil bezeugt auch sie mit klaren Worten Gottes Wirken außerhalb der eigenen Kirchengemeinschaft, ohne in gleicher Weise die Anerkennung des umfassenden Heilshandelns Gottes im Amt der reformatorischen Kirchen auszusprechen. Ihre Zurückhaltung gegenüber unserer Bereitschaft zur gastweisen Teilnahme der Gläubigen am Abendmahl – Eucharistiefeier – in beiden Kirchen unterstreicht diesen Tatbestand.

Zunehmend aber drängt sich in dieser uns alle beschwerenden Situation die Frage auf, ob Christus – der alleinige Herr und Spender seines Mahles – aus dem gemeinsamen Hören auf sein Wort, aus der gehorsamen Annahme seiner Einladung und aus der gemeinsam erfahrenen Communio als der von Gott geschenkten Gemeinschaft mit ihm und untereinander nicht auch neuen gemeinsamen Glauben wachsen und heranreifen lassen will?

Ich sehe vor mir die vielen Brüder und Schwestern, die Gott in einer konfessionell gemischten Ehe zusammengeführt hat und segnet. Ich sehe vor mir die vielen Ehepaare, die als Christen in bewußt verantworteter Elternschaft versuchen, ihr Leben nach Gottes Geboten zu gestalten. Ich sehe vor mir die vielen Männer und Frauen, verheiratete und unverheiratete, die bereit sind, Gottes Ruf zu allen Diensten in der Kirche zu folgen, und bitte Sie, auch den geordneten Dienst der Frau im evangelischen Pfarramt nicht als Mißachtung ökumenischer Gemeinschaft und gegenseitiger Verantwortung zu deuten, sondern vielmehr als eine im Evangelium gründende Möglichkeit, der sich viele reformatorische Kirchen inzwischen geöffnet und Gottes segensreiches Wirken überraschend erfahren haben. Mit dem Dank an den Vater unseres Herrn Jesu Christi, dessen Heiliger Geist uns ermutigt, darf ich unserer Hoffnung Ausdruck geben, die sich der Zukunft zuwendet:

Lassen Sie uns einander in Demut und Liebe ebenso achten wie anerkennen.

Lassen Sie uns miteinander aus großer Freude über Gottes Reichtum in der Christenheit die aus dem Evangelium lebende eine, heilige, katholische und apostolische Kirche festhalten, die wir einmütig glauben und bekennen;

lassen Sie uns einander in Demut und Liebe ebenso achten wie anerkennen und gemeinsam trachten, den Dienst wahrzunehmen, zu dem sich alle Christen von ihrem Herrn und Heiland herausgefordert wissen.

Seien Sie versichert, daß wir uns in ökumenischer Offenheit und Verantwortung bemühen, der apostolischen Weisung aus den beiden Petrusbriefen zu entsprechen, die in so unübertrefflicher Weise formulieren, was unser Christenleben auszeichnet:

„Seid allezeit bereit zur Verantwortung gegenüber jedermann, der Rechenschaft fordert der Hoffnung, die in euch ist" (*1 Petr* 3,15) und:

„Wachset aber in der Gnade und Erkenntnis unseres Herrn und Heilandes Jesu Christi. Dem sei Ehre nun und zu ewigen Zeiten. Amen." (*2 Petr* 3,18)

Ansprache des Papstes an die Vertreter der christlichen Kirchen im Erzbischöflichen Palais in Wien
(11. September 1983)

Verehrte Brüder in dem einen Herrn!

1. Wir haben in dieser Morgenstunde gemeinsam zu Gott, unserem Vater, gebetet und dabei erlebt, wie tief wir durch die eine Taufe und den christlichen Glauben *in dem einen Herrn Jesus Christus verbunden* sind und wie wir alle aus diesen Quellen gespeist werden. Darum möchte ich Sie jetzt ganz bewußt als *Brüder* ansprechen.
Mit großer Freude und Dankbarkeit nehme ich die Gelegenheit wahr, heute mit Ihnen, den Verantwortlichen der christlichen Kirchen in Österreich, zusammenzusein. Ein besonderes Wort des Dankes gilt Ihnen, dem hochwürdigsten Herrn Metropoliten Dr. Tsiter, und Ihnen, Herr Landesbischof Magister Knall, für Ihre freundlichen Grußadressen und die darin enthaltenen Anregungen. Wir dürfen uns freuen, daß diese auf verschiedenen Ebenen schon weitgehend Gegenstand des ökumenischen Gesprächs sind.
Unser Lob und Dank strebt über alle brüderlichen Worte und Zeichen hinaus zum Geber aller Gaben, der die Seinen instand gesetzt hat, sich in dieser Gemeinschaft des *einen* Geistes heute zu begegnen.

2. Wir alle blicken bei dieser Zusammenkunft tief bewegt zurück über den Lauf der Jahrhunderte, in denen Österreich – wie manche andere europäische Länder – *durch die Wirren konfessioneller Auseinandersetzungen erschüttert* wurde. Das kirchliche, kulturelle und gesellschaftliche Leben des Landes war geprägt von religiöser Zwietracht, ja von feindseliger Intoleranz, Unterdrückung und Verfolgung. Gerade als Christen wissen wir um die Begrenztheit und Schwäche des Menschen, um die Möglichkeit des Versagens vor dem hohen und lauteren Anspruch des Evangeliums. Die Schuld, die Christen tatsächlich auf sich geladen haben, darf nicht geleugnet werden. Sie wartet immer neu auf Bekenntnis und Vergebung. Dabei sitzen wir nicht zu Gericht über eine Vergangenheit, deren Erbe wir selbst sind und die nur in ihren besonderen geschichtlichen Umständen verstanden werden kann.
Mit der schmerzlichen Erinnerung und der Bitte um Vergebung verbindet unsere Kirche gemäß dem Willen des II. Vatikanischen Konzils die ernsthafte Bereitschaft, die

unheilvollen Folgen der Vergangenheit zu überwinden. Mit der Erklärung über die Religionsfreiheit und dem Dekret über den Ökumenismus ist uns der Weg in die Zukunft gewiesen, der neue Horizonte der Hoffnung auf eine wachsende Einheit und Gemeinschaft der Christen erschließt.

Der vom Konzil ausgestreute Samen hat hierzulande bereits deutlich Wurzeln geschlagen. Der Prozeß der Versöhnung unter den Christen der verschiedenen Traditionen hat zu sichtbaren Ergebnissen geführt, die verheißungsvoll stimmen und auch als beispielhaft gelten können. Ich möchte Sie ermutigen, in Ihren Bemühungen fortzufahren.

3. Es freut mich in besonderer Weise, daß *die Katholische Kirche in Österreich* sich seit Jahren *ihrer ökumenischen Verantwortung auch weit über die Grenzen des Landes hinaus bewußt* ist. Sie versucht eine Brücke zu bilden, auf der sich Ost und West, Nord und Süd begegnen. Dem Erzbischof von Wien, dessen segensreicher Einsatz für die Weltkirche und die Ökumene weit bekannt ist, verbindet sich das Wirken von engagierten Theologen, Priestern und Laien zur Seite, die je auf ihre Weise dem Ruf unseres Herrn zu entsprechen versuchen. Ich weiß auch mit Freude darum, daß Sie seit Jahren eine betende Gemeinschaft sind. Besonders die „Ökumenische Morgenfeier" hat ja schon eine segensreiche Tradition.

Durch den Stiftungsfonds „Pro Oriente" hat die Katholische Kirche einen bedeutsamen Beitrag im Dialog mit der Orthodoxen Kirche geleistet, und durch das ekklesiologische Kolloquium „Koinonia" hat sie geholfen, den Weg zum offiziellen theologischen Dialog zwischen der Orthodoxen Kirche und der Römisch-katholischen Kirche zu ebnen. Ebenso wurden brüderliche Kontakte zu den altorientalischen Kirchen in den sogenannten „Lainzer Gesprächen" gepflegt. Mögen alle diese Arbeiten in großem gegenseitigen Vertrauen, mit aufrichtiger Hochachtung und Liebe segensvoll weitergeführt werden.

Auch die Gespräche zwischen katholischen und evangelischen Theologen haben dazu beigetragen, traditionelle Vorurteile abzubauen, haben ein neues Klima des Miteinander geschaffen und sogar Weichen für die Durchführung von gemeinsamen pastoralen Programmen gestellt. Solche Schritte auf Landesebene sind unverzichtbare Elemente der umfassenden ökumenischen Bewegung. Sie stützen und inspirieren in wechselseitigem Austausch die Lebensvorgänge und Entwicklungen im Ganzen des Volkes Gottes. So erst gedeiht eine rechte Weggemeinschaft zwischen allen, die das Zeichen Christi auf ihrer Stirn tragen. Mein Dank gilt allen Mitgliedern und Beratern der offiziellen Gesprächskommissionen. Ihre Arbeit findet auch im Päpstlichen Einheitssekretariat Beachtung und Anerkennung.

4. Mit besonderer Genugtuung und Zuversicht erfüllt uns der Gedanke, daß die Katholische Kirche Österreichs sich in diesen Tagen zu einem *Katholikentag* versammelt hat, der die Türen für alle Gäste offenhält, die durch das einigende Band der

Ökumenische Begegnung in Wien

Taufe auf den Namen des Dreifaltigen Gottes in einer echten, wenn auch noch nicht vollen Gemeinschaft mit dieser unserer Kirche stehen. Der Geist dieser großen Zusammenkunft wie seine äußeren Formen sind *bewußt geprägt vom Willen zu christlicher Offenheit füreinander*, zur gegenseitigen geistlichen Stärkung und Bereicherung, zur Sammlung für ein gemeinsames Zeugnis und zur Sendung in eine Welt, die sich nach Licht und Wärme sehnt.

Diese Ausrichtung des Katholikentages entspricht einem wesentlichen Anliegen, welches das Zweite Vatikanische Konzil im Ökumenismusdekret proklamiert hat. Dort ermahnt es „alle katholischen Gläubigen, daß sie, die Zeichen der Zeit erkennend, mit Eifer an dem ökumenischen Werk teilnehmen" (Nr. 4). Ferner betont es: „Die Sorge um die Wiederherstellung der Einheit ist Sache der ganzen Kirche, sowohl der Gläubigen wie auch der Hirten, und geht jeden an, je nach seiner Fähigkeit, sowohl in seinem täglichen christlichen Leben wie auch bei theologischen und historischen Untersuchungen" (Nr. 5).

> *Nach Jahrhunderten des polemischen Gegeneinander oder kühlen Nebeneinander haben wir uns im wahren Sinn des Wortes „wiederentdeckt".*

5. Verehrte Brüder! Unsere Begegnung findet zu einer Zeit statt, wo die evangelischen Christen sich auf vielfältige Weise des 500. Geburtstages von Martin Luther und von Huldrych Zwingli erinnern. Diese Daten gehören zu unserer gemeinsamen Geschichte. Wir sind Erben jener geschichtsmächtigen Ereignisse der Reformationszeit, deren Auswirkungen wir uns heute noch stellen müssen. *Nach Jahrhunderten des polemischen Gegeneinander* oder kühlen Nebeneinander *haben wir uns im wahren Sinn des Wortes „wiederentdeckt"* in unserem gemeinsamen Fundament des Glaubens an den einzigen Herrn und Heilsbringer Jesus Christus, aber auch in der Suche nach der tieferen und umfassenderen Fülle der Offenbarung.

Für diese Bereitschaft zur Verständigung möchte ich gerade hier in Wien an die Gestalt jenes großen Zeugen des Evangeliums erinnern, in der die versöhnende Kraft des Erlösungswerks Jesu Christi in Wort und Tat vor den Menschen sichtbar wurde. Ich meine den Stadtpatron, den heiligen Clemens Maria Hofbauer. Er hat in der Kirche leuchtende Spuren hinterlassen, indem er aufrichtige Verständigungsbereitschaft gegenüber der reformatorischen Christenheit im Geist der Wahrheit und Liebe zu verkörpern suchte. Er hat uns gezeigt, daß wir die Last der Geschichte unserer Trennungen jenseits von Polemik und gegenseitigen Entstellungen nur in demütigem Hinhören und brüderlicher Begegnung bewältigen können.

6. In allen unseren Bemühungen bleiben wir eingedenk jenes wichtigen Prinzips der Heilsgeschichte: „Ich habe gepflanzt, Apollo hat begossen, Gott aber ließ wachsen. So ist weder der etwas, der pflanzt, noch der, der begießt, sondern nur Gott, der wachsen läßt ... Denn wir sind nur Gottes Mitarbeiter ..." (*1 Kor* 3,7ff).

Hat die *Einheit der Kirche* ihre letzte und absolute *Begründung im Geheimnis des Dreifaltigen Gottes*, in der Einheit und Gemeinschaft der drei göttlichen Personen, so sucht das von Gott berufene Volk aus der Kraft dieses uns alle umgreifenden Geheimnisses zu leben: In der Vielfalt der Gaben des Heiligen Geistes verwirklicht es die Koinonia; im Bekenntnis zum Kyrios Jesus Christus erblickt es das Fundament und die Quelle der allen gemeinsamen Berufung.

> *Wir sind dabei von der unverbrüchlichen Hoffnung geleitet, daß wir eines Tages mit einer Zunge Gott unseren Vater anbeten werden im Geist und in der Wahrheit.*

Erst kürzlich haben die zur Vollversammlung des Ökumenischen Rates der Kirchen in Vancouver anwesenden Christen in ihren gemeinsamen Gebeten und Meditationen dieses tiefe Geheimnis bedacht und in ihrem geistlichen Miteinander Jesus Christus als das Leben der Welt bekennen und preisen können.

Dank sei dem Herrn, der uns berufen hat, in dieser Zeit des Heils, auf dem Weg der Pilgerschaft am Ende des zweiten Jahrtausends unserer Erlösung, der Einheit seines Volkes demütig zu dienen. Wir sind dabei von der unverbrüchlichen Hoffnung geleitet, daß wir eines Tages mit *einer* Zunge Gott unseren Vater anbeten werden im Geist und in der Wahrheit (vgl. *Joh* 4,24).

Festgottesdienst im Wiener Donaupark

Begrüßung des Papstes durch Franz Kardinal König beim Festgottesdienst im Donaupark in Wien
(11. September 1983)

Vor Beginn des festlichen Gottesdienstes hier im Wiener Donaupark begrüße ich bewegten Herzens den Nachfolger des Apostels Petrus als Hauptzelebranten inmitten einer kaum übersehbaren Schar, ein Schauspiel, wie es dieser Platz noch nie gesehen hat. Ich entbiete einen herzlichen und ehrfurchtsvollen Gruß namens der viel größeren Teilnehmerzahl über die Fernsehstationen.

Wir befinden uns am nördlichen Donauufer der Stadt mit dem Blick auf jene Bezirke, die als Wiener Arbeiterbezirke bekannt geworden sind. In nächster Nähe ziehen die Ausfahrtsstraßen vorbei, die aus der Großstadt in das schöne ländliche Gebiet des nördlichen Niederösterreich führen, wo viele Wiener zum Wochenende Erholung suchen. Diese kleine Völkerwanderung zum Wochenende bringt manches seelsorgliche Problem für Stadt und Land.

In Sichtweite liegt die UNO-City mit ihren weltweiten Organisationen, denen Österreich mit großem Interesse Heimatrecht gewährt. Wir sehen darin ein Zeichen der Verbundenheit mit allen Völkern in friedlicher Zusammenarbeit. Von dort geht der Blick auf Kahlenberg und Leopoldsberg, wo die Geschichte die Jahreszahl 1683 hineingeschrieben hat.

> *Wir beten, daß die Ansätze religiöser Erneuerung in Österreich noch mehr erstarken durch einen persönlichen und missionarischen Glauben.*

Eine Autostunde von hier entfernt ist die Staatsgrenze im Osten gegen Ungarn, die tschechoslowakische Grenze im Norden und etwas weiter entfernt die jugoslawische Staatsgrenze im Süden. Über diese Grenzen wollen wir gerade heute geistige Brücken schlagen, um uns mit allen Teilnehmern aus westlichen und östlichen Nationen an die gemeinsamen geschichtlichen Fundamente zu erinnern, auf denen Europa gewachsen ist.

Der Katholikentag erreicht heute seinen krönenden Abschluß. Wir sind im Namen des Herrn um diesen neu errichteten Altar und um dieses Kreuz versammelt, um mit dem Heiligen Vater das zu tun, was der Herr durch sein Wort und Beispiel uns zu tun aufgetragen hat – „Tut dies zu meinem Gedächtnis."

Wir beten mit dem Oberhaupt der Katholischen Kirche, daß die Ansätze religiöser Erneuerung in Österreich noch mehr erstarken durch einen persönlichen und missionarischen Glauben. In der erneuerten Hoffnung und Zuversicht sehen wir die bleibende Frucht dieser Tage.

Heiliger Vater, wir empfehlen die Kirche dieses Landes, die Gemeinschaft der an Christus Glaubenden Ihrem Gebet und der Stärkung durch Ihr Wort.

Festgottesdienst im Wiener Donaupark

Predigt des Papstes beim Festgottesdienst zum Abschluß des Österreichischen Katholikentages im Donaupark in Wien
(11. September 1983)

1. *„Ich will aufbrechen und zu meinem Vater gehen"* (Lk 15,18).

Liebe Brüder und Schwestern!

Aus der Mitte des heutigen Evangeliums treffen uns diese Worte. Sie bekommen eine besondere Bedeutung beim Abschluß dieses Katholikentages, dessen Thema „Hoffnung leben – Hoffnung geben" die Perspektiven unserer Hoffnung eröffnet. Ja, jene Worte aus dem Evangelium enthalten tatsächlich die *Perspektive der Hoffnung*, die Jesus Christus uns offenbart hat, als er mit seiner Frohen Botschaft das ganze Leben des Menschen in ein neues Licht stellte.
Die heutige festliche Abschlußmesse gibt mir die Gelegenheit, im Geiste gemeinsamer christlicher Hoffnung alle Teilnehmer an dieser Eucharistiefeier sowie am gesamten Katholikentag *aufs herzlichste zu begrüßen*.
Ich grüße die Gläubigen aus den verschiedenen Diözesen Österreichs. Mein Besuch hier in Wien gilt zugleich allen Orten ihrer nahen oder fernen Heimat. Meinen mitbrüderlichen Gruß richte ich sodann an die hier anwesenden Kardinäle und Bischöfe, an ihrer Spitze den verehrten Herrn Kardinal König, an die Priester und Diakone wie auch an die Vertreter der christlichen Bruderkirchen und anderer Glaubensgemeinschaften. Ebenso aufrichtig begrüße ich die hohen Persönlichkeiten aus Staat und Gesellschaft, die an diesem festlichen Abschlußgottesdienst teilnehmen. Schließlich grüße ich mit Freude die zahlreichen Gäste, die aus vielen anderen Ländern, auch aus dem Osten, zu dieser Eucharistiefeier gekommen sind.

2. Ihr, liebe Österreicher, habt euren Katholikentag unter *das Thema der Hoffnung* gestellt. Ihr wißt aus eigener Erfahrung, daß heute viele Menschen, junge und alte, die Hoffnung verloren haben. Aber ohne Hoffnung kann man auf Dauer nicht leben! Wie also finden wir wieder Hoffnung? Wie können wir anderen den Weg zur Hoffnung weisen?
Das Gleichnis, das wir soeben im Evangelium gehört haben, spricht von einem jungen Mann, der stolz und selbstbewußt sein Vaterhaus verließ und in die Ferne zog,

weil er dort mehr Freiheit und Glück erhoffte. Als aber sein Vermögen dahin war und er in ganz neue, menschenunwürdige Abhängigkeiten geriet, schwand all seine Hoffnung. Bis er schließlich seine eigene Schuld eingestand, sich seines Vaters wieder erinnerte und sich aufmachte, um ins Vaterhaus zurückzukehren. *Voller Hoffnung – gegen alle Hoffnung!*

3. Genau an dieser Stelle des Evangeliums werden die Worte gesprochen: „Ich will aufbrechen und zu meinem Vater gehen." In jenem tiefen *Gleichnis* Christi ist eigentlich *das ganze ewige Drama des Menschen* enthalten: *das Drama der Freiheit, das Drama einer schlecht genutzten Freiheit.*

> *Eine Gesellschaft, die Verantwortung, Gesetz und Gewissen bagatellisiert, bringt die Fundamente des menschlichen Lebens ins Wanken.*

Von seinem Schöpfer hat der Mensch die Gabe der Freiheit erhalten. In seiner Freiheit kann er diese Erde ordnen und gestalten, kann er die wunderbaren Werke menschlichen Geistes schaffen, von denen dieses Land und die Welt voll ist: Wissenschaft und Kunst, Wirtschaft und Technik, die gesamte Kultur. Die Freiheit befähigt den Menschen zu jener einmaligen Gestalt der menschlichen Liebe, die nicht bloß Folge natürlicher Anziehung ist, sondern eine freie Tat des Herzens. Die Freiheit befähigt ihn – als höchste Tat menschlicher Würde –, Gott zu lieben und anzubeten.

Die Freiheit hat aber ihren Preis. Alle, die frei sind, sollten sich fragen: Haben wir in der Freiheit unsere Würde bewahrt? Freiheit bedeutet nicht Willkür. Der Mensch darf nicht alles tun, was er kann oder was ihm beliebt. Es gibt keine Freiheit ohne Bindung. Der Mensch ist verantwortlich für sich selbst, für die Mitmenschen und für die Welt. Er ist verantwortlich vor Gott. Eine Gesellschaft, die Verantwortung, Gesetz und Gewissen bagatellisiert, bringt die Fundamente des menschlichen Lebens ins Wanken. Der Mensch ohne Verantwortung wird sich in die Genüsse dieses Lebens stürzen und wie der verlorene Sohn in Abhängigkeiten geraten und seine Heimat und Freiheit verlieren. Er wird in rücksichtslosem Egoismus seine Mitmenschen mißbrauchen oder unersättlich materielle Güter an sich reißen. Wo die Bindung an die letzten Werte nicht anerkannt wird, zerfallen Ehe und Familie, wird das Leben des anderen, besonders des ungeborenen, des alten und kranken Menschen, gering geachtet. Aus der Anbetung Gottes wird die Anbetung des Geldes, des Prestiges oder der Macht.

Ist nicht die ganze Geschichte der Menschheit auch eine Geschichte der mißbrauchten Freiheit? Gehen nicht auch heute viele den Weg des verlorenen Sohnes? Sie stehen vor einem zerbrochenen Leben, vor verratener Liebe, in selbstverschuldeter Not, voll Angst und Verzweiflung. „Sie haben gesündigt und die Herrlichkeit Gottes verloren" (*Röm* 3,23). Sie fragen sich: Wohin bin ich geraten? Wo zeigt sich ein Ausweg?

4. Der verlorene Sohn im Gleichnis Christi ist *der Mensch, der seine Freiheit schlecht genutzt hat.* In diesem Gleichnis können wir die Folgen des Mißbrauchs der Freiheit

– das heißt, der Sünde – sehen: jene Folgen, die auf dem Gewissen des einzelnen lasten, wie auch jene, die zu Lasten des Lebens der verschiedenen menschlichen Gemeinschaften und ihrer Umwelt gehen, ja sogar zu Lasten der Völker und der ganzen Menschheit. Sünde bedeutet eine Herabminderung des Menschen (vgl. II. Vatikanisches Konzil, *Gaudium et spes*, Nr. 13): Sie widerspricht seiner wahren Würde und hinterläßt zugleich eine Wunde im sozialen Leben. Sünde hat von sich aus *eine persönliche und eine soziale Dimension*. Beide verdunkeln den Blick auf das Gute und nehmen dem menschlichen Leben das Licht der Hoffnung.

Das Gleichnis Christi läßt uns jedoch nicht stehen vor der traurigen Situation des in Sünde gefallenen Menschen mit all seiner Erniedrigung. Die Worte „Ich will aufbrechen und zu meinem Vater gehen" lassen uns im Herzen des verlorenen Sohnes die *Sehnsucht nach dem Guten* und das Licht untrüglicher Hoffnung erkennen. In diesen Worten eröffnet sich ihm die Perspektive der Hoffnung. Eine solche Aussicht ist uns immer gegeben, weil jeder Mensch und die ganze Menschheit zusammen *aufbrechen können, um zum Vater zu gehen*. Das ist die Wahrheit, die im Kern der Frohen Botschaft steht. Die Worte „Ich will aufbrechen und zu meinem Vater gehen" bestätigen die *innere Umkehr*. Denn der verlorene Sohn fährt fort: „Ich will zu ihm sagen: Vater, ich habe mich gegen den Himmel und gegen dich versündigt" (*Lk* 15,18). Im Zentrum der Frohen Botschaft steht die Wahrheit von der metánoia, der Umkehr: *Umkehr ist möglich, und Umkehr ist nötig!*

> *Im Zentrum der Frohen Botschaft steht die Wahrheit von der Umkehr.*

5. Und warum ist das so? Weil sich hier zeigt, was in der innersten Seele eines jeden Menschen liegt und dort trotz der Sünde und sogar durch die Sünde hindurch lebt und wirkt: *Jener unstillbare Hunger nach Wahrheit und Liebe*, der uns bezeugt, wie sich der Geist des Menschen über alles Geschaffene hinaus zu Gott hin ausstreckt. *Auf der Seite des Menschen* ist dies *der Ausgangspunkt der Bekehrung*.

Ihm entspricht *der Ausgangspunkt auf der Seite Gottes*. Im Gleichnis wird dieser göttliche Ausgangspunkt mit eindrucksvoller Schlichtheit und zugleich mit überzeugender Kraft dargestellt. *Der Vater wartet*. Er wartet auf die Rückkehr des verlorenen Sohnes, als wenn es bereits sicher wäre, daß er zurückkehren wird. *Der Vater geht auf die Straßen*, auf denen der Sohn heimkehren könnte. Er will ihm begegnen.

In diesem Erbarmen bekundet sich jene Liebe, mit der Gott den Menschen in seinem *Ewigen Sohn* von Anfang an geliebt hat (vgl. *Eph* 1,4-5). Es ist die Liebe, die, von Ewigkeit her im Herzen des Vaters verborgen, durch Jesus Christus in unserer Zeit offenbart worden ist. Kreuz und Auferstehung bilden den Höhepunkt dieser Offenbarung.

So war es sehr sinnvoll, daß wir gestern während der Europavesper das Kreuz Christi als Zeichen der Hoffnung verehrt haben: Denn hieraus bezieht der Österreichische Katholikentag 1983 – zusammen mit der ganzen Kirche – seine Lebenskraft. Im

Zeichen des Kreuzes bleibt der göttliche Ausgangspunkt einer jeden Bekehrung in der Geschichte des Menschen und der ganzen Menschheit stets gegenwärtig. Denn *im Kreuz* ist die *Liebe* des Vaters, des Sohnes und des Heiligen Geistes ein für allemal zur Menschheit herabgestiegen, *eine Liebe, die sich niemals erschöpft*. Sich bekehren heißt, dieser Liebe begegnen und sie im eigenen Herzen aufnehmen; heißt, auf dieser Liebe das weitere Verhalten aufbauen.

Genau das hat sich im Leben des verlorenen Sohnes ereignet, als er beschloß: „Ich will aufbrechen und zu meinem Vater gehen." Zugleich aber war er sich klar bewußt, daß er bei der Rückkehr zum Vater *seine Schuld bekennen* mußte: „Vater, ich habe mich versündigt" (*Lk* 15,18). Bekehrung ist Aussöhnung. Aussöhnung aber kommt nur zustande, wenn man seine Sünden bekennt. Seine Sünden bekennen bedeutet, die Wahrheit bezeugen, daß Gott Vater ist, ein Vater, der verzeiht. Wer in seinem Bekenntnis diese Wahrheit bezeugt, den nimmt der Vater wieder als seinen Sohn auf. Der verlorene Sohn ist sich bewußt, daß nur Gottes Vaterliebe ihm *die Sünden vergeben* kann.

Liebe ist stärker als Schuld!

6. Liebe Brüder und Schwestern! Ihr habt in den Mittelpunkt dieses Katholikentages die Perspektive der Hoffnung gestellt: *Vertieft euch gut* in das Gleichnis Christi vom verlorenen Sohn. Es ist durch und durch realistisch. Die Perspektive der Hoffnung ist dort eng mit dem *Weg der Umkehr* verbunden. Meditiert über alles, was zu diesem Weg gehört: die Erforschung des Gewissens – die Reue mit dem festen Vorsatz, sich zu ändern – das Bekenntnis mit der Buße. Erneuert in euch *die Wertschätzung*

> *Die Beichte befreit uns vom Bösen; die Eucharistie schenkt uns Gemeinschaft mit dem höchsten Gut.*

für dieses Sakrament, das ja auch „Sakrament der Versöhnung" genannt wird. Es ist eng mit dem Sakrament der Eucharistie, dem Sakrament der Liebe, verbunden: Die Beichte befreit uns vom Bösen; die Eucharistie schenkt uns Gemeinschaft mit dem höchsten Gut.

Nehmt die verpflichtende Einladung der Kirche ernst, *jeden Sonntag die heilige Messe mitzufeiern*. Hier dürft ihr inmitten der Gemeinde immer wieder dem Vater begegnen und das Geschenk seiner Liebe empfangen, die heilige Kommunion, das Brot unserer Hoffnung. Gestaltet den ganzen Sonntag aus diesem Kraftquell als einen Tag, der dem Herrn geweiht ist. Denn ihm gehört unser Leben; ihm gebührt unsere Anbetung. So kann auch im Alltag eure Gottverbundenheit lebendig bleiben und all euer Tun zum christlichen Zeugnis werden.

Das alles ist die Bedeutung der Worte: „Ich will aufbrechen und zu meinem Vater gehen." Ein Programm unserer Hoffnung, wie es sich tiefer und zugleich einfacher nicht denken läßt! (Vgl. Enzyklika *Dives in misericordia* über das göttliche Erbarmen, Nr. 5 und 6).

Festgottesdienst im Wiener Donaupark

7. Von diesem geistlichen Programm her möchte ich nun zusammen mit euch einiges zur Umkehr im Bereich von *Familie und Gesellschaft* bedenken.

Ehe und Familie sind heute in Gefahr. Darunter leiden so viele Menschen: die Ehepartner und noch mehr ihre Kinder, letztlich aber die ganze Gesellschaft. Vor zwei Jahren habe ich aus der Erfahrung der Bischöfe der ganzen Welt die Krise der heutigen Familie so charakterisiert: Es gibt „Anzeichen einer besorgniserregenden Verkümmerung fundamentaler Werte: eine irrige ... Auffassung von der gegenseitigen Unabhängigkeit der Eheleute; die schwerwiegenden Mißverständnisse hinsichtlich der Autoritätsbeziehungen zwischen Eltern und Kindern; die häufigen konkreten Schwierigkeiten der Familie in der Vermittlung der Werte; die steigende Zahl der Ehescheidungen; das weitverbreitete Übel der Abtreibung" (Apostolisches Schreiben *Familiaris consortio*, Nr. 6). Ein Übel, zu dessen Eindämmung wir noch nicht den rechten Weg gefunden haben und das in seiner Schrecklichkeit noch viel zu wenig Menschen bewußt ist.

Die Wurzel dieser Krise scheint vor allem in einem *falschen Begriff von Freiheit* zu liegen. Eine Freiheit, „die nicht als die Fähigkeit aufgefaßt wird, den Plan Gottes für Ehe und Familie zu verwirklichen, sondern vielmehr als autonome Kraft der Selbstbehauptung – für das eigene, egoistisch verstandene Wohlergehen und nicht selten gegen die Mitmenschen" (*ebd.*). Diese negativen Entwicklungen werden noch gefördert durch eine öffentliche Meinung, die die Institution der Ehe und Familie in Frage stellt und andere Formen des Zusammenlebens zu rechtfertigen sucht. Trotz der Beteuerung vieler, die Familie sei so wichtig für die Gesellschaft, wird doch noch viel zu wenig unternommen, um sie wirklich zu schützen.

Ich glaube aber, daß der entscheidende Grund für diese Krise tiefer liegt. Ehe und Familie sind in Gefahr, weil oft der Glaube und der religiöse Sinn in ihnen erstorben sind. Weil Ehepartner selbst und damit auch ihre Kinder Gott gegenüber gleichgültig geworden sind.

Liebe Mütter und Väter, liebe Familien! Macht auch ihr euch auf und kehrt zurück zum Vater! Nur *in Verantwortung vor Gott* könnt ihr die ganze Tiefe des Reichtums in Ehe und Familie erkennen und leben. Ich weiß, daß in Österreich viele Priester und Laien in den vergangenen Jahren versucht haben, Ehe und Familie aus christlichem Geist heraus zu erneuern. Ich weiß um euer Bemühen, den Ehegatten zu helfen, in echter Partnerschaft zu leben; um euer Bemühen, der Frau in Ehe und Familie, in Gesellschaft und Kirche einen ihrer Würde und Eigenart entsprechenden Platz zu geben. Ihr habt erkannt, daß die Kleinfamilie sich öffnen muß für andere, um ihnen aus der selbstgelebten Liebe spirituelle und materielle Hilfe anbieten zu können. Immer mehr Familien werden sich bewußt, daß sie Kirche im Kleinen, gleichsam Hauskirche sind. Arbeitet weiter in dieser Richtung!

Sucht aber mit gleichem Ernst nach Wegen, um *eine vor Gott verantwortete Elternschaft* zu leben, die objektiven Kriterien entspricht, wie sie das kirchliche Lehramt in Gemeinschaft mit dem Nachfolger Petri weltweit vorlegt. Ich erinnere dabei besonders an das kürzliche Apostolische Schreiben *Familiaris consortio*, das die Weisung der Enzyklika *Humanae vitae* bekräftigt.

Christliche Familie! Werde wieder *eine betende Familie!* Eine Familie, die aus dem Glauben lebt! In der die Eltern erste Katecheten ihrer Kinder sind. Wo der Geist Gottes, der die Liebe ist, erlebt werden kann. Lernt vom barmherzigen Vater, einander immer wieder zu vergeben. Eltern, lernt auch von ihm, eure Kinder in Freiheit entlassen zu können und doch allezeit für sie bereitzustehen. Schöpft aus unserem Gleichnis die Hoffnung, daß gerade der verlorene Sohn seinen Vater schließlich in einer Weise wiedergefunden hat, wie er ihn vorher nicht gekannt hatte.

8. „Ich will aufbrechen und zu meinem Vater gehen." Diese Worte haben uns den Weg der Hoffnung für die Familien gezeigt. Die Familie gehört aber *zu einer bestimmten Gesellschaft*, zu einem Volk und im weitesten Sinne zur ganzen Menschheitsfamilie. So ist sie mitbetroffen von vielen Vorgängen in der heutigen Zivilisation.

> *Christliche Familie! Werde wieder eine betende Familie!*

Hören wir nicht auch in all diesen Vorgängen und Entwicklungen den Notschrei jenes Sohnes aus dem Gleichnis Jesu? Oder wenigstens ein schwaches Echo dieses Schreies?

Der Sohn in seinem ungestümen Freiheitsdrang scheint mir ein Gleichnis zu sein für den *Menschen in der Gesellschaft der hochentwickelten Staaten*. Ein rascher Fortschritt in Technik und Wirtschaft, ein schnell gestiegener Lebensstandard haben grundlegende Veränderungen in diese Gesellschaft gebracht. Eine Euphorie erfaßte viele, als ob der Mensch nun endlich imstande sei, die Welt in den Griff zu bekommen und sie für alle Zukunft zu gestalten. In diesem stolzen Selbstbewußtsein verließen nicht wenige ihre angestammte Weltanschauung, in der Gott Ursprung und Ziel allen Seins war. Nun schien Gott entbehrlich geworden zu sein.

Aber diesem selbstbewußten Auszug, weg von Gott, ist alsbald eine große Ernüchterung gefolgt, gepaart mit Angst: Angst vor der Zukunft, Angst vor den Möglichkeiten, die der Mensch nun in Händen hält. Angst also vor dem Menschen selbst. Auch Österreich im Herzen Europas ist von solchen Entwicklungen nicht verschont geblieben. Nun sucht ihr neue Wege, Antworten auf die Probleme dieser Zeit.

Besinnt euch wieder eurer geistigen Herkunft! Kehrt um, wendet euch Gott wieder zu und gestaltet das Leben eurer Gesellschaft nach seinen Gesetzen! Die Kirche will euch mit ihrem Hirten- und Lehramt dabei eine Hilfe sein. Mit der Pastoralkonstitution des Konzils wird sie immer wieder die wesentlichen Fragen vorlegen: „Was ist der Mensch? Was ist der Sinn des Schmerzes, des Bösen, des Todes? ... Was kann der Mensch der Gesellschaft geben, was von ihr erwarten? Was kommt nach diesem irdischen Leben?" (*Gaudium et spes*, Nr. 10).

9. Liebe Brüder und Schwestern! Diese Grundfragen des II. Vatikanischen Konzils berühren den Kern des Problems, dem die Arbeiten des Katholikentages 1983 gewid-

met sind. *Antwort auf diese Fragen gibt das Evangelium.* In dieser Antwort eröffnet sich dem Menschen die Perspektive der Hoffnung. Ohne diese Antwort gibt es keine Aussicht auf Hoffnung.

Folgt daraus nicht, daß wir *die Frohe Botschaft neu annehmen* müssen? Daß wir sie annehmen müssen als eine Botschaft, die für den Menschen unserer Tage ebenso lebensentscheidend ist, wie sie das für den Menschen vor 2000 Jahren war? Daß wir sie annehmen müssen mit innerer Überzeugung und Entschlossenheit zur Umkehr?

Besinnt euch wieder eurer geistigen Herkunft!

Ja, wir müssen *eine neue Verkündigung beginnen.* Die Verkündigung von der Umkehr und Heimkehr des Menschen zum Vater.
Der Vater wartet auf uns.
Der Vater geht uns entgegen.
Der Vater möchte jeden Menschen wieder als Sohn oder Tochter aufnehmen.
Laßt uns aufbrechen und zu Ihm gehen! Das ist unsere Hoffnung! Amen.

(Nach dem Festgottesdienst eröffnete der Papst den Angelus mit folgenden Worten:)

Liebe Brüder und Schwestern!

Zum Abschluß dieses festlichen Gottesdienstes wollen wir das marianische Mittagsgebet der Kirche miteinander sprechen. Es erinnert uns täglich an den Beginn unserer christlichen Hoffnung in jenem dreifachen Ereignis: Der Engel des Herrn bringt Maria die Botschaft – Maria spricht: Mir geschehe, wie du gesagt – das Ewige Wort wird einer von uns. Wir alle wollen uns noch einmal öffnen für die Botschaft, die Gott auf diesem Katholikentag an uns gerichtet hat, damit sein Wort auch in unserem Leben Fleisch annehmen kann.

So lade ich nun alle ein zum gemeinsamen Gebet:
- euch, die ihr um diesen Altar versammelt seid
- euch, die ihr durch Fernsehen und Radio mit uns verbunden seid
- euch alle in den verschiedenen Ländern Europas
- vor allem aber euch Christen Österreichs: in den Diözesen Salzburg und Wien, Linz und St. Pölten, Graz-Seckau und Eisenstadt, Gurk, Innsbruck und Feldkirch.

Schlußwort des Vorsitzenden des Österreichischen Katholikentages, Eduard Ploier
(11. September 1983)

Heiliger Vater!

Ich darf Ihnen für Ihre Teilnahme am Österreichischen Katholikentag mit aufrichtiger Freude danken. Ihr Kommen nach Österreich, Ihr Beten mit uns und Ihre Worte an uns geben unserer Hoffnung Kraft und Orientierung.

In den „Perspektiven unserer Hoffnung" haben wir die Sorgen und Freuden, die Zielsetzungen und Aufgaben für unser Handeln in Kirche und Welt ausgesprochen. Diese festliche Liturgie entläßt uns mit dem Auftrag, zu tun, was wir uns vorgenommen haben. Alle, die anwesend sind, und jene, die über die Medien an diesem Ereignis teilnehmen, vernehmen den Auftrag der Stunde.

> *Unsere Kirche ist uns nicht ein fremdes Gegenüber, wir wissen uns für sie verantwortlich.*

Ein neuer Anfang wird sein,
- wenn wir Christen das Evangelium in unserem täglichen Leben ernst nehmen;
- wenn wir auf der Seite der Armen, der Menschen ohne Macht, der Kranken und Hilflosen stehen;
- wenn wir uns mit Entschiedenheit für die Lösung der sozialen Fragen, insbesondere der Arbeitslosigkeit, einsetzen.

Angesichts der Lüge und Korruption, die das persönliche und öffentliche Leben zerstören, treten wir ein für Wahrheit und Wahrhaftigkeit, für Redlichkeit und Gerechtigkeit;
angesichts der Bedrohung der Umwelt pflegen wir diese Erde, daß sie für unsere Kinder bewohnbar bleibe;
angesichts der Hochrüstung und der Kriegsdrohungen arbeiten und beten wir Christen für einen umfassenden Frieden und wollen nicht zulassen, daß Konflikte mit Gewalt gelöst werden.
Unsere Kirche ist uns nicht ein fremdes Gegenüber, wir wissen uns für sie verantwortlich; ändern kann und wird sie, wer sie liebt und sich selbst bekehrt.

Wir Christen treten ein für den Schutz und die Achtung des Lebens in all seinen Phasen – vom gezeugten, noch nicht geborenen Leben bis zum sterbenden Leben.
Wir Christen stellen unserer Heimat Österreich unsere Kräfte und Dienste zur Verfügung. Wir arbeiten für Freiheit und Ordnung, Wahrheit und Solidarität und leisten damit einen Beitrag zum internationalen Gemeinwohl.
Mit diesen Vorsätzen kehren wir heim. Unsere Hoffnung ist Jesus Christus. Der Gekreuzigte ist auch der Auferstandene.

Erster Pastoralbesuch 1983

*Begrüßung des Papstes durch
Prälat Otto Taschner
im Haus der Barmherzigkeit in Wien*
(11. September 1983)

Heiliger Vater!

Mit allen Kranken dieses Hauses der Barmherzigkeit, mit den Herren der Prokuratur und des Beirates, mit dem Bürgermeister dieses Bezirkes und mit allen, die sich um die Betreuung dieser Kranken bemühen, begrüße ich Eure Heiligkeit ehrerbietig.
Daß wir in der schon mehr als hundertjährigen Geschichte unseres Hauses diese Stunde erleben dürfen, ist für uns alle eine überaus große Freude, für die wir nicht genug dankbar sein können.
Gerne wollen wir diese Dankbarkeit dadurch bezeigen, daß wir die großen Anliegen Eurer Heiligkeit in unseren Gebeten und mit all den Opfern, die in diesem Haus gebracht werden, immer wieder Gott dem Herrn empfehlen. Für unsere weitere Zukunft erwarten wir von diesem hohen Besuch und von dem Wohlwollen, das Eure Heiligkeit uns entgegenbringen, reichen Segen.
Herzlich willkommen in diesem Haus!

Grußwort von Franz Kardinal König
(11. September 1983)

Heiliger Vater!

Zunächst danke ich Ihnen herzlich, daß Sie bei Ihrem Besuch in Österreich besonderen Wert auf die Möglichkeit einer Begegnung mit kranken, behinderten, alten und schwachen Menschen gelegt haben.
Die Kirche weiß sich seit den Tagen der Apostel, gestützt auf das Zeugnis des Herrn, in seinem Umgang mit Kranken und Ausgestoßenen, verpflichtet zur besonderen Sorge um die Geringsten unserer Schwestern und Brüder.
Wie an vielen anderen Orten in allen Teilen der Weltkirche dienen hier im Haus der Barmherzigkeit in Wien Pflegerinnen und Pfleger, Schwestern und Ärzte im Bewußtsein, daß auch unsere Kranken durch ihr Gebet und ihr Beispiel im Leid wertvolle Glieder der Kirche sind.
Ich bitte Sie nun, Heiliger Vater, Ihre Botschaft an die hier Versammelten und an alle, die über Hörfunk und Fernsehen mit uns verbunden sind, zu richten.

Erster Pastoralbesuch 1983

Ansprache des Papstes an die Behinderten, Kranken und Alten im Haus der Barmherzigkeit in Wien
(11. September 1983)

Liebe Kranke!
Liebe pflegebedürftige Brüder und Schwestern hier im Haus der Barmherzigkeit und draußen in den Spitälern, Heimen und Wohnungen überall in Österreich!

1. Diese Stunde meines Österreichbesuches soll ganz euch gehören. Ich möchte mit euch zusammensein – als Bote Christi, der euch froh machen will, und als einer, der selbst für einige Wochen euer Leidensgefährte gewesen ist. Ärztliche Kunst und sachkundige Pflege haben nach Gottes Ratschluß meine Gesundheit wiederhergestellt. So stehe ich heute als Gesunder vor euch, aber nicht als Fremder. Bemühen wir uns gemeinsam darum: Lassen wir *keinen Graben* entstehen zwischen uns und euch, *zwischen den Gesunden und den Kranken!*

> *Die Krankenzimmer dienen einem Volk nicht weniger als die Klassenzimmer und die Hörsäle.*

Vielleicht habt ihr manchmal Angst, uns zur Last zu fallen. Vielleicht hat man euch das sogar gesagt oder fühlen lassen. Dann möchte ich euch dafür um Verzeihung bitten. Sicher, *ihr braucht uns*, unsere Hilfe und Pflege, unsere Hände und unser Herz. *Aber genauso brauchen wir euch.* Ihr müßt euch vieles schenken lassen. Aber ihr beschenkt auch uns.

Euer Kranksein macht uns bewußt, wie gebrechlich menschliches Leben ist, wie gefährdet und begrenzt; macht uns bewußt, daß man nicht alles schaffen kann, was man sich vornimmt, daß man nicht alles vollenden kann, was man begonnen hat. Natürlich freut ihr euch über alles, was ihr einmal an Schönem erlebt und an Gutem geschaffen habt; Ihr sollt auch dankbar dafür sein.

Aber jetzt seht ihr das alles in einem neuen Licht, und manches wertet ihr anders als früher. Ihr wißt jetzt besser, worauf es im Leben wirklich ankommt, und dieses Wissen, diese durch euer Leid geläuterte und gereifte Lebensweisheit könnt ihr uns mitteilen – durch das, was ihr uns sagt, durch das, was ihr jetzt erlebt, und durch die Art, wie ihr es ertragt.

Der Papst dankt euch für diese „Predigt", die ihr uns durch euer geduldig ertragenes Leiden haltet. Sie ist durch keine Kanzel zu ersetzen, durch keine Schule und durch

Besuch im Haus der Barmherzigkeit in Wien

keine Vorlesung. Die Krankenzimmer dienen einem Volk nicht weniger als die Klassenzimmer und die Hörsäle.

In der Mitte eures jetzigen Lebens steht das Kreuz. Viele laufen ihm davon. Aber wer vor dem Kreuz entfliehen will, findet nicht zur wahren Freude. Jugendliche können nicht stark werden und Erwachsene nicht treu bleiben, wenn sie nicht gelernt haben, ein Kreuz anzunehmen. Euch, meine lieben Kranken, wurde es aufgebürdet. Euch hat niemand gefragt, ob ihr wollt. Lehrt uns Gesunde, es rechtzeitig anzunehmen und mutig zu tragen, jeder in seiner Art. Es ist stets ein Teil des Kreuzes Christi. Wie Simon von Cyrene dürfen wir es ein Stück weit mit ihm tragen.

2. Und nun schaue ich besonders auf euch, *die ihr von der Last der Jahre gebeugt seid* und unter den Gebrechen und Beschränkungen des Alters leidet. Auch ihr braucht unsere Hilfe, und doch seid auch ihr es, die uns beschenken. Auf eurer Arbeit, auf eurer Leistung, auf dem, was ihr gleichsam für uns investiert habt, bauen wir weiter. Wir brauchen eure Erfahrung und euer Urteil. Wir brauchen eure Glaubenserfahrung und euer Vorbild. Ihr dürft euch nicht von uns abschließen. Ihr dürft nicht draußen bleiben vor den Türen unserer Wohnungen und vor den Toren unserer Welt. Ihr gehört zu uns! Eine Gesellschaft, die sich von den alten Menschen lossagt, würde nicht nur ihre eigene Herkunft verleugnen, sondern sich auch ihrer Zukunft berauben.

Weder alte noch kranke Menschen sind Außenseiter der Gesellschaft. Sie gehören vielmehr wesentlich dazu. Wir alle sind ihre Schuldner. In dieser Stunde möchte ich euch allen danken, die ihr in den vielen Nöten und Anliegen der Menschheit euer Leiden und Beten aufopfert. Natürlich sollen auch die Gesunden beten; aber *euer Gebet hat ein besonderes Gewicht*. Ströme des Segens könnt ihr vom Himmel herabrufen und hinaussenden in euren Bekanntenkreis, in euer Vaterland und zu allen Menschen, die der Hilfe Gottes bedürfen. Der Mensch kann hier auf Erden Gott nicht wahrhaftiger loben und anbeten als mit einem Herzen, das auch im Leiden an seine Weisheit und Liebe glaubt. Ein geduldig ertragenes Leid wird selbst gewissermaßen zum Gebet und zum reichen Quell der Gnade. Ich möchte euch deshalb alle bitten: Macht eure Zimmer zu Kapellen, schaut auf das Bildnis des Gekreuzigten und betet für uns, opfert für uns – auch für das Wirken des Nachfolgers Petri, der ganz besonders auf eure geistliche Hilfe vertraut und euch alle von Herzen segnet.

3. Bei unserer heutigen Begegnung denke ich auch besonders an jene unter euch, *die schon von Kindheit an so krank sind, daß sich ihre körperlichen und auch geistigen Fähigkeiten gar nicht entfalten konnten*. Ich denke an Menschen, die durch einen Unfall, durch eine heimtückische Krankheit *schwer behindert* sind. Ich denke an jene Form des Altwerdens, in welcher einem Umwelt und Mitmenschen immer mehr entschwinden, an alte Menschen also, die die Weisheit ihres Lebens gar nicht mehr weitergeben und den Dienst der Liebe gar nicht mehr wahrnehmen können. Der

Blick auf diese Menschen, denen so Entscheidendes genommen ist, stellt uns vor die Frage: „Worin besteht eigentlich die Würde des Menschen?"

Der Mensch hat seinen Adel darin, daß Gott ihn ins Leben gerufen hat, daß er zu ihm ja gesagt und ihn angenommen hat und daß er ihn bei sich vollenden wird. Ist demgegenüber nicht *alles* menschliche Leben im Grunde bruchstückhaft und unzulänglich, angewiesen auf Gottes vollendendes Wirken? Über Gesunden und Kranken, Frischen und Müden, Beweglichen und Behinderten, geistig Wachen und geistig Schlafenden steht Gottes väterliches Ja und macht jeden ihrer Tage zu einem Stück Weg in die Vollendung – und damit *lebens-wert*. Liebe Österreicher, möge der Herr über euer Verhalten zu euren kranken und behinderten Mitmenschen, in denen letztlich er selber euch begegnet, einmal sagen können: „Ich war eine Last, und ihr habt mich getragen; ich war unnütz, und ihr habt mich geschätzt; ich war entstellt, und ihr habt meine Würde erkannt; ich war vor der Geburt schon krank, und ihr habt zu mir ja gesagt" (vgl. *Mt* 25,35ff).

> *Aber eine Welt ohne Kranke wäre ärmer an gelebter Mitmenschlichkeit.*

4. Kranke und alte Menschen, Behinderte und Pflegebedürftige zeigen uns in besonderer Weise, wie sehr wir aufeinander angewiesen sind und zutiefst zusammengehören. *Sie fordern unsere Solidarität und unsere Nächstenliebe auf das äußerste heraus.* Wenn Kranke nicht mehr fähig sind, die ihnen geleistete Hilfe zu erfassen und dankend zu erwidern, dann zeigt sich, wie selbstlos und opferbereit solch dienende Liebe sein muß. Krankheit und Leid sind stets eine schwere Prüfung. Aber eine Welt ohne Kranke, so widersprüchlich dies auch klingen mag, würde ärmer sein. Denn sie wäre ärmer an gelebter Mitmenschlichkeit, ärmer an selbstloser, ja mitunter heroischer Liebe.

Mit allen kranken und pflegebedürftigen Menschen in Österreich danke ich deshalb zu dieser Stunde von Herzen allen Ärzten, allen Schwestern, Pflegerinnen und Pflegern, die in diesem „Haus der Barmherzigkeit" und überall im Lande mit Treue und Hingabe ihren Dienst verrichten. Ich danke allen, die hier und in den anderen Spitälern, in den Heimen und Familien durch ihren persönlichen, opferbereiten Einsatz dazu beitragen, daß Leiden gelindert, Krankheiten geheilt und alte Menschen neu mit Mut und Zuversicht erfüllt werden.

Ein aufrichtiges Wort der Ermutigung richte ich an die Mütter und Väter, die ihr krankes, vielleicht zeitlebens behindertes Kind voll Aufopferung und oft inmitten einer verständnislosen Umgebung pflegen und lieben; an diejenigen, die ihren alten Eltern eine liebevolle Stütze sind und auch Einschränkungen auf sich nehmen, um ihnen ein wenig davon dankbar zu vergelten, was sie einst von ihnen an selbstloser Liebe empfangen haben.

Mein Dank ist nicht nur ein Wunsch. Ihr habt zugleich die Verheißung Jesu Christi, der gekommen ist, zu dienen und zu heilen, was verwundet war. Was ihr dem geringsten seiner Brüder getan habt, das habt ihr ihm getan (vgl. *Mt* 25,40). Er ist eure Kraft, er ist euer Lohn. Er ist – wenn ihr euch dafür öffnet – die stille Freude mitten in eurem Tun.

Ebenso ist Christus auch der Trost in eurem Leid, liebe kranke und pflegebedürftige Brüder und Schwestern. Er, der den Boten seiner Liebe zur Seite steht in ihrem Dienst, er steht auch euch zur Seite in eurer Not. Ihm seid ihr in einer besonderen Weise gleichgestaltet. Er, der die Leidenden geheilt hat, er hat auch selbst gelitten. Er hat selber die äußerste Verlassenheit erduldet, damit wir nie verlassen sind. Er, Christus, unser Herr und Erlöser, sei stets mit euch und segne euch alle in seiner reichen Barmherzigkeit und Liebe!

Ansprache von Bundespräsident Rudolf Kirchschläger beim Empfang in der Wiener Hofburg
(11. September 1983)

Erneut entbiete ich Eurer Heiligkeit auch hier in der Wiener Hofburg einen verehrungsvollen und aufrichtigen Willkommensgruß in Österreich. Wir alle, die wir in der Republik Österreich in politischer, wirtschaftlicher, kultureller und sozialer Verantwortung stehen und heute hier versammelt sind, sind dankbar, daß Eure Heiligkeit im Rahmen des Pastoralbesuches dieser Begegnung zugestimmt haben.

Politik im weitesten Sinn des Wortes findet ihre Rechtfertigung nur, wenn sie dem Menschen dient. Wir sind uns dessen bewußt, daß dieses Ziel allzuoft nicht erreicht wird. Und wir wissen auch, daß über den Weg zum besten Dienst zum Menschen innerhalb eines Volkes, das die Glaubens- und Gewissensfreiheit und die Freiheit der Meinungsäußerung besitzt, verschiedene Auffassungen bestehen und auch nach außen in Erscheinung treten. Auch in Österreich. Es ist uns aber in unserer Republik in den letzten Jahrzehnten seit 1945 doch gelungen, im Rahmen eines fortwährenden Dialogs, dessen Bedeutung Eure Heiligkeit auch in der Botschaft zum Weltfriedenstag 1983 so sehr unterstrichen haben, innerhalb der im Nationalrat vertretenen politischen Kräfte des Landes und innerhalb der Sozial- und Wirtschaftspartner einen Weg zu finden, der haßerfüllte Gegensätze hintangehalten und vielfach auch gemeinsame Interpretationen des Dienstes am Menschen und damit der Erfüllung der staatlichen Aufgaben ermöglicht hat.

Kirche und Staat können einander sehr viel geben, ohne dabei voneinander in Abhängigkeit zu geraten.

Ich bin glücklich, Eurer Heiligkeit auch berichten zu können, daß das Verhältnis zwischen der Katholischen Kirche und der Republik Österreich auf einem fruchtbaren Dialog aufgebaut ist. Gar manche schwierige Reibungsflächen konnten abgebaut werden.

Dies scheint mir auch im Hinblick auf die Geschichte der letzten 200 Jahre gerade im Interesse der Staatsbürgerinnen und Staatsbürger eine gute und notwendige Entwicklung, da damit jene bösen und den einzelnen Menschen schwer belastenden inneren Konflikte vermieden werden, die dann entstehen, wenn Kirche und Staat in einem offenen und verdeckten Kampfe stehen.

Kirche und Staat können einander sehr viel geben, ohne dabei voneinander in Abhängigkeit zu geraten. Gerade das gemeinsame Daseinsziel, dem Menschen zu dienen, ist hiefür eine tragfähige Brücke, die für den einzelnen ein reiches Anbot von Werten bereithält. Aber auch der engagierte Dienst am Frieden, der nicht erst in der versuchten Beeinflussung des Verhältnisses zwischen den Supermächten, sondern schon in der eigenen Familie und in der Innenpolitik des Staates beginnt, scheint mir eine sehr verbindende gemeinsame Aufgabe zu sein, die durch die großen Friedensinitiativen Eurer Heiligkeit neue Impulse erhalten hat.

Die Tatsache, daß es Eurer Heiligkeit gelungen ist, in der Verkündigung und im täglich gelebten Beispiel eine Renaissance des christlichen Humanismus herbeizuführen, wird seine befruchtende Wirkung nicht nur auf die Gläubigen, sondern auch auf das Verhältnis zwischen Staat und Kirche nicht verfehlen.

Wir alle und viele Menschen über diesen Saal hinaus werden die Worte, die Eure Heiligkeit an uns richten werden, sehr ernst und eingehend überdenken. Für uns Katholiken sind es zudem Worte unseres Heiligen Vaters.

Ich bitte Eure Heiligkeit, zu uns zu sprechen.

Ansprache des Papstes beim Empfang des Bundespräsidenten in der Wiener Hofburg
(11. September 1983)

Sehr verehrter Herr Bundespräsident!
Sehr geehrter Herr Bundeskanzler,
sehr geehrte Damen und Herren!

1. Es ist für mich eine besondere Ehre und Freude, heute mit dem Herrn Bundespräsidenten, mit den Mitgliedern der Bundesregierung und mit Vertretern des politischen und kulturellen Lebens in Österreich zusammenzutreffen. Mit Österreich verbinden mich seit langem *persönliche Bekanntschaft* und *Bande der Freundschaft*.

Mit Österreich verbinden mich seit langem persönliche Bekanntschaft und Bande der Freundschaft.

Schon in den ersten Tagen nach meiner Berufung auf den Stuhl Petri erhielt ich eine freundliche Einladung zu einem Besuch in Ihrem Land. Nun ist dieser Besuch möglich geworden. Dafür danke ich Ihnen aufrichtig, sehr verehrter Herr Bundespräsident, besonders aber auch für die heutige Begegnung und die ehrenvollen Worte Ihrer Begrüßung. Zugleich danke ich der Bundesregierung und allen zuständigen Stellen dieser Stadt und in ganz Österreich für alles, was sie beigetragen haben, daß mein Besuch so gut vorbereitet und organisiert werden konnte und daß ich eine so herzliche Aufnahme gefunden habe. In Ihnen, den höchsten und maßgeblichen Vertretern Ihres Landes, grüße ich alle, die für das Wohl und Geschick Ihres Volkes Verantwortung tragen. Ich bekunde Ihnen meine Bewunderung für die entscheidungsvolle Geschichte, den kulturellen Reichtum und das hohe Ansehen, die Österreich in Vergangenheit und Gegenwart in der Gemeinschaft der Völker stets ausgezeichnet haben. Mit besonderer Dankbarkeit gedenke ich in dieser Stunde der *jahrtausendalten tiefen Verbundenheit des österreichischen Volkes mit dem Christentum* und der freundschaftlichen Beziehungen, die seit langem zwischen Ihrem Land und dem Heiligen Stuhl bestehen.

Es ist lange her, daß ein Papst Wien einen Besuch abgestattet hat. Ich bin Gott dankbar, daß die Umstände meines jetzigen Pastoralbesuches andere sind als jene, unter denen vor 200 Jahren Pius VI. in Ihre Hauptstadt gekommen ist. Seinerzeit gab es Anlaß zu großen Sorgen um die Einheit der Kirche und um ihre Autonomie in Österreich. Heute kann sich *das kirchliche Leben ungehindert* entfalten, der Katholikentag selbst ist ein beredtes Zeichen dafür. Es war mir eine Freude, daran teilnehmen zu können. Es war eine sehr beeindruckende Form der Verkündigung der Botschaft Christi an die Menschen dieses Landes. Es war ein Stück gelebte Hoffnung, das auch vielen anderen Hoffnung geben kann.

2. Die Aufgabe, die die Kirche kraft ihrer Sendung in der Welt zu erfüllen hat, ist eine religiöse und geistliche, keine politische. Aber gerade um des ihr anvertrauten Evangeliums willen verkündet die Kirche, wie das II. Vatikanische Konzil betont, auch „die Rechte des Menschen, und sie anerkennt und schätzt die Dynamik der Gegenwart, die diese Rechte überall fördert" (*Gaudium et spes*, Nr. 41). Sie empfindet daher Genugtuung und Dankbarkeit, wenn Staaten, wie *die Republik Österreich*, dank ihrer demokratischen Grundordnung und der brüderlichen Gesinnung ihrer Bürger sich *in den Dienst der Menschenrechte stellen*. Dabei ist nicht nur an die gute Ordnung des öffentlichen Lebens und die Bemühungen um die Wahrung der menschlichen Grundrechte im eigenen Land zu denken, sondern auch an die Bereitschaft, Menschen aus anderen Ländern aufzunehmen, die dort ihrer Religionsfreiheit, ihrer Freiheit der Meinungsäußerung oder der Achtung ihrer Menschenwürde beraubt sind. In großzügiger Weise hat Österreich immer wieder solchen Menschen Asyl gewährt. Damit zollt dieses Land der persönlichen Freiheit des Menschen jenen Respekt, der ihr als einem unveräußerlichen Recht der menschlichen Person zukommt.

> *Wie in der Vergangenheit erfüllt Österreich auch in der Gegenwart vielfach die Funktion des Brückenschlags zwischen den Völkern.*

In diesem Zusammenhang gebührt Ihrem Land ein besonderes Wort der Anerkennung und der Ermutigung dafür, wie es seine *europäische und internationale Aufgabe* insgesamt wahrnimmt. Wie in der Vergangenheit erfüllt Österreich auch in der Gegenwart vielfach die Funktion des Brückenschlags zwischen den Völkern. Es hat sich immer wieder bemüht, über die eigenen Grenzen hinaus im Bewußtsein der gemeinsamen Aufgaben Europas und dessen Verantwortung in der Völkergemeinschaft seinen *Beitrag zur Friedenssicherung und zur Verständigung zwischen den Nationen* und Machtblöcken zu leisten. Es wird nötig sein, diese Anstrengungen entschlossen weiterzuführen und die angestrebten Ziele noch klarer ins Auge zu fassen. So hat die Sorge um die internationale Gerechtigkeit schon seit Jahren zu zahlreichen Maßnahmen der Entwicklungsförderung zugunsten ärmerer Weltregionen geführt. Ich freue mich, daß auch die kirchliche Entwicklungshilfe einen erheblichen Beitrag dazu leistet. Dennoch nimmt die Kluft zwischen Reichen und Armen immer noch zu. Das muß alle in Staat und Kirche zu noch größeren Anstrengungen anspornen, die auch tiefgreifende Änderungen in der Weltwirtschaftsordnung einschließen können. Dasselbe gilt für die Sorge um die internationale Verständigung und um die Sicherung des Weltfriedens. Gerade hier hat Ihr Land aufgrund seiner geographischen

Lage und seines kulturellen Erbes besondere Chancen für noch intensivere Bemühungen um menschlichen und kulturellen Austausch und für eine noch wirksamere Förderung von Begegnungen und Dialog zwischen den Nationen.

3. In diesem Einsatz für das Wohl der Menschen und Völker finden die Staaten in der Katholischen Kirche einen stets hilfsbereiten Partner. *Die Kirche fühlt sich* kraft ihres umfassenden apostolischen Auftrags *berufen, zum Dienst am Menschen auch in der Öffentlichkeit beizutragen*. Und das besonders in einem Land, in dem sich viele Staatsbürger als Christen bekennen und das in seiner Geschichte und Kultur so stark vom christlichen Geist geprägt worden ist.

Die Kirche ist keine politische Instanz. Sie hat keine technologische und wirtschaftspolitische Kompetenz und behauptet sich auch nicht durch Machtpolitik. Sie achtet die Verantwortung des Staates, ohne sich in seine politischen Aufgaben einzumischen. So gewinnt sie um so mehr an Autorität, Mahner für die wahre Freiheit zu sein, Mahner für die unveräußerlichen Rechte der menschlichen Person, für ihre Würde und göttliche Berufung. Im Namen der wahren Freiheit und der Würde des Menschen ist die Kirche vor allem aufgerufen, *für die Bewahrung des moralischen Gewissens und eines vor ihm verantwortbaren sittlichen Handelns* einzutreten, und das nicht nur im individuellen, sondern auch im gesellschaftlichen Leben. Es ist somit stets ihr geistlicher Auftrag, der die Kirche dazu bewegt, sich so entschlossen in partnerschaftlicher Zusammenarbeit mit den Staaten auch für die zeitlichen Belange des Menschen, für Gerechtigkeit und Frieden, für ein menschenwürdiges Zusammenleben und eine wirksame Verteidigung der sittlichen Ordnung in Familie und Gesellschaft einzusetzen. Dieser konkrete Dienst der Kirche ist um so dringlicher in einer Zeit, in der eine wachsende Mißachtung menschlicher Grundwerte die Fundamente der gesellschaftlichen Ordnung untergräbt und den Menschen selbst in seiner innersten Würde bedroht. Auch der moderne pluralistische Staat kann auf ethische Normen bei der Gesetzgebung und im öffentlichen Leben nicht verzichten, ohne daß das Wohl des einzelnen und der Gemeinschaft großen Schaden erleidet. Dies vor allem dann, wenn es so hohe Rechtsgüter wie das Leben des Menschen in all seinen Phasen zu schützen gilt. Die Kirche bekundet allen Verantwortlichen Solidarität und Anerkennung, die mit ihr aus persönlicher Überzeugung für die Verteidigung der sittlichen Grundwerte in der heutigen Gesellschaft eintreten und dies vor allem auch der Jugend als verpflichtende Aufgabe vor Augen stellen. Daß Sie, verehrter Herr Bundespräsident, dieses in Ihrem verantwortungsvollen Amt immer sehr freimütig und mit Nachdruck getan haben, darf ich an dieser Stelle in hoher Wertschätzung ausdrücklich hervorheben. Dafür und für alle Ihre Bemühungen, durch die Sie das Wirken der Kirche und des Heiligen Stuhles in der Öffentlichkeit stets hochherzig unterstützt haben, sage ich Ihnen aufrichtigen Dank.

4. Gestatten Sie mir, sehr geehrte Damen und Herren, zum Schluß auch für Sie noch eine mehr persönliche Anmerkung. Sie, die Sie hier versammelt sind, sind vom österreichischen Volk in freien und demokratischen Wahlen in Ihr politisches Amt berufen worden oder leiten Ihre gesellschaftliche Aufgabe von einer solchen Berufung ab. Sie tragen eine sehr große Verantwortung für dieses Land und seine Stellung in der Welt. Der ehrenvolle, aber schwere *Beruf des Politikers fordert den Einsatz aller Ihrer Kräfte und Ihrer ganzen Person*. Jene unter Ihnen, denen die Gnade des Glaubens geschenkt ist, werden wissen, daß man dazu auch den Beistand Gottes erbitten darf und soll. Möge Ihnen allen die geistige und sittliche Kraft gegeben sein, den hohen Erwartungen gerecht zu werden, die die Gesellschaft, besonders auch die Jugend, gerade heute an die Politiker richtet.

Ich bin Ihnen, sehr verehrter Herr Bundespräsident, sehr geehrte Damen und Herren, dankbar dafür, daß Sie der christlichen Sicht der Dinge und dem partnerschaftlichen Dialog mit der Kirche Ihren jeweiligen persönlichen Überzeugungen entsprechend Achtung erweisen. Mögen Sie dem auch in Ihrem verantwortungsvollen Wirken zum Wohl Ihres Volkes konkret Rechnung tragen.

Ich erbitte Ihnen, dem „viel gerühmten, viel geprüften, viel geliebten Österreich" (Österreichische Bundeshymne) und allen Menschen, die in ihm wohnen, den bleibenden Schutz und Segen des allmächtigen und barmherzigen Gottes.

Vorstellung des Diplomatischen Corps durch den Apostolischen Nuntius, Erzbischof Mario Cagna, in der Wiener Nuntiatur
(11. September 1983)

Eure Heiligkeit!

In meiner Eigenschaft als Doyen des in Wien akkreditierten Diplomatischen Corps darf ich Ihnen die Leiter der örtlichen diplomatischen Missionen und ihre Gattinnen vorstellen.
Der Worte gewärtig, die Eure Heiligkeit an uns richten wird, sind wir vom positiven Sinn und Ergebnis dieses aller Formalitäten entkleideten Treffens überzeugt.
Die Aufgabe von Diplomaten besteht unter anderem darin, Hoffnung zu vermitteln. Dieses Streben, so darf man wohl sagen, beseelt das Wirken des Diplomatischen Corps. Und es gibt nun einmal im Leben und in der Geschichte der Menschheit Zeiten, zu denen überlegt und betont sein will, warum und worauf wir hoffen dürfen. Mehr als je zuvor bedarf der einzelne, die Familie, die Gesellschaft des Friedens, der allein es ermöglicht, ein Familienleben zu führen, junge Menschen zu erziehen und an der Verwirklichung des göttlichen Schöpfungs- und Erlösungsplanes mitzuwirken. Darum ist dieses Zusammentreffen der Diplomaten mit dem Papst ja auch so wichtig – ist doch dem Heiligen Vater nichts Menschliches und nichts Göttliches fremd; in Kenntnis aller geschichtlichen Aspekte vermag er uns das Hoffen auf eine bessere, gerechtere und friedliche Welt ganz gewiß einzuhauchen.
Der englische Dichter, der bei Betrachtung einer Berglandschaft diese „still and silent like a breathless nun in prayer" fand, wollte damit ausdrücken, daß die Friedlichkeit der Bergwelt nicht aus dieser selbst – und auch nicht von irgendeiner weltlichen Macht oder Supermacht – komme, sondern aus der Allmacht Gottes. Dieselbe Empfindung ist auch den Dichtern und Heiligen, den Männern und Frauen eigen, deren Aufgabe es ist, allen anderen vor Augen zu führen, welchen Verlauf die geschichtliche Entwicklung nimmt.
Wir bitten Eure Heiligkeit, den hier anwesenden zur Vermittlung der Hoffnung Berufenen und ihren Gattinnen gegenüber diese Gedanken zum Ruhm und zur Ehre Gottes zu bekräftigen und noch eindringlicher zu gestalten.

Ansprache des Papstes an das Diplomatische Corps in der Wiener Nuntiatur
(11. September 1983)

Sehr geehrte Damen und Herren!

1. Es ist mir eine besondere Freude, nach meiner Begegnung mit den höchsten staatlichen Vertretern Österreichs heute abend auch noch mit Ihnen, den bei diesem Staat akkreditierten Diplomaten, zusammenzutreffen. Ich danke Ihnen für Ihr Erscheinen und die Ehre, die Sie dadurch nicht nur meiner Person, sondern dem Oberhaupt der Katholischen Kirche erweisen. Zusammen mit dem Hausherrn der Apostolischen Nuntiatur, die für einige Tage auch meine Residenz geworden ist, heiße ich Sie alle sehr herzlich willkommen.

Eine eigene Begegnung mit den Mitgliedern des Diplomatischen Corps ist ein fester Bestandteil fast aller meiner Pastoralreisen. Dadurch möchte ich der großen Wertschätzung Ausdruck geben, die der Heilige Stuhl Ihrem Wirken für die Verständigung und die harmonische Zusammenarbeit zwischen den Völkern entgegenbringt. Die Stadt Wien lädt noch in einer ganz besonderen Weise dazu ein. Ist sie doch der Ort, wo die Stellung und Aufgabe der diplomatischen Vertretungen durch internationale Vereinbarungen zum ersten Mal verbindlich festgelegt und formuliert worden ist. Dies geschah bekanntlich durch das Wiener Abkommen im Jahre 1815 und durch die Konvention über die diplomatischen Beziehungen vom April 1961.

> *Die Diplomatie ist zu Recht als die „Kunst des Friedens" bezeichnet worden.*

2. Diplomatische Vertretungen sind ein wichtiges Instrument der modernen Diplomatie. Sie erschöpfen sich nicht nur in der Wahrnehmung bilateraler Interessen zwischen den einzelnen Staaten, sondern erstrecken sich auch auf die grundlegenden Belange und Erfordernisse der internationalen Völkergemeinschaft: auf die Erhaltung oder Wiederherstellung des Friedens, die Förderung einer fruchtbaren Zusammenarbeit zwischen den Regierungen sowie die Schaffung humaner und vernünftiger rechtlicher Bindungen zwischen den Völkern durch gemeinsame loyale Vereinbarungen. Die Diplomatie ist zu Recht als die „Kunst des Friedens" bezeichnet worden. Wir erkennen sogleich die ungeheure Aktualität und Verantwortung, die Ihrer Mission als

Diplomaten in der Welt von heute zukommen. Der Aufschrei nach Frieden, der sich immer lauter in den Herzen der Menschen und vielerorts auf den Straßen und Plätzen erhebt, scheint den Befürchtungen derer recht zu geben, die bei der Beobachtung der gegenwärtigen Weltsituation bereits von einem Übergang von der „Nachkriegs-" zu einer neuen „Vorkriegsphase" sprechen. Deshalb bedürfen wir heute, vielleicht noch dringender als in der Vergangenheit, der mutigen und beharrlichen Bemühungen einer geschickten Diplomatie, die sich mit Geduld und Ausdauer darum bemüht, der Stimme der Gewalt mit der Stimme der Vernunft zu begegnen, die bestehenden Spannungen zu mindern und stets Raum für den Dialog offenzuhalten, damit der Ruf der Menschen nach Frieden nicht eines Tages plötzlich vom Lärm der Waffen erstickt wird.

Es bedarf vor allem einer ehrlichen und aufrichtigen Diplomatie, die auf trügerische Verschlagenheit, Lüge und Intrigen verzichtet, die legitimen Ansprüche und Forderungen der Partner achtet und durch loyale Verhandlungsbereitschaft den Weg für eine friedliche Lösung von bilateralen und internationalen Konflikten ebnet. Unaufrichtigkeit verbreitet Mißtrauen gerade dort, wo Vertrauen absolut notwendig ist und allein eine wirklich tragfähige Grundlage für eine dauerhafte Verständigung bieten kann. Alle, die nach Frieden rufen, ermutigen Sie, die Sie als Diplomaten Baumeister des Friedens sein sollen, angesichts der großen Schwierigkeiten nicht die Zuversicht zu verlieren, sondern Ihren Einsatz für die gerechte Sache des Friedens vielmehr mit Umsicht und Ausdauer noch zu verstärken. Wenn auch die entscheidenden Beschlüsse letztlich auf dem Feld der Politik gefällt werden, so haben Sie als Diplomaten doch die Möglichkeit, aufgrund Ihrer besonderen Stellung und Kenntnis der Lage die Entscheidungen Ihrer Regierungen positiv zu beeinflussen.

3. Wie ich, sehr geehrte Damen und Herren, in meiner Ansprache vor den Vereinten Nationen hervorgehoben habe, „ist die Existenzberechtigung jeglicher Politik der Dienst am Menschen, die unermüdliche und verantwortliche Sorge um die Probleme und wesentlichen Bereiche seiner irdischen Existenz in ihrer sozialen Dimension und Tragweite, von der gleichzeitig ja auch das Wohl einer jeden einzelnen Person abhängt" (Ansprache vom 2. Oktober 1979). In diesem Dienst am Menschen begegnen sich die schwierige und verantwortungsvolle Aufgabe des Politikers und Diplomaten mit der besonderen Heilssendung der Kirche, die sich auf das Wohl des ganzen Menschen und auf die gesamte Menschheit richtet. Die Kirche teilt die Sorge der Verantwortlichen in Staat und Gesellschaft vor allem dort, wo es um die Wahrung und Förderung der hohen Güter wie Frieden, Gerechtigkeit, menschliche Würde, Menschenrechte, Versöhnung und vertrauensvolle Zusammenarbeit zwischen den Völkern geht. Nicht aus politischen Ambitionen, sondern um des Menschen und um ihrer eigenen Sendung willen fühlt sich die Kirche verpflichtet, dafür ihre moralische Unterstützung und jede mögliche konkrete Hilfe anzubieten – auch durch die Mittel und Wege einer vertrauenswürdigen Diplomatie, die ein vorzügliches Instrument des Friedens ist.

Wie Ihnen bekannt ist, unterhält der Heilige Stuhl selbst volle diplomatische Beziehungen zu einer Vielzahl von Staaten, von denen viele gewiß durch Sie auch hier vertreten sind. Das eingangs erwähnte Wiener Abkommen erkennt den päpstlichen Vertretern unter den Diplomaten auch offiziell eine gewisse Vorrangstellung zu, die ihnen bereits früher vom internationalen Gewohnheitsrecht eingeräumt worden war. Dies bedeutet nicht so sehr eine Auszeichnung für den Vertreter des Heiligen Stuhles selber, sondern ist vielmehr eine Ehrenbezeugung gegenüber jenen geistigen und sittlichen Werten, die die Kirche in der internationalen Völkergemeinschaft vertritt und deren Vorrang dadurch von den Unterzeichnerstaaten grundsätzlich anerkannt worden ist.

4. Entsprechend der Sendung der Kirche ist auch die Diplomatie des Heiligen Stuhles im wesentlichen religiöser und geistiger Natur. Gerade dadurch vermag sie im internationalen Kräftespiel der Nationen bei der Verfolgung der jeweiligen Ziele den ihr eigenen spezifischen Beitrag zu leisten. Sollen Diplomatie und Politik heute den Erwartungen entsprechen, die in sie gesetzt werden, so müssen vor allem die grundlegenden geistigen und sittlichen Werte in die Zielsetzungen der Völker aufgenommen und bei deren Verwirklichung berücksichtigt werden. Die Geschichte und die Erfahrung lehren, wie vergeblich internationale Friedensbemühungen oder der Einsatz für Gerechtigkeit und sozialen Fortschritt sind, wenn man nur die Symptome der vorhandenen Übel und nicht zugleich auch deren Ursachen, die ihnen zugrundeliegenden moralischen Fehlhaltungen und Mißstände, bekämpft. Das Zweite Vatikanische Konzil stellt diesbezüglich in seiner Pastoralkonstitution über die Kirche in der Welt von heute fest: „Die Staatsmänner, die das Gemeinwohl ihres eigenen Volkes zu verantworten und gleichzeitig das Wohl der gesamten Welt zu fördern haben, sind sehr abhängig von der öffentlichen Meinung und der Einstellung der Massen. Nichts nützt ihnen ihr Bemühen, Frieden zu stiften, wenn Gefühle der Feindschaft, Verachtung, Mißtrauen, Rassenhaß und ideologische Verhärtung die Menschen trennen und zu Gegnern machen. Darum sind vor allem eine neue Erziehung und ein neuer Geist in der öffentlichen Meinung notwendig" (*Gaudium et spes*, Nr. 82). Um vorhandene Mißstände und drohende Gefahren im privaten und öffentlichen Leben, auf nationaler oder internationaler Ebene wirksam beseitigen zu können, gilt es vor allem, den Menschen selbst zu ändern, ihn sittlich zu erneuern und zu stärken. Schon für diese grundlegende Aufgabe sind Staat und Kirche partnerschaftlich aufeinander verwiesen. Es ist offenkundig, welch wichtigen Beitrag gerade hierfür die Kirche und die Christen zu leisten vermögen.

> *Um des Menschen und um ihrer eigenen Sendung willen fühlt sich die Kirche verpflichtet, ihre moralische Unterstützung und jede mögliche konkrete Hilfe anzubieten – auch durch die Mittel und Wege einer vertrauenswürdigen Diplomatie.*

Seien Sie sich, sehr geehrte Damen und Herren, in Ihrem schweren und verantwortungsvollen Wirken als Diplomaten für die Sache des Friedens, der Gerechtigkeit, für die internationale Zusammenarbeit und den allseitigen Fortschritt der Völker stets der solidarischen Unterstützung der Kirche und des Heiligen Stuhles bewußt. Mögen die hohen Werte, für die Sie sich durch die hohe „Kunst des Friedens" in der internationalen Gemeinschaft einsetzen, auch Ihnen persönlich, Ihren Familien und Ihrem Volk, das Sie hier vertreten, in reichem Maße beschieden sein. Das wünsche und erbitte ich Ihnen allen von Herzen.

Gottesdienst mit dem Laienapostolat im Stephansdom

Begrüßung des Papstes durch Ministerialrat Josef Gärtner beim Gottesdienst mit Vertretern des Laienapostolats und der verschiedenen kirchlichen Dienste im Wiener Stephansdom
(12. September 1983)

In dieser festlichen Stunde haben sich im altehrwürdigen Dom zu St. Stephan Tausende von Katholiken eingefunden, die in den verschiedensten Bereichen des Laienapostolates tätig sind oder im kirchlichen Dienst stehen. Sie sind freilich nur ein kleiner Teil, sie sind Repräsentanten einer weitaus größeren Menge, die der Dom niemals zu fassen vermöchte: nämlich jene Katholiken in ganz Österreich, die jahraus, jahrein in Aufopferung, Selbstlosigkeit und Treue, sowie fernab jeder publicity, den Apostolatsauftrag Christi erfüllen. Diese Katholiken waren es auch, die seit eineinviertel Jahren in der Vorbereitungszeit des Katholikentages seine Thematik überall bekannt gemacht und die Menschen dieses Landes zu einer geistigen Erneuerung aufgerufen haben.

Aus den Reihen der Anwesenden stammen schließlich auch jene Personen, die den Katholikentag organisatorisch vorbereitet und an der Erarbeitung der geistigen Grundlagen zusammen mit Priestern und Ordensleuten maßgebend mitgewirkt haben.

In meiner Eigenschaft als Vorsitzender des Österreichischen Laienrates, des Dachverbandes aller katholischen Organisationen Österreichs, ist es mir eine außerordentliche Ehre und Freude, Sie, Heiliger Vater, im Namen aller dieser Menschen, die Ihnen in Liebe und Bewunderung zugetan sind, von ganzem Herzen begrüßen zu dürfen. Wir sind von großer Dankbarkeit erfüllt, daß Sie sich bereit erklärt haben, mit uns und für uns diese Eucharistie zu feiern.

Für uns bedeutet diese festliche Messe im Dom, als einer der spirituellen Höhepunkte Ihres Besuches, wohl den äußeren Abschluß dieser großen Veranstaltung, keineswegs aber ein Ende jenes geistigen Aufbruchs, der mit der Vorbereitungsphase des Katholikentags begonnen hat. Wir werden von hier weiter den Weg der Hoffnung beschreiten und nicht müde werden, den Menschen diese Botschaft zu verkünden.

Wir bitten Sie, Heiliger Vater, uns in dieser Eucharistiefeier den Weg für unsere weitere Arbeit zu weisen. Wir bitten Sie um Ihren Zuspruch und wir bitten um Ihren väterlichen Segen.

Erster Pastoralbesuch 1983

*Predigt des Papstes beim Gottesdienst
mit Vertretern des Laienapostolats und
der kirchlichen Dienste im Wiener Stephansdom*
(12. September 1983)

1. *Gelobt sei Jesus Christus!*
Ich grüße euch *im Namen Jesu Christi*; denn „in keinem anderen ist Heil zu finden! Es ist uns Menschen kein anderer Name unter dem Himmel gegeben, durch den wir gerettet werden sollen (*Apg* 4,12).
Ich grüße euch *im Namen Marias*, den das heutige Festevangelium so herausstellt und dessen liturgische Feier vor dreihundert Jahren von dieser Stadt ihren Ausgang nahm.
Ich grüße euch alle, die ihr in diesem ehrwürdigen, dem heiligen Stephanus geweihten Dom versammelt seid. Er ist einst als *gemeinsames Werk* der Stände in jahrzehntelangem Einsatz entstanden und nach den Zerstörungen des Zweiten Weltkrieges durch gemeinsame Opfer der Bürger und Länder Österreichs neu errichtet worden. Wie ehedem bildet er als Zeugnis des christlichen Glaubens den weithin ragenden Mittelpunkt dieser Stadt Wien und des Erzbistums.

> *Uns alle verbindet eine gemeinsame Sendung: die Sendung, in unserer Zeit das Heil zu verkünden.*

Heute ist in dieser festlichen Kathedrale *das gesamte Laienapostolat* Österreichs in seinen Vertretern zugegen, um zusammen mit dem Herrn Kardinal, mit Bischöfen, Priestern und Diakonen und mit dem Nachfolger des heiligen Petrus das Opfer Christi zu feiern. Uns alle verbindet *eine gemeinsame christliche Vergangenheit*, in der auch die Geschichte der Erlösung eures Vaterlandes enthalten ist. Zugleich verbindet uns *eine gemeinsame Sendung*: die Sendung, in unserer Zeit das Heil zu verkünden.

2. Liebe Brüder und Schwestern! „Der Engel Gabriel wurde von Gott ... zu einer Jungfrau *gesandt* ... Der Name der Jungfrau war Maria" (*Lk* 1,26.27).
Die Darstellung der Verkündigung beim Evangelisten Lukas spricht von der Sendung Gabriels zu Maria, der Jungfrau von Nazaret. Zugleich aber offenbart dieser Text *die Sendung des Sohnes Gottes:* Gott der Vater sendet ihn in die Welt und gibt ihm eine irdische Mutter. Die Sendung des Sohnes Gottes verwirklicht sich in der Menschwerdung. Das Ewige Wort, eines Wesens mit dem Vater, nimmt Fleisch an; im Schoß

Gottesdienst mit dem Laienapostolat im Stephansdom

der Jungfrau wird es Mensch durch die Kraft des Heiligen Geistes. Im Glauben nimmt Maria die Verkündigung des Engels entgegen und spricht ihr „Fiat", ihr Ja: So wird sie Mutter Christi.

In diesem Geschehen erreicht die Heilsgeschichte ihren Höhepunkt; es beginnt die messianische Sendung Christi unter den Menschen. „Er wird groß sein und Sohn des Höchsten genannt werden ... und seine Herrschaft wird kein Ende haben" (*Lk* 1,32.33).

3. Die Sendung Christi, die durch das *Kreuz* auf Calvaria vollbracht und durch die *Auferstehung* vom Vater bestätigt wurde, *hat ihre Fortsetzung*. Der auferstandene Herr wird den Aposteln sagen: „Wie mich der Vater gesandt hat, so sende ich euch" (*Joh* 20,21). Er sendet sie aus als *Zeugen des Evangeliums*, als Zeugen des Kreuzes und der Auferstehung. Er sendet sie als Boten des Reiches Gottes. Er sendet sie, damit er von jetzt an durch ihren Mund, durch ihre Hände, durch ihr Herz wirken könne. In der Kraft des Heiligen Geistes hat der Sohn Gottes seine irdische Sendung übernommen und verwirklicht; in der Kraft desselben Geistes sollen nun die Apostel die Sendung erfüllen, die er an sie weitergegeben hat.

> *In der Urgemeinde von Jerusalem gab es keine „Kirche von oben" und keine „Kirche von unten".*

Die zweite Lesung der heutigen Liturgie stellt uns die Apostel vor Augen, wie sie in der Erwartung des Heiligen Geistes versammelt sind *„zusammen mit den Frauen* und *mit Maria, der Mutter Jesu, und mit seinen Brüdern"* (*Apg* 1,14). „Sie alle verharrten einmütig im Gebet", im Gebet um den Heiligen Geist.

Ist dieser erste Kern der Urkirche nicht bereits ein Abbild des Volkes Gottes, wie es sich heute aufbaut aus den Bischöfen als den Nachfolgern der Apostel und aus den Laienchristen, Frauen und Männern? In Treue zum geoffenbarten Willen Gottes und seiner amtlichen Auslegung in der Geschichte kennt die Kirche tatsächlich zwei Dimensionen ihres Apostolates: *das Apostolat des Amtes* aus der apostolischen Sukzession der Bischöfe und *das Apostolat der Laien* aus der allgemeinen Berufung eines jeden Christen.

Das Zweite Vatikanische Konzil hat beide Dimensionen in ihrem eigenständigen Wert, aber auch in ihrer gegenseitigen Bezogenheit vorbildlich herausgestellt. Dort finden wir das bleibende theologische Fundament für jede konkrete Verwirklichung dieser beiden Apostolatsformen in unseren Tagen. Das Apostolat des Amtes und das Apostolat der Laien stehen nicht im Gegensatz zueinander, sondern sind zuinnerst aufeinander verwiesen. In der Urgemeinde von Jerusalem gab es keine „Kirche von oben" und keine „Kirche von unten": „Zusammen mit den Frauen und mit Maria, der Mutter Jesu, und mit seinen Brüdern verharrten alle Apostel dort *einmütig im Gebet*."

4. Brüder und Schwestern! Diese Kathedrale, in der *die Geschichte* und der stete Glaube eurer Heimat spürbar sind, erinnert uns daran, wie einst mutige Männer und

Frauen die Botschaft von Jesus Christus in dieses Land gebracht haben. Neben Bischöfen, Priestern, Mönchen und Nonnen haben ungezählte Laien aus allen Berufen und in allen Lebensumständen das Evangelium hierhergetragen, eingepflanzt, gefördert und zur Blüte gebracht. Nur Gott kennt das Maß von Glaube, Hoffnung und Liebe, das von diesen Menschen gelebt und geweckt wurde.

Auch heute wird die Kirche nicht müde, die Gnadengaben Gottes auszusäen. Gleichzeitig wird sie nicht müde, daran zu arbeiten, daß steinige Böden sich in fruchtbares Ackerland verwandeln. Dazu könnt gerade ihr beitragen in eurer spezifischen Sendung als Laien. Der Laie ist zugleich Zeichen des Heils *in der Welt* und Brücke *zwischen Welt und Kirche*. Sehr oft steht ihr tiefer als die Priester und Ordensleute inmitten der Lebensbedingungen, der Nöte, Hoffnungen und geistigen Auseinandersetzungen unserer Zeit. Nur mit dem hochherzigen, dem Hirtenamt der Kirche verbundenen, von der sakramentalen Gnade belebten Apostolat der Laien ist die Kirche wirklich Kirche (vgl. *Ad gentes*, Nr. 21).

> *Der Laie ist zugleich Zeichen des Heils in der Welt und Brücke zwischen Welt und Kirche.*

So möchte ich euch als Nachfolger des heiligen Petrus in dieser Stunde ausdrücklich *danken* für euren Dienst an jener Sendung, die der Sohn des Vaters an seine Kirche gegeben hat. In vielfältiger Weise dient ihr dem Evangelium: jeder an seinem Ort und entsprechend seiner persönlichen Berufung – doch alles aufs engste miteinander verbunden. Ihr habt euch einmal selbst für diese Berufe und Aufgaben entschieden. Zugleich aber sind sie Erwählung und Gnade Gottes.

5. Seid davon überzeugt, daß all euer Wirken im Laienapostolat letztlich im Dienst der Verkündigung der Frohen Botschaft Jesu Christi steht. Dies trifft in einer besonderen Weise für diejenigen zu, die unmittelbar *im Dienst der Glaubensvermittlung* stehen. Ich denke dabei an den Religionsunterricht in der Schule und auch an alle anderen Arten von Glaubensunterweisung, besonders in der Vorbereitung auf Taufe und Firmung, auf Buße und Kommunion und auf die Ehe.

Mit dem Evangelisten Johannes bekennen wir, daß in Jesus von Nazaret das göttliche Wort Mensch geworden ist (vgl. *Joh* 1,14). Gott ist Wahrheit; und es ist uns geschenkt, diese Wahrheit mitten in unserem Menschsein zu vernehmen, sie nachzusprechen, sie zu verkündigen, und dies in unseren Sprachen, mit unseren menschlichen Worten und Sätzen. Daraus leitet die Kirche die Verpflichtung ab, den Glauben auch in klaren Glaubenssätzen auszusprechen und weiterzugeben. Dies entspricht auch der Natur des Menschen, der die königliche Gabe seines Verstandes besitzt, um zu hören, zu bedenken und anzunehmen. Viele geistige Strömungen fordern die katechetische Unterweisung heraus: „Wir wollen uns, von der Liebe geleitet, an die Wahrheit halten" (*Eph* 4,15), antworten wir mit dem Apostel Paulus. Werdet also nicht müde, *Diener und Lehrer der Wahrheit* zu sein, damit „euch die Wahrheit des Evangeliums erhalten bleibe" (*Gal* 2,5). Die Heilige Schrift nennt den Widersacher Gottes „Vater der Lüge"

Gottesdienst mit dem Laienapostolat im Stephansdom

(*Joh* 8,44); unseren Beistand aber nennt sie den „Geist der Wahrheit" (*Joh* 4,17). Ich weiß, wie dornenreich euer Dienst in der Katechese sein kann. Aber vertrauen wir darauf, daß der Geist Gottes mit seiner Wahrheit in der Kirche lebt, und stoßen wir nicht die uns Anvertrauten in die Verlassenheit einer bloß subjektiven Auslegung des Glaubens. Benützen wir alle guten *Methoden*, damit Wahrheit als verdauliche Speise gereicht werden kann (vgl. *1 Kor* 3,2). Zugleich aber gilt die Mahnung des Apostels: „Verkünde das Wort, tritt dafür ein, ob man es hören will oder nicht" (*2 Tim* 4,2).

Jene Evangelisierung, die den Laien anvertraut ist, geschieht aber vor allem im jeweiligen *Lebensmilieu*. Mit Recht sagen wir, daß die Eltern die ersten Katecheten ihrer Kinder, daß die Arbeiter die ersten Apostel der Arbeiter sind, daß Jugendliche ihre Freunde oft besser anzusprechen wissen als Erwachsene. Wo immer ihr als gläubige Katholiken lebt, berufen durch Taufe und Firmung, dort seid ihr wahre und echte Glaubensboten, bestellt zur Befreiung der Menschen durch die Wahrheit (vgl. *Joh* 8,32). Es wird oft hilfreich sein, sich dafür in *Gemeinschaften* zusammenzuschließen. Immer hat die Kirche ihre unerschöpfliche Lebenskraft bewiesen, wenn durch die vielen Jahrhunderte ihres Bestehens Gemeinschaften des geistlichen Lebens und des Apostolates entstanden sind. Manche sind zeitbedingt; manche bleiben durch viele Jahrhunderte lebendig.

Ich grüße alle diese Gemeinschaften! Ich weiß um euren Beitrag zum Aufbau des kirchlichen und gesellschaftlichen Lebens, den ihr bisher geleistet habt und der auch heute von euch erwartet wird. Bemüht euch dabei um eine ständige Erneuerung aus den Quellen, die uns die Lehre der Kirche und das Vorbild heiligmäßiger Menschen anbieten. Die Feier der Geheimnisse Christi, zumal die Eucharistie, muß die unverrückbare Mitte bilden, aus der ihr eure apostolische Kraft bezieht. Seit langem gibt es auch in eurem Lande zahlreiche Menschen, die bereit sind, die Bischöfe und Priester in ihrer Seelsorge unmittelbar zu unterstützen. Vor allem die *Seelsorgshelferinnen* haben Pionierarbeit geleistet für einen Dienst, der heute in den Gemeinden immer bekannter wird im Beruf des *Pastoralassistenten*. Dankbar denke ich auch an viele andere Männer und Frauen, die hauptamtlich dem Reich Gottes in der Kirche dienen: *Sakristane* und *Organisten*, *Juristen* und *Fachleute der Verwaltung*. Besonders intensiv stellen die *Mitarbeiter der katholischen Caritas* und alle, die in christlicher Gesinnung sich den vielfältigen Werken der Barmherzigkeit widmen, das liebevolle Antlitz und die helfenden Hände Christi dar. Ihr werdet durch euer ganzes Tun zum Zeichen für das Erbarmen Gottes mit dem bedrängten Menschen. Das Mitleiden im Namen Jesu sollte die personale Wurzel jeglicher Sozialarbeit der Kirche sein.

Zur sinnvollen Koordinierung all dieser Dienste im kirchlichen Bereich bestehen auch bei euch *Pfarrgemeinderäte* und ähnliche Gremien auf höherer Ebene. Sie alle machen die Wirklichkeit des ganzen Volkes Gottes deutlich. Sie tragen dazu bei, daß Priester und Laien gemeinsam Wege der Evangelisierung suchen können; sie helfen, daß die Kirche auch in der öffentlichen Meinung eures Landes ihre Stimme besser zur Geltung bringt.

Schließlich möchte ich noch jene nennen, die oft *Dienste im Verborgenen* leisten. Es ist nicht gleichgültig, ob das Gebäude einer Kirche mit Liebe gepflegt und geschmückt wird; es ist nicht gleichgültig, wer die Pfarrhöfe betreut; es hat seine Bedeutung, mit welchem Geist die vielfachen kleinen Verrichtungen in einer Gemeinde getan werden, die in den Augen Gottes groß sein können. Auch sie brechen dem Evangelium Bahn, wenn sie aus überzeugtem Herzen getan werden.

6. Liebe Brüder und Schwestern! Damit eure Arbeit in den verschiedenen Bereichen des Laienapostolates zur vollen Wirkung gelangen kann, müßt ihr selbst vom Geiste Christi zutiefst beseelt und durchdrungen sein. Deshalb rufe ich euch auf, *euer eigenes Leben zu heiligen*. In eurem Land haben Heilige gelebt und gewirkt, deren Andenken unvergessen ist. Hier in Wien gedenken wir besonders des heiligen Klemens Maria Hofbauer. Es waren Priester und Laien, Männer und Frauen, Ordensmänner und Ordensfrauen. Und auch in jüngster Zeit gab es bei euch Menschen, auf die wir, wenn sie auch nicht oder noch nicht zur Ehre der Altäre erhoben wurden, mit Dankbarkeit und Hoffnung blicken.

Ein Heiliger ist in seinem Leben und Sterben eine Übersetzung des Evangeliums für sein Land und seine Zeit. Christus zögert nicht, seine Jünger zur Nachfolge, ja zur Vollkommenheit aufzufordern (vgl. *Mt* 5,48). Die Bergpredigt ist eine einzige Schule, um heilig zu werden. Habt keine Angst vor diesem Wort und habt keine Angst vor der Wirklichkeit eines heiligen Lebens! Sicher bedarf die Kirche ihrer großen Einrichtungen, ihrer Strukturen, auch ihrer finanziellen Mittel. Die Quelle ihres Lebens aber ist der Geist Gottes, der sich in den Menschen ganz konkret ausprägen möchte.

Pflegt also das *Gebet*, besonders auch das persönliche Gebet. Viele eurer Kirchen sind hervorragende Kunstwerke, sie dürfen jedoch nicht zu Museen werden. Die beständige Treue des stillen Gebetes vieler Menschen vor dem Tabernakel trägt dazu bei, diesen Kirchen ihre wahre Bestimmung und Würde zu erhalten.

Belebt in euren Gemeinden wieder die Gesinnung und das Sakrament der *Buße*. Im Gleichnis vom Pharisäer und Zöllner (vgl. *Lk* 18,10ff) spricht der Herr deutlich aus, mit welcher Gesinnung jemand den Raum und ebenso das geistige Gebäude der Kirche betreten soll. Ohne Buße wächst Anklage gegen Anklage, und aus diesen Anklagen wachsen Feindschaft, Unfrieden, ja Krieg. Unsere Buße vor Gott dient nicht allein der eigenen Heiligung, sondern sie ist ebenso eine Heilung eurer Umwelt. So werden wir zu lebendigen Zeichen der Hoffnung inmitten von Menschen, die ihre Schuld verdrängen oder von ihr erdrückt werden.

Bittet Gott um die Gnade, euer *Kreuz* tragen zu können. Vielfach ist unser Leben gefährdet, und viele Pläne scheitern. Es gibt nicht wenige Menschen – auch in eurem Land –, die dann keinen Sinn mehr in ihrem Leben finden. Gebt *ihr* ihnen durch eure demütige Kraft neuen Mut, ihr Kreuz zu tragen. Ihr seid dann für sie ein befreiendes Beispiel; in euch sehen sie den Weg, um zusammen mit unserem Erlöser zu Ölberg und Auferstehung gelangen zu können.

Gottesdienst mit dem Laienapostolat im Stephansdom

Und schließlich: Lebt mutig *euer ganz persönliches Leben*, auch wenn es euch unbedeutend erscheint. Die große Lehrmeisterin des kleinen Lebens, Theresia von Lisieux, hat uns in ihren kurzen Lebensjahren die Einsicht eröffnet, wie groß die kleinen, normalen Tätigkeiten vor Gott sein können. Auch Charles de Foucauld ist hier zu nennen, der das verborgene Leben Jesu in Nazaret als großes Vorbild erkannt hat. Es gibt die aufsehenerregende Heiligkeit einiger Menschen; es gibt ebenso auch die unbekannte Heiligkeit des täglichen Lebens.
In all dem ist Maria euch Vorbild. „Der Engel trat bei ihr ein" und grüßte sie als die Begnadete. „Ave Maria, gratia plena", so grüßt sie die Kirche über die Jahrhunderte hin. Der Herr ist mit ihr. Ja, der Herr sei auch mit euch in der Heiligung eures Lebens und in eurem apostolischen Dienst. Das ist der Wunsch des Papstes, und das ist der priesterliche Dienst eurer Bischöfe, Priester und Diakone an eurer Berufung.

> *Lebt mutig euer ganz persönliches Leben, auch wenn es euch unbedeutend erscheint.*

7. Zum Abschluß möchte ich noch einmal auf die Worte der heutigen Liturgie zurückkommen. Die erste Lesung aus dem Buch Jesus Sirach spricht von der *Weisheit, die „aus dem Mund des Höchsten hervorging"* (24,3).
Liebe Brüder und Schwestern! Wir wollen diese Weisheit *lieben*! Dann werden wir unsere Freude finden an einem Apostolat, das im Dienst dieser göttlichen Weisheit steht.
Durch diesen Dienst von vielen Generationen hat die Weisheit „bei einem ruhmreichen Volk Wurzeln gefaßt", im „Anteil des Herrn", in seinem „Erbbesitz" (24,12). Durch den gleichen Dienst der gegenwärtigen Generation von Boten der göttlichen Weisheit möchte diese *in der heutigen Welt Wurzeln fassen*.
Laßt uns diesem ewigen Wunsch der göttlichen Weisheit nachkommen. Öffnen wir ihr unser *Herz*. Bringen wir sie den Menschen und den Dingen in unserer Umgebung nahe. *Erschließen wir ihr den Zugang* zu Moral und Kultur, zum sozialen, politischen und wirtschaftlichen Leben.
Die göttliche Weisheit ist das *Licht*, das die ganze Schöpfung durchdringt.
Sie umfaßt in ihrer Liebe den Schöpfer und die Schöpfung, Gott und die Menschheit.
Brüder und Schwestern! Gehen wir die Wege dieser Weisheit! Werden wir ihre Boten!
Dienen wir dem Heil, das Gott selbst der Menschheit in Jesus Christus anbietet.
Amen.

Begrüßungsworte von Univ.-Prof. Gernot Eder bei der Begegnung des Papstes mit Vertretern von Kunst und Wissenschaft in der Wiener Hofburg

(12. September 1983)

Mit überaus großer Freude und Ergriffenheit begrüßen die Anwesenden Eure Heiligkeit hier in der Wiener Hofburg. Es begrüßen Sie die Erzbischöfe und Bischöfe Österreichs, der Bundesminister für Wissenschaft und Forschung, der Bundesminister für Unterricht und Kunst, die Rektoren, Dekane, Professoren und Dozenten der österreichischen Universitäten und Hochschulen, der Österreichischen Akademie der Wissenschaften und anderer wissenschaftlicher, künstlerischer und kultureller Einrichtungen. Die Kulturschaffenden aus allen Bereichen der Kunst, auch Vertreter von Presse, Rundfunk und Fernsehen sind gekommen, die Worte Eurer Heiligkeit zu Wissenschaftern und Künstlern zu hören.

Wir sind uns der historischen Stunde bewußt, die uns das Erscheinen Eurer Heiligkeit anzeigt. Es ist ein deutlich sichtbares und unverkennbares Zeichen der Hoffnung in der Diskussion um Wissenschaft, Kirche und Kunst, daß Sie den Dialog eröffnen, indem Sie zu uns kommen. Die Geste Ihres Besuches ist eine Sprache, die wir alle verstehen; sie ist schon ein Teil Ihrer Antwort auf unsere Fragen und unsere Erwartung. Rationalität, Kreativität und eine offene Sprache der Kommunikation erscheinen uns heute in Wissenschaft, Kirche und Kunst auf ähnliche Weise bedroht. Schon deshalb freuen wir uns, daß Sie hier sind. Bevor Eure Heiligkeit nun zu uns spricht, bitte ich den Vorsitzenden der Österreichischen Rektorenkonferenz, Magnifizenz Plaschka, Sie nochmals bei uns willkommen zu heißen.

Begrüßungsworte von Univ.-Prof. Richard G. Plaschka

(12. September 1983)

Euer Heiligkeit!

Es sei mir erlaubt, als Vorsitzender der Österreichischen Rektorenkonferenz meinen ehrerbietigen Gruß und meinen ergebensten Dank für die Bereitschaft zu dieser Begegnung zum Ausdruck zu bringen. Es ist mehr als 500 Jahre her, daß ein späterer Papst an der Universität Wien das Wort ergriffen hat: Aeneas Silvius Piccolomini, 1445. Und Aeneas Silvius ist in Wien als Streiter für das damals Neue, für das Bildungsideal des Humanismus, aufgetreten.

Was veranlaßt uns heute, Euer Heiligkeit, uns über diese Begegnung besonders zu freuen? – Glaube, Wissenschaft und Kunst gehen längst nicht mehr prinzipiell aneinander vorbei. Sie waren und sind oft in Wechselwirkung, als Partner zeit- und stellenweise als Antipoden. Und es bestehen, so meine ich, für Suchende, die wir alle sind, drei wesentliche gemeinsame Perspektiven: in der Wirkungsweite, in der Wirkungstiefe, in der Wirkungsweise.

In der Wirkungsweite ist es der Zug zur Internationalität – das sei in Wien, an dieser Nahtstelle Europas, und das sei bei aller Würdigung der Bedeutung von Glauben, Wissenschaft und Kunst auf der nationalen Ebene unterstrichen: das Aufrollen der entscheidenden Fragen und Arbeiten im internationalen Feld.

In der Wirkungstiefe ist es der Zug zur Wahrheit – bei aller Vielfalt der Problemstellungen, bei aller Notwendigkeit der In-Frage-Stellung, bei allen Einbrüchen des Zweifels: in ständiger Erneuerung das Ringen um die vielen Wahrheiten des Lebens und um seine letzte eine Wahrheit.

> *Auch in der Wissenschaft und Kunst zählen die Stunden des Bekennens und der Demut vor den letzten Dingen zu den stärksten Stunden.*

In der Wirkungsweise ist es die Verantwortung in der Weitergabe des Erkannten – im Lehren, im Gestalten, im Darstellen – bis zur Herausforderung jenes Wortes, das für uns alle gilt und das zugleich der Ausdruck der Freiheit des Menschen ist: „Verkündige, ob gelegen oder ungelegen ..."

„... ob gelegen oder ungelegen ..." – Wir kennen die Krisen äußerster Lagen, die daraus entspringen können. Wir kennen auch Vertreter der Kirche, die sie durchlebt haben und durchleben. Bis zu jenem Pater, der in den Tagen vor seinem Todesurteil darüber klagte, daß auch ihn die „Stunde der Kreatur" befallen habe; bis zu jenem Erzbischof, der kurz vor seiner Ermordung noch erklärt hat, selbst wenn man ihn umbrächte, die Stimme der Wahrheit würde man damit nicht zum Schweigen bringen. Und auch in der Wissenschaft und Kunst zählen die Stunden des Bekennens und der Demut vor den letzten Dingen zu den stärksten Stunden.

Euer Heiligkeit, keiner vor Ihnen hat die Welt gesucht und aufgesucht wie Sie. Und wir alle wissen, wie weltweit schwerwiegend, ob gelegen oder ungelegen, Ihre Aussage wirkt. In diesem Sinn dürfen wir Ihrer Rede mit Spannung und Zuversicht entgegensehen.

Begegnung mit Kunst und Wissenschaft in der Wiener Hofburg

Ansprache des Papstes an die Repräsentanten von Wissenschaft und Kunst in der Wiener Hofburg
(12. September 1983)

Sehr geehrte Damen und Herren!

1. Mit *Freude über diese Begegnung* begrüße ich Sie alle. Unter Ihnen ebenso Forscher und Lehrer der österreichischen Universitäten, Hochschulen und Akademien, wie Künstler aus den verschiedenen Bereichen der bildenden Künste, der Musik, der Literatur und des Films. Unter Ihnen sind auch Verantwortliche von Presse, Rundfunk und Fernsehen. Zugegen sind schließlich jene, die in der Kirche Österreichs um eine schöpferische Begegnung mit Wissenschaft, Kunst und Medien bemüht sind, an ihrer Spitze der Herr Kardinal.

2. Könnte ich Ihnen nicht begegnen, würde meinem Besuch in Österreich ein wichtiges Element fehlen. Ihr Land hat in der konfliktreichen, aber fruchtbaren Überschneidung mehrerer Kulturen über Jahrhunderte einen großartigen und unverwechselbaren Beitrag zu Wissenschaft und Kunst erbracht, und Sie fügen diesem reichen Erbe Ihren Beitrag für heute und morgen hinzu. Die *Geschichte* von Wissenschaft und Kunst ist in Österreich, wie in Europa überhaupt, auf vielfältige Weise *verbunden mit der Geschichte des Glaubens* und der Kirche. Konflikte haben diese Verbindung zuweilen belastet, ja fast unterbrochen. Diese Konflikte sollen uns aber den Blick auf soviel in gemeinsamer Bemühung Geglücktes nicht verstellen, noch dürfen sie ein neues Gespräch zwischen Wissenschaft, Kunst und Kirche zum Wohle der Menschen verhindern.

3. Mögen wir uns im übrigen auch an verschiedenen Ufern aufhalten, so begegnen wir einander doch in der *Frage nach dem Menschen* und seiner Welt, in der Sorge um ihn und in der Hoffnung für ihn. Und wir tun dies in einer weltgeschichtlichen Situation, in welcher die Zukunft des Menschen radikal bedroht ist. In einer solchen Stunde sind alle schöpferischen, alle nachdenklichen und gutwilligen Menschen aufgerufen, ihre Kräfte mehr als je zu verbinden, damit der Weg des Menschen, der Weg der Menschheit nicht durch Katastrophen blockiert oder beendet werde.

4. Am Sitz der UNESCO in Paris habe ich vor drei Jahren den dort versammelten Verantwortlichen aus allen Kulturen der Menschheitsfamilie zugerufen: *„Seht da: der Mensch!"* Und ich fügte hinzu: „Man muß den Menschen lieben, weil er Mensch ist." Hier in Wien und vor Ihnen möchte ich diese Worte wiederholen. Der Mensch ist ja das zusammenfassende Thema aller Wissenschaft und aller Kunst, und die Medien haben gerade dies zum Ziel, Menschen miteinander zu verbinden.

Der Mensch als Individuum, als Mitmensch und als Kind Gottes ist auch das Thema der Kirche: so sehr, daß ich in meiner Enzyklika *Redemptor hominis* sagen konnte: „Dieser Mensch ist der erste Weg, den die Kirche bei der Erfüllung ihres Auftrages gehen muß: ein Weg, der von Christus selbst vorgezeichnet ist und unabänderlich durch das Geheimnis der Menschwerdung Gottes und der Erlösung führt" (Nr. 14).

> *Die Kirche bekennt den kühnen Glauben, daß der Mensch ein Bild Gottes ist und daß er bei Gott seine ewige Zukunft hat.*

Die Kirche bekennt den kühnen Glauben, daß der Mensch ein Bild Gottes ist und daß er bei Gott seine ewige Zukunft hat.

5. Vor diesem Hintergrund möchten Sie bitte die schlichten Gedanken sehen, die ich Ihnen nun vorlege.

Alle Wissenschaft vollendet sich als *Wissenschaft von Menschen und für den Menschen*. Das gilt in gewisser Hinsicht auch von der Theologie, die gerade so vom Menschen handelt, daß sie ihn überschreitet und von seinem Schöpfer her sieht.

In allen ihren Bereichen hat sich die Wissenschaft weitestgehend spezialisiert. Dies war eine der Voraussetzungen für jene Entdeckungen und Entwicklungen, die uns staunen lassen über den Geist des Menschen und die den Glaubenden darüber hinaus zum Lob des Schöpfers dieses Geistes drängen. Die technische Anwendung des wissenschaftlichen Fortschritts hat die Bedingungen menschlichen Lebens vielfach verbessert. Man denke nur an die Erfolge im Kampf gegen Hunger und Schmerz.

> *Alle Wissenschaft vollendet sich als Wissenschaft von Menschen und für den Menschen.*

Auch die von der Wissenschaft in Anspruch genommene Wertfreiheit, Wertneutralität ihres Handelns kann als asketische Distanz zu eigenem Wunschdenken reinigend auf die Analyse wirken, wenn sie sich nicht so verabsolutiert, daß sie den unabdingbaren Anspruch sittlicher Werte nicht mehr erkennt.

6. Wie jedes menschliche Handeln steht aber auch jenes der Wissenschaft und ihrer technischen Anwendung *unter einer unaufhebbaren Ambivalenz*. Der Mensch ist bedroht durch das, was er selbst produziert. Im Blick auf die Katastrophe von Hiroshima hat der Physiker Jakob Robert Oppenheimer bekannt: „Die Physiker haben die Sünde kennengelernt."

Angesichts der vielfältigen Bedrohungen der Menschheit als Folge technischer Umwälzungen wächst vielerorts die Skepsis gegen Wissenschaft und Technik und entwickelt sich da und dort sogar zur Feindschaft. Dennoch wird nicht der Verzicht auf Wissenschaft und technische Anwendung ihrer Ergebnisse die Probleme lösen, sondern nur ein fortgesetzter, vielleicht sogar noch stärkerer Einsatz beider, freilich unter humanem Maßstab. Denn nicht Wissenschaft und Technik als solche bedrohen den Menschen, sondern ihre Loslösung von sittlichen Maßstäben.

7. Es ist an der Zeit, daß *der Mensch – Gottes Ebenbild – wieder Herr und Ziel von Wissenschaft und Technik* werde, damit das Werk seines Geistes und seiner Hände nicht ihn und seine Umwelt verschlinge. Dazu müssen sich Wissenschaft, Technik und Politik jene Fragen stellen, die ebenso auf den unverwechselbaren Einzelmenschen wie auf die ganze Menschheit zielen. Fragen, deren zeitweilige Suspendierung den wissenschaftlichen Fortschritt mitermöglicht hat. Fragen der Philosophie und der Religion, die auf Sinn, Grenzen, Prioritäten und Kontrolle wissenschaftlichen und technischen Handelns abzielen, wobei es selbstverständlich nicht um eine Eingrenzung oder Fremdbestimmung der sogenannten Grundlagenforschung in ihrer Suche nach der Wahrheit gehen darf. Diese Fragen erscheinen im ersten Buch der Bibel als Gottes bleibende Fragen an den Menschen: „Adam, wo bist du?" und „Kain, wo ist dein Bruder Abel?" Die Sensibilität dafür hängt in hohem Maße auch vom Beitrag der Humanwissenschaften ab, von denen ich in meiner Ansprache vor dem Institut Catholique in Paris sagte, sie seien das freiliegende Kapital unserer Zeit: Sie zeigten aber trotz der Horizonte, die sie uns eröffnen, auch die ihnen anhaftenden Grenzen.

8. Es ist ermutigend zu wissen, daß die Allianz jener, die sich als Wissenschaftler selbst solche Fragen stellen, im Wachsen begriffen ist. Über die Grenzen von Ländern und Machtblöcken hinweg bildet sich eine wissenschaftliche Weltgemeinschaft, die sich aus ethischer Verantwortung mit der Gefährdung des Menschen durch genetische Manipulationen, biologische Experimente und die Vervollkommnung chemischer, bakteriologischer und nuklearer Waffen nicht einfach abfindet. Ein Beispiel dafür gaben jene 58 Wissenschaftler aus allen Erdteilen, die im September 1982 anschließend an eine Tagung der Päpstlichen Akademie der Wissenschaften eine Erklärung über die Vermeidung eines Atomkrieges veröffentlicht haben (Osservatore Romano, deutsche Ausgabe, Nr. 26, 1. Juli 1983, S. 13-14).

9. Der Mensch und seine Welt – unsere Erde, die sich bei der ersten Weltraumfahrt als Stern in Grün und Blau gezeigt hat –, sie müssen bewahrt und entfaltet werden. Dazu gehört ein *behutsamer Umgang mit dem Leben*, auch mit dem tierischen Leben, und mit der ganzen belebten und unbelebten Natur. Die Erde ist im Horizont des Glaubens kein schrankenlos ausbeutbares Reservoir, sondern ein Teil des

Mysteriums der Schöpfung, dem man nicht nur zugreifend begegnen darf, sondern Staunen und Ehrfurcht schuldet.

10. Das *Staunen* öffnet uns aber nicht nur einen oft vergessenen Weg zur Natur als Schöpfung Gottes, sondern auch einen *Weg zur Kunst* als Werk des schöpferischen Menschen. Max Reinhardt, der die Salzburger Festspiele mitbegründet hat, nannte die Kunst ein Lebensmittel, also eine Bedingung entfalteten menschlichen Lebens. Und der Dichter Rainer Maria Rilke, der Ihrem kulturellen Raum angehört, sprach vom Kunstwerk, von der Musik als von etwas, das hinreißt und tröstet und hilft. Helferin des Menschen, das ist eine schöne Definition der Kunst, ein schöner Auftrag für sie. Diesem Auftrag entspricht sie aber nur, wenn sie ihre Freiheit an das Humanum bindet. Das Humanum seinerseits kommt in seiner Größe mit all seinen Hoffnungen, aber auch Gefährdungen nur in den Blick, wenn es im Horizont des Unendlichen, im Horizont Gottes, gesehen wird, der letztlich hinter aller Sehnsucht des Menschen steht und sie allein erfüllen kann.

Der einzelne wie die Gesellschaft brauchen die Kunst zur Deutung von Welt und Leben, zur Ausleuchtung der epochalen Situation, zum Erfassen der Höhen und Tiefen des Daseins. Sie brauchen Kunst, um sich dem zuzuwenden, was die Sphäre des bloß Nützlichen übersteigt und so erst den Menschen vor sich selber bringt. Sie brauchen Literatur und Dichtung: ihr sanftes wie ihr prophetisch zorniges Wort, das oft am besten reift in Einsamkeit und Leiden. Nach einem tiefen Gedanken Beethovens ist der Künstler gewissermaßen zu einem priesterlichen Dienst berufen.

11. Auch *die Kirche braucht die Kunst*, und zwar nicht zuerst, um ihr Aufträge anzuvertrauen und so ihren Dienst zu erbitten, sondern um mehr und Tieferes über die „Conditio humana", über Glanz und Elend des Menschen zu erfahren. Sie braucht die Kunst, um besser zu wissen, was im Menschen ist: in jenem Menschen, dem sie das Evangelium verkünden soll.

Im besonderen bedarf die Kirche der Kunst für ihre Liturgie, die in ihrer Vollgestalt ein durch den Glauben inspiriertes Kunstwerk sein will unter Einbeziehung aller schöpferischen Kräfte aus Architektur, bildender Kunst, Musik und Dichtung. In ihrer eschatologischen Dimension verstanden will die Liturgie Teilhabe am Glanz und Klang des ewigen Jerusalem sein, von dem die Bibel in ihrem letzten Buch in künstlerischer Sprache spricht. Diese Stadt ist der Ort, wo die Schönheit und das Gute, die im Lauf der Geschichte so oft und so schmerzlich auseinanderfallen, für immer vereint sind.

Albert Einstein sagt, daß *an der Wiege der wahren Wissenschaft das Geheimnis* stünde. In die Tiefe dieses Geheimnisses verweisen Religion und Kirche und verbinden sich so mit der Kunst und der Wissenschaft.

Man hat zuweilen vom bevorstehenden oder angekommenen Ende der Kunst gesprochen. In dieser Hinsicht ergeht es der Kunst, aber auch der Philosophie ähnlich wie der Kirche. Ich selbst vertraue auf die Unerschöpflichkeit der Kunst in allen ihren

Bereichen, weil ich von der Unerschöpflichkeit des menschlichen Geistes und der menschlichen Phantasie überzeugt bin: „Gott schuf den Menschen als sein Abbild" (*Gen* 1,27). Von dem allmählich wieder beginnenden Gespräch zwischen Kunst und Kirche dürfen wir als Ergebnis vielleicht auf lange Sicht auch künstlerische Werke erwarten, die den Menschen, Glaubenden wie Suchenden, auf eine neue Weise Augen, Ohren und Herz auftun.

12. Darf ich mich nun auf besondere Weise Ihnen zuwenden, die als *Publizisten* den Menschen einen wichtigen Dienst tun? Ihr Dienst ist Vermittlung, seine Instrumente heißen darum Medien. Ich danke Ihnen für Ihren großen Beitrag dazu, daß das Wort der Kirche gerade auch in diesen Tagen meines Besuches so viele Menschen erreichen konnte.

Im Namen Unzähliger, welche diesen Dienst von Ihnen erwarten und benötigen, bitte ich Sie: Bauen Sie beharrlich Brücken zwischen getrenntesten Ufern und über Grenzen hinweg. Ihr Land bietet dafür besondere Möglichkeiten. Betrachten Sie den Menschen und die Gesellschaft nicht nur mit einem unerbittlich diagnostizierenden Blick, sondern mit einem Blick der Hoffnung, mit dem Spürsinn für mögliche Veränderungen zum Besseren. Ermöglichen Sie es dem Guten, als wenigstens ebenso spannend erlebt zu werden wie das Unerfreuliche. Und zeigen Sie auch im Bedauerlichen das damit verbundene Gute.

> *Ich selbst vertraue auf die Unerschöpflichkeit der Kunst in allen ihren Bereichen, weil ich von der Unerschöpflichkeit des menschlichen Geistes und der menschlichen Phantasie überzeugt bin.*

13. „Seht da, der Mensch!" Mit diesem Wort möchte ich meine Überlegungen zusammenfassen. Verehrte Wissenschaftler, Künstler und Publizisten, übersehen und überhören Sie ihn nie: den hoffenden, liebenden, angsterfüllten, leidenden und blutenden Menschen. Seien Sie sein Anwalt, hüten Sie seine Welt: diese schöne, gefährdete Erde.

Sie treffen sich dabei mit den Anliegen der Kirche, die unverwandt auf jenen schaut, über den Pilatus sagte: „Ecce homo", „Seht da, der Mensch!"

Jesus Christus – Gottes und der Menschen Sohn – *ist der Weg zur vollen Menschlichkeit.* Er ist auch das Ziel. Möge es vielen geschenkt werden, ihn neu zu erkennen – auch durch Sie.

Ansprache des Papstes an die österreichischen Bischöfe im Erzbischöflichen Palais in Wien
(12. September 1983)

Meine lieben bischöflichen Mitbrüder!

Dieses Zusammentreffen mit Ihnen hat eher familiären Charakter. Heute mittag ist unser Kreis klein und übersichtlich. Den meisten von Ihnen bin ich schon früher begegnet. Einige sind mir bereits lange bekannt und – wie der Vorsitzende Ihrer Bischofskonferenz, unser verehrter Kardinal – durch viele Gespräche vertraut und nahe. Doch auch das Zusammentreffen im Familienkreis kennt gelegentlich eine deutende Ansprache, wenn etwa der besondere Anlaß ein Wort fordert, das über den Augenblick orientiert und auch eine Weisung für die Zukunft sucht. In diesem Sinn möchte ich mich heute an Sie wenden. Lassen Sie mich Ihnen eröffnen, welche Gedanken mich bewegen, oder vielmehr *einen* Gesichtspunkt hinsichtlich des Dienstes in der Kirche Ihres Landes mit Ihnen bedenken.

Bischöfe müssen heute dem Leben der Gläubigen näher sein.

In den letzten Jahren hat sich die Art geändert, in der das bischöfliche Amt ausgeübt wird. Das konziliare Kirchenverständnis sowie das zeitgenössische Denken haben den bischöflichen Leitungsstil beträchtlich umgeformt. Bischöfe müssen heute dem Leben der Gläubigen näher sein. Zäune der Konvention und mancherlei Vorzimmerschranken sind gefallen. – Und wer immer im Evangelium den Aufruf zur größeren Brüderlichkeit unter den Christen hört, kann für diese Wiederentdeckung von mehr Gemeinschaft nur dankbar sein. Mehr noch: Der Amtsträger erkennt sie als Chance, in der unmittelbaren Begegnung mit vielen Christen seine eigene Gottesbeziehung sprechen zu lassen und so die persönliche Glaubensüberzeugung für die Pastoral wirksam zu machen. Auch ich beabsichtige das bei meinen sonntäglichen Besuchen in den römischen Pfarreien.

Mir scheint, die Menschen der Gegenwart brauchen nachdrücklich die Stärkung im Glauben durch den gottverbundenen Zeugen. Allen Gliedern der Kirche, besonders den Mitbrüdern im Priesteramt, kann der geistliche Austausch zur großen Hilfe werden für den Weg zu Gott und für den Seelsorgedienst. Schließlich sind solche Begegnungen uns selbst eine geistliche Kraft. Wie es beispielsweise der Völkerapostel erwartet, wenn er seiner Gemeinde in Rom schreibt: „Ich sehne mich danach, zu euch zu kommen; ich möchte euch geistliche Gaben vermitteln, damit ihr dadurch gestärkt werdet, oder besser: damit wir, wenn ich bei euch bin, miteinander Zuspruch empfangen durch euren und meinen Glauben" (*Röm* 1,11ff).

So bringt der neue bischöfliche Leitungsstil nicht nur eine gute Möglichkeit – er wird gewissermaßen zur Verpflichtung, zum vorzüglichen Pastoralinstrument in einer Zeit, da Gottes Antlitz vielen Menschen dunkel und unerkennbar geworden ist.

Die Erfahrung der scheinbaren Abwesenheit Gottes lastet ja nicht nur auf den Abständigen und Fernstehenden, sie ist generell. Die Geistesströmung des gängigen gesellschaftlichen Bewußtseins prägt also gleichfalls die aktiven Glieder der Kirche, die ja, wenn auch nicht von der Welt, so doch in der Welt sind. Nöte und Wünsche sind allen Menschen gemeinsam. Die Kirche ist keine selige Insel. Fragestellungen und Probleme der Öffentlichkeit haben in Diözesen und Gemeinden ihr provozierendes Echo.

Die Kirche ist keine selige Insel. Fragestellungen und Probleme der Öffentlichkeit haben in Diözesen und Gemeinden ihr provozierendes Echo.

Darum sieht sich der kluge Hirte genötigt, in Welt und Kirche vor allem andern dem Licht Raum zu schaffen, das aus dem Glauben an die wirksame Anwesenheit Gottes kommt. Der Einfluß des Säkularismus ist evident. Er straft alle *die* Lügen, die die Grundaussagen des Glaubensbekenntnisses für Binsenwahrheiten halten. „Ich glaube an Gott, den allmächtigen Vater ..." Formt dieser Satz wirklich das Leben der Christen von heute? Der Katholik unserer Zeit führt wohl kaum von vornherein schon und mit Selbstverständlichkeit sein Leben im Angesicht Gottes. Die Verknüpfung des Alltags mit Gott ist ihm keineswegs von selbst gegeben. Davon auszugehen, alle Glieder der Kirche erlebten ihre Entscheidungen, Ängste und Freuden ohne weiteres in der Zwiesprache mit dem Vater im Himmel, wäre eine Illusion.

Im Gegenteil: Stärker denn je wird es heute ein Problem, wenn die Implikationen kirchlichen Tuns von der Seelsorge nicht deutlich gemacht werden, wenn die stillschweigend vorausgesetzte Gottesbeziehung als garantiert angesehen wird. Wenn wir uns nicht mehr mühen, sie bewußt zu leben, verliert sie ihre Kraft.

Jesus läßt in seiner Predigt keine Gelegenheit aus, an die Nähe des Vaters zu erinnern – etwa nach den Aufzeichnungen des Johannesevangeliums. Oft verbindet er das Geschehen ausdrücklich mit dem Vater im Himmel – wie im Gespräch mit Nikodemus oder mit der Samariterin; bei der Heilung des Gelähmten und des Blindgeborenen oder während der großen Eucharistierede. Wo immer er lehrt, führt er seine Zuhörer geistig zum handelnden Vater – der den Sohn sendet; der dem Sohn das Leben gegeben hat; dessen Werke offenbar werden müssen; der das Lebensbrot reicht und dem die Anbetung gebührt. – Die Proklamation der Herrschaft Gottes, das heißt, daß wir Menschen uns faktisch und uneingeschränkt vom Herr-Sein Gottes bestimmen lassen, ist für Jesus der Sinn seiner Sendung.

Alle vier Evangelien vermerken demzufolge, wie allgegenwärtig der Vater für Jesus ist; wie unablässig ihn seine Seele sucht. Die Evangelien lassen ebenso erkennen, daß Jesus diese Gegenwart des Vaters seinen Hörern zutiefst einprägen möchte. Der Herr tat es in einem Volk, das durch Geschichte und Frömmigkeit, Geistesleben und Brauchtum ohnehin in beispielloser Weise auf JAHWE bezogen war. Um wieviel mehr braucht diesen Verweis die Menschheit der Gegenwart, in der Gott so fern erscheint, daß man sogar eine „Theologie vom Tode Gottes" erfand.

Der Überstieg von der Alltagswelt hin vor das Angesicht Gottes drängt sich Jesus auf die Lippen. Dabei geht es ihm zunächst gar nicht darum, seine eigene Würde und Legitimation zu sichern; er anerkennt den Vater ausdrücklich als den, der größer ist (vgl. *Joh* 14,28). Vielmehr artikuliert sich in diesem Überstieg die Grundkraft seines Wesens; diese Grundkraft gibt ihm die Worte ein. Denn die Verbundenheit mit dem Vater ist für ihn allumfassend.

Unsere Gemeinden und vor allem unsere priesterlichen Mitbrüder sollten unsere Gottverbundenheit als die tiefste Motivation all unseres Dienstes entdecken.

Bitte, verstehen Sie mich nicht falsch! Ich möchte das immer neue und ausdrückliche Einbringen des gegenwärtig wirkenden Vaters in all unser kirchliches Reden und Handeln nicht empfehlen als bloße pastorale Methode. Der Verweis auf den Vater im Himmel als seelsorgliche Technik wäre eine arge Profanierung. Vielmehr muß das Bewußtsein seiner Nähe so wachsen, daß es von selbst in Wort und Tat durchscheint. Unsere Gemeinden und vor allem unsere priesterlichen Mitbrüder sollten unsere Gottverbundenheit als die tiefste Motivation all unseres Dienstes entdecken. So könnten wir unsere Brüder und Schwestern von dieser Anwesenheit Gottes lebendig überzeugen und in ihnen den Wunsch wecken, Gottes Gemeinschaft und seinen Willen immer inniger zu suchen.

Wer die Verwiesenheit auf den Vater im Himmel tiefer leben möchte, kann wohl nichts Besseres tun, als auf Jesus zu schauen. Das Neue Testament gibt uns – wenn auch spärlich – Andeutungen über seine Weise, die Vertrautheit mit dem Vater zu pflegen. Vor allem sind es die Hinweise auf die langen Zeiten des Gebetes, die hier bedacht sein wollen, zum Beispiel vor der Wahl der zwölf Apostel (vgl. *Lk* 6,12).

Die Gemeinschaft mit dem Vater im andauernden Gebet, in der – ich möchte es ruhig so nennen – mystischen Versenkung, ist wohl die entscheidende Quelle von Jesu Geborgenheit beim Vater. Beim Vater aufgehoben, fragt er nicht ängstlich nach dem morgigen Tag und rät auch seinen Zuhörern, nicht auf Geld und Gut zu setzen, sondern die Sorge um Besitz und Sicherheit abzugeben. Er tritt in souveränem Mut für Gott und seine Ehre ein, ohne die Menschen zu fürchten. Er fasziniert seine Zeitgenossen, die seinetwegen Maria preisen (vgl. *Lk* 18,27) und in ihm die Überzeugungskraft eines Menschen rühmen, der redete, „wie einer, der Macht hat" (*Lk* 11,27).

In seiner Vorbildlichkeit ist uns der Herr freilich mehr als ein bloßes Modell. Jesu biblische Wege gehen wir nicht nach, wie wir uns andere große Gestalten der Vergangenheit vor Augen führen. Wir tauchen vielmehr ein in eine liebende, innige

Begegnung mit den österreichischen Bischöfen

Vereinigung mit ihm, der ja den Graben der Geschichte übersprungen hat und in seinem Geist jedem von uns allezeit gegenwärtig ist. So mit ihm verbunden, gelingt es uns, durch ihn unsere Existenz für den Vater zu gewinnen. Wir vermögen der Hoffnungslosigkeit zu wehren, die ja aus der Gottesferne herrührt. Wir können den Sog des Materialismus bei den Menschen eindämmen, weil wir unser Vertrauen in die Güte des Vaters bekunden. Und selbst ein aggressiver Widerspruch aus der gesellschaftlichen oder kirchlichen Öffentlichkeit kann unserem Mut nichts anhaben, für Gottes Rechte und für den Glauben der Gesamtkirche einzutreten. –

Es war das Zweite Vatikanische Konzil, das Wesen und Wirkweise des bischöflichen Amtes ausführlich dargestellt hat. Besonders die Kirchenkonstitution erinnert uns daran, daß wir Bischöfe „als Lehrer in der Unterweisung, als Priester im heiligen Kult und als Diener in der Leitung der Herde vorstehen" (Nr. 20). Und meine soeben vorgetragenen Überlegungen werden nur unterstrichen durch die einfordernde Versicherung desselben Satzes, daß wir diesen unseren Dienst „an Gottes Stelle" vollziehen.

Das Zweite Vatikanische Konzil war für die Kirche ein verheißungsvoller Neubeginn, dessen Impulsen Ihr Dienst in der Kirche von Österreich gilt.

Wohl tun wir ihn als einzelne und in je individueller Verantwortung. Doch jedem Bischof ist die Vollmacht zur Ausübung des genannten dreifachen Amtes nur insofern gegeben, als er Glied des Kollegiums des Gesamtepiskopats ist. Damit folgt aus der Bestellung zum Bischof die nachdrückliche Verpflichtung zur Einheit. Da es Gottes Geist war, der uns dazu gesetzt hat, in der Nachfolge der Apostel die Kirche Gottes zu weiden (vgl. *Apg* 20,28) – wie könnte da ein anderer Sinn unser Tun bestimmen als der Geist der Einheit?

Diese Einheit ist zunächst für Ihre Bischofskonferenz und deren Arbeit gefordert. Niemand wird übersehen, wie gewichtig Überlegungen und Entscheidungen dieser kirchlichen Ebene für die Menschen und Ortskirchen Ihres Vaterlandes – ja, darüber hinaus – sind. Noch bedeutsamer ist jedoch die kollegiale Einheit mit dem Gesamtepiskopat. Und diese wieder ist nur gegeben, wenn das Bischofskollegium mit dem Papst als seinem Haupt zusammengefügt ist; denn das Bischofskollegium würde ja ohne sein Haupt zerfallen. Obwohl es gewiß theologische und ethische Fragen gibt, die uns Bischöfe wegen der Verpflichtung auf die Einheit zum Zeichen des Widerspruchs machen, so wird „communio" dennoch in diesem Zusammenhang zur grundlegenden theologischen Bedingung.

Darum schreibt auch die Kirchenkonstitution: „Die Bischöfe, die in Gemeinschaft mit dem römischen Bischof lehren, sind von allen als Zeugen der göttlichen und katholischen Wahrheit zu verehren. Die Gläubigen aber müssen mit einem im Namen Christi vorgetragenen Spruch ihres Bischofs in Glaubens- und Sittensachen übereinkommen und ihm mit religiös begründetem Gehorsam anhangen" (Nr. 25).

Liebe Brüder im Bischofsamt, das Zweite Vatikanische Konzil war für die Kirche ein verheißungsvoller Neubeginn, dessen Impulsen Ihr Dienst in der Kirche von Österreich gilt. Auch meine Besuche in Kontinenten und Ländern wollen die Kräfte dieser Erneuerung stärken. Ich bin zutiefst durchdrungen von der Überzeugung, diese Erneuerung werde um so mehr Dynamik entwickeln, je andauernder und treuer wir, die Hirten der Kirche, in der Gemeinschaft mit Jesus die Nähe des Vaters im Himmel suchen. Dann allein werden wir von Christi Geist und nicht von unseren eigenen Ideen bestimmt. Dann allein kann es uns gelingen, unseren Priestern geistliche Väter zu sein und als gewinnende Brüder ihnen den überspringenden Funken der Hoffnung zu vermitteln, nach dem ja so viele von ihnen rufen. Dann werden Sie die Laien Ihrer Bistümer inspirieren, der Herausforderung durch Gesellschaft und Staat die rechte Antwort zu geben und die Last des Lebens auszuhalten angesichts der vor ihnen liegenden Freude in Gottes Gemeinschaft (vgl. *Hebr* 12,2).

Möge die Mutter Gottes, die Ihr Volk schon so lange und innig an vielen Orten Ihres Landes verehrt, unsere Fürsprecherin sein, daß diese unsere brüderliche Begegnung von Gott gesegnet sei.

Begrüßung des Papstes durch den Generaldirektor des Büros der Vereinten Nationen, Mowaffak Allaf, beim Besuch der Wiener UNO-City

(12. September 1983)

Your Holiness,

It is a great honour for me to welcome you to the Vienna International Centre on behalf of the United Nations, the International Atomic Energy Agency and the United Nations Industrial Development Organization. We are particularly gratified by your decision to visit the United Nations Organizations based in Vienna during your stay in Austria. We welcome this gesture as a historic reaffirmation of your support for the work of the World Organization and for the noble aims and purposes of the United Nations Charter which, in the field of international relations, is a unique document based on faith in the dignity and worth of the human person and founded on the concept of brotherhood of all peoples. Just as your visits to the United Nations Headquarters in New York in 1979 and to the International Labour Conference in Geneva last year, this visit underscores the importance Your Holiness attaches to the collective efforts of the international community in the service of humanity and in the realization of man's aspirations towards peace, justice and progress.

> *First and foremost, however, Your Holiness stands for us – whatever our religious beliefs – as an eminent moral authority.*

Your Holiness' personal interest in our work is also reflected in the outstanding contribution of the Holy See as an active member of several United Nations organizations, including the International Atomic Energy Agency and the United Nations Industrial Development Organization here in Vienna. First and foremost, however, Your Holiness stands for us – whatever our religious beliefs – as an eminent moral authority who has forcefully spoken out on such vital issues as peace and international co-operation, economic and social development, as well as on human dignity and human rights.

It is an inescapable fact that international activities in the political and security fields usually attract wider public attention and obtain the major share of media coverage. Yet, we are convinced that what the international organizations are endeavouring to achieve here, in Vienna, is no less important for the cause of world peace. Whether we work towards securing the benefits of the peaceful uses of nuclear energy for all and towards halting the global threat posed by nuclear weapons, whether we strive to promote industrial development as an effective means of improving the lot of so many of our fellow men in the developing countries, whether – like our colleagues from the United Nations Relief and Works Agency for Palestine Refugees – we are engaged in assisting a people who have suffered so much in the tragic Middle East conflict, or whether we try to induce better conditions in the social and humanitarian fields as do the Centre for Social Development and Humanitarian Affairs and the narcotic drugs units: Our objective is to contribute to the firm foundations of peace. In this Your Holiness' visit is a strong and lasting encouragement to us all.

On behalf of all of us who are engaged in those efforts I extend to Your Holiness a most cordial welcome.

Besuch der Wiener UNO-City

Ansprache des Papstes bei der Begegnung mit den Repräsentanten der UN-Behörden in der Wiener UNO-City
(12. September 1983)

Verehrter Herr Generaldirektor der Internationalen Atomenergieorganisation, verehrter Herr Generaldirektor des Büros der Vereinten Nationen, verehrter Herr Exekutivdirektor der Organisation der Vereinten Nationen für Industrielle Entwicklung; Vertreter und Beamte der verschiedenen internationalen Organisationen, die in der UNO-City ihren Sitz haben:
Ihnen allen gilt der Ausdruck meiner Hochachtung und Wertschätzung. Es erfüllt mich mit besonderer Freude, zu wissen, daß Mitglieder Ihrer Familien dieses unser Treffen mit dem gleichen großen Interesse verfolgen wie all Ihre wertvolle Arbeit, die sie in einer Weise unterstützen, wie dies nur Familien tun können.

1. Gestatten Sie mir, Ihnen meinen aufrichtigen Dank für die Einladung an diese Stätte auszusprechen, an der so viele *bedeutende Organisationen* auf entscheidenden Gebieten menschlichen Strebens *zum Schutz und zur Förderung des Lebens* tätig sind: auf dem Gebiet der friedlichen Nutzung der Atomenergie, der Förderung der Industrie, vor allem in den Entwicklungsländern, auf dem Gebiet des Handelsrechts, der sozialen und humanitären Entwicklung und auf dem Gebiet der Drogenbekämpfung, die besonders ernste Fragen aufwirft.
All diese Organisationen und Dienststellen legen beredtes Zeugnis dafür ab, daß in der Welt von heute Zusammenarbeit unabdingbar geworden ist, um die komplexen und vielschichtigen Probleme verschiedenster Lebensbereiche in konstruktiver Weise zu bewältigen. Wie nie zuvor in der Geschichte der Menschheit ist unsere Generation in der Auseinandersetzung mit diesen Fragen vor die Möglichkeit gestellt, Gutes oder Böses zu tun.
Deshalb ist es unsere erste und größte Verpflichtung, zusammenzuarbeiten, unser fachliches Wissen gemeinsam zu nutzen und durch unsere vereinten Anstrengungen und unseren Einsatz einen gemeinsamen Standpunkt zu erarbeiten. In diesem Sinne arbeiten die hier ansässigen Organisationen und Dienststellen im gleichen Geist und für die gleichen Ziele wie die Organisation der Vereinten Nationen selbst, die, wie ich 1979 in New York ausführte, „verbindet und einigt, nicht aber trennt und entzweit"

(Ansprache anläßlich der 34. Generalversammlung der Organisation der Vereinten Nationen, 2. Oktober 1979, Nr. 4). Ziel und Zweck all Ihrer Tätigkeiten sollte es daher immer sein, zu verbinden und zu vereinigen, nicht aber zu trennen und zu entzweien. Diese Aufgabe leitet sich von dem Geist her, in dem Ihre Organisationen geschaffen wurden, und sie gewinnt zusätzliche Bedeutung durch die Anforderungen, welche der sachliche Inhalt Ihrer Tätigkeit an Sie stellt.

2. In meiner Enzyklika *Laborem exercens* stellte ich Überlegungen über den Begriff der Arbeit im objektiven Sinn an und sprach von der Entwicklung der modernen Industrie und Technik in all ihren Ausdrucksformen als einem „Anlaß, die Frage der Arbeit in neuer Weise zu stellen". Ich bezeichnete Industrie und Technik als „Instrumentarium, das der Mensch in seiner Arbeit einsetzt", und nannte den „richtigen Einsatz der Technik den grundlegenden Faktor des wirtschaftlichen Fortschritts" (*Laborem exercens*, Nr. 5).

> *Eingebettet in die Liebe Gottes ist der Mensch Maß und Ziel aller Anstrengungen, die wir in dieser Welt unternehmen.*

In diesem Sinne und in Anwendung dieser Überlegungen auf die Probleme, denen Sie sich stellen, bedeutet dies eine Herausforderung an Sie, die *Beziehungen zwischen Mensch und Technik in neuer Weise auszuloten und zu entwickeln*. Denn nur wenn wir die Wechselwirkungen zwischen Mensch und Technik einer eingehenden Untersuchung unterziehen, können wir die Kriterien definieren, die Ihnen in Ihren gegenwärtigen und zukünftigen Bemühungen als Richtschnur dienen können. Zu diesem Zweck und unter Berücksichtigung der Tatsache, daß es gilt, die mannigfaltigen Aspekte dieser Wechselwirkung zu untersuchen, möchte ich Ihre Aufmerksamkeit heute auf zwei wesentliche Faktoren lenken, die niemals außer acht gelassen werden dürfen.

Die Vielschichtigkeit Ihrer Aufgaben setzt ein Höchstmaß an Ausbildung und Fachwissen voraus und nimmt Ihre Zeit und Ihre geistigen Fähigkeiten voll in Anspruch. So stellt zum Beispiel die Beherrschung auch nur eines Teilbereichs, der unsere Kenntnisse auf dem Gebiet der Kernenergie zu erweitern imstande ist, eine Lebensaufgabe dar. Daher ist die Versuchung groß, unsere Lebensauffassung, unsere Werte und unsere Entscheidungen gänzlich dem Inhalt und der Methodik unseres Wissensgebietes unterzuordnen. Deshalb, und wegen der diesen für die Menschheit so wichtigen Disziplinen innewohnenden, alle Lebensbereiche berührenden Sachzwänge, ist es erforderlich, den *Primat des Menschen als Richtschnur für unsere Entscheidungen und Werturteile* stets zu bewahren.

3. Der Mensch steht im Zentrum all unseres Bemühens, all unserer intellektuellen und wissenschaftlichen Arbeit. Eingebettet in die Liebe Gottes ist der Mensch Maß und Ziel aller Anstrengungen, die wir in dieser Welt unternehmen. Ob es sich dabei nun um Industrieprojekte für Entwicklungsländer, um Kernreaktoren oder um

Programme für den sozialen Fortschritt handelt, so bleibt stets der Mensch Maßstab unserer Bemühungen. Kein Projekt, wie perfekt und zielführend es vom Standpunkt der Technik und der Industrie auch sein mag, ist gerechtfertigt, wenn es die Würde und die Rechte der betroffenen Menschen gefährdet. Jede Initiative Ihrer Organisationen sollte daran gemessen werden, ob sie der Sache des Menschen als Menschen dient.

Derartige Überlegungen sind nicht immer einfach, aber unerläßlich. Niemand wird leugnen, daß die Vielschichtigkeit der Probleme in Industrie, Technik und Kernwissenschaft, aber auch der mannigfaltigen Organisationsformen der modernen Gesellschaft eine Beachtung aller Aspekte erfordert, mit denen wir uns sorgfältig auseinandersetzen müssen. Angesichts dieser Tatsachen und im Bewußtsein der ihnen innewohnenden Bedeutung bin ich nicht nur berechtigt, sondern sogar verpflichtet, darauf hinzuweisen, daß Ihr Einsatz und Ihre Bemühungen auf geistigem, technischem, wissenschaftlichem und erzieherischem Gebiet, so gerechtfertigt sie auch sein mögen, von einer entsprechenden Offenheit und Verpflichtung für die Sache des Menschen begleitet sein müssen, den wir als Ebenbild Gottes sehen und *dessen Würde und Wert stets gewahrt* bleiben müssen.

> *Jede Initiative Ihrer Organisationen sollte daran gemessen werden, ob sie der Sache des Menschen als Menschen dient.*

4. Das *zweite Kriterium*, das ich kurz erwähnen möchte, stellt uns in den Rahmen der Welt, in der wir leben. Es ist dies die uns auferlegte Sorge um das Wohl der gesamten Menschheit, um das Wohlergehen der Gesellschaft, um das, was wir üblicherweise als das *Gemeinwohl* bezeichnen. Für Sie bedeutet dies die Verpflichtung, Ihre Arbeit nicht nur als Beitrag zu einem bestimmten Projekt oder als Leistung für eine bestimmte Regierung oder Organisation, sondern als Beitrag zum Wohle aller Menschen dieser Welt zu sehen. Den Wert eines Projektes werden Sie daher ebenso daran messen müssen, welche Auswirkungen es auf die kulturellen und anderen menschlichen Werte haben wird, wie an seinen Auswirkungen auf das wirtschaftliche oder soziale Wohl eines Volkes oder Staates.

Dergestalt stellen Sie Ihre Arbeit in den breiten Rahmen der Verantwortung für das Wohl unserer Welt in Gegenwart und Zukunft. Sie widmen Ihre Bemühungen *allen Völkern dieser Erde*. Die Förderung des Gemeinwohls durch Ihre Arbeit erfordert die Achtung der Kultur aller Völker und Nationen und, damit verbunden, die Solidarität mit allen Völkern und Nationen, deren Geschicke von der Hand eines gemeinsamen Vaters gelenkt werden. Der Fortschritt einer Nation darf nie auf Kosten einer anderen erzielt werden. Der Fortschritt aller dank eines gerechten Einsatzes des Ihnen zur Verfügung stehenden Fachwissens ist die beste Gewähr für das Wohl aller und dafür, daß allen Menschen gegeben wird, was sie benötigen und was ihnen zusteht.

5. Ich richte diese kurzen Worte heute an Sie, um Sie zu *ermutigen*. Als Oberhaupt der Katholischen Kirche, deren Mitglieder über die ganze Erde verstreut sind, möchte ich Sie alle auffordern, *Diener dieser Welt* zu sein, dieser Welt, die einer stets fortschreitenden Einigung durch jene Anstrengungen bedarf, die jeder einzelne von uns auf seinem Gebiet zu machen aufgerufen ist. Mögen Sie als *Diener an der Wahrheit über den Menschen*, aber auch als Diener an der Wahrheit innerhalb Ihrer Tätigkeitsbereiche und als Diener am Gemeinwohl aller Völker und Nationen sich immer enger zusammenschließen, um kraft Ihrer Fähigkeiten und Ihres Wissens Aufgaben zu bewältigen, die in aller Zukunft dem Wohl, der Harmonie und dem Frieden aller Völker dienen.

6. Gestatten Sie mir, in diesem Zusammenhang einer herausragenden Persönlichkeit früherer Zeiten zu gedenken, eines Mannes, der als Apostel des Friedens anerkannt und bewundert wird, mit dessen Bild, das Gegenstand so vieler Kunstwerke ist, viele von Ihnen vertraut sein werden und dessen Ideen in einer Form Ausdruck gefunden haben, die seine Geisteshaltung der modernen Welt in sinnfälliger Weise vor Augen führt. Die Ideale des heiligen Franz von Assisi sind sehr wohl ein Bindeglied zwischen den Generationen. Sie verbinden Männer und Frauen guten Willens aller Jahrhunderte auf der Suche nach dem Frieden, Männer und Frauen, deren spirituelle Zielsetzungen durch die aufrichtigen Bemühungen und die aufopfernde und konzertierte Tätigkeit so vieler Fachleute in den verschiedensten Wissensbereichen und Disziplinen gefördert werden. In seinem Geist gestatte ich mir, von Ihrem Beitrag zum Wohl der Welt zu sprechen, davon zu sprechen, was Sie für die Menschheit tun können, indem Sie als Brüder und Schwestern, als Kinder unseres gemeinsamen Vaters, zusammenarbeiten: Herr, mach uns zum Instrument Deines Friedens! Laß uns Liebe säen, wo Haß ist! Vergebung, wo Unrecht getan wird! Glauben, wo Zweifel regiert! Hoffnung, wo Verzweiflung herrscht! Licht, wo Dunkelheit ist! Freude, wo Trauer ist! Wo der Tod herrscht, laß uns Leben säen! Wo Krieg ist, laß uns Frieden bringen! Herr, mache uns zu wahren Dienern der Menschheit, Dienern des Lebens, Dienern des Friedens!

Abb. 1: Ad-limina-Besuch der österreichischen Bischöfe in Rom 1982.
V. l. n. r.: Weihbischof Jakob Mayr (Salzburg), Bischof Dr. Egon Kapellari (Gurk), Bischof Dr. Johann Weber (Graz-Seckau), Bischof DDr. Bruno Wechner (Feldkirch), Bischof DDr. Stefan László (Eisenstadt), Erzbischof-Koadjutor Dr. Franz Jachym (Wien), Erzbischof DDr. Franz Kardinal König (Wien), Papst Johannes Paul II., Erzbischof DDr. Karl Berg (Salzburg), Bischof Dr. Franz Žak (St. Pölten), Bischof Dr. Reinhold Stecher (Innsbruck), Bischof Dr. Maximilian Aichern (Linz), Weihbischof Dr. Karl Moser (Wien), Weihbischof DDr. Helmut Krätzl (Wien), Weihbischof Florian Kuntner (Wien).
Nicht im Bild: Weihbischof DDr. Jakob Weinbacher (Wien), Weihbischof DDr. Alois Stöger (St. Pölten)

Abb. 2: Nach seiner Ankunft in Wien-Schwechat im Jahr 1983 kniet Papst Johannes Paul II. nach dem Betreten österreichischen Bodens nieder, um die Erde zu küssen

Abb. 3: Bühne für die Europavesper auf dem Heldenplatz

Abb. 4: Aufstellen des Kreuzes im Rahmen der Europavesper auf dem Heldenplatz

Abb. 5:
Mit dem „Papascope" hatte man den besten Überblick

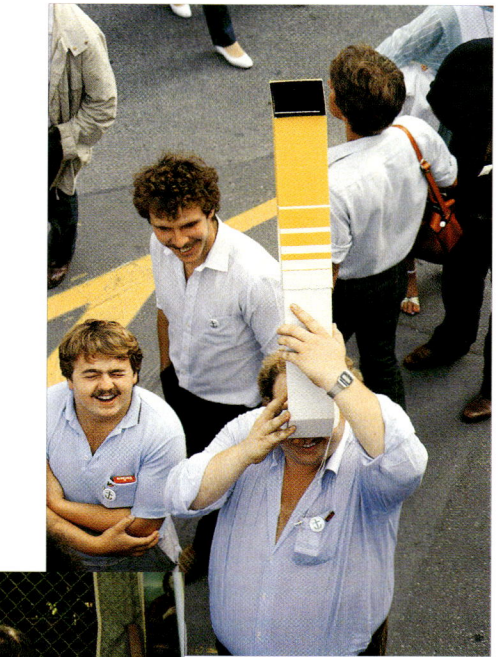

Abb. 6:
Eine Gruppe von Mädchen mit dem „offiziellen" Katholikentags-Leiberl. Der Pastoralbesuch des Papstes fand im Rahmen des Österreichischen Katholikentages 1983 statt

Abb. 7:
Bub mit Katholikentagskerze

Abb. 8 und 9:
Bei der Jugendbegegnung im
Wiener Praterstadion

Abb. 10:
Jugendliche bauen
mit Kerzen ein Kreuz

Abb. 11: Eucharistiefeier im Donaupark: Luftaufnahme vom Donauturm aus

Abb. 12: Bühne und Kreuz auf dem Festgelände im Donaupark

Abb. 13:
Der Papst grüßt die Mitfeiernden bei der Eucharistiefeier im Donaupark. Im Hintergrund die UNO-City

Abb. 14:
Trotz strömenden Regens waren 300.000 Menschen in den Donaupark gekommen, um mit dem Papst die Eucharistie zu feiern

Abb. 15:
Kommunionspender bei der Eucharistiefeier im Donaupark

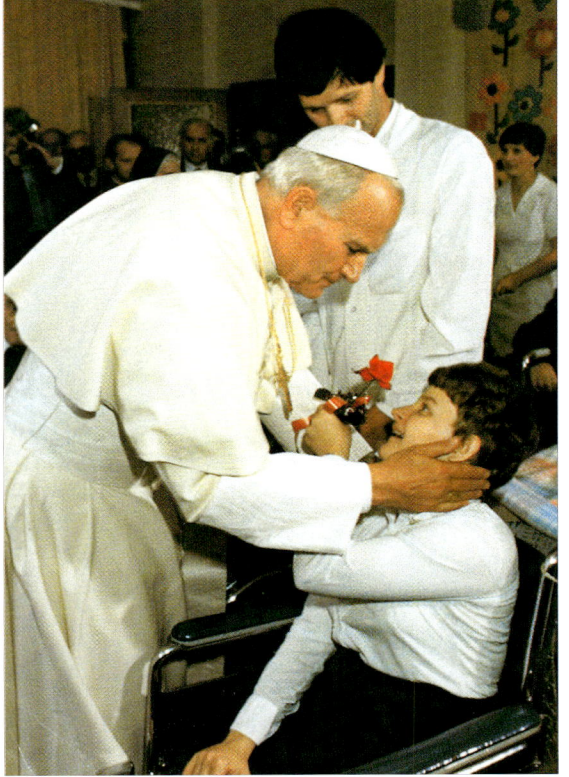

Abb. 16:
Der griechisch-orthodoxe Metropolit Chrysostomos Tsiter begrüßt den Papst bei der Begegnung mit den Verantwortlichen der christlichen Kirchen

Abb. 17:
Im Haus der Barmherzigkeit in Wien

Abb. 18: Bundespräsident Rudolf Kirchschläger empfängt Papst Johannes Paul II. in der Hofburg. Links: Franz Kardinal König; in der Mitte: Kardinalstaatssekretär Agostino Casaroli

Abb. 19: Papst Johannes Paul II. bei seiner Ansprache an die Vertreter der Republik Österreich beim Empfang des Bundespräsidenten in der Hofburg

Abb. 20:
Empfang des Diplomatischen Corps in der Wiener Nuntiatur. Neben dem Papst der damalige Apostolische Nuntius, Erzbischof Mario Cagna

Abb. 21:
Papst Johannes Paul II. mit den Schwestern der Nuntiatur. Links die Oberin des Hauses, Schwester Dionysia

Abb. 22:
Der Papst mit der Gründerin des Janineums, Lonny Glaser, und ihrer Tochter Anna

Abb. 23:
Ansprache bei der Begegnung mit den Vertretern des Laienapostolats im Stephansdom

Abb. 24:
Auszug aus dem Stephansdom nach der Begegnung mit Vertretern des Laienapostolats

Abb. 25:
Begegnung mit den Vertretern
von Wissenschaft und Kunst
im Kongreßzentrum der
Wiener Hofburg

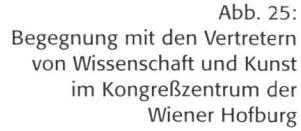

Abb. 26 und 27:
Begegnung mit österreichischen Arbeitnehmern und mit Gastarbeitern vor der Kirche Am Hof in Wien

Abb. 28: Der Papst beim Besuch der UNO-City mit Vertretern der Einrichtungen der Vereinten Nationen in Wien

Abb. 29: Begegnung mit polnischen Landsleuten auf dem Platz vor der Karlskirche. Im Hintergrund das berühmte Bild der „Schwarzen Madonna von Tschenstochau"

Abb. 30: Begegnung mit polnischen Landsleuten auf dem Platz vor der Karlskirche

Abb. 31:
Der Pastoralbesuch des Papstes 1983 stand auch im Zeichen des Gedenkens an den 300. Jahrestag der Befreiung Wiens von den Türken durch die polnische Armee unter König Jan Sobieski. Der Papst gedachte dieses Ereignisses sowohl in seinen Ansprachen als auch bei einer Andacht in der St. Josefskirche auf dem Kahlenberg

Abb. 32:
Am letzten Tag seiner ersten Pastoralreise nach Österreich besuchte Papst Johannes Paul II. den Marienwallfahrtsort Mariazell

Abb. 33:
Am Grabmal des früheren ungarischen Primas Josef Kardinal Mindszenty

Abb. 34:
Papst Johannes Paul II. vor dem Gnadenbild der Gottesmutter Maria in Mariazell

Abb. 35:
Andacht vor dem Gnadenaltar in Mariazell

Abb. 36: Der Gnadenaltar in Mariazell

Abb. 37: Abschiedszeremonie auf dem Flughafen Schwechat

Abb. 38: Verabschiedung des Papstes auf dem Flughafen Schwechat

Begegnung mit Arbeitnehmern Am Hof in Wien

Begrüßung durch den Bundesvorsitzenden der KAB Österreichs, Josef Müller, bei der Begegnung des Papstes mit österreichischen Arbeitnehmern und mit Gastarbeitern Am Hof in Wien
(12. September 1983)

Monatelang haben die Verantwortlichen der Katholischen Arbeitnehmer-Bewegung dieses Treffen des Papstes mit Arbeitnehmern und Gastarbeitern, welches hier auf diesem traditionsreichen Platz stattfindet, geplant und vorbereitet. Nun ist es soweit. Wir dürfen in unserer Mitte erstmals Seine Heiligkeit Papst Johannes Paul II. recht herzlich begrüßen.
Diesen freudigen Willkommensgruß in unserer Mitte entbiete ich Ihnen, Heiliger Vater, nicht nur für die tausenden Menschen, die hier auf diesem Platz versammelt sind, sondern auch stellvertretend für alle Menschen aus der Arbeitswelt, die
- zu dieser Stunde schon frei haben,
- durch Wechsel- bzw. Schichtarbeit noch an ihren Arbeitsplätzen tätig sein müssen oder
- im Radio und Fernsehen, in nah und fern, diese Veranstaltung mitverfolgen.

Die KAB Österreichs hat zu diesem Treffen des Papstes mit den Arbeitnehmern und Gastarbeitern, die in unserem Land tätig sind, eingeladen. Wir treffen uns heute auch mit einem Mann, der in seiner Jugend persönlich das oft harte Los der Arbeit kennen- und dadurch verstehen gelernt hat.
Die geänderten Situationen seit damals wollen wir nun mit Ihnen – und auch Sie mit uns – besprechen.
Vorher begrüßen – stellvertretend für die einzelnen Volksgruppen, die heute anwesend sind – nun ein Paar von
- den Gastarbeitern aus Slowenien,
- den Christen aus der Türkei,
- den Gastarbeitern aus Kroatien,
- den Flüchtlingen aus Vietnam, die in unserem Land Aufnahme und Arbeit gefunden haben,
- den Gastarbeitern aus Serbien,

- den Menschen von den Philippinen, die bei uns arbeiten,
- den Indern in Österreich und
- den österreichischen Arbeitnehmern!

Einen besonderen Gruß mit Blumen entbieten Ihnen nun auch die Kinderpaare von den einzelnen Volksgruppen.

Wir alle, die Vertreter der arbeitenden Menschen, die in Österreich tätig sind, möchten mit dieser Begegnung wieder einen neuen Beginn zu mehr „Solidarität in der Arbeit" setzen und mit Ihnen unsere weiteren Aufgaben als Christen in der Arbeitswelt und Kirche überlegen.

Ansprache des Papstes bei der Begegnung mit österreichischen Arbeitnehmern und Gastarbeitern vor der Kirche Am Hof in Wien
(12. September 1983)

Liebe Brüder und Schwestern aus der Welt der Arbeit!

1. Euch alle, die ihr heute hierhergekommen seid, begrüße ich auf das herzlichste: Ich begrüße euch, österreichische Arbeitnehmer, und ich begrüße euch, die ihr aus verschiedenen Ländern Europas und sogar aus Übersee hier in Österreich Arbeit gefunden habt. Euer gemeinsames Kommen ist für mich ein eindrucksvolles Zeichen dafür, zu welcher Solidarität ihr bei der Arbeit bereits gefunden habt. Ich begrüße von dieser Stelle aus aber auch alle, die in den vielen Betrieben dieses Landes Tag für Tag ihre Arbeitskraft zum Wohl aller einsetzen: im Handwerk, in der Industrie, in der Landwirtschaft, in Verwaltung und Dienstleistung.
Diese Begegnung soll ein Zeichen meiner tiefen *Verbundenheit mit dem arbeitenden Menschen* sein. Ich möchte euch zur Seite stehen und eure Hoffnungen, eure Sorgen und Ängste teilen. Euch und euren Familien will ich Zuversicht und Ermutigung schenken, und dies aus der Kraft unseres christlichen Glaubens, den die meisten von euch im Herzen tragen.
Liebe Freunde! Ihr seid untereinander verbunden durch die gemeinsame – oft so mühevolle – Arbeit, in der ihr steht. Ihr unterscheidet euch aber auch voneinander durch Geschichte, Tradition, Sprache, Kultur und Religion.

2. Ich wende mich zunächst an euch, liebe *Gastarbeiter*. Ihr habt auf der Suche nach Arbeit und Brot – zum Teil mit euren Familien – eure Heimat verlassen, um inmitten einer neuen Umgebung, in einem Land mit einer anderen Kultur und einer fremden Sprache ein neues Leben zu beginnen. Mitgebracht habt ihr – und das ist euer Reichtum – eure vielfältigen Fähigkeiten, euren Leistungswillen und Arbeitseifer. Ihr habt in den vergangenen Jahren zum wirtschaftlichen Aufbau und Aufstieg des Industrielandes Österreich beigetragen und damit ein Anrecht auf gleiche Behandlung in allen sozialen Belangen der Arbeit erworben. Darüber hinaus bringt ihr aus eurer Heimat auch ein reiches kulturelles Erbe mit, eure Religiosität und eure Art der Menschlichkeit.

So begegnen sich auf Österreichs Boden wieder Angehörige vieler Völker: in friedlichem Miteinander und in gemeinsamer Arbeit. Diese Tatsache ermöglicht intensive Kontakte verschiedener Kulturen, ein besseres Sichkennenlernen, brüderliche Verbindung unter den Völkern. Die Gemeinsamkeit in der Arbeit könnte zur gegenseitigen menschlichen und geistigen Bereicherung führen. Gemeinsam am gleichen Arbeitsplatz zu stehen, das müßte eine Hilfe sein, etwaige Vorurteile dem anderen gegenüber abzubauen und die Ehrfurcht und Toleranz vor dem Anderssprechenden und Andersglaubenden zu stärken.

3. Für das Gastland und seine Bevölkerung ergibt sich dabei die *Aufgabe, die Arbeiter aus der Fremde zuerst als Menschen aufzunehmen* und ihnen brüderlich zu begegnen. Sie dürfen nicht als bloße Arbeitskraft oder Mittel für die Produktion betrachtet werden, die man möglichst billig zu erwerben und auszunutzen sucht, vielleicht sogar unter Umgehung der geltenden Sozialgesetze. Alle, vor allem aber die öffentlichen Stellen, sollen ihnen helfen, in angemessenem Rahmen ihre Familien nachzuholen und sich eine entsprechende Wohnung zu verschaffen; sie sollen ferner ihre Eingliederung in das gesellschaftliche Leben begünstigen. Auch öffentliche Einrichtungen, wie die Gewerkschaft, die Parteien, die mit Bildung befaßten Institutionen, sind aufgerufen, je nach ihren Möglichkeiten zum Abbau von Diskriminierung und Vorurteil, von Intoleranz und Mißtrauen beizutragen.

Besonders die Christen in diesem Land rufe ich auf, dem Gastarbeiter echte Gastfreundschaft zu gewähren, seinem persönlichen Leben und Wirken ehrliches Interesse entgegenzubringen und sich mit seinen Problemen vertraut zu machen. So wie Jesus selbst und viele heiligmäßige Menschen in seiner Nachfolge sollen wir Christen immer wieder die Grenzen unseres Volkstums, unserer gesellschaftlichen Stellung, unserer kulturellen Prägung überschreiten und gerade den Fremden und Hilfsbedürftigen als unseren Bruder anerkennen und uns in Liebe seiner annehmen. An dieser Stelle möchte ich der Kirche in Österreich danken für alles, was sie für die Seelsorge im Gastarbeiterbereich getan hat und weiterhin noch plant. In besonderem Maß möchte ich jenen Priestern danken, die ihren Gläubigen aus der Heimat nachgefolgt sind, um ihnen auch in der Fremde die Frohe Botschaft in ihrer Muttersprache zu verkünden.

4. Und nun, liebe Brüder und Schwestern, wende ich mich besonders an die *Männer und Frauen* unter euch, *die aus Österreich selbst stammen*. Es ist über die Grenzen eures Landes bekannt, daß ihr die sozialen Konflikte der Arbeitswelt auf einem sehr fortschrittlichen Niveau austragt. Ihr habt euch in der Gewerkschaft eine starke Organisation geschaffen, und der hohe Mitgliederstand zeigt ein großes Maß an

Solidarität unter euch. Ihr habt in einem langen Ringen die wichtigsten Fragen im Arbeitsbereich gelöst und gesetzlich abgesichert. Ihr habt ein gewisses Maß an Mitbestimmung im wirtschaftlichen Bereich erreicht und auch bewiesen, daß ihr mit diesen Möglichkeiten sachkundig und verantwortlich umgeht. Die Arbeiterschaft anderer Länder schaut mit Respekt auf euch. Es ist erfreulich, daß in eurem Land Arbeitgeber und Arbeitnehmer in einer fairen „Sozialpartnerschaft" anstehende Probleme gemeinsam zu klären versuchen und dabei schon beachtliche Erfolge verbuchen konnten. Ich spreche euch meine Anerkennung dafür aus; denn die christliche Soziallehre vertritt das Prinzip einer friedlichen, allen dienenden Solidarität mit besonderem Nachdruck.

Doch auch bei euch stehen Wirtschaft und Arbeiterschaft heute vor ganz neuen Problemen. Am internationalen Horizont zeichnet sich eine schwere wirtschaftliche Krise ab, die – wie es scheint – vielerorts eine langdauernde Arbeitslosigkeit mit sich bringen kann. Fachleute sagen Entwicklungen voraus, die menschliche Arbeit in geringerem Ausmaß als bisher zur Herstellung von Gütern und zur Bereitstellung von Dienstleistungen notwendig machen. Wir befinden uns bereits in den Anfängen dieser Umwälzungen. In solchen Zeiten muß sich bewähren, was wir Christen vom Menschen und seiner Arbeit denken.

Der Mensch ist Abbild Gottes und ist nach seiner bleibenden Würde und nicht nach seiner Arbeit zu bewerten. Arbeitslosigkeit darf daher niemals als persönlicher Makel gesehen werden.

Es darf nicht dazu kommen, daß derjenige, der seinen Arbeitsplatz verlieren sollte, auch seinen Standort in der Gesellschaft verliert, daß er isoliert und seines Selbstwertgefühls beraubt wird. Die Arbeit ist zwar für den Menschen von grundlegender Bedeutung. Und das Christentum selbst hat der Arbeit zu hohem Ansehen verholfen. Die christliche Botschaft zeigt aber auch, daß der Mensch nicht erst durch die Arbeit zum Menschen wird. Der Mensch ist Abbild Gottes und ist nach seiner bleibenden Würde und nicht nach seiner Arbeit zu bewerten. Arbeitslosigkeit darf daher niemals als persönlicher Makel gesehen werden.

Eine Lösung dieses schwerwiegenden Problems kann nicht ohne Opfer aller Beteiligten gefunden werden. Ihr werdet dabei eure so oft bewiesene Solidarität erneut unter Beweis stellen müssen. Ich vertraue auf euch, daß ihr gemeinsam nach Lösungen sucht und solche auch findet.

5. Nicht alle Menschen sind in gleicher Weise durch das *Übel der Arbeitslosigkeit* gefährdet. Es gibt einige Gruppen, die eurer Sorge besonders bedürfen.

Immer mehr Jugendliche werden nach der Zeit ihrer Ausbildung keinen festen Arbeitsplatz finden können. Sie sehen sich in ihrer Bereitschaft zur Arbeit und zur Übernahme von Verantwortung in der Gesellschaft schmerzlich enttäuscht. – Frauen erleben, daß sie zu den ersten gehören, die ihren Arbeitsplatz verlieren. Wenn auch ihren Aufgaben in der Familie höchste Bedeutung zukommt, dürfen sie jedoch deshalb in ihrem Beruf nicht zurückgesetzt werden. Sie arbeiten heute in fast allen Lebensbereichen und sollen diese Tätigkeiten ihrer Veranlagung gemäß ausüben können ohne Benachteiligung und ohne Ausschluß von Stellungen, für die sie befähigt sind. – Besonders schwer haben es die Behinderten. Es wäre aber des Menschen unwürdig und eine Verleugnung der gemeinsamen Menschennatur, wollte man zur Arbeit nur voll Leistungsfähige zulassen. Die Menschen dürfen nicht in willkommene Starke und Gesunde auf der einen und in kaum geduldete Schwache und Kranke auf der anderen Seite aufgeteilt werden. Auch hier muß die Arbeit der Würde des Menschen untergeordnet werden, nicht dem wirtschaftlichen Ertrag. Solange es trotz aller Bemühungen Arbeitslose unter euch gibt, sollt ihr mit ihnen gemeinsam nach Lösungen suchen.

Schließlich muß noch ein Problem erwähnt werden, das mir besonders am Herzen liegt. Vergessen wir bei all den berechtigten Sorgen über die wirtschaftliche und soziale Zukunft nicht die viel *größere Not der Länder der Dritten Welt*. Wir dürfen heute in der Lösung der großen gesellschaftlichen Probleme nicht bloß an uns selber denken. Wir müssen gerade als Christen solche Lösungen anstreben, die immer auch die Würde jener Menschen im Auge haben, deren fundamentale Menschenrechte verletzt werden. Das gilt gerade auch für den Bereich der abhängigen Arbeit in vielen Ländern der Erde.

In diesem Zusammenhang appelliere ich an die katholischen Arbeitnehmer- und Arbeitgeberverbände, an die Schulen und Sozialinstitute, die heutigen weltweiten Probleme der Wirtschafts- und Arbeitsordnung im Licht der Katholischen Soziallehre – bis hin zur Enzyklika *Laborem exercens* – intensiv zu studieren, damit im Zusammenwirken aller verantwortlichen Kräfte gerechte und realisierbare Lösungen gefunden werden können.

Liebe Brüder und Schwestern!
6. Wenn die heutigen Probleme auch übergroß erscheinen, so besteht dennoch *kein Grund zur Resignation*. Diese Welt – auch in ihrem heutigen Zustand – ist uns von Gott als Aufgabe übergeben. Und unser christlicher Glaube enthält viele Motive und Grundsätze, uns in der richtigen Weise um die Lösung dieser Aufgabe zu bemühen. Die ersten Seiten der Bibel – die Beschreibung des Schöpfungswerkes – sind in gewissem Sinn das erste Evangelium der Arbeit. Der Mensch wurde als Abbild Gottes geschaffen und nimmt durch seine Arbeit am Werk des Schöpfers teil. Das betrifft nicht nur die außergewöhnlichen Leistungen. Männer und Frauen, die durch ihre tägliche Arbeit für ihren Lebensunterhalt sorgen, dürfen mit Recht überzeugt sein, daß sie darin das Werk des Schöpfers weiterführen.

Die Entwicklung der sozialen Probleme in Industrie und Wirtschaft hat *die arbeitenden Menschen immer stärker zu einem gemeinsamen Handeln herausgefordert – zur Solidarität*. Im gemeinsamen Voranschreiten befreiten sich die Arbeiter und Arbeiterinnen aus Erniedrigung und Unterdrückung. Sie schufen die Voraussetzungen für ein menschenwürdiges Dasein, für ein Leben in Gerechtigkeit und Freiheit. Die christlichen Arbeitnehmer fanden hierbei Kraft und Anregung besonders auch in der Soziallehre der Kirche.

Christliche Solidarität drängt zum Handeln. Wir sehen in den Evangelien Jesus mit offenen Augen durch seine Heimat gehen. Den mit Leid geschlagenen Menschen wendet er sich liebevoll zu und holt sie heraus aus der Isolierung von Krankheit und Verachtung. Dabei setzt er sich über Widerstände in seiner Umgebung, selbst bei den Aposteln, mit großer Bestimmtheit hinweg. So kann es auch für den solidarischen Christen keine Neutralität dem Unrecht gegenüber geben. Er verläßt die bequeme Distanz und ist bereit, etwas zu tun. Der Entschluß, zu handeln, ist der entscheidende Schritt, um zum Aufbau einer menschenwürdigen Welt beizutragen.

> *Christliche Solidarität drängt zum Handeln.*

Christliche Solidarität drängt zum gemeinsamen Handeln. Der Weg vom Ich zum Wir setzt den Verzicht auf Egoismus und Eigensinn voraus. Die Suche nach Übereinstimmung ist zugleich eine Schule persönlicher Entfaltung und Reifung. Schließlich ist das gemeinsame Handeln der angemessene Weg, um vorliegende Probleme mit den Betroffenen selbst zu lösen. – Wir sehen diese Elemente oftmals in der Geschichte der Kirche Christi. Auch die Jünger des Herrn bilden um Jesus eine Gruppe gemeinsamen Lernens und Handelns. Sie werden zwei und zwei ausgesandt und verkünden schließlich nicht bloß eine individuelle Heilsbotschaft – das Heil ist dem ganzen Volk Gottes versprochen.

Christliche Solidarität lebt aus dem „Für", nicht aus dem „Gegen". Solidarisches Handeln will unnötiges, von Menschen oder von der Natur bewirktes Leid aufheben. Damit richtet es sich zunächst auch gegen jene, die eventuell an der Aufrechterhaltung eines solchen Unrechts oder Unheils interessiert sind. Letztlich aber sollte der Antrieb zur Tat nicht das „Gegen" sein, das zu neuer Unterdrückung führen kann, sondern das befreiende „Für". – An Jesus sehen wir, daß er die Auseinandersetzung mit den Übeltätern und Verfechtern des Unrechts nicht scheut. Sein Ziel aber ist die Umkehr des Sünders, nicht sein Untergang; sein Ziel ist das Leben, nicht der Tod. Auch das Ziel der Arbeitersolidarität sollte nicht Sieg, Triumph und Herrschaft sein, sondern Hilfe, Besserung und Verständigung.

Wenn ihr euch also solidarisch zusammenschließt, um eine gerechtere, menschenwürdigere Welt aufzubauen, dann steht ihr im Dienste des Lebens. Gottes Wille zum Heil ist umfassend. Er will, daß wir leben und Leben in Fülle haben.

7. Zu diesen Betrachtungen über die Solidarität in der Arbeit gehört auch ein herzliches Wort der Anerkennung für jene Brüder und Schwestern aus der Welt der Arbeit, die bewußt als *gläubige Christen an ihrem Arbeitsplatz* stehen. Ich weiß, daß gerade in Österreich seit vielen Jahrzehnten solche Männer und Frauen in den Reihen der Arbeiterschaft tätig sind und für Christus Zeugnis ablegen. Gerade von diesen

Christen sind viele Impulse ausgegangen zur Lösung zahlreicher Probleme der Arbeiterschaft. Die ersten und nächsten Apostel unter der Arbeiterschaft müssen ja die Arbeiter selbst sein. Ich denke dabei auch an die vielen Laien und Priester, die sich in besonderer Weise dem Arbeiterapostolat widmen. Ich weiß, daß sich auch in Österreich viele vom Geist eines Kardinal Cardijn anspornen lassen. Und wenn heute hier auf diesem Platz die Katholische Arbeitnehmerbewegung Österreichs die Gastarbeiter zu einem Treffen mit mir eingeladen hat, dann sehe ich darin ein hoffnungsvolles Zeichen, daß Christen deutlich machen wollen, wie Solidarität in der Arbeit nicht an der Grenze des eigenen Landes und am eigenen Interesse endet. Ich danke euch für dieses Beispiel, das ihr damit gegeben habt.

Liebe Brüder und Schwestern aus der Welt der Arbeit!
Seid euch eurer Würde und eurer Berufung bewußt: Söhne und Töchter Gottes seid ihr, Mitarbeiter Gottes, der diese Welt schuf und sie uns Menschen übergab. Wirkt an ihrer Vollendung. Stellt eure Kräfte zur Verfügung, um die sozialen Verhältnisse gerecht und menschenwürdig zu gestalten. Ihr habt eine große Vergangenheit, überlaßt die Zukunft nicht dem Zufall!
Ich versichere euch: Die Kirche fühlt sich euch zutiefst verbunden und steht an eurer Seite. Sie glaubt an die Werte, die im Menschen sind, an die Ordnung, die der Schöpfer der Welt jedem Menschen eingeschrieben hat. Ich bitte Gott in dieser Stunde, daß die wirtschaftliche Situation sich wieder zum Besseren wende und für euch und eure Familien viele Belastungen und Sorgen wegfallen; daß in den Betrieben und Arbeitsstätten Gerechtigkeit herrsche und so – bei euch und durch euch – immer deutlicher werde, daß das Gottesreich schon angebrochen ist. Hier in dieser Welt, auch in der Welt der Arbeit.

(Im Anschluß an seine Ansprache richtete der Papst kurze Grußworte an die ausländischen Arbeitnehmer in ihrer Muttersprache.)

(kroatisch)
Želim takoder uputiti svoj srdačni pozdrav i svim radnicima Hrvatima. Znajte da sam vam blizu duhom i molitvom u vašim svakodnevnim naporima. Neka Bog blagoslovi vas i vaše obitelji svojim darom radosti i mira.

(slowenisch)
Prisrčno želim pozdraviti tudi vse slovenske delavce.
Vedite, da sem v duhu in z molitvijo z vami pri vaših vsakdanjih naporih. Naj Bog blagoslovi vas in vaše druzine s svojim darom veselja in miru!

(englisch)
I also wish to extend a warm greeting to all the English-speaking workers, especially

those who have come to this country from India and the Philippines. Know that I am close to you in spirit and prayer as you perform your daily labours. May God bless you and your families with his gifts of joy and peace.

(türkisch)
Türk işçilerine candan selâmımı takdim etmek isterim.
Kalbimle sizin günlük yorgunluğunuzu takip ettigimi bilmenizi isterim.
Ulu Tanrīdan size ve Ailelerinize şen ve sakin günler bagışlamasīnī dilerim.

Dankesworte von Bischof Maximilian Aichern
(12. September 1983)

Heiliger Vater!
Sie haben die Einladung der österreichischen und ausländischen Arbeiter angenommen. Sie sind mitten unter uns gewesen, haben mit uns Gottesdienst gefeiert, zu uns gesprochen. Ich möchte im Namen aller hier Versammelten für diesen Besuch danken: Er zeigte den Papst an der Seite der Arbeiter; er machte sichtbar, daß Sie uns Stärkung und Hoffnung bringen wollten.
Sie gaben uns ein Zeichen der Solidarität mit Menschen, die schlicht und einfach ihre Arbeit und Aufgaben in Familie, Beruf und Gesellschaft erfüllen. – Ich möchte in dieser Stunde auch an Ihren Vater, den Schneidergesellen in Wadowice, den späteren k. k. Rechnungsbeamten, als einen dieser einfachen Menschen erinnern. Nicht weit von hier, im Wiener Militärarchiv, können Sie lobende Worte über seinen Österreich geleisteten Dienst nachlesen.
Dieses Zusammensein von österreichischen Arbeitern mit anderen, die aus verschiedenen Völkern und Kulturen kommen, möge uns auch ein Zeichen sein für friedliches Miteinander in gemeinsamer Arbeit, für offene Begegnung zu gegenseitiger menschlicher und geistiger Bereicherung.
In dieser Stunde scheint mir ein Wort sehr wichtig zu sein, das Sie „am Beginn Ihres Dienstes auf dem römischen Stuhl Petri" (*Laborem exercens,* Nr. 1,1), nämlich in Ihrer ersten Enzyklika über „die Würde des Menschen in Christus", gesagt und in der Arbeitsenzyklika *Laborem exercens* wiederholt haben: „Der Mensch ist der erste und grundlegende Weg der Kirche" (*Redemptor hominis,* Nr. 14; *Laborem exercens,* Nr. 1,1). Diese Stunde ist uns ein Garant dafür, daß die Kirche nicht am Menschen vorbeigeht, dessen Geschick „auf so enge und unaufhebbare Weise mit Christus verbunden" ist. Der Mensch steht im Mittelpunkt des Auftrages der Kirche, die sich auch „immer wieder neu die ‚Situation' des Menschen bewußtmachen" muß. – In *Laborem exercens* zeigten Sie, daß Sie diesen Weg des Menschen sehr ernst nehmen, vor allem seinen Weg der Arbeit. Sie forderten, daß auf diesen Weg immer wieder zurückgekehrt werden muß. So nehmen wir diese Stunde als Zeichen eines neuen Dialogs der Kirche mit der Welt der Arbeit. Wir, die wir an den Menschen glauben und an seine Kraft zur Veränderung. So ist uns dieser Ihr Besuch, sind uns Ihre Worte eine große Verpflichtung, am Aufbau einer neuen Gesellschaft unseren Einsatz zu leisten.

Ansprache des Papstes bei der Begegnung mit polnischen Landsleuten vor der Karlskirche in Wien
(12. September 1983)

Gelobt sei Jesus Christus!
1. Liebe Brüder und Schwestern, liebe Landsleute! Ich danke dem lebendigen Gott für die Gnade dieses Augenblicks, für das Treffen mit meinen Landsleuten auf österreichischem Boden. Ich heiße alle herzlich willkommen und begrüße euch alle zusammen und jeden einzelnen von euch. An erster Stelle begrüße ich den Erzbischof von Wien, Kardinal Franz König, den großen Freund Polens. Ferner begrüße ich den Kardinal-Primas, den Kardinal-Erzbischof von Krakau, alle Bischöfe aus Polen sowie die mit uns brüderlich verbundenen Bischöfe aus der Slowakei und aus Böhmen. Ich danke dem Weihbischof Szczepan Wesoły, dem Delegaten für die Seelsorge der Auslandspolen, für seine Worte. Herzlich begrüße ich alle Priester – die hiesigen Seelsorger, die Diözesan- und Ordenspriester, insbesondere die Priester von der Kongregation der Resurrektionisten; von ihrer Kirche aus kam ich hierher. Bei dieser Gelegenheit möchte ich mich auch für die Gastfreundschaft bedanken, die sie mir und manchen Bischöfen aus Polen auf dem Weg nach Rom hier in Wien gewährt haben. Besonders herzlich begrüße ich die zahlreichen Kinder und Jugendlichen. Ich grüße euch alle, die der Glaube, die Hoffnung, Liebe und brüderliche Solidarität zu diesem Treffen geführt haben. In diesem Geiste grüße ich auch die Vertreter anderer Konfessionen und alle Gäste. Von Herzen danke ich allen für ihre Anwesenheit und ihr Zeugnis.

2. „Glücklich ist das Volk, dessen Gott der Herr ist – das Land, das er für sein Vermächtnis erwählt hat" (Ps 33,12). Meine Ansprache beginne ich mit diesen Psalmworten, denn sie sagen die grundlegende Wahrheit aus, daß Gott, unser Schöpfer und Vater, der seinen Anspruch in die Herzen der Menschen eingeschrieben hat, der Gott der Geschichte ist. Er steht – wie einst in dem Zeichen der feurigen Säule vor den Israeliten, die in der Wüste ihrer Befreiung entgegengingen – an dem Weg jedes Menschen, aller Völker und Nationen, für die er endgültige Bestimmung und Erfüllung ist. Durch das Bündnis, das er mit der Menschheit im Namen Jesu Christi geschlossen hat, wählt er einzelne Menschen und Völker „für sein Vermächtnis" aus. Durch die Treue zu diesem Bündnis wird er ihr Herr und Erlöser.

Das Leben der Menschen, das Leben der einzelnen Völker und deren Zusammenleben bleibt für immer an die höchste Autorität Gottes gebunden. Diese Bindung charakterisiert nicht nur die Beziehung des allmächtigen Schöpfers zu seinen Geschöpfen; in Christus, dem Sohn Gottes, und der Jungfrau von Nazaret wird sie zu einer Familie, in der wir Kinder unseres alleinigen Gottes und Brüder untereinander sind. Nur in dieser Bindung wird das Wohl des einzelnen und das Wohl aller zum umfassenden Gemeinwohl aller.

Angesichts der gegenwärtigen Bedrohung und Rückschläge, die wir erleben, schaut die Kirche mit größter Sorge auf das Innere des Menschen, auf seinen Geist. Sie schaut auf den Geist der Nationen, und in der geistigen Wiedergeburt sieht sie Heilung und Rettung. Die Nation ist nicht nur eine Gemeinschaft von Individuen. Sie ist vielmehr eine Synthese der Sprache, des Denkens, der Werte, der Erfahrungen, des Glaubens, der Tradition – also eine Synthese der Kultur. Diese Synthese bildet den Menschen und formt die Generationen. Daraus schöpft der Mensch die Kraft für sein Leben in der Familie, der Heimat und für die Zukunft.

> *Ich kenne – zumindest zum Teil – eure Schmerzen und eure Bitterkeit, die die mit eurer Emigration verbundene Verpflanzung über euch gebracht hat.*

3. Und in diesem Geist wollen wir den 300. Jahrestag des Entsatzes von Wien feiern. Dem allmächtigen Gott wollen wir unsere tiefe Dankbarkeit dafür ausdrücken, daß er der Gott der Geschichte der Menschen und der Völker ist, daß er sie als Vermächtnis erwählt hat, dem er trotz aller Gefährdungen die Treue hält, dafür auch, daß er unseren Vätern Tapferkeit und Kraft gegeben hat. Hier in Wien wollen wir dem König Johannes III. Sobieski die Ehre dafür erweisen, daß er das damals bedrohte Vaterland verteidigte, als sich Europa, die Kirche und die christliche Kultur in Todesnot befanden. Wir wollen Gott für den vor 300 Jahren errungenen Sieg danken. Wir gedenken des Heeres, dessen Oberbefehlshaber der König war, besonders unserer Landsleute. Wir würdigen ihre Opferbereitschaft und Tapferkeit. Wir erinnern uns dankbar daran, daß sie kamen und daß Gott durch sie gesiegt hat. Möge ihnen das ewige Licht leuchten, und möge dieses Licht auch unseren Weg, den Weg unserer Brüder und Schwestern in unserem Vaterland und auf der ganzen Erde erleuchten.

Wir werden uns gleich zu unserem Glauben an Gott, der gleichzeitig unser Glaube an den Menschen ist, wenden. Denn die Größe und Würde des Menschen sind darin begründet, daß der Mensch als Ebenbild Gottes geschaffen wurde, daß er erlöst wurde und die Kraft erhalten hat, Kind Gottes zu werden, selbst am Leben Gottes teilzuhaben, indem er unsterblich ist, obwohl er sterben muß.

Meine Pilgerfahrt nach Österreich und auch dieses Treffen mit meinen Landsleuten, die sich ständig oder vorübergehend in Österreich aufhalten, findet im Jahr des großen Jubiläums unserer Befreiung statt. Wir gedenken in diesem Jahr ganz besonders des Werkes der Erlösung durch Jesus Christus vor 1950 Jahren. Wir gedenken des

Kalvarienkreuzes und der Auferstehung, für die dieses Kreuz den Weg bereitet hat. Ohne die Auferstehung wären das Kreuz und der Tod am Kreuz eine Tragödie. Wenn Christus nicht auferstanden ist, ist unser Glaube leer, schreibt der Apostel Paulus (*1 Kor* 15,14). Aber Christus kam, um zu sterben *und* aufzuerstehen, damit wir das Leben und das Leben in Fülle haben (*Joh* 10,10). Er hat für euch gelitten, schreibt der heilige Petrus, und er trug unsere Sünden, damit wir aufhören, Sünder zu sein, und damit wir für die Gerechtigkeit leben. Durch das Blut aus seinen Wunden wurdet ihr geheilt (*1 Petr* 2,21.24).

4. Dieser Sieg ist ein Geschenk der Liebe. Seither ist das Kreuz das Symbol des Sieges durch die Liebe und verkündet den Menschen eine Hoffnung. Von diesem ersten Tag nach dem Sabbat an verkündet die Kirche dem Menschen, daß seine Sache gewonnen hat, daß er trotz aller Not, Erniedrigung und Beraubung der Freiheit – frei ist. Es wird nichts mehr geschehen, was imstande wäre, ihn zu vernichten, ihm den Glauben an die Zukunft zu nehmen. „Christus hat den Tod besiegt und auf das Leben und die Unsterblichkeit das Licht durch das Evangelium geworfen" (*2 Tim* 1,10). Deshalb

> *Wahrt euren guten Ruf und den guten Ruf eurer Heimat, in der ihr aufgewachsen seid. Behaltet und mehrt das Erbe, das ihr in euch tragt!*

bekennen wir heute mit gestärktem Bewußtsein und besonderer Kraft: Ich glaube an die Vergebung der Sünden, an die Auferstehung der Toten und an das ewige Leben. Möge dies für euch eine dauerhafte Frucht des Heiligen Jahres und unseres Treffens bleiben.

5. Liebe Brüder und Schwestern, ich kenne – zumindest zum Teil – eure Schmerzen und eure Bitterkeit, die die mit eurer Emigration verbundene Verpflanzung über euch gebracht hat. Ihr habt vielleicht diese Schmerzen nicht vorausgesehen. Manchmal seid ihr in der Versuchung, den Verführungen dieser Welt zu erliegen. Ich werde diese Versuchungen hier nicht aufzählen: Ihr kennt sie gut. Aber ich bitte euch: Laßt euch durch keine Macht und Täuschung vom rechten Weg abbringen! Seid stark durch die Kraft des Glaubens und des Geistes! Müht euch um euer Wohl und das Wohl eurer Familien! Mögen die Familien der Liebe nach dem Gebot des Evangeliums treu und eine Stütze des Glaubens bleiben! Arbeitet für das Wohl der Gemeinschaft, die ihr gewählt habt oder in der ihr leben müßt! Seid dankbar für jedes Entgegenkommen, für jede Güte, und seid bereit, auf christliche Weise zu verzeihen! Wahrt euren guten Ruf und den guten Ruf eurer Heimat, in der ihr aufgewachsen seid. Behaltet und mehrt das Erbe, das ihr in euch tragt! Bleibt diesem Erbe treu in allem, was gut ist! Das ist der Weg zur Rettung der eigenen Würde und der Achtung vor der Würde der anderen. Verfallt keinem Materialismus! Bewahrt und vertieft durch eure Gemeinden das Bündnis mit der Kirche! Öffnet euch durch ihre Sakramente die Quellen der Gnade des Erlösers!

6. Mit Zuversicht möchte ich euren Blick und eure Herzen zur Mutter „Jasna Góra" lenken; ihr vertraue ich das Los der Landsleute innerhalb und außerhalb der Heimat an. Ihr möchte ich euch alle anvertrauen. Jasna Góra ist das Zeichen und die Quelle der Werte, die von Gott sind und die die Seelen und Herzen der Menschen dieser Erde formen, die erlöschende Augen mit Hoffnung erfüllen, die eine Niederlage in einen Sieg verwandeln. Unser Dichter bekennt in seinem Gedicht Gott als Verwalter der Erde und sagt mit großer Einfachheit:

„Wißt ihr, wo ich war, wo ich das gelernt habe? ... Ich bin ein Kind von Tschenstochau, komme von dort zu Fuß, wohl weither, aber gern." (K. C. Norwid)

In diesem Sinne beten wir zu Gott durch unsere Mutter und Königin von Jasna Góra: Herr, baue unser Haus, hüte deine Stadt (*Ps* 127,1).

Jetzt wollen wir gemeinsam das Taufgelöbnis erneuern.

Begegnung auf dem Kahlenberg

Begrüßung des Papstes auf dem Kahlenberg durch Erich Schmutz
(13. September 1983)

In der Nähe der Stätte, wo vor 300 Jahren die entscheidende göttliche Hilfe für die Entsatzschlacht um Wien erbeten wurde, darf ich Sie, Heiliger Vater, recht herzlich begrüßen.

Es haben sich hier viele Menschen versammelt, um mit Ihnen, Heiliger Vater, der Ereignisse des Jahres 1683 zu gedenken, die für das Christentum Europas von großer Bedeutung waren.

In Vertretung der 60.000 Schüler aller katholischen Privatschulen haben sich hier Schüler aus den Privatschulen der Erzdiözese Wien eingefunden, die, wie es im Lied heißt, für ein Land voller Frieden singen wollen, und die glauben, daß 800 Millionen Christen auf dieser Erde das Antlitz dieser Erde verändern können.

Versammelt sind hier Ihre polnischen Landsleute, die aus allen Ländern der Welt hierhergekommen sind, um des großen Einsatzes ihres damaligen Königs Sobieski zu gedenken, der den Sieg allein Gott zuschrieb.

Anwesend sind die vielen treuen Helfer und Organisatoren für den Österreichischen Katholikentag, die in aufopferungsvoller Weise zum Gelingen des Festes beigetragen haben und heute in der Nähe ihres Papstes beten, singen und hören wollen.

Wir alle danken Ihnen, Heiliger Vater, für Ihr Kommen. Ihr Besuch an dieser Stätte soll uns alle in unserer Hoffnung und in unserem Glauben stärken, daß die Kirche eine Kraft der Versöhnung und des Friedens ist – das Zeichen Gottes unter den Völkern.

Ansprache des Papstes auf dem Kahlenberg in Wien
(13. September 1983)

Freudig und mit bewegtem Herzen grüße ich euch alle, die ihr an diesem letzten Vormittag meines Besuches in Österreich mit mir auf den Kahlenberg gekommen seid. Ich danke für den liebevollen Empfang, die treffenden Worte und das frohe Singen.

Als vor dreihundert Jahren von diesen Höhen des Wienerwaldes eine große Entscheidung ihren Ausgang nahm, erhielt für die Menschen in der belagerten Stadt das Psalmwort eine neue, lebensnahe Bedeutung: „Ich hebe meine Augen auf zu den Bergen: Woher kommt mir Hilfe? Meine Hilfe kommt vom Herrn" (*Ps* 121,1f).

Die Kirche auf dem Kahlenberg erinnert uns daran, daß auch die Befreier wußten, wie sehr sie auf die Hilfe von oben angewiesen waren.

Die Kirche auf dem Kahlenberg erinnert uns daran, daß auch die Befreier wußten, wie sehr sie auf die Hilfe von oben angewiesen waren. Sie wollten die Schlacht nicht beginnen, ohne vorher gemeinsam Gott um seine Hilfe angefleht zu haben. Und dieses Gebet nahmen sie mit in den Kampf: „Jesus und Maria hilf!"

Ja, das Vertrauen auf die machtvolle Fürsprache Marias hat die bedrohten Völker in diesen Monaten der Angst beseelt. Und so sehr hat man den glücklichen Sieg ihrer mütterlichen Vermittlung zugeschrieben, daß der 12. September jeden Jahres seitdem als Fest Mariä Namen ihr gehört.

Es war mir wie ein Geschenk von ihr, daß ich dieses Fest am 300. Jahrestag jener Befreiung, für die mein Vorgänger es einführte, im Hohen Dom der befreiten Hauptstadt feiern durfte, in geistiger Verbundenheit mit denen, die damals – zuerst in Not und dann im Jubel – im selben Gotteshaus gebetet und gesungen haben. Hören wir nicht auf zu beten und zu singen; Mariä Namen ist uns auch heute als Zuflucht gegeben. Wir haben nicht weniger Grund, sie zu bestürmen: „Maria, breit den Mantel aus, mach Schirm und Schutz für uns daraus; laß uns darunter sicher stehn, bis alle Stürm' vorübergehn."

Ich bin auf dem Weg zu ihrem Heiligtum Mariazell. In Gedanken nehme ich euch alle mit. Marias mütterlicher Liebe empfehle ich die vielen, die bei der Vorbereitung und Gestaltung dieses großen Katholikentages mitgeholfen haben. Ich möchte euch und euren Familien danken für allen Einsatz, alle Opfer und euch zurufen: „Vergelt's Gott!" Ich möchte euch aber auch eindringlich bitten: Haltet euch stets vor Augen, daß die Nacharbeit eines solchen Ereignisses ebenso wichtig ist wie die Vorbereitung. Sie ist vielleicht eine mehr unscheinbare Aufgabe, aber gerade deswegen dürfen wir nicht zögern, uns ihr mit Phantasie und Ausdauer zu widmen.

Auch euch, meine polnischen Landsleute, möchte ich mitnehmen zur Magna Mater Austriae und Mater Gentium Slavorum. Die tiefgehende Verbundenheit, die am 12. September 1683 unter dem Schutzmantel Marias zwischen Österreich und Polen entstanden ist, hat sich gerade in unseren Tagen wieder als tragfähig für echte Brüderlichkeit erwiesen.

(Den folgenden Teil seiner Ansprache hielt der Papst in polnisch.)

Liebe Landsleute!
Seid willkommen! Ich möchte in wenigen Worten die Bedeutung dieses Augenblicks hervorheben, den wir hier zusammen auf dem Kahlenberg erleben in Erinnerung an den Sieg der polnischen Waffen und der Koalition der europäischen Länder unter Führung unseres Königs Jan Sobieski. Dieser Augenblick weckt viele Überlegungen, denn es handelt sich um ein Ereignis, das die europäische Kultur und die Christenheit Europas gerettet und sich tief in seine Geschichte eingeschrieben hat.

Vor allem aber weckten dieses Jubiläum und diese Begegnung heute in uns tiefe Dankbarkeit für die großen Werke, die Gott unter den Menschen und durch sie wirkt. Im Alten Testament sagen die Propheten, die geistlichen Führer des auserwählten Volkes, das einzige Mittel, das zum Sieg und zur Wiedergewinnung der verlorenen Freiheit führt, sei die innere Umkehr, die sittliche Ordnung, der Glaube und die Treue zu dem mit dem Herrn geschlossenen Bund.

Und in diesen Zusammenhang muß man den Sieg von Wien einordnen. Es war vor allem die Kraft des Glaubens, die den König und sein Heer veranlaßte, eine tödliche Bedrohung zu bestehen, in Verteidigung der Freiheit Europas und der Kirche, und diese historische Sendung voll zu erfüllen.

Es ist sehr bedeutsam, daß der König auf seinem Weg nach Wien in Jasna Góra haltmachte, wo er beichtete und an mehreren Messen teilnam. Er betete in Krakau in der Karmelitenkirche vor dem Bild Unserer Lieben Frau von Krakau und bestimmte zum Tag des Aufbruchs aus dieser Stadt das Fest Mariä Himmelfahrt. Er betete vor dem wundertätigen Bild in Piekary Slaskie.

Die Weihe einer Kapelle der Madonna von Jasna Góra heute hier auf dem Kahlenberg, an der Stelle der siegreichen Schlacht, gewinnt in diesem Zusammenhang eine besondere Bedeutung. Sie ist der Ausdruck des Dankes gegenüber unserer Mutter, die uns schützt, und eine Huldigung, die wir unseren Vätern erweisen für ihr Zeugnis, aus dem wir Mut schöpfen möchten, um bei der Verteidigung der heute bedrohten Werte standhaft zu sein.

(Im Schlußteil seiner Rede sprach Johannes Paul II. wieder deutsch.)

Natürlich möchte ich nach Mariazell ganz besonders euch mitnehmen, liebe Schülerinnen und Schüler. Ich möchte Maria sagen können, daß euer Herz offen ist für jeden Anruf ihres Sohnes, so wie sie es wünscht: „Was er euch sagt, das tut" (Joh 2,5). Laßt euch auf ihn ein! Er braucht euch: euren Schwung, eure Ideen, eure Kraft, ja das auch, vor allem aber euer hoffnungsfrohes, junges Herz. Laßt euch auf ihn ein! Mag er euch dann in die Ehe, in eine geistliche Gemeinschaft oder ins Priestertum führen – überall seid ihr Kirche; aber laßt es *ihn* entscheiden!

Er braucht Ehen, die sich als lebendige Zellen seines Reiches verstehen, als Strahlungszentrum seiner Liebe.

Er braucht Menschen, an deren Lebensform sichtbar wird, daß *er* die letzte Sehnsucht unseres Herzens ist und der letzte Inhalt jeder Gemeinschaft.

Der Herr der Geschichte hat auch den Lebensweg eines jeden einzelnen von uns in seiner Hand und in seinem Herzen.

Er braucht Menschen, die in der Kirche das Wirken ihres Herrn im priesterlichen Dienst verkörpern, so wie ich es in diesen Tagen unter euch tun durfte. Laßt euch ein auf ihn; es ist ein herrliches Abenteuer und jede Anstrengung wert!

Liebe Freunde! Der Tag, an den uns die Kirche auf dem Kahlenberg erinnert, entschied über Leben und Tod von Zehntausenden von Soldaten und Bürgern und über das politische und religiöse Schicksal ganzer Völker auf Jahrhunderte hin. Bei einem solchen Rückblick fühlen wir uns recht klein. Aber der Herr der Geschichte hat auch den Lebensweg eines jeden einzelnen von uns in seiner Hand und in seinem Herzen. Vertrauen wir uns ihm an, im Großen und im Kleinen. Lebt wohl!

Wallfahrt nach Mariazell

Begrüßung des Papstes durch Franz Kardinal König in Mariazell
(13. September 1983)

Heiliger Vater!

An einem wahrhaft gnadenreichen Platz unseres Heimatlandes, im größten Wallfahrtsort Österreichs, darf ich Sie, Heiliger Vater, mit Ehrfurcht und Freude begrüßen. Am Ende Ihres Besuches in Österreich treffen Sie hier mit Priestern, Diakonen, Ordensleuten, Priesterstudenten und Novizen zusammen. Über 7000 Angehörige des geistlichen Berufes haben sich aus allen österreichischen Diözesen auf die Pilgerreise nach Mariazell begeben. Dazu kommen noch viele Gäste aus dem Ausland, besonders aus den benachbarten Oststaaten, denen unser besonders herzlicher Gruß gilt.
Die Berufung zum geistlichen Leben war immer in der Geschichte der Kirche vielen Gefahren ausgesetzt – von außen her und auch von innen. Unsere Sündhaftigkeit und menschliche Schwäche ist Anlaß dafür, daß wir mitunter die Erwartungen unserer Mitmenschen enttäuschen. Diese Erwartungen sind in Wirklichkeit sehr groß: Über alle Dienste hinaus, die von Priestern, Diakonen und Ordensleuten geleistet werden können, erhoffen die Menschen gerade aus unserem Lebensstand ein Zeugnis dafür, daß Christus auferstanden ist, daß das Leben und die ganze Erde wahrhaft einen Sinn haben und nicht endgültig in Müdigkeit, Hoffnungslosigkeit und Tod versinken.
Gemäß dem Wort der Heiligen Schrift „Stärke deine Brüder!" (*Lk* 22,32) bitten wir Sie, Heiliger Vater, in der Kraft Ihres Petrusamtes um Ihr Wort, das uns die Richtung weist und uns stärkt. Wir bitten um die gemeinsame Feier der Geheimnisse Christi, von denen wir alle leben.
Wir bitten um Ihre Nähe bei unseren kranken und betagten Brüdern und Schwestern, und wir bitten um Ihre Gemeinschaft mit den jungen Leuten, die sich auf den geistlichen Beruf vorbereiten.
Viele Laien werden mit uns heute feiern, hier in Mariazell und mit uns durch die Massenmedien verbunden. Segnen Sie besonders die Angehörigen und Weggefährten von uns Priestern und Ordensleuten.
Zum Gnadenbild Mariazells sind viele Millionen Menschen gepilgert. Im Vertrauen auf die Fürsprache Mariens haben wir uns hier versammelt. Wir grüßen Sie in großer Dankbarkeit für diesen gesegneten Tag.

Erster Pastoralbesuch 1983

Predigt des Papstes beim Gottesdienst mit Priestern und Ordensleuten in Mariazell
(13. September 1983)

Liebe Mitpilger zur Gottesmutter von Mariazell!

1. Maria machte sich auf den Weg und eilte in eine Stadt im Bergland von Judäa. Der Name der Stadt war *Ain-Karim*. Heute machten *wir* uns auf den Weg und eilten zu ihr ins Bergland der Steiermark. Pater Magnus von St. Lambrecht hat ihr hier eine „Zelle" errichtet. Seit über 800 Jahren empfängt sie nun darin die Pilger und nimmt ihr Bitten und Danken an – hier in ihrem Heiligtum *„Mariazell"*.

Von weit her kamen und kommen die Pilger – mit Zepter oder Wanderstab – und empfehlen sich und die Ihren immer wieder neu dem Schutz und der Fürsprache der „Magna Mater Austriae", der „Mater Gentium Slavorum", der „Magna Hungarorum Domina". Sie reihen sich damit ein in die große Wallfahrt der Völker, von der wir soeben beim Propheten Jesaja gelesen haben: „Völker wandern zu deinem Licht und Könige zu deinem strahlenden Glanz. Blick auf und schau umher: Sie alle versammeln sich und kommen zu dir ... Dein Herz bebt vor Freude und öffnet sich weit" (*Jes* 60,3-5).

> *Maria ist uns Vorbild und Hilfe. Die Evangelien zeichnen sie als die große Schweigende, als die im Schweigen Hörende.*

Auch in dieser Stunde öffnet sich wiederum das mütterliche Herz Marias, liebe Brüder und Schwestern, da wir im Anschluß an den großen Katholikentag ebenfalls als Pilger zu ihr gekommen sind, um nicht nur die Diözesen Österreichs und der benachbarten Völker, sondern die ganze Kirche ihres Sohnes vor ihr zu vertreten und ihrer Liebe und Sorge anzuvertrauen.

2. Liebe Mitbrüder im Bischofsamt, im Priestertum und im Diakonat, liebe Ordensleute, liebe Seminaristen, Novizinnen und Novizen, liebe Brüder und Schwestern im Laienstand! Als pilgerndes Gottesvolk sind *wir alle von Gott* „erkannt", „bestimmt" und „berufen", „an Wesen und Gestalt ihres Sohnes teilzuhaben" (vgl. *Röm* 8,28-30). Diese gemeinsame Berufung hat in den verschiedenen Lebensformen und Diensten der Kirche *eine besondere Ausprägung*. Dennoch gibt es in der Kirche wie in einer Familie zwischen ihren einzelnen Gliedern und Gruppierungen keine trennenden

Schranken. Alle sind aufeinander verwiesen, und jeder trägt jeden. So gehört auch jede meiner Begegnungen in diesen Tagen euch allen, meine lieben Glaubensbrüder und -schwestern in Österreich: mein Wort zur Politik und das zur Kultur, mein Wort an die Jugend und das an die Kranken. Und euch *allen* gehören auch meine Gedanken über das Priestertum und Ordensleben, die ich euch hier beim Gnadenbild der Gottesmutter der Betrachtung und persönlichen Vertiefung anvertrauen möchte.

3. Das heutige Evangelium gipfelt in dem Satz: „Selig ist die, die geglaubt hat, daß sich erfüllt, was der Herr ihr sagen ließ" (*Lk* 1,45). Mit diesem Satz schaut der Evangelist vom Haus der Elisabet zurück in die Kammer von Nazaret, vom Gespräch der beiden Frauen zum Sprechen Gottes.

Das Gebet ist ein unersetzlicher Bestandteil unserer Berufung.

Gott ist es, der das Gespräch mit der heiligen Jungfrau, mit der Menschheit eröffnet. *Das erste ist immer das Sprechen Gottes.* „Im Anfang war das Wort" (*Joh* 1,1). Deshalb muß, liebe Priester und Ordensleute, in unserem geistlichen Leben das erste immer das Hören sein. Erst muß das Wort Gottes vernommen werden, dann erst können wir Antwort geben; erst müssen wir horchen, dann erst können wir gehorchen. *Stille* und *Sammlung*, *geistliche Lesung* und *Betrachtung* sind unerläßlich für unseren Weg und Dienst als Hörer und Verkünder des menschgewordenen Wortes. Maria ist uns darin Vorbild und Hilfe. Die Evangelien zeichnen sie als die große Schweigende, als die im Schweigen Hörende. Ihr Schweigen ist der Schoß des Wortes. Sie bewahrt alles und läßt es reifen in ihrem Herzen. Wie in der Szene der Verkündigung wird das Hören auf Gott ganz von selbst zu einem Gespräch mit Gott, in dem wir ihn ansprechen dürfen und er uns anhört. *Sprecht* also *vor Gott aus, was euch bewegt!* Dankt ihm voll Freude für das, was er an euch gewirkt hat und was er Tag für Tag durch euch an andere vermittelt! Tragt vor ihn die Sorge um die euch anvertrauten Menschen, die Kinder und die Jugend, die Eheleute, die Alten und die Kranken! Tragt vor ihn die Schwierigkeiten und Mißerfolge in eurem Dienst, all eure persönlichen Nöte und Leiden!

Liebe Priester und Ordensleute, *das Gebet ist ein unersetzlicher Bestandteil unserer Berufung.* Es ist so wesentlich, daß seinetwegen manches andere – scheinbar Dringlichere – zurückgestellt werden darf und muß. Auch wenn euer Alltag im Dienst für die Menschen oft bis zum Übermaß mit Arbeit ausgefüllt ist, so dürfen darin angemessene Zeiten der Stille und des Gebetes nicht fehlen. Gebet und Arbeit dürfen niemals voneinander getrennt werden. Wenn wir unsere Arbeit täglich vor Gott bedenken und ihm anempfehlen, so wird sie schließlich selbst Gebet.

Lernt beten! Schöpft dabei vor allem aus dem Reichtum des Stundengebetes und der Eucharistie, die in besonderer Weise eure tägliche Arbeit begleiten soll. Lernt in der Schule des Herrn selbst so beten, daß ihr zu „Meistern" des Gebetes werdet und auch jene, die euch anvertraut sind, *das Beten lehren* könnt. Wenn ihr die Menschen beten lehrt, dann bringt ihr ihren oft verschütteten Glauben wieder zum Sprechen. Durch das Gebet führt ihr sie zurück zu Gott und gebt ihrem Leben wieder Halt und Sinn. Voll Hoffnung schaue ich auf euch, liebe Priesteramtskandidaten, Novizinnen und Novizen. Schon eure Seminare und Noviziate sollen Stätten der Besinnung, des Gebetes und der Einübung in den vertrauten Umgang mit dem Herrn sein. Ich weiß, welche *neue Sehnsucht* ihr *nach rechtem Beten* habt und daß ihr auch nach neuen Wegen sucht, um euer Leben noch tiefer vom Gebet durchdringen zu lassen. Mit euch zusammen wollen wir alle wieder neu beten lernen! Lassen wir uns mitreißen vom Psalmisten des Alten Bundes, der da betet: „Nur eines erbitte ich vom Herrn, danach verlangt mich: im Haus des Herrn zu wohnen alle Tage meines Lebens, die Freundlichkeit des Herrn zu schauen und nachzusinnen in seinem Tempel" (*Ps* 27,4).

4. Liebe Brüder und Schwestern! Gottes Wort führt uns in die Stille, zu uns selbst, zur Begegnung mit ihm, aber es trennt uns nicht voneinander. *Gottes Wort* isoliert nicht, sondern es *verbindet*. In der Stille ihres Gesprächs mit dem Engel erfährt Maria von der Mutterschaft Elisabets. Aus der Stille dieses Gesprächs macht sie sich auf den Weg und eilt zu ihr ins Bergland von Judäa. Maria weiß um Gottes Wirken an Elisabet und berichtet ihr von Gottes Wirken an ihr selbst. Kostbare Gebete sind das Geschenk jener Stunde. „Du bist gebenedeit unter den Frauen und gebenedeit ist die Frucht deines Leibes", so beantwortet Elisabet den Gruß Marias, und unser tägliches Magnifikat ist Marias Antwort an Elisabet. Merken wir uns aus dem Evangelium unserer heutigen Pilgermesse: Gott beruft nicht nur, sondern er hilft den Berufenen auch, einander in ihrer jeweiligen Berufung zu verstehen und gegenseitig anzunehmen.

> *Jesus will, daß die Gerufenen bei ihm sind, aber nicht als isolierte einzelne, sondern in Gemeinschaft.*

Jesus will, daß die Gerufenen bei ihm sind (vgl. *Mk* 3,14), aber nicht als isolierte einzelne, sondern in *Gemeinschaft*. Das ganze Gottesvolk, aber auch die einzelnen Berufungen in ihm stehen in „communio" mit dem Herrn und untereinander. Wie bei Maria und Elisabet umfaßt diese Gemeinschaft das Glaubensleben wie den Alltag. Das wird besonders deutlich bei euch Ordensleuten. Ihr lebt noch mehr als andere nach dem Beispiel der Urkirche, in der „die Gemeinde der Gläubigen ein Herz und eine Seele war" (vgl. *Apg* 4,32). Je mehr es euch gelingt, in euren Gemeinschaften in echter Liebe zu leben, um so eindringlicher bezeugt ihr die Glaubwürdigkeit der christlichen Botschaft. Eure Einheit macht nach den Worten des Konzils „das Kommen Christi offenbar, und eine große apostolische Kraft geht von ihr aus" (*Perfectae caritatis*, Nr. 15).

Das gilt in ähnlicher Weise auch von euch Diözesanpriestern und Diakonen. Ich weiß, daß manche von euch unter *Einsamkeit* leiden. Viele von euch stehen – auch wegen des zunehmenden Priestermangels – in ihrer Arbeit allein. Ihr fühlt euch vielleicht zu wenig verstanden und angenommen in einer Welt, die anders denkt und euch mit eurer Botschaft als etwas Befremdendes erlebt. Umso mehr müssen wir das beden-

Wallfahrt nach Mariazell

ken und konkret zu leben versuchen, was das Konzil über die *Gemeinschaft unter den Priestern* sagt. Auch ihr Weltpriester und Diakone seid niemals wirklich allein: Ihr bildet zusammen eine innige Schicksalsgemeinschaft! Denn durch die heilige Weihe und Sendung seid ihr, wie das Konzil nachdrücklich betont, „einander in ganz enger Brüderlichkeit" (*Lumen gentium*, Nr. 28), in „inniger sakramentaler Bruderschaft ... verbunden" (*Presbyterorum ordinis*, Nr. 8). Ihr seid mit euren „Mitbrüdern durch das Band der Liebe, des Gebetes und der allseitigen Zusammenarbeit" (*ebd.*) geeint. Bemüht euch, liebe Mitbrüder, diese im Weihesakrament grundgelegte beglückende Wirklichkeit in lebendiger priesterlicher Gemeinschaft zu leben! Das machen auch wir, der Papst und die Bischöfe, mit euch zu unserem gemeinsamen Anliegen. Tun wir alles, was mit Gottes Hilfe in unserer Macht steht, um uns einander brüderlich anzunehmen, gegenseitig mitzutragen und so gemeinsam für Christus Zeugnis zu geben.

> *Die von euch Priestern und Ordensleuten um des Himmelreiches willen gewählte Ehelosigkeit macht euch freier für die Gemeinschaft mit Christus und den Dienst an den Menschen.*

Die von euch Priestern und Ordensleuten *um des Himmelreiches willen gewählte Ehelosigkeit* macht euch freier für die Gemeinschaft mit Christus und den Dienst an den Menschen. Sie *macht euch* aber *auch freier für um so engere und tiefere Gemeinschaft untereinander.* Laßt euch von niemandem und von nichts versuchen, diese hochherzige Verfügbarkeit zu mindern oder zurückzunehmen.

Macht sie vielmehr voll fruchtbar für euer Leben und euren Dienst zum Heil der Menschen.

Liebe Priesteramtskandidaten in den Seminarien! Ihr seid voller Ideen über den Dienst und das Leben der Priester in unserer Zeit. Wir wollen uns *mit euch öffnen* für das, „was der Geist den Gemeinden sagt" (Offb 2,29; 3,6.13.22). Zugleich bitte ich euch: *Lebt eure Ideale schon jetzt,* gerade das Ideal der Gemeinschaft – untereinander und mit eurem Regens – in Glaubensleben, Studium und Freizeit.

Je mehr Gemeinschaftsgeist es bei den Ordensleuten und Priestern gibt, um so wirkungsvoller wird ihr Dienst. Von der Art, wie sie Gemeinschaft leben, wird es auch abhängen, ob *mehr junge Menschen* den Schritt zum Ordens- und Priesterberuf wagen. Dort, wo lebendige Konvente sind, dort, wo Seelsorger brüderlich zusammenleben, dort, wo Priester und Laien in der Einheit des Leibes Christi zusammenstehen, dort gibt es auch die meisten Berufungen!

5. Liebe Brüder und Schwestern! Es ist mir eine ganz besondere Freude, diese Worte hier beim Gnadenbild der Gottesmutter von Mariazell an euch richten zu können. Als Mutter Gottes und Mutter der Kirche ist *Maria in vorzüglicher Weise* auch *die Mutter derjenigen, die die Sendung ihres Sohnes in der Geschichte fortsetzen.* In ihrer Berufung, in ihrem vorbehaltlosen Ja zur Botschaft des Engels, in ihrem Lobpreis auf das gnädige Erbarmen Gottes im Magnifikat erkennen wir das Geheimnis und die

Größe unserer eigenen Berufung. Im gläubigen Ja zu ihrer Erwählung und Sendung ist Gottes Wort in ihr geschichtliche Wirklichkeit geworden. Dadurch hat sich der *ewige Ratschluß Gottes* verwirklicht, von dem der heilige Paulus in der heutigen zweiten Lesung spricht: „Alle, die er im voraus erkannt hat, hat er auch dazu vorausbestimmt, an Wesen und Gestalt seines Sohnes teilzuhaben, damit dieser der Erstgeborene von vielen Brüdern sei" (*Röm* 8,29). Durch ihren gläubigen Gehorsam dem Wort des Engels gegenüber ist *Maria in den Mittelpunkt des göttlichen Heilsplanes getreten*. Durch ihre Mutterschaft ist Gottes Sohn unser aller Bruder geworden, damit wir ihm gleichgestaltet werden können in Gerechtigkeit und Herrlichkeit. Denn so sagt der heilige Paulus heute weiter: Die Gott „berufen hat, hat er auch gerecht gemacht; die er aber gerecht gemacht hat, hat er auch verherrlicht" (*ebd.*, V. 30). Die Erhöhung des Menschen bis zur Teilnahme an der Herrlichkeit der Heiligsten Dreifaltigkeit verwirklicht sich durch Christus, den Sohn Gottes, der durch das gläubige „Fiat" Marias der Menschensohn geworden ist. Ja, in der Tat: „Selig ist die, die geglaubt hat"; siehe, fortan preisen sie selig alle Geschlechter.

> *Je mehr Gemeinschaftsgeist es bei den Ordensleuten und Priestern gibt, um so wirkungsvoller wird ihr Dienst.*

Ja, liebe Brüder und Schwestern, *selig auch wir, die wir geglaubt haben*, wenn wir *wie Maria* aus unserer persönlichen Begegnung mit Gott *aufbrechen*, um den Bewohnern der Berge und Täler aller Länder und Kontinente *heute zu verkünden, was sich im Schoß Marias, in Christus, ihrem Sohn, und in uns, seinen Brüdern, an Großtaten Gottes ereignet hat.* Denn, so sagt uns der Prophet Jesaja in der ersten Lesung, „Finsternis bedeckt die Erde und Dunkel die Völker, doch über dir geht leuchtend der Herr auf, seine Herrlichkeit erscheint über dir" (*Jes* 60,2). Durch den Glauben Marias ist das Licht Gottes aufgestrahlt und erleuchtet das neue Jerusalem. Es ist das Aufleuchten der Herrlichkeit des Allerhöchsten, jenes Lichtes, das anfangsweise schon jeden Menschen erleuchtet, das aber in Jesus Christus allen in hellem Glanz erstrahlen will. Deshalb ist es uns aufgetragen, zu verkünden: „Auf, werde licht, denn es kommt Dein Licht, und die Herrlichkeit des Herrn geht leuchtend auf über dir" (*Jes* 60,1).

Wer einen geistlichen Beruf hat, dem gilt diese Sendung der Kirche in einer besonderen Weise. Christus hat seine Jünger nicht nur in seine vertraute Nähe berufen, sondern er sendet sie aus der Vertrautheit mit ihm hinaus zu den Menschen (vgl. *Mk* 3,14). „Geht hinaus in die ganze Welt, und verkündet das Evangelium allen Geschöpfen" (*Mk* 16,15). Eigens erwähnen möchte ich in diesem Zusammenhang eure Priester, Brüder und Schwestern in der Mission, die zusammen mit den kirchlichen Entwicklungshelfern in aller Welt die Frohe Botschaft im Wort und in sozialer Tat verkünden. Wer immer ihr seid und wo immer ihr arbeitet, euer geistlicher Auftrag ist überall der gleiche, nämlich mit dem „aufstrahlenden Licht aus der Höhe" alle zu erleuchten, die „in Finsternis und im Schatten des Todes sitzen" (vgl. Benediktus).

Dies ist eure Sendung, ob ihr in einer Stadtpfarrei Priester seid oder eine kleine Landgemeinde betreut, ob ihr als Ordensmänner und Ordensfrauen in der Schule wirkt oder in der Fürsorge und Krankenpflege arbeitet oder ob ihr durch Krankheit und Alter zu scheinbarer Untätigkeit verurteilt seid.

Gerade *auch euch kranken und betagten Priestern und Ordensleuten* fühle ich mich in dieser Stunde ganz besonders verbunden – einige von euch werde ich ja anschließend persönlich begrüßen. Eurer Sorge und eurem Gedenken empfiehlt sich die ganze Kirche auf der weiten Welt. Für eure Mission gibt es keine Schranken des Raumes mehr. Eure Sprache ist das Gebet und das mutig immer neu angenommene Leid. Auch euch sendet der Herr immer wieder aus. Euer besonderer Dienst – das Beten und Leiden – ist in der Sendung der Kirche unersetzbar. Am Ende seines Lebens hat auch der Herr nicht mehr gepredigt. Er hat nur mehr sein Kreuz auf sich genommen und es getragen und erduldet, bis schließlich alles vollbracht war.

6. Liebe Brüder und Schwestern im Priester- und Ordensstand und ihr alle, die ihr euch auf diese geistlichen Berufe vorbereitet! Der Herr hat euch auserwählt, damit ihr in Gebet und Sammlung bei ihm seid, damit ihr eure Berufung in Gemeinschaft lebt und damit ihr sein Heil hinaustragt zu den Menschen. Am Ende der Eucharistiefeier werde ich diese eure Berufung dem mütterlichen Schutz und Beistand der Gnadenmutter von Mariazell anempfehlen.

Um *zusammenzufassen*, was ich euch von unserer gemeinsamen Wallfahrt mitgeben möchte, was Maria selber euch – und mir – von diesem ihren Heiligtum mit auf den Weg geben möchte, wähle ich ein Wort, das sie sicher selbst oft in ihrem Leben gebetet hat, einen Vers aus dem heutigen Antwortpsalm. Mit ihm möchte ich nochmals das große Thema des Katholikentages aufgreifen und durch Maria einem jeden von euch ins Herz legen lassen:

„Hoffe auf den Herrn, sei stark! Hab festen Mut und hoffe auf den Herrn!"
Amen.

(Am Ende des Gottesdienstes wandte sich der Papst mit folgenden Worten nochmals an seine Zuhörer:)

In Ergänzung meiner Predigt möchte ich noch eine Kategorie von Ordensleuten nennen: die kontemplativen Brüder und Schwestern, von denen einige unter uns sind. Ich bitte außerdem, daß ihr euch einem Gebetsgedanken anschließt: dem Gebet für die Bedrängnis der Kirche in aller Welt, für die Opfer von Hunger, Haß und Terrorismus, von Rivalität unter den Nationen. Sie alle sind doch Söhne und Töchter derselben Menschheitsfamilie. Wie könnten wir heute vor allem die Toten vergessen, die der Bruderkrieg im Libanon auf allen Seiten fordert, ebenso die Opfer von Gewalt in Lateinamerika und Afrika und schließlich auch die Toten aus dem kürzlichen tragischen Abschuß eines südkoreanischen Flugzeugs.

Der mütterlichen Fürsprache der Jungfrau Maria wollen wir das Wohl und die Freiheit der Kirche und aller Gläubigen anvertrauen. In ihre Hände legen wir die Sehnsucht der Menschheit nach Frieden, nach Gerechtigkeit und Brüderlichkeit unter den Völkern.

Ansprache von Bundespräsident Rudolf Kirchschläger beim Abschied des Papstes am Flughafen Wien-Schwechat
(13. September 1983)

Wohl noch nie hat ein Mensch auf österreichischem Boden innerhalb von nur vier Tagen so viele tragfähige Brücken gebaut, als es Eure Heiligkeit zu tun vermochten:
Brücken zur Jugend und zu den Alten,
Brücken zu Skeptikern und suchenden Menschen und zu den Gläubigen,
Brücken innerhalb der Katholischen Kirche und zu den Bruderkirchen,
Brücken zur Wissenschaft und zur Kunst,
Brücken zu den Arbeitern und zu den Bauern,
Brücken zu den Kranken und Leidenden,
Brücken zu den Menschen in fernen Ländern und in der Nachbarschaft
und Brücken auch zu jenen, die kraft demokratischer Wahlen Verantwortung in unserer Republik tragen.
Eure Heiligkeit und Heiliger Vater! Österreich ist durch Ihren Besuch in der Tat reicher an gutem Willen, reicher an Bereitschaft zur Mitmenschlichkeit und zum Miteinander geworden, aufgeschlossener auch für die Not dieser Zeit und offener für die bleibenden Werte des Lebens. Dies liegt nicht nur im Interesse der Kirche, es liegt auch im Interesse eines Staates, der ein wirkliches Gemeinwesen zu sein versucht.
Nehmen Sie, Eure Heiligkeit, daher bitte meinen respektvollen, aufrichtigen und – gestatten Sie mir das Wort – auch herzlichen Dank für diesen wahrhaft pastoralen Besuch entgegen. Es waren segensreiche Tage für unsere Republik und für das österreichische Volk.
Wenn wir in Österreich von Menschen Abschied nehmen, die uns teuer sind, sagen wir zu ihnen: Behüt Gott und auf Wiedersehen!
Behüt Gott, Heiliger Vater, und auf Wiedersehen in Österreich!

Ansprache des Papstes beim Abschied auf dem Flughafen Wien-Schwechat
(13. September 1983)

Sehr verehrter Herr Bundespräsident!
Verehrter Herr Kardinal, liebe Mitbrüder im Bischofsamt!
Meine Damen und Herren!

1. Gekommen ist *die Stunde des Abschieds*. Voll dankbarer Freude blicke ich auf die zurückliegenden erlebnisreichen Tage, in denen ich als Pilger im Volke Gottes, als Zeuge des Glaubens und christlicher Hoffnung sowie als Freund Ihres Landes in Ihrer Mitte weilen durfte. Ich war gekommen, um dem Auftrag des Herrn entsprechend meine Brüder und Schwestern in ihrer christlichen Berufung zu bestärken. Reich beschenkt und voll tiefer Erinnerungen kehre ich nun wieder in meine Bischofsstadt Rom zurück. Wir alle haben wohl aus den Begegnungen dieser Tage, aus dem feierlichen Bekenntnis zu Christus und aus dem gemeinsamen Gotteslob viel empfangen. Dafür gebührt Gott, dem Geber alles Guten, unser Preis und Dank.

> *Der Herr der Geschichte, der Österreich nach dem Krieg eine neue Blüte gewährt hat, möge auch in Zukunft seine schützende Hand darüberhalten, ja es zu einem Segen für ganz Europa machen!*

2. Aufrichtig *danke* ich allen, die zum Gelingen dieser meiner Pastoralreise beigetragen haben: Ihnen, sehr verehrter Herr Bundespräsident, und den Bürgern des Landes für die mir gewährte herzliche Gastfreundschaft; meinen Mitbrüdern im Bischofs- und Priesteramt sowie allen Gläubigen, die den Österreichischen Katholikentag und meinen Besuch so sorgfältig vorbereitet haben. Allen beteiligten Stellen aus Staat und Kirche, dem Sicherheits- und Ordnungsdienst, der Ersten Hilfe sowie den unzähligen verborgenen Helfern gilt mein herzliches „Vergelt's Gott"!

3. *Im Zeichen des Kreuzes* haben wir uns auf die Geschichte und *Sendung Europas* besonnen und in diesem Licht die Geschichte und Sendung Österreichs bedacht. Wir sind uns neu bewußt geworden, daß Gegenwart und Zukunft Europas kraftvoller Impulse aus der Mitte unseres Christseins bedürfen; daß es wache Herzen braucht,

solche Impulse aufzunehmen und in die Tat umzusetzen. Unter diesem Anliegen standen die Begegnungen im Raum der Kirche und die feierlichen Gottesdienste; diesem Anliegen wollten auch meine Begegnungen mit den Vertretern des internationalen, öffentlichen und kulturellen Lebens dienen.

4. Und nun heißt es Abschied nehmen. Möge Gott den Samen seines Wortes, den er durch den Katholikentag und durch meinen Dienst in Ihrer Mitte über Ihr Vaterland ausgestreut hat, in den Herzen Wurzeln schlagen lassen und für alle fruchtbar machen! Möge er auch in mir die vielen tiefen Eindrücke, die mir hier geschenkt wurden, lebendig erhalten und so zu einem Geschenk an die ganze Kirche machen!
Ich wünsche Österreich Frieden und Wohlergehen. Ich wünsche ihm jene Haltungen und Tugenden, auf denen Frieden und Wohlergehen gedeihen können, in denen alle materiellen Güter und Strukturen ihre Sinnerfüllung finden. Ich wünsche ihm auch weiterhin jene Heiterkeit des Gemütes, der es wohl zuzuschreiben ist, daß sich die Künste und die Gäste seit eh und je in seinen Grenzen so zu Hause fühlen. Ich wünsche ihm den Schutz der Heiligen, deren Wirkungsfeld es war. Ich habe es in Mariazell der Mutter unseres Herrn anempfohlen, der es mit besonderer Liebe an so vielen Stellen seiner gesegneten Landschaft Kapellen und Kirchen geweiht hat.
Der Herr der Geschichte, der Österreich nach dem Krieg eine neue Blüte gewährt hat, möge auch in Zukunft seine schützende Hand darüberhalten, ja es zu einem Segen für ganz Europa machen!
Liebe Österreicher! Lebt wohl! Gott segne euch!

Ad-limina-Besuch der österreichischen Bischöfe in Rom 1987

Grußwort des Vorsitzenden der Österreichischen Bischofskonferenz, Erzbischof Karl Berg
(19. Juni 1987)

Heiliger Vater!

In dieser Stunde der Begegnung mit Ihnen denken wir in Freude und Dankbarkeit an Ihren Besuch in Österreich im Jahre 1983 zurück. Diese Tage mit Ihnen sind uns Bischöfen und Priestern, allen Gläubigen und dem ganzen österreichischen Volk in lebhafter Erinnerung. Wir schauen aber auch in die Zukunft. Mit Freude erwarten wir Ihren bevorstehenden zweiten Pastoralbesuch.

In diesem Jahr begegnen Sie, Heiliger Vater, vor allem den Bischöfen Europas, die zum Besuch ad limina kommen. Sie haben die Bischöfe und Bischofskonferenzen Europas wiederholt zu einer neuerlichen Evangelisierung dieses Kontinents aufgerufen und ermutigt. Dieser Aufgabe wissen wir uns auch in Österreich verpflichtet. Seit vielen Jahrhunderten hat ja der christliche Glaube das Antlitz unseres Landes gestaltet und die Seele der Menschen geprägt. Kultur als Kunst und Lebenskultur waren wesentlich inspiriert durch das Evangelium.

Der sogenannte Säkularismus hat viel von dem gestört und zerstört. Die Kirche in Österreich hat in der Auseinandersetzung mit diesen Widerständen aber auch viel neue Kraft erhalten dort, wo sie auf das gehört hat, was der Heilige Geist ihr sagen will.

> *Die Spannungen, die neuerdings in der Kirche Österreichs spürbar geworden sind, beruhen nach unserer Überzeugung zu einem erheblichen Teil auf Informationsmängeln und auf Mißverständnissen. ...*

Nicht wenige Menschen haben in den letzten Jahrzehnten zwar müde oder mit Affekten die Kirche verlassen. Nicht wenige haben aber auch zu einem entschiedeneren Glauben gefunden.

Gewiß weiß Gott allein, wieviel an Glaube, Hoffnung und Liebe in der Kirche Österreichs zu finden ist. Das negative Bild, das manche Massenmedien, Meinungsumfragen oder Einzelmenschen von der Kirche in diesem oder jenem Land zeichnen, scheint uns allzusehr außer acht zu lassen, was Gott dieser Kirche an Gutem, an Charismen geschenkt hat und täglich neu schenkt.

Wir sind dankbar für den treuen Dienst unserer Priester und Ordensleute, für den

Grußwort von Erzbischof Karl Berg

Einsatz so vieler Laienchristen, die amtlich und besonders auch ehrenamtlich in den Pfarren und anderen pastoralen Bereichen Österreichs die Kirche mittragen.

Wir Bischöfe wissen um die schwere unabweisbare Verantwortung, die uns als Hirten für die Kirche in Österreich aufgetragen ist. Wir haben uns voll dafür einzusetzen, daß die Wahrheit des Glaubens unverkürzt verkündet werde in Schulen jeder Art, auf Kanzeln und in den Massenmedien. Wir haben der Einheit zu dienen ohne Kompromisse auf Kosten der Wahrheit. Wir sollen den uns anvertrauten und durch internationale und nationale Probleme oft geängstigten Gläubigen in Hoffnung vorangehen. Wir sollen vorleben und verkünden, daß Gott die Liebe ist. Das verpflichtet uns zur Bemühung, im Gefüge der öffentlichen Meinung und der staatlichen Ordnung unserer Heimat den Prinzipien des Glaubens angemessene Geltung zu verschaffen.

> *... Sie zeigen aber auch spirituelle Defizite, zu deren Minderung Metanoia notwendig sein wird.*

Jeder Christ bleibt immer wieder hinter dem Ziel zurück, das sich ihm im Glauben enthüllt hat. Aber das Wort Gottes und die Sakramente geben Kraft zum unverdrossenen Weitergehen. Ohne Abstriche wollen wir die Gnade neuer und zahlreicher geistlicher Berufungen erbitten und ihnen den Weg bereiten.

Die Spannungen, die neuerdings in der Kirche Österreichs spürbar geworden sind, beruhen nach unserer Überzeugung zu einem erheblichen Teil auf Informationsmängeln und auf Mißverständnissen. Sie zeigen aber auch spirituelle Defizite, zu deren Minderung Metanoia notwendig sein wird.

Wir Bischöfe wollen in brüderlicher Gemeinschaft miteinander und mit Ihnen, Heiliger Vater, leben, damit das hohepriesterliche Gebet Jesu Christi für uns und die ganze Kirche wirksam werden kann: „Laß alle eins sein, wie du, Vater, in mir bist und ich in dir, damit die Welt glaube."

Ansprache des Papstes an die österreichischen Bischöfe
(19. Juni 1987)

Liebe Mitbrüder im Bischofsamt!

1. In der Liebe Jesu Christi, unseres Herrn und Meisters, grüße ich euch, denen der Hirtendienst für die Kirche in Österreich aufgetragen ist. Die Begegnung mit euch anläßlich eures Ad-limina-Besuches erinnert mich mit Freude an meinen Pastoralbesuch in eurem Land im Jahre 1983. Viele Zeichen der Lebendigkeit eurer Kirche haben wir damals erleben dürfen. Mögen die Begegnungen jener Tage und unsere gemeinsame Besinnung auf die Sendung der Kirche in der Welt von heute das religiöse Leben in euren Gemeinden weiter geistig prägen und eure Gläubigen in der christlichen Hoffnung bestärken. Herzlich danke ich euch für die brüderliche Einladung zu einem weiteren Pastoralbesuch. Ich freue mich schon darauf und bitte euch, den Katholiken und allen Menschen in eurer Heimat meine Grüße zu überbringen.
Sodann gedenke ich bei dieser Begegnung des verehrten Herrn Kardinal König, der seit eurem letzten Ad-limina-Besuch aus Altersgründen um die Entpflichtung von der Leitung der Erzdiözese Wien gebeten hat. Auch an dieser Stelle möchte ich ihm noch einmal aufrichtig für das langjährige bischöfliche Wirken im Dienst der Ortskirche und des Heiligen Stuhles danken. Zugleich grüße ich sehr herzlich seinen Nachfolger, den Herrn Erzbischof Hans Hermann Groër, und erbitte ihm für seinen verantwortungsvollen bischöflichen Dienst, den er mit großer seelsorglicher Hingabe aufgenommen hat, Gottes besonderen Beistand und Segen. Ebenso gilt mein herzlicher Gruß und Segenswunsch dem neuen Militärbischof Msgr. Kostelecky sowie dem neuen Weihbischof der Erzdiözese Wien, Msgr. Krenn.

2. Liebe Mitbrüder! Der Ad-limina-Besuch der Bischöfe ist von seinem geschichtlichen Ursprung her an erster Stelle ein Akt der Frömmigkeit, ein Pilgerbesuch an den Gräbern der Apostel Petrus und Paulus in der Ewigen Stadt. Er entspricht eurer Berufung als Nachfolger der Apostel und ist somit eine geistige Rückkehr und Besinnung auf den Ursprung und das Wesen eurer bischöflichen Sendung. Von hier sollt ihr neu gestärkt, mit neuem Mut und mit neuer Zuversicht zu euren Hirtenauf-

gaben zurückkehren. Die erneute Bindung an die im Miteinander von Petrus und Paulus sichtbar werdende Einheit der Kirche war notwendigerweise von Anfang an im Besuch „ad limina" mitgemeint, zumal dieser niemals nur ein Besuch bei Gräbern, bei Toten war, sondern zugleich eine Begegnung mit dem lebendigen Träger des Petrusamtes einschloß. So entwickelte sich diese Pilgerfahrt allmählich mit innerer Konsequenz zu einem kanonisch vorgeschriebenen regelmäßigen Zusammentreffen der Bischöfe aus allen Ländern mit dem Bischof von Rom, dem Nachfolger Petri, den das II. Vatikanische Konzil als das „immerwährende, sichtbare Prinzip und Fundament für die Einheit der Vielheit von Bischöfen und Gläubigen" bezeichnet (*Lumen gentium*, Nr. 23). Die innere Gemeinschaft in Hirtenauftrag und Lehre mit den Aposteln, deren Nachfolger die Bischöfe sind, schließt notwendig ihre volle Einheit mit dem jeweiligen Nachfolger des Apostels Petrus ein, dem der Herr in

> *Das Petrusamt und das Bischofsamt stehen wesentlich im Dienst der Einheit der Kirche mit ihrem Ursprung und der Einheit der Teilkirchen und der Gläubigen untereinander.*

besonderer Weise aufgetragen hat, die Herde Gottes zu weiden und die Brüder zu stärken (vgl. *Joh* 21,15-18; *Lk* 22,32).

An derselben Stelle der Dogmatischen Konstitution *Lumen gentium* nennt das Konzil auch die einzelnen Bischöfe selbst „Prinzip und Fundament der Einheit in ihren Teilkirchen, die nach dem Bild der Gesamtkirche gestaltet sind" (ebd.). Das Petrusamt und das Bischofsamt stehen wesentlich im Dienst der Einheit der Kirche mit ihrem Ursprung und der Einheit der Teilkirchen und der Gläubigen untereinander. Gerade heute, da sich die Teilkirchen in zunehmendem Maße ihrer eigenen Geschichte und Kultur bewußt werden und diese noch mehr in das kirchliche Leben integrieren möchten, kommt diesem Dienst an der Einheit eine umso größere Bedeutung zu. Darum die eindringliche Mahnung des II. Vatikanischen Konzils: „Alle Bischöfe müssen ... die Glaubenseinheit und die der ganzen Kirche gemeinsame Disziplin fördern und schützen sowie die Gläubigen anleiten zur Liebe zum ganzen mystischen Leib Christi ... Indem sie ihre eigene Kirche als Teil der Gesamtkirche recht leiten, tragen sie wirksam bei zum Wohl des ganzen mystischen Leibes, der ja auch der Leib der Kirchen ist" (ebd.). Somit ist der Ad-limina-Besuch für die einzelnen Bischöfe und Bischofskonferenzen auch der geeignete Anlaß, sich über ihr Wirken in den Ortskirchen Rechenschaft zu geben und ihre Hirtenaufgaben am Maßstab der Gesamtkirche und des obersten Lehramtes neu auszurichten.

3. Ihr habt mir, liebe Brüder, in euren Gesprächen von geistlichen Freuden, aber auch von Sorgen berichtet, die euch bewegen. Ich danke mit euch Gott, dem Geber alles Guten, für die Treue so vieler Priester und Ordensleute in ihrem Dienst, die Bereitschaft einer großen Zahl von Laienchristen zum Mittragen in der Kirche, für die Strahlkraft apostolischer Gruppen und Bewegungen, die Solidarität mit den Armen in der Heimat und im Ausland, zumal in den Ländern der Dritten Welt, den Einsatz für

die Weltmission. Ihr begegnet aber in der Kirche und Gesellschaft eures Landes auch großen Sorgen und Problemen: Arbeitslosigkeit, die besonders junge Menschen belastet; Gefährdung der Natur als dem menschlichen Lebensraum, Gefährdung von Ehe und Familie, vieltausendfache Angriffe gegen das ungeborene Leben, Schwund des religiösen Lebens, Rückgang von Priester- und Ordensberufen, eine wachsende Zahl von Kirchenaustritten.

Gewiß, viele Probleme in der Kirche und Gesellschaft Österreichs gleichen denen in nicht wenigen anderen Ländern. Doch darf dieser Umstand natürlich eure Anstrengungen für eine Erneuerung durch einen verstärkten pastoralen Einsatz in keiner Weise mindern. Im Gegenteil! Angesichts der um sich greifenden Glaubenslosigkeit und Säkularisierung in der heutigen Welt, die das Leben und Wirken der Kirche zunehmend erschweren und es dadurch geradezu herausfordern, ist jeder Christ und die ganze kirchliche Gemeinschaft zu einem umso überzeugenderen Zeugnis für Christus und seine Frohe Botschaft aufgerufen. Aber auch hier gilt für die Glaubwürdigkeit dieses Zeugnisses gegenüber der Welt als Voraussetzung die Forderung nach einer Einmütigkeit, die sich vom Ganzen her und auf das Ganze hin versteht, jener wahrhaft theo-logischen Einheit, um die der Herr am Abend vor seinem Leiden gebetet hat: „Alle sollen eins sein: Wie Du, Vater, in mir bist und ich in Dir bin, sollen sie eins sein, damit die Welt glaubt, daß Du mich gesandt hast" (*Joh* 17,21).

> *Ich bitte euch, die tieferen Ursachen dieser Konflikte zu ergründen und eure geistliche Kraft zu ihrer Überwindung einzusetzen.*

4. In diesem von Christus beschworenen Geist einer wahrhaft katholischen Einheit, in der von dort kommenden Bereitschaft zum gegenseitigen Verstehen und Verzeihen sind auch jene Schwierigkeiten und Konflikte zu lösen, die sich in letzter Zeit in der Kirche von Österreich im Zusammenhang mit einigen Bischofsernennungen ergeben haben. Nicht nur ihr Auftreten als solches, sondern vor allem unser christlicher Umgang mit ihnen verlangt unsere besondere Sorge und Umsicht als Hirten und Gläubige, Bischöfe, Priester und Laien. Ich bitte euch, die tieferen Ursachen dieser Konflikte zu ergründen und eure geistliche Kraft zu ihrer Überwindung einzusetzen.

Ihr dürft keinen Zweifel an dem Recht des Papstes zur freien Ernennung der Bischöfe aufkommen lassen, das sich im Ringen um die Freiheit, die Einheit und die Katholizität der Kirche im Lauf der Geschichte in oft schmerzlichen Prozessen immer klarer herausgebildet hat und – unbeschadet einzelner partikularkirchlicher Sonderregelungen – entsprechend den Leitlinien des II. Vatikanischen Konzils vom neuen kirchlichen Gesetzbuch ausdrücklich unterstrichen wurde (CIC, can. 377; vgl. *Christus Dominus*, Nr. 20). Dieser geschichtlichen Entwicklung wird nicht gerecht, wer sie einfach unter Kategorien der Macht interpretiert. Sie ist letztlich von der Verantwortung für das gemeinsame Zeugnis des einen Glaubens bestimmt. Tatsächlich zeigt die Geschichte, daß diese Regelung die Kirche vor Parteienbildung und vor Gruppenherrschaft schützt und Ernennungen sicherstellt, die nur vom geistlichen Auftrag des Amtes und vom Gemeinwohl der Kirche geleitet sind. Die letzten Jahrzehnte haben überdies eindrucksvoll sichtbar werden lassen, daß gerade diese Praxis wahrhaft volksverbundene und zugleich weltkirchlich herausragende Bischofsgestalten möglich gemacht hat. Die klar bekundete Einmütigkeit aller Bischöfe mit dem Heiligen Stuhl in dieser Frage wird der sicherste Weg sein, um die Polarisierungen zu überwinden, die sich in den Auseinandersetzungen der letzten Monate gezeigt haben. Darüber hinaus habt ihr euch selbst zum Ziel gesetzt, das Gespräch über mögliche Mängel oder gar Fehlentwicklungen im kirchlichen Leben eures Landes in diesem Geiste zu suchen und fortzuführen. Schon die Begegnungen mit den verschiedenen Dikasterien des Heiligen Stuhles während eures jetzigen Ad-limina-Besuches werden euch hilfreiche Anstöße zur Klärung der entstandenen Fragen bieten.

5. Das vom II. Vatikanischen Konzil aufgestellte Programm für die Erneuerung der Kirche bleibt die vordringliche pastorale Aufgabe der Kirche am Ende dieses zweiten christlichen Jahrtausends. Dabei geht es vor allem um eine innere Erneuerung zur Verlebendigung und Vertiefung des geistlichen Lebens der Gläubigen in Treue zu Christus und seinem Evangelium. Euch als Oberhirten im Volke Gottes obliegt die Pflicht, in Gemeinschaft mit dem Nachfolger Petri die Lehren des Konzils authentisch darzulegen, Mißverständnissen und

Ihr dürft keinen Zweifel an dem Recht des Papstes zur freien Ernennung der Bischöfe aufkommen lassen.

falschen Schlußfolgerungen zu wehren und die Konzilsbeschlüsse mit Umsicht und Geduld in euren Diözesen und Gemeinden durchzuführen.

In eine besonders schwere Verantwortung nimmt euch euer Dienst an der Einheit des Glaubens, zumal in einer Zeit, „in der man die gesunde Lehre nicht erträgt, sondern sich nach eigenen Wünschen immer neue Lehrer sucht, die den Ohren schmeicheln" (*2 Tim* 4,3). Die Förderung und Formung der christlichen Familien ist und bleibt Grundlage aller weiteren pastoralen Arbeit. Die wesentlichen Maßstäbe dafür sind in dem auf der Bischofssynode von 1980 fußenden Apostolischen Schreiben *Familiaris consortio* verbindlich dargestellt, das zu den Fragen der Sexual- und Ehemoral die von Paul VI. in der Enzyklika *Humanae vitae* von der ganzen Tradition des Glaubens her gefällten Entscheide aufnimmt und entfaltet. An der Gültigkeit der dort dargestellten sittlichen Ordnungen darf kein Zweifel gelassen werden. Wenn im ersten Augenblick der Veröffentlichung der Enzyklika noch eine gewisse Ratlosigkeit verständlich war, die sich auch in manchen bischöflichen Erklärungen niedergeschlagen hat, so hat der Fortgang der Entwicklung die prophetische Kühnheit der aus der Weisheit des Glaubens geschöpften Weisung Pauls VI. immer eindringlicher bestätigt. Immer deutlicher zeigt sich, daß es unsinnig ist, etwa die Abtreibung durch Fördern der Kontrazeption überwinden zu wollen. Die Einladung zur Kontrazeption als einer vermeintlich „gefahrlosen" Weise des Umgangs der Geschlechter miteinander ist nicht nur eine verkappte Leugnung der sittlichen Freiheit des Menschen. Sie fördert ein entpersonalisiertes, rein auf den Augenblick gerichtetes Verständnis der Sexualität und fördert damit letztlich wieder jene Mentalität, aus der die Abtreibung stammt und von der sie dauernd genährt wird. Im übrigen ist euch gewiß nicht unbekannt, daß bei neueren Mitteln die Übergänge zwischen Kontrazeption und Abtreibung weithin fließend geworden sind.

Ebenso muß um der Menschen willen die Unauflöslichkeit der Ehe, die Endgültigkeit des aus der Liebe kommenden Ja, deutlich gewahrt bleiben. Das Nein der Kirche zum Sakramentenempfang der wiederverheirateten Geschiedenen ist nicht Ausdruck von Unbarmherzigkeit, sondern Verteidigung der Liebe und Verteidigung der Treue. Im übrigen darf nicht nur dieses Nein herausgestellt werden. Wenn auf der sakramentalen Ebene unverrückbar das Nein gilt, so wird umso wichtiger die seelsorgliche Zuwendung zu diesen in schwierigen Situationen lebenden Mitgliedern unserer Gemeinden, die ganz konkret fühlen müssen, daß sie umso mehr von der Liebe der Kirche getragen werden. „Wenn ein Glied leidet, leiden die anderen mit" (*1 Kor* 12,26). Dann und nur dann werden diese Christen auch den Kommunionausschluß verstehen und von innen her annehmen können (vgl. *Familiaris consortio*, Nr. 84).

> *Das Nein der Kirche zum Sakramentenempfang der wiederverheirateten Geschiedenen ist nicht Ausdruck von Unbarmherzigkeit, sondern Verteidigung der Liebe und Verteidigung der Treue.*

6. Von großer Bedeutung ist sodann der Religionsunterricht in den Schulen und die Katechese auf allen Ebenen. Ich vertraue darauf, daß ihr sie mit großer Wachsamkeit und Liebe begleitet und alles tut, damit der heranwachsenden Generation der unverfälschte Glaube der Kirche vermittelt wird. Es steht zu hoffen, daß der in Vorbereitung befindliche Weltkatechismus dafür eine wertvolle Hilfe leisten wird.

Ein ganz entscheidender Punkt ist ferner auch die theologische Ausbildung der Priesteramtskandidaten und generell die Arbeit der theologischen Hochschulen und Fakultäten in Forschung und Lehre. Auch heute beruft der Herr wie zu allen Zeiten und nicht weniger als früher Menschen in seinen besonderen priesterlichen Dienst. Aber damit dieser Ruf zur Reifung komme, muß er sorgsam gehütet und begleitet werden. Darin liegt die fast erschreckend große Verantwortung aller, die an der Bildung und Ausbildung der Priesteramtskandidaten beteiligt sind. Laßt euch diese Aufgabe, an der die Zukunft der Kirche in eurem Land wesentlich hängt, ganz besonders angelegen sein und tut alles, damit diese Ausbildung in einem wahrhaft katholischen Geist geschieht.

Endlich möchte ich euch in diesem Zusammenhang die Sorge um die Mitte der Kirche, das heiligste Sakrament der Eucharistie, und um das Bußsakrament ans Herz legen. Die Eucharistie darf niemals der Beliebigkeit willkürlicher Gestaltung ausgeliefert werden. Sie erhält ihre Größe nicht durch Gestaltungen, sondern durch das, was sie ist. Sie ist dann und nur dann recht gestaltet, wenn Priester und Gemeinde nicht nach Eigenem suchen, sondern sich ganz in den inneren Anspruch der Liturgie der Kirche selbst hineingeben und versuchen, ihm ihrerseits von innen her zu entsprechen. Das Bußsakrament ist in ganz besonderem Maß „personalistisch" strukturiert: Es ist die höchst persönliche Begegnung eines jeden einzelnen mit dem richtenden und richtend-verzeihenden Herrn. Es ist nicht nur der unersetzliche Ort der Formung und Reinigung des Gewissens; es schenkt jene ganz persönliche Vergebung, die der Mensch braucht, um Schuld zu überwinden, die immer persönlich ist und gerade darum die Gemeinschaft trifft.

Alles dies weist wieder auf den Punkt hin, von dem wir ausgegangen sind: auf die Einheit der Kirche, die als Gemeinschaft der Heiligen Träger der sakramentalen Vollmacht und der gültigen Auslegung von Gottes Wort im Heute ist. Die Einheit in der Kirche ist Einheit in der Wahrheit und Einheit in der Liebe, was eine grundlegende Einheit in der Disziplin miteinschließt. Der Dienst an der Fülle der Wahrheit ist in einer besonderen Weise den Bischöfen in Gemeinschaft mit dem Papst aufgetragen. Die Fülle der Wahrheit ist nicht dem einzelnen verheißen, sondern der ganzen Kirche in Einheit mit den Aposteln, mit Petrus. Deshalb können auch die schwerwiegenden pastoralen Fragen, die sich der Kirche heute stellen, nur in dieser Einheit eine tragfähige und gültige Antwort finden.

7. Eure Hirtensorge in der Leitung eurer Diözesen hat in einer ganz besonderen Weise euren Priestern zu gelten, die eure unmittelbaren Mitarbeiter im Heilsauftrag der Kirche sind. Stärkt und führt sie in ihren vielfältigen Seelsorgsaufgaben und bemüht euch zusammen mit ihnen durch geeignete Initiativen um genügend neue Priester- und Ordensberufe. Setzt euch mit ihnen zugleich dafür ein, daß auch die Laien sich ihres christlichen Auftrages immer stärker bewußt werden und ihn in ihren jeweiligen Lebensverhältnissen zu verwirklichen suchen. Auch sie sind ja als getaufte und gefirmte Christen nicht nur Empfänger unserer Seelsorge, sondern ebenfalls zur Mitverantwortung und aktiven Mitwirkung in der Kirche berufen. Die kommende Bischofssynode wird uns helfen, ihre Stellung und Aufgabe in der Sendung der Kirche noch deutlicher zu erfassen. Dabei kann es sich weder um eine Konkurrenzstellung zum Klerus noch um eine Klerikalisierung der Laien handeln, sondern vor allem um die ihnen angemessene, spezifische Teilnahme am besonderen Weltauftrag der Kirche unter der Leitung der von Gott bestellten Hirten.

Euer Land hat schon eine lange und sehr fruchtbare Tradition des Laienapostolates mit einer Vielzahl von Formen. Da sind zum einen jene bewährten Formen, die sich häufig mit der Katholischen Aktion verbinden. Diese Gruppen haben maßgeblichen Anteil an der Mitgestaltung der Gesellschaft aus dem Geist des Evangeliums und an der Bereitschaft der österreichischen Katholiken für ihr eindrucksvolles Sozialengagement. Zu diesen Vereinigungen kommen in jüngster Zeit solche Bewegungen und Gruppen, die der Vertiefung des Glaubens und der Frömmigkeit vor dem

Weltauftrag der Laien bewußt den Vorrang geben. Es liegt auf der Hand, daß die unterschiedlichen Konzepte des Laienapostolates ihre Berechtigung, ja ihre Notwendigkeit und einen sich gegenseitig ergänzenden Charakter haben. Wir sollten sie deshalb gleichermaßen fördern und diejenigen geistlich begleiten, die in ihnen Verantwortung tragen.

Bei der Vielfalt und Verschiedenheit der Vereinigungen und Gemeinschaften kommt der Gemeinsamkeit der kirchlichen Sendung eine hohe Bedeutung zu. Die Glaubwürdigkeit der Verkündigung hängt nicht zuletzt von der Einheit des Geistes ab, der zwischen den verschiedenen Wegen des Apostolates herrscht. Die Ordnung des Miteinander ist nicht als Einebnung berechtigter Unterschiede zu verstehen, noch kann sie durch administrative Disziplinierung erreicht werden. Einheit ist vielmehr in der Vielheit möglich, wenn alle Christen sich als Glieder am Leib Christi verstehen und jeder lernt, auch im andern Gottes Geist und Gaben am Werk zu sehen. Selbstverständlich gelingt den unterschiedlichen Laiengruppen dieses vom Geist Christi selbst geordnete Miteinander umso leichter, je deutlicher wir Amtsträger uns von der „communio affectiva et effectiva" leiten lassen und auch in unserem Miteinander sich der Wille zur Einheit bekundet.

Zum Auftrag der Bischöfe gehört immer wieder auch der Mut, öffentlichem Meinungsdruck zu widerstehen.

8. Liebe Mitbrüder! Indem ich euch zu eurem Ad-limina-Besuch diese Überlegungen anvertraue, begleite ich euer weiteres Wirken in euren Diözesen mit meinen besten Segenswünschen und mit meinem Gebet. Zum Auftrag der Bischöfe gehört immer wieder auch der Mut, öffentlichem Meinungsdruck zu widerstehen und ihm, auch zum Wohl der Gesellschaft, das Maß des Glaubens entgegenzustellen, von dem her sich eine authentische kirchliche Öffentlichkeit als lebendige Kraft bildet. Dazu wird auch das offene brüderliche Gespräch helfen, das Gegensätze nicht auszuklammern braucht, weil sie von der tieferen Einheit des gemeinsamen Glaubens unterfangen sind. So wächst dann Bereitschaft zur vielgestaltigen verantwortlichen Zusammenarbeit im Heilsauftrag der Kirche, entsprechend der jeweiligen Berufung; so wächst eine reiche und tiefe Einmütigkeit im Glauben zwischen Bischöfen, Priestern und Laien. Und so bleibt dann in euren Ortskirchen jene Einheit des Geistes erhalten, in der „alle einander in brüderlicher Liebe zugetan sind und sich in gegenseitiger Achtung übertreffen" (vgl. *Röm* 12,10). Ich weiß um euren großen Einsatz, um euer Mühen und Sorgen, und ich danke euch dafür. „Petrus, liebst du mich?" hat Christus den Apostel gefragt, an dessen Grab ihr in diesen Tagen betet. Christus fragt uns alle. Laßt uns in brüderlicher Eintracht antworten: Herr, du weißt alles; du weißt auch, daß wir dich lieben. Auf dein Wort hin wollen wir erneut das Netz auswerfen zu einer mutigen und geduldigen Evangelisierung Österreichs und ganz Europas. Dafür erteile ich euch, euren Priestern und allen eurer Hirtensorge anvertrauten Gläubigen in der Liebe Christi von Herzen meinen besonderen apostolischen Segen.

ZWEITER PASTORALBESUCH
VON PAPST JOHANNES PAUL II.
IN ÖSTERREICH
(23.-27. JUNI 1988)

38. AUSLANDSREISE

**JA ZUM GLAUBEN
JA ZUM LEBEN**

JOHANNES PAUL II.
in Österreich 1988

Programm

Programm

Donnerstag, 23. Juni 1988

16.15 Uhr	Ankunft des Papstes auf dem Flughafen Wien-Schwechat, offizielle Begrüßung am Rollfeld
17.00 Uhr	Fahrt von Schwechat nach Wien
17.15 Uhr	Begrüßung des Papstes durch den Wiener Bürgermeister Helmut Zilk auf der Marienbrücke
17.35 Uhr	Vespergottesdienst im Stephansdom
19.15 Uhr	Begegnung des Papstes mit dem Bundespräsidenten, der Bundesregierung und dem Diplomatischen Corps in der Wiener Hofburg

Freitag, 24. Juni 1988

08.15 Uhr	Begegnung des Papstes mit Vertretern der Israelitischen Kultusgemeinden in der Nuntiatur in Wien
09.20 Uhr	Flug nach Trausdorf (Diözese Eisenstadt)
09.40 Uhr	Eucharistiefeier mit den Gläubigen der Diözese Eisenstadt auf dem Flugplatz Trausdorf
12.50 Uhr	Fahrt nach Eisenstadt und Besuch des Bischofshauses
15.10 Uhr	Fahrt zur St. Martins-Kaserne: Segnung des neuen Rettungshubschraubers Christophorus 4 durch den Papst
15.20 Uhr	Flug über Schwechat und Linz-Hörsching nach Mauthausen
16.55 Uhr	Besuch mit Gedenkfeier im ehemaligen Konzentrationslager Mauthausen
18.00 Uhr	Flug über Linz-Hörsching nach Salzburg-Maxglan
19.30 Uhr	Empfang der Mitglieder der Österreichischen Bischofskonferenz im Kapuzinerkloster in Salzburg

Zweiter Pastoralbesuch 1988

Samstag, 25. Juni 1988

08.20 Uhr	Flug über Linz-Hörsching nach Lorch
09.20 Uhr	Statio in der Basilika St. Laurenz (Lorch)
09.40 Uhr	Begegnung mit den Gläubigen der Diözesen Linz und St. Pölten in Enns-Lorch
13.35 Uhr	Flug über Linz-Hörsching und Klagenfurt nach Gurk
15.00 Uhr	Fahrt zum Gurker Dom
15.15 Uhr	Besuch des Grabes der heiligen Hemma in der Domkrypta
15.45 Uhr	Prozession vom Dom zum Festgelände
16.00 Uhr	Eucharistiefeier mit den Gläubigen der Diözesen Gurk und Graz-Seckau gemeinsam mit den Teilnehmern der Dreiländerwallfahrt aus den Erzdiözesen Udine und Laibach
18.40 Uhr	Flug über Klagenfurt nach Salzburg-Maxglan

Sonntag, 26. Juni 1988

08.30 Uhr	Morgengebet des Papstes mit Alten, Kranken und Behinderten im Dom zu Salzburg
10.00 Uhr	Festgottesdienst auf dem Residenzplatz in Salzburg
15.45 Uhr	Begegnung des Papstes mit Jugendvertretern der Erzdiözese Salzburg im Jugendzentrum Gstettengasse
17.30 Uhr	Begegnung des Papstes mit Vertretern von Wissenschaft und Kunst im Salzburger Festspielhaus (anschließend Besuch der Ausstellung moderner sakraler Kunst im Festspielhaus)
19.15 Uhr	Ökumenischer Gottesdienst in der evangelischen Christuskirche in Salzburg

Programm

Montag, 27. Juni 1988

08.20 Uhr	Flug nach Innsbruck-Kranebitten
09.50 Uhr	Eucharistiefeier mit den Gläubigen der Diözesen Innsbruck und Feldkirch im Berg Isel-Stadion
15.00 Uhr	Begegnung des Papstes mit Kindern im Olympia-Eisstadion von Innsbruck („Kinderfest")
16.45 Uhr	Marienvesper in der Basilika Wilten
18.30 Uhr	Offizielle Verabschiedung am Flughafen Innsbruck und Rückflug nach Rom

Begrüßung des Papstes durch Bundespräsident Kurt Waldheim am Flughafen Wien-Schwechat
(23. Juni 1988)

Heiliger Vater!

Mit großer Ehrerbietung, aber auch tiefempfundener Freude, darf ich Eure Heiligkeit in unserem Lande willkommen heißen. Ebenso gilt Ihrer Begleitung mein herzlicher Gruß. Die Herzen der Österreicher, aber auch ihre Augen und Ohren sind offen, um Sie, Heiliger Vater, zu empfangen, zu sehen und zu hören.

Der größte Teil des österreichischen Volkes fühlt sich in Liebe und Treue dem Papst in Rom, dem Oberhaupt der Katholischen Kirche und Nachfolger der Apostelfürsten, verbunden, aber selbst jene, die der Kirche gleichgültig, ja verschlossen gegenüberstehen, versagen Ihnen nicht ihren Respekt. Wir sehen es als einen Ausdruck Ihrer engen Verbundenheit mit unserem Lande an, daß Eure Heiligkeit nun schon zum zweiten Male im Abstand von nicht ganz fünf Jahren österreichischen Boden betreten. Hier in Schwechat streift der Blick die Ausläufer der Alpen und geht weit hinaus in die pannonische Ebene, ja an klaren Tagen vermögen wir in der Ferne die Umrisse der Karpaten zu erkennen. Dabei werden wir uns der schicksalhaften Geographie unseres Landes bewußt, erkennen aber zugleich die Notwendigkeit, Gegensätze, welcher Natur auch immer sie sein mögen, zu überwinden, den Frieden zu wahren und zu sichern.

Manchmal mag es uns mutlos machen, wenn wir sehen müssen, wie Intoleranz, Unversöhnlichkeit und Haß unter den Völkern, Konfessionen und Klassen noch immer Unheil stiften. Wir richten unsere Hoffnungen auf Sie, Heiliger Vater, der Sie in Predigten, Ansprachen und Schriften immer wieder zur „Umkehr der Herzen" aufrufen. Sie stellen damit Ihr hohes Hirtenamt in beeindruckender Weise in den Dienst des Friedens.

Mögen Ihre Begegnungen mit den Menschen Österreichs fruchtbare und segensreiche, vor allem aber anhaltende Auswirkungen zeitigen. Möge Ihre Gegenwart alle jene stärken und ermutigen, die guten Willens sind, für Gerechtigkeit, Menschenwürde und tätige Nächstenliebe einzutreten. In diesem Sinne darf ich Eure Heiligkeit noch einmal aus ganzem Herzen willkommen heißen.

Grußwort des Papstes bei der Ankunft am Flughafen Wien-Schwechat
(23. Juni 1988)

Sehr verehrter Herr Bundespräsident!

Aufrichtig danke ich Ihnen für den freundlichen Willkommensgruß, den Sie mir als oberster Repräsentant der Republik Österreich soeben entboten haben. Mit Ihnen grüße ich alle hier anwesenden Vertreter des öffentlichen Lebens und zugleich auch alle Menschen in diesem geschätzten Land, dessen herzliche Gastfreundschaft ich schon vor fünf Jahren erfahren durfte.

Mein besonderer, brüderlicher Gruß gilt den österreichischen Bischöfen. Sie haben mich freundlicherweise eingeladen, Österreich ein zweites Mal zu besuchen. Im Jahre 1983 hatte sich eine große Zahl von Gläubigen in Wien zu einem Katholikentag unter dem Thema „Hoffnung leben – Hoffnung geben" versammelt. Dieses eindrucksvolle Fest des Glaubens ist mir in lebendiger Erinnerung. Ich bin davon überzeugt, daß die vielen Teilnehmer an den Feiern in Wien und in Mariazell Freude und Glaubenszuversicht in ihre Pfarrgemeinden und Familien gebracht haben.

Mein zweiter Pastoralbesuch führt mich nun in die meisten anderen Diözesen Ihres Landes. Er wird mir die Gelegenheit bieten, die Vielgestaltigkeit Österreichs und den Reichtum seiner Glaubenszeugnisse noch besser kennenzulernen. Die Orte, an denen ich diesmal mit den Gläubigen zusammentreffen werde, sind mit Sorgfalt ausgewählt worden. Sie markieren einen großen Bogen durch die so ereignisreiche Geschichte dieses Landes, die zugleich eine Geschichte des Glaubens ist. Sie erinnern an Zeiten der Gnade und blühenden christlichen Lebens, aber auch an Heimsuchungen, die besonders prägend gewesen sind und bleiben: Das antike Lauriacum, die Dome von Salzburg, Gurk und Wien, der Berg Isel in Innsbruck, Eisenstadt nahe der ungarischen Grenze und das ehemalige Konzentrationslager Mauthausen machen deutlich, was mit den Worten „vielgerühmtes", aber auch „vielgeprüftes Österreich" in Ihrer Bundeshymne gemeint ist.

Alle katholischen Christen Österreichs lade ich am Beginn meines neuen Aufenthaltes in diesem Land dazu ein: Tragen wir an den Orten, an denen wir uns begegnen werden, das große und schwere Erbe der Vergangenheit wie auch die Freuden und Sorgen der Gegenwart in unserem gemeinsamen Gebet vor Gott. Erneuern wir unsere

Treue zu unserer christlichen Berufung, die uns von unseren Vorfahren überkommen ist, und schöpfen wir neue Kraft aus der Feier der heiligen Eucharistie für ein frohes und überzeugtes Bekenntnis zu Christus und seiner befreienden Botschaft in unserer Zeit.

Gott allein kann uns für unseren christlichen Auftrag in der Welt von heute den erforderlichen Mut und die sichere Orientierung geben. Dies sagt mit anderen Worten auch der Leitspruch für diesen Pastoralbesuch, der lautet: „Ja zum Glauben – Ja zum Leben". Nur ein entschlossenes Ja zum Glauben wird euch dazu befähigen, ein ebenso entschiedenes Ja zum Leben in allen seinen Formen und Phasen zu sagen und durchzuhalten. Unsere christliche Berufung ist eine Berufung zum Leben, die jegliche Kultur des Todes überwindet. Christus selbst sagt von seiner Sendung in diese Welt, daß er gekommen ist, damit die Menschen das Leben haben und es in Fülle haben (vgl. *Joh* 10,10).

> *Nur ein entschlossenes Ja zum Glauben wird euch dazu befähigen, ein ebenso entschiedenes Ja zum Leben in allen seinen Formen und Phasen zu sagen und durchzuhalten.*

Laßt uns darum in den kommenden Tagen gemeinsam unser Ja zum Glauben, das ein Ja zum Leben ist, aus unserer inneren Gemeinschaft mit Christus erneuern und vertiefen. Dazu erbitten wir besonders die Fürsprache der Gottesmutter in diesem ihr geweihten Marianischen Jahr. Helfen mögen uns zugleich die Heiligen dieses Landes, deren Gedenkstätten wir zusammen besuchen werden.

Ihnen, sehr verehrter Herr Bundespräsident, und allen Bürgern Ihres Landes danke ich schon jetzt aufrichtig für die vorzügliche Gastfreundschaft, die Sie mir und meiner Begleitung erneut in Ihrer landschaftlich so schönen und an kulturellem und religiösem Erbe so reichen österreichischen Heimat gewähren.

Möge das, was in diesen Tagen hier an Gutem geschieht, weiterwirken in eine für Österreich und seine Bürger segensreiche Zukunft!

Grußwort von Erzbischof Hans Hermann Groër beim Vespergottesdienst im Stephansdom
(23. Juni 1988)

Heiliger Vater!

Hier, im hohen Dom zu St. Stephan, im Herzen der Erzdiözese wie der Stadt Wien, darf ich Sie in aller Namen ehrfurchtsvoll willkommen heißen. Vor dem großen Bild des Erzmärtyrers Stephanus wollen wir Eurer Heiligkeit unsere dankbare Freude über Ihr Kommen kundtun: Wir wissen ja, daß der Inhaber des Petrusamtes gekommen ist, um uns im Glauben zu bestärken. Diese Stärkung haben wir alle sehr nötig, dieser geistlichen Hilfe bedürfen wir alle, die Gläubigen wie die Noch-nicht- oder Nicht-mehr-Gläubigen. Nicht selten erfahren wir ja heute, was der Herr beim Letzten Abendmahl zu Simon gesagt hat: „Der Satan hat verlangt, euch sieben zu dürfen, wie man den Weizen siebt."

Wir wünschen Ihnen, Heiliger Vater, hier und in unserem Land etwas von dem zu erfahren, was Stephanus zuteil wurde: daß Sie den Himmel offen und Christus zur Rechten des Vaters sehen mögen!

In unser aller Namen spricht Petrus auch heute – durch seinen Nachfolger – zu Christus: „Herr, wohin sollen wir gehen? Du allein hast Worte des ewigen Lebens." Wir glauben und wissen: Du bist der Heilige Gottes. Mit IHM, unserem Herrn, wollen wir gemeinsam gehen, bei IHM bleiben, auch wenn „die Steine fliegen", wie dies bei Stephanus geschehen, und wollen – mit Ihnen – das volle „Ja zum Glauben", das „Ja zum Leben" sagen können.

Zweiter Pastoralbesuch 1988

Predigt des Papstes beim Vespergottesdienst im Stephansdom
(23. Juni 1988)

Liebe Brüder und Schwestern in Christus!

1. „Es trat ein Mensch auf, der von Gott gesandt war; sein Name war Johannes. Er kam als Zeuge, um Zeugnis abzulegen für das Licht, damit alle durch ihn zum Glauben kommen" (*Joh* 1,6-7).
Das *Gedächtnis Johannes des Täufers*, des Wegbereiters des Herrn, vereint uns am Vorabend seines Festes – am Beginn meines Pastoralbesuches – zum Gottesdienst in diesem herrlichen Stephansdom von Wien. Die Gestalt und Sendung dieses großen Gottesboten als Zeuge vom Licht, damit die Menschen glauben, laden uns ein zur Besinnung. In ihm wollen wir *unseren Auftrag als Jünger Jesu Christi für die Wegbereitung des Herrn* in unserem Leben und in der Welt von heute erkennen.
Von Herzen grüße ich euch, die ihr zu diesem Gottesdienst gekommen seid. Mein brüderlicher Gruß gilt der ganzen Erzdiözese Wien mit ihrem Erzbischof Hans Hermann Groër, den ich in Kürze mit der Kardinalswürde auszeichnen darf, und dem verehrten Alterzbischof Kardinal Franz König. Ich grüße den Herrn Bundespräsidenten, den Herrn Bundeskanzler und die anwesenden Mitglieder der Bundesregierung sowie alle Männer und Frauen, die in der Stadt Wien und im Land Niederösterreich oder für die ganze Nation *in Kirche und Gesellschaft eine besondere Verantwortung* tragen.
Ebenso grüße ich auch alle jene, die in nah und fern durch Radio oder Fernsehen mit uns verbunden sind und an unserem Gebet teilnehmen.

2. *„Er (Johannes) kam als Zeuge, um Zeugnis abzulegen für das Licht"* (*Joh* 1,7).
Der Prolog des Johannesevangeliums, in dem sich diese Worte der heutigen Lesung finden, lenkt unseren gläubigen Blick auf das Geheimnis des göttlichen Wortes, das „im Anfang" war (vgl. ebd., 1,1). „Die Welt ist durch ihn geworden" (v. 10), denn das Wort „war Gott" (v. 1). Wir begegnen hier dem *Geheimnis der Schöpfung* – dem Geheimnis Gottes, der erschafft. Das Wort ist das ewige Licht, wesensgleich mit dem Vater. Es ist der göttliche Sohn: der Erstgeborene der ganzen Schöpfung (vgl. *Kol* 1,15).

Dieses *Licht schenkt sich an die Geschöpfe*, die die Spuren der göttlichen Weisheit in sich tragen. In einer besonderen Weise aber schenkt es sich *dem Menschen*. Damit führt uns der Prolog des Johannes vom erschaffenden Gott weiter zum *Geheimnis der Menschwerdung*. Denn das dem Vater wesensgleiche Wort schenkt sich dem Menschen dadurch, daß es selbst „Fleisch wird" (vgl. v. 14). Das Wort kommt, um das Licht der Menschen zu werden – um aus der Nähe, aus der innersten Mitte des Menschseins und der Menschheitsgeschichte jeden Menschen zu „erleuchten", der in diese Welt kommt. Dies bewirkt das ewige Wort als Mensch, damit jeder Mensch *im Menschsein Gottes Gott selber besser erkennen kann*. Zugleich soll dadurch der Mensch auch sein eigenes Menschsein, das von Anfang an das Bild und Gleichnis Gottes in sich trägt, in der Tiefe verstehen.

3. Auf diese Weise veranschaulicht uns der Prolog des Johannesevangeliums das Geheimnis der Menschwerdung des göttlichen Wortes, den *Gipfel und entscheidenden Wendepunkt in der Geschichte der Menschheit und der Welt*. Aber er fügt hinzu: „Er (das Wort) war in der Welt, und die Welt ist durch ihn geworden, aber die Welt erkannte ihn nicht. Er kam in sein Eigentum, aber die Seinen nahmen ihn nicht auf" (v. 10-11). Mit diesen Worten faßt der Evangelist das Leben und Schicksal Jesu Christi, des von Gott in die Welt gesandten Messias und Erlösers, zusammen. Er selbst hat ihn ja mit eigenen Augen gesehen und mit eigenen Ohren gehört; mit seinen Händen hat er das göttliche Wort, das Fleisch geworden ist, berührt.
Gott kam als Mensch zu den Menschen – das menschgewordene Wort, durch das alles erschaffen ist –, aber seine Geschöpfe nahmen ihn nicht auf. *„Das Licht leuchtet in der Finsternis, aber die Finsternis hat es nicht erfaßt"* (v. 5). Die Menschen liebten die Finsternis mehr als das Licht.

4. In diese zusammenfassende Darstellung der Geheimnisse Gottes in Jesus Christus wird sodann – schon im Prolog – ein Mann eingeführt, von dem es heißt: „Es trat ein *Mensch auf, der von Gott gesandt war; sein Name war Johannes*" (v. 6).
Er ist *gesandt als Zeuge*, um „Zeugnis abzulegen für das Licht" (v. 7-8); und zwar nicht erst am Ende des Lebens und Wirkens Jesu, sondern gleich am Anfang: sofort als das göttliche Wort die Schwelle des ewigen Geheimnisses überschritten hat, *als Christus in die Welt kam* in der Nacht von Betlehem, als er aus dem Schoß der Jungfrau geboren wurde. Und ebenso gleich am Anfang, als der inzwischen dreißigjährige Jesus von Nazaret *am Jordan* auftrat, um in Israel seine messianische Sendung zu beginnen.
Wer ist dieser Johannes? Schon im Prolog des vierten Evangeliums sehen wir ihn – wie auch bei den Synoptikern – am Jordan. Und wir hören sogar seine Stimme: „Er, der nach mir kommt, ist mir voraus, weil er vor mir war" (v. 15).
Johannes ist der Bote, der – gleichaltrig mit Christus – *dessen Kommen vorbereitet*. Er ragt aus dem ganzen Alten Bund heraus, ähnlich wie die Propheten, die das Kommen des Messias vorhergekündigt haben, und ist zugleich „der größte" unter ihnen.

Der Prolog des vierten Evangeliums nennt ihn nicht einen Propheten, sondern sagt, daß „er als Zeuge kam" (v. 7). Er ist *der erste von denjenigen, die Christus zu seinen Zeugen beruft* mit den Worten: „Und auch ihr sollt Zeugnis ablegen, weil ihr von Anfang an bei mir seid" *(Joh* 15,27).

Johannes der Täufer am Jordan ist der erste unter diesen Zeugen. Er ist Zeuge von jenem „neuen Anfang", der mit dem Geheimnis der Menschwerdung des göttlichen Wortes begonnen hat. Sein Zeugnis gehört noch zum großen Advent Israels und der ganzen Menschheit. Er ist gleichsam die *„Schwelle der Zeugnisse"* vom Alten zum Neuen Bund. Alle, die danach in Einheit mit dem Geist der Wahrheit, dem göttlichen Beistand (vgl. *Joh* 15,26), von Christus, dem Gekreuzigten und Auferstandenen, Zeugnis geben – alle diese haben die „Schwelle" des Zeugnisses des Johannes am Jordan schon überschritten.

> *Das „Zeugnis" für Christus bestimmt das innerste Wesen unseres Christseins. Jünger Jesu Christi sein, heißt Zeuge sein!*

5. Während wir uns, liebe Brüder und Schwestern, heute – am Beginn meines Pastoralbesuches – hier im Stephansdom von Wien begegnen, wollen wir *bei der großen Bedeutung dieses „Zeugnisses" ein wenig verweilen*, das – angefangen von Johannes dem Täufer, über die Apostel – als Auftrag auf das ganze Volk Gottes übergegangen ist.

Das *„Zeugnis"* für Christus bestimmt *das innerste Wesen unseres Christseins.* Jünger Jesu Christi sein, heißt Zeuge sein! Der Herr sagt von sich selber vor Pilatus: „Ich bin dazu geboren und dazu in die Welt gekommen, daß ich für die Wahrheit Zeugnis ablege" *(Joh* 18,37). Dieselbe Sendung, die Christus vom Vater empfangen hat, überträgt er nach seiner Auferstehung auch den Aposteln: „Wie mich der Vater gesandt hat, so sende ich euch" *(Joh* 20,21). Bei seiner Himmelfahrt erfolgt schließlich in ihnen die *Aussendung der Kirche, um vor allen Völkern seine Frohe Botschaft zu bezeugen:* „Geht hinaus in die ganze Welt und verkündet das Evangelium allen Geschöpfen!" *(Mk* 16,15).

Das Zeugnis unzähliger Glaubensboten hat die Botschaft Christi durch die Jahrhunderte in alle Erdteile verbreitet. Große Anstrengungen sind noch heute erforderlich, damit sie wirklich zu allen Menschen gelangt. Gleichzeitig aber sind auch die Christen in den schon christlichen Ländern wie nie zuvor aufgerufen, *alles zu tun, damit der Glaube und die Treue zu Christus bei ihnen selbst nicht wieder verkümmern,* sondern zu neuem Leben erwachen. Unser ganzer – sogenannter christlicher – europäischer Kontinent bedarf heute einer Neu-Evangelisierung. Das II. Vatikanische Konzil hat darum alle Christen zu einem neuen und verstärkten Glaubenszeugnis aufgerufen. Nicht nur Bischöfe, Priester und Ordensleute, sondern *„jeder Laie muß vor der Welt Zeuge der Auferstehung* und des Lebens Jesu, unseres Herrn, und Zeichen des lebendigen Gottes sein" *(Lumen gentium,* Nr. 38). Denselben Aufruf hat sich die letzte Bischofssynode über die Sendung und Aufgabe der Laien in der Welt von heu-

Vespergottesdienst im Stephansdom

te zu eigen gemacht. In ihrer Botschaft an das Volk Gottes heißt es: „Wer Taufe, Firmung und Eucharistie empfängt, verpflichtet sich, Christus zu folgen und ihn mit dem ganzen Leben – auch in Arbeit und Beruf – zu bezeugen."

6. Wie ich schon bei meinem ersten Pastoralbesuch vor euren Bischöfen betont habe, leben wir in einer Zeit, *„da Gottes Antlitz vielen Menschen dunkel und unerkennbar geworden* ist. Die Erfahrung der scheinbaren Abwesenheit Gottes lastet nicht nur auf den Fernstehenden, sie ist generell" (Ansprache an die Bischöfe 1983). Das Leitwort der kommenden Tage „Ja zum Glauben – Ja zum Leben" soll ein Aufruf an uns sein, uns dieser Not unserer Mitmenschen entschlossen zu stellen.

Die Christen dürfen sich nicht damit begnügen, die Abwesenheit oder Vergessenheit Gottes unter den Menschen nur zu beklagen. Sie müssen *sofort mit der Wegbereitung Gottes neu beginnen*; zuerst durch ihre eigene Bekehrung und ihren Dienst an den Mitmenschen, wie es der Prophet Jesaja fordert: „Bahnt eine Straße, ebnet den Weg, entfernt die Hindernisse auf dem Weg meines Volkes!" (*Jes* 57,14). Darum rufe ich euch heute zu: Räumt die Hindernisse aus, die dem Glauben an Gott in unseren Tagen entgegenstehen! Schafft Be-

Unser ganzer – sogenannter christlicher – europäischer Kontinent bedarf heute einer Neu-Evangelisierung.

dingungen, die den Glauben erleichtern! Sucht vom Vertrauen auf Gott her auch ein neues Vertrauen zueinander. Wo gegenseitiges Mißtrauen das Leben bestimmt, wird nicht nur der Zugang der Menschen zueinander erschwert. Zusehends geschieht Tieferes: Es verschwindet das Vertrauen zum Menschen überhaupt, zu seiner Fähigkeit und Bereitschaft für das Wahre und Gute. Die Transparenz der Welt auf die Wahrheit, auf den Grund allen Vertrauens hin, erlischt langsam. Eine vom Mißtrauen verdunkelte Welt versperrt die Wege zu Gott, lähmt den Schwung des Glaubens. Gebt im Mut zu Wahrheit und Vertrauen einander den Weg frei zu Gott, der will, daß alle Menschen gerettet werden und zur Erkenntnis der Wahrheit gelangen (vgl. *1 Tim* 2,14).

Das alles ist nicht nur eine religiöse, sondern *auch eine eminent gesellschaftliche Aufgabe der Christen*. Das II. Vatikanische Konzil, das den spezifisch religiösen Charakter der Sendung der Kirche besonders unterstreicht, sagt darauf ebenso deutlich: „Doch fließen aus eben dieser religiösen Sendung Auftrag, Licht und Kraft, um der menschlichen Gemeinschaft zu Aufbau und Festigung nach göttlichem Gesetz behilflich zu sein" (*Gaudium et spes*, Nr. 42).

7. Der *heilige Clemens Maria Hofbauer*, der Patron dieser Stadt, kam, nachdem er schon in meiner Heimat segensreich gewirkt hatte, nach Wien und wurde hier zum Erneuerer des kirchlichen und gesellschaftlichen Lebens. Gemeinsam mit seinen Mitbrüdern wirkte er in allen Bereichen der Seelsorge gegen die Gleichgültigkeit des Zeitalters der Aufklärung. Möge er euch helfen, euch in seinem Geist und mit dem

gleichen Eifer *für eine christliche Erneuerung in der Kirche und Gesellschaft von heute einzusetzen.*

Ihr lebt in einem demokratischen Staat, der allen die tatkräftige Mitarbeit am Aufbau der Gesellschaft ermöglicht und sie von allen auch erwartet. Als Christen müßt ihr euch fragen, ob ihr darin den euch von Gott und seinem Evangelium aufgetragenen Beitrag leistet. Wie steht es um eine Gesellschaft, in der Alter oft wie eine Krankheit betrachtet, Kranke mitunter als Störenfriede angesehen, in welcher Ehen leichtfertig geschlossen und noch leichtfertiger geschieden, in der Zehntausende Kinder jährlich getötet werden, bevor sie das Licht der Welt erblicken?

Über den *Auftrag der Christen in der Gesellschaft* sagt die letzte Bischofssynode in ihrer Botschaft an das Volk Gottes: „Übereinstimmung von Glaube und Leben muß das Wirken der Gläubigen im öffentlichen Leben auszeichnen, in der Mitarbeit in den politischen und sozialen Institutionen wie im täglichen Leben. Nur so können sie in die weltlichen Strukturen und Tätigkeiten den Geist des Evangeliums einbringen." Sagen wir darum unser entschlossenes Ja zum Glauben – Ja zum Leben, auch angesichts eines Egoismus ohne Hoffnung, der das Leben erstickt. Sagen wir ja zum Glauben – ja zum Leben, aus der tiefen Überzeugung, daß wir eine Gemeinschaft von Menschen sind, „die, in Christus geeint, vom Heiligen Geist auf ihrer Pilgerschaft zum Reich des Vaters geleitet werden und eine Heilsbotschaft empfangen haben, die allen auszurichten ist" (*Gaudium et spes*, Nr. 1).

> *Christen müssen den Mut und das Gottesvertrauen haben, sich in ihrem Leben von ihrer Umwelt zu unterscheiden, ...*

8. In einer altkirchlichen Schrift, dem *Diognetbrief*, heißt es über die Rolle des Christen in der Gesellschaft: „Die Christen sind Menschen wie die übrigen: sie unterscheiden sich von den anderen nicht nach Land, Sprache oder Gebräuchen ... Sie heiraten wie alle anderen und zeugen Kinder, aber sie verstoßen nicht die Frucht ihres Leibes ... Um es kurz zu sagen: *Was die Seele im Leib ist, das sind die Christen in der Welt.* Die Seele durchdringt alle Glieder des Leibes, die Christen alle Städte der Welt ... Die Christen sind im Gewahrsam der Welt und halten doch die Welt zusammen ..." (Brief an Diognet; 3. Jh.).

In der Welt, aber nicht von dieser Welt! Wie die Christen jener ersten Jahrhunderte müssen die Christen auch heute den Mut und das Gottesvertrauen haben, sich in ihrem Leben von ihrer Umwelt zu unterscheiden, nicht um diese zu verurteilen, sondern *um sie durch ihr Lebenszeugnis mit dem Licht und der Wahrheit des Evangeliums zu durchdringen;* so wie die Seele den Leib durchdringt und belebt, wie der Sauerteig alles durchsäuert.

Das Zeugnis der Christen erfolgt vor der „Welt", im Hinblick auf die verschiedenen Probleme der Welt, aber es *bleibt letztlich ein Zeugnis für Christus,* für das Licht, das in der Finsternis leuchtet, auf daß es die Menschen und die Welt immer heller erleuchtet. Das Ja der Christen zum Leben ist letztlich ein Ja zu Christus, der gerade

dazu gekommen ist, daß „wir das Leben haben und es in Fülle haben" (vgl. *Joh 10,10*). Wie Johannes vom Licht Zeugnis ablegte, damit alle durch ihn zum Glauben kommen, so muß auch unser christliches Zeugnis in der Welt *immer ein Zeugnis über die Erlösung* sein, damit die Menschen in Christus ihr ewiges Heil finden. Heute wie damals gibt Gott allen, die sein göttliches Wort, seinen menschgewordenen Sohn aufnehmen, die Macht, Kinder Gottes zu werden (vgl. *Joh 1,12*).
Heiliger Johannes der Täufer, Zeuge und Wegbereiter des Herrn, *mache uns heute nach deinem Vorbild zu glaubwürdigen Zeugen für Christus* und sein anbrechendes Reich in den Herzen der Menschen und in der Welt! Amen.

> *... nicht um diese zu verurteilen, sondern um sie durch ihr Lebenszeugnis mit dem Licht und der Wahrheit des Evangeliums zu durchdringen.*

Ansprache von Bundespräsident Kurt Waldheim beim Empfang in der Wiener Hofburg
(23. Juni 1988)

Eure Heiligkeit!

Die Spitzen des Staates und hervorragende Vertreter unserer Republik haben sich in diesen traditionsreichen Räumen der Wiener Hofburg versammelt, um Eure Heiligkeit willkommen zu heißen. Es ist für mich eine ganz besondere Ehre, die Begrüßungsworte sprechen zu dürfen, und ich tue dies freudigen, aber auch bewegten Herzens. Wie alle Ihre Pastoralreisen steht auch diese im Zeichen des Bibelwortes: „Gehet hin und lehret alle Völker!" Wer würde die Tatsache verkennen, daß Sie in Ihrer Eigenschaft als Oberhaupt der Katholischen Kirche, der die überwältigende Mehrheit meiner Mitbürger angehört, als unablässiger, nimmermüder Mahner für den Frieden, für Gerechtigkeit und die Würde des Menschen eintreten. In diesem Sinne richtet sich Ihre Botschaft an *alle* Österreicher und insbesondere an jene, die für die res publica dieses Landes Verantwortung tragen.

Noch ist uns allen Ihre Pastoralreise im Jahre 1983, die für unser Land ein großes, ja historisches Ereignis gewesen ist, in lebhafter Erinnerung. Fünf Jahre sind eine kurze Zeit, sowohl für die Kirche, deren Augen auf die Ewigkeit gerichtet sind, wie auch für das Leben der Völker. Selbst in kleinen Zeitabständen aber können wichtige Entwicklungen vor sich gehen. So glaube ich, daß der Friedensprozeß durch eine Annäherung der Großmächte und durch den Abschluß wichtiger internationaler Abkommen ein gutes Stück weitergekommen ist, auch wenn in einzelnen Teilen der Welt noch Krieg und offene Gewalt herrschen.

Sie haben, Heiliger Vater, in den vergangenen Jahren bedeutsame, ja ungewöhnliche Zeichen gesetzt: Zeichen, die zur Versöhnung, zur Solidarität und zur Einheit unserer Welt aufrufen und mit denen wir uns voll identifizieren können.

Unvergeßlich bleibt uns das gemeinsame Gebet von Abordnungen der wichtigsten Religionsgemeinschaften für den Weltfrieden, die sich über Ihre Einladung in Assisi, der Stadt des heiligen Franziskus, zusammengefunden haben.

Am Ende des vergangenen Jahres haben Eure Heiligkeit die Enzyklika *Sollicitudo rei socialis* veröffentlicht. Der Friede, führen Sie darin aus, sei eine Frucht der Solidarität der Völker. Nur eine echte Partnerschaft, nicht zuletzt von Nord und Süd, könne den

Frieden sichern. Ihren Überlegungen liegt die Auffassung zugrunde, daß die Entwicklungspolitik letzten Endes eine Frage der Moral ist, ein kategorischer Imperativ an den einzelnen und an die Völker, dem sacro egoismo zu entsagen und praktische Nächstenliebe zu üben. Ihre Enzyklika ist an alle Menschen guten Willens gerichtet, doch will mir scheinen, daß der eigentliche Adressat alle jene sind, die Verantwortung für Staat und Gesellschaft tragen. Auch wir in Österreich fühlen uns durch Ihren Appell angesprochen und herausgefordert.

Sie, Heiliger Vater, haben wiederholt den Wunsch nach einer Überwindung der Spaltung Europas zum Ausdruck gebracht. Erst kürzlich haben Sie zu gegebenem Anlaß die Hoffnung auf eine Annäherung, ja volle Einheit der lateinischen und der orthodoxen Kirche geäußert. Sie knüpfen daran die Feststellung, dies würde auch einen günstigen Einfluß auf den Entspannungsprozeß zwischen Ost und West ausüben.

Wir in Österreich, an der Nahtstelle verschiedener politischer Systeme in Europa, haben für solche Worte ein besonders feines Ohr. Der Erfolg dieser Entspannungsbemühungen ist für uns eine Schicksalsfrage. Wir messen deshalb auch dem KSZE-Prozeß größte Bedeutung bei. Wien beherbergt die gegenwärtige Nachfolgekonferenz, von der wir nach anfänglichen Enttäuschungen nun doch substantielle Fortschritte im Bereich der Menschenrechte, vor allem der Religions- und Gewissensfreiheit, erwarten. Wir wissen uns hier eines Sinnes mit dem Heiligen Stuhl, dessen Vertreter sich stets durch klare Positionen und humanitäres Engagement ausgezeichnet haben.

Unsere heutige Begegnung gibt mir auch Gelegenheit, jenes Tages im Juni des Vorjahres zu gedenken, da mich Eure Heiligkeit offiziell im Vatikan empfangen haben. Erlauben Sie mir, vom Boden meiner Heimat aus, nochmals meinen aufrichtigen Dank für die freundliche Aufnahme auszusprechen, die ja dem gesamten österreichischen Volk galt und die wir als Ausdruck Ihrer Verbundenheit mit unserem Lande interpretieren durften. Wir stellten bei unserem damaligen Gespräch fest, daß die Beziehungen zwischen dem Heiligen Stuhl und Österreich problemlos und harmonisch sind. Ich bin glücklich, diese Feststellung heute bekräftigen zu können. Möge sich Ihr jetziger Pastoralbesuch, der Sie in einige Bundesländer unserer Republik führen wird, als weiterer Markstein der Vertiefung und Bestärkung der jahrhundertelangen Bindungen zwischen dem Heiligen Stuhl und Österreich erweisen.

Ich darf Eure Heiligkeit nunmehr bitten, das Wort an uns zu richten.

Zweiter Pastoralbesuch 1988

Ansprache des Papstes an die Politiker in der Wiener Hofburg
(23. Juni 1988)

Sehr verehrter Herr Bundespräsident!
Sehr geehrter Herr Bundeskanzler!
Sehr geehrte Damen und Herren!

1. Nach der erhebenden religiösen Feier im Wiener Stephansdom ist es mir eine besondere Freude, nun in diesem festlichen Rahmen Ihnen, Herr Bundespräsident, den Mitgliedern der Bundesregierung und den übrigen Repräsentanten der Republik Österreich meine aufrichtigen Grüße entbieten zu dürfen. Von Herzen *danke ich Ihnen für den ehrenvollen Empfang und die große Anteilnahme*, die Sie meiner zweiten Reise in Ihr Land vom Augenblick ihrer Ankündigung entgegengebracht haben. Die umfassenden Vorkehrungen, die Sie auch von seiten des Staates für einen angemessenen Verlauf dieses Pastoralbesuches unternommen haben, werden viel dazu beitragen, daß die Begegnungen mit den Menschen an den verschiedenen Orten zu einem nachhaltigen Erlebnis werden.
Diese hilfsbereite Zusammenarbeit und unsere heutige Begegnung unterstreichen ein weiteres Mal das *gute Verhältnis*, das seit langer Zeit zwischen Österreich und dem Heiligen Stuhl besteht. Auf der Grundlage des in Ihrer Verfassung anerkannten Rechtes auf Glaubens- und Gewissensfreiheit und der im Konkordat getroffenen gegenseitigen Vereinbarungen hat sich *das Leben der Katholischen Kirche in Österreich segensreich entfalten* können. Katholische Christen haben in glücklichen wie leidvollen Stunden Ihres Landes Beachtenswertes geleistet. Gerade in diesem Jahr 1988 möchte ich des Leidensweges gedenken, den Österreich zusammen mit anderen Völkern unter grausamer Tyrannenherrschaft in jüngster Vergangenheit hat auf sich nehmen müssen. Unter den vielen aus religiösen, rassischen oder politischen Gründen Verfolgten jener Zeit befinden sich auch viele Katholiken, Priester, Ordensleute und Laien.

2. Die jetzige demokratische Verfassung Ihres Staates und die darin verbürgte freiheitliche Ordnung sind ein kostbares Erbe, das es sorgsam zu hüten und zu entfalten gilt. Trotz des heute vorherrschenden weltanschaulichen Pluralismus ist das Leben in

Österreich in vielem noch grundsätzlich durch christliche Werte geprägt. Richtig verstandene Freiheit bedeutet nicht Ungebundenheit und Beliebigkeit, sondern ist, wie ein Theologe (Johannes von Salisbury) einmal zutreffend gesagt hat, das Recht, das Gute zu tun.

Das Gute, zu dem das Leitwort meines Pastoralbesuches die Menschen in diesem Land neu ermutigen möchte, ist das *„Ja zum Leben"* in allen seinen Dimensionen. Die Kirche sagt dazu aus ihrem Glauben ein klares und uneingeschränktes Ja und fühlt sich darin solidarisch mit der Gesellschaft, in deren Mitte sie wirkt. Wenn aber gewisse Dimensionen des Lebens in Gefahr geraten, verkürzt oder verstümmelt zu werden, so sieht sie sich gleichermaßen verpflichtet, den prophetischen Dienst des Widerspruchs zu leisten, sei es gelegen oder ungelegen.

> *Richtig verstandene Freiheit bedeutet nicht Ungebundenheit und Beliebigkeit, sondern ist das Recht, das Gute zu tun.*

Unser Ja zum Leben muß das *Ja zur Freiheit und zur Würde des Menschen,* das *Ja zu Toleranz* und *das Ja zu Gerechtigkeit und Frieden* miteinschließen. Ein so verstandenes Ja zum Leben verbietet die Verfolgung oder Diffamierung andersdenkender Mitmenschen. Es verlangt die Anerkennung des Lebensrechtes jedes Menschen und die Einsicht, daß die Freiheit des einen dort endet, wo die Freiheit des anderen beginnt. Gerechtigkeit und Gemeinwohl sind jene wesentlichen Ziele, auf die sich das Handeln der Menschen im innerstaatlichen und internationalen Leben ausrichten soll. Das II. Vatikanische Konzil sagt in der Pastoralkonstitution *Gaudium et spes*: „Die gesellschaftliche Ordnung und ihre Entwicklung müssen sich dauernd am Wohl der Personen orientieren; denn die Ordnung der Dinge muß der Ordnung der Personen dienstbar werden und nicht umgekehrt" (*Gaudium et spes*, Nr. 26). Eine solche menschengerechte Ordnung beginnt mit dem Schutz des ungeborenen Lebens, verlangt die Achtung von Ehe und Familie, die Sorge für die Arbeitsplätze und in möglichst vielen Bereichen des gemeinschaftlichen Zusammenlebens vertrauensbildenden Dialog und Partnerschaft. Steht die *Achtung der Würde und der Grundrechte des Menschen im Mittelpunkt unseres Handelns,* so können auch Gegensätze über Eigeninteressen, Partei- und Ländergrenzen hinweg fair und gerecht ausgetragen oder vielfach sogar von vornherein vermieden werden.

3. Die *Bemühungen Österreichs* um nationalen wie internationalen Frieden als Frucht der Gerechtigkeit, sein Einsatz für die Wahrung der Menschenrechte, seine Hilfe für viele Flüchtlinge und seine Solidarität mit den großen Problemen der Menschen in der Dritten Welt – all das *verdient internationalen Respekt für Ihr Land.* Die Katholische Kirche in Österreich hat sich in Einheit mit der Weltkirche zum tatkräftigen Anwalt dieser Anliegen gemacht und ist weiterhin zu partnerschaftlicher Zusammenarbeit bereit. Wenn auch Österreich wie andere Länder wachsenden wirtschaftlichen Schwierigkeiten begegnet, bin ich doch gewiß, daß Sie nicht aufhören werden, sich

auch in Zukunft notleidenden Mitmenschen in aller Welt hilfsbereit zuzuwenden. Möge Ihr Land weiterhin eine offene Tür für jene Menschen haben, die unter tragischen Umständen ihre angestammte Heimat verlassen müssen.

Österreich weiß um seine Chance und seine Aufgabe, *im Herzen Europas Brücke zu sein*, und unternimmt dafür beispielhafte Anstrengungen im Bereich der Politik und der Kultur. Man darf sich niemals damit abfinden, daß Staaten oder Völker, besonders wenn sie benachbart sind, sich gleichsam fremd und beziehungslos gegenüberstehen. *Unser ganzer europäischer Kontinent bedarf eines schöpferischen Erneuerungsprozesses für ein einiges Europa.* Die Kirche kann für dieses Werk der Vermittlung und der Verständigung einen wichtigen Beitrag leisten. Der christliche Glaube ist in allen Ländern Europas von ihren Ursprüngen her eine prägende und grenzüberschreitende Kraft. Wie ich in meiner Ansprache im Oktober 1982 an die Teilnehmer des 5. Symposiums des Rates der Europäischen Bischofskonferenzen in Rom betont habe, sind *Kirche und Europa „zwei Wirklichkeiten, die in ihrem Sein und in ihrer Bestimmung eng miteinander verknüpft sind.* Sie haben miteinander jahrhundertelang einen gemeinsamen Weg zurückgelegt und bleiben von derselben Geschichte geprägt. Europa ist vom Christentum aus der Taufe gehoben worden, und die europäischen Nationen in ihrer Verschiedenheit haben die christliche Existenz verkörpert. Bei ihrer Begegnung haben sie einander bereichert und Werte mitgeteilt, die nicht allein zur Seele der europäischen Kultur, sondern auch zum Gut der ganzen Menschheit geworden sind." Diese christliche Identität und innere Einheit Europas gilt es gemeinsam wiederzuentdecken und für die Zukunft dieses Kontinents und der Welt fruchtbar zu machen. Die Kirche ist bemüht, durch *verstärkte Anstrengungen für eine Art Neu-Evangelisierung der Völker Europas* hierzu ihren besonderen Beitrag zu leisten.

4. Sehr geehrte Damen und Herren! *Dienst am Menschen, das ist der Auftrag der Regierenden im Staat.* Dies kommt schon im Namen des hohen Ministeramtes selbst zum Ausdruck. Dienst am Menschen ist *auch der Auftrag und die Absicht der Kirche* und aller wahren Christen, die zu ihr gehören. Je entschiedener die Kirche Gott dient, desto entschiedener dient sie auch den Menschen.

Wenn die Träger höchster staatlicher Verantwortung und die Hirten der Kirche unter Wahrung der Eigenständigkeit von Staat und Kirche zum Wohl der Menschen zusammenarbeiten, dann erfüllen sie damit in einer wichtigen Dimension auch ihren eigenen Auftrag. Die heute für die gesamte Gesellschaft schon anstehenden und morgen vielleicht noch dringlicher werdenden großen Fragen und Aufgaben lassen eine solche *offene und von wechselseitigem Respekt getragene Zusammenarbeit als besonders wünschenswert* erscheinen.

> *Man darf sich niemals damit abfinden, daß Staaten oder Völker, besonders wenn sie benachbart sind, sich gleichsam fremd und beziehungslos gegenüberstehen.*

Empfang in der Wiener Hofburg

In der Hoffnung, daß sich das hier in Österreich schon bestehende partnerschaftliche Zusammenwirken von Staat und Kirche zum Wohl der Menschen fruchtbar weiterentfaltet, bekunde ich Ihnen, Herr Bundespräsident und Herr Bundeskanzler, und Ihnen allen, die Sie als Mitglieder der österreichischen Bundesregierung oder auf andere Weise hohe Verantwortung in Staat und Gesellschaft tragen, meine besten persönlichen Wünsche. Sie sind für mich zugleich eine *Bitte an den dreifaltigen Gott:* Er möge dieses Land und seine Menschen weiterhin schützen und segnen.

Zweiter Pastoralbesuch 1988

Grußadresse von Paul Grosz, Präsident der Israelitischen Kultusgemeinden Österreichs, anläßlich eines privaten Treffens des Papstes mit den Leitern der jüdischen Gemeinden in der Wiener Nuntiatur
(24. Juni 1988)

Die Vertreter der jüdischen Gemeinden in Österreich begrüßen das geistliche Oberhaupt von 850 Millionen Katholiken, unseren Bruder in Gott, Papst Johannes Paul II., mit unserem Friedensgruß

„Shalom".

Ew. Heiligkeit, wir freuen uns, daß sich bei Ihrem zweiten Pastoralbesuch in Österreich die Gelegenheit zu diesem Treffen ergeben hat. Wir alle wissen, daß Frieden in der Welt, heute mehr denn je, brüderlicher Annäherung bedarf. Das beinhaltet auch den Dialog zwischen Religionen. Unsere gemeinsame Aufgabe ist es, die gottgegebenen Werte, die dem Wunder und der Würde des Lebens zugrunde liegen, immer und überall hochzuhalten. Da wir aber alle nur Menschen sind, bleiben auch unsere größten Anstrengungen nicht immer von Erfolg gekrönt.

Wer seine Geschichte vergißt, ist dazu verurteilt, sie nochmals zu erleben.

Man erzählt von einem Rabbi, dessen Schüler ihrem verehrten Lehrer sagen: „Wir lieben dich." Der weise Lehrer antwortet seinen Schülern mit einer Frage: „Wißt ihr, was mich schmerzt?" Überrascht und verstört durch diese Frage, antworteten die Studenten: „Rabbi, wie können wir das wissen?" Worauf der Rabbi wie folgt antwortet: „Wenn ihr nicht wisset, was mich schmerzt, wie könnt ihr sagen, daß ihr mich liebt?"

Die leidvolle zweitausendjährige Geschichte der Beziehung zwischen Juden und Christen hat seit dem II. Vatikanischen Konzil eine entscheidende Wende erfahren. In diesem Konzil ging die Römisch-katholische Kirche von der Lehre über die Verworfenheit der Juden und von der Anschuldigung des Gottesmordes gegen das jüdische Volk ab.

Wir sehen dieses heutige Treffen als Fortsetzung des fruchtbaren Dialogs auf Basis der Würde und Gleichberechtigung beider Partner, den die Katholische Kirche mit Vertretern des jüdischen Volkes seit dem II. Vatikanischen Konzil führt. Verschiedene dem II. Vatikanischen Konzil folgende Dokumente, der Besuch Ew. Heiligkeit in der Synagoge von Rom und Ihre vielen, von tiefem Gefühl geprägten Stellungnahmen zu der Shoah haben sehr zur gegenseitigen Annäherung beigetragen.

Auch in Österreich gab es in letzter Zeit historische öffentliche Begegnungen zwischen Vertretern der Kirche und der jüdischen Gemeinde. Auch das mutige Eintreten des Bischofs von Innsbruck für die Abschaffung des auf einer Ritualmordlegende beruhenden Kultes von Rinn wollen wir nicht unerwähnt lassen.

Das moralische Gewicht einer so autoritativen Stimme wie die der Katholischen Kirche kann jetzt und in Zukunft dazu beitragen, daß sich ein moralischer Zusammenbruch, wie ihn Hitlers diabolischer Feldzug zur Vernichtung der europäischen Juden darstellt, nicht wieder ereignen kann.

In diesem Drama menschlichen Versagens Opfer gewesen zu sein, ist noch kein Verdienst, welches man für sich in Anspruch nehmen kann. Aber als Überlebende der Shoah haben wir die Pflicht, unseren Millionen toten jüdischen Brüdern und Schwestern das Andenken zu bewahren und Achtung und Respekt für die Heiligkeit ihres Opferganges zu fordern.

Deshalb gilt es, allen Versuchen entgegenzutreten, die entsetzlichen Verbrechen und die einzigartige Tragik der Shoah zu banalisieren und mit anderen Geschehnissen dieser dunklen Zeit gleichzusetzen.

Die Ereignisse in Österreich in den letzten zwei Jahren zeigen uns, daß viele Österreicher mit ihrer Vergangenheit noch nicht ins reine gekommen sind.

Wir können und wir dürfen nicht vergessen, weil es unumgänglich ist, daß das Wissen um die Shoah von Generation zu Generation erhalten bleibt, damit jenes Gewissen entsteht, das allein verhindern kann, daß sich wiederholt, was damals geschehen ist. Denn wer seine Geschichte vergißt, ist dazu verurteilt, sie nochmals zu erleben.

Die Vertreter dieser klein gewordenen jüdischen Gemeinde in Österreich von wenigen tausend Menschen tragen aber auch die Bürde einer geschichtlich belegten Erinnerung an eine über tausend Jahre alte, ebenso bedrückende wie abscheuliche und monotone Wiederholung von Entrechtung und Unterdrückung, Austreibung oder Scheiterhaufen.

Und trotzdem haben wir Gott nicht vergessen, unserer Thora die Treue gehalten und unseren prophetischen Auftrag, ein Licht der Völker zu sein, zu erfüllen gesucht.

Die Ereignisse in Österreich in den letzten zwei Jahren zeigen uns – und besonders zum Zeitpunkt des Besuches des österreichischen Bundespräsidenten im Vatikan wurde dies deutlich –, daß viele Österreicher mit ihrer Vergangenheit noch nicht ins reine gekommen sind. Sie halten es für patriotisch, darüber zu schweigen, und für unpatriotisch, darüber zu sprechen, ziehen es vor, Ausländer oder die Juden für ihre Probleme verantwortlich zu machen.

Eine Stellungnahme zur Vergangenheitsbewältigung, wie sie Ew. Heiligkeit in Köln vor Millionen von Fernsehzusehern abgegeben haben, haben wir anläßlich des Besuches des Bundespräsidenten von Österreich im Vatikan im vorigen Jahr mit großem Bedauern vermißt.

Wir bitten, daß Ew. Heiligkeit diesmal die Autorität, die Ihnen vorauseilt, und die Liebe, die Ihnen das österreichische Volk entgegenbringt, dazu verwenden, die Bedeutung der Gewissenserforschung und die bewußte Verarbeitung der eigenen Vergangenheit zu unterstreichen.

Auch auf einem weiteren Gebiet setzen wir Juden große Hoffnungen in den Pastoralbesuch Ew. Heiligkeit.

In zu vielen Plätzen hat sich die Lehre des II. Vatikanischen Konzils noch nicht durchgesetzt. Wir hoffen, daß die Worte Ew. Heiligkeit den Weg zum Herzen der Österreicher finden, sodaß der Beitrag des II. Vatikanischen Konzils sich tatsächlich durchsetzen kann.

Zuletzt gestatten mir Ew. Heiligkeit noch eine Bemerkung, die sich auf Israel bezieht. Unsere besondere Verbundenheit mit dem Staat Israel läßt uns schmerzlich bedauern, daß es noch keine diplomatischen Beziehungen zwischen Israel und dem Heiligen Stuhl gibt.

Der Heilige Stuhl, der ja auch Interessen in dieser Region hat, kann einen wichtigen Beitrag zur Erlangung des Friedens im Nahen Osten mitleisten. Dies scheint uns aber nur möglich, wenn der Vatikan zu allen betroffenen Staaten, also auch zum Staat Israel, volle diplomatische Beziehungen unterhält. Diese Anerkennung Israels wäre eine klare Ablehnung des palästinensischen Terrorismus, dessen immer wieder beschworene Absicht es ist, den Staat Israel zu vernichten. Gleichzeitig kann die Anerkennung Israels helfen, den als Antizionismus getarnten Antisemitismus abzubauen.

Ew. Heiligkeit, als Erbe Petri sind Sie immer für Frieden und Gerechtigkeit auf der ganzen Welt eingetreten und haben Terrorismus und Antisemitismus öffentlich verurteilt. Suchen wir auch im Nahen Osten gemeinsam einen Weg, um allen Beteiligten zu ermöglichen, eine gerechte Lösung zu finden, die allen Menschen in diesem unruhigen Teil der Erde Frieden bringt, Juden, Christen und Moslems gleichermaßen.

Im Sinne der einleitenden chassidischen Erzählung haben wir Ew. Heiligkeit viele unserer Schmerzen geschildert. Als Brüder wollen wir nach Wahrheit suchen, uns der Komplexität unseres geschichtlichen Weges bewußt werden, unermüdlich sprechen und zuhören, um Hand in Hand eine bessere Zukunft gestalten zu können.

Wir sagen nochmals „Shalom" zu Ew. Heiligkeit, und möge Gottes Segen Sie auf allen Wegen begleiten.

Ansprache des Papstes bei der Begegnung mit Vertretern der Israelitischen Kultusgemeinden in der Wiener Nuntiatur

(24. Juni 1988)

Sehr geehrter Herr Präsident der Israelitischen Kultusgemeinden, sehr verehrter Herr Oberrabbiner, geehrte Anwesende!

1. Beim Propheten Jeremia (31,15f) lesen wir: „Ein Geschrei ist in Rama zu hören, bitteres Klagen und Weinen. Rahel weint um ihre Kinder ..., denn sie sind dahin."
Eine solche Klage ist auch der Grundton der *Grußworte*, die Sie soeben im Namen der jüdischen Gemeinden in Österreich an mich gerichtet haben. Sie hat mich tief bewegt. Ich erwidere Ihren Gruß mit Liebe und Wertschätzung und versichere Ihnen, daß diese Liebe auch die bewußte Kenntnis all dessen einschließt, was Sie schmerzt. Vor fünfzig Jahren brannten in dieser Stadt die Synagogen. Tausende von Menschen wurden von hier in die Vernichtung geschickt, unzählige zur Flucht getrieben. Jene unfaßbaren Schmerzen, Leiden und Tränen stehen mir vor Augen und sind meiner Seele tief eingeprägt. In der Tat, nur wen man kennt, den kann man lieben.
Es freut mich, daß es bei meinem Pastoralbesuch auch zu dieser *Begegnung* mit Ihnen gekommen ist. Möge sie ein Zeichen gegenseitiger Hochachtung sein und die Bereitschaft bekunden, sich noch besser kennenzulernen, tiefgreifende Ängste abzubauen und einander vertrauenweckende Erfahrungen zu schenken.
„Shalom!", „Friede!" – Dieser religiöse Gruß ist eine Einladung zum Frieden. Er ist von zentraler Bedeutung bei unserer Begegnung am heutigen Morgen, vor dem *Shabbath*; von zentraler Bedeutung ist er auch in christlicher Sicht nach dem Friedensgruß des auferstandenen Herrn an die Apostel im Abendmahlsaal. Der Friede schließt das Angebot und die Möglichkeit der Vergebung und der Barmherzigkeit ein, die herausragende Eigenschaften unseres Gottes, des Gottes des Bundes, sind. Sie erfahren und feiern im Glauben diese Gewißheit, wenn Sie alljährlich den großen Sühnetag, den *Yôm Kippûr*, festlich begehen. Wir Christen betrachten dieses Geheimnis im Herzen Christi, der – von unseren Sünden und denen der ganzen Welt durchbohrt – für uns am Kreuze stirbt. Dies ist höchste Solidarität und Brüderlichkeit aus der Kraft der Gnade. Der Haß ist ausgelöscht und geschwunden, es erneuert sich der Bund der Liebe. Dies ist der Bund, den die Kirche im Glauben lebt; in ihm erfährt sie

ihre tiefe und geheimnisvolle Verbundenheit in Liebe und Glaube mit dem jüdischen Volk. Kein geschichtliches Ereignis, wie schmerzlich es auch sein mag, kann so mächtig sein, daß es dieser Wirklichkeit zu widersprechen vermag, die zum Plan Gottes für unser Heil und unsere brüderliche Versöhnung gehört.

2. Das *Verhältnis zwischen Juden und Christen* hat sich seit dem II. Vatikanischen Konzil und dessen feierlicher Erklärung *Nostra aetate* wesentlich verändert und verbessert. Seitdem besteht ein offizieller Dialog, dessen eigentliche und zentrale Dimension „die Begegnung zwischen den heutigen christlichen Kirchen und dem heutigen Volk des mit Mose geschlossenen Bundes" sein soll, wie ich es bei einer früheren Gelegenheit formuliert habe (Ansprache an Vertreter der Juden, Mainz, 17. 11. 1980). Inzwischen sind weitere Schritte zur Versöhnung getan worden. Auch mein Besuch in der römischen Synagoge sollte ein Zeichen dafür sein.

> *Das Verhältnis zwischen Juden und Christen hat sich seit dem II. Vatikanischen Konzil wesentlich verändert und verbessert. Seitdem besteht ein offizieller Dialog.*

Dennoch lastet weiter auf Ihnen und auch auf uns die Erinnerung an die *Shoah*, den millionenfachen Mord an den Juden in den Vernichtungslagern. Es wäre freilich ungerecht und unwahr, diese unsäglichen Verbrechen dem Christentum anzulasten. Vielmehr zeigt sich hier das grauenvolle Antlitz einer Welt ohne und sogar gegen Gott, deren Vernichtungsabsichten sich erklärtermaßen gegen das jüdische Volk richteten, aber auch gegen den Glauben derer, die in dem Juden Jesus von Nazaret den Erlöser der Welt verehren. Einzelne feierliche Proteste und Appelle ließen solche Absichten nur noch fanatischer werden.

Eine angemessene Betrachtung der Leiden und des Martyriums des jüdischen Volkes kann nicht ohne *innersten Bezug auf die Glaubenserfahrung* erfolgen, die seine Geschichte kennzeichnet, angefangen vom Glauben Abrahams, beim Auszug aus der Knechtschaft Ägyptens, beim Bundesschluß am Sinai. Es ist ein Weg in Glaube und Gehorsam als Antwort auf den liebenden Ruf Gottes. Wie ich im vergangenen Jahr vor Vertretern der jüdischen Gemeinde in Warschau gesagt habe, kann aus diesen grausamen Leiden eine um so tiefere Hoffnung erwachsen, ein rettender *Warnruf für die ganze Menschheit* sich erheben. Sich der Shoah erinnern heißt hoffen und sich dafür einsetzen, daß sie sich niemals mehr wiederholt.

Wir können gegenüber einem so unermeßlichen Leid nicht unempfindlich bleiben; aber der Glaube sagt uns, daß Gott die Verfolgten nicht verläßt, sondern sich ihnen vielmehr offenbart und *durch sie jedes Volk auf dem Weg zur Erlösung erleuchtet.* Dies ist die Lehre der Heiligen Schrift, dies ist uns in den Propheten, in Jesaja und in Jeremia, offenbart. In diesem Glauben, dem gemeinsamen Erbe von Juden und Christen, hat die Geschichte Europas ihre Wurzeln. Für uns Christen erhält jeder menschliche Schmerz seinen letzten Sinn im Kreuze Jesu Christi. Dies aber hindert uns nicht, es drängt uns vielmehr dazu, solidarisch mitzufühlen mit den tiefen

Wunden, die durch die Verfolgungen dem jüdischen Volk, besonders in diesem Jahrhundert aufgrund des modernen Antisemitismus, zugefügt worden sind.

3. Der *Prozeß der vollen Versöhnung* zwischen Juden und Christen muß auf allen Ebenen der Beziehungen zwischen unseren Gemeinschaften mit aller Kraft weitergeführt werden. *Zusammenarbeit und gemeinsame Studien* sollen dazu dienen, die Bedeutung der Shoah tiefer zu erforschen. Aufzuspüren und möglichst zu beseitigen sind die Ursachen, die für den Antisemitismus verantwortlich sind oder noch allgemeiner zu den sogenannten „Religionskriegen" führen. Nach dem Vorbild dessen, was auf dem Weg der Ökumene bisher bereits geschehen ist, vertraue ich darauf, daß es möglich sein wird, über die Rivalitäten, die Radikalisierungen und Konflikte der Vergangenheit offen miteinander zu sprechen. Wir müssen versuchen, sie auch in ihren geschichtlichen Bedingungen zu erkennen und sie durch gemeinsame Bemühungen um Frieden, um ein kohärentes Glaubenszeugnis und die Förderung der sittlichen Werte, die die Personen und Völker bestimmen sollen, zu überwinden. Schon in der Vergangenheit hat es nicht an klaren und nachdrücklichen Warnungen gegen jede Art religiöser Diskriminierung gefehlt. Ich erinnere hier vor allem an die ausdrückliche Verurteilung des Antisemitismus durch ein Dekret des Heiligen Stuhls von 1928, wo es heißt, daß der Heilige Stuhl auf das schärfste den Haß gegen das jüdische Volk verurteilt, „jenen Haß nämlich, den man heute gewöhnlich mit dem Wort ‚Antisemitismus' zu bezeichnen pflegt". Die gleiche Verurteilung erfolgte auch durch Papst Pius XI. im Jahre 1938. Unter den vielfältigen heutigen *Initiativen, die im Geist des Konzils für den jüdisch-christlichen Dialog entstehen*, möchte ich auf das Zentrum für Information, Erziehung, Begegnung und Gebet hinweisen, das in Polen errichtet wird. Es ist dazu bestimmt, die Shoah sowie das Martyrium des polnischen Volkes und der anderen europäischen Völker während der Zeit des Nationalsozialismus zu erforschen und sich mit ihnen geistig auseinanderzusetzen. Es ist zu wünschen, daß es reiche Früchte hervorbringt und auch für andere Nationen als Vorbild dienen kann. Initiativen dieser Art werden auch das zivile Zusammenleben aller sozialen Gruppen befruchten und sie anregen, sich in gegenseitiger Achtung für die Schwachen, Hilfsbedürftigen und Ausgestoßenen einzusetzen, Feindseligkeiten und Vorurteile zu überwinden sowie die Menschenrechte, besonders das Recht auf Religionsfreiheit, für jede Person und Gemeinschaft zu verteidigen. An diesem umfangreichen Aktionsprogramm, zu dem wir Juden, Christen und alle Menschen guten Willens einladen, sind auch schon seit vielen Jahren die *Katholiken in Österreich* beteiligt, Bischöfe und Gläubige sowie verschiedene Vereinigungen. Erst in jüngster Zeit haben fruchtbare Begegnungen mit jüdischen Persönlichkeiten in Wien stattgefunden.

> *Der Prozeß der vollen Versöhnung zwischen Juden und Christen muß auf allen Ebenen der Beziehungen zwischen unseren Gemeinschaften mit aller Kraft weitergeführt werden.*

4. Die Eintracht und Einheit der verschiedenen Gruppen einer Nation bilden auch eine solide Voraussetzung für einen wirksamen Beitrag zur Förderung von Frieden und Verständigung unter den Völkern, wie es die Geschichte Österreichs selbst in den letzten Jahrzehnten gezeigt hat. Die *Sache des Friedens* liegt uns allen am Herzen, *besonders im Heiligen Land, in Israel, im Libanon, im Mittleren Osten.* Dies sind Regionen, mit denen uns tiefe biblische, geschichtliche, religiöse und kulturelle Wurzeln verbinden. Der Friede ist nach der Lehre der Propheten Israels eine Frucht der Gerechtigkeit und des Rechtes und zugleich ein unverdientes Geschenk der messianischen Zeit. Deshalb muß auch hier jegliche Gewalt beseitigt werden, die alte Irrtümer wiederholt und dadurch Haß, Fanatismus und religiösen Integralismus hervorruft, welche Feinde menschlicher Eintracht sind. Jeder prüfe diesbezüglich sein Gewissen entsprechend seiner Verantwortung und Zuständigkeit. Vor allem aber ist es notwendig, daß wir einen konstruktiven Dialog zwischen Juden, Christen und Moslems fördern, damit das gemeinsame Zeugnis des Glaubens an den „Gott Abrahams, Isaaks und Jakobs" (*Ex* 3,6) in der Suche nach gegenseitiger Verständigung und brüderlichem Zusammenleben wirksam fruchtbar wird, ohne die Rechte von jemandem zu verletzen.

> *Vor allem aber ist es notwendig, daß wir einen konstruktiven Dialog zwischen Juden, Christen und Moslems fördern.*

In diesem Sinn muß jede *Initiative des Heiligen Stuhles* verstanden werden, wenn er sich darum bemüht, die *Anerkennung der gleichen Würde für das jüdische Volk im Staate Israel und für das palästinensische Volk* zu suchen. Wie ich im vergangenen Jahr vor Vertretern der jüdischen Gemeinden in den Vereinigten Staaten von Amerika betont habe, hat das jüdische Volk ein Recht auf ein Heimatland, wie es jede andere Nation gemäß dem internationalen Recht hat. Dasselbe aber gilt auch für das palästinensische Volk, aus dem viele Menschen heimatlos und Flüchtlinge sind. Durch gemeinsame Verständigungs- und Kompromißbereitschaft sind endlich jene Lösungen zu finden, die zu einem gerechten, umfassenden und dauerhaften Frieden in diesem Gebiet führen (vgl. Ansprache vom 11. 9. 1987). Wenn nur Vergebung und Liebe in Fülle ausgesät werden, wird das Unkraut des Hasses nicht wachsen können; es wird erstickt werden. Sich an die Shoah erinnern heißt auch, sich jeder Aussaat von Gewalt zu widersetzen und jeden zarten Sproß von Freiheit und Frieden mit Geduld und Ausdauer zu schützen und zu fördern.

In diesem Geist christlicher Versöhnungsbereitschaft erwidere ich Ihnen von Herzen Ihr „Shalom" und erflehe für uns alle das Geschenk brüderlicher Eintracht und den Segen des allmächtigen und allgütigen Gottes Abrahams, Ihres und unseres Vaters im Glauben.

Grußwort von Bischof Stefan László beim Festgottesdienst in Trausdorf

(24. Juni 1988)

Heiliger Vater!

Ein hohes Fest feiert heute die heilige Kirche. Es ist dies das Fest der Geburt des heiligen Johannes des Täufers.
Wir hier in der Diözese Eisenstadt feiern dieses Fest besonders feierlich. Unter uns weilt der Heilige Vater, und über die Medien sind wir mit einem großen Teil des katholischen Erdkreises verbunden.
Ich darf Sie deshalb, Heiliger Vater, ganz herzlich und ehrfurchtsvoll begrüßen. Ich tue dies nicht nur im eigenen Namen, namens der Gläubigen der Diözese Eisenstadt, sondern auch namens vieler Brüder und Schwestern, die aus unseren Nachbarländern Ungarn und Jugoslawien hierhergekommen sind.
Wir sind uns der Größe dieses Augenblickes bewußt. Er ist ein historisches Ereignis, das seinesgleichen bei uns noch nicht hatte. Doch noch tiefer ist sein religiöser Sinn. Sind Sie doch, Heiliger Vater, im Namen Jesu Christi zu uns gekommen, und deshalb wissen wir uns durch Sie, Heiliger Vater, mit dem Herrn ganz besonders verbunden.
So danken wir Ihnen für Ihr Kommen und erbitten uns Ihr Gebet und Ihren Segen, um uns so unserer Berufung, die einem jeden obliegt, auch im Leben würdig zu erweisen.

(In kroatischer Sprache:)

Sveti Oče!

U Željezanskoj biškupiji živu uz vjernike nimškoga materinskoga jezika i vjerniki hrvatskoga materinskoga jezika, kih praoci su se pred već od 400 ljeti simo doselili. Ostali su vjerni svojoj vjeri i narodnosti.
Uz mnogo drugo su vjerniki hrvatskoga materinskoga jezika osebito za to zahvalni da moru svečevati liturgiju na svojem materinskom jeziku.
Tako pozdravljam Vašu Svetost u ime svih vjernikov hrvatskoga materinskoga jezika jeli su to vjerniki iz naše biškupije ili naši gosti iz Hrvatske, ki bivaju med nami.
Svi Vas prosu za ojačajuću rič, da moru i nadalje ostati stalni zahtjevom našega časa.

(Übersetzung:)

Heiliger Vater!

In der Diözese Eisenstadt leben neben den deutschsprechenden Gläubigen auch kroatischsprechende Gläubige, deren Ahnen vor mehr als 400 Jahren hierhergekommen sind. Sie bleiben treu ihrem Glauben und ihrem Volkstum.
Neben vielen anderen sind die kroatischsprechenden Gläubigen besonders dafür dankbar, daß sie nunmehr die Liturgie in ihrer Muttersprache feiern können.
So darf ich Eure Heiligkeit im Namen aller kroatischsprechenden Gläubigen begrüßen, sei es jener aus unserer Diözese, sei es jener, die als Gäste aus Kroatien unter uns weilen.
Sie alle erbitten ein stärkendes Wort, um auch den Anforderungen unserer Zeit gewachsen zu bleiben.

(In ungarischer Sprache:)

Szentatya!

A háromnyelvű kismartoni egyházmegyében magyar nyelven is üdvözlöm Szentségedet. Tudom, hogy az anyanyelv vezet el a legrövidebb úton a szívekhez.
A magyarul beszélő hivek is örvendenek, hogy Szentséged eljött hozzánk. A kismartoni egyházmegye több szempontból is különös módon össze van kötve a szomszédos győri és szombathelyi egyházmegyével.
A magyarul beszélő hivők is kérik maguk és az otthonmaradottak számára Szentséged apostoli áldását.

(Übersetzung:)

Heiliger Vater!

In der Diözese Eisenstadt, die dreisprachig ist, darf ich meinen Gruß an Eure Heiligkeit auch in ungarischer Sprache richten. Weiß ich doch, daß gerade die Muttersprache der beste Weg zum Herzen ist.
Auch die ungarischsprechenden Gläubigen freuen sich, daß Eure Heiligkeit zu uns gekommen sind. Ist doch die Diözese Eisenstadt aus mehrfachen Gründen mit ihren Nachbardiözesen Győr und Szombathely besonders verbunden.
Auch die ungarischsprechenden Gläubigen erbitten für sich und für alle Daheimgebliebenen den apostolischen Segen.

Festgottesdienst in Trausdorf

Predigt des Papstes beim Festgottesdienst in Trausdorf
(24. Juni 1988)

Liebe Brüder und Schwestern!

1. „Herr, du hast mich erforscht, und du kennst mich ..., alle meine Wege sind dir bekannt" (*Ps* 139,1-2).
So beten wir mit dem Psalmisten in der heutigen Liturgie. Seine Worte drücken aus, was uns hier zutiefst vereint – unsichtbar zwar, aber dennoch wirklich und wesentlich: Wir sind hier *versammelt im gemeinsamen Glauben an den gegenwärtigen Gott*, an Gott, der uns alle erforscht und kennt. Gott weiß um uns schon immer, er kennt einen jeden von uns, wir alle sind in sein liebendes Herz geschrieben, seine Vorsehung umfängt die ganze Schöpfung. „In ihm leben wir, bewegen wir uns und sind wir" (*Apg* 17,28), so erklärt der Apostel Paulus den fragenden Athenern auf dem Areopag die Nähe Gottes zu uns Menschen.

> *Gott weiß um uns schon immer, er kennt einen jeden von uns, wir alle sind in sein liebendes Herz geschrieben, seine Vorsehung umfängt die ganze Schöpfung.*

Vor ihm sind wir hier versammelt – vor dem unsichtbaren Gott. *In seinem ewigen Wort, dem eingeborenen Sohn, hat er uns beim Namen gerufen,* damit wir durch ihn das Leben haben und es in Fülle haben (vgl. *Joh* 10,10).
Darum feiern wir nun *Eucharistie*. Wir kommen, um in Jesus Christus alles vom Vater zu empfangen, was uns zum Heile dient. Und wir bringen alles: unsere Freude, unseren Dank, unsere Bitten, ja, uns selbst, um uns ganz in Christus dem Vater darzubringen: in ihm, der ja der Erstgeborene der ganzen Schöpfung ist (vgl. *Kol* 1,15). *In und durch Christus* wollen wir mit dem Psalmisten zu unserem Schöpfer und Vater beten: „Ich danke dir, daß du mich so wunderbar gestaltet hast; staunenswert sind deine Werke" (*Ps* 139,14).

2. *In dankbarer Freude grüße ich Eisenstadt*, den Sitz eurer Diözese, die ich dank der Freundlichkeit eures Bischofs schon vor etlichen Jahren besuchen durfte. Ich grüße von Herzen Bischof Stefan László und danke ihm für die vielen Jahre brüderlicher Freundschaft und Verbundenheit seit dem Konzil bis heute. Gern erinnere ich mich

auch an unsere Begegnungen in Krakau und Rom. Ich freue mich, nun ein weiteres Mal hier sein Gast sein zu dürfen.

Herzlich grüße ich euch alle, die anwesenden Kardinäle, Bischöfe, Priester und Ordensleute, alle Gläubigen der Diözese Eisenstadt und aus den österreichischen Nachbardiözesen, ganz besonders aber die sehr zahlreichen *Gäste aus Ungarn und aus Kroatien in Jugoslawien.* Durch euch gilt unser gemeinsamer Segensgruß zugleich allen unseren Glaubensbrüdern und -schwestern in euren Heimatländern, mit denen wir uns heute über alle Grenzen hinweg auf das engste in der einen Kirche Jesu Christi verbunden fühlen.

3. „Herr, du hast mich erforscht, und du kennst mich." Die Kirche wiederholt diese Worte des Psalmisten in der heutigen Festliturgie, am *Geburtsfest Johannes des Täufers,* des Sohnes des Zacharias und der Elisabet. „Vom Mutterschoß an" hat Gott ihn berufen, die „Taufe der Buße" am Jordan zu predigen und das Kommen seines Sohnes vorzubereiten (vgl. *Mk* 1,4).

Die besonderen *Umstände der Geburt* des Johannes sind uns durch den Evangelisten Lukas überliefert. Nach einer alten Überlieferung erfolgte sie in Ain-Karim, vor den Toren Jerusalems. Ihre Begleitumstände waren so ungewöhnlich, daß die Leute schon damals fragten: „Was wird wohl aus diesem Kind werden?" (*Lk* 1,66). Für seine gläubigen Eltern, für die Nachbarn und Verwandten war es offenkundig, daß *seine Geburt ein Zeichen Gottes war.* Ja, sie sahen deutlich, daß „die Hand des Herrn" auf ihm ruhte. Dies zeigte schon die Ankündigung seiner Geburt an seinen Vater Zacharias, während er den priesterlichen Dienst im Tempel von Jerusalem versah. Seine Mutter Elisabet war schon betagt und galt als unfruchtbar. Auch der Name „Johannes", den er erhielt, war außergewöhnlich für seine Umgebung. Sein Vater selbst mußte befehlen, daß er „Johannes" und nicht, wie es alle anderen wollten, „Zacharias" heißen sollte (vgl. *Lk* 1,59-63).

Der Name Johannes bedeutet in der hebräischen Sprache *„Gott ist gnädig".* So wird schon im Namen ausgedrückt, daß *der neugeborene Knabe einmal die Heilspläne Gottes ankünden soll.* Die Zukunft sollte die Weissagungen und Erlebnisse um seine Geburt voll bestätigen: Johannes, der Sohn des Zacharias und der Elisabet, wurde die *„Stimme eines Rufers in der Wüste"* (*Mt* 3,3), der am Jordan zur Buße aufrief und Christus die Wege bereitete.

Christus selbst hat von Johannes dem Täufer gesagt, daß „unter den von einer Frau Geborenen keiner größer ist" (vgl. *Mt* 11,11). Darum hat auch die Kirche diesem großen Boten Gottes von Anfang an eine besondere Verehrung erwiesen. Ausdruck dieser Verehrung ist das heutige Fest.

4. Liebe Brüder und Schwestern! Diese Feier mit ihren liturgischen Texten lädt uns ein, *über die Frage nach dem Werden des Menschen, nach seiner Herkunft und Bestimmung nachzudenken.* Es scheint zwar, daß wir über dieses Thema bereits viel

wissen, sei es aus der langen Erfahrung der Menschheit, sei es durch immer tiefere biomedizinische Forschungen. Das Wort Gottes aber stellt immer neu die *wesentliche Dimension der Wahrheit* über den Menschen heraus: Der Mensch ist von Gott geschaffen und von ihm gewollt als sein Bild und Gleichnis. Keine rein menschliche Wissenschaft kann diese Wahrheit aufzeigen. Sie kann sich höchstens dieser Wahrheit annähern oder die Wahrheit über dieses „unbekannte Wesen", das der Mensch vom Augenblick seiner Empfängnis im Mutterschoß ist, intuitiv erahnen.

Zur selben Zeit aber sind wir Zeugen davon, wie vorgeblich im Namen der Wissenschaft *der Mensch in einem dramatischen Prozeß „reduziert"* und in einer traurigen Vereinfachung dargestellt wird; und so verdunkeln sich auch jene Rechte, die in der Würde seiner Person gründen, die ihn von allen Geschöpfen der sichtbaren Welt unterscheidet. Die Worte im Buch Genesis, die vom Menschen als einem Geschöpf sprechen, das nach Gottes Bild und Gleichnis geschaffen ist, bringen die volle Wahrheit über ihn in knapper und zugleich tiefer Weise treffend zum Ausdruck.

5. Diese Wahrheit über den Menschen ist auch in der heutigen Liturgie zu vernehmen, wo die Kirche mit den Worten des Psalmisten zu Gott, dem Schöpfer, betet:

„Herr, du hast mich erforscht, und du kennst mich ...

Du hast *mein Inneres geschaffen*,

mich gewoben im Schoß meiner Mutter ...

Du kennst mich bis zum Grund.

Als ich geformt wurde im Dunkel ...

waren meine Glieder dir nicht verborgen ...

Ich danke dir, daß du mich so wunderbar gestaltet hast" (*Ps* 139,1.13-15).

Der Mensch ist sich also dessen bewußt, was er ist – was er von Anfang an, vom Mutterschoß an, ist. Er weiß darum, daß er *ein Wesen ist, dem Gott begegnen und mit dem er ins Gespräch kommen möchte.* Mehr noch: Im Menschen möchte er der ganzen Schöpfung begegnen.

Der Mensch ist für Gott ein „Jemand": einmalig und unwiederholbar. Er ist, wie das II. Vatikanische Konzil sagt, jenes „einzige Geschöpf auf Erden, das Gott um seiner selbst willen erschaffen wollte" (vgl. *Gaudium et spes*, Nr. 24).

„Der Herr hat mich schon im Mutterleib berufen; als ich noch im Schoß meiner Mutter war, hat er meinen Namen genannt" (*Jes* 49,1); so wie den Namen des Knaben, der in Ain-Karim geboren wurde: „Johannes". *Der Mensch ist jenes Wesen, das Gott beim Namen ruft.* Er ist für Gott *das geschaffene „Du".* Er ist inmitten der Geschöpfe jenes personale „Ich", das sich an Gott wenden und auch ihn beim Namen rufen kann. Gott will im Menschen jenen Partner haben, der sich an ihn wendet als seinen Schöpfer und Vater: „Du, mein Herr und Gott." An *das göttliche „Du".*

6. Liebe Brüder und Schwestern! *Wie antworten wir Menschen auf diese unsere göttliche Berufung?* Wie versteht der heutige Mensch sein Leben? Wohl in keiner anderen

Zeit sind bisher durch Technik und Medizin größere Anstrengungen unternommen worden, um menschliches Leben gegen Krankheit zu schützen, es immer mehr zu verlängern und vor dem Tod zu retten. Gleichzeitig aber hat kaum eine Zeit zuvor so viele Orte und Methoden der Menschenverachtung und Menschenvernichtung hervorgebracht wie die unsrige. Die bitteren Erfahrungen unseres Jahrhunderts mit der Tötungsmaschinerie zweier Weltkriege, die Verfolgung und Vernichtung ganzer Gruppen von Menschen wegen ihrer ethnischen oder religiösen Herkunft, der atomare Rüstungswettlauf bis zur Stunde, die Hilflosigkeit der Menschen angesichts des großen Elends in vielen Teilen der Welt könnten uns geradezu verleiten, an Gottes Zuwendung und Liebe zum Menschen und zur gesamten Schöpfung zu zweifeln oder sie sogar zu leugnen.

Oder müssen wir uns nicht gerade angesichts der schrecklichen Geschehnisse, die durch Menschen über unsere Welt hereingebrochen sind, und angesichts der vielfältigen Bedrohungen unserer Zeit *umgekehrt fragen:* Hat sich nicht der Mensch von Gott, seinem Ursprung, entfernt, sich von ihm abgewandt und sich selbst zum Mittelpunkt und Maßstab seines Lebens gemacht? Drückt sich nicht in den Experimenten mit dem Menschen, die seiner Würde widersprechen, in der Einstellung vieler zu Abtreibung und Euthanasie ein beängstigender Verlust der Ehrfurcht vor dem Leben

Die Geschichte lehrt uns, daß Menschen und Völker, die ohne Gott auszukommen glauben, stets der Katastrophe der Selbstzerstörung preisgegeben sind.

aus? Zeigt sich nicht auch in eurer Gesellschaft immer deutlicher im Schicksal vieler einzelner, welches durch innere Leere, Angst und Flucht bestimmt ist, daß sich der Mensch selbst von seiner Wurzel abgeschnitten hat? Müssen nicht Sexualisierung, Alkoholismus, Drogenkonsum als Alarmsignale verstanden werden? Deuten sie nicht auf eine große Vereinsamung des heutigen Menschen hin, auf eine Sehnsucht nach Zuwendung, einen Hunger nach Liebe, die eine nur auf sich selbst gerichtete Welt nicht stillen kann?

In der Tat, *ohne Verbundenheit mit seiner Wurzel, die Gott ist, verarmt der Mensch* an inneren Werten und erliegt allmählich den vielfältigen Bedrohungen. Die Geschichte lehrt uns, daß Menschen und Völker, die ohne Gott auszukommen glauben, stets der Katastrophe der Selbstzerstörung preisgegeben sind. Treffend hat dies der Dichter Ernst Wiechert in dem Satz formuliert:

„Seid gewiß, daß niemand aus der Welt herausfällt, der nicht zuvor aus Gott herausgefallen wäre."

Aus einer lebendigen Gottesbeziehung erwächst dem Menschen hingegen das Bewußtsein von der Einmaligkeit und Kostbarkeit seines Lebens und seiner personalen Würde. Inmitten seiner konkreten Lebenssituation weiß er sich von Gott gerufen, getragen und angespornt. Trotz herrschender Ungerechtigkeiten und persönlichen Leids versteht er sein Leben als ein Geschenk; er ist dafür dankbar und fühlt sich dafür vor Gott verantwortlich. Gott wird so für den Menschen zur Quelle der Kraft und der

Festgottesdienst in Trausdorf

Zuversicht, aus der heraus er sein Leben menschenwürdig gestalten und auch selbstlos in den Dienst seiner Mitmenschen zu stellen vermag.

7. Gott hat Johannes den Täufer schon „im Mutterleib berufen", „Stimme eines Rufers in der Wüste" zu werden und dadurch seinem Sohn den Weg zu bereiten. Auf ähnliche Weise hat *Gott auch auf einen jeden von uns „seine Hand gelegt"*. An jeden von uns geht ein besonderer Ruf, jedem von uns wird eine von ihm zugedachte Aufgabe übertragen. In jedem Anruf, der uns auf vielfältige Weise treffen kann, ist jene göttliche Stimme vernehmbar, die damals durch Johannes gesprochen hat: „Bereitet dem Herrn den Weg" (*Mt* 3,3).

Jeder Mensch sollte sich fragen, was er in seinem Beruf, in seinem Stand dazu beitragen kann, um dem Herrn Einlaß in diese Welt zu verschaffen. Wo immer wir uns dem Rufe Gottes öffnen, werden wir wie Johannes Wegbereiter Gottes unter den Menschen. Stellvertretend für die unzähligen Männer und Frauen, die sich in der Geschichte auf diese Weise

> *Achtet auf eure Mitverantwortung für die Weckung geistlicher Berufe.*

dem Wirken Gottes beispielhaft geöffnet haben, möchte ich euch hier auf den *heiligen Martin* hinweisen. Wenn uns auch Jahrhunderte von ihm trennen, so ist er uns doch durch sein Vorbild und seine zeitlose Größe in der Nachfolge Christi nahe. Er ist ja euer Diözesan- und Landespatron. Er wird verehrt als der große Heilige des gesamten pannonischen Raumes: „Martinus natus Savariae in Pannonia."

Martin steht vor uns als ein Mensch, der sich mit Gott eingelassen hat, der sein „Ja zum Glauben" als ein *„Ja zum Leben"* verstanden und *praktiziert* hat. Wozu er sich berufen wußte, das hat er mit letzter Konsequenz erfüllt. Noch bevor er Christ wurde, teilte er mit dem Armen seinen Mantel. Schon das Soldatenleben bot ihm gewiß manche Freuden; aber das genügte ihm nicht. Wie jeder Mensch war er auf der Suche nach einer Freude, die von Dauer ist, nach einem Glück, das nicht zerstört werden kann.

Erst in reiferen Jahren begegnete er im Glauben *Jesus Christus, in dem er die Fülle der Freude und das Glück gefunden hat*. Durch den Glauben ist Martin nicht ärmer, sondern reicher geworden: Er wuchs in seinem Menschsein, er wuchs in der Gnade vor Gott und den Menschen.

8. Damit diese Wahrheit, daß der Mensch seine Erfüllung und sein wahres Heil nur in Gott findet, immer verkündet werden kann, dazu bedarf es vor allem der *Priester und Ordensleute*. Achtet deshalb auf eure Mitverantwortung für die Weckung geistlicher Berufe. Mit Freude höre ich, daß in einigen Tagen in eurer Diözese sechs Neupriester geweiht werden. Dies ist ein großes Geschenk für die Kirche in eurer Heimat. Hört nicht auf zu beten, daß der Herr Arbeiter in seine Ernte sende!

In besonderer Weise wende ich mich an die jungen Menschen, die die Zukunft eures Landes und der Kirche sind. Sucht zu erkennen, liebe junge Freunde, was Gott von euch will. Seid offen für seinen Ruf! Prüft sorgfältig, ob er nicht auch euch in die besondere Nachfolge Christi als Priester, Ordensfrau oder Ordensmann einlädt, sei es hier in eurer Heimat oder draußen in der Weltmission. Ich bitte euch alle, für welchen Weg auch immer ihr euch entscheidet, laßt den Samen des göttlichen Wortes in die Furchen eures Herzens fallen; laßt es dort nicht vertrocknen, sondern pflegt es, damit es aufgeht und wächst und reiche Frucht bringen kann. Sagt „Ja zum Glauben" – sagt „Ja zum Leben"; denn Gott lebt es mit euch! Mit ihm wird euer Leben zu einem Abenteuer; es wird schön, reich und erfüllt sein!

9. Liebe Christen der Diözese Eisenstadt! Im Geist des heiligen Martin überschreitet ihr auch die Grenzen eurer Heimatdiözese. Diese ist sich mit ihrem Bischof der *Brückenfunktion* bewußt, die ihr gerade *zu den Völkern Osteuropas* hin habt. Ihr seid bereit, mit ihnen Kontakte zu pflegen und auch mit ihnen zu teilen, materiell und geistig. Die heutigen zahlreichen Gäste aus den Nachbarländern sind dafür ein neuer Beweis.

Ebenso seht ihr auch eure *Verantwortung für die Weltkirche*, vor allem für jene Ortskirchen, die materiell in Not und Armut leben. Es ist mir bekannt, daß ihr fast in jedem Erdteil ein Hilfsprojekt nach Kräften unterstützt und auch zu euren Partnerdiözesen in Afrika und Indien in lebendigem Austausch steht. Ihr helft euren Missionaren, Ordensschwestern und Entwicklungshelfern an vielen Orten. Und wie ich höre, wollt ihr auch durch eine großzügige Spende anläßlich meines Besuches in eurer Diözese das Haus für Obdachlose, das im Vatikan für die Armen in den Straßen Roms entstanden ist und von Schwestern von Mutter Teresa betreut wird, hochherzig unterstützen. Dafür und für alle Hilfe, die ihr Notleidenden zugute kommen laßt, danke ich euch von Herzen und ermutige euch, in diesem Geist eures Diözesanpatrons, des heiligen Martin, beispielhaft weiterzuwirken.

10. „*Bereitet dem Herrn den Weg ..., damit mein Heil bis an das Ende der Welt reicht*" (vgl. *Jes* 49,6). Wenn wir, liebe Brüder und Schwestern, als Christen, die durch die Taufe in Christus eingegliedert sind, auf unsere Berufung schauen, dann gewinnen diese Worte des Herrn aus dem Munde des Propheten Jesaja – aus dem heilsgeschichtlichen Advent vor dem ersten Kommen Christi – für uns am Ende des zweiten Jahrtausends nach Christi Geburt eine besondere Bedeutung. Stehen wir doch gleichsam in einem „neuen Advent" der Weltgeschichte, besonders hier auf dem alten Kontinent! Muß nicht *das von Christus uns geschenkte „Heil" von neuem bis an die äußersten Grenzen Europas gelangen?*

Wir alle spüren, wie sehr wir der Erneuerung, einer neuen Hinwendung zu Gott bedürfen. Erneuerung, Umkehr und Hinwendung zu Gott, zu den Quellen des Glaubens, Besinnung auf den unverkürzten Glauben – das ist es, wozu uns das heutige Fest der Geburt Johannes des Täufers aufruft und wozu uns auch das Beispiel des heiligen Martin anspornt.

Festgottesdienst in Trausdorf

Ja, wir wissen alle um die Notwendigkeit der Erneuerung in unserer Gesellschaft, der Neu-Evangelisierung unseres Kontinents: damit *der europäische Mensch* den Sinn für seine grundlegende *Würde* nicht verliert; damit er nicht den zerstörerischen Mächten des geistigen Todes verfällt, sondern *das Leben hat und es in Fülle hat* (vgl. Joh 10,10)!

11. Mit besonderer Freude möchte ich nun auch noch ein kurzes Grußwort an unsere anwesenden Brüder und Schwestern aus Ungarn und Kroatien in ihrer Muttersprache richten.

Kedves magyar nyelvű Testvérek!

Szívből megismétlem a már egyszer kifejezett üdvözletemet. Testvéri köszöntésem különösen a magyar püspököknek szól, élükön Paskai László *esztergomi* érsekkel, Magyar-ország prímásával, aki hamarosan bíborosi rangot kap, valamint a papoknak és szerzeteseknek. Köszöntöm a nagy számban összesereglett magyar nyelví híveket, akik az eisenstadti egyházmegyéből és Magyarországról vagy máshonnan jöttek – köztük az erdélyi menekülteket –, hogy találkozzanak Péter utódával és együtt ünnepeljék ezt a szentmisét.

A Veletek való találkozás nagy lelki örömet jelent nekem. Bennetek köszöntöm az egész magyar egyházat és nemzetet. *Népetek története szorosan összekapcsolódik a keresztény hittel.* A Krisztus és Anyja, Mária iránti szeretet mélyen elődeitek szívében gyökerezett. Ez a szeretet mozgat Benneteket is. Ezért jöttetek ide; ezért zarándokoltok oly gyakran Máriazellbe és más Mária-kegyhelyekre.

Különlegesen egyesülve Veletek részt veszek jubileumi ünnepléstekben, amellyel ebben az évben *Szent István királyotokat* tisztelitek. Az ő mély hite és testvéri szeretete legyen ma is példakép és ösztönzés számotokra. Korunkban a hit nagy tanúja volt Isten Szolgája, Batthyány-Strattmann László, akinek boldogáavatási eljárása már Rómában is folyamatban van.

Ebben az Isten Anyjának szentelt évben útravalóul, otthoni hétköznapjaitok számára, azokat a szavakat adom, amelyeket Mária a kánai menyegzőn Fiára utalva mondott: *Tegyétek, azt, amit Jézus mond!* (Vö. *Jn* 2,5) Ha ezekhez a szavakhoz igazodtok, akkor a helyes úton maradtok. A sötétségben és bizonytalanságban biztos irányt mutatnak. Mária, Magyarok Nagyasszonya, valamint Szent István királyotok járjanak közben az Úrnál értetek, hozzátartozóitokért, egyházatokért és az egész magyar népért, hogy hűségesen megőrizzétek a keresztény hitet és Jézus Krisztus igazi tanúiként éljetek.

12. Ja pozdravljam sada Vas, dragi vjerniki hrvatskoga jezika iz Gradišča i sve Hrvate, ki su iz daleka došli Gradišće sa svojim biskupima pod vodstvom Kardinala Franje Kuharića k ovoj Božjoj službi. Povjest hrvatske kulture a osebito i povjest hrvatskoga jezika su i u Gradišću usko povezani s kršćanskom vjerom. Dragocjeni sadi su izrasli

iz ove veze. Kao *jedan* primjer za to spomenut ću osobu i djelo svećenika i pjesnika Mate Meršića Miloradića, ki je isto tako marljiv navjestitelj vjere kao i meštar rići.

Kroz stoljeća bila je kršćanska vjera duša Vaše hrvatske kulture. Neka i u budućnosti ostane jaki glas u ovoj kulturi.

Prve mnolitve, ke ste čuli i ponavljali, bile su izrečene na hrvatskom jeziku Vaših preocev. Prve duhovne pjesme zaglušale su isto tako na tom jeziku. Sačuvajte vjeru Vaših preocev. Ne sramite se ove vjere. Vjera Vam posreduje milost „med dobrima biti uvijek jedan dobri". Sačuvajte i razvijajte u zahvalnosti kulturu Vaših preocev. Ona je dar za ovu zemlju i za crikvu u ovoj zemlji.

I na koncu poseban pozdrav ovdje nazočnim brojnim Hrvatima iz Jugoslavije, koji su uz ne male žrtve došli na ovaj susret s Papom. Vama i svima vašima u domovini, koji ste tako odani Kristovu Namjesniku moj apostolski blagoslov. Hvaljen Isus i Marija!

Gelobt sei Jesus Christus!

Ich grüße nun euch, liebe Gläubige kroatischer Sprache aus dem Burgenland und alle Kroaten, die von außerhalb des Burgenlandes mit ihren Oberhirten unter der Leitung des Herrn Kardinals Franje Kuharić zu diesem Gottesdienst gekommen sind. Die Geschichte der kroatischen Kultur und besonders auch die Geschichte der kroatischen Sprache sind auch im Burgenland eng mit dem christlichen Glauben verbunden. Kostbare Früchte sind aus dieser Verbindung erwachsen. Als *ein* Beispiel dafür nenne ich die Person und das Werk des Priesters und Dichters Mate-Mersich Miloradić, der ebenso ein eifriger Verkünder des Glaubens wie ein Meister des Wortes gewesen ist.

Durch die Jahrhunderte war der christliche Glaube die Seele eurer kroatischen Kultur. Möge er auch in Zukunft eine starke Stimme in dieser Kultur sein.

Die ersten Gebete, die ihr gehört und nachgesprochen habt, wurden in der kroatischen Sprache eurer Vorfahren gesprochen. Die ersten geistlichen Lieder erklangen ebenfalls in dieser Sprache. Bewahrt den Glauben eurer Vorfahren. Schämt euch dieses Glaubens nicht. Der Glaube vermittelt euch die Gnade, „unter Guten stets ein Guter zu sein". Bewahrt und entfaltet in Dankbarkeit auch die Kultur eurer Vorfahren. Sie ist ein Geschenk für dieses Land und für die Kirche in diesem Land.

E alla fine un saluto particolare ai qui presenti numerosi Croati dalla Jugoslavia, che sono venuti a questo incontro col Papa con non pocchi sacrifici. A voi e a tutti i vostri nella patria, che siete tanto fedeli al Vicario di Cristo, la mia Benedizione Apostolica. Sia lodato Gesú e Maria!

Liebe *Mitchristen ungarischer Sprache!*

Von Herzen wiederhole ich noch einmal meinen schon eingangs ausgesprochenen Willkommensgruß. Mein brüderlicher Gruß gilt besonders den ungarischen Bischöfen mit dem Erzbischof von *Gran* und Primas von Ungarn, Mons. László Paskai, den ich in Kürze mit der Kardinalswürde auszeichnen darf, sowie den Priestern und Ordens-

Festgottesdienst in Trausdorf

leuten. Ich grüße alle Gläubigen ungarischer Sprache in der Diözese Eisenstadt und die aus Ungarn – unter ihnen auch Flüchtlinge aus Transsilvanien – oder von anderswo so zahlreich hierhergekommen sind, um dem Nachfolger des Petrus zu begegnen und diesen Gottesdienst mitzufeiern.

Die Begegnung mit euch schenkt mir eine große geistliche Freude. In euch grüße ich die ganze ungarische Kirche und Nation. Die *Geschichte eures Volkes ist eng mit dem christlichen Glauben verbunden.* Die Liebe zu Christus und zu seiner Mutter Maria war in den Herzen eurer Vorfahren tief verwurzelt. Dieselbe Liebe bewegt auch euch. Darum seid ihr hierhergekommen; darum macht ihr euch auch immer wieder als Wallfahrer auf den Weg nach Mariazell und zu den anderen marianischen Gnadenorten.

In besonderer Verbundenheit nehme ich Anteil an der Jubiläumsfeier, mit der ihr in diesem Jahr eures *heiligen Königs Stephan* in Verehrung gedenkt. Sein tiefer Glaube und seine Liebe zu den Mitmenschen mögen euch heute Vorbild und Ansporn sein. Ein großer Glaubenszeuge unserer Tage ist der Diener Gottes *Ladislaus Batthyany*, um dessen Seligsprechung ihr euch ja zurzeit auch in Rom bemüht.

In diesem der Gottesmutter geweihten Jahr möchte ich euch das Wort mit in die Heimat und in euren Alltag geben, mit dem Maria bei der Hochzeit zu Kana uns auf ihren Sohn verweist: *Was Jesus euch sagt, das tut!* (vgl. Joh 2,5). Wenn ihr euch an dieses Wort haltet, dann seid ihr auf dem richtigen Weg. Es gibt in Dunkel und Unsicherheit Orientierung und Richtung. Mögen Maria, die Patrona Hungariae, und euer heiliger König Stephan für euch und eure Angehörigen, für eure Kirche und das ganze ungarische Volk Fürsprecher beim Herrn sein, damit ihr den christlichen Glauben treu bewahrt und ihn auch als wahre Jünger Jesu Christi lebt und bezeugt.

Meditation des Papstes im Konzentrationslager Mauthausen
(24. Juni 1988)

1. Es ist schwer, ausdrucksstärkere Worte zu finden, als wir sie soeben aus den *Klageliedern* vernommen haben, die von der Überlieferung dem Propheten Jeremia zugeschrieben werden.

Mehr als vierzig Jahre sind vergangen seit jener Zeit, als die Todeslager, unter ihnen auch das von Mauthausen, Schaudern und Schrecken verbreiteten. Dies geschah im Herzen Europas. Dies geschah in der Mitte unseres Jahrhunderts, gegen Ende des zweiten Jahrtausends nach Christus.

> *Dies geschah in der Mitte unseres Jahrhunderts, gegen Ende des zweiten Jahrtausends nach Christus.*

Die Klagelieder des Jeremia künden den Messias und seine Leiden an. *Sie sprechen von einem Menschen – einem Mann der Schmerzen –,* dessen Kreuz auf Golgota, vor den Mauern der Heiligen Stadt Jerusalem, aufgerichtet worden ist. Sie sprechen von ihm – und in gewissem Sinn tun sie uns sogar seine eigenen Worte kund. Der Mund des Propheten, sein persönliches Schicksal vermitteln uns diese besondere Botschaft.

2. Gleichzeitig aber bringen diese Klagelieder *eines* Menschen auch *die Leiden aller* zum Ausdruck. Ja, von allen Menschen – besonders von denjenigen, die während der Jahre des fürchterlichen Weltkrieges in Europa durch die Qualen solcher Lager gegangen sind.

Was der Prophet sagt, könnten die Lippen eines jeden von ihnen gesprochen haben. Und nicht nur ihre Lippen, sondern ihr ganzes *inneres Menschsein*, das hier so brutal getreten und unter den Lebensbedingungen des Lagers zur Vernichtung verdammt war.

Dies sind Worte jeder menschlichen Seele, des Menschen der Schmerzen, der im „Mann der Schmerzen" der Bibel und des Evangeliums sein bleibendes Urbild findet.

3. *„Ich bin der Mann, der Leid erlebt hat* durch die Rute des Grimms. Er hat mich getrieben und gedrängt in Finsternis, nicht ins Licht. Täglich von neuem kehrt er die Hand nur gegen mich" (Klgl 3,1-3). Wer ist dieser „Er"?

Der Mensch also – der Gefangene von Mauthausen – erzählt sein eigenes Leiden. Und dieser Bericht ist zugleich eine Frage. Eine große Frage des Menschen aller Zeiten nach dem Leid. *Verwandelt sich diese Frage nicht sogar in eine Anklage?*
Wer wird vom Mann der Schmerzen *angeklagt?* Wer wird von diesem gequälten Menschen, dem Gefangenen des Konzentrationslagers, unter Anklage gestellt? *Oder ... klagt er etwa Gott selbst an?* – „Ich bin der Mann, der Leid erlebt hat durch die Rute des Grimms."
„Er zehrte aus mein Fleisch und meine Haut, zerbrach meine Glieder" (ebd., 3,4). Hier, an diesem Ort, waren *Menschen, die andere Menschen grausam mißhandelt haben* ... buchstäblich so, wie es die Klagelieder ankündigen.
An diesem Ort, hier in Mauthausen, waren Menschen, die im Namen einer irrsinnigen Ideologie *ein ganzes System der Verachtung und des Hasses* gegen andere Menschen in Bewegung gesetzt haben. Sie unterzogen sie Folterungen, zerbrachen ihnen die Gebeine, mißhandelten grausam ihre Körper und Seelen: Sie verfolgten ihre Opfer in ihrer Grausamkeit. „Sie umschlossen sie mit Gift und Erschöpfung. Im Finstern ließen diese sie wohnen wie längst Verstorbene" (vgl. ebd., 3,5-6).
Auch hier haben sie jene „ummauert", die gefangengenommen und in diesem Lager eingesperrt waren. Sie haben sie „in schwere Fesseln gelegt", ihnen „*mit Quadern den Weg verriegelt*" (ebd., 3,7.9) *in die Freiheit, zu ihrer Würde,* zu den Grundrechten eines jeden Menschen, *zum Leben ...* Hier setzte man auf den Tod, auf die Vernichtung eines jeden, den man für einen Gegner hielt. Und nicht nur das ..., auch weil er nur „verschieden" war. Und vielleicht nur, weil er ein „Mensch" war?
Der irrsinnige Plan, Europa auf den Wegen anzuhalten, auf denen es seit Jahrtausenden gegangen war!

4. Sind wirklich „die Wege verriegelt" für die Völker, die Gesellschaft, für die Menschheit? Gewiß, Menschen sind zerschmettert worden. Sie sind – wie der Prophet sagt – „mit bitterer Kost gespeist, mit Wermut getränkt" und schließlich „in den Staub gedrückt" worden (vgl. ebd., 3,15.16).
Hier ... und an so vielen anderen Orten totalitärer Herrschaft.
Aus dieser Erfahrung, einer der schrecklichsten seiner Geschichte, ist *Europa besiegt hervorgegangen,* ... besiegt in dem, was sein Erbe, seine Sendung zu sein schien ... „Seine Wege sind verriegelt." *Die Last des Zweifels* hat sich schwer auf die Geschichte der Menschen, der Nationen, der Kontinente gelegt.
Sind die Fragen des Gewissens stark genug – die Gewissensbisse, die uns geblieben sind?

5. *Ihr Menschen, die ihr furchtbare Qualen erfahren habt* – welche der Klagelieder des Jeremia würdig sind!
Welches ist euer letztes Wort? Euer Wort nach so vielen Jahren, die unsere Generation vom Leiden im Lager Mauthausen und in vielen anderen trennen?

Mensch von gestern – und von heute, wenn das System der Vernichtungslager auch heute noch irgendwo in der Welt fortdauert, sage uns, *was kann unser Jahrhundert an die nachfolgenden übermitteln?*

Sage uns, haben wir nicht mit allzu großer Eile deine Hölle vergessen? Löschen wir nicht in unserem Gedächtnis und Bewußtsein die Spuren der alten Verbrechen aus? Sage uns, in welcher Richtung sollten sich Europa und die Menschheit „nach Auschwitz", ... „nach Mauthausen" entwickeln? Stimmt die Richtung, in die wir uns von den furchtbaren Erfahrungen von damals entfernen?

Sage uns, *wie sollte der Mensch sein* und wie die Generation der Menschen, die hier auf den Spuren der großen Niederlage der Menschheit leben? Wie müßte der Mensch sein? Wieviel müßte er von sich selber fordern?

Sage uns, wie müßten die Nationen und die Gesellschaften sein? Wie müßte Europa fortfahren zu leben?

Rede, denn du hast das Recht dazu – du, der Mensch, der gelitten und das Leben verloren hat ... Und *wir müssen dein Zeugnis anhören.*

6. Haben nicht der Mensch und das von Menschen errichtete System *mit dem Zorn Gottes Mißbrauch getrieben?*

Hat er nicht im Bewußtsein der Generationen *sein Bild verdunkelt?*

Dennoch ruft der Prophet mit den Worten der Klagelieder: „Die Huld des Herrn ist nicht erschöpft; sein Erbarmen ist nicht zu Ende. Neu ist es an jedem Morgen; groß ist deine Treue" (*Klgl* 3,22-23).

Ja. *Die Treue.* Einer ist *„der Mann der Schmerzen",* der *allen Menschen der Schmerzen treu* gewesen ist, hier, in Mauthausen, und wo immer in der Welt sie durch ein unmenschliches System Verachtung erduldet haben oder noch erdulden.

Es hat einen solchen Mann der Schmerzen gegeben. Und es gibt ihn weiterhin. *In der Geschichte der Welt bleibt sein Kreuz gegenwärtig.*

Dürfen wir uns von diesem Kreuz entfernen? Können wir an ihm vorbei in die Zukunft gehen?

Europa, kannst du an ihm vorbeigehen?

Mußt *du* nicht wenigstens bei ihm stehenbleiben, auch wenn die Generationen deiner Söhne und Töchter daran vorbeigehen und in die Vergangenheit entschwinden?

7. Christus! *Christus so vieler menschlicher Leiden, Demütigungen und Verwüstungen.*

Christus, gekreuzigt und auferstanden. An einem Ort – einem von so vielen –, die aus der Geschichte unseres Jahrhunderts nicht ausgelöscht werden können –

Ich, der Bischof von Rom und Nachfolger deines Apostels Petrus, ich bitte dich inständig: Bleibe!

Bleibe und lebe fort in unserer Zukunft!

Bleibe und lebe fort!

Im KZ Mauthausen

Wohin sollen wir gehen? Du hast Worte des Lebens, die der Tod nicht verhüllt, nicht zerstört hat ... *Du hast Worte ewigen Lebens* (vgl. *Joh* 6,68).

Seliger *Marcel Callo*, Märtyrer von Mauthausen,
selige Schwester *Theresia Benedikta vom Kreuz, Edith Stein,*
und heiliger Pater *Maximilian Kolbe*,
ihr gepriesenen und verehrten Märtyrer von Auschwitz,
bittet für alle an diesen Orten des Todes Gequälten und Gemarterten!
Bittet für alle Opfer ungerechter Gewalt, gestern und heute –
bittet auch für ihre Henker!
Jesus Christus, Lamm Gottes, erbarme dich ihrer aller –
erbarme dich unser aller!

Ansprache des Vorsitzenden der Österreichischen Bischofskonferenz, Erzbischof Karl Berg, bei der Begegnung des Papstes mit den österreichischen Bischöfen in Salzburg

(24. Juni 1988)

Heiliger Vater!

In Ehrerbietung und herzlicher Dankbarkeit begrüßen wir Sie im Kreis der Mitglieder der Österreichischen Bischofskonferenz.

Ihre Pilgerreise führt Sie beinahe durch ganz Österreich und gibt Ihnen Gelegenheit, die Vielfalt unseres Heimatlandes zu sehen. Jede Diözese hat ihre Geschichte und ihre Eigenart. Die Bischöfe und der hochwürdigste Abt von Mehrerau, die an ihrem jeweiligen Platz das Hirtenamt ausüben, bemühen sich wiederum, in ihrer je eigenen Art diesen hohen Dienst zu erfüllen.

> *Wir betrachten die Gemeinschaft der Bischofskonferenz als eine segensreiche Hilfe für uns selbst und als einen Dienst für unser österreichisches Vaterland, aber auch über die Grenzen unseres Staates hinaus.*

Wir betrachten die Gemeinschaft der Bischofskonferenz als eine segensreiche Hilfe für uns selbst und als einen Dienst für unser österreichisches Vaterland, aber auch über die Grenzen unseres Staates hinaus. Gerade in letzter Zeit haben wir an einigen Ereignissen in unseren Nachbarländern besonders Anteil genommen. In diesen Tagen werden unsere Staatsgrenzen von vielen zehntausenden Brüdern und Schwestern anderer Staaten überschritten. Das ist für uns ein Zeichen der Gnade.

Wir handeln nur dann im Geist Christi, wenn dies in Einheit untereinander und mit der Weltkirche geschieht. Sie, Heiliger Vater, sind dafür Garant und Wegweiser.

Bei unserem jüngsten Ad-limina-Besuch haben wir über die Lage der Kirche in Österreich berichtet. Wir sind aus oft vieljähriger Erfahrung überzeugt, daß die Kirche in unserem Heimatland getragen ist von einem starken und geduldigen Glauben sehr vieler Menschen.

Mitunter wird dies jedoch übertönt von jenen Herausforderungen und Schwierigkeiten, die wir mit beinahe allen Ländern der westlichen Industriewelt teilen.

Dennoch erleben wir in unserem Dienst die Wahrheit des Prophetenwortes: „Stille und Vertrauen verleihen euch Kraft" (*Jes* 16,10).

Jetzt aber sind Tage freudigen Jubels. Wir sind hochgestimmt und dankbar, daß wir mit Ihnen, Heiliger Vater, durch Österreich pilgern können.

Gott segne Ihren Weg! Wir aber danken Ihnen für die Bestärkung, die Sie uns für unseren Dienst geben.

Ansprache des Papstes an die Österreichische Bischofskonferenz in Salzburg
(24. Juni 1988)

Liebe Mitbrüder im Bischofsamt!

1. Wie ich in der kurzen Fernsehbotschaft vor Beginn meines jetzigen Pastoralbesuches gesagt habe, wollen unsere Begegnungen eine frohe Feier unseres Glaubens sein, in dem wir uns gegenseitig bestärken. Diese Feier erhält eine besondere Dichte in unserer heutigen brüderlichen Begegnung.
Das Leitwort, das ihr für meinen zweiten Pastoralbesuch in eurem Land gewählt habt: *„Ja zum Glauben – Ja zum Leben"*, ist *Bekenntnis und Aufruf* zugleich. Es erhält in der Gemeinschaft der Bischöfe, die die göttliche Vorsehung zu Oberhirten des Volkes Gottes in Österreich bestellt hat, eine um so größere Aktualität und Bedeutung. Das II. Vatikanische Konzil hat ja unter den hauptsächlichsten Ämtern der Bischöfe gerade der Verkündigung des Evangeliums einen „hervorragenden Platz" zugewiesen. Denn, so sagt es, „die *Bischöfe sind Glaubensboten*, die Christus neue Jünger zuführen; sie sind authentische, das heißt mit der Autorität Christi ausgerüstete Lehrer. Sie verkünden dem ihnen anvertrauten Volk die Botschaft zum Glauben und zur Anwendung auf das sittliche Leben und erklären sie im Licht des Heiligen Geistes" (*Lumen gentium*, Nr. 25).
Christus hat für das Oberhaupt des Bischofskollegiums – für Petrus und seine Nachfolger – eigens gebetet, daß sein „Glaube nicht erlischt", und ihm zugleich ausdrücklich aufgetragen: Du aber „stärke deine Brüder" (*Lk* 22,31f).

2. Von Herzen danke ich euch, daß ihr mir durch eure freundliche Einladung zu diesem zweiten Besuch in euren Ortskirchen eine weitere, vorzügliche Gelegenheit dafür bietet. Ich habe sie mit Freude angenommen und erwidere dadurch gern im Geist tiefer brüderlicher Verbundenheit euren Ad-limina-Besuch, den ihr mir im vergangenen Jahr gemeinsam in Rom abgestattet habt. Unsere heutige Begegnung will das damals begonnene Gespräch fortsetzen und vertiefen.
Ich danke euch für alles, was ihr zur Vorbereitung meines Besuches getan habt, damit es für alle Beteiligten Tage der Gnade und religiöser Erneuerung werden. Ich danke euch für euren Dienst an Gottes heiligem Volk, für eure Treue zu Christus und für eure

Begegnung mit den österreichischen Bischöfen in Salzburg

Einheit mit dem Nachfolger Petri im gemeinsamen Auftrag der Glaubensverkündigung. Aus langjähriger eigener Erfahrung weiß ich nur zu gut, welchen Schwierigkeiten und Nöten ein Bischof als Zeuge der Frohen Botschaft Jesu Christi gerade in der heutigen säkularisierten Welt begegnet. In euren täglichen Mühen versichere ich euch meiner steten *brüderlichen Solidarität* im Wissen darum, daß ihr euch mit ganzer Hingabe in Liebe zu Christus und den euch anvertrauten Gläubigen für die Auferbauung des Reiches Gottes in euren Diözesen und Gemeinden einsetzt. Diese Solidarität, die im gemeinsamen Auftrag und zutiefst im gemeinsamen Glauben gründet, ermöglicht uns auch Freimut und Offenheit zueinander. Ihr wißt, daß ich dankbar bin, wenn ihr mir unbeschönigt, wie es sich unter Brüdern ziemt, eure Fragen und Sorgen vorlegt. Wenn ich immer wieder mit gleicher Offenheit zu euch spreche, so nehmt dies als Zeichen meines Vertrauens. Nur in solchem Geist können wir die großen Aufgaben bestehen, die auf uns zukommen. Wir alle kennen die Erfahrung der Apostel, die Nächte der Vergeblichkeit, von denen wir mit leeren Netzen zurückkommen. Gerade in solcher Erfahrung der eigenen Grenze bereitet uns der Herr dafür, nicht uns, sondern ihm zu vertrauen, unbedingt und ohne Furcht. Die ehrliche Erkenntnis von Versagen und Mißerfolg hat daher nichts mit lähmendem Pessimismus oder mit Mutlosigkeit zu tun. Sie muß uns nur enger zum Herrn und so zueinander führen, um uns gegenseitig zu stärken, auf daß wir alle einmal als treue Knechte Jesu Christi erfunden werden.

> *Ihr wißt, daß ich dankbar bin, wenn ihr mir unbeschönigt eure Fragen und Sorgen vorlegt. Wenn ich immer wieder mit gleicher Offenheit zu euch spreche, so nehmt dies als Zeichen meines Vertrauens.*

3. Das Leitwort des jetzigen Pastoralbesuches soll auch über unserer heutigen Begegnung stehen. Es läßt uns zuerst dankbar daran zurückdenken, daß in dieser geschichtsreichen Stadt, in diesem schönen Land im Herzen Europas, *eure Vorfahren einmal mit Gottes Gnade bereitwillig ihr „Ja zum Glauben" gesprochen haben*, als der Glaubensbote Rupert mit seinen Gefährten und seine Nachfolger ihnen den christlichen Glauben verkündeten und dieses Bistum errichteten. Das gläubige Volk ist selbst in schweren Zeiten zum weitaus größten Teil dem katholischen Glauben treu geblieben. Die Bischöfe von Salzburg waren zudem in den frühen Jahrhunderten auch eifrig darum bemüht, daß der christliche Glaube in die Länder Osteuropas weitergetragen wurde. Manche von ihnen haben durch ihr konsequentes Ja zum Glauben wie der heilige Rupert mit vielen ihrer Gläubigen sogar den Ruf der Heiligkeit erlangt; unter ihnen der heilige Virgil, der heilige Vitalis und der heilige Arno. Euer ganzes *Volk und Land* ist *tief geprägt vom christlichen Glauben* und einem reichen religiösen Brauchtum.

Ein kostbares Erbe, das es immer wieder neu zu entdecken, sorgfältig zu hüten und neu mit Leben zu erfüllen gilt. Wir wollen Gott danken, daß in vielen Menschen dieses Landes noch ein tiefer, starker Glaube vorhanden ist und daß sich viele redlich darum bemühen, aus dem Glauben zu leben und ihn durch Werke der Liebe zu bezeugen. Ebenso wissen wir aber auch, daß bei nicht wenigen der Glaube bedauerlicherweise verflacht oder in Gewohnheit und Brauchtum erstarrt ist. Wieder andere sind in den letzten Jahren in nicht geringer Zahl sogar – aus welchen Gründen auch immer – aus der Kirche ausgetreten. Das Ausmaß der *Säkularisierung* als Folge von Wohlstand und religiöser Gleichgültigkeit ist auch bei euch im Leben des einzelnen, der Familie und vor allem in der Öffentlichkeit weit fortgeschritten. Der Glaube hat im konkreten Leben des Alltags an Kraft verloren. Nicht nur einige vereinzelte pastorale Initiativen sind heute gefordert, eine umfassende *Neu-Evangelisierung* wird immer notwendiger, die bei den einzelnen, bei den Familien und Gemeinden beginnt und die verschütteten Quellen des Glaubens und einer überzeugten Christusnachfolge neu zum Fließen bringt. Fordern wir unsere Christen zu einem neuen Ja zum Glauben auf, das zu einem neuen Ja zum Leben, zu einem Leben in der befreienden und beglückenden Freundschaft mit Gott werden kann.

> *Es geht dabei nicht nur darum, den Glauben unverfälscht zu bewahren, sondern auch darum, ihn so zu vermitteln, daß die Herzen von der Frohen Botschaft entzündet werden.*

4. Liebe Mitbrüder! Als Bischöfe sind wir vor allem Glaubensboten, Verkünder der Frohen Botschaft, die Christus neue Jünger zuführen und die lauen und ermüdeten in ihrem Glaubensleben erneuern sollen. *Die lebendige Weitergabe des Glaubens ist heute eine der wichtigsten Aufgaben der Kirche.* Es geht dabei nicht nur darum, den Glauben unverfälscht zu bewahren, sondern auch darum, ihn so zu vermitteln, daß die Herzen von der Frohen Botschaft entzündet werden und die Menschen erkennen, wie ihr Leben dadurch Klarheit und Kraft erhält für eine lebendige Verbundenheit mit Gott und auch für den Dienst an ihren Mitmenschen und eine christliche Gestaltung der Gesellschaft.

Als von Gott bestellte Hirten im Volke Gottes habt ihr sorgfältig über das euch anvertraute Gut des Glaubens zu wachen, damit der Glaube vollständig und unversehrt an die nachwachsende Generation weitergegeben wird. Seid euch aber auch stets bewußt, daß die Kirche nicht eine Sammlung trockener, formelhafter Lehren zu hüten hat. Was die Kirche lehrt, ist nie nur Formel. Es ist Frucht einer lebendigen Begegnung mit dem Herrn und ist daher Türe zu ihm. Es ist Sichtbarwerden jener Wahrheit, die Weg ist. Wo Lehre veruntreut wird, wird Leben angegriffen, werden Wege verschüttet. Alle Lehren unseres Glaubens laufen zusammen in einer lebendigen Person, Jesus Christus (vgl. *Catechesi tradendae*, Nr. 5). Wir lieben die Erkenntnis des Glaubens, weil wir darin ihn selber lieben; Glaube ist Erkenntnis, die aus der Liebe geboren wurde. So geht es letztlich immer um die personale Begegnung mit Jesus Christus. Sie ist entscheidend, bei euch selbst und auch bei den euch anvertrauten Priestern und Lehrern und allen Gläubigen. Hüter des Glaubens sein heißt Hüter des Lebens sein, das Christus bringt, des Lebens in Fülle (vgl. *Joh* 10,10).

5. Wie das II. Vatikanische Konzil uns erinnert, erscheint in dieser Aufgabe der Verkündigung der Botschaft Christi „besonders wertvoll jener Lebensstand, der durch ein besonderes Sakrament geheiligt wird, das Ehe- und Familienleben" (*Lumen gentium*, Nr. 35). Bemüht euch darum um eine sehr intensive und zeitgemäße *Familienpastoral*. Die Eltern sind nicht nur die ersten, sondern in den allermeisten Fällen auch die wichtigsten Glaubenszeugen. Schon von früh an spüren die Kinder, ob diese Wert darauf legen, in lebendiger Verbindung mit Gott zu leben; im Vertrauen auf seine Führung, in Gemeinschaft mit Jesus Christus und im Bewußtsein, daß sie die Kraft des Heiligen Geistes nicht im Stich läßt. Schon früh spüren sie, ob die Eltern die Kirche lieben, den Gottesdienst und die Sakramente, vor allem aber, ob sie sich ernstlich darum bemühen, ihren Glauben zu leben. Ladet die Eltern ein, die vielen Gelegenheiten zu nützen, die sich ihnen glücklicherweise in diesem Land bieten, um ihren Glauben zu bilden und sie auf die wichtige Aufgabe vorzubereiten, die sie an ihren Kindern als erste Glaubenszeugen zu erfüllen haben. Gesprächsgruppen in der Gemeinde, Bildungshäuser, gute Bücher und vieles andere stehen ihnen zur Verfügung. Ihr werdet darauf achten, daß diese Einrichtungen von innen her dem Glauben der Kirche dienen, so daß ihr sie wirklich uneingeschränkt allen als Wege der Begegnung mit dem Evangelium empfehlen könnt.

Bemüht euch zugleich um eine wirksame *Erwachsenenkatechese*, die ja die „hauptsächliche Form der Katechese" ist (*Catechesi tradendae*, Nr. 45). Denn erst ein Glaube, der ernsthaft von erwachsenen Menschen vertreten, durchdacht, besprochen und in die eigene Sprache übersetzt ist und bei dem Erwachsene gemeinsam fragen, wie sie diesen Glauben unter den heutigen Verhältnissen leben können, erst ein solcher Glaube bietet den Rückhalt, den die nachwachsenden Generationen brauchen, um sich auf ihre Weise den Glauben aneignen zu können. Erfreulicherweise gibt es in eurem Land zahlreiche entsprechende Bemühungen. Sie werden um so fruchtbarer sein, je mehr sie in enger Verbindung mit Papst und Bischöfen den Glauben aller Zeiten in das Heute dieser unserer Zeiten übertragen.

Sorgt euch mit besonderer Aufmerksamkeit und Hingabe um eine angemessene *katechetische Ausbildung* der *Priester* und der anderen hauptamtlichen *Mitarbeiter im pastoralen Dienst, Diakone, Ordensleute und Laien*, Männer und Frauen. Durch den Dienst, den sie in den einzelnen Gemeinden oder auch an anderen Stellen des kirchlichen Lebens leisten, können sie viel und Wesentliches beitragen zu einer lebendigen und zündenden Weitergabe des Glaubens an die euch anvertrauten Kinder, Jugendlichen und Erwachsenen. Mit besonderer Freude höre ich, daß es auch in euren Diözesen zahlreiche Frauen und Männer gibt, die sich ehrenamtlich im Rahmen der *Gemeindekatechese* um die Hinführung der Kinder zu einem frohen und

> *Bemüht euch darum um eine sehr intensive und zeitgemäße Familienpastoral. Die Eltern sind nicht nur die ersten, sondern in den allermeisten Fällen auch die wichtigsten Glaubenszeugen.*

innerlich befreienden Leben mit der Kirche bemühen, die sich bei der Vorbereitung der Kinder auf die erste heilige Kommunion und auf den Empfang der Firmung beteiligen. Hier wird sich bewahrheiten: Die wirksamsten Zeugen Jesu Christi sind immer diejenigen, die den betreffenden Menschen besonders nahestehen: durch Verwandtschaft, durch den geringeren Altersunterschied, durch gemeinsames Leben in der Gemeinde und andere persönliche Bande.

6. Ein Wort der Anerkennung und der Ermutigung gebührt an dieser Stelle allen Pfarrseelsorgern für ihren umfassenden Dienst in den Gemeinden; in einer besonderen Weise aber auch den *Religionslehrerinnen und Religionslehrern*, die an den verschiedenen Schulen im Religionsunterricht der Weitergabe eines lebendigen Glaubens dienen. Ihr Dienst ist oft schwierig; denn sie gehören mit zu den am meisten exponierten Zeugen der Kirche. Manche ihrer Schüler sind ohne jede lebendige Verbindung mit der Kirche aufgewachsen; manchen fehlt jedes Interesse, auf religiöse Fragen einzugehen. Dies stellt umso größere Anforderungen an ihre pädagogischen Fähigkeiten und auch an ihr persönliches Glaubenszeugnis.

Alle Bemühungen um die verstandesmäßige Aneignung und Durchdringung der Glaubenswahrheiten dürfen aber nicht vergessen lassen, daß der Mensch nicht nur aus seinem Kopf besteht. Deshalb setzt gesunde Theologie das Mitglauben und Mitleben mit der Kirche voraus; sie braucht den Raum des Gebetes. Ein einseitig intellektualistisches Glaubensverständnis kann die Freudigkeit an der Nachfolge, statt zu fördern, sogar beeinträchtigen. Darum gilt es, gerade den jungen Menschen den *Zusammenhang zwischen den wesentlichen Aussagen des Glaubens und ihren eigenen Lebenserfahrungen* so nahezubringen, daß der Funke des Glaubens überspringen kann. So werden sie begreifen, daß sie zum Glauben den Erfahrungsraum der Kirche, der Gemeinschaft der Heiligen brauchen; ihre eigenen Erfahrungen werden aufgesprengt und ausgeweitet werden, und es wird ihnen aufgehen, daß das, was zuerst nur Formel schien, Wirklichkeit ist und Leben gibt.

> *Gesunde Theologie setzt das Mitglauben und Mitleben mit der Kirche voraus; sie braucht den Raum des Gebetes.*

Dabei muß von allen, die im Dienst der Verkündigung und Weitergabe des Glaubens stehen, zugleich bedacht werden, daß erst *im lebendigen Tun* die Wahrheit Gottes wirklich erfaßt wird. „Wer die Wahrheit tut, kommt zum Licht" (*Joh* 3,21). Das gilt in gleicher Weise für den Verkünder wie für den Empfänger der Frohen Botschaft. Darüber hinaus ist jede Form der *Glaubensverkündigung immer wesentlich ein „Werk des Heiligen Geistes".*

Wer dies ernst nimmt, wird bedacht sein auf eine entsprechende Offenheit des Herzens für den Geist Gottes, auf einen ständigen vertrauten Umgang mit der Heiligen Schrift im Glauben der Kirche sowie auf jene Selbstlosigkeit, die dem Katecheten und Glaubensboten hilft, daß er nicht sich selbst verkündigt, sondern

Jesus Christus. Er selbst muß in seinem Reden und Tun transparent werden für den Größeren, der durch sein Glaubenszeugnis wirkt.

7. Liebe Mitbrüder! Das „Ja zum Glauben", zu dem ihr anläßlich meines jetzigen Pastoralbesuches eure Gläubigen neu aufruft, muß für euch als von Gott bestellte Hirten und Lehrer des Volkes Gottes zu einem neuen *Ja zu einer noch entschiedeneren und lebendigeren Glaubensverkündigung und -unterweisung* werden. „Der Glaube gründet in der Botschaft", sagt der Apostel und fügt sogleich hinzu: „Wie sollen sie an den glauben, von dem sie nichts gehört haben? Wie sollen sie hören, wenn niemand verkündigt?" *(Röm* 10,17.14).

Die Frohe Botschaft Christi, die nach einem Wort des Konzils „für alle Zeiten der Ursprung jedweden Lebens für die Kirche" ist *(Lumen gentium,* Nr. 20), muß neu zur Grundlage aller Bemühungen um eine religiöse und kirchliche Erneuerung gemacht werden. Es gibt heute vergessene Glaubenswahrheiten, vergessene Gebote Gottes, eine fortschreitende Entchristlichung auch im Leben vieler unserer Gläubigen und Gemeinden. Gefordert ist eine Katechese und Glaubensverkündigung, die so radikal und tragend ist, daß man sie als eine *Dauerevangelisierung* bezeichnen könnte. Wir müssen unsere Gläubigen und uns alle ständig mit der Person und Botschaft Jesu Christi, mit der Fülle des Wortes Gottes herausfordern und dadurch allen Orientierung und Lebensinhalt vermitteln.

Aus der *im lebendigen Glauben bewußt vollzogenen persönlichen Hingabe an Christus* soll sich die religiöse Erneuerung im Leben der einzelnen Gläubigen und in den Gemeinden vollziehen, soll das kirchliche Leben in euren Ortskirchen und in der ganzen Kirche in Österreich im Geist brüderlicher Einheit und Verständigungsbereitschaft gestaltet werden. Auf ein in diesem Geist erneuertes kirchliches Leben zielen alle jene Ausführungen und konkreten Hinweise ab, die ich euch in meiner Ansprache zu eurem letzten Ad-limina-Besuch gegeben habe. Ich möchte sie heute noch einmal eurer besonderen pastoralen Sorge und Aufmerksamkeit anempfehlen.

8. Mit dankbarer Anerkennung erwähne ich die Erklärung eurer Bischofskonferenz, durch die ihr euch die bei diesem Ad-limina-Besuch erörterten pastoralen Anliegen zu eigen gemacht und sie mit einigen klärenden Worten euren Gläubigen erläutert habt. Von besonderer Wichtigkeit davon scheint mir für heute euer nachdrücklicher Hinweis auf die *Verpflichtung zur Bildung des Gewissens* zu sein. Das Gewissen ist jener geheimnis- und entscheidungsvolle Ort, wo die Brücke vom Glauben zum konkreten Leben geschlagen wird. Der tiefere Grund für die zunehmende Orientierungslosigkeit des heutigen Menschen liegt im Schwinden des Gottesbewußtseins und in der Krise des Gewissens.

Das Gewissen ist, wie das Konzil es nennt, die „verborgenste Mitte und das Heiligtum im Menschen" *(Gaudium et spes,* Nr. 16). Es ist die *„erste Grundlage der inneren Würde des Menschen* und zugleich seiner Beziehung zu Gott" (Ansprache zum

‚Angelus', am 14. März 1982; vgl. Insegnamenti V, 1, 1982, S. 860). Wird die Wirklichkeit Gottes verdunkelt, verformt sich auch das Gewissen des Menschen; wird die Sünde geleugnet, wird auch Gott geleugnet.

Viele halten heute das Urteil des menschlichen Gewissens für etwas Relatives, für etwas bloß vom Menschen Gemachtes, für die Regel eines Humanismus ohne Gott. „Handle nach deinem Gewissen!" ruft man dem Menschen zu, ohne ihm jedoch Orientierungshilfe zu geben. Das Gewissen des Menschen aber verwahrlost, wenn es allein gelassen wird und man ihm die Wahrheit vorenthält. So wenig wie das Auge auf das Licht, kann das Gewissen auf die Wahrheit verzichten. *Das Gewissen hat ein unveräußerliches Recht auf Wahrheit* und ist zuinnerst mit der Würde des Menschen verbunden. Wenn die Kirche die Lehre des Glaubens und der Sitten verkündet, so leistet sie einen unerläßlichen Dienst an eben dieser seiner Würde, da Gott den Menschen von Anfang an als sein Bild und Gleichnis geschaffen hat.

Der Würde des Menschen entspricht allein das richtig gebildete Gewissen, das Gewissen, das sich nach der Wahrheit ausrichtet und, von ihr erleuchtet, entscheidet. Darum ist der Mensch von der Würde seines Menschseins gehalten, sich mit seinem Gewissen an der vom Schöpfer gesetzten Ordnung zu orientieren; er muß die in Christus geoffenbarte Wahrheit befragen und die Lehre der Kirche „maß-gebend" in seine Gewissensentscheidung einbeziehen. In diesem Sinn verlangt das Konzil von den Gläubigen ausdrücklich, daß sie „mit einem im Namen Christi vorgetragenen Spruch ihres Bischofs in Glaubens- und Sittenfragen übereinkommen und ihm mit religiös gegründetem Gehorsam anhangen. Dieser religiöse Gehorsam des Willens und Verstandes ist in besonderer Weise dem authentischen Lehramt des Bischofs von Rom, auch wenn er nicht kraft höchster Lehrautorität spricht, zu leisten; nämlich so, daß sein oberstes Lehramt ehrfürchtig anerkannt und den von ihm vorgetragenen Urteilen aufrichtige Anhänglichkeit gezollt wird, entsprechend der von ihm kundgetanen Auffassung und Absicht" (*Lumen gentium*, Nr. 25). Ihr selbst habt in der genannten Erklärung gegenüber mißbräuchlichen Formen der Berufung auf das Gewissen deutlich gemacht, was dies zum Beispiel im Hinblick auf die Enzyklika *Humanae vitae* und das Apostolische Schreiben *Familiaris consortio* für das Leben des Christen konkret bedeutet.

> *Das Gewissen hat ein unveräußerliches Recht auf Wahrheit und ist zuinnerst mit der Würde des Menschen verbunden.*

9. Liebe Mitbrüder! Nur eine im Glauben gefestigte und aus dem Glauben lebende Kirche kann auch ihren *Heilsauftrag in der Gesellschaft und für alle Menschen* wirksam erfüllen. Selbst ihre eigene innere Erneuerung steht letztlich im Dienst ihrer missionarischen Sendung, „damit die Welt glaubt" (vgl. *Joh* 17,21). Durch eine umfassende Neu-Evangelisierung muß die Kirche versuchen, dem Prozeß der kirchlichen Entfremdung in ihren eigenen Reihen Einhalt zu gebieten und Mittel und Wege zu finden, um auch die der Kirche Fernstehenden wieder zurückzugewinnen und die gan-

ze menschliche Gesellschaft mit dem Sauerteig des Evangeliums zu durchdringen. „Die Kirche evangelisiert", so sagt das Apostolische Schreiben *Evangelii nuntiandi*, „wenn sie versucht, ausschließlich durch die göttliche Kraft ihrer Botschaft, die sie verkündet, das persönliche und kollektive Gewissen der Menschen, ihr Handeln, ihr Leben und ihr Milieu zu verändern" (Nr. 18). *Die Heilsbotschaft Christi ist universell.* Sie muß der gesamten Menschheit und jeder Schicht der Gesellschaft verkündet werden.

„Ja zum Glauben – Ja zum Leben." Unser aus dem Glauben gesprochenes Ja zum Leben ist ein *Ja zur ganzen geschöpflichen Wirklichkeit*, die in Gott ihren Ursprung und ihr Ziel hat. Das Ja zum Schöpfer ist ein Ja zu seiner Schöpfung. Es lehrt daher auch, die Maßstäbe zu finden, wie Fortschritt und Bewahrung, Wissenschaft und Ehrfurcht, Freiheit des Menschen und Bindung an das innere Wort der Schöpfung in Einklang zu bringen sind. Die unbedingte Ehrfurcht vor dem Leben des Menschen von der Empfängnis bis zum Tod steht im Kontext der Ehrfurcht vor Gottes guter Schöpfung insgesamt und ist ohne Wenn und Aber deren eigentlicher Testfall. Eine neue Zuwendung zur sittlichen Botschaft des Seins wird sich auch fruchtbar erweisen für die so nötige Vertiefung einer zeitgemäßen Ethik des Friedens und des sozialen Fortschritts.

Unser Glaube hat die Kraft, zur Lösung der ungeheuren Probleme, die die Menschheit bedrücken, einen wirksamen Beitrag zu leisten. Mit Recht erwartet die Welt heute viel von uns Christen, auch von den Gläubigen in eurem Land. Je mehr wir uns *auf diese Herausforderungen einlassen*, um so deutlicher werden wir erfahren: Dort, wo der Glaube nicht nur im Denken und Beten und im kleinen Lebensraum eine Rolle spielt, sondern auch in seiner weltweiten Bedeutung begriffen und wirksam wird, *bis hin zu den drängenden Problemen der Menschen in aller Welt*, wird in demselben Maße auch unser eigener Glaube an Lebendigkeit und Kraft und wohl auch an Anziehungskraft gewinnen. In diesem Zusammenhang möchte ich euch auch in allem ermutigen, was gerade auch von den Christen eures Landes für die notleidenden Mitmenschen in anderen Ländern, vor allem in der Dritten Welt, so großzügig geleistet wird.

Unser vom Glauben getragenes „Ja zum Leben" ist schließlich und vor allem natürlich ein *Ja zur Fülle des Lebens*, ein Ja zum Leben in der Gotteskindschaft, das nicht einmal der Tod zu besiegen vermag, da es die Verheißung *ewigen Lebens* in sich trägt. Verkünden wir darum, liebe Mitbrüder, den Menschen unserer Zeit mit neuem Mut *Jesus Christus, der das Leben selber ist* und der gekommen ist, „damit sie das Leben haben und es in Fülle haben" (*Joh* 10,10). Dabei begleite und stärke euch und alle, die euch im Verkündigungsauftrag helfend zur Seite stehen, mein besonderer apostolischer Segen.

Zweiter Pastoralbesuch 1988

Grußwort von Bischof Maximilian Aichern in Lorch
(25. Juni 1988)

Heiliger Vater!

Mit vielen tausend Menschen aus den Diözesen St. Pölten und Linz möchte ich Sie herzlich begrüßen. Wir danken Ihnen dafür, daß Sie zu uns gekommen sind, und freuen uns, daß der Ort der Begegnung hier in Lorch jener Ort ist, von dem das Christentum in unseren Landen seinen Ausgang genommen hat. Es ist der Ort des Martyriums des heiligen Florian und seiner Gefährten, und es ist uralter, geschichtlicher Boden, auf dem wir heute dieses Fest der Begegnung feiern. Mit den Gläubigen der Diözesen St. Pölten und Linz begrüßen Sie, Heiliger Vater, die hier versammelten Bischöfe und in besonderer Weise der Administrator der Diözese Budweis aus der Tschechoslowakei.

Das Fest der Begegnung mit Ihnen und untereinander wurde vorbereitet durch das Motto „Ja zum Glauben – Ja zum Leben", und wir bitten Sie, Heiliger Vater, daß Sie uns alle durch Ihr Wort im Glauben stärken, daß Sie uns helfen, zu unserem Leben und zu unserer Aufgabe in Kirche und Welt immer wieder Ja zu sagen.

Wenn eine Vertretung von Arbeitern und Bauern Ihnen im Verlauf dieser Begegnung ihre Sorgen sagen, so deshalb, weil sie auch um ein Wort der Ermutigung bitten; umgekehrt wollen auch wir Ihnen versprechen, daß wir für Sie beten, damit Sie Ihre großen apostolischen Aufgaben erfüllen können.

Heiliger Vater, herzlich willkommen!

Fest der Begegnung in Lorch

Ansprache des Papstes an die Gläubigen aus Linz und St. Pölten in Lorch
(25. Juni 1988)

Liebe Brüder und Schwestern im Glauben!

1. Euch allen ein herzliches „Grüß Gott", die ihr aus Stadt und Land, vor allem aus den *Diözesen Linz und St. Pölten*, hierhergekommen seid. Hier in *Lorch*, dem alten *Lauriacum*, empfinden wir besonders deutlich die Verbundenheit mit der langen christlichen Geschichte dieses Landes; hier erinnern wir uns an die großen Heiligen *Florian und Severin*, beide Zeugen des Glaubens, in deren Gefolgschaft wir heute unser Ja zum Glauben und damit unser Ja zum Leben sprechen. Wir verneigen uns vor ihnen und vor allen anderen, die seither bis in unsere Tage als Glaubenszeugen, als Anwälte der Armen und als Friedensstifter in diesem Land gewirkt haben.
Zum ersten Mal in der Geschichte der beiden Diözesen versammeln sich Gläubige aus beiden Gebieten mit dem Nachfolger des Petrus an einem Ort, geeint in der Freude und Dankbarkeit darüber, Glieder der einen Kirche Christi zu sein. Die hellen und die dunkleren Wirklichkeiten in eurem Leben habt ihr im Herzen mitgebracht. In bedrängender Weise haben Sprecher aus beiden Bistümern geschildert, was euch besonders bewegt. Ebenso wissen wir um die vielfältigen Überlegungen und neuen Versuche, die ihr in den Pfarren, in apostolischen Gruppen und auf Diözesanebene unternommen habt, um euren Glauben lebendig zu erhalten und auch eurem Leben in der Gesellschaft und in der Welt der Arbeit Perspektiven der Hoffnung zu geben.

2. Unsere heutige Begegnung gilt allen Gläubigen in euren Diözesen, in einer besonderen Weise den von euch als christlichen Arbeitern und Bauern hier vertretenen Anliegen. Wie eure Bischöfe schon betont haben, ist *die Kirche euch auch in euren sozialen und wirtschaftlichen Sorgen nahe*. Durch ihre Soziallehre, darunter die großen Sozialenzykliken der Päpste, zeigt sie Mittel und Wege, um die sich stellenden Schwierigkeiten auf gerechte und menschenwürdige Weise zu lösen. Mit ihren vielfältigen pastoralen Initiativen steht sie immer solidarisch und hilfsbereit an eurer Seite. Darüber hinaus aber will die Kirche euch entsprechend ihrer religiösen Sendung vor allem helfen, auch in der Welt der Arbeit – auch inmitten zahlreicher und großer konkreter Schwierigkeiten – als wahre Christen im Geist des Evangeliums zu

leben. Sie erschließt uns aus der Heiligen Schrift den tieferen Sinn unserer täglichen Mühe und Arbeit und deutet sie uns im Licht unserer christlichen Berufung.

Jesus selbst nimmt sich im Evangelium auf vielfältige Weise der leiblichen Nöte der Menschen an. Er führt sie jedoch zugleich immer darüber hinaus zu dem eigentlich Notwendigen, zum Anbruch des Reiches Gottes in unserer Mitte. So sehen wir zum Beispiel, wie der Herr, von Mitleid ergriffen, den vielen, die ihm gefolgt waren, das nötige Brot gab. Dabei blieb er aber nicht stehen: Er sättigt die Hungernden und führt sie zugleich weiter zum wahren Brot des Lebens, das er selber ist. Beides ist nötig: hinreichende Speise für das irdische Leben *und* das Brot der Eucharistie auf unserer Pilgerschaft zum ewigen Leben. Ja, Christus fordert uns sogar auf, zuerst das Reich Gottes zu suchen; alles andere werde uns dann hinzugegeben werden (vgl. *Mt* 6,33). Was auch immer wir sind und tun, wir sollen zuerst und vor allem wahre Jünger Jesu Christi sein!

> *Beides ist nötig: hinreichende Speise für das irdische Leben und das Brot der Eucharistie auf unserer Pilgerschaft zum ewigen Leben.*

3. Im Johannesevangelium sagt Jesus von sich selbst: *„Ich bin das Brot des Lebens"* (6,48). So spricht er, *unser Bruder, der zugleich der Sohn Gottes ist.* Christus ist mehr als nur „ein Mensch für andere". Er ist mehr als ein sozialer Wohltäter, mehr als ein Revolutionär, der die bestehende Ordnung verändern will. Er ist wahrer Sohn Gottes. Die erste Pflicht des Papstes ist es, in Gemeinschaft mit den Bischöfen der ganzen Welt diesen Glauben zu verkünden. Das ist die Wurzel und der Prüfstein für das ganze Volk Gottes: zu bezeugen, daß unsere Kirche auf Jesus Christus, den ewigen Sohn Gottes, gegründet ist. Dieser Glaube ist der Lebensatem eurer Pfarreien und der entscheidende Maßstab für jede kirchliche Organisation und für das Leben eines jeden Christen.

„Ich bin das Brot des Lebens!" – So verkünden wir Christus in einer Welt, die sich mit Recht Sorgen macht, wie sie morgen leben kann. Wir rufen es aus in einer Zeit, in der unzählige Menschen hungern und daran sterben, während andere im Überfluß leben. Wir betonen es gerade heute wieder, da viele Menschen erneut nach dem Geheimnis und der Hoffnung ihres Lebens fragen. Wir rufen es aus voll Zuversicht, daß der Herr auch uns aussendet, wie er seine Jünger mit dem Brot zu den Tausenden sandte und alle satt wurden.

4. *Dieses Brot des Lebens bereitet uns heute die Kirche*; sie selbst wird Brot für die Welt. In der Kirche finden wir den Herrn; er ist ja ihr innerstes Geheimnis, ihr Haupt. Wir finden ihn im Wort der Heiligen Schrift, in der Speise der Eucharistie, in der Gemeinschaft der Gläubigen.

Diese Kirche Christi hat einige unentbehrliche Kennzeichen: den wahren *Glauben* an Christus, die volle *Einheit* unter der Leitung der beauftragten Hirten, den gemeinsamen Willen, seinen *Geboten* treu zu bleiben.

Fest der Begegnung in Lorch

Nur die Kirche im wahren und vollen *Glauben an Christus* gibt Brot des Lebens. Der Glaube aber kommt vom Verkünden und Hören. Ich grüße mit Dankbarkeit alle, die sich von der Kirche in verschiedenen Weisen der Sendung haben beauftragen lassen, von Christus zu reden, ihn anderen bekannt zu machen: Priester, Diakone, Religionslehrer, Pastoralassistenten und viele andere. Ihr habt eine hohe Verantwortung. Vertieft euch in seine Botschaft, bildet euch weiter. Werdet selbst zu seiner Botschaft. Der vorrangige und tiefste Vollzug unseres Glaubens ist die Feier der Eucharistie und der anderen Sakramente. Wendet alle Sorgfalt dafür auf; gebt ihnen jene Würde und zugleich jene Wärme, die ihnen zukommen. Vor allem aber beherzigt, was ich auch euren Bischöfen im vergangenen Jahr gesagt habe: Die Messe „erhält ihre Größe nicht durch Gestaltungen, sondern durch das, was sie ist" (19. 6. 1987).

Nur eine Kirche *in voller Einheit* ist ferner wahrhaft Brot für die Welt. Der Herr selbst wußte sich in treuer und liebender Einheit mit dem Vater im Himmel. Aus ihm ist er hervorgegangen; aus ihm lebt er. Mit seinem Gehorsam vereinen wir uns in der Kirche. Es ist aber unmöglich, die Einheit mit dem Vater zu finden und dabei an den vom Herrn bestellten Aposteln und ihren Nachfolgern, den Bischöfen, vorbeizugehen. Mangel an Einheit und Vertrauen, eine verletzende Anklage, aggressive Kritik: All das zeigt einen Mangel an Christi Gegenwart unter euch. Wenn in der Kirche Worte der Feindschaft gesagt und geschrieben werden, dann ist nicht mehr von Christus die Rede. Wer solche Worte immer neu wiederholt und sich auf sie festlegt, verhärtet sein Herz und reicht anderen Steine statt Brot.

> *Der vorrangige und tiefste Vollzug unseres Glaubens ist die Feier der Eucharistie und der anderen Sakramente. Gebt ihnen jene Würde und zugleich jene Wärme, die ihnen zukommen.*

Nur eine Kirche in voller Einheit und treuer *Bereitschaft, den Willen des Herrn in seinen Geboten zu erfüllen,* ist der Gabe seines Brotes würdig. Das Evangelium sagt uns, daß wir zuerst unser Leben ändern müssen, wenn wir am Altar opfern wollen. Ich komme aus Rom mit Gräbern von Märtyrern der ersten Zeit; ich komme nach Lorch, wo das Martyrium in euren Ländern bezeugt ist. Nicht weit von hier ist Mauthausen, wo Christen, Juden und andere auch um ihres Glaubens willen gelitten haben. Mit ihrem Leiden haben sie alle die Welt beschenkt. Für sie gilt Jesu Wort: Das Weizenkorn muß in die Erde fallen; dann erst bringt es reiche Frucht (vgl. *Joh* 12,24).

Der Herr hat die Erlösung durch die Hingabe seines Lebens am Kreuz gewirkt. Wir sind hier in der Mitte Europas, wo vor vielen Jahrhunderten das Kreuz des Glaubens aufgerichtet worden ist. Von diesem Kontinent, der sich in weiten Bereichen der Freiheit und eines gewissen Wohlstandes erfreuen darf, muß eine neue Saat der Liebe im Namen Christi aufgehen, kraftvoller als das Unkraut der Selbstsucht und des Neides, des Hochmuts und der Verschwendung, der Trägheit der Herzen und der Zerstörung des Lebens. Alle Gebote Gottes und der Kirche münden in das höchste Gebot der Liebe. Sie ist die Sprache Gottes und führt zum wahren Wohl des Menschen. Liebe aber wird konkret in der Erfüllung der Gebote. So sagt es der Herr: „Wer meine Gebote hat und sie hält, der ist es, der mich liebt" (*Joh* 14,21).

5. Liebe Brüder und Schwestern! *Das Brot des Lebens gibt uns eine Kraft, die alles übersteigt*, was wir an naturgegebenen Kräften in uns vermuten. Das Alte Testament erzählt von Elija, der, vom Brot gestärkt, das Gott ihm gab, vierzig Tage und Nächte lang bis zum Berg des Herrn wandern konnte. Beim Letzten Abendmahl gibt der Herr seinen Jüngern sich selbst zur Speise, und so immer wieder bis in unsere Tage. Kein Brot wird so oft auf der Erde gereicht und empfangen. Von ihm gestärkt, können wir *zuversichtlich in die Zukunft aufbrechen*.

> *Wenn in der Kirche Worte der Feindschaft gesagt und geschrieben werden, dann ist nicht mehr von Christus die Rede.*

Im Hinblick auf diesen christlichen Mut zur Zukunft rufe ich euch zu: Habt Freude an euren Kindern, nehmt das Geschenk eines neu entstandenen Lebens an, weigert euch, Leben abzubrechen! Geht mit ihm vom ersten Augenblick an voll Liebe und Ehrfurcht um! Kinder sind nicht Anschaffungen, die man nur finanziell kalkuliert und eventuell abstoßen könnte.

Habt ein Herz auch für die Jugendlichen. Sie stellen uns neue, scheinbar lästige Fragen und sind oft ungestüm und ungeduldig. Aber auch sie brauchen Ausrüstung und Hoffnung für ihre Zukunft; sie selbst sind ja unsere Hoffnung und Zukunft.

6. Wozu stärkt uns noch das Brot des Lebens? *Mit seiner Kraft können wir dem Bösen standhalten.*

Manchmal scheint uns die Stunde der Finsternis gekommen zu sein: Kriege, Unterdrückung, Rechtlosigkeit, Katastrophen beherrschen die Tagesnachrichten. Persönliche Schmerzen, oft einsam erlitten und ertragen, bedrücken den einzelnen nicht weniger. Nichts davon ist unwichtig: In allem liegt ein Anruf Gottes, nach Kräften der Heilung und der Befreiung zu suchen, zunächst jeder bei sich selbst, dann aber auch in solidarischer Einheit.

Entdeckt wieder, Brüder und Schwestern, wie unersetzlich eigentlich das Sakrament der Buße ist. Es ist unersetzlich für die persönliche Würde des Menschen. Was er persönlich zu verantworten hat, muß er auch selber vor Gott bekennen dürfen. Die Beichte ist zugleich unersetzlich für die Zukunft des Glaubens in euren Ortskirchen. Denn nur dann kann ich wahrhaft an Gott als eine Person glauben, wenn ich weiß, daß ich vor ihm persönlich verantwortlich bin, daß ich zu ihm, dem barmherzigen Vater, heimkehren kann, weil Christus in seinem Kreuz die Ordnung der Liebe und der Versöhnung neu gegründet hat.

7. Eure beiden Diözesen haben beispielhafte Leistungen erbracht, um Hunger und Ungerechtigkeit auf der Welt zu lindern. Ich denke an die vielen Entwicklungshelfer, an die Werke der *Caritas*, an die Unterstützung der *Mission*. Jede Solidarität aber

braucht ein Herz: die persönliche Bereitschaft, Christus darin ähnlich zu werden, ihm, der uns die Treue hält bis zum Kreuz.

Die verzweigte Organisation eurer Seelsorge bekommt vor allem dadurch innere Dynamik und Fruchtbarkeit, daß zum Beispiel Eheleute bei euch bereit sind, miteinander treu auf dem Weg zu bleiben und miteinander zu reifen, bis der Tod sie scheidet; daß hochherzige Menschen freiwillig neben Mühseligen, Armen, Unangenehmen aushalten; daß junge und auch ältere Menschen den Mut haben, die besondere Nachfolge als Priester oder Ordensleute anzutreten; daß Menschen ihr eigenes Schicksal von Krankheit und Enttäuschung im Namen Christi, des Gekreuzigten, annehmen wollen, auch unter Tränen und mit Zeiten der Dunkelheit.

Bei dieser Gelegenheit möchte ich an das kostbare Erbe und die großartigen Werke der Ordensgemeinschaften und Klöster in eurem Lande erinnern. Sie haben dem Glauben vor vielen Jahrhunderten die Wege bereitet. Ihnen ist auch heute die Berufung gemeinsam, prophetische Zeichen der Anwesenheit Gottes zu sein. Dazu brauchen sie gewiß ständige Erneuerung und Vertiefung, von der die ganze Kirche lebt und die auch Kräfte freisetzt für die Gesellschaft, wenn sie die Herausforderungen der Gegenwart bestehen will.

Habt Freude an euren Kindern, nehmt das Geschenk eines neu entstandenen Lebens an, weigert euch, Leben abzubrechen!

8. Die Jünger haben den Herrn beim *Brechen des Brotes* erkannt (*Lk* 24,31). Er teilt das Brot, teilt sich selbst, damit wir eins werden. Die Situation der heutigen Welt ist eine einzige Aufforderung zum *Teilen*. Teilen überwindet Spaltung. Die Zukunft braucht solche Solidarität; diese aber verlangt Rücksicht, Selbstbescheidung und Offenheit. Von wem sollte die Welt das lernen, wenn nicht von denen, die an Christus glauben und immer wieder seinen „Leib für das Leben der Welt" empfangen! Wenn wir uns vor allem am Sonntag um den Altar versammeln, dann ist dies der große Tag des gedeckten Tisches, auf daß wir teilen können. Hütet den Sonntag und die Feiertage zum Heil für euch selbst und für euer Land! Gebt dem ganzen Tag eine Atmosphäre der Freiheit des Herzens, damit ihr aufmerksam und dankbar mit der Gabe Christi umgeht und sein Antlitz in vielen Mitmenschen an eurer Seite entdeckt. Im Geist solcher Solidarität müßt ihr als Christen auch euren Beitrag zur Lösung der Schwierigkeiten in der Welt der Arbeit, in Industrie und Landwirtschaft leisten. Setzt euch ein für eine gerechte Verteilung der vorhandenen Arbeit und für die Schaffung neuer Arbeitsmöglichkeiten. Ohne Opfer und Kompromisse aller Beteiligten kann die Arbeitslosigkeit kaum wirksam bekämpft werden. Tut alles, was an euch selbst liegt, damit am konkreten Ort eurer Arbeit das Licht der Wahrheit und der Liebe Gottes aufleuchtet. Wo du stehst und wirkst, sollen Ungerechtigkeit, Verleumdung oder Demütigung des Menschen nicht zum Zuge kommen. Um seines Glaubens willen ist der Christ ehrlich und sorgfältig bei der Arbeit, wenn andere sich ihrer Schlauheit rüh-

men; er achtet den Staat und seine Gesetze, wenn andere meinen, ihn ausnehmen zu dürfen; er ist hilfsbereit und arbeitet je nach Begabung in sozialen und gewerkschaftlichen Gremien mit, wenn andere die Tür hinter ihrem Egoismus zuschlagen. Ja, es gibt im Grunde keine unwichtigen Lebensorte, keine belanglose Arbeitsstelle, von wo aus das Reich Gottes nicht auch wachsen könnte.

So möge jeder den Platz, auf den ihn Gott geführt hat, in Dankbarkeit für seine Berufung ausfüllen: Wir alle sind ja Glieder an dem einen Leib Christi, ob Mann oder Frau, Arbeiter oder Bauer, Vater oder Mutter, Alleinstehender, Priester oder Ordenschrist. In Liebe wollen wir einer des anderen Last tragen, uns gegenseitig zur Lebensfreude verhelfen, und dies alles in Ehrfurcht vor der Eigenart und der Berufung des anderen. Fördert mit aller Kraft vor allem neue Priester- und Ordensberufungen in euren Diözesen! Sie sind ein untrügliches Zeichen für die innere Gesundheit der Kirche eines Landes.

Hütet den Sonntag und die Feiertage zum Heil für euch selbst und für euer Land!

9. Laßt uns so gemeinsam Sorge tragen für eine lebendige und vielfältige Kirche, voll des Glaubens, in untrennbarer Einheit und in der Kraft der Liebe, die von Christus kommt!

Wir bitten dazu um die Fürsprache der Heiligen:

Heilige Severin und Florian, ihr seid Väter der Kirche, die sich in diesem Land so reich und weit entfaltet hat: Erbittet uns die Gnade einer treuen Liebe zu ihr, dem Leib Christi!

Unsere Mutter Maria, du hast auf den Ruf Gottes mit einem reinen Ja geantwortet: Erbitte uns in diesem dir geweihten Jahr die Gnade, die Botschaft des ewigen Gottes mit Herz und Verstand anzunehmen, seinen Geist zu empfangen und Christus nachzufolgen in einer wahrhaft christlichen Lebensgestaltung!

So können wir inmitten eures schönen Landes, an geheiligter Stätte, in der Gemeinschaft des Volkes Gottes ausrufen:

Wir sagen ja zu unserem Glauben, der uns vom Herrn übergeben ist. Wir sagen ja zum Leben, zu unserem Leben von heute und morgen in der Freiheit von Kindern Gottes, im Licht des Heiligen Geistes.

Wir sagen ja zur Zukunft, wenn wir glauben und bekennen: Ich glaube an die eine, heilige, katholische und apostolische Kirche! Sie bewahrt das Brot Christi; sie ist das Brot Christi, damit die Welt leben kann! Amen.

Fest der Begegnung in Lorch

Dankesworte von Bischof Franz Žak in Lorch
(25. Juni 1988)

Heiliger Vater!

Am Schluß dieser erhebenden Kundgebung drängt es uns, Ihnen ganz herzlich Dank zu sagen für Ihr Kommen nach Österreich und für diese Begegnung, die wir nun mit Ihnen hier in Lorch erleben durften. Wir danken Ihnen, daß Sie unsere Sorgen und Nöte angehört und in Ihrem Wort an uns darauf geantwortet haben. Herzlichen Dank dafür, daß Sie uns im Glauben gestärkt und uns Mut zugesprochen haben, um im Vertrauen auf Gottes gütige Vorsehung und die Kraft des Heiligen Geistes unseren Beitrag zur Bewältigung der anstehenden Probleme leisten zu können. Wir versprechen Ihnen, uns nicht nur redlich zu bemühen, nach dem Vorbild des heiligen Severin und des heiligen Florian unser JA zum Glauben im Alltag in die Tat umzusetzen, sondern auch mit allen Kräften unseres Geistes und unserer Herzen zum Leben in gottgewollter Ordnung zu dienen.

Wir wünschen Ihnen aufrichtigst, daß Sie noch viele schöne Stunden bei Ihrem Pastoralbesuch hier in Österreich erleben können, und empfehlen uns und unsere Heimat Ihrem Gebet.

Wir bitten um Ihren apostolischen Segen und verabschieden uns mit einem herzlichen „Auf Wiedersehen", Heiliger Vater!

Grußwort von Bischof Egon Kapellari bei der Eucharistiefeier in Gurk

(25. Juni 1988)

Heiliger Vater!

Viele tausende Menschen aus den Diözesen Gurk und Graz-Seckau, aber auch aus der slowenischen Kirchenprovinz, aus Friaul und aus anderen Regionen Italiens haben sich mit ihren Bischöfen hier in Gurk eingefunden, um mit Ihnen ein Fest unseres Glaubens zu feiern. In ihrem Namen heiße ich Sie herzlich willkommen. In unserer Mitte sind auch die Neupriester der Diözesen Graz und Gurk und Priesterjubilare, die vor 50 Jahren in Gurk geweiht worden sind.
Wir feiern die heilige Eucharistie nahe beim ehrwürdigen Mariendom dieser alten Diözese und nahe beim Grab der heiligen Hemma.
In Dankbarkeit bezeugen wir, daß Gott aus vielen Völkern sein Volk des Neuen Bundes berufen hat und beruft.

(In slowenischer Sprache:)

Sveti oče!

Številni tisoči ljudi iz krške in graško-sekovske škofije, pa tudi iz slovenske cerkvene province, iz Furlanije in iz drugih italijanskih pokrajin so se zbrali s svojimi škofi tu v Krki, da bi z Vami obhajali slavje naše vere. V njihovem imenu Vam izrekam prisrčno dobrodošlico. V naši sredi so tudi novomašniki iz graške in iz krške škofije in duhovniški jubilanti, ki so pred petdesetimi leti v Krki prejeli mašniško posvečenje.
Sveto evharistijo obhajamo ob častitljivem Marijinem svetišču in stolnici te stare škofije in blizu groba svete Heme.
Hvaležno izpričujemo, da si je Bog iz številnih narodov izvolil svoje ljudstvo nove zaveze in da dela to še danes.

Eucharistiefeier in Gurk

(In italienischer Sprache:)

Sua Santità!

Molte migliaia di uomini delle diocesi di Gurk e Graz-Seckau, ma anche della provincia ecclesiastica di Slovenia, inoltre di Friuli ed altre regioni italiane si sono trovati con i suoi vescovi qui a Gurk per celebrare una festa della fede con Lei. Nel nome di tutti questi vorrei dare affetuosamente il benvenuto a Lei. Tra di noi si trovano i neosacerdoti delle diocesi di Graz e di Gurk ed anche alcuni sacerdoti festeggianti un giubileo speciale: Sono stati ordinati cinquant'anni fa qui a Gurk.
Celebriamo l'Eucaristia vicino alla veneranda basilica dedicata alla vergine Maria, già cattedrale di questa vecchia diocesi; celebriamo il mistero della fede vicino alla tomba di Sant'Emma.
Grati d'animo attestiamo, che Dio ha chiamato e chiama il suo popolo del Nuovo Testamento scegliendolo tra tutti i popoli.

Zweiter Pastoralbesuch 1988

Predigt des Papstes bei der Eucharistiefeier in Gurk
(25. Juni 1988)

Liebe Brüder und Schwestern!

1. „Ich freute mich, als man mir sagte: *‚Zum Haus des Herrn wollen wir pilgern'"*
(*Ps* 122,1).
In der Tat, es ist für mich eine große Freude, im jetzigen Marianischen Jahr vor der Wende zum dritten christlichen Jahrtausend zusammen mit euch als Pilger zu diesem ehrwürdigen Dom von Gurk zu kommen, der seit seiner Erbauung vor 800 Jahren dem besonderen Gedenken der Gottesmutter geweiht ist. Wir haben uns hier versammelt, um gemeinsam in *Verehrung der heiligen Hemma* zu gedenken, die gegen Ende des ersten Jahrtausends in diesem Land segensreich gewirkt hat und hier, in der Krypta des Domes, bestattet ist.
Ja, ich freue mich, euer Land zu besuchen und die Schönheiten seiner Natur bewundern zu können: der Berge und Täler, der Wälder, Bäche und Wiesen. Wenn wir vor diesem erhebenden Hintergrund heute mit dem Psalmisten beten: *„Schon stehen wir in deinen Toren, Jerusalem"* (v. 2), dann scheint sich die Natur selbst mit all ihrer Schönheit wie „ein Tor" zu öffnen, um uns in das tiefe Geheimnis der Welt eintreten zu lassen. Sie ist das „Tor", das uns den Zugang auf Gott hin, den Herrn der ganzen Schöpfung, erschließt. Darum gedenken wir an diesem Ort auch aller jener Generationen, die in diesem Land vor uns den Namen des Herrn gepriesen haben und so zum ewigen Jerusalem gepilgert sind: zum Ort der ewigen Gegenwart Gottes, wo sie ihn nun schauen „von Angesicht zu Angesicht".

2. In dieser Freude des Psalmisten grüße ich euch alle, die ihr bei dieser Eucharistiefeier zugegen seid oder durch Radio und Fernsehen daran teilnehmt: die Gläubigen der Diözesen Gurk/Klagenfurt und Graz mit ihren Bischöfen Egon Kapellari und Johann Weber; ebenso auch die Pilger aus der slowenischen Kirchenprovinz und aus der Erzdiözese Udine, die sich mit ihren Oberhirten, Priestern und Ordensleuten zur sechsten *Dreiländerwallfahrt* hier eingefunden haben. Ihr alle gebt dadurch Zeugnis von der Kraft des christlichen Glaubens, Grenzen zu überwinden: Grenzen des Herzens, Grenzen der Sprache und Kulturen. Aus mehreren Völkern kommend, sprecht ihr als das *eine* Volk Gottes die *eine* Sprache des gemeinsamen Glaubens.

Auf diesem Boden Europas treffen *verschiedene Kulturen* zusammen: die deutsche, die romanische und die slawische; sie bereichern und durchdringen sich. Sie alle sind *vom christlichen Glauben tief geprägt*; das war bis heute so und soll auch in Zukunft so bleiben. In der Verbundenheit unseres gemeinsamen Bekenntnisses zu Christus möchte ich heute an diesem Pilgerort meines jetzigen Pastoralbesuches auch mit euch das zweifache Ja sprechen: „Ja zum Glauben – Ja zum Leben".

3. Wie uns der Psalmist zum Hause Gottes einlädt, so *sagt Christus von sich selbst:* „*Kommt alle zu mir,* die ihr euch plagt und schwere Lasten tragt" (*Mt* 11,28). Ja, er selbst ist das wahre Zelt Gottes unter den Menschen. In ihm, dem *ewigen Wort des Vaters*, das Mensch geworden ist, hat sich Gott den Menschen vollkommen offenbart. Denn, so bekennt Jesus, ihm ist alles von seinem Vater übergeben worden, und „niemand kennt den Vater als nur der Sohn und der, dem es der Sohn offenbaren will" (*Mt* 11,27).

Kommt zu mir, ruft Christus auch uns heute zu. Und darum sind wir hier. Wir sind gekommen und haben uns versammelt unter dem Wort Gottes als die *jetzige Generation* seines Volkes, das durch den Glauben in die Tore Jerusalems eingetreten ist. Deshalb ruft uns der Apostel in der heutigen Liturgie zu: „*Das Wort Christi wohne mit seinem ganzen Reichtum bei euch*" (*Kol* 3,16). Diesen Reichtum finden wir in der Kirche, wenn sie vor uns „den Tisch des Wortes Gottes" bereitet. Entscheidend ist jedoch, daß wir die Schriftlesungen in der Liturgie nicht bloß anhören. Das Wort Gottes soll vielmehr in uns „Wohnung nehmen", auf daß wir durch einen lebendigen und bewußten Glauben *jener göttlichen Erkenntnis teilhaftig werden*, mit der der Vater den Sohn und der Sohn den Vater kennt. Um diese Erkenntnis zu erlangen, fordert uns der Apostel heute auf: „*Belehrt und ermahnt einander in aller Weisheit! Singt Gott in eurem Herzen Psalmen, Hymnen und Lieder*" (*Kol* 3,16).

4. Liebe Brüder und Schwestern! Unsere Vorfahren und die *Völker Europas* sind schon vor vielen Jahrhunderten der Einladung Christi gefolgt und sind zu ihm gekommen. Unzählige Menschen haben sich seinem Wort geöffnet und ihr Leben und Sterben nach dem Evangelium ausgerichtet. Jedes unserer Völker hat *Heilige hervorgebracht*: Männer und Frauen, die sich ohne Vorbehalt von Christus haben erfassen und von seinem Licht durchdringen lassen.

Die Geschichte des christlichen Glaubens in Europa ist aber auch gekennzeichnet von *Glaubenskrisen*, durch Widerstand und Abfall vom Evangelium.

Das gilt auch heute. Viele Türen haben sich für Christus geschlossen. Darum braucht Europa, wie ich wiederholt gesagt habe, dringend eine neue Evangelisierung, sowohl in den großen Städten als auch in den ländlichen Regionen. *Auch die Kirche in euren Diözesen und Ländern muß in verstärktem Maße wieder missionarisch werden.* Wenn die Christen ihren Glauben nicht mehr durch das Beispiel ihres Lebens und durch das Wort bezeugen, dann wird das Licht von ihnen genommen (vgl. *Offb* 2,5).

Andere werden kommen und den Platz in Anspruch nehmen, den die Christen nicht mehr ausfüllen.

Beherzigen wir darum wieder neu den Aufruf des Apostels: „Belehrt und ermahnt einander in aller Weisheit!" *Beginnt wieder, über den Glauben zu sprechen,* den Glauben zu vermitteln im Gespräch der Generationen, der Ehepartner, der Arbeitskollegen und der Freunde. Wenn die Jünger Christi stumm werden, werden die Steine reden: die Steine verlassener und verfallener Kirchen. Ihr tut gut daran, eure schönen alten Kirchen zu erhalten. Noch wichtiger ist es aber, diese Kirchen Sonntag für Sonntag mit Leben zu erfüllen. Noch wichtiger ist es, *selbst Kirche zu sein:* ein Bauwerk aus lebendigen Steinen. Deshalb hat die außerordentliche Bischofssynode 1985 gefordert: „Alle Laien sollen ihr Amt in der Kirche und im täglichen Leben ... erfüllen, damit sie so die Welt mit dem Licht und Leben Christi durchdringen und umgestalten."

> *Ihr tut gut daran, eure schönen alten Kirchen zu erhalten. Noch wichtiger ist es, selbst Kirche zu sein.*

5. Der Auftrag, zu „belehren" und zu „ermahnen", ist im Volke Gottes darüber hinaus in einer besonderen Weise den von Gott bestellten Hirten, den *Bischöfen und Priestern,* anvertraut. Sie sind die berufenen Boten, durch die Christus heute an die Menschen die Einladung richtet, zu ihm zu kommen. Sie sind zu ihnen gesandt, auf daß sein Wort mit seinem ganzen Reichtum in ihnen wohne. Darum braucht das Volk Gottes diese Hirten jederzeit und besonders auch heute.

Wir haben heute die Freude, die *Neupriester der Diözesen Graz und Gurk* in unserer Mitte zu haben. Wir beglückwünschen euch, liebe junge Brüder, zur Gnade eurer Berufung und empfehlen euch und euer künftiges priesterliches Wirken der besonderen Fürsprache der Gottesmutter. Bleibt immer Hörende, Horchende und Gehorchende auf Gottes Wort hin, wie Maria es gewesen ist. Dann werdet ihr auch überzeugte und überzeugende Boten Jesu Christi in euren kommenden Gemeinden sein können.

Mein besonderer brüderlicher Gruß gilt auch den anwesenden *Priesterjubilaren,* vor allem denjenigen, die vor 50 Jahren hier im Dom von Gurk ihre Weihe empfangen haben. Ich danke euch und allen betagten Priestern in Österreich für die Treue zu ihrer Berufung in so langer und bewegter Zeit. Es wird euch gewiß nicht erspart worden sein, ganz persönlich zu erfahren, daß zur Jüngerschaft auch das Mittragen am Kreuz Christi gehört, so wie der Herr es uns vorhergesagt hat (vgl. *Lk* 9,23-24). Ebenso aber werdet ihr auch der österlichen Freude teilhaftig geworden sein, die uns unsere priesterliche Nähe zum auferstandenen Herrn schenkt.

6. Die Kirche in Österreich ist reich beschenkt durch Männer und Frauen, die bereit sind, das Leben und Wirken der Pfarrgemeinde aktiv mitzutragen. Sie hat auch den wertvollen Dienst der ständigen Diakone. Was aber die Kirche von der Stiftung durch

den Herrn her zu allen Zeiten und an allen Orten besonders braucht, sind jene *Männer, die ihr Leben ganz und vorbehaltlos Christus und seinem Heilswerk zur Verfügung stellen.* Von ihnen sagt das II. Vatikanische Konzil: „Durch die Weihe und die vom Bischof empfangene Sendung werden die Priester zum Dienst für Christus, den Lehrer, Priester und König, bestellt. Sie nehmen teil an dessen Amt, durch das die Kirche hier auf Erden ununterbrochen zum Volk Gottes, zum Leib Christi und zum Tempel des Heiligen Geistes auferbaut wird" (*Presbyterorum ordinis*, Nr. 1).

Der Dienst des Priesters, der durch das Sakrament der Priesterweihe übertragen wird, gehört zum Wesen der Kirche. Er ist unverzichtbar und nicht durch andere Dienste zu ersetzen. Durch ein besonderes Prägemal *dem Ewigen Hohenpriester Christus gleichförmig,* handelt der Priester in dessen Person. In der Feier der heiligen Eucharistie steht der Priester für Christus am Altar, er repräsentiert Christus, wie der heilige Thomas sagt. Bei der Spendung des Bußsakramentes spricht er im Namen Christi das Wort der Sündenvergebung. „Wer euch hört, hört mich" (*Lk* 10,16), sagt Jesus von ihrer Glaubensverkündigung.

> *Wir denken an den Beitrag der Frauen zur Verkündigung des Glaubens und besonders zur Weitergabe des Glaubens an die nächste Generation.*

Der *Mangel an Priestern*, von dem auch die Kirche in Österreich und in den Nachbarländern betroffen ist, bedeutet eine große *Herausforderung an alle Christen*. Sie sollen ihre Mitverantwortung für die Kirche und das Leben in ihren Gemeinden erkennen und anerkennen. Durch seine Aufforderung, den Herrn der Ernte um Arbeiter zu bitten (vgl. *Mt* 9,36-38), sagt Jesus deutlich, daß die Berufung zum Dienst des Hirten eine Gabe Gottes ist, um die gebetet werden muß. Geistliche Berufe wachsen aus dem *Gebet* und aus dem Opfer, das in der Kirche zu ihrer Weckung und Entfaltung verrichtet wird. Jeder einzelne Gläubige ist hier angesprochen und gefordert – auch die Priester, die dazu durch ihr froh und erfüllt gelebtes Priestertum selbst zu der überzeugendsten Einladung für neue Priester- und Ordensberufe werden.

Ein herzliches Wort der Verbundenheit und brüderlicher Ermutigung richte ich von hier aus an *alle Priester und Ordenschristen*. Viele von euch, liebe Mitbrüder, tragen große Lasten. Aber die Existenz der Jünger Christi war schon immer geprägt durch den Ruf, die Herausforderung zu einer Lebensform, die dem natürlichen Menschenverstand oft als zu schwierig und unzumutbar erscheint. Und doch hat Jesus gesagt: „*Mein Joch ist sanft, und meine Bürde ist leicht*" (*Mt* 11,30). Dieses Wort Christi haben wir soeben in der Eucharistiefeier gehört. Nur wer dieses Wort in der Haltung Marias annimmt, wird seine Wahrheit erfahren und es auch in seinem eigenen Priesterleben bestätigt finden.

7. Liebe Brüder und Schwestern! Wir gedenken durch unsere Pilgerfahrt an diesem Ort heute besonders der *heiligen Hemma*. Ihr gilt das Lob aus dem biblischen Buch der Sprüche: „Eine starke Frau, wer findet sie? Sie übertrifft alle Perlen an Wert ...

Sie öffnet ihre Hand für den Bedürftigen und reicht ihre Hände den Armen" (*Spr* 31, 10-20). Hemma hat den Segen einer Ehe und Familie erfahren. Durch den gewaltsamen Tod ihrer nächsten Angehörigen wurde sie hart geprüft. Dennoch wuchs aus ihrem Leid weder Verzweiflung noch Haß. Der christliche Glaube hat ihr Leid in Mitleid, in Hilfe für die Armen verwandelt. Hemma hat Kirchen erbaut und Klöster gestiftet. Sie hat auch Häuser für notleidende Menschen errichtet.

Wenn wir uns in Dankbarkeit an eine solche Frau erinnern, dann verbinden wir damit das *Gedenken an Unzählbares, das der Kirche durch Frauen geschenkt wurde und heute geschenkt wird*. Wir denken an den Beitrag der Frauen zur Verkündigung des Glaubens und besonders zur Weitergabe des Glaubens an die nächste Generation. Wir denken auch an den Beitrag der Frauen zum Dienst am Menschen und zur gesamten Lebenskultur.

Herzlich grüße ich die hier anwesenden *Ordensfrauen* und alle Ordensfrauen in Österreich. Die von euch, liebe Schwestern, hochherzig angenommene und gelebte Berufung zu den evangelischen Räten ist ein großes Geschenk Gottes an die Kirche und an die ganze menschliche Gemeinschaft. Ich danke euch für euer Zeugnis und für euren Dienst.

8. Nun möchte ich ein besonderes Wort in ihrer jeweiligen Muttersprache an die hier anwesenden *slowenischen Gläubigen* mit ihren Bischöfen und an die *Pilger aus Italien* – vor allem aus Friaul – mit ihren Oberhirten richten.

Dragi bratje v škofovski službi, dragi bratje in drage sestre!

Kot romarji ste prisli v Krko k tej častitljivi Marijini cerkvi in na grob svete Heme. Že dolgo častijo Hemo tudi Slovenci in mnogo slovenskih romarjev je že priromalo v Krko. Vi to izročilo danes nadaljujete, ko se udeležujete šestega romanja treh dežel; pobudo za to romanje so dali škofje treh škofij in treh pokrajin.

Zvesti ste veri, ki ste jo prejeli od svojih očetov in mater. Ta vera je stoletja dajala pečat vaši kulturi – naj jo oblikuje tudi v bodoče. Pomagajte svojim otrokom, pomagajte mladim ljudem, da bodo spoznali, kako dragocena je ta vera, in da se je ne bodo sramovali.

Bodite bratski tudi do ljudi, ki še niso bili deležni milosti krščanske vere, da bodo mogli z vašo pomočjo spoznati dobroto in ljudomilost Boga Očeta.

Naj bo Kristus srce vaših zakonov in vaših fružin.

Molite, da bi Bog vašim škofijam podaril duhovnih poklicev v zadostni meri.

Bodite močni v veri, veseli v upanju in potrpežljivi v stiskah. Priprošnja božje Matere naj vas vedno spremlja.

Eucharistiefeier in Gurk

Liebe Brüder im Bischofsamt, liebe Brüder und Schwestern!

Als Pilger seid ihr nach Gurk zu dieser ehrwürdigen Marienkirche und zum Grab der heiligen Hemma gekommen. Seit langer Zeit wird Hemma auch von den Slowenen verehrt, und viele slowenische Gläubige haben Wallfahrten nach Gurk unternommen. Ihr setzt heute diese Tradition fort. Ihr tut es im Rahmen der sechsten Dreiländerwallfahrt, die von den Bischöfen dreier Diözesen und dreier Regionen angeregt worden ist. Ihr steht treu zum Glauben, den ihr von euren Vätern und Müttern übernommen habt. Dieser Glaube hat eure Kultur seit Jahrhunderten geprägt und soll sie auch in Zukunft prägen. Helft euren Kindern, helft den jungen Menschen, die Kostbarkeit dieses Glaubens zu erkennen und sich seiner nicht zu schämen. Seid brüderlich auch zu den Menschen, die die Gnade des christlichen Glaubens noch nicht empfangen haben, damit sie durch euch die Güte und Menschenfreundlichkeit Gottes erkennen können. Laßt Christus die Mitte eurer Ehe und eurer Familie sein. Betet dafür, daß Gott euren Diözesen geistliche Berufungen in ausreichender Zahl schenkt. „Seid stark im Glauben, fröhlich in der Hoffnung und geduldig in der Drangsal." Die Fürsprache der Gottesmutter möge euch allezeit begleiten.

Venerati Pastori! Cari Fratelli e Sorelle!

Avete voluto oltrepassare i confini della vostra nazione per vedere il Papa e per incontrarvi qui con i vostri fratelli nella fede dell'Austria e della Slovenia in Jugoslavia, con i quali siete uniti da una lunga storia di fede. Infatti da Aquileia i messaggeri della fede portarono il Vangelo alle popolazioni del Friuli, della Carinzia e della Slovenia. Il Patriarcato di Aquileia, attraverso i secoli, ha collegato le tre regioni sul piano ecclesiale e culturale.
Purtroppo le antiche radici della fede sono oggi in Europa, e anche nelle vostre regioni, minacciate in diversi modi. I christiani perciò devono reagire come comunitá a questa sfida. Essi devono unirsi di piú e stare piú strettamente insieme. Questo pellegrinaggio di tre nazioni giova molto a tale scopo e ne é un grande aiuto.
Siete venuti al Santuario della Madre di Dio e di Santa Emma di Gurk per ricevere una nuova forza per la vostra vita di ogni giorno. Conservate e rafforzate la vostra fede, guardando a Maria, alla quale Santa Elisabetta ha detto: „Sei beata, perché hai creduto" (Lc 1,45).

9. Liebe Brüder und Schwestern! Bei unseren gemeinsamen Überlegungen führte uns heute der Segenswunsch des Apostels Paulus, daß das Wort Christi mit seinem ganzen Reichtum in unseren Herzen wohne. Die Bischöfe eures Landes greifen das gleiche Anliegen durch das Leitwort meines Pastoralbesuches auf. Sie laden euch zu einem zweifachen Ja ein: „Ja zum Glauben – Ja zum Leben." *Aus dem Reichtum des Wortes Christi*, das in unserem Geist und Herzen wohnt, erwächst auch der *Reichtum*

des göttlichen Lebens in den Menschen. Dieser erst gibt dem Menschen die endgültige Erfüllung seines eigenen Menschseins. Dieser vermittelt ihm die richtige Sicht der Werte, die „die Welt nicht geben kann". Die Werteskala des Menschen ist vielfach in Unordnung geraten, weil er die Beziehung zum endgültigen Wert, der Gott ist, verloren hat. Die tiefe Sehnsucht nach der Fülle des Lebens und nach Glück, die nur in Gott ihre wahre Erfüllung finden kann, sucht der Mensch durch vordergründige, allzu vergängliche Werte zu befriedigen. Die Sehnsucht nach Glück wird so zur Sucht nach immer leichterem und flüchtigerem Genuß. Statt der erhofften Fülle erwartet den Menschen am Ende gähnende innere Leere und Verdruß am Leben.

Öffnen wir deshalb wieder neu unsere Herzen für die Frohe Botschaft von Jesus Christus, der allein der *richtige* Weg, die Wahrheit und das Leben ist. Seit vielen Jahrhunderten bereitet die Kirche auf dieser schönen Erde den *Tisch des Wortes Gottes* und den *Tisch des eucharistischen Brotes:* jenes Brotes, das zum Leib und Blut des Erlösers für das Heil der Welt wird. Christus ruft uns zu: „Nehmt mein Joch auf euch und lernt von mir; denn ich bin gütig und von Herzen demütig; so werdet ihr Ruhe finden für eure Seele" (*Mt* 11,29).

Christus lädt uns ein, an seinem Ostergeheimnis teilzunehmen: am Geheimnis des Kreuzes. Dies ist sein „Joch": das „Joch für die Erlösung der Welt". Er hat es auf sich genommen und nach Golgota getragen und sich dort selbst zum Opfer hingegeben. „Er gab"– seinen Leib und sein Blut. Er hat diese eingesetzt *als Sakrament des Neuen und Ewigen Bundes* Gottes mit den Menschen und sie als Eucharistie für seine Kirche gestiftet. Fortan sagt er zu uns: „Nehmt und esset, nehmt und trinket davon" (vgl. *Mt* 26,26-27). „Nehmen" heißt, daran wahrhaft Anteil erhalten. Wir dürfen nicht bloß äußerlich der Messe beiwohnen, wir sollen voll und ganz daran teilnehmen. Deshalb lädt uns Christus ein: Kommt mit eurem ganzen Leben, mit eurem Kreuz. Lernt von mir. Lernt mich kennen, und ihr werdet euch selber finden; ihr werdet euch selbst erkennen: euer wahres Menschsein.

Die Eucharistie ist Opfer – und *das Opfer wird Kommunion*, innige Lebensgemeinschaft. Kommunion bedeutet *ein gegenseitiges Sich-Schenken*. Nehmt das Geschenk meines Lebens – jenes, das sich im österlichen Geheimnis voll offenbart hat – und gebt mir das Geschenk eures Lebens: so wie es ist, sagt uns der Herr. Und ihr werdet „Ruhe finden für eure Seelen". Denn unruhig ist das Herz des Menschen, bis es ruhet in Gott. – Amen.

Eucharistiefeier in Gurk

Dankesworte von Bischof Johann Weber in Gurk
(25. Juni 1988)

Heiliger Vater!

Unsere gemeinsame Meßfeier ist zu Ende. Eucharistie heißt Danksagung. In vielen Sprachen ist hier der große Dank der Kirche erklungen, den sie im Gedächtnis an das Heilswerk des Herrn darbringt: Wir verkünden seinen Tod, wir preisen seine Auferstehung und erwarten seine Wiederkunft.
Die Weite und Größe der Kirche ist sichtbar und hörbar geworden durch die Katholiken aus Slowenien, Italien und Österreich. Das Erbe der Kirche von den Aposteln her und ihre Einheit ist durch Sie, Heiliger Vater, für uns alle heute beglückend erfahrbar. So klingt die große Danksagung vor Gott und unser Dank an Sie zusammen.
Sie sind durch einige Tage Pilger durch das österreichische Land. Dadurch sind die Grenzen dieses Staates gleichsam offen geworden, so wie das Heil des Herrn überall hinreicht.
Gott möge Ihren Weg segnen, er möge Sie bewahren und behüten. Der große und so nahe Gott möge uns geleiten auf den Wegen in unsere Heimat.
Was nehmen wir jedoch nach Hause mit? Gegeben wurde uns das Sakrament des Leibes und Blutes Christi, die Geborgenheit in der Kirche, die Öffnung der Seelen auch über politische Grenzen und vor allem die dankbare Gewißheit für jenen Hirten, der ohne Müdigkeit die ganze Kirche zusammenführt und ihr vorangeht. Der Auftrag des Herrn an Petrus, er solle seine Brüder stärken, wurde heute neu sichtbar, hörbar, Besitz unseres Glaubens. Die heilige Hemma und unsere Mutter Maria mögen vor Gott bitten, daß wir auf diesem Wege bleiben.
So sage ich nochmals für alle, Heiliger Vater – wir danken Ihnen vom Herzen!

Zweiter Pastoralbesuch 1988

Gebet des Papstes am Grab der heiligen Hemma von Gurk

(25. Juni 1988)

Heilige Hemma,
heilige Frau,
zeige uns die Wege zur Heiligkeit,
Wege zu einem Denken,
das nicht in Vorurteilen verhärtet ist.
Wege zu einem Sehen,
das der Würde der Schöpfung,
der Würde der Menschen gerecht wird.
Wege zu einem Hören,
das auch auf die leisesten Stimmen achtet.
Wege zu einer Sprache,
die Türen und Herzen öffnet.
Zeige uns, wie wir miteinander gehen können
Wege des Friedens,
Friede den Fernen, Friede den Nahen.
Erbitte uns Wegweisende,
Helfende, Berufene,
die Gottes Rufen folgen
und treu bleiben.
Heilige Hemma,
bitte für uns.
Heilige Maria,
Mutter Gottes,
Mutter der Kirche,
Schutzfrau Österreichs, bitte für uns.

*Begrüßung des Papstes durch Georg Wurzrainer
bei der Begegnung mit Alten, Kranken und
Behinderten im Salzburger Dom*
(26. Juni 1988)

Heiliger Vater!

Im Namen der hier anwesenden Alten, Kranken und Behinderten begrüße ich Sie herzlich! Wir danken Ihnen, daß Sie bei einem gedrängten Programm auch uns Ihre Zeit schenken!
Es sind viele Gedanken und Fragen, die uns in den langen Tagen der Krankheit, des Alterns oder der Behinderung auf dem Herzen brennen. – Fragen an Gott, Fragen an die Mitmenschen, Fragen an uns selbst.
Das Leid hat viele Gesichter, nur einige können hier angedeutet werden: Ein Elternpaar mit einem mongoloiden Kind könnte fragen: „Warum?" Einen alten oder behinderten Menschen könnte in seiner Untätigkeit die Frage bedrücken: „Bin ich nur noch anderen zur Last?"
In der vielfältigen Weise leiblicher und seelischer Not taucht immer wieder die Frage nach dem Sinn des Leidens auf.
Darf ich mich auf mein eigenes Suchen und Erleben beschränken und meine Gedanken in die Form einer Zwiesprache mit dem gekreuzigten, verhöhnten und verlassenen Christus kleiden? – Denn oft und oft steht mir seine Gestalt vor der Seele.
Meine Gedanken formen sich zu Worten: „Herr, Du hättest das Wort ‚Wenn einer mir nachfolgen will, nehme er sein Kreuz auf sich' nicht gesprochen, wärst Du uns diesen Weg nicht selbst vorausgegangen. Dieses Dein Vorausgehen gibt auch unserem Leid einen Sinn. – Du hättest auch nicht das andere Wort gesprochen ‚Ich bin die Auferstehung und das Leben', würdest Du uns in Tod und Finsternis lassen.

> *In der vielfältigen Weise leiblicher und seelischer Not taucht immer wieder die Frage nach dem Sinn des Leidens auf.*

Wir danken Dir für dieses Dein Vorausgehen! Du gibst uns dadurch die Gewißheit, daß nicht Tod und Finsternis das Letzte ist, sondern Auferstehung und Licht. Und so dürfen wir auch unsere Bitten an den Herrn über Leben und Tod richten; daß er die Hände und die Herzen derer segne, die sich unser annehmen, und daß er ihnen vergelte, was sie an uns in seinem Namen tun. Für uns sind das Zeichen, daß die Liebe auch heute noch lebt! Wir sagen schlicht und einfach „Vergelt's Gott!"

Diese Gedanken durfte ich Ihnen, Heiliger Vater, vortragen. Wir sind dankbar, wenn Sie zu uns sprechen werden – wir bitten um Ihr Wohlwollen uns Behinderten, Kranken und Alten gegenüber!

Ansprache des Papstes bei der Begegnung mit Alten, Kranken und Behinderten im Salzburger Dom
(26. Juni 1988)

Liebe Brüder und Schwestern!

1. Es ist mir eine große Freude, den heutigen Sonntag in Salzburg mit diesem gemeinsamen Morgengebet in eurer Mitte zu beginnen. Der *Begegnung mit betagten, kranken und behinderten Menschen* kommt bei meinen Pastoralbesuchen stets ein bevorzugter Platz zu. Ihr seid nicht die vergessenen Kinder Gottes. Im Gegenteil! Wenn schon einem Vater oder einer Mutter ein krankes Kind ganz besonders ans Herz wachsen kann, um wieviel mehr wird bei Gott Freude über euren Glauben und euren Lebensmut sein. Und Jesus Christus versichert uns, daß wir in euch auf besondere Weise ihm selber begegnen.

Es ist leider keine Selbstverständlichkeit, daß jemand, der unter Beschwerden von Alter, Krankheit oder Behinderung leidet, in unserer Gesellschaft als gleichwertiger Mensch anerkannt wird. Doch Gott fragt nicht nach eurer Leistungsfähigkeit im Produktionsprozeß, nicht nach der Höhe eures Bankkontos. Nicht auf das, was „ins Auge fällt", sieht der Herr, sondern auf das Herz.

Der liebende Blick Gottes, der auf jedem Menschen ruht, vermittelt ihm die Gewißheit, daß er – ob jung oder alt, krank oder gesund – ausnahmslos erwünscht und gewollt ist. Darin erfahren wir uns alle als Söhne und Töchter des gemeinsamen himmlischen Vaters. Die Liebe Gottes zu uns ist immer das Erste und Grundlegende. Dies zu erfahren und darum zu wissen, ist etwas Großes; und etwas Großes ist es, diese Erfahrung auch anderen mitzuteilen und sie gemeinsam mit ihnen zu leben.

2. Euer Los und eure Beschwerden lasten gewiß oft schwer auf euren Schultern. Wer von euch wird nicht schon versucht gewesen sein zu fragen, ob die Mühen und Plagen, die Müdigkeit, die ihn überfällt, sich noch lohnen und einen Sinn haben. In eurem Leid erfahrt ihr konkret die Hinfälligkeit und Begrenztheit des Geschöpfes. Gerade darin aber kann das *Leid* für euch auch zum besonderen *Ort der Öffnung auf die Mitmenschen und auf Gott hin* werden. Ein Leben, das allzu glatt und fraglos dahinläuft, verleitet uns allzu leicht zur Oberflächlichkeit, läßt uns satt und selbstge-

nügsam werden. Wo uns hingegen das Leid aufrüttelt mit den Fragen, die sich damit unausweichlich stellen, da bricht in uns die Sehnsucht auf. Wir beginnen erneut nach anderen und im tiefsten nach Gott Ausschau zu halten.

Um im Leid Hilfe und Heilung finden zu können, brauchen wir die Gemeinschaft mit den Mitmenschen und mit Gott. Wie im Glück, sollen wir uns auch im Leid nicht absondern, denn die Gemeinschaft ist der Ort, wo wir Leben teilen können. Es ist eine der schönsten Aufgaben der Kirche, das brüderliche Teilen als heilsam erleben zu lassen. Darin erfährt sich die Kirche wirklich als Gemeinschaft der Kinder Gottes und als Wohnung Gottes. Denn „wo die Liebe und die Güte ist, da ist Gott".

3. Der Mann mit der verdorrten Hand, von dem wir soeben im Evangelium gehört haben, lebt völlig unbeachtet am Rand der Gesellschaft. Jesus sieht ihn, wie die anderen ihn sehen, aber er allein übersieht ihn nicht. Er ruft ihn in der Synagoge vom Rand in die Mitte, um vor aller Augen auf ihn aufmerksam zu machen. „Steh auf", sagt er zu ihm, „und stell dich in die Mitte." Und „der Mann stand auf und trat vor" (*Lk* 6,8). Ohne daß der Mann Vertrauen zu Jesus gefaßt hätte, wäre es ihm nicht möglich gewesen, sein Leid hier in der Öffentlichkeit zu zeigen. Er verläßt sich auf Jesus – wie Petrus, der sich auf die Stimme des Herrn verläßt und über das Wasser geht. „Er stand auf": Mit diesem kleinen Wort sagt uns der Evangelist, daß der Kranke nicht einfach Objekt der Heilkraft des Herrn ist, sondern daß die *Heilung sich in der persönlichen Begegnung und durch die Mitwirkung des Kranken* ereignet. Jesus begegnet dem Kranken als einem vollwertigen, hilfebedürftigen Menschen, und der Kranke begegnet in Jesus dem verheißenen Messias, dem menschgewordenen Gottessohn; er erfährt Heilung aus dem glaubenden Ja zu Christus.

Wie heilsam die persönliche Begegnung mit Gott sein kann, sehen wir auch an den besonderen Orten der Gnade, an Orten des Gebetes und der Bekehrung wie zum Beispiel in Lourdes und Fatima oder wo immer sich Menschen von Gottes Liebe berühren lassen. Jedes Jahr kehren Unzählige reich beschenkt von dort in ihren Alltag zurück. Das Wunder, das dort geschieht, ist stets ein Wunder der Begegnung und des Glaubens. In der glaubenden Hinwendung zu Gott in Christus und durch Maria kommen die quälenden Fragen der Menschen nach dem „Warum" des Leidens zur Ruhe. Sie erscheinen in einem neuen Licht, das Leid erhält von Gott her einen tieferen Sinn. Gott selbst hat auf die schwere Frage des Leidens eine Antwort gegeben, indem er ein Mensch, einer von uns, geworden ist. Die Antwort Gottes heißt Jesus Christus.

4. In seinem Namen, im Namen Jesu Christi, den wir auch unseren „Heiland" nennen, komme ich heute zu euch. Das Wort Heiland verweist uns auf seine Sendung, zu „heilen". Jesus Christus hat das Reich Gottes nicht nur durch Worte verkündet, sondern auch durch Taten. Dieses Reich hat mit ihm und seinem Wirken schon konkret begonnen, besonders dadurch, daß er Menschen an der Wurzel – an Leib und Seele – geheilt hat. Viele der Menschen, die sich um Jesus drängten, waren krank. Manche

von ihnen waren dazu noch tief in Schuld verstrickt. Jesus hat ihnen die Schuld vergeben und sie oft auch durch äußere Heilung wieder ganz „heil" gemacht. Die Tauben, die er heilte, konnten nun nicht nur die Stimme der Welt, sondern auch das Wort Gottes hören. Die Stummen konnten fortan nicht nur mit Menschen sprechen, sondern aus der Tiefe ihres Herzens heraus Gott loben. Und die Lahmen konnten nicht nur gehen, sondern sich auf Gott hin bewegen. *Jesus hat ihnen nicht nur äußere Heilung, sondern das „Heil" geschenkt,* den Frieden mit Gott, den Frieden mit sich selbst und den Frieden mit den anderen Menschen.

Jesus Christus hat in der Tat nicht alle Menschen äußerlich geheilt, denen er begegnete. Aber er hat schließlich für sie alle – ohne Ausnahme – selbst auf das bitterste gelitten. Sein Weg wurde zum Kreuzweg nach Golgota. Er starb den furchtbaren Kreuzestod, der das Leid und die Schuld jedes einzelnen Menschen und der ganzen Menschheit zusammenfaßt und erlöst.

5. Seither steht das Bild des gekreuzigten Herrn in einer besonderen Weise vor den Augen jener Christen, die

Ein Leben, das allzu glatt und fraglos dahinläuft, verleitet uns allzu leicht zur Oberflächlichkeit.

ein großes Leid, eine große Last tragen müssen. Der göttliche „Mann der Schmerzen" geht auch an eurer Seite, liebe Brüder und Schwestern! Dieser von Leid und Kreuz gezeichnete Christus tritt aber zugleich als der Auferstandene mit verklärten Wunden vor Gottes Thron für uns ein. Leiden und Tod waren nicht das Letzte für Christus, und sie sind auch nicht das Letzte für den Menschen, der an Christus glaubt. Leid und Tod tragen fortan in sich die Verheißung endgültiger Auferstehung und ewiger Seligkeit. Der *christliche Glaube* und die *christliche Hoffnung* blicken über den Tod hinaus. Sie sind aber nicht nur eine Vertröstung auf das Jenseits. Sie *verändern auch schon unser irdisches Leben.* Wem es geschenkt ist, an Christus zu glauben, dem wachsen Kräfte zu, eigene Leiden und Lasten anzunehmen und zu tragen. Er bekommt aber auch Kräfte, um die Leiden und Beschwerden seiner Mitmenschen mitzutragen und sie überwinden zu helfen. „Einer trage des anderen Last", sagt der Apostel Paulus; „so werdet ihr das Gesetz Christi erfüllen" (*Gal* 6,2). Darum muß gerade die Kirche sich als Ort erweisen, an dem sich betagte, kranke und behinderte Menschen geborgen, verstanden und mitgetragen fühlen, weil ihr Mittelpunkt Christus ist, der Schmerzensmann und der von Leiden und Tod auferstandene, verklärte Herr.

6. Liebe Brüder und Schwestern! Gewiß gibt es immer wieder Menschen, die achtlos und gleichgültig an euch vorbeigehen. Sie geben euch das Gefühl, überflüssig zu sein, nicht gebraucht zu werden. Aber seid davon überzeugt: *Wir brauchen euch!* Die ganze Gesellschaft braucht euch. Ihr seid für eure Mitmenschen eine aufrüttelnde Anfrage nach den tieferen Werten des menschlichen Lebens, ein Aufruf an ihre Mitmenschlichkeit, eine Prüfung ihrer Fähigkeit, zu lieben. Besonders für die jungen Menschen seid ihr eine Herausforderung, das Beste in sich zu entwickeln: Solidarität

und Hilfsbereitschaft mit denen, die besonders darauf angewiesen sind. Wo diese Mitmenschlichkeit verkümmert, da wird es kalt in der Gesellschaft. Es ist jedoch ermutigend, daß sich heute so viele junge Menschen für betagte, kranke und behinderte Mitmenschen einsetzen.

Aus eurer Mitte rufe ich allen in der Gesellschaft zu: Es darf keine Einteilung des menschlichen Lebens in lebenswertes und unwertes Leben geben! Diese Einteilung hat vor Jahrzehnten in die schlimmste Barbarei geführt. Jedes menschliche Leben – ob schon geboren oder nicht, ob voll entfaltet oder in seiner Entwicklung behindert –, jedes menschliche Leben ist von Gott mit einer Würde ausgestattet, an der sich niemand vergreifen darf. Jeder Mensch ist Bild Gottes!

7. Zum Schluß möchte ich euch dann auch noch sagen, wie sehr euch gerade die Kirche braucht. *In euch erkennen wir Christus, der als der von Kreuz und Leid Gezeichnete in unserer Mitte fortlebt.* Und wenn ihr jene Leiden annehmt, die euch unausweichlich auferlegt sind, so hat euer Gebet und Opfer vor Gott eine unerhörte Kraft. Laßt darum nicht nach in eurem Gebet! Betet und opfert für die Kirche, für das Heil der Menschen, und betet auch für meinen apostolischen Dienst.

> *Es darf keine Einteilung des menschlichen Lebens in lebenswertes und unwertes Leben geben! Diese Einteilung hat vor Jahrzehnten in die schlimmste Barbarei geführt.*

Zusammen mit euch danke ich schließlich allen jenen Menschen, die schwere und glückliche Stunden mit euch teilen, die durch ihre Nähe Brücken bauen, über die Abgründe von Traurigkeit und Verlassenheit. Sie sind es, die euch in der Prüfung durch Alter, Krankheit oder Behinderung Lebensmut geben und Hoffnung wecken können, so daß das Wunder der Begegnung und das Wunder des Glaubens immer wieder neu möglich werden.

Maria, die Hilfe der Christen, stehe euch bei mit ihrem mütterlichen Schutz. Und der dreifaltige Gott segne euch und alle eure Helferinnen und Helfer in seinem Frieden und erfülle euch stets mit tiefer geistlicher Freude! – Amen.

Begrüßung durch Erzbischof Karl Berg beim Gottesdienst am Salzburger Residenzplatz
(26. Juni 1988)

Heiliger Vater!

Gläubige aus dem gesamten Gebiet der Erzdiözese Salzburg und unseren Nachbarländern haben sich heute bei der Kathedrale der heiligen Rupert und Virgil versammelt, um ihr Ja zu jenem Glauben zu sprechen, den diese beiden Patrone unseres Bistums vor 1200 Jahren in dieses Land eingepflanzt haben.

Das erste Gotteshaus, das sie in dieser Stadt als Stützpunkt der Glaubensverkündigung errichten ließen, haben sie dem Schutz des heiligen Petrus anvertraut, dem ersten unter den Zwölfen. Klar und unmißverständlich brachten sie damit zum Ausdruck, daß sie all ihr Tun auf das Fundament der Apostel gründen wollten, und bekundeten ihre tiefe Verbundenheit mit dem vornehmsten der Glaubenszentren, um das Grab des Apostelfürsten Petrus, und dem Hüter ihres Erbes.

Als 87. Nachfolger des heiligen Rupert, dessen Herde mir durch Gottes Gnade und den Willen des Apostolischen Stuhles anvertraut ist, bin ich deshalb überglücklich, Sie, Heiliger Vater, als ersten der Nachfolger des heiligen Petrus in unserer Stadt willkommen heißen zu können. Wie vor Jahrhunderten soll auch heute die Weitergabe des Glaubens in lebendiger Gemeinschaft mit der Gesamtkirche geschehen.

Heiliger Vater, Sie schenken uns heute eindrücklich dieses Bewußtsein der Zusammengehörigkeit. Die Verbundenheit von Ortskirche und Weltkirche in Glaube und Leben soll uns auch für die künftigen Generationen Auftrag bleiben. Daß uns diese Feier der tiefsten Geheimnisse unseres Glaubens stärke auf dem gemeinsamen Weg in eine vielfach fordernde Zukunft, darum laßt uns Gott nun gemeinsam bitten!

Zweiter Pastoralbesuch 1988

Predigt des Papstes beim Gottesdienst am Salzburger Residenzplatz
(26. Juni 1988)

Liebe Brüder und Schwestern!

1. *"Gott hat den Menschen zur Unvergänglichkeit erschaffen"* (*Weish* 2,23). Dieses frohe Glaubensbekenntnis aus dem Buch der Weisheit steht hoffnungsvoll über der festlichen Liturgie des heutigen Sonntags. Es ist die Antwort auf die bleibenden Grundfragen des Menschen, die heute wieder mit besonderer Schärfe gestellt werden. Das II. Vatikanische Konzil hat sie so formuliert: Was ist der Mensch? Was ist der Sinn des Schmerzes, des Bösen, des Todes, die trotz allen Fortschrittes noch immer weiterbestehen? Wozu jene Siege, die so teuer erkauft worden sind? Und was kommt nach diesem irdischen Leben? (Vgl. *Gaudium et spes*, Nr. 10).
Im Vertrauen auf das Wort Gottes antworte ich: „Gott hat den Menschen zur Unvergänglichkeit erschaffen." Und als Jünger Christi antworte ich weiter: Durch seinen Tod und seine Auferstehung hat der Herr den endgültigen Grund gelegt auch für unseren Sieg über die Mächte des Todes, für das Geschenk eines *ewigen* Lebens in Gott.

2. In der Kraft dieses gemeinsamen Glaubens und dieser Hoffnung, die uns alle verbindet, hat mich die Katholische Kirche in Österreich zu einem neuen Pastoralbesuch eingeladen. Im Rahmen dieses Besuches, den ich voll Freude und Erwartung begonnen habe, befinde ich mich nun heute bei euch in dieser altehrwürdigen Stadt *Salzburg*, dem Sitz einer langen Reihe von Erzbischöfen, die seit Jahrhunderten sogar den Ehrentitel „Primas Germaniae" tragen. Ich bin froh und dankbar für diese Begegnung mit euch und eurer berühmten Stadt und Diözese. Von Herzen grüße ich euren verehrten Oberhirten, Erzbischof Karl Berg, den derzeitigen Vorsitzenden der Österreichischen Bischofskonferenz, die Mitbrüder im Bischofs- und Priesteramt sowie alle Brüder und Schwestern des Volkes Gottes, die hier versammelt sind oder sich über die Medien mit uns verbunden haben.

3. Ja, die Sehnsucht nach unzerstörbarem Leben, die in jedem von uns lebendig ist, findet ihre Erfüllung durch das Erlösungswerk Jesu Christi. Ihm begegnen wir im

Gottesdienst am Salzburger Residenzplatz

Evangelium der heutigen Festmesse bei einer bewegenden Begebenheit. Ein Mann mit Namen *Jairus*, ein Synagogenvorsteher, wirft sich ihm zu Füßen und fleht ihn um Hilfe an: „Meine Tochter liegt im Sterben. Komm und leg ihr die Hände auf, damit sie gesund wird und am Leben bleibt" (*Mk* 5,23).

In dieser Bitte hören wir die tiefe Sehnsucht eines jeden Vaters, einer jeden Mutter, eines jeden Ehegatten, die sich um das Leben und Wohl ihrer Lieben sorgen. Zugleich aber wird darin der starke Glaube des Juden Jairus sichtbar, der Christus, dem Boten Gottes, zutraut, sein Kind vor dem Tod zu retten und ihm Leben und Gesundheit wiederzugeben. Als dann die Nachricht eintrifft, daß das Mädchen schon gestorben ist, braucht Jesus den Jairus nur an diesen Glauben zu erinnern: „Sei ohne Furcht; glaube nur!" (v. 36). Darauf spricht der Herr zu seiner toten Tochter mit göttlicher, lebenspendender Macht: „Mädchen, ich sage dir, steh auf!" Und der Evangelist fügt hinzu: „Sofort stand das Mädchen auf und ging umher" (v. 42).

Wir dürfen annehmen, daß der Synagogenvorsteher für dieses unerhörte Geschenk dem allmächtigen Gott aus vollem Herzen gedankt hat, vielleicht sogar mit den Worten unseres heutigen Antwortpsalms:

Herr, du bist mein Helfer.
Du hast mein Klagen in Tanzen – in Freude – verwandelt.
Herr, mein Gott, ich will dir danken in Ewigkeit (vgl. *Ps* 30,11-13).

4. In diesem dramatischen Geschehen um Leben und Tod erkennen wir den Herrn, wie er in seiner Person die Worte aus dem Buch der Weisheit machtvoll bestätigt:
„Gott hat den Tod nicht geschaffen
und hat keine Freude am Untergang der Lebenden.
Zum Dasein hat er alles geschaffen ...
Ja, Gott hat den Menschen zur Unsterblichkeit erschaffen.
... *und zum Bild seines eigenen Wesens gemacht*" (*Weish* 1,13f; 2,23).

Um diese Wahrheit zu bezeugen, hat Jesus dem toten Mädchen das Leben zurückgeschenkt. Ja, er ist bereit, sich selbst vom Unglauben der Menschen zu einem schmachvollen Tod verurteilen zu lassen und am Kreuz zu sterben, um dann in seiner Auferstehung die *Macht des Lebens* zu offenbaren, *das er selber ist.*

Der Herr ist, wie es in der heutigen zweiten Lesung aus dem Korintherbrief heißt, „arm" geworden bis zur letzten Entäußerung am Kreuz. Er ist *arm* geworden, um uns *reich* zu machen, reich an ewigem Leben. In die Geschichte des Menschen, der sterben muß, wie es das Gesetz des Todes fordert, hat Christus die Antwort des Lebens eingepflanzt, sein eigenes göttliches Leben. Seine Auferstehung zu einem neuen, endgültigen Leben bleibt von da an im Weltgeschehen gegenwärtig und wirksam. Sie wird nun für immer zu einer unerschöpflichen Quelle der Hoffnung. Was verzweifelt ist und sterbensmüde, beginnt in der Nähe Jesu aufzuleben, angesteckt von seiner machtvollen Liebe zum Leben. Der Arme und der Blinde, der Besessene und der Aussätzige: Sie alle trauen sich wieder nach vorne, weil sie die lebenspendende Kraft spüren, die vom Herrn ausgeht. Wer meint, keinen Ausweg mehr zu sehen, wird von Christus ernst genommen und durch sein heilendes Wort dem Leben zurückgegeben. Nun gilt uns allen seine Verheißung: *Ich lebe, und auch ihr werdet leben* (vgl. *Joh* 14,19).

5. Liebe Brüder und Schwestern! Dieses Wort des Herrn deutet auf das Leben in seiner höchsten Form hin: auf die Beteiligung am Leben Gottes, der als schöpferische Wahrheit und Liebe allein Leben im uneingeschränkten Sinn ist. Wenn Christus sagt: „Ich lebe, und auch ihr werdet leben", ist dies also eine unerhörte Herausforderung und Verheißung zugleich. Sie bedeutet: Ihr sollt werden wie Gott – gottähnlich. Aber diesmal kommt das Wort nicht aus dem Mund des Verführers, sondern vom Sohn. Nichts vom Reichtum menschlichen Lebens wird dadurch aufgehoben. Was menschliches Leben in seiner Mühsal und in seiner Schönheit darstellt, ist vorausgesetzt: denken und verstehen können, Freude und Schmerz, Liebe und Trauer empfinden, Aufgaben übernehmen und sie gestaltend lösen; Gut und Böse unterscheiden. Und weiter gehört dazu: hinausschauen über sich selbst, auf die anderen hin. Dies alles aber würde ins Leere laufen wie eine verfließende Welle im Strom, wenn das Tiefste fehlen würde, worauf der Herr uns hinweist: Leben wird erst ganz und vollständig, wenn wir uns im Glauben berühren lassen von Gott und von ihm die Gnade der Liebe empfangen, die in die Ewigkeit hineinreicht und uns schon jetzt „Reich Gottes" werden läßt.

Den meisten von uns ist jedoch schmerzlich bewußt, wie sehr das Leben in seinen vielfältigen Formen heute *bedroht* ist. Es zeichnet aber gerade den Menschen aus, daß er die Bedrohungen in den Blick nimmt und sich ihnen stellt. Vor allem wir Christen sind aufgerufen, uns der verbreiteten *Lebensangst* anzunehmen und sie einzudämmen, indem wir das Ja Gottes zum Leben verkünden und bezeugen. Ich meine die Angst, zu kurz zu kommen; die Angst, alt zu werden und im Arbeitsrhythmus zu versagen; die Angst vor den gefährlichen Möglichkeiten des Menschen zu Gewalt und Zerstörung; die Angst auch vor der dunklen, abgrundtiefen Welt in uns selbst; die Angst vor dem Tod und vor dem Nichts. Diese Ängste warten darauf, von den positiven, hoffnungsvollen Werten unseres Glaubens aufgewogen oder sogar geheilt zu werden.

Gewachsen ist vor allem die Not des Menschen, den *Sinn des Ganzen* zu begreifen. Viele plagt die Furcht, vergeblich oder am wahren Leben vorbei zu leben. Der öde Kreislauf „Arbeiten – verdienen – verbrauchen – wieder arbeiten" gibt ja noch keine Antwort auf die Frage, welchem letzten Ziel denn dies alles dient. Und so fragen immer mehr jüngere Menschen: Ist das alles? Ältere Menschen fragen sich mit Bangen: Habe ich bei allem Jagen und Hetzen das Wichtigste für mein Leben vielleicht noch gar nicht entdeckt und vollzogen?

Um diese Lebensfragen beantworten zu können, müssen wir immer wieder zur Quelle des Lebens zurückkehren, die *Christus* uns erschlossen hat. In ihm begegnen wir dem *Bild Gottes*, nach dem wir geschaffen sind und das sich auf unserem irdischen Lebensweg immer vollkommener ausprägen soll.

6. Eine solche Ausprägung des Abbildes Gottes im Menschenleben beginnt aber nicht erst heute. Sie hat in vielen christlich geprägten Ländern bereits eine lange *Geschichte*, so auch hier bei euch in *Salzburg*. Schauen wir auf diese herrliche Stadt, umgeben vom Reichtum ihrer Bergwelt und zugleich berühmt wegen ihrer zahlreichen historischen Monumente, ihrer Kunstwerke, Architektur und Musik. Neben Handel und Kultur hat diese Stadt von Anfang an noch einen dritten Pfeiler ihres regen Lebens gehabt, den katholischen Glauben. Die Türme der Stadt, die Kapellen und Klöster auf den Höhen, die Kreuze an den Wegen, sie sind unübersehbare Zeugen dafür. Sie erinnern uns an eure *Diözesanpatrone Rupert und Virgil*, die beiden Gründerbischöfe, denen die heilige Äbtissin Erentrud

> *Vor allem wir Christen sind aufgerufen, uns der verbreiteten Lebensangst anzunehmen und sie einzudämmen, indem wir das Ja Gottes zum Leben verkünden und bezeugen.*

hinzugefügt werden muß. Bekannt ist, daß von hier aus eine kraftvolle Missionierung nach Osten und Südosten gegangen ist. So ist das Salz, das eurer Stadt und ihrem Umland den Namen gegeben hat, immer auch das „Salz der Erde" im Sinne des Evangeliums (vgl. *Mt* 5,13) gewesen, das von hier weite Teile des Abendlandes durchdrungen hat.

Auch die Geschichte dieser Stadt bezeugt die ewige Sehnsucht des Menschen nach Wahrheit, nach dem Guten, nach dem Schönen. Zugleich aber erhoben sich auch hier immer wieder die Fragen nach dem, was aus diesem irdischen Leben für die Ewigkeit bleibt. Mit Pilatus haben sich auch eure Vorfahren zuweilen skeptisch gefragt: „*Was ist Wahrheit?*" Und damals wie heute hat die Kirche den Menschen *die Antwort Jesu* vermittelt, der von sich sagt: „Ich bin der Weg, die Wahrheit und das Leben" (*Joh* 14,6). So haben sich die Christen hier im Dom und in den vielen Kirchen eures Landes über ein Jahrtausend hin die Kraft zum Leben bei Christus geholt. An seinem Wort haben sie ihre Wege orientiert. An den Angelpunkten ihres Lebens haben sie in den *Sakramenten der Kirche* die bergende Hand Gottes ergriffen: wenn neues Leben die Augen aufschlug; wenn zwei Menschen im Ehebund ihr Geschick zusammenfügten zu lebenslanger Treue; wenn Bischöfe und Priester geweiht wurden zu Hirten des Volkes Gottes und authentischen Zeugen der Frohen Botschaft; wenn ein Leben auf dem Sterbebett zu Ende ging. Immer dann zeigten sich eure Kirchen wahrhaft als „Haus Gottes und Tor des Himmels" (vgl. *Gen* 28,17).

7. Aber auch heute gehen bei euch noch viele Menschen – bewußt oder unbewußt – den Weg Christi und lassen sich von seiner Wahrheit prägen. Sie formen die eigentliche, *die innere Geschichte eures Landes*. Zu ihnen gehören die Heiligen, die unter uns wohnen, ohne daß wir es ahnen, die wie eine reine, klare Quelle in ihrer Umwelt

wirken. Dazu gehören die vielen, die täglich zuverlässig für die Mitmenschen wirken in Familie und Nachbarschaft, in Pfarrei und Bürgergemeinde, in Krankenhäusern und Altersheimen, im privaten und im öffentlichen Leben. Ich denke auch an die Eheleute, die sich trotz vieler Widerstände mühen, in Frieden zusammenzuleben und dem Geheimnis neuen Lebens in ihren Kindern Raum und Schutz zu geben. Gemeint sind auch all jene mit einem festen und reifen Gottesglauben, die es anderen leichter machen, über Schicksalsschläge und Versuchungen zur Verzweiflung hinwegzukommen. Durch solche Menschen und noch viele andere wächst unter uns das Reich Gottes heran, das Reich der Gerechtigkeit und der Wahrheit, das Reich der Treue und der Liebe.

Laßt euch nicht die Freude nehmen, Mensch und Christ zu sein, denken und lieben zu dürfen!

Oft aber reicht nicht die stille Zuverlässigkeit der Guten; oft müssen diese *sich auch zu erkennen geben*, müssen *sich zusammenschließen* und mit denen ringen, die heute meist lautstärker und mächtiger sind: die die Ehrfurcht vor anderen als Schwäche bezeichnen; die Rücksichtslosigkeit Selbstverwirklichung nennen und ihre Verschlagenheit als Heldentat feiern; die alles bisher Wertvolle, die Frucht großer Herzen und Geister, für Abfall und Staub halten; die Ehe und Familie, Treue und Verzicht lächerlich machen.

Die so denken und handeln, sind nicht eure Feinde; aber gegen ihr Verhalten müßt ihr euch stemmen und dabei nicht resignieren. Laßt euch nicht die *Freude* nehmen, *Mensch und Christ zu sein*, denken und lieben zu dürfen! Habt den Mut, zu versöhnen und aufzubauen, wo Streit und Selbstsucht herrschen! Seid als Eltern bereit, Kindern das Leben zu schenken und das Abenteuer ihrer persönlichen Entfaltung unter eurem Schutz und Beistand zu ermöglichen! Frauen und Männer, tretet für das einmal gezeugte Leben ein, bei euch selbst und in eurem Umkreis, und wertet es höher als jede materielle Einbuße oder eine eventuell notwendige Umstellung eures Lebensstils! Helft euren heranwachsenden Söhnen und Töchtern, die Versuchung zu bestehen, in die Scheinwelt der Drogen zu flüchten. Dies lege ich euch heute besonders ans Herz, da an diesem Sonntag zum ersten Mal weltweit der „Internationale Tag gegen Mißbrauch und illegalen Handel von Drogen" begangen wird, wie ihn die Vereinten Nationen beschlossen haben. Nehmt also alle die gegenwärtigen Herausforderungen eurer besten Kräfte an und sagt „ja zum Glauben", sagt „ja zum Leben"!

8. *Sagt ja zu Gott,* der sich uns als guter Vater erwiesen hat, als unverrückbare Treue in allen Wechselfällen der Menschheitsgeschichte. Darum: „Liebe den Herrn, deinen Gott, höre auf seine Stimme und halte dich an ihm fest; denn er ist dein Leben" (*Dtn* 30,20). Zu wissen, daß Gott dich will und dir ein hohes Ziel zugedacht hat, ist eine gute Grundlage, um in seinem Namen aufzubrechen und den Lebensweg mit Realismus und Vertrauen zugleich zu beschreiten. Gott hat mit uns allen ein großes Werk begonnen; tun wir das Unsrige dazu, um es in die Scheunen Gottes einzubrin-

gen. Jedes „Grüß Gott", jedes „Gott sei Dank", das wir sprechen, will uns an diese Grundlage unseres Lebens erinnern. Im Danken nehmen wir ja die uns geschenkte Begabung wirklich an und öffnen sich uns die Augen für die reichen Möglichkeiten, zu leben und Leben zu teilen. Im Grüßen bejahen wir den Nächsten, geben wir ihm Anteil an unserem Leben, wünschen wir auch ihm das Geleit Gottes für einen gelungenen Lebensweg.

Sagt ja zu Jesus Christus. In ihm ist die „Menschenfreundlichkeit" Gottes sichtbar geworden; er hat uns vielfältig gezeigt, was Leben heißt und was Liebe tut. Sein Vorbild macht weit und frei und furchtlos. Vertrauen wir seiner Zusage aus dem Johannesevangelium: „Ich bin gekommen, daß sie das Leben haben und es in Fülle haben" (10,10). Dann können wir es wagen, uns im Dienst an den Mitmenschen so sehr „loszulassen", daß sich auch an uns Jesu Wort erfüllt: „Wer sein Leben um meinetwillen verliert, wird es gewinnen" (*Mt* 16,25).

Sagt ja zum Heiligen Geist, zum lebenspendenden Geist des Vaters und des Sohnes. Im Atem dieses Geistes lebt die Kirche seit fast zweitausend Jahren. Derselbe Geist ermutigt sie, bald ins dritte christliche Jahrtausend einzutreten. Wenn wir bereit sind, uns seiner Führung zu unterstellen, weckt er Schritt für Schritt alle unsere Energien, auch solche, die uns heute noch verborgen sind: Sie alle sollen dem Leben dienen.

> *Jedes „Grüß Gott", jedes „Gott sei Dank", das wir sprechen, will uns an diese Grundlage unseres Lebens erinnern.*

9. Vor allem zur *selbstlosen Liebe* spornt der Heilige Geist uns ständig an. Gewiß ist sie ein Wagnis, vielleicht das größte im Menschenleben, und oft der Enttäuschung ausgesetzt. Aber gerade die Liebe ist das Merkmal Gottes. Wie könnte dann der Mensch sich „Abbild" Gottes nennen, wenn nicht auch er die Liebe wagen würde? „Die Liebe hört niemals auf", sagt Paulus (*1 Kor* 13,8); sie trägt hinüber in die Ewigkeit Gottes, wenn alles andere an der Schwelle des Todes zurückbleiben muß. Und von allen Energien, die aus dem Glauben hervorgehen und dem wahren Leben dienen, ist die reine Liebe am mächtigsten.

Als kostbarste Möglichkeit des Menschen – das wißt ihr alle – ist die Liebe jedoch am meisten gefährdet, mit der Schlacke unseres Egoismus verunreinigt zu werden. Von Zeit zu Zeit bedarf unser Denken und Handeln deshalb der Prüfung und Vergebung im *Bußsakrament* der Kirche. Liebe braucht auch Nahrung und Stärkung; diese findet der Christ am Tisch des Wortes und des Brotes in der *heiligen Messe:* Das Opfer Christi bietet ja das tiefste Motiv unserer Nächstenliebe und den sichersten Maßstab für ihre Echtheit.

Eine andere Weise, diese Liebe und Selbstlosigkeit zu prüfen, ist das *Teilen,* das konkrete, praktische Teilen unserer Güter mit denen, die darben und Mangel leiden. Caritasarbeit, christliche Sozialpolitik und Entwicklungshilfe: Sie haben ihre letzte Wurzel in der Liebe Gottes, wie Christus sie uns in seinem Leben dargestellt hat: „Er, der reich war, wurde euretwegen arm, um euch durch seine Armut reich zu machen" (*2 Kor 8,9*).

Liebe Mitchristen! *„Ja, Gott hat den Menschen zur Unsterblichkeit erschaffen und zum Bild seines eigenen Wesens gemacht"* (*Weish 2,23*). Durch die Liebe, die niemals aufhört und die letztlich Gott selber ist, ist auch dem Menschen Ewigkeit, ewiges Leben in göttlicher Fülle verheißen. Um solcher Liebe willen hat der Vater Christus zum neuen, endgültigen Leben auferweckt. Als Haupt der Kirche, als Herr der Geschichte, als Begleiter unserer Wege sprechen sein Mund und sein Herz fortwährend zu uns: *„Ich lebe, und auch ihr werdet leben."* – Amen.

(Am Ende des Gottesdienstes eröffnete der Papst den Angelus mit folgenden Worten:)

Liebe Brüder und Schwestern!

Das Ende unserer festlichen Eucharistiefeier ist gekommen. Gleich empfangt ihr den Segen des dreifaltigen Gottes und vernehmt das „Ite, missa est" – zu deutsch „Gehet hin in Frieden": Mit diesem Wort werdet ihr ausgesandt in die Welt, in eure Welt, damit ihr dorthin Christus tragt und dort seine Wahrheit, seine Gerechtigkeit in Wort und Tat bezeugt. Auf diesem Pilgerweg eines gelebten Glaubens geht uns Maria, die Mutter des Herrn, voran. Wie kein anderer kann sie uns immer wieder daran erinnern, wer Jesus Christus ist, welche zentralen Anliegen sein Herz zu unserem Heil bewegen, welches seine Maßstäbe für das Wachsen des Reiches Gottes sind. All dies hat Maria – wie die Schrift eigens hervorhebt – oft in ihrem Herzen bedacht. Sie lädt uns ein, auch unsere Wege und Umwege von Zeit zu Zeit im Licht des Glaubens neu zu bedenken, um immer mehr in allen unseren Schritten jene Richtung zu finden, in der wir und unsere Weggefährten näher zu Gott und so näher zu unserem wahren Glück gelangen.

So stimmt nun alle voll Vertrauen ein in unser gemeinsames Marienlob im „Engel des Herrn".

Begrüßung des Papstes durch Miro Keglevic bei der Jugendbegegnung im Salzburger Studentenzentrum
(26. Juni 1988)

Heiliger Vater!

Im Namen aller hauptamtlichen und ehrenamtlichen Mitarbeiter darf ich Sie als Leiter des Hauses in unserem Jugendzentrum herzlich begrüßen und willkommen heißen. Wir wissen, daß Ihnen die Jugend mit ihren Problemen am Herzen liegt, und es freut uns – und wir möchten Ihnen dafür danken –, daß Sie sich die Zeit genommen haben, dieses Zentrum zu besuchen und mit den Vertretern der kirchlichen Jugendarbeit über ihre Anliegen zu sprechen.

Jugend ist zu einem wirkungsvollen Gesellschaftsfaktor geworden, ihr Einfluß auf die meisten Lebensbereiche ist so stark, daß sie sogar verschiedene Bereiche trägt und prägt. So wird in dieser Situation immer mehr die Wichtigkeit von Institutionen deutlich, die sich mit der Glaubensvermittlung und einer kritischen Form der Freizeitgestaltung beschäftigen.

Hier kommt dem Studentenzentrum – eine Einrichtung der Katholischen Studierenden Jugend – seine Bedeutung zu. In seiner Funktion als drittes Milieu zwischen Eltern und Schule bzw. Arbeitsplatz bemüht sich das Zentrum, ein Modell einer jungen christlichen Gemeinde zu verwirklichen. Daraus leiten sich die Werte und Bildungsinhalte, die den jungen Menschen angeboten werden, ab.

Unser spezifischer Aufgabenbereich in der außerschulischen Jugendarbeit ist es, Jugendliche zur Auseinandersetzung mit dem Evangelium zu ermutigen und ihnen zu helfen, das Evangelium in ihr Leben umzusetzen. Diese Auseinandersetzung geschieht in den Basisgruppen, die – dadurch motiviert – auch Aktionen und Projekte im großen und kleinen planen und durchführen.

So versuchen wir als junge christliche Gemeinde, dem Jugendlichen christliche Grundwerte vorzuleben und so den Bezug zu Gott und zur Kirche zu ermöglichen. Da wir Glauben und Leben als eine Einheit sehen, wollen wir den Jugendlichen sowohl durch das Hinterfragen von gesellschaftspolitischen Mechanismen, durch die Analyse von historischen Ereignissen und Ideologiekritik als auch durch Gespräche mit Personen des öffentlichen Lebens ermöglichen, die Zeichen der Zeit zu erkennen und auch entsprechend zu handeln.

Als Alternative zur Freizeitindustrie gestalten wir hier auch unser eigenes kreatives und kritisches Freizeitprogramm. Die Räumlichkeiten des Zentrums bieten genügend Platz für alle diese Veranstaltungen wie Kurse, Vorträge, Seminare, Filmabende, Gruppenarbeiten, kreative Tätigkeiten, Ausstellungen, Theaterspielen und Musizieren. Natürlich gibt es auch genügend Platz für Unterhaltung und Spiele. Eine wesentliche Aufgabe ist die persönliche Betreuung der Jugendlichen. Sie kommen zu uns, um Menschen zu finden, mit denen sie sprechen können, die sie ernst nehmen, ihnen zuhören und versuchen, zu ihren Anliegen Stellung zu beziehen.

Das Studentenzentrum wirkt aber auch in die Diözese hinaus. Besonders viele Gruppen in ganz Salzburg sind aus den jährlichen Kursen in Rocca di Papa entstanden, an denen in den letzten Jahren über 2400 junge Leute teilgenommen haben. Ein Erlebnis für die Teilnehmer dieses Kurses sind immer wieder die gemeinsame Gottesdienstfeier mit Ihnen, Heiliger Vater, in Castel Gandolfo und die anschließenden Gespräche.

Wir haben auch freundschaftliche Beziehungen zu ausländischen Gruppen und Institutionen wie zur Gemeinde San Egidio in Rom, zum Internationalen Jugendzentrum San Lorenzo, zu irischen Jugendlichen aus Armagh, zu italienischen Jugendlichen aus Sant' Arcangelo in der Nähe von Rimini und zum Jugendbildungshaus Altenberg bei Köln.

Der zentrale Punkt für unsere Gemeinde ist die Feier des Sonntagsvorabendgottesdienstes. Hier treffen sich die Mitglieder aller Gruppen, deren Freunde und Familienangehörige und auch Menschen, die zuvor noch keinen Kontakt zu uns hatten. Aus dieser Gottesdienstgemeinschaft ist hier auch die „Junge Gemeinde St. Markus" entstanden. Die Gottesdienste werden von Jugendlichen in zwei Liturgieteams vorbereitet, und sie versuchen, die Probleme junger Menschen und ihr tägliches Leben vom Evangelium her zu sehen und in den Gottesdienst einzubringen.

Die Arbeit in diesem Haus und in dieser Basisgemeinde könnte aber nicht allein von den hauptamtlichen Mitarbeitern getragen werden. Den wichtigsten Teil der Arbeit leisten die freiwilligen Mitarbeiter, die in einem Kernteam zusammengefaßt sind, und Jugendliche, die aus den Basisgruppen kommen.

Als Symbol über der Arbeit in diesem Haus steht das urchristliche Symbol des Fisches, „YChThYs", für Jesus Christus, Gottes Sohn, Erlöser, und das Motto „Kampf und Kontemplation".

So bilden in diesem Haus und in dieser Gemeinde junge Christen einen Ausstrahlungsort für junge Menschen in der ganzen Diözese Salzburg und versuchen, ihnen Hoffnung und Mut für die Zukunft zu geben nach dem Wort aus der Apostelgeschichte: „Wir können nicht schweigen über das, was wir gesehen und gehört haben!"

Abb. 39: Ad-limina-Besuch der österreichischen Bischöfe in Rom 1987.
V. l. n. r.: Weihbischof Dr. Kurt Krenn (Wien), Weihbischof Florian Kuntner (Wien), Militärbischof Dr. Alfred Kostelecky (Sekretär der Bischofskonferenz), Bischof Dr. Egon Kapellari (Gurk), Bischof Dr. Johann Weber (Graz-Seckau), Bischof DDr. Bruno Wechner (Feldkirch), Erzbischof DDr. Karl Berg (Salzburg), Papst Johannes Paul II., Erzbischof Dr. Hans Hermann Groër (Wien), Bischof DDr. Stefan László (Eisenstadt), Bischof Dr. Franz Žak (St. Pölten), Bischof Dr. Reinhold Stecher (Innsbruck), Bischof Dr. Maximilian Aichern (Linz), Weihbischof Dr. Karl Moser (Wien), Weihbischof Jakob Mayr (Salzburg), Weihbischof DDr. Helmut Krätzl (Wien)

Abb. 40: Papst Johannes Paul II. und Bundespräsident Kurt Waldheim bei der Begrüßung nach der Ankunft des Heiligen Vaters im Jahr 1988

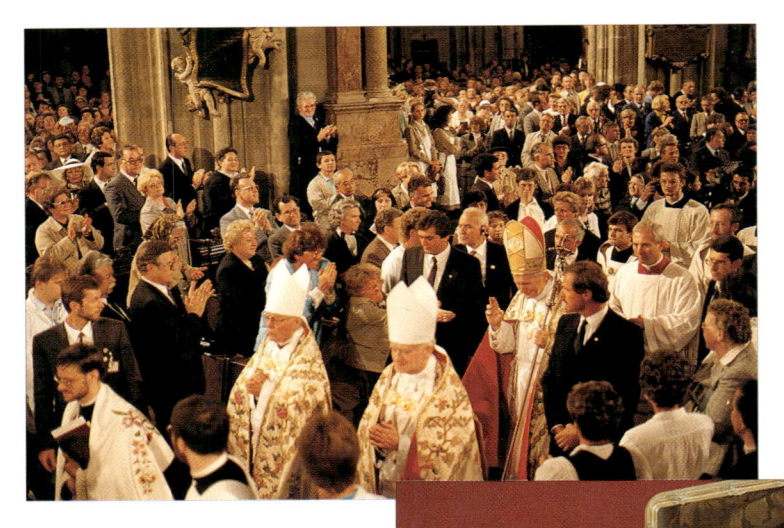

Abb. 41:
Einzug in den Stephansdom zum Vespergottesdienst. Vor dem Papst: Erzbischof Karl Berg (Salzburg) und Erzbischof Hans Hermann Groër (Wien)

Abb. 42:
Der Papst beim Empfang des Bundespräsidenten mit dem Ehepaar Waldheim

Abb. 43:
Der Präsident der Israelitischen Kultusgemeinden, Paul Grosz, überreicht dem Papst ein Buchgeschenk. Links: Oberrabbiner Paul Chaim Eisenberg

Abb. 44:
Die Bühne in Trausdorf

Abb. 45:
Der Papst betritt die Bühne in Trausdorf

Abb. 46:
Inzens des Altars beim Gottesdienst in Trausdorf

Abb. 47:
Gottesdienst in Trausdorf

Abb. 48:
Vertreter der kroatischen
Volksgruppe überreichen Geschenke

Abb. 49:
Vertreter der ungarischen Volksgruppe
überreichen Geschenke

Abb. 50:
Über 1000 Autobusse brachten die Gläubigen zum Gottesdienst auf das Flugfeld nach Trausdorf

Abb. 51:
Die kurzen Flugstrecken reiste der Papst mit einem
Hubschrauber des österreichischen Bundesheeres

Abb. 52: Begleitet von Diözesanbischof Stefan László, besucht der Papst das Bischofshaus in Eisenstadt

Abb. 53: Segnung des neuen Rettungshubschraubers Christophorus 4 durch den Papst

Abb. 54:
Besichtigung bei der Gedenkfeier im
Konzentrationslager Mauthausen

Abb. 55:
Ansprache des Papstes im
Konzentrationslager Mauthausen

Abb. 56: Begegnung mit den Gläubigen der Diözesen Linz und St. Pölten in Lorch: Festgelände mit Bühne

Abb. 57: Der Papst besichtigt die Ausgrabungen in Enns-Lorch

Abb. 58: Papst Johannes Paul II. mit den Bischöfen Franz Žak (links) und Maximilian Aichern (rechts) sowie Kurienerzbischof Alois Wagner (links hinter dem Papst)

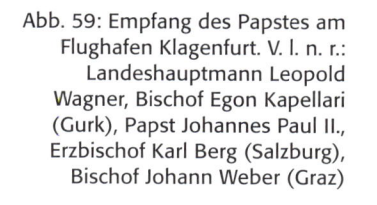

Abb. 59: Empfang des Papstes am Flughafen Klagenfurt. V. l. n. r.: Landeshauptmann Leopold Wagner, Bischof Egon Kapellari (Gurk), Papst Johannes Paul II., Erzbischof Karl Berg (Salzburg), Bischof Johann Weber (Graz)

Abb. 60: Gebet am Grab der heiligen Hemma in der Krypta des Gurker Domes

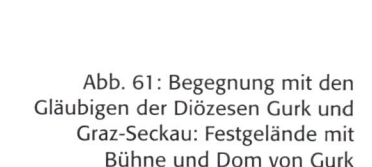

Abb. 61: Begegnung mit den Gläubigen der Diözesen Gurk und Graz-Seckau: Festgelände mit Bühne und Dom von Gurk

Abb. 62: Begegnung des Papstes mit kranken,
behinderten und alten Menschen im Dom zu Salzburg

Abb. 63: Papstbühne am
Residenzplatz vor dem
Salzburger Dom

Abb. 64: Bei der Eucharistiefeier am Residenzplatz

Abb. 65: Bischöfe, Priester und Ministranten bei der Eucharistiefeier am Residenzplatz

Abb. 66: Begegnung mit Jugendvertretern
im Salzburger Studentenzentrum Gstettengasse

Abb. 67: Begegnung mit Vertretern von Wissenschaft,
Kunst und Publizistik im Salzburger Festspielhaus

Abb. 68: Ökumenischer Gottesdienst in der evangelischen Christuskirche in Salzburg. V. l. n. r.: Chrysostomos Tsiter, griechisch-orthodoxer Metropolit von Austria; Wolfgang Schmidt, Superintendent der evangelischen Diözese Salzburg und Tirol; Stanisław Dziwisz, Sekretär des Papstes (halb verdeckt); Papst Johannes Paul II.; Msgr. Piero Marini, Zeremoniär des Papstes; Dieter Knall, Landesbischof der Evangelischen Kirche AB; Erzbischof Karl Berg (Salzburg); Ernst Kreuzeder, altkatholischer Pfarrer; Dumitru Viezuianu, rumänisch-orthodoxer Pfarrer in Salzburg

Abb. 69: Empfang des Papstes durch die Bischöfe Bruno Wechner (Feldkirch) und Reinhold Stecher (Innsbruck) am Flughafen Innsbruck

Abb. 70: Eintreffen des Papstes im Berg-Isel-Stadion

Abb. 71: Die Bühne im Berg-Isel-Stadion mit Blick auf Innsbruck und die Nordkette

Abb. 72 und 73:
Der Papst beim Kinderfest im Innsbrucker Eisstadion

Abb. 74: Bei der Marienvesper in der Basilika von Stift Wilten

Abb. 75: Papst Johannes Paul II. verabschiedet sich am Ende seines zweiten Pastoralbesuches am Flughafen Innsbruck

Abb. 76: Ad-limina-Besuch der österreichischen Bischöfe in Rom 1992. V. l. n. r.: Bischof Dr. Egon Kapellari (Gurk), Militärbischof-Koadjutor Mag. Christian Werner, Weihbischof Jakob Mayr (Salzburg), Bischof Dr. Kurt Krenn (St. Pölten), Bischof Dr. Johann Weber (Graz-Seckau), Erzbischof Dr. Georg Eder (Salzburg), Papst Johannes Paul II., Bischof DDr. Stefan László (Eisenstadt), Bischof DDr. Klaus Küng (Feldkirch), Bischof Dr. Reinhold Stecher (Innsbruck), Bischof Dr. Maximilian Aichern (Linz), Weihbischof DDr. Helmut Krätzl (Wien), Weihbischof Florian Kuntner (Wien), Weihbischof Dr. Christoph Schönborn (Wien). Nicht im Bild: Erzbischof Dr. Hans Hermann Kardinal Groër (Wien), Militärbischof Dr. Alfred Kostelecky

Jugendbegegnung in Salzburg

Rede der Jugendvertreter Silke Gernat und Andreas Weiß
(26. Juni 1988)

Heiliger Vater!

Sie befinden sich auf einer Pastoralreise durch ganz Österreich und haben bei dieser Gelegenheit auch die Begegnung mit den Vertretern der kirchlichen Jugendarbeit gesucht. Wir möchten Ihnen heute schildern, in welcher Situation Jugendliche in Salzburg leben, welchen Bezug sie zum Glauben und zur Kirche haben und wie in dieser Situation kirchliche Jugendarbeit aussieht.
Wir Jugendliche stehen der Zukunft nicht gleichgültig gegenüber, sondern machen uns Gedanken darüber. Diejenigen, die sich in diesen Tagen vor dem Schulabschluß befinden, wissen nicht, ob sie einen Arbeitsplatz finden werden, der auch ihren Fähigkeiten und Wünschen entspricht. Junge Menschen, die eine Familie gründen wollen, wissen nicht, ob ihre Kinder auch in einer lebenswerten Umwelt aufwachsen können. Oft erleben wir mit, wie der Fremdenverkehr die Lebensformen, die die Menschen gewohnt sind, zerstört und wie diese Zerstörung nicht einmal vor den Familien haltmacht. Und wenn wir uns darüber Gedanken machen, wie wir unser Leben gestalten wollen, wissen wir genau, daß unsere Lebensgestaltung von gesellschaftlichen Einflüssen in eine Richtung gedrängt werden kann, die wir gar nicht wollen. Eine große Vergnügungs- und Freizeitindustrie hat es nämlich mit Hilfe der Medien und der Werbung geschafft, vielen Jugendlichen vorzugaukeln, daß ein glückliches Leben davon abhängt, „in" zu sein. So kommt es dazu, daß Jugendliche in einer Situation der Entfremdung und Ausbeutung leben, ohne daß es ihnen bewußt ist. Sie werden dabei ausgenutzt, während Erwachsene die Profite davontragen.
In dieser Situation ergibt sich für die kirchliche Jugendarbeit die Frage, ob sich Jugendliche auch mit jenen Bereichen, die über dieses scheinbar glückliche Leben und den materiellen Wohlstand hinausgehen, beschäftigen. Wir wollten erfahren welchen Bezug Jugendliche in der Erzdiözese Salzburg zum Glauben und zur Kirche haben. Deshalb hat das Salzburger Studentenzentrum eine Umfrage dazu durchgeführt, die von fast 9000 jungen Menschen aus der ganzen Diözese beantwortet wurde. Das Ergebnis dieser Umfrage soll uns nun als Orientierung für die Jugendarbeit dienen, und wir möchten es deshalb hier auch völlig ungeschminkt darstellen. Dieses

Ergebnis entspricht den Gegebenheiten, mit denen sich alle auseinandersetzen müssen, die in der Kirche engagiert sind.

Wie sieht nun diese Realität aus? Haben Jugendliche Interesse an jenen Bereichen, die über Freizeitgestaltung oder ein materiell gesichertes Leben hinausgehen? Unsere Umfrage hat ergeben, daß sich viele Jugendliche in einer kalten, materiellen Umwelt nicht wohl fühlen. Es stellt sich ihnen die Frage: Was kann mir Geborgenheit und Halt geben? Ein Ergebnis der Umfrage ist, daß einer der stärksten Wünsche der befragten jungen Leute der Wunsch nach Gemeinschaft ist. In einer Welt, in der sie tagtäglich mit dem Egoismus ihrer Umwelt konfrontiert sind, stehen sie der Entwicklungshilfe und anderen Bereichen, die mit sozialem Engagement zu tun haben, positiv gegenüber. Gleichzeitig sind ihnen, in einer Gesellschaft, die von Äußerlichkeiten geprägt ist, Gebet und Meditation – in welcher Form auch immer – als eine Art innerer Halt wichtig. Es zeigt sich auch eine Offenheit für den Glauben: Immerhin 88 Prozent geben an, daß sie an Gott glauben, und auch noch 73 Prozent sagen, daß Gott in ihrem Leben eine Rolle spielt.

Viele Jugendliche haben keinen Bezug mehr zur Kirche und stehen ihr mit kritischer Distanz oder auch Vorurteilen und Mißtrauen gegenüber.

Diese Offenheit für den Glauben sieht auf den ersten Blick ja sehr positiv aus. Was geschieht aber, wenn dieser Glaube hinterfragt wird? Oft entspricht das Gottesbild der befragten Jugendlichen dem, was aus der Volksschulzeit hängengeblieben ist; andere haben im Lauf der Zeit ihr eigenes Gottesbild entwickelt, das kaum noch etwas mit christlichen Vorstellungen zu tun hat: Ihr Gott ist dann nur mehr Energie oder ein abstraktes, unpersönliches Wesen. Viele betrachten Gott auch nur als ein Hilfsmittel, das man in Problemsituationen zu sich nimmt, sonst aber nicht braucht. Diese Jugendlichen sind zwar alle auf der Suche, diese Suche aber ist geprägt von Sinn- und Orientierungslosigkeit.

Eine der Ursachen dafür liegt sicher im Elternhaus. Die Eltern – viele geprägt von einem falschen Traditionschristentum – wissen gar nicht richtig, wie sie den Glauben an ihre Kinder weitergeben sollen. Sie bleiben dabei oft an Äußerlichkeiten hängen, die die Jugendlichen gar nicht interessieren, während sie die Glaubensinhalte, für die junge Menschen ansprechbar wären, nicht vermitteln können. Oft sind auch die Eltern selbst bereits in ihrem Glauben verunsichert, und in vielen Familien wird dieser überhaupt nicht mehr gelebt. So kommt es dann auch, daß für die meisten der befragten Jugendlichen religiöse Feste als freier Tag oder Familienfest eine Bedeutung haben, aber nicht mehr wegen ihres religiösen Inhalts. Auch der Bezug zur Kirche ist durch die Eltern nicht mehr gegeben.

Das ist also die Situation, die sich aus den Fragebögen ergibt und der die pastorale Arbeit gegenübersteht: Junge Menschen, die zwar offen sind für religiöse Inhalte, die aber gleichzeitig nur mehr sehr wenig von diesen Inhalten wissen und denen oft grundlegende Glaubenserfahrungen fehlen. Wenn nun die Kirche versucht, für junge Menschen diese Inhalte wieder von neuem erfahrbar zu machen, stoßen wir auf eine weitere

Jugendbegegnung in Salzburg

Schwierigkeit: Viele Jugendliche haben keinen Bezug mehr zur Kirche und stehen ihr mit kritischer Distanz oder auch Vorurteilen und Mißtrauen gegenüber. Auch dieses Problem wurde in der Umfrage ausführlich behandelt.

Auf die Frage, was sie eigentlich mit Kirche verbinden, antworteten die Jugendlichen am häufigsten mit „Pfarrer" oder „Kirchensteuer". Enttäuschend war für uns, was junge Menschen am wenigsten mit Kirche verbinden: „Gemeinschaft". Zwar gibt noch ungefähr die Hälfte der Befragten an, daß sie Kirche erleben, aber nur eine Minderheit von ihnen erlebt die Kirche durch eigenes Engagement. Können wir uns da noch darüber wundern, daß sich mehr als drei Viertel der befragten Jugendlichen von der Kirche keine Hilfe mehr erwarten?

Damit der Glaube in unserer Diözese weitergegeben wird, darf die junge Generation von heute nicht vergessen werden.

Offenbar erleben wirklich sehr viele Jugendliche die Kirche nur als eine Institution, die ihnen nichts mehr zu sagen hat. Für sie bedeutet Kirche dann nur noch Kirchensteuer, Mission oder eine Autorität unter vielen anderen auch. Und so wie sie gegen Autoritäten allgemein – auch in der Schule oder in der Politik – mißtrauisch sind, begegnen sie auch der Kirche mit Mißtrauen. Die meisten von ihnen glauben, daß Institutionen und Autoritäten nichts mit den Problemen, die sie beschäftigen, zu tun haben und sind deshalb auch an deren Aussage gar nicht mehr interessiert. So werden auch drei Viertel der Befragten durch Aussagen, die Sie, Heiliger Vater, als Oberhaupt der Kirche machen, nicht angesprochen – und wahrscheinlich auch nicht durch Aussagen anderer, die in der Pastoral tätig sind.

Die Jugendlichen wurden auch gefragt, wo sich die Kirche – und auch Sie, Heiliger Vater – mehr engagieren sollte. Am häufigsten wurde bei diesen Fragen geantwortet: Jugend, Dritte Welt, soziales Engagement, Friede und Abrüstung. Begriffe, die in diese Bereiche fallen, wie zum Beispiel Entwicklungshilfe, Caritas oder Telefonseelsorge, waren es auch, die bei einer anderen Frage vom überwiegenden Teil positiv bewertet wurden. Die Jugendlichen anerkennen also diese Leistungen, bringen sie aber nicht mit der Kirche in Verbindung. Auch kirchliche und päpstliche Aussagen zu den vorher erwähnten Themen werden von den Befragten kaum wahrgenommen. Ein Grund dafür ist, daß diese Aussagen von den Medien nicht im gleichen Ausmaß gebracht werden wie die zu anderen Themen; ein anderer, daß diese Aussagen in solch einer komplizierten kirchlichen Sprache formuliert werden, daß sie für junge Menschen unverständlich sind. Wir erleben auch in unserer Arbeit mit Jugendlichen, daß es zwischen ihnen und der Kirche in manchen Bereichen Mißverständnisse gibt. Viele kirchliche Aussagen, zum Beispiel zur Sexualität, erleben die Jugendlichen nur als Gebote und Verbote. In ihrer Umwelt erleben sie täglich, daß Menschen widersprüchlich dazu handeln, und sie haben dabei das Gefühl, daß hier die Auseinandersetzung der Kirche fehlt. Sie spüren nicht, daß die Kirche ihnen hier eine Hilfe sein könnte auf dem Weg zu einer verantwortlichen Entscheidung.

Bei aller berechtigten Sorge um Ihre Sicherheit, Heiliger Vater, und um einen geregelten Ablauf Ihres Besuches bei uns haben wir in den letzten Monaten gespürt, daß viele Jugendliche ein Unbehagen wegen einer übertriebenen und zu starren Vorbereitung des Besuches empfinden. Es fehlt ihnen der Platz für Spontanität, Fröhlichkeit und offene Auseinandersetzung, wie es zum Beispiel die Teilnehmer des Jugendfestes in Rocca di Papa immer bei den Audienzen bei Ihnen in Castel Gandolfo erleben. Wir erleben auch, wie diese fehlenden Freiräume und die fehlende Offenheit auch in den Pfarrgemeinden junge Leute davon abhalten, zur Kirche zu kommen.

Jugendliche wünschen sich von der Kirche auch mehr Engagement in Bereichen wie Dritte Welt, Friede, soziale Arbeit oder Jugend. Wir müssen uns fragen, wie das, was die Kirche in diesen Bereichen bereits tut, den jungen Leuten noch nähergebracht werden kann. Diese Wünsche sollten aber auch eine Ermutigung für uns sein, uns in diesen Bereichen noch mehr zu engagieren. Die Jugendlichen sollten spüren, daß sich die Kirche ihrer Anliegen und Probleme annimmt.

So sieht also die Einstellung der befragten Jugendlichen zur Kirche aus, die eigentlich alle Christen nachdenklich stimmen sollte: Jugendliche, die die Kirche nur mehr als Institution sehen; die glauben, daß ihnen die Kirche nichts mehr zu sagen hat; die deshalb auch an der Kirche nur mehr die Äußerlichkeiten sehen, die auf sie störend wirken. Von der befreienden Botschaft vom Reich Gottes, von der Kraft, die im Evangelium steckt, haben sie zwar etwas gehört, aber nicht so, daß es sie auch wirklich getroffen hätte. Sie halten die Kirche nicht für notwendig, um zu glauben.

So kommt es auch, daß nur mehr ein Drittel der befragten Jugendlichen den Gottesdienst besucht – auch jene mitgezählt, die nur noch zu höheren Feiertagen gehen oder aus Zwang oder nie durchdachter Gewohnheit. Viele derjenigen, die nicht mehr gehen, geben dafür als Begründung an, daß sie im Gottesdienst zu wenig Gemeinschaft spüren oder daß sie von der Gestaltung des Gottesdienstes nicht angesprochen werden und sich dort auch nicht wohl fühlen.

So sehen also die Zeichen der Zeit aus, denen wir in Salzburg gegenüberstehen. So sehr wir, die Mitarbeiter in der kirchlichen Jugendarbeit, dieses Ergebnis mit Bitterkeit und Schmerz wahrgenommen haben, so sehr wissen wir auch, daß wir uns diesen Tatsachen stellen und daraus Konsequenzen ziehen müssen, damit die Kirche bei der Jugend eine Zukunft hat. Wir wollen alle unsere Kräfte dafür einsetzen, daß den Jugendlichen die Glaubensinhalte wieder nähergebracht werden, daß sie mehr Information über die Kirche bekommen, daß ein Dialog auch mit den Jugendlichen, die außerhalb der Kirche stehen, geführt wird und daß wir durch unser Leben und Handeln als Christen ein glaubwürdiges Vorbild für Jugendliche sind. Wir wissen aber auch, daß wir das nicht allein schaffen können, und so wünschen wir uns, daß wir dabei von den Erwachsenen unterstützt werden, daß sie die Voraussetzungen für Jugendarbeit schaffen und daß sie Verständnis für die Jugendlichen und auch deren Unbehagen aufbringen, auch wenn das manchmal unbequem ist. Damit der Glaube in unserer Diözese weitergegeben wird, darf die junge Generation von heute, die morgen als erwachsene Generation dieses Land gestalten wird, nicht vergessen werden.

Ansprache des Papstes an die Vertreter der Jugend in Salzburg
(26. Juni 1988)

Liebe junge Mitchristen,
Brüder und Schwestern!

1. „Silber und Gold besitze ich nicht; doch was ich habe, gebe ich dir" (*Apg* 3,6). Mit diesen Worten wendet sich Petrus in der Apostelgeschichte dem gelähmten Mann an der Tempelpforte zu. Im gleichen Sinne möchte der Nachfolger des Petrus heute zu euch allen sprechen: *Was ich habe, gebe ich euch:* „Im Namen Jesu Christi ..., geh umher!" Der Name Christi, seine Person, seine Worte und Taten sollen euch Kraft geben, sollen euch aufleben lassen gegen alle Trägheit und euch auf den Weg der Nachfolge senden: Im Namen Christi, steht auf, geht umher, packt zu, erweist euch als Jünger Christi!
Das sei euer Beitrag zum Leitwort meines zweiten Pastoralbesuches in eurem Land: *Ja zum Glauben – Ja zum Leben.* Auch ihr bekennt euch dazu, daß ein hochherziges Ja zum christlichen Glauben die reinste Quelle für die Fülle des Lebens ist, auch für ein junges, vorwärtsdrängendes Leben. Ich freue mich, in dieser Stunde zusammen mit euch diesen unseren gemeinsamen Glauben bekennen und stärken zu können. In euch grüße ich zugleich alle jungen Katholiken dieser Erzdiözese Salzburg und ganz Österreichs mit ihren Seelsorgern, von denen jetzt gewiß viele mit uns durch das Fernsehen oder durch den Hörfunk verbunden sind. Euch allen möchte ich Anteil geben an meinem Glauben, an meinem Zeugnis. Im Namen Christi darf ich euch zurufen: Gott liebt euch; Gott liebt jeden einzelnen von euch. In Jesus Christus hat er euch erlöst und zu Großem berufen.

2. *Ihr seid erlöst!* – Das wirkt zunächst wie eine Provokation. So vieles in der Welt und in eurer Umgebung scheint doch dieser Botschaft zu widersprechen. Manche bange Frage zu eurer Zukunft richtet ihr an Eltern und Priester, an Lehrer und Politiker. Die erste Antwort auf solche Fragen und Klagen könnt aber bereits ihr selbst geben: ja, ihr selbst! Wenn ihr euch mit Herz und Verstand bewußtmacht, daß ihr von Gott geliebte Menschen seid, mit einer unverlierbaren Würde und Verantwortung, wenn ihr auch nach dieser Überzeugung lebt, dann bezeugt ihr bereits, daß ein Menschenleben

nicht ein verlorener Tropfen im Meer ist, nicht eine zufällige Zahl in der Statistik, nicht ein belangloses Teilchen im Weltcomputer.

Wer sich durch Jesu Christi Tod und Auferstehung erlösen läßt, findet den tiefen, inneren *Frieden mit Gott* und mit sich selbst. Er hat die nötige Zuversicht und Ausdauer, die Schwierigkeiten in seinem eigenen Leben zu meistern. Weil er um seine ewige Berufung weiß, weil er den Mut und die Großherzigkeit des Glaubens in sich trägt, darum hat er auch die Maßstäbe und die Kraft, in der rechten Weise für den Frieden auf Erden zu wirken. Weil er den Menschen nicht als Zufallsprodukt, sondern als von Gott gewolltes und zur Freiheit berufenes Geschöpf kennt, darum versteht er Freiheit in ihrer ganzen Breite und kann sich für Befreiung ohne ideologische Verengungen einsetzen. Nur wer die Welt von Gott her sieht und lebt, hat einen Standort gefunden, der nicht zu neuen Parteiungen führt, sondern soziales Unrecht, Haß und Gleichgültigkeit wirksam bekämpfen läßt.

3. Erlöste Menschen seid ihr: Diese Wahrheit will sich in eurem Leben in verschiedenen Dimensionen entfalten. So seid ihr *erlöst zum Glauben*, zu vertrauensvoller Freundschaft mit Gott in Jesus Christus. Sorgt dafür, daß dieser Glaube bei euch wachsen kann, so wie ihr auch körperlich und seelisch wachst und reifer werdet. Das bewußte Ja zum gemeinsamen Glauben der Kirche, zur Einheit mit Papst und Bischöfen wird euch helfen, in der verwirrenden Vielfalt und Gegensätzlichkeit heutiger religiöser Literatur die rechten Maßstäbe zu finden und das auszuwählen, was den Glauben wirklich aufbaut und vertieft. Der mündige Christ muß die wichtigsten Problemstellungen und Antworten der christlichen Glaubenslehre kennen. Der Glaube ist ja nicht ein blindes Gefühl, sondern eine bewußte und bedachte Zustimmung zum Anruf Gottes. In einem seiner Briefe fordert der Apostel Petrus auch uns auf: „Seid stets bereit, jedem Rede und Antwort zu stehen, der nach der Hoffnung fragt, die euch erfüllt" (*1 Petr* 3,15).

> *Der mündige Christ muß die wichtigsten Problemstellungen und Antworten der christlichen Glaubenslehre kennen.*

Ja, wir sind auch *erlöst zur Hoffnung*. Vor einiger Zeit war es modern, Kleider mit der Aufschrift zu tragen: „No future" – „Keine Zukunft". Ein junger Christ lebt genau das Gegenteil: Er hat Zukunft, weil er mit Gott vorangeht, weil er auf Gott zugeht, der für ihn Liebe und Treue ist, auch da, wo der Horizont dunkel und verhangen erscheint. Er hat Zukunft, weil er darauf vertrauen kann, daß die kleinste Dosis guten Willens und jedes noch so unvollkommene gute Werk zur Ernte Gottes gehört und zu seinem Reich hinführt, das seine Allmacht bereits hier auf Erden beginnen und in der Ewigkeit sich vollenden läßt.

4. Vor allem aber seid ihr *erlöst zur Liebe*. Wie praktisch und konkret das werden kann, sagt uns der Apostel Paulus an einer berühmten Stelle seiner Briefe. Dort heißt es: „Die Liebe ist langmütig, die Liebe ist gütig. Sie ereifert sich nicht, sie

prahlt nicht, ... sucht nicht ihren Vorteil, läßt sich nicht zum Zorn reizen, trägt das Böse nicht nach. Sie freut sich nicht über das Unrecht, sondern freut sich an der Wahrheit" (*1 Kor* 13,4-6). In ihrer reinsten Gestalt erkennen wir diese Liebe im gekreuzigten Herrn, der seine angenagelten Arme wie zu einer großen Einladung ausbreitet: Freund und Feind will er an sich ziehen, sogar jene, die ihn verurteilt haben. Jedes Kreuz, das wir erblicken, wird so zu einer stillen Mahnung: Der wahre Sieg, der den Haß in der Welt überwindet, ist der Selbsteinsatz in letzter Konsequenz, in bleibender Treue, aus der Kraft der Liebe.

„Wer sein Leben verliert, wird es gewinnen": Das ist das geheimnisvolle Gesetz wahrer Liebe. Wer neben sich Platz schafft für den Nächsten, wer sich zurücknimmt, daß auch andere atmen können und zu ihrem Recht kommen, wer seine eigene Enge öffnet und anderen selbstlos Freundschaft und Liebe anbietet, der findet dort zugleich auch die ersehnte *Selbstverwirklichung*. Diese Regel gilt auch für den Umgang von Mann und Frau im Kraftfeld ihrer gegenseitigen geschlechtlichen Beziehung. Widersetzt euch allem, was eure *Geschlechtlichkeit* von der Liebe trennen will. Das Einswerden zweier Menschen in der leiblich-seelischen Hingabe aneinander ist nur dann davor geschützt, ein gegenseitiges Überwältigen und Sich-Ausbeuten zu werden, wenn es eingebunden ist in lebendiger Ehrfurcht voreinander. Wer den anderen nur leiblich genießen will, beleidigt gerade durch eine solche Einengung die Seele seines Partners; er verletzt ein Du, eine Person, die respektiert und geliebt sein möchte.

> *Widersetzt euch allem, was eure Geschlechtlichkeit von der Liebe trennen will.*

Immer wieder, auch heute, lädt der Herr dazu ein, der liebenden Hingabe an Gott und die Mitmenschen eine ganz besonders intensive und zeugnishafte Form zu geben: Er ruft zum *Dienst des Priesters,* und er ruft zum *Weg der Gelübde* von Armut, Gehorsam und Ehelosigkeit in einer Ordensgemeinschaft. Wenn ihr diesen Ruf verspürt, dann folgt ihm großzügig und ohne Furcht. Die Welt braucht dieses ausdrückliche Zeugnis eines selbstlosen Einsatzes; ja, an vielen Stellen der Erde sehnen sich die Menschen geradezu nach solchen Boten der Liebe und Gerechtigkeit Gottes. Helft mit, diese Sehnsucht zu stillen!

5. Aber wie auch immer sich euer Lebensweg gestalten wird, an jedem Ort und in jeder Lage sollt ihr Zeugen der Frohen Botschaft der Erlösung sein: Ihr seid *erlöst zur Freude*.

Diese Freude soll euch selbst durchdringen und prägen; sie will aber auch ausstrahlen auf die Umgebung, sie will mitreißen und begeistern. Ich meine dabei nicht eine oberflächliche, lärmende Lustigkeit, sondern jene tiefere Freude, die sich gerade dann bewährt, wenn Ängste, Trauer und Leid bestanden werden müssen. Solche Freude braucht auch die Kirche von heute, damit ihre Wahrheit schmackhaft bleibt, ihre Liturgie auch den Leib erfaßt, ihre Sprache das Herz bewegt, damit sie die Menschenfreundlichkeit Gottes vermitteln kann.

Geht euren Weg als *herzliche* Menschen! In einer Zeit, da Verstand, Leistung und Erfolg eine fast absolute Führungsrolle beanspruchen, hungern viele Menschen nach mehr Menschlichkeit und Zuwendung. Gerade auch in unseren kirchlichen Gemeinschaften sollten sie die ersehnte Geborgenheit und Wärme finden können. Der Umgang der Gläubigen vor allem mit verunsicherten und zweifelnden Mitmenschen braucht viel Einfühlung und Herzenstakt.

Geht euren Weg als Menschen, die auch *verweilen* können. Der Zeitgeist, dem wir alle ausgesetzt sind, will uns immer wieder nervös und hastig weitertreiben. Um aber wirklich verstehen und richtig werten zu können, müssen wir Oasen der Stille, des Innewerdens und auch des Gebetes schaffen. Dort lernen wir zu schauen, den Überblick zu gewinnen, Freude zu empfinden, unsere eigene Person einzubringen, unser Leben von Gott her zu betrachten.

6. Vor allem aber geht euren Weg als *versöhnte* Menschen, die zugleich *Versöhnung schenken!* Kehrt die Abfälle eures Versagens, eurer Schuld, eurer vergeblichen Vorsätze nicht einfach unter den Teppich; sie verseuchen sonst die geistige Umwelt oder lassen uns nach Sündenböcken unserer eigenen Fehler suchen. Niemand kann von sich aus Vergangenes ungeschehen machen; auch der beste Psychologe kann den Menschen nicht von der Last der Vergangenheit befreien. Nur die Vollmacht Gottes kann es, der in schöpferischer Liebe einen neuen Anfang mit uns setzt: Das ist das Große am Sakrament der Vergebung, daß wir Aug in Aug mit Gott, jeder einzelne als Person von ihm angenommen, von ihm erneuert werden; daß er selbst die verseuchte Erde unserer Seele in der Gnade der Vergebung reinigt und uns so auch die Kraft gibt, ohne kleinliches Aufrechnen und heimliches Nachtragen zu ehrlicher Versöhnung mit verletzten Mitmenschen zu kommen. Christus hat darüber keinen Zweifel gelassen, daß er die Umkehr des Sünders für einen der tiefsten und wertvollsten menschlichen Akte hält. Bereits der allererste Schritt zu solcher Bekehrung geschieht schon im Licht seiner Erlöserliebe. Wenn Gott bereit ist, uns an der Wurzel zu heilen, dann müssen auch wir die Kraft finden, unserem Nächsten Versöhnung anzubieten, wann immer wir meinen, von ihm getroffen worden zu sein.

Ihr seid erlöst zur Freude.

7. Liebe junge Mitchristen! Wir wissen wohl alle, daß die großen Dinge des Lebens und die notwendigen *Veränderungen in Gesellschaft und Kirche* nicht einfach „machbar" sind. Sie brauchen einen langen Atem und eine Geduld, die über den eigenen Lebensraum hinausschauen läßt. Unsere Vorfahren, darunter Heilige, Denker, Dulder und Kämpfer, haben uns schon ein wertvolles Gepäck mit auf den Weg gegeben, von dem wir bereits leben, ein Erbe, das wir gar nicht ausschöpfen können. Zugleich aber gehen wir voran, auf eine Zukunft zu, die unseren heutigen Beitrag erwartet. Heute sind wir, die Lebenden, verantwortlich für die Kirche Christi. Gewiß, die Kirche ist immer mehr als das, was wir aus ihr machen. Selbst in der tief-

sten Schwachheit der Menschen, die sie tragen sollten, bleibt sie unverrückbar Kirche des Herrn; in ihren Sakramenten, in der Gemeinschaft des Gebetes aller Heiligen diesseits und jenseits der Grenze des Todes ragt sie über alles menschliche Versagen hinaus. Auf diese größere Kirche müssen wir unseren Blick stets gerichtet halten. Aus dieser Sicht erwachsen uns dann Auftrag und Ansporn, in der konkreten Lebensgemeinschaft der Kirche hier und heute so zu stehen und zu handeln, daß sie als Kirche der Fülle und

> *Geht euren Weg als Menschen, die auch verweilen können.*

des Teilens erlebt werden kann, daß ihr Wort erhellt bleibt von ihrem Hören auf Gott und die Menschen, daß sie Kirche für Freuden und Schmerzen ist und eine Tür wird für Freiheit und Frieden in der Welt: Je mehr sie ganz mit Gott ist, desto mehr wird sie ganz für die Menschen sein.

Viele junge Menschen aus eurem Jugendzentrum haben Assisi besucht. Ich erinnere sie und euch alle an das Wort Jesu Christi: „Franziskus, du mußt meine Kirche wieder aufbauen." Dieses Wort gilt auch euch, liebe Brüder und Schwestern. Die Kirche braucht euch, um in dieser und in der nächsten Generation jung zu bleiben. Eure Jugendlichkeit erinnert an den Sohn Gottes, dessen Antlitz ein jugendliches gewesen ist, um zu offenbaren, daß Gott ewig jung ist. Er begleitet euch stets mit seiner Liebe und mit seinem Segen!

Vorspruch von Gertrud Fussenegger
bei der Begegnung des Papstes mit Vertretern
von Wissenschaft, Kunst und Publizistik
im Salzburger Festspielhaus
(26. Juni 1988)

Wenn ich vor Ihnen, Heiliger Vater, und vor dieser hohen Festversammlung im Namen der Kunst und für die Künstler das Wort ergreifen darf – ehe das große Thema dieser Begegnung, die Wissenschaft, zur Sprache kommt –, so muß es vor allem mein Anliegen sein, darauf hinzuweisen, daß das Religiöse und das Ästhetische seit jeher eng aufeinander bezogen und einander verpflichtet sind.
Denn beider Sprache ist auf das Sinnbildliche angewiesen. Wir wissen: Die Kirche war mater et magistra nicht nur in Theologie und Sittenlehre, sie war mater et magistra auch im Bereich der Künste, denn sie war und ist Treuhänderin eines Schatzes von Sinnbildern, in denen sich göttliche Offenbarung mit den tiefsten Menschheitserfahrungen vermählt haben. Die Kirche hat fast zwei Jahrtausende lang einen Kosmos von Formen, Bildern und Symbolen verwaltet, der auch in einer säkularisierten Kunst seine Wirkung nicht verloren hat.
Die Kunst hat der Religion lange demütig gedient. So wurde sie nicht nur ein Mittel der Verkündigung, sie hat mit ihren Werken auch dazu beigetragen, das verkündigte Wort zu deuten und zu vertiefen. Es war genau dieser Dienst, der die Künste für die Gesellschaft unentbehrlich machte und ihnen weithin den Stellenwert einer weltdeutenden, ja einer prophetischen Instanz verlieh. Auch heute noch zehren Kunst und Künstler von diesem Ansehen, und sie sollten das nicht vergessen.
So haben Religion und Kunst einander viel zu verdanken. Diese Stadt ist ein strahlendes Beispiel dafür. Ob die Kirche einmal im Kleid der Armut und Verfolgung, ein anderes Mal in Glanz und Glorie vor die Welt trat: Beides ist hier in Salzburg abzulesen von der frühzeitlichen Höhlenkirche im Mönchsberg bis zu dem leuchtenden Gepränge des Domes; und was die Musik betrifft: Sie ist im Gefolge der Liturgie zur hohen Lobpreisung wie zum Trauergesang, zum innigen Lied wie zu den endzeitlichen Visionen des dies irae berufen worden.
Nie hat sich die Kirche nur im Dogma und im Theorem, sie hat sich immer auch in und mittels der Kunst dargestellt. Kirche und Kunst haben gemeinsame Maßstäbe gesetzt. Sie suchen heute neue Wege zum Menschen. Mögen sie, mit der Wissen-

schaft zusammen, auf dieser Suche ans Ziel kommen in einem neuen, neu gemeinsam zu entdeckenden Schnittpunkt.
Ich ende mit einem Bekenntnis-Text:

> Streckte einer die Hand aus,
> Welt zu gestalten,
> wie könnt er gestalten,
> ohne ermächtigt zu sein?
>
> Singt einer ein Lied,
> oder er stammelte nur
> am Rande des Schweigens,
> wie könnt er singen, stammeln, ja schweigen,
> ohne ermächtigt zu sein?
>
> Ermächtigt von IHM,
> der in Fülle des Daseins
> ist, DER ER IST,
> ist, DER ER SEIN WIRD:
> Anfang und Ende
> und allem zugrund liegt
> und selbst die Verneinung
> sich anverwandelt.

Begrüßung durch Erzbischof Karl Berg
(26. Juni 1988)

Eure Heiligkeit!

Wissenschafter und Künstler aus dem gesamten Bundesgebiet haben sich aus Anlaß Ihres Pastoralbesuches in Österreich in diesem Hause versammelt und bekunden damit das Interesse ihrer Schaffensbereiche am Dialog mit dem christlichen Glauben. Nicht Schöngeisterei ist es, die zu diesem Dialog drängt, sondern die gemeinsame Sorge um den Menschen und seine Welt, die mit ihm aus dem Gleichgewicht zu fallen droht. Die Schöpfung Gottes kann wohl nur dann im Einklang sein, wenn ein in allen Dimensionen seines Seins heiler Mensch sie hegt. Glaube, Kunst und Wissenschaft steht es daher schlecht an, sich um Machtpositionen oder Einfluß auf die Menschen dieses Landes zu streiten; gut tun sie aber daran, gemeinsam zu arbeiten für diese Menschen und ihre Zukunft in diesem Lande.

Der lateinische Spruch an der Fassade unseres Festspielhauses verkündet, daß dieses Haus jenen offensteht, die sich berühren, ergreifen lassen!

SACRA CAMENAE DOMUS / CONCITIS CARMINE PATET /
QUO NOS ATTONITOS / NUMEN AD AURAS FERAT

Möge der festliche Rahmen dieser Begegnung dazu beitragen, uns tatsächlich vom Wissen um die gemeinsame Verantwortung für Mitmensch und Umwelt fesseln und in den Dienst nehmen zu lassen.

Heiliger Vater! Ich danke Ihnen namens der Österreichischen Bischofskonferenz sehr für Ihre Bereitschaft, diese Zusammenkunft von Wissenschaftern und Künstlern, die in geistigem und kreativem Schaffen stehen, durch Ihre Anwesenheit und Ihre Worte zu ehren. Ich bin voll Zuversicht, daß diesem Lande im Streben nach einer lebenswerten Gestaltung seiner Zukunft daraus reiche Frucht erwachsen wird.

Begegnung mit Wissenschaft, Kunst und Publizistik in Salzburg

Ansprache von Rektor Univ.-Prof. Fritz Schweiger
(26. Juni 1988)

Eure Heiligkeit!
Sehr geehrte Damen und Herren!

Es ist für mich eine große Ehre und Freude, an dieser Stelle sprechen zu dürfen. Mein Dank gilt den Verantwortlichen, die mit großer Mühe und Sorgfalt diese Stunde der Begegnung vorbereitet haben, und vor allem Seiner Heiligkeit, der die Anstrengungen einer weiteren Pastoralreise nicht gescheut hat und nach Salzburg, dem Rom der Alpen, gekommen ist, um unter anderem den Dialog zwischen Wissenschaft und Glaube fortzusetzen.
Wissenschaft und Glaube! Es sei mir gestattet, mein Thema vorzugsweise, wenn auch nicht ausschließlich, aus der Sicht der Naturwissenschaft und des Glaubens, wie er im Christentum durch zwei Jahrtausende Gestalt und Identität gewonnen hat, zu sehen. Die Geschichte von Wissenschaft und Glaube ist eine äußerst wechselvolle gewesen. Extreme Pole, wie Unverständnis und Feindschaft, aber auch Einvernahme und Harmonisierung, lassen sich orten. Beide Haltungen sind heute nicht mehr denkbar. Wissenschaft und Glaube sind komplementär und nicht konträr zu verstehen. Diese Komplementarität ist eine spannungsreiche Beziehung, und es gilt, diese Spannung auszuloten und auszuhalten. Es geht um ein Anderssein, welches Anfragen provoziert, und um eine Ähnlichkeit, welche gestattet, einander zu verstehen.
In unserer Zeit ist Wissenschaft in Bedrängnis gekommen, wie auch der Glaube. Haben beide versagt? Sind beider Entwürfe gescheitert? Der Entwurf einer verstehbaren und damit zum Wohl der Menschheit lenkbaren Welt und der Entwurf einer Lebensform, die, vom Gott der Liebe geprägt, ein Dasein in geschwisterlichem Miteinander ermöglicht?
Es ist nicht möglich, diese bedrängende Frage erschöpfend zu beantworten, doch der Hinweis genüge: Beide Entwürfe sind in der Geschichte noch nie zum Tragen gekommen. Das Unkraut war und ist unter dem Weizen. Sowenig die Geschichte des Christentums eine wahrhaft christliche Geschichte ist, trotz aller Bemühungen und Leiden und Charismen, sowenig ist auch die Geschichte der Wissenschaft frei vom Zugriff menschlicher Schwäche, von Gewinnstreben, Ausbeutung und Korruption. Die

biblische Wahrheit „An ihren Früchten werdet ihr sie erkennen" ist Kritik an der Anwendung von Wissenschaft und Technik als Ausbeutung und Zerstörung natürlicher Lebensräume, als Mittel zur Vorbereitung und Durchführung von Kriegen und als Instrumentarium einseitig gewinnmaximierender wirtschaftlicher Interessen, aber auch Kritik an einer Menschlichkeit und Menschenrechte vergessenden kirchlichen Machtausübung.

Im weiteren soll versucht werden, in einigen Punkten die beiden komplementären Aspekte kritische Anfrage und Gemeinsamkeit zu beleuchten.

Ich nenne zuerst das kritische Sicheinlassen auf die Ratio. In der Wissenschaft geht es primär um Gewinn an Erkenntnis, Glaube strebt nach Sinngewinn. Die Methoden der Wissenschaft, so vielfältig sie auch sein mögen, ob theoretisch deduktives Vorgehen, planmäßiges Experimentieren oder phantasievolles induktives Schließen, werden durch rationales Denken geformt, bzw. sind es Kriterien rationaler Argumentation, die in der Wissenschaft das wesentliche Filter sind. Wissenschaft begreift sich heute als wesentlich unvollkommen und zugleich kritisch. Auch im Vorfeld des Glaubens muß rationales Denken beheimatet sein. Glaube kann und darf kein Sacrificium intellectus bedeuten. Kritisches Denken mag zu Spannungen führen, zum Leid an unlösbar erscheinenden Fragen, die Gott oder dem Gottesbild gestellt werden müssen. Deshalb darf und muß Theologie betrieben werden. Wenn Eure Heiligkeit im Kölner Dom erklärt haben: „Die Kirche wünscht eine selbständige theologische Forschung, die vom kirchlichen Lehramt unterschieden ist, sich ihm aber verpflichtet weiß im gemeinsamen Dienst an der Glaubenswahrheit und am Volke Gottes", so impliziert dies wohl, daß Theologie als Wissenschaft zu begreifen ist, daß dort aber auch die gängigen Paradigmen und Methoden rationaler Argumentation möglich und gefordert sein müssen. Dies bedeutet, daß die innertheologische freie argumentative Auseinandersetzung Vorrang

Wissenschaft und Glaube sind komplementär und nicht konträr zu verstehen.

hat vor autoritären Maßnahmen. Kritik und Toleranz gehören zusammen! Es sei hier an die Bedeutung des interdisziplinären Gesprächs erinnert, welches auch an der Theologischen Fakultät der Universität Salzburg beheimatet ist.

Die Wissenschaft bekennt sich zur Vorläufigkeit ihrer Erkenntnisse. Das bruchstückhafte Erkennen, wie im Spiegel, wie im Rätsel, von dem Paulus im Korintherbrief spricht, ist eine Grundbefindlichkeit geworden. Erstarrte Bilder müssen stets neuen lebendigen Bildern weichen: Die Vorstellungen über den Kosmos haben sich in den letzten fünfhundert Jahren radikal und mehrfach verändert. Aus der Enge des geozentrischen Weltbildes sind wir in die unvorstellbare Einsamkeit galaktischer Räume gestoßen worden. Die Vierzahl der Elemente – Luft, Erde, Feuer, Wasser – wich einer unübersehbaren Kaskade von Struktur und Infrastruktur: Moleküle, Atome, Nukleonen und Elektronen, Quarks. Die staunenswerte Vielfalt des Lebendigen wird zusehends begriffen als geniale Kombination weniger Bausteine, gesteuert von einem Code, der zumeist mit nur vier Zeichen, den Nukleinsäuren, geschrieben ist.

Auch die Theologie wurde von diesem Wandel erfaßt, und ihre Fortschritte sind nicht gering. Aggiornamento heißt ja nicht einfach Anpassung, sondern das Wesentliche einer Botschaft in das Heute zu sagen. Dennoch hat man den Eindruck, daß einige Sachthemen die Last historischer Überkrustungen noch nicht abgestreift haben; zu denken ist in diesem Zusammenhang an die Vielschichtigkeit des Naturbegriffs, an eine differenzierte Wesensbestimmung der Sexualität, an die Rolle der Frau.

Die Erkenntnis des großen Nichtwissens trotz allen schon vorhandenen Wissens korreliert mit dem Respekt vor dem Mysterium. Durch den Verweis auf das letztlich Geheimnis Bleibende ist, wie Eure Heiligkeit in der Wiener Hofburg ausgeführt haben, eine Verbindung von Religion und Kirche, Kunst und Wissenschaft gegeben. Wissenschaft ist in diesem Sinn offen für Transzendenz, wobei es manchen Wissenschaftler beunruhigt, wenn Theologen und kirchliche Amtsträger in eher unkritisch erscheinender Weise so sicher über Dinge sprechen, die weniger überprüfbar sind als eine neue Theorie oder ein Experiment im Labor.

Auch im Vorfeld des Glaubens muß rationales Denken beheimatet sein.

Die nun anzusprechende Freiheit der Forschung ist zunächst eine positiv zu bewertende Freiheit von sachfremder Bindung, die aber keine Freiheit von Verantwortung sein kann. Auch die Freiheit, zu der Christus befreit hat, eine Freiheit, die aus jedem tiefen religiösen Erleben erwachsen kann, wie vor allem die mystischen Zeugnisse der Religionen der Welt bezeugen, ist zunächst ein Hinter-sich-Lassen von Bindungen, auch eine Befreiung von Ängsten und Zwängen, so daß letztlich jede wahre Theologie eine Teologia de liberacion sein muß. Die Wissenschaft weiß sich dem Wohl der Menschen verpflichtet, zumindest ist es ihr Auftrag. Da die Wissenschaft letztlich die Ziele ihrer Verantwortung nicht aus sich begründen kann (eine schmerzliche Erfahrung für jeden Wissenschaftler), ist hier der Dialog mit Sinn und Richtung gebenden Entwürfen besonders bedeutsam. Der Glaube vermag Hoffnung zu geben, eine Hoffnung, die der Schöpfung aus dem Nichts die zuwendende Schöpfung aus Liebe, um ein Wort von Dorothee Sölle zu variieren, hinzufügt. Die Wissenschaft vermag das Bewußtsein durch Erkennen zu schärfen, der Glaube durch Bewerten.

Hier ist der Ort, an die großen Herausforderungen unserer Zeit zu erinnern. Die Verantwortung jener, die Wissenschaft betreiben und anwenden, ist durch den ökologischen Imperativ, durch Solidarität und Ehrfurcht zu skizzieren. Die behutsame Behandlung des kleinen Fleckchens im Kosmos, den wir Erde nennen, ist eine Überlebensfrage geworden. Wir müssen Abschied nehmen von der Wachstumsideologie, die Erfahrung unserer Endlichkeit und der begrenzten Ressourcen ist nicht mehr verdrängbar, der drohenden Überbevölkerung der Erde muß begegnet werden. Solidarität ist geboten mit den Armen und Entrechteten der Gegenwart, aber auch mit den kommenden Generationen. Ihnen eine verwüstete Erde zu hinterlassen, wäre verantwortungslos und biblisch gesprochen Sünde. Ehrfurcht ist notwendig, um die von uns nicht geschaffene Natur zu respektieren. Sehr wohl ist der Mensch ein Kulturwesen;

es ist ihm möglich und eigen, in seinen Umraum verändernd und kultivierend einzugreifen. Garten und Wildnis sind aber nur in gegenseitiger Ergänzung zu verstehen. Und es gibt Grenzen, die nicht überschritten werden sollten. Sie liegen dort, wo der Mitmensch gefährdet wird, wo individuelles Leben einer Ideologie untergeordnet wird, wo die Ehrfurcht vor dem Leben, auch dem Leben eines Tieres, nicht mehr vorhanden ist, wo irreversible Folgen sich einstellen. Dabei sollte man der Gemeinschaft der Wissenschaftler eine aus Sachverstand, Erfahrung und Diskussion gereifte Gewissensbildung zumuten und zutrauen, so daß bei anfallenden neuen Problemen nicht vorschnelle Beurteilungen das notwendige Gespräch behindern.

Entgegen mancher Kritik an der Wissenschaft meine ich, daß nicht der Rückzug zu propagieren ist. Ich sehe Wissenschaft als Möglichkeit verbesserten menschlichen Handelns, dessen Sinnstruktur durch eine erneuerte Verbindung des wissenschaftlichen Denkens mit der wahrheitsuchenden Glaubenskraft des Menschen gestaltet werden kann. Wissenschaft hat die Aufgabe, Ängste abbauen zu helfen, indem neue Lösungen vorgelegt werden. Der Dialog zwischen Wissenschaft und Glaube baut auf der Beziehung und Erfahrung von Menschen auf. Leitlinien sind die Suche nach Wahrheit und die Praxis einer Wahrhaftigkeit, die einen dynamischen Wahrheitsbegriff und die unverwechselbare Würde des Menschen anerkennt. Ziel dieses Dialoges könnte auch die Förderung jener Weisheit sein, von der in *Gaudium et spes* so eindrucksvoll gesagt wird: „Es gerät nämlich das künftige Geschick der Welt in Gefahr, wenn nicht weisere Menschen entstehen." In diesem Sinn könnte die Kirche für die Gesellschaft Signalcharakter haben, als ein Ort, wo Rationalität möglich ist, wo Konflikte durchlebbar sind und für den suchenden Menschen ein fühlbares Potential an Orientierung, schlicht Hoffnung genannt, vorhanden ist.

Begegnung mit Wissenschaft, Kunst und Publizistik in Salzburg

Ansprache des Papstes vor Vertretern von Wissenschaft, Kunst und Publizistik im Salzburger Festspielhaus
(26. Juni 1988)

Sehr geehrte Damen und Herren!

1. Es ist mir eine besondere Freude, Ihnen – den Vertretern von Wissenschaft und Kunst sowie den Repräsentanten von Presse, Rundfunk und Fernsehen – in dieser weltbekannten Stadt zu begegnen. Die Faszination *Salzburgs* erwächst aus einem vielfältigen Reichtum an kulturellem Schaffen seit Jahrhunderten bis in die Gegenwart inmitten einer Landschaft von außerordentlicher Schönheit.

Salzburg ist eine Weltstadt der Musik, besonders durch Wolfgang Amadeus Mozart. Auch sein architektonisches Profil ist weltbekannt und hat ihm den Namen „Das deutsche Rom" eingebracht. Der Name des Arztes Paracelsus, dessen Wanderleben hier zu Ende ging, hat in der Geschichte von Medizin und Naturwissenschaft einen bedeutsamen Platz. Und mitten im Dreißigjährigen Krieg, der Europa verwüstete, stiftete ein Salzburger Erzbischof die Universität als einen bevorzugten Raum zur Entfaltung der Wissenschaften.

Die Geschichte von Kultur und Kunst ist in Salzburg eng verbunden mit der Geschichte des Glaubens und der Kirche. Die räumliche Nähe, die den Dom, die beiden alten benediktinischen Abteien, die Universität und das Festspielhaus miteinander verbindet, ist dafür ein Symbol.

Unzählige Menschen aus aller Welt kommen jedes Jahr in diese Stadt. Die hier herrschende architektonische und musikalische Harmonie läßt manche Besucher für kurze Zeit die gewaltigen Disharmonien in der Welt von heute vergessen. Anderen wird durch diese Harmonie die moralische Kraft geschenkt, sich stärker als bisher für die Überwindung von Übeln einzusetzen.

Mancher Besucher Salzburgs wird sich dabei an ein Wort Dostojewskijs erinnern. Es lautet: „Das Schöne wird die Welt retten!" Schönheit wird in diesem Zusammenhang verstanden als Abglanz der Schönheit, der Herrlichkeit Gottes. Angesichts der bedrängenden Wirklichkeit der Welt von heute, die uns allein schon durch die Medienberichte eines einzigen Tages ausreichend bekannt ist, sollte man freilich diesen Satz erweitern und sagen: „Das Gute, die Güte, die Liebe wird die Welt retten!" Der Christ versteht darunter die Liebe Gottes, die in Jesus Christus in ihrer erlösenden Vollgestalt erschienen ist und zur Nachfolge ruft.

2. Eine Allianz aller, die das Gute wollen und über besonders wirksame Motive wie Mittel zu seiner Realisierung verfügen, ist heute besonders dringlich: *Es geht um den Menschen und um seine Welt,* die auf nie dagewesene Weise gefährdet sind.
Vor fünf Jahren habe ich in Wien bei einer ähnlichen Begegnung mit Wissenschaftlern, Künstlern und Publizisten gesagt: „Übersehen und überhören Sie ihn nie: den hoffenden, liebenden, angsterfüllten, leidenden und blutenden Menschen. Seien Sie sein Anwalt, hüten Sie seine Welt: die schöne, gefährdete Erde."
Heute möchte ich diese Bitte vor Ihnen, meine Damen und Herren, wiederholen. Die seither erfolgte Entwicklung gibt ihr ein zusätzliches Gewicht. In meiner jüngsten Enzyklika *Sollicitudo rei socialis* habe ich die Notwendigkeit betont, „uns der furchtbaren Herausforderung des letzten Jahrzehnts des zweiten Jahrtausends zu stellen" (Nr. 47). Man denke an die unverminderte Notlage der Menschen im Süden der Erde. Man denke an den häufigen unverantwortlichen Umgang mit dem menschlichen Leben vor wie nach der Geburt: die Auslöschung so vieler Ungeborener, die Probleme, die sich aus der Entwicklung der Gen- und Informationstechnologie ergeben, und vieles andere mehr. Man denke schließlich an die Probleme des Weltfriedens, die Probleme bei der Nutzung der Atomkraft und an die zunehmende Bedrohung der Umwelt des Menschen in Vegetation, Tierwelt, Wasser und Luft.
Das ungeheure Anwachsen dessen, was die Menschheit heute weiß und technisch kann, hat auch die Ambivalenz dieses Fortschritts deutlich gemacht. Daraus ergibt sich für jeden Menschen je nach dem Grad seiner Teilhabe an Entscheidungsvorgängen eine unabweisbare Verantwortung, besonders aber für die Wissenschaftler und die Träger des politischen und kulturellen Lebens.
Die Heilige Schrift überliefert uns das düstere Bild des Menschen Kain, der solche Verantwortung mit der trotzigen Frage ablehnt: „Bin ich denn der Hüter meines Bruders?" (*Gen* 4,9). Die Bibel zeigt aber auch das positive Gegenbild: den Menschen als Hirten, als Hüter seines Bruders und als Hüter der ihm anvertrauten Schöpfung. Angesichts so vieler sozialer und ökologischer Verwüstungen wächst heute die Bereitschaft, sich erneut diesem Bild zuzuwenden, zu ihm umzukehren. Damit aber verbindet sich sogleich die entscheidende Frage:
Wer hütet denn den Hirten?

3. Der Appell *„Seid Hüter der Erde"* leuchtet heute, so scheint es, allgemein ein. Über seine *Begründung* aber gibt es keine Einigkeit. Genügt die Angst vor möglichen Katastrophen zur Begründung einer neuen, verstärkten Verantwortung? Genügt es, darauf hinzuweisen, daß bereits individueller und nationaler Eigennutz dazu anleiten können, Frieden zu suchen und die Umwelt des Menschen zu schonen? Genügt es etwa, auf das Los künftiger Generationen zu verweisen, um Bereitschaft zur Verant-

wortung zu wecken? Kann der Mensch sich als Hüter der Erde und als Hüter seiner Mitmenschen voll verstehen, wenn er sich nicht auch selbst in seinem Dasein behütet weiß?

Was hält also den Menschen in seiner Verantwortung? Wer gibt ihm Halt? Diese Fragen sind auch in einer säkularisierten Gesellschaft unabweisbar. Daher nahmen in der jüngeren Vergangenheit selbst abstrakte Begriffe wie „Zukunft", „Menschheit" und „Natur" quasi-personale Züge an. Und es scheint so, als ob sogar deterministische Weltbilder noch den untergründigen Wunsch des Menschen nach Geborgenheit, nach Behütetsein zum Ausdruck bringen; behütet wenigstens durch allgemeingültige Gesetzmäßigkeiten.

Die europäische Geistesgeschichte der letzten Jahrhunderte zeigt, wie sehr die Vorstellung, das Leben des einzelnen und die Existenz der Menschheit seien lediglich ein absurdes, unbedeutendes Zwischenspiel im Universum, die moralische Ordnung in Frage gestellt hat. Unvergeßlich ist die tragische Einsicht einer Romangestalt bei Dostojewskij: Wenn es keinen Gott gebe, dann sei alles erlaubt. Schreckensbilder aus Vergangenheit und Gegenwart haben manche dazu verleitet, den Menschen mit einem gefährlichen Raubtier zu vergleichen, dessen Auslöschung in der postulierten Evolution der Materie kein Schaden wäre. Andere wieder sehen den Menschen als ein Wesen an, dessen Erbanlagen und leib-seelische Strukturen vollkommen neu geordnet werden müßten. Hinter diesen beiden extrem negativen Selbstauslegungen steht die tiefe Furcht, der Mensch sei wirklich dazu verdammt, sein Dasein gänzlich unbehütet und allein gelassen zu gestalten.

Eine Allianz aller, die das Gute wollen, ist heute besonders dringlich. Es geht um den Menschen und um seine Welt, die auf nie dagewesene Weise gefährdet sind.

Der Appell „Seid Hüter der Erde" genügt auch angesichts heutiger neuartiger Bedrohungen nicht, um eine Umkehr zu einer dafür tragfähigen Moral zu erreichen, wenn er nicht zugleich eine *Quelle von Sinn, von moralischer Energie* erschließt. Der drohende Hinweis auf eine mögliche oder sogar wahrscheinliche Katastrophe hat ja oft nur zu jenem Verhalten geführt, das schon für manche Zeitgenossen des Apostels Paulus charakteristisch war: „Laßt uns essen und trinken, denn morgen sind wir tot" (*1 Kor* 15,32).

Hoffnungslosigkeit kann den Menschen und große Teile einer Gesellschaft zur Mentalität und Praxis eines übersteigerten Konsumismus bringen, der alles Wissen und Können in seinen Dienst zwingt und nicht einmal vor der traurigen Idee zurückschreckt, sich selbst biotechnisch kopieren zu lassen, um vielleicht so dem Tod zu entgehen.

Der Suche nach einem Behütetsein des gefährdeten Menschen begegnet heute auch die vielstimmige Versuchung zu einer neuen Art von „Rückkehr zur Natur", zu einer gewollten Verschmelzung mit dem Kosmos. Unter dem Anspruch, diese Epoche sei eine Wendezeit und bedürfe eines Paradigmenwechsels, werden fundamentale

Dimensionen des Menschen als Person vergessen oder in Frage gestellt. Einer solchen Sicht vom Menschen, die außer acht läßt, daß der Mensch nicht nur in der Natur und mit ihr lebt, sondern ihr auch in Verantwortung und unaufhebbarer Spannung gegenübersteht, widersetzen sich nicht nur die Kirche, sondern wohl auch viele Wissenschaftler.

4. Die Welt, die Dinge sind auch ein Wort, eine Botschaft an den Menschen. Er soll darauf eine Antwort geben. Sein Leben ist ein Dialog nicht nur mit seinen Mitmenschen, sondern auch mit seiner Welt, deren Wort ihm oft beglückend, oft aber auch dunkel und zweideutig erscheint. Wem es aber geschenkt ist zu glauben, daß die Welt sich dem *schöpferischen Wort Gottes* verdankt und daß sie *ein Wort Gottes an uns Menschen* ist, den führt die Verantwortung für diese Welt auch in ein Gespräch mit Gott.

Aus diesem Gespräch sind die folgenden Worte eines biblischen Psalms gewachsen: „Der Herr ist mein Hirte, nichts wird mir fehlen. Er läßt mich lagern auf grünen Auen und führt mich zum Ruheplatz am Wasser. Er stillt mein Verlangen; er leitet mich auf rechten Pfaden, treu seinem Namen. Muß ich auch wandern in finsterer Schlucht, ich fürchte kein Unheil; denn du bist bei mir, dein Stock und dein Stab geben mir Zuversicht" (*Ps* 23,1-4).

Dem Menschen, der sich in der Natur und auf den verschlungenen Pfaden der Geschichte nicht selten allein und unbehütet erfährt, begegnet hier Gott nicht als bloße Idee, als abstraktes Prinzip, sondern als ein Hirt, der dem Menschen vorausgeht, ihn begleitet und ihm nachgeht, wenn er sich verlaufen hat.

Wissen muß sich wieder mit Weisheit und mit Glauben verbinden. Die Resignation gegenüber der Wahrheitsfrage, die schon Pilatus geprägt hat, muß überwunden werden.

Auf dem Areopag zu Athen hat der Apostel Paulus diesen Gott verkündet. Vor Ihnen, meine Damen und Herren, die Sie auch für mich eine Art von Areopag bilden, möchte ich *Zeugnis geben für Jesus Christus, den guten Hirten,* der dem Menschen bis in die Tiefe seiner Schuld und in den Abgrund seines Todes nachgegangen und in ein ewiges Behütetsein vorausgegangen ist.

Im Blick auf ihn, den Gekreuzigten und Auferstandenen, kann sich der Mensch als ein wirklich zur Liebe fähiges Wesen begreifen. Ein Mensch, der sein Maß von Christus herleitet, muß nicht aus Furcht, zu kurz zu kommen, versuchen, seiner Mitwelt ein Lebensglück abzuringen, das auf Kosten der anderen geht und sich schließlich doch als Illusion erweist.

5. Die gegenwärtige Lage läßt die Menschheit so auf jene großen alten Fragen stoßen, deren zeitweilige Suspendierung den wissenschaftlichen und technischen Fortschritt vielleicht beschleunigt, aber auch neue Probleme geschaffen hat: Was können wir wissen – was sollen wir tun – was dürfen wir hoffen? Bei der Suche nach den Ant-

worten müssen Wissenschaft, Technik und Politik, aber auch Philosophie, Kunst und Religion erneut zusammenfinden, nachdem ihre Wege viele Male nebeneinander verlaufen sind oder sich voneinander getrennt haben. *Wissen muß sich wieder mit Weisheit und mit Glauben verbinden.* Die Resignation gegenüber der Wahrheitsfrage, die schon Pilatus geprägt hat, muß überwunden werden. Toleranz ist ein Raum zur Suche nach Antwort auf diese Frage, nicht aber zu ihrer Suspendierung. Kritische Anfragen an die bisher praktizierte Wertneutralität von Wissenschaft sind fällig. Das biblische Wort „Die Wahrheit wird euch frei machen" ist heute vielfach in die Meinung verkehrt, daß die Freiheit imstande sei, Wahrheit zu zeugen. Dies führt nicht selten zu jener Willkür, die den Menschen, der für manche Bereiche tatsächlich Herr der Erde geworden ist, aus einem Hirten und Hüter zu einem Despoten macht und sein Verhalten dem eines Wolfes im Schafstall angleicht. In meiner schon erwähnten Rede in Wien habe ich gesagt: „Der Mensch und seine Welt – unsere Erde, die sich bei der ersten Weltraumfahrt als Stern in Grün und Blau gezeigt hat –, sie müssen bewahrt und entfaltet werden ... Die Erde ist im Horizont des Glaubens kein schrankenlos ausbeutbares Reservoir, sondern ein Teil des Mysteriums der Schöpfung, dem man nicht nur zugreifend begegnen darf, sondern Staunen und Ehrfurcht schuldet." Um diese Haltung zu erreichen, wird es einer Kultur der Askese bedürfen, die es dem Menschen und den verschiedenen menschlichen Gemeinschaften ermöglicht, Freiheit auch als Fähigkeit des Verzichts auf eigene Macht und eigene Größe zu vollziehen und so von innen her den Raum für den anderen, gerade auch für den Schwachen, zu öffnen. Dieses Raumschaffen ist eine Gestalt der Liebe zum Menschen, aber auch zu Gott. Im Evangelium finden wir das darauf bezogene Wort Christi: „Wenn einer mich liebt, wird er an meinem Wort festhalten; mein Vater wird ihn lieben, und wir werden zu ihm kommen und bei ihm wohnen" (*Joh* 14,23).

Es ist nicht zu spät, zu Gott umzukehren, der uns schon sucht, bevor wir begonnen haben, ihn zu suchen.

„Custos, quid de nocte ..." (*Jes* 21,11), lautet die Frage an einen der biblischen Propheten. Diese Frage ist heute von bedrängender Aktualität. Lassen Sie mich vor Ihnen, meine Damen und Herren, meine Überzeugung bekennen, daß es noch nicht zu spät ist für eine radikale Umkehr zum Menschen als Mitmenschen, zur Erde als einem Lebensraum, der Garten werden soll und nicht zur Wüste verkommen darf, auch wenn diese Welt für den Glauben nicht die letzte Heimat ist. Und es ist nicht zu spät, zu Gott umzukehren, der uns schon sucht, bevor wir begonnen haben, ihn zu suchen.

Ich danke Ihnen.

Begrüßung durch Ernst Kreuzeder beim ökumenischen Gottesdienst in der evangelischen Christuskirche in Salzburg
(26. Juni 1988)

Eure Heiligkeit, sehr geehrter Herr Bischof von Rom, lieber Bruder in Christus!

Als Vorsitzender des Ökumenischen Rates der Kirchen in Österreich freue ich mich, Ihnen einen Willkommengruß und Informationsworte entbieten zu können. Da dem seit 30 Jahren bestehenden Ökumenischen Rat der Kirchen in Österreich neben 6 orthodoxen und 3 altorientalischen Kirchen die Altkatholische, die Anglikanische, die Evangelischen Kirchen Augsburger und Helvetischen Bekenntnisses sowie die Methodistenkirche angehören, ersehen Sie, daß die ganze Vielfalt der Kirche von der Orthodoxie über die Reformation bis zur westlichen katholischen Tradition vertreten ist. Die Römisch-katholische Kirche hat in dem Rat zwar nur einen Beobachterstatus, arbeitet aber seit 20 Jahren aufs engste mit den anderen Kirchen zusammen. Als Beispiele möchte ich nur anführen die Weltgebetswoche für die christliche Einheit, den Weltgebetstag der Frauen, die Ökumenische Morgenfeier im Rundfunk, den Ökumenischen Jugendrat und die ökumenische Begleitung der Wiener Helsinki-Nachfolgekonferenz für Sicherheit und Zusammenarbeit seit November 1986 sowie die neue gemeinsame Aufgabe der europäischen Konvokation „Frieden in Gerechtigkeit". Nicht zu vergessen ist die vielfache Zusammenarbeit auf theologisch-wissenschaftlicher und gemeindlicher Ebene.

Wir sind uns aber bewußt, daß die Arbeit ökumenischer Einrichtungen und Arbeitsgruppen nicht dazu verführen darf, diese Zusammenarbeit als eine Aufgabe einiger Spezialisten oder als Hobby anzusehen. Unser Herr Jesus Christus sagt ja in seinem hohenpriesterlichen Gebet, er bitte für die, die durch das Wort der Jünger an ihn glauben, auf daß sie alle eins seien, damit die Welt glaube, daß der Vater ihn gesandt habe.

Ich bitte Sie also, nicht abzulassen, zu betonen, daß Einheit, vom Herrn selbst aufgetragen, Verpflichtung und Ziel zugleich ist, dem sich kein Christ entziehen darf. Die gemeinsame ökumenische Verantwortung erfordert es auch, sich um das Wohl und Wehe der getrennten Schwestern und Brüder sowohl als einzelne wie auch als kirchliche Gemeinschaften zu kümmern. Darum können wir nicht überhören, wenn

Befürchtungen geäußert werden, die Römisch-katholische Kirche würde ihre ökumenische Bereitschaft einschränken. Wir in Österreich werden jedenfalls das bisher Erreichte nicht aufgeben!

Ein letztes Anliegen aus persönlicher Erfahrung nach 35 Jahren Arbeit für die Ökumene: Sie haben bei Ihrem letzten Besuch meinem Amtsvorgänger Anerkennung für die ökumenische Arbeit ausgesprochen. Damit man die Angehörigen der anderen christlichen Bekenntnisse begreift und versteht, bedarf es nicht nur der freundlichen Haltung des Gegenüberstehens, sondern daß wir zu Freunden werden. Schon Jesus hatte es mit den Verwandten aus seiner eigenen Familie nicht leicht. Die eigenen Brüder und Schwestern muß man oft ertragen und mittragen – auch im kirchlichen Bereich. Wenn ich aber jemanden aus der anderen Kirche zum persönlichen Freund gewinne – auch Jesus nennt seine Jünger Freunde –, kann ich auch seine Glaubenseinstellung besser verstehen, ohne mich ihr unterwerfen zu müssen. Dies haben wir in Österreich vielfach erfahren. Möge es den kirchlichen Oberen auf allen Ebenen ebenfalls gelingen.

So möchte ich Eure Heiligkeit als Freund *aller* österreichischen Christen willkommen heißen.

Grußwort von Erzbischof Chrysostomos Tsiter, griechisch-orthodoxer Metropolit von Austria
(26. Juni 1988)

Die Anwesenheit Eurer Heiligkeit in dieser weltberühmten Stadt und Ihr Pastoralbesuch in Österreich haben, wie ein Hauch des Heiligen Geistes, uns Vertreter aller christlichen Kirchen in diesem Land hierher versammelt, vereinigt in einem Herzen, in der Liebe und Hoffnung Jesu Christi.

Das gemeinsame Auftreten hier drückt das neue charakteristische Erlebnis der Christenheit und des inneren Dranges zur Wiederherstellung der verlorenen Einheit aus.

Als Orthodoxe Kirche wollen wir aus diesem feierlichen Anlaß unsere Anteilnahme an der Freude der österreichischen Katholiken, den tiefen und herzlichen Respekt gegenüber Eurer Heiligkeit und die Bewunderung für Ihre unermüdliche pastorale Tätigkeit zum Ausdruck bringen.

In der Person Eurer Heiligkeit sehen wir den Visionär und Vorkämpfer der Wiederherstellung der Einheit zwischen den beiden Schwestern-Kirchen, deren Verwirklichung in unserer Zeit die Päpste Johannes XXIII. und Paul VI. und der Ökumenische Patriarch Athenagoras I. sich zum Ziel gesetzt haben.

So hat der Widerhall der Begegnung in Jerusalem und der Gespräche zwischen Papst Paul VI. und Patriarch Athenagoras I. wie die Trompeten von Jericho gewirkt, Mauern der Trennung gestürzt und den Weg zur Einheit geebnet. Es wurden die traurigen Ereignisse von 1054 aufgehoben, gegenseitige persönliche Besuche von Päpsten und Patriarchen ermöglicht, der Dialog der Liebe begonnen, brüderliche Briefe ausgetauscht, der offizielle Theologische Dialog eröffnet und in Österreich die Stiftung Pro Oriente errichtet, die eine bewundernswerte ökumenische Tätigkeit vorzuweisen hat. Besonders erwähne ich den Besuch des Ökumenischen Patriarchen Dimitrios I. bei Eurer Heiligkeit in Rom, im Dezember 1987, der positive Hoffnungen erweckt hat und nach Gottes Vorsehung zeitlich zusammengefallen ist mit dem Schritt der Verantwortlichen beider Großmächte, sich gegenseitig anzunähern und die Atomwaffen abzuschaffen.

Die moralische Macht der ganzen Christenheit, dieser göttlichen Stätte des Friedens, wird, zusammen mit der Erfahrung Eurer Heiligkeit aus der östlichen und der westlichen Welt, Wesentliches zur Sicherung des Weltfriedens beitragen.

Beten wir gemeinsam, daß der Wille Gottes geschehen möge, im Vertrauen darauf, daß Gott „durch die Macht, die in uns wirkt, unendlich viel mehr tun kann, als wir erbitten oder uns ausdenken können" (*Eph* 3,20).
In diesem Sinne wünschen wir Eurer Heiligkeit von Herzen den Beistand Gottes für Ihre pastorale Tätigkeit, zum Segen für die ganze Menschheit.

Eis polla eti!
Ad multos annos!

Grußwort von Superintendent Wolfgang Schmidt
(26. Juni 1988)

Eure Heiligkeit, geehrter Bischof von Rom, lieber Bruder in Christus!
Liebe Schwestern und Brüder aus der Ökumene in Österreich!

Bewegten Herzens begrüße ich Sie zu diesem ökumenischen Gottesdienst in unserer evangelischen Christuskirche in Salzburg. Ich tue dies als Superintendent der evangelischen Diözese Salzburg und Tirol auch im Namen der gastgebenden Pfarrgemeinde und des Salzburger Ökumenischen Arbeitskreises als dessen derzeitiger Vorsitzender. Wir alle wissen es dankbar zu würdigen, daß Seine Heiligkeit Papst Johannes Paul II. die Einladung unseres Bischofs Dr. Dieter Knall angenommen hat, das vielfältige Programm seines Salzburgtages mit diesem ökumenischen Gottesdienst ausklingen zu lassen. Ich bedanke mich auch bei den Repräsentanten der 13 hier vertretenen christlichen Kirchen für ihre Bereitschaft zum Mitfeiern.
Gemeinsam wollen wir gemäß dem Motto dieser Tage unser „Ja" sagen zum Glauben an den dreieinigen Gott und zu dem Leben aus Gottes fortwirkender Schöpferkraft und zu jenem neuen Leben, das Gott den in die Gemeinde seines Sohnes Jesus Christus Getauften aus dem Glauben schenkt, den der Heilige Geist wirkt.
Wir evangelische Christen erleben diese ökumenische Begegnung gerade in Salzburg und in unserer Christuskirche als ein besonders ausdrucksvolles Zeichen für den tiefgreifenden Wandel im Verhältnis der Konfessionen zueinander. Wir erfahren sie vor dem Hintergrund jener leidvollen Geschichte, die 1731/32 rund 25.000 evangelisch gesinnte Salzburger dazu zwang, durch das Emigrationspatent von Fürsterzbischof Leopold Anton Eleutherius Freiherr von Firmian um ihres Glaubens willen ihre geliebte Heimat zu verlassen. Der Ökumenische Arbeitskreis in Salzburg blickt in diesem Jahre dankbar zurück auf 40 Jahre ökumenischer Bemühungen in dieser Stadt. Zu den Pionieren gehörte Altsuperintendent Ing. Emil Sturm. Anläßlich seiner Amtseinführung 1966 hat Erzbischof Dr. Andreas Rohracher seine weithin bekannt gewordene Vergebungsbitte ausgesprochen. An die Stelle einstiger Unduldsamkeit ist längst ein brüderliches Miteinander und da und dort sogar ein Füreinander geworden. Als der Salzburger Verein, der die Nachkommen der einstmals aus Glaubensgründen Vertriebenen vornehmlich aus dem Ansiedlungsgebiet in Ostpreußen sammelt, 1953 nach neuerlichem Verlust der Heimat sich neu konstituierte, übernahm das Land

Ökumenischer Gottesdienst in Salzburg

Salzburg die Patenschaft. Zu den Salzburger Vereinen in Georgia, USA, und Holland bestehen lebendige Kontakte. Als Glieder von Kirchen mit volkskirchlicher Struktur erleben wir konfessionelle Prägung schicksalhaft. Wir werden in eine Kirche mitsamt ihrer Tradition hineingeboren und getauft und gleichen Kindern, die getrennt wurden und eine verschiedene Erziehung genossen haben. Freudig teilen wir das Erlebnis, uns als Kinder eines Vaters und als Erben des Vermächtnisses des gekreuzigten und auferstandenen Herrn wiederentdeckt zu haben als Schwestern und Brüder. Wir trachten, das Trennende zu überwinden und das Einende zu suchen. Gemeinsam gilt uns die Fürbitte und Mahnung des Apostels Paulus nach Römer 15:

„Der Gott aber der Geduld und des Trostes gebe euch, daß ihr einträchtig gesinnt seid untereinander, Christus gemäß, damit ihr einmütig mit einem Munde Gott lobt, den Vater unseres Herrn Jesus Christus. Darum nehmt einander an, wie Christus euch angenommen hat zu Gottes Lob. Der Gott der Hoffnung aber erfülle euch mit aller Freude und Frieden im Glauben, daß ihr reich werdet an Hoffnung durch die Kraft des Heiligen Geistes."

Liturgische Einleitung durch Erzbischof Karl Berg
(26. Juni 1988)

Schwestern und Brüder in Christus!

„Wenn wir sagen, wir hätten nicht gesündigt, so machen wir ihn zum Lügner, und sein Wort ist nicht in uns" (*1 Joh* 1,10).
Dieses Apostelwort des heiligen Johannes stelle ich dem Gottesdienst als Mahnung voran, über den Gesten des guten Willens nicht die fortdauernde Sünde gegen die Einheit der Kirche aus den Augen zu verlieren. Sie ist wie jede Sünde gegen den Willen Gottes und das Heil der Menschen gerichtet; sie hat auch die Glaubensgeschichte unseres Landes vielfach vergiftet.
Wir können und müssen diese Einheit nicht mit unseren Händen schaffen: durch unser Wollen und Mühen, durch Kongresse und Kommissionen – so wichtig diese auch sind. Sie ist im letzten grundlegend Gottes Werk und uns in Christus bereits gegeben: Es ist ja der eine und selbe Gott, der die an allen Orten und zu allen Zeiten Zerstreuten zu einem Gottesvolk versammelt. Es ist der eine und selbe Christus, der alle durch sein Wort in der Gemeinschaft durch seinen Geist vereint. Es ist die eine und selbe Taufe, durch die alle in denselben Leib Christi eingegliedert werden.
Die in Christus bereits bestehende Einheit gilt es gemeinsam zu suchen. Weil wir sie aber nicht aus eigener Kraft finden können, muß nicht nur am Anfang des Suchens, sondern auf dem ganzen Weg das Gebet stehen, das Gebet zu dem, der wie das Wollen so auch das Tun und das Vollenden schenkt.
Gott, der Geber alles Guten, möge uns heute im gemeinsamen Zeugnis für Christus stärken und damit neue Kraft für die mühsame Suche nach umfassender Gemeinschaft schöpfen lassen. Amen.

Ökumenischer Gottesdienst in Salzburg

Predigt des evangelischen Landesbischofs Dieter Knall
(26. Juni 1988)

Die Gnade unseres Herrn, Jesus Christus, und die Liebe Gottes und die Gemeinschaft des Heiligen Geistes sei mit uns allen.
Amen.

Der Predigt zugrunde liegt der Satz des Apostels Paulus aus seinem ersten Brief an die Korinther (12,13): „Wir sind durch den Geist alle zu einem Leib getauft, wir seien Juden oder Heiden, Unfreie oder Freie, und mit einem Geist getränkt."

Liebe Schwestern und Brüder in Christus!

Freude erfüllt uns angesichts dieses gemeinsamen Gottesdienstes. Unsere evangelische Christuskirche ist zu klein, um jene zu fassen, die es drängt, miteinander Gott den Vater durch Christus im Heiligen Geist zu loben und zu preisen. Dank des Fernsehens lassen sich steinerne Kirchenmauern aber durchlässig machen, so daß weit mehr Menschen am Geschehen dieser Stunde und dieses Ortes teilhaben können. Man ist versucht, an die Ereignisse zu denken, wie sie uns vom ersten Pfingsttag am Anfang der Kirchengeschichte überliefert sind, als eine große Menschenmenge zusammenströmte und einer zum anderen sagte: „Was will das werden?" (*Apg* 2,12) Damals waren es Parther und Meder und Elamiter, Leute aus Phrygien und Kyrene, Kreter und Araber, aber auch etliche aus Rom, letztere so wie heute – doch sind die Unterschiede unübersehbar. Nicht nur andere Völker, andere Sprachen, andere Namen und Gesichter, ein anderer Ort und eine andere Zeit, sondern ganz eindeutig andere Gegebenheiten. Damals in Jerusalem strömten Nichtchristen zusammen, heute in Salzburg jedoch Getaufte, und darüber müssen wir in diesem Gottesdienst nachdenken.
Als Getaufte hören wir immer noch von den großen Taten Gottes, ja bleiben darauf angewiesen, daß Gottes große Taten auch unter uns und an uns geschehen, wie damals, als die erste Predigt von Christus die Zuhörer betroffen machte: Gott hat den, der um unserer Sünde willen den Kreuzestod starb, von den Toten auferweckt und zum Herrn gemacht über alle, zu retten die Bußfertigen und zu richten, die in ihrer

Sünde verharren. Gültig damals wie heute! Jene damals in Jerusalem traf die Botschaft mitten ins Herz, berichtet Lukas, der Arzt, so daß sie fragten: „Was sollen wir tun?" Petrus antwortete ihnen damals: „Tut Buße (d. h. kehrt um zu Gott), und jeder von euch lasse sich taufen auf den Namen Jesu Christi zur Vergebung eurer Sünden, so werdet ihr die Gabe des Heiligen Geistes empfangen" (Apg 2,37f). Von damals in Jerusalem heißt es: „Die nun sein Wort annahmen, ließen sich taufen, und an jenem Tag wurden etwa dreitausend Menschen (zur Gemeinde) hinzugefügt. Diese bleiben beständig in der Lehre der Apostel, in der Gemeinschaft, im Brotbrechen und im Gebet" (Apg 2,41f).

Liebe Schwestern und Brüder,

hat es der Heilige Geist heute mit den Christen schwerer als damals mit den Heiden und besonders schwer mit den Theologen und Bischöfen der unterschiedlichen christlichen Bekenntniskirchen? Gewiß, wir vermögen die Frage aus der Sicht des Heiligen Geistes nicht zu beantworten. Wir können und müssen aber staunend feststellen, daß Gottes Geist nicht aufgehört hat, unter uns zu wirken, sonst wären wir jetzt nicht hier versammelt, Christen verschiedener Traditionen aus allen Himmelsrichtungen, darunter Theologen und Bischöfe, um miteinander Gottesdienst zu feiern. Gottesdienst aber heißt zuallererst, daß Gott uns dient. Durch sein Wort läßt er uns aller seiner Gaben teilhaftig werden (1 Kor 1,5f), im Hören nicht weniger als im Empfangen seiner Sakramente.
Dafür danken die Beschenkten Gott allezeit, wie der Epheserbrief bezeugt, und preisen „den überschwenglichen Reichtum seiner Gnade gegen uns durch seine Güte in Christus Jesus. Denn aus Gnade seid ihr gerettet durch den Glauben, nicht aus eigener Kraft – Gottes Gabe ist es –, nicht aus Werken, damit keiner sich rühmen kann" (Eph 2,7ff).
An die Korinther aber schreibt der Apostel Paulus: „Wir sind durch den Geist alle zu einem Leib getauft, wir seien Juden oder Heiden, Unfreie oder Freie, und sind mit einem Geist getränkt" (1 Kor 12,13). Mit dem Bild vom Leib und seinen vielen verschiedenen Gliedern, die aufeinander angewiesen bleiben und füreinander sorgen sollen, damit der ganze Leib nicht Schaden leidet, charakterisiert der Apostel die Christengemeinde: „Ihr seid der Leib Christi, und jeder von euch ein Glied" (1 Kor 12,27).
Unter den Christen aller Kirchen besteht heute Einigkeit darüber, daß mit der Taufe die Gliedschaft am Leibe Christi begründet wird. Im Rahmen der ökumenischen Bewegung des 20. Jahrhunderts entdeckten die Kirchen aufs neue, daß die Gültigkeit der Taufe nicht angezweifelt werden darf, wenn sie gemäß der Einsetzung Jesu vollzogen wird, weil Christus Herr seiner Sakramente bleibt. Unbegreiflich handelt der Auferstandene in allen Kirchen durch Menschen, deren er sich trotz ihrer vielfachen Unzulänglichkeit als Werkzeuge seiner Barmherzigkeit bedient. Darüber läßt sich

immer nur staunen und Gottes Liebe preisen, sobald wir Menschen zu begreifen beginnen, wie gnädig Gott uns seine Gaben zuwendet, den Juden und den Heiden in gleicher Weise, Gebundenen und Freien ohne Unterschied.

Niemand kann sich selbst taufen und dadurch in den Leib Christi eingliedern. Vielmehr wird man getauft, auch dann, wenn ein Mensch die Taufe selbst erbittet und begehrt. Denn in der Taufe handelt nicht der Mensch, sondern Christus zuallererst; wir Menschen aber entdecken uns als die von ihm Gemeinten, Angesprochenen, Geliebten und seinem Leib – das ist seiner Gemeinde – Hinzugefügten, denen vertrauender Glaube als Geschenk widerfährt. Das wirkt der eine Geist, dem wir alle ausnahmslos unser Christsein verdanken. Weil wir durch die Taufe Glieder am Leibe Christi geworden sind, können wir des Leibes Haupt (*Kol* 1,18) miteinander als unseren einzigen Herrn bekennen. „Denn niemand kann Jesus einen Herrn heißen außer durch den Heiligen Geist" (*2 Kor* 12,3). So ist und bleibt die Taufe das ökumenische Grundsakrament schlechthin, das zwar in einer konfessionell geprägten Kirche(ngemeinde) zu einer bestimmten Zeit empfangen wird, aber über beides hinausweist. Denn die Taufe verbindet die Christen aller Zeiten mit ihrem Haupt, nämlich Christus (*Eph* 1,22; 4,15), und Christus ist nicht zerteilt (*1 Kor* 1,13).

> *Unter den Christen aller Kirchen besteht heute Einigkeit darüber, daß mit der Taufe die Gliedschaft am Leibe Christi begründet wird*

Die Einheit der Kirche Jesu ist also nicht erst ein fernes Ziel, das von uns mühsam anzustreben ist, sondern die durch das Taufsakrament schon erfolgte Eingliederung in die Wirklichkeit des einen Leibes Christi. Dieser Leib weist zwar unterschiedliche Glieder auf und manifestiert sich in verschiedenen Konfessionskirchen, die ihre vom Geist gewirkte Einheit in der durch Christus „versöhnten Verschiedenheit" aber nicht mehr verleugnen dürfen, vielmehr erkennen, untereinander festmachen und vor aller Welt bezeugen sollen.

Nun sagt Paulus in gleicher Weise auch: „Wir sind alle mit einem Geist getränkt." Ob er mit dieser Formulierung auf das Herrenmahl hinweisen möchte, als zweites grundlegendes Sakrament der Christen, das Einheit stiftet und Einheit bezeugt, läßt sich vermuten, jedenfalls nicht ausschließen.

Auch vom Abendmahl wie von der Taufe ist zu sagen, daß Christus der Herr seines Sakramentes bleibt, zu dem er selbst einlädt und als der Gegenwärtige in, mit und unter Brot und Wein sich selbst gibt, so daß wir seinen wahren Leib und sein wahres Blut empfangen, gegeben und vergossen zur Vergebung der Sünden.

Darum sieht sich die Evangelische Kirche nicht ermächtigt, Getaufte vom Sakrament des Altares auszuschließen, die sich von Christus eingeladen wissen und herzutreten, um als Glieder am Leibe Christi und gedrängt von demselben einen Geist das heilige Mahl zu empfangen. Ohne jemandes Zugehörigkeit zu einer anderen christlichen Kirche in Frage zu stellen, preisen wir Gottes Barmherzigkeit und Güte, der uns durch die Taufe zu Gliedern seines Leibes gemacht hat, die er mit dem Brot des Lebens und mit dem Kelch des Heiles fortgesetzt stärkt zum Dienst der Liebe aneinander und zur Bezeugung des Evangeliums in der Welt.

Auf ihn richten sich unsere Blicke, wenn wir für die Gemeinschaft der Christen miteinander bitten:

„Er gebe uns ein fröhlich Herz,
erfrische Geist und Sinn
und werf all Angst, Furcht, Sorg und Schmerz
in Meerestiefe hin."
(Paul Gerhardt)

„Zuletzt, liebe Brüder", schreibt der Apostel Paulus, „freut euch, laßt euch zurechtbringen, laßt euch ermahnen, habt einerlei Sinn, haltet Frieden! So wird der Gott der Liebe und des Friedens mit euch sein" (*2 Kor* 13,11).
Amen.

Ökumenischer Gottesdienst in Salzburg

Ansprache des Papstes beim ökumenischen Gottesdienst in der evangelischen Christuskirche in Salzburg

(26. Juni 1988)

Liebe Brüder und Schwestern in Christus!

1. „Geht zu allen Völkern und macht alle Menschen zu meinen Jüngern; tauft sie auf den Namen des Vaters und des Sohnes und des Heiligen Geistes!" (*Mt* 28,19).
So haben wir es eben im *Evangelium* vernommen, unter dessen Anspruch wir uns alle bei dieser brüderlichen Begegnung stellen wollen. Jener Auftrag des Herrn an die Apostel gilt für alle Zeit. Immer wieder geschieht ein Pfingstwunder: Menschen aus vielen Völkern und Kulturen können das Evangelium hören und verstehen und kommen zum Glauben. Sie bekehren sich zu Christus, der „unser Friede" ist, der den „neuen Menschen" schafft und durch sein Kreuz alles, was getrennt ist, „mit Gott in einem einzigen Leib versöhnt" (vgl. *Eph* 2,14.16). Als getaufte Christen dürfen wir uns „als Menschen begreifen, die für die Sünde tot sind, aber für Gott leben in Christus Jesus" (*Röm* 6,11).
Das ist *unser gemeinsames Bekenntnis*; aus diesem österlichen Auftrag leben wir in allen Kirchen und kirchlichen Gemeinschaften, denen wir durch unsere Taufe jeweils angehören. Wir sind berufen, Zeichen und Werkzeug jenes Friedens und jener Einheit unter den Menschen zu sein, die nur Gott selber in Fülle schenken kann und die er in seinem Reich vollenden wird. Dies verpflichtet uns, auch unter uns Christen die Einheit – bis zu ihrer vollen sichtbaren Gestalt – zu suchen und zu erneuern.

2. Diese wertvolle Stunde *unserer Begegnung* ist selbst ein Zeichen jener Einheit, die uns im Hören auf das Wort Gottes, im Glauben an den dreieinigen Gott und im Leben aus der Taufgnade schon geschenkt ist: Als Söhne und Töchter des einen Vaters im Himmel sind wir im Heiligen Geist versammelt, um Gott in Jesus Christus die Ehre zu geben. Ich danke den evangelischen Glaubensbrüdern und -schwestern in Österreich für die freundliche Einladung in diese Christuskirche, die ich gern angenommen habe. Besonderen *Dank* sage ich für den Willkommensgruß der Gemeinde dieser Kirche und das Grußwort des Vorsitzenden des Ökumenischen Rates der Kirchen in Österreich. Ebenso danke ich Ihnen, hochwürdigster Herr Metropolit, für Ihr Wort und die

Botschaft, die Sie uns allen von meinem geschätzten Bruder, dem Ökumenischen Patriarchen Dimitrios I. von Konstantinopel, überbracht haben. Sie erinnert mich mit Freude an unsere gemeinsame Begegnung im Dezember vorigen Jahres in Rom. Danken möchte ich auch Ihnen, Herr Superintendent, der Sie die Bedeutung der heutigen Begegnung herausgestellt haben, sowie Ihnen, Herr Bischof, für Ihre Predigt, in der Sie uns das Wort Gottes ausgelegt haben. Schließlich grüße ich herzlich auch Sie, verehrter Herr Erzbischof Berg, und die Mitbrüder der katholischen Bischofskonferenz sowie alle, die in der Gesinnung Christi diesen denkwürdigen Gottesdienst mit uns begehen.

3. Ein ökumenischer Gottesdienst ist wohl immer beides: eine Stunde der *Freude* und ein Anlaß des *Schmerzes*. Freude, weil uns dabei unsere gemeinsame Verbundenheit mit dem Herrn und Erlöser eindringlich bewußt wird; Schmerz, weil diese bereits vorhandene Einheit an der Wurzel noch nicht in die volle kirchliche Gemeinschaft einmündet. Aber es ist bereits eine kostbare Frucht des Heiligen Geistes, wenn wir diese Freude miteinander teilen und diesen Schmerz gemeinsam tragen.
Freude und Schmerz empfinden wir auch bei einem kurzen Rückblick in die Geschichte dieser Stadt *Salzburg*, die uns heute Gastfreundschaft gewährt. Irische Mönche haben hier den Glauben verkündigt und die Grundlage für eine intensive Missionstätigkeit dieser Ortskirche bis weit in den Osten und Süden Europas gelegt. Jene Gründerbischöfe und ihre Gefährten waren ihrerseits geprägt von der aszetischen und monastischen Tradition des christlichen Orients. Diese fernen Wurzeln des Glaubens sind heute neu als Aufgabe erkannt worden und haben unter anderem zur Gründung der *Stiftung PRO ORIENTE* geführt, die sich inzwischen von Wien aus auch auf Salzburg, Linz und Graz ausgeweitet hat. Diese lobenswerte ökumenische Initiative hat bereits beachtliche Früchte erbracht, die zu weiterer Hoffnung berechtigen.
In Salzburg begegnen wir aber auch der *Reformation*. Wir werden hier an die unrechtmäßige Vertreibung der hiesigen Protestanten im 18. und 19. Jahrhundert erinnert, die man damals in Anwendung des unseligen Prinzips „Cuius regio – eius et religio" glaubte durchführen zu müssen. Schon vor Jahren hat der Salzburger Erzbischof im Namen der ganzen Diözese die evangelischen Brüder und Schwestern um Vergebung für dieses erlittene Unrecht gebeten. Daß wir heute hier, in der evangelischen Christuskirche, gemeinsam das Wort Gottes hören und miteinander im Namen Jesu beten, ist ein deutliches Zeichen dafür, daß diese Vergebungsbitte mit dem Herzen angenommen worden ist und zur Versöhnung geführt hat.

4. Einen besonderen ökumenischen Anstoß haben viele Christen auch in diesem Land auf ihrem gemeinsamen Leidensweg im *letzten Weltkrieg* erhalten. Obwohl von verschiedener kirchlicher Herkunft, haben sie, vor allem in der extremen Prüfung der Lager, ihre tiefe Verbundenheit im Kreuz Christi erfahren. Daraus sind ihnen in ver-

stärktem Maße Einsicht und Bereitschaft zu gegenseitiger Verständigung und Wertschätzung erwachsen. Gemeinsam lebten sie damals die Botschaft, „daß alle, die auf Christus Jesus getauft wurden, auf seinen Tod getauft sind"; gemeinsam waren sie aber auch stark in der Hoffnung, daß sie „mit ihm auch in seiner Auferstehung vereinigt" sein würden (vgl. *Röm* 6,3.5).

Nur die liebende Vereinigung mit dem Herrn in seiner Hingabe und Treue bis zum Tod am Kreuz kann uns näher zur Einheit der Kirche führen. An seiner Gestalt des dienenden Knechtes lernen wir die erforderliche *Demut*, um der ganzen Wahrheit Gottes innezuwerden und ihr Leuchten auch im getrennten Bruder wahrzunehmen. Dort, wo Paulus uns das Ideal der Einheit vor Augen stellt: „Ein Leib und ein Geist, wie euch durch eure Berufung auch eine gemeinsame Hoffnung gegeben ist; ein Herr, ein Glaube, eine Taufe, ein Gott und Vater, der über allem und durch alles und in allem ist", gerade dort mahnt er uns zuvor: „Seid demütig, friedfertig und geduldig, ertragt einander in Liebe und bemüht euch, die Einheit des Geistes zu wahren durch den Frieden, der euch zusammenhält" (*Eph* 4,2.4-6).

> *Ein ökumenischer Gottesdienst ist wohl immer beides: eine Stunde der Freude und ein Anlaß des Schmerzes.*

5. Liebe Brüder und Schwestern! Mein zweiter Pastoralbesuch in Österreich steht unter dem Leitwort: „Ja zum Glauben – Ja zum Leben." Auch dieses Wort hat seine Grundlage in Christus selbst; denn „in ihm ist das *Ja* verwirklicht. Er ist das Ja zu allem, was Gott verheißen hat ... und Gott ist treu" (*2 Kor* 1,18-20). Dieses Ja Gottes will durch unser gemeinsames Ja zum Glauben, durch unser gemeinsames Ja zum Leben verkündigt werden. Ein solches gemeinsames Ja aller Kirchen und Gemeinschaften möglichst oft zu finden und zu sprechen, ist unsere ökumenische Aufgabe.

Um das gemeinsame „*Ja zum Glauben*" zu finden, müssen wir über Stimmungen, Gefühle und noch so liebgewonnene Traditionen hinausgehen. Der Glaube an den dreifaltigen Gott und seine konkreten Heilswege kommt vom Hören und setzt Bekehrung voraus. Paulus ruft uns zu: „Wandelt euch und erneuert euer Denken!" (*Röm* 12,2).

Wir dürfen dankbar feststellen, daß in den letzten Jahren manche verheißungsvolle Schritte zu einem solchen neuen Denken zu verzeichnen sind. Ich nenne nur die *Konvergenzerklärung über „Taufe, Eucharistie und Amt"*, welche die Kommission für Glaube und Kirchenverfassung des Ökumenischen Rates der Kirchen erarbeitet und vorgelegt hat.

Das vatikanische Sekretariat für die Einheit der Christen hat im Zusammenwirken unter anderem mit der Kongregation für die Glaubenslehre die katholische Antwort auf dieses bedeutende Dokument ökumenischer Annäherung gegeben. Konvergenz heißt jedoch noch nicht Konsens. Neben der Würdigung der erzielten Übereinstimmungen sind dort auch manche weitere Fragen gestellt, denen wir uns in gläubiger Geduld noch zuwenden müssen.

6. So drängt die Eingliederung in den mystischen Leib Christi durch die Taufe gewiß auch hin zur Teilhabe an seinem eucharistischen Leib und Blut; die Frage nach der *gemeinsamen Teilnahme an der Eucharistie* hat aber auch eine ekklesiologische Dimension und kann nach katholischer Lehre nicht isoliert vom Verständnis des Geheimnisses der Kirche und ihres Amtes gesehen werden. Ich darf Ihnen versichern, daß es auch den Papst und die katholischen Bischöfe sehr schmerzt, wenn wir unsere Trennung unter Christen gerade am Tisch des Herrn so hart erfahren müssen. Besonders schmerzlich wird dieser Stachel in konfessionsverschiedenen Ehen empfunden, die ein gemeinsames Zeugnis des christlichen Glaubens ablegen wollen. An sie geht meine herzliche Bitte, zusammen mit ihren Seelsorgern nach Wegen eines lebendigen Glaubens zu suchen, die ihnen in ihrer besonderen Lage heute offenstehen.

> *In Salzburg begegnen wir aber auch der Reformation. Wir werden hier an die unrechtmäßige Vertreibung der hiesigen Protestanten im 18. und 19. Jahrhundert erinnert.*

In diesem Zusammenhang möchte ich aber in Demut und mit brüderlichem Freimut auch einmal fragen: Hat sich die Evangelische Kirche schon genügend der Möglichkeit geöffnet, sich der sakramentalen Gestalt des geistlichen Amtes anzunähern, wie es die Überlieferung der Katholischen Kirche in Ost und West seit den Anfängen als apostolisches Erbe und als Form der apostolischen Nachfolge versteht? Jeder Schritt in diese Richtung würde auch ein Schritt auf die volle eucharistische Gemeinschaft zu sein. Das *Dienstamt des Petrus und seiner Nachfolger* weiß sich gewiß in besonderer Weise der Einheit der Kirche verpflichtet; es untersteht jedoch zugleich dem bleibenden Anspruch des Evangeliums und der fortwährenden Führung des Geistes Christi. Wie bei meiner jüngsten Begegnung mit dem Ökumenischen Patriarchen von Konstantinopel möchte ich auch hier den Heiligen Geist inständig bitten, „er möge uns, alle Hirten und die Theologen unserer Kirche, erleuchten, damit wir gemeinsam nach Formen suchen, in denen dieses Hirtenamt einen Dienst der Liebe verwirklichen kann, der von den einen und den anderen anerkannt wird".

7. Eine ökumenische Aufgabe ist auch das gemeinsame christliche „Ja zum Leben". Christus, das „Ja" Gottes, ist gekommen, damit wir das Leben haben und es in Fülle haben (vgl. *Joh* 10,10). Unser „Ja zum Leben" muß deshalb ebenso umfassend sein und sich auf alle Dimensionen des menschlichen Lebens erstrecken. Anerkennend möchte ich darauf verweisen, daß es in letzter Zeit häufiger auch zu gemeinsamen Stellungnahmen der Kirchen zu aktuellen sozialethischen Problemen der Gesellschaft gekommen ist. Diesen Weg möchte ich ermutigen, auch wenn er zuweilen noch schwierig ist wegen unserer unterschiedlichen Auffassungen vom kirchlichen Lehramt und seiner konkreten Zuständigkeit.

In diesen Zusammenhang gehört auch die „Ökumenische Weltversammlung für Gerechtigkeit, Frieden und Bewahrung der Schöpfung", zu der der Ökumenische Rat der Kirchen einlädt. Die Katholische Kirche beteiligt sich, ohne selbst Mitveranstalterin zu sein, auf geeignete Weise durch sachkundige Vertreter an diesen Fragestellungen. Ich hoffe, daß das gemeinsame, gehorsame Hören auf das Wort der Heiligen Schrift ermöglicht wird, von ihr her miteinander unserer Zeit Worte der Weisung zu solch zentralen Fragen der Zukunft von Mensch und Schöpfung zu sagen.

8. Liebe Mitchristen! Die Begegnung der Jünger mit dem auferstandenen Herrn, wie sie uns heute im Evangelium verkündigt worden ist, endet mit der Zusage Christi: „Seid gewiß: *Ich bin bei euch* alle Tage bis zum Ende der Welt!" (*Mt* 28,20). So sind wir gesandt zu intensivstem Einsatz für Gottes Wahrheit und Gerechtigkeit sowie für eine lebendige, einige Kirche als sein Weg zu den Menschen. Zugleich aber dürfen wir gelassen und geduldig an diese Aufgabe herangehen. Der Herr selbst ist es, der Glauben weckt, der Leben schenkt, der Einheit wirkt. Sein Heiliger Geist wird das Antlitz der Erde erneuern. Der Herr sei gepriesen in seiner Kirche, heute und alle Tage unseres Lebens. Amen.

Begrüßung des Papstes beim Gottesdienst am Berg Isel durch Bischof Reinhold Stecher
(27. Juni 1988)

Heiliger Vater!

Wir alle hier sind uns der Einmaligkeit dieser Stunde bewußt, daß der Nachfolger des heiligen Petrus zum ersten Mal seit 200 Jahren ins Land im Gebirge kommt, um hier heute mit den Gläubigen der Diözesen Feldkirch und Innsbruck und den lieben Gästen aus Südtirol das heilige Opfer zu feiern.
Einem lieben Gast möchte man immer das Kostbarste eines Landes zeigen. Unser Land hat neben vielen Sorgen und Problemen, die wir nicht verschweigen wollen, auch viele Schönheiten und Werte. Und heute zeigt es sich von seiner schönsten Seite. Aber das kostbarste Juwel dieses Landes ist das Herz Jesu, das hier seit Jahrhunderten verehrt wird.
Und darum ist diese heilige Messe unter dem Zeichen des Heiligsten Herzens, und wir möchten, Heiliger Vater, so gut wir können, eine Kirche sein, die etwas von der Güte dieses Erlöserherzens in unserer Zeit ausstrahlt.
Aber wenn schon von den Juwelen des Landes die Rede sein soll, dann darf ich an dieser Stelle noch an einen anderen Edelstein Tirols erinnern. Ich meine unseren lieben Märtyrerpriester, den Diener Gottes, Pfarrer Otto Neururer.
Sein Seligsprechungsprozeß ist bereits in Rom im Gang, und wir wissen, daß dies Sorgfalt, Zeit und Geduld braucht. Aber trotzdem, Heiliger Vater, ich möchte Ihnen heute und an dieser Stelle schon dieses Juwel, diesen Edelstein unseres Landes in besonderer Weise anempfehlen. Wir brauchen einen Fürbitter für die Werte der Familie und des Priestertums. Und für beides, für die christliche Ehe und für das Priestertum, ist dieser schlichte Priester im Konzentrationslager in den Märtyrertod gegangen.
Und nun, Heiliger Vater, bitten wir Sie – Sie, den Nachfolger des heiligen Petrus –, das heilige Opfer zu feiern. Wir legen unsere Sehnsüchte und unsere Sorgen, wir legen auch unser Versagen, aber auch die Freude dieser Stunde auf die Patene.
Und so möge diese Stunde eine Stunde der großen Einheit im Glauben sein.

Gottesdienst am Berg Isel

Predigt des Papstes beim Gottesdienst am Berg Isel
(27. Juni 1988)

Liebe Brüder und Schwestern im Herrn!

1. *"Bei dem Kreuz Jesu stand seine Mutter"* (vgl. *Joh* 19,25). Ja, dort stand Maria mit den anderen Frauen; dort stand auch der Jünger Johannes. Das II. Vatikanische Konzil deutet dieses ergreifende Geschehen beim Kreuzesopfer Christi und sagt: „Die selige Jungfrau Maria ging den Pilgerweg des Glaubens und bewahrte ihre Einheit mit dem Sohn in Treue *bis zum Kreuz, wo sie nicht ohne göttliche Absicht stand"* (*Lumen gentium*, Nr. 58).
Die liebende Vorsehung Gottes hat Maria bis unter das Kreuz geführt, um ihren besonderen Platz im Geheimnis Christi und der Kirche voll zu offenbaren: Dort steht Maria mit Johannes und den anderen Frauen, um auch uns unter das Kreuz Christi zu rufen, damit auch wir aus diesen Quellen der Erlösung schöpfen. Die ganze Kirche ist eingeladen, sich unter Anleitung der Enzyklika *Redemptoris Mater* im jetzigen Marianischen Jahr nach diesem Wort des Konzils zu erneuern, indem sie Maria auf dem „Pilgerweg des Glaubens" nachfolgt, der seinen entscheidenden Höhepunkt gerade in ihrer erschütternden Erfahrung zu Füßen des Kreuzes erreicht.

2. Hier sind wir nun gegen Ende meines Pastoralbesuches zusammen mit Maria unter dem Kreuz ihres geliebten Sohnes versammelt, um Eucharistie zu feiern. Aus allen Teilen *Tirols und Vorarlbergs* seid ihr hierhergekommen, um an dieser denkwürdigen Stätte ein Bekenntnis eures Glaubens abzulegen. Jesus Christus, der war, der ist und der kommen wird, ist in unserer Mitte, er, der von sich sagen konnte: „Ich bin der Weg, die Wahrheit und das Leben" (*Joh* 14,6).
Ihr seid gekommen mit euren Bischöfen und Priestern, mit Vertretern der verschiedenen kirchlichen Vereinigungen in euren Diözesen Innsbruck und Feldkirch und darüber hinaus. Besonders grüße ich mit euch meine Mitbrüder im Bischofs- und Priesteramt, darunter vor allem die beiden verehrten Oberhirten Bischof Reinhold Stecher, glücklich genesen von schwerer Krankheit, und Bischof Bruno Wechner. Ich grüße die werten Vertreter aus dem zivilen und staatlichen Bereich, unter ihnen besonders den Herrn Bundespräsidenten und die beiden Landeshauptmänner dieses

westlichen Teils Österreichs. Wir alle wollen hier unseren gemeinsamen Glauben bekennen und Gott in Gebet und Opfer preisen.

3. Dabei werden unsere Sinne tief berührt von diesem schönen und geschichtsreichen *Ort unserer Begegnung*: hoch über der vieltürmigen Stadt mit ihrem grandiosen Kranz von Bergen, in einem breiten Flußtal mit wichtigen Verkehrswegen; und hier der *Berg Isel*, gleichsam der Schicksalsberg eurer Heimat. Er hat die römischen Legionen gesehen, welche diese Gegend in das damalige Großreich einbanden. Mit ihnen sind die ersten Christen, Kaufleute und Soldaten, hierhergekommen. Vor 850 Jahren haben die Söhne des heiligen Norbert die Abtei Wilten zu Füßen dieses Berges gegründet, von der kraftvolle Impulse für das kirchliche Leben dieser Gegend ausgegangen sind. Durch diesen Berg, an dem schon zweimal das olympische Feuer entzündet worden ist, führen heute Autobahnen und Schienenstränge von europäischer Bedeutung, welche die Völker miteinander verbinden, zugleich aber auch wachsende Umweltbelastungen für euch mit sich bringen. Auf diesem Berg Isel ist das *Kreuz Christi* aufgerichtet; hier steht ein *Bildnis der Hohen Frau von Tirol.* So erklingt auch an diesem Ort die tiefe Botschaft von Golgota: „Bei dem Kreuz Jesu stand seine Mutter."

4. Liebe Mitchristen, *mit Maria schauen wir auf ihn, „den sie durchbohrt haben"* (*Joh* 19,37). Warum gerade mit Maria? Weil sie wie kein anderer Mensch ihr eigenes Leben mit dem Weg und Heilswerk Jesu verbunden hat. Nach ihrem ersten Jawort bei der Ankündigung ihrer Empfängnis führte sie die liebende Vorsehung des Vaters immer tiefer in das Lebensopfer des Sohnes hinein, bis zu ihrem Mit-Leiden auf Golgota. Hier erreichte ihr Jawort seine größte Dichte: Mit der ganzen Kraft ihres Mutterherzens durchlitt sie den Todeskampf ihres Sohnes und stimmte seiner Hingabe an den Vater zu, damit die Welt durch ihn ihre Erlösung finde. „Stabat Mater dolorosa" – „In Schmerzen stand die Mutter" unter dem Kreuz.

> *Die liebende Vorsehung Gottes hat Maria bis unter das Kreuz geführt, um ihren besonderen Platz im Geheimnis Christi und der Kirche voll zu offenbaren.*

Diese erschütternde Erfahrung, die bis an die Wurzeln ihres eigenen Lebens ging, öffnet Maria den Blick für die befreiende Botschaft, die vom Kreuz Jesu ausgeht. Vordergründig betrachtet, schien Jesus vom „glühenden Zorn" Gottes (vgl. *Hos* 11,9) getroffen, als er im Gehorsam die ganze „Sünde der Welt" auf sich nahm. Maria aber schaute tiefer: Nein, es war nicht die „Hitze des Zornes", die ihren Sohn zu vernichten drohte; es war vielmehr *die Glut der Liebe Gottes*, die das Opferlamm verzehrte und so die Annahme seines Lebensopfers bestätigte. Diese radikale Bereitschaft zur Hingabe für uns kam nicht aus dem engen und schwachen Herzen eines bloßen Menschen; es ist vielmehr „der Heilige", „der Sohn Gottes" selbst, für den Maria auf das Wort des Engels hin Mutter geworden ist. Er ist es, der am Kreuz sein irdisches

Leben dahingibt, um die Sündenschuld seiner Brüder und Schwestern aller Zeiten zu tilgen.

5. Maria erkennt im eigenen, vom „Schwert" durchbohrten Herzen das sterbende Herz des Sohnes und die Glut seiner göttlichen Liebe; nun weiß sie, was Johannes uns in seinem Evangelium mit den folgenden Worten verkünden wird: „Gott hat die Welt so sehr geliebt, daß er seinen einzigen Sohn hingab, damit jeder, der an ihn glaubt, nicht zugrunde geht, sondern das ewige Leben hat; ... nicht ..., damit er die Welt richtet, sondern *damit die Welt durch ihn gerettet wird"* (3,16f).
Auf diese Weise erfährt Maria unter dem Kreuz, daß Gottes Handeln unsere begrenzten Vorstellungen von Gerechtigkeit unendlich übersteigt. Sie versteht, was der Prophet Hosea uns heute in der 1. Lesung des Wortes Gottes verkündet hat: „Ich bin Gott, nicht ein Mensch, *der heilige Gott in deiner Mitte*. Darum komme ich nicht in der Hitze des Zornes" (*Hos* 11,9). Er ist wahrhaft „ein Gott voller Erbarmen", wie wir eben in der 2. Lesung aus dem Epheserbrief gehört haben (2,4).
Wir alle erkennen wie Maria im Glauben: Der dort am Kreuze leidet und sein Leben aufopfert, ist selbst „der heilige Gott in deiner Mitte":

in deiner Mitte, *Jerusalem;*
in deiner Mitte, *du Volk des lebendigen Gottes;*
in eurer Mitte, *ihr Menschen aller Zeiten;*
der heilige Gott in deiner Mitte, *du Welt von heute.*

6. Hier, mitten in unserer Welt, steht das Kreuz, an dem Jesus sein letztes Wort gesprochen hat: „Es ist vollbracht!" (*Joh* 19,30). Vollbracht ist das große Werk unserer Erlösung. Oder sagen wir es mit den Worten der heutigen Liturgie aus dem Epheserbrief: „Gott aber, der voll Erbarmen ist, hat uns, die wir *infolge unserer Sünden tot* waren, in seiner großen Liebe ... *zusammen mit Christus wieder lebendig gemacht"* (2,4f). Ihm verdanken wir unser eigentliches, inneres Leben; in ihm sind wir „*dazu geschaffen, ... gute Werke zu tun"* (2,10), in dieser Welt von heute.
Schauen wir also gemeinsam auf dieses unergründliche Geheimnis Gottes, der die Liebe selber ist: Die Glut seiner Liebe schafft neues Leben, damit die Welt umgestaltet werden und zur Vollendung gelangen kann. Diese Glut, das ist der *Heilige Geist,* er, der die Kirche durchglühen will und sie vorwärts drängt zur gottgewollten Bewältigung der *Zukunft,* die vor uns liegt. Ihr möchtet diesen Weg im Licht des *dreifachen Mottos* gehen, das ihr für unsere heutige Glaubensfeier gewählt habt: *Lebendiger Glaube – menschenwürdige Heimat – Mut zum Morgen.*

7. *„Lebendiger Glaube":* So lautet der erste Programmpunkt auf eurem Weg in die Zukunft. Ihr müßt leider feststellen, daß euer in der Geschichte oftmals gerühmter Glaube heute, wie in manchen anderen Ländern Europas, ernsthaft *gefährdet* ist.

Wachsende Sprachlosigkeit zwischen den Generationen, zahlreiche Ehescheidungen, Selbstmorde – auch unter Jugendlichen –, Kampf mit allen Mitteln unter Parteien und Politikern, erbitterte Konfrontation unter den Christen selbst, zynische Kirchenkritik sogar in kircheneigenen Publikationen: Das sind einige Alarmzeichen dafür, daß Gottes Gebot und die Frohe Botschaft Christi für sehr viele nicht mehr die Grundlage ihres Verhaltens sind. Wie sollen die Bischöfe euren Gemeinden Seelsorger schicken, wenn ihr ihnen aus euren Familien, aus den Jugendgruppen, aus den Pfarreien viel zuwenig junge Männer für den priesterlichen Dienst zur Verfügung stellt? Wie sollen Ordensobere weiterhin Schwestern für euer Krankenhaus, für den Kindergarten im Ort bereitstellen, wenn eure Gemeinden so wenig junge Mädchen zur besonderen Nachfolge des Herrn ermutigen und begleiten? Woran liegt es, daß heute die Entscheidung für einen geistlichen Beruf so schwer geworden ist?

Ein Baum lebt, wenn seine *Wurzeln* tief in die Erde reichen, bis dorthin, wo das Grundwasser fließt. Der Glaube eines Menschen lebt, wenn seine Wurzeln bis zu den Quellen des wahren Lebens reichen, bis zum *Geheimnis Gottes* selbst. Und das geht nicht ohne Gebet und Meditation, ohne ein treues Mitleben mit der Kirche in allen Vollzügen ihres Glaubens das ganze Jahr hindurch. Ein lebendiger Baum bringt seine *Früchte*; und auch euer Glaube, wenn aus gesunden, tiefen Wurzeln genährt, wird sich im täglichen Leben auswirken und euren Lebensstil prägen in Familie und Nachbarschaft, in der Gemeinschaft der Mitchristen, in der Gesellschaft der Mitbürger.

8. Der erste Ort solcher Glaubenserfahrung ist und bleibt für die meisten die *Familie*: Dort öffnet sich ein junges Herz für die Schönheit eines Weges mit Gott und der Kirche, oder es bleibt all dem verschlossen und gewöhnt sich an einen rein weltlichen Maßstab seines Lebens. Was aber in der Familie und vor allem durch die Eltern an Gottverbundenheit und liebevollem Umgang miteinander erlebt wird, das bleibt Fundament meist für das ganze Leben. Liebe Eltern, laßt eure Kinder aus eurem Glauben erfahren, wie befreiend und heilend wahre Gottes- und Nächstenliebe sind. Wenn sie im Alltag ebenso wie an festlichen Tagen als Krönung all unserer anderen Fähigkeiten erlebt wird, kann sie zum belebenden Mittelpunkt unserer ganzen Person werden und auch auf unsere Umgebung wohltuend und ermutigend übergreifen. Wie erlösend kann es auch für Kinder sein, wenn sie spüren, daß Vergebung und Versöhnung stärker sind als Haß und Streit.

Wie vorbildhafte Eltern und Geschwister in der Familie, so können auch die *Heiligen und Seligen der Kirche* in euch die Begeisterung für den Glauben wecken. Männer und Frauen, die in verworrener Zeit die Botschaft des Evangeliums klar und überzeugend gelebt haben und ihrem vom Geist Gottes geformten Gewissen gefolgt sind, treten heute wieder mehr in das Bewußtsein von Kirche und Gesellschaft und geben Orientierung für diese unsere Zeit. Schwester Edith Stein, die große Gottsucherin unseres Jahrhunderts, Pater Rupert Mayer, der Jesuit mit dem festen Gewissensurteil, Marcel Callo, der junge Arbeiter, der in Mauthausen sterben mußte, weil er den

Mächtigen zu katholisch war: Sie wurden im vergangenen Jahr unter die Seligen der Kirche aufgenommen.

Ganz nahe von hier hat Pfarrer Otto Neururer gewirkt. Sein klares Wort zur christlichen Ehe und die Spendung der Taufe an einen Mithäftling im KZ haben ihn zum Märtyrer werden lassen. Noch heute soll hier in der Stadt Innsbruck und in der ganzen Umgebung der Name des „Bruders von Tirol" gerühmt werden, des Paters Thomas von Bergamo, dessen Grab sich im hiesigen Kapuzinerkloster befindet und der im 17. Jahrhundert Bauern und Fürsten im Glauben bestärkt hat.

Der Glaube eines Menschen lebt, wenn seine Wurzeln bis zu den Quellen des wahren Lebens reichen, bis zum Geheimnis Gottes selbst.

9. Ein zweiter Ort gelebten Glaubens kann und soll die *Pfarrgemeinde* sein. Die Seelsorger und ihre Mitarbeiter tragen gemeinsam die Verantwortung, daß die Gemeinde als ganze wie in ihren Gruppen der Raum ist, in dem der Geist Christi immer wieder erbeten wird und wirken kann. Hier sollten die vielen, die allein oder vereinsamt oder gescheitert sind, die vielen, die Sinn und Orientierung suchen, die notwendige Annahme finden, um vielleicht sogar neue Kraft zur Selbsthilfe zu schöpfen. Das Wort des Herrn „Ich bin gekommen, damit sie das Leben haben und es in Fülle haben" (*Joh* 10,10) könnte so seine konkrete Gültigkeit erweisen.

Für den *Umgang miteinander* erinnert euch an die Mahnung des Apostels Paulus an die Gemeinde in Rom – und an jede Pfarrgemeinde: „Wir müssen als die Starken die Schwäche derer tragen, die schwach sind, und dürfen nicht für uns selbst leben. Jeder von uns soll Rücksicht auf den Nächsten nehmen, um Gutes zu tun und (die Gemeinde) aufzubauen" (*Röm* 15,1f). Wie aktuell ist auch das folgende Wort des Völkerapostels an die Gemeinde zu Ephesus: „Über eure Lippen komme kein böses Wort, sondern nur ein gutes, das den, der es braucht, stärkt und dem, der es hört, Nutzen bringt. Beleidigt nicht den Heiligen Geist, dessen Siegel ihr tragt ... Jede Art von Bitterkeit, Wut, Zorn, Geschrei und Lästerung verbannt aus eurer Mitte! Seid gütig zueinander, seid barmherzig, vergebt einander, weil auch Gott euch durch Christus vergeben hat" (*Eph* 4,29-32).

10. Liebe Brüder und Schwestern! Als zweites Anliegen für euren Weg in die Zukunft habt ihr eine *„menschenwürdige Heimat"* gewählt. Dieses Thema hat durch die vielleicht allzu starke Ausrichtung eurer Lebensbereiche auf den Tourismus und zugleich durch die ungeheuren Verkehrsströme in diesem europäischen Erholungs- und Durchgangsland eine brennende Aktualität erhalten. An dieser fühlbaren Bedrohung von Natur und Umwelt darf niemand, der in diesem Land gesellschaftliche Verantwortung trägt, vorbeigehen.

Menschenwürdige Heimat bedeutet jedoch wesentlich mehr als saubere Luft, klares Wasser und gesunden Boden. Heimat, nach der sich jeder von uns sehnt, wächst dort, wo Menschen einander gut sind und füreinander eintreten, wo sie einander ertragen auch in ihren Schwächen, wo man Zeit hat für ein vertrauensvolles Gespräch, wo man bereit ist zu vergeben. Heimat bedeutet verantwortungsbewußte Gestaltung der Wohngemeinde und der Arbeitsstätte, bedeutet die aufmerksame Sorge für Sonn- und Feiertage, bedeutet die Pflege der Gastfreundschaft, der Nachbarschaftshilfe, der politischen Kultur. Solche Erfahrung von Heimat kann unter gläubigen Menschen sogar schon zur Vorahnung unserer ewigen Heimat werden.

So tief verstandene Heimat umfaßt auch die Achtung vor der *Menschenwürde* aller. Sie beginnt bei der unbedingten Wertschätzung des menschlichen Lebens, und zwar von seiner Empfängnis an. Wenn eine Gesellschaft als ganze nicht mehr die Kraft und die geistige Klarheit dafür aufbringt, dann wird es eine vorrangige Aufgabe gläubiger Christen, im Namen Gottes und der Menschenwürde das Lebensrecht der Ungeborenen zu verteidigen. Am anderen Ende unseres irdischen Weges ist die Würde der Alten, der Kranken und Sterbenden unser aller Schutz und Verantwortung anvertraut.

> *Heimat, nach der sich jeder von uns sehnt, wächst dort, wo Menschen einander gut sind und füreinander eintreten, wo sie einander ertragen auch in ihren Schwächen.*

Aber auch Gastarbeiter und Ausländer, Behinderte und Randexistenzen, Gestrauchelte und Sünder haben Anspruch auf Anerkennung ihrer grundlegenden, bleibenden Würde. Schließlich muß das Problem der strukturellen Arbeitslosigkeit auch unter dem Gesichtspunkt einer „menschenwürdigen Heimat" gesehen werden und sollte die Solidarität der bessergestellten Mitmenschen erwarten dürfen.

11. Eure dritte Zielsetzung lautet *„Mut zum Morgen"*. Eine gute Bewältigung der beiden ersten Aufgaben – lebendiger Glaube und menschenwürdige Heimat – führt bereits zu einer mutigen und überlegten Bereitschaft, mit Zuversicht in die Zukunft aufzubrechen. In den vergangenen Jahren hat sich bei vielen eine Grundstimmung der Angst festgesetzt, die ständig von politischen Erdbeben, von Umweltbedrohungen, von Erfahrungen scheinbarer Sinnlosigkeit bei euch und in aller Welt genährt wird. Der allzu naive Fortschrittsglaube vergangener Jahrzehnte ist den meisten unter Schmerzen vergangen. Manche hat diese neue Stimmung gelähmt; andere leben darum nur dem gegenwärtigen Augenblick, ohne an morgen zu denken.

In dieser Lage sind die Christen aufgerufen, die zukunftsgestaltenden Kräfte unseres Glaubens verstärkt wahrzunehmen und konkrete Folgerungen für unseren gemeinsamen Weg daraus zu ziehen. Wahrhaftig, vieles auf unserer Erde bedarf der Erneuerung: das Verhältnis der politischen Kräfte zueinander, die Weltwirtschaftsordnung, die Verwirklichung von Religions- und Gewissensfreiheit, aber auch das Miteinander im persönlichen Bereich. Für die Zukunft der Welt – und auch eurer Heimat – ist es entscheidend, von welcher Kraft und in welchem Geist eine solche Erneuerung der Herzen und der Strukturen angestrebt wird: in irgendeinem modischen Zeitgeist oder *in Gottes Heiligem Geist*.

Gottesdienst am Berg Isel

Wer sich Gottes Geist öffnet, wird am ehesten fähig sein zu „Liebe, Freude und Friede, zu Langmut und Freundlichkeit, zu Güte und Treue, zu Sanftmut und Selbstbeherrschung" (*Gal* 5,22f), wie Paulus schreibt. Hier ist die klare Quelle, aus der wir den Mut zum Morgen schöpfen dürfen. Der Geist Jesu Christi ist die Kraft und der Weg, um eine neue Zivilisation der Liebe zu errichten, die ein menschenwürdiges Leben möglichst vieler auf dieser Erde sichern kann.

12. Liebe Brüder und Schwestern! Das heutige Festevangelium hat unseren Blick mit Maria auf das geöffnete Herz des Erlösers gelenkt. Wahrhaftig: „Aus seinem Innern werden Ströme von lebendigem Wasser fließen. Damit meinte er den Geist, den alle empfangen sollten, die an ihn glauben" (*Joh* 7,38f).
Als Gottes Geist am Pfingstfest über die versammelte Kirche von Jerusalem herabkam, war in ihrer Mitte auch Maria, die Mutter Jesu. Bis heute ist sie uns das Urbild christlichen Glaubens. In ihr hat der Glaube sein schönstes Antlitz gefunden, sein innigstes Lied. Mit ihr zusammen soll auch unser Leben zu einem stetigen Lobpreis Gottes werden: „Meine Seele preist die Größe des Herrn, und mein Geist jubelt über Gott, meinen Retter" (*Lk* 1,46f). – Amen.

(Am Ende des Gottesdienstes eröffnete der Papst den Angelus mit folgenden Worten:)

„Bei dem Kreuz Jesu stand seine Mutter" – so berichtete uns das Evangelium der heutigen Eucharistiefeier.
Liebe Brüder und Schwestern, wir alle kennen das Bild der Mutter Jesu unter dem Kreuz ihres göttlichen Sohnes. In vielen Kirchen eures Landes ist diese Szene des Evangeliums dargestellt. Die gläubige Erinnerung an das Geschehen auf Golgota, an die tiefe Verbundenheit des göttlichen Sohnes mit seiner Mutter wird darin festgehalten. Maria ist dem Herrn auf seinem Weg bis unter das Kreuz gefolgt. Darin ist sie uns zum Vorbild geworden: Auch am Wegrand unseres Lebens steht bisweilen ein Kreuz, dessen Schatten unser Leben sogar bis zur Anfechtung der Verzweiflung verdunkeln kann.
Wir können uns in den Nöten unseres Lebens stets an Maria wenden. Ja, stellen wir uns an ihre Seite, schauen wir mit ihr auf zu ihrem gekreuzigten Sohn, der für uns in die Nacht eines so bitteren Todes gegangen ist. Wenn wir mit ihr sein Leiden betrachten, werden wir erfahren, daß auch unser Leben geheimnisvoll im Kreuz des Herrn geborgen ist, daß Christus die Last unseres Lebens an sein Kreuz mitgenommen hat. Das Bild der Gottesmutter unter dem Kreuz ihres Sohnes lehrt uns, daß ihr JA zum Glauben, zum Willen Gottes, das JA zu ihrem Leben, zu einem Leben aus Gott, war. Bitten wir darum, daß Hoffnung und Liebe in uns wachsen und wir aus der Kraft unseres Glaubens immer wieder und deutlicher JA sagen können zu unserem Leben in der Nachfolge des Herrn, zum Nächsten und zu unserer Welt.

Dankesworte von Bischof Bruno Wechner nach dem Gottesdienst am Berg Isel
(27. Juni 1988)

Heiliger Vater!

Tief beeindruckt von dieser bewegenden Feier, möchte ich ein Wort des Dankes, auch im Namen von Bischof Stecher von Innsbruck, an Sie richten. Als erstes sei gesagt: Als Sie den festlichen Altarraum heute betreten haben und mit großer Freude empfangen wurden, ist deutlich geworden, wie die Tausenden von Gläubigen beider Diözesen und von überall her Ihr gestern in Salzburg gesprochenes Wort wahrgemacht und bezeugt haben. Wir alle lassen uns die Freude am Menschsein und Christsein nicht nehmen.
Unser Ja zum Glauben darf nicht eine farblose Ausdrucksweise für das Leitwort Ihres Pastoralbesuches sein. Es muß ein Ja sein und bleiben, wie Sie es gestern überzeugend verkündet haben. Ein Ja zu Gott dem Vater, zu Jesus Christus und zum Heiligen Geist, in dem die Liebe Gottes ausgegossen ist in unsere Herzen, um uns fähig zu machen, Gott zu lieben und den Nächsten.

Verehrter, lieber Heiliger Vater, ich glaube, wir können unsere schuldige Dankbarkeit für alles, was Sie in diesen vier Tagen in Österreich und heute hier auf dem Berg Isel und am Nachmittag bei der Begegnung mit den Kindern uns geschenkt haben, im Geiste des Wortes Jesu an Petrus „Stärke deine Brüder!" diesen unseren Dank nicht schöner zum Ausdruck bringen als mit dem Bemühen, dieses Ja zum Glauben und Ja zum Leben, angeregt durch Ihren Pastoralbesuch, mehr und mehr Wahrheit werden zu lassen. Das sei mein Dankeswort für alles.

Kinderfest in Innsbruck

Ansprache des Papstes beim Kinderfest im Innsbrucker Eisstadion
(27. Juni 1988)

Liebe Kinder, liebe junge und ältere Christen!

Euch alle grüße ich von Herzen. Am Ende meiner Pilgerreise durch euer schönes Österreich komme ich nun hier mit euch zusammen. Ich habe in diesen Tagen euer Heimatland ein wenig mehr kennengelernt und treffe jetzt euch, *Jungen und Mädchen vor allem aus Tirol und Vorarlberg.*

Ihr feiert ein Fest, ein fröhliches Fest! Ihr selbst habt gesungen: *„Unser Leben sei ein Fest!"* Aber ihr wißt auch, daß unser Leben nicht immer ein Fest sein kann. Es gibt frohe Zeiten, oft aber auch Tränen. Auf der weiten Erde sind viele Kinder, die Not leiden, die kein Essen, keine Wohnung, keine Familie haben. Vielen Kindern fehlt die Möglichkeit, einen Beruf zu erlernen. Ja, es gibt Länder, in denen sie schon als Kinder Soldat werden müssen; und gerade in den Kriegsgebieten kommen besonders viele Kinder ums Leben. Ich war vor wenigen Wochen in Südamerika, und bald werde ich wieder nach Afrika reisen. Überall treffe ich dort Kinder, die viel Not leiden. Aber auch bei euch wird es Kinder geben, die wohl mitsingen „Unser Leben sei ein Fest!", denen aber doch nicht danach zumute ist.

Und trotzdem ist das Lied richtig. Es stimmt, weil Gott selbst uns ein großes Fest geschenkt hat. Er sagt zu uns: Du darfst mein Kind sein. So nahe, so lieb bist du mir, wie es nur der beste Vater und die treueste Mutter sein können. Diese Freude, dieses Fest hat bei unserer Taufe begonnen. Gewiß haben sich eure Eltern und manche andere Menschen gefreut, als ihr auf die Welt gekommen seid. Aber zu dieser Freude der Menschen hat Gott seine Freude hinzugefügt: *In der Taufe wurdet ihr sein Kind.*

Ihr könnt euch meist nicht an eure eigene Taufe erinnern. Dabei gab es viel Freude, und alle waren fröhlich. Die Taufkerze wurde angezündet: Hell und leuchtend wie ihr Licht sollte ja euer Leben werden, lebendig und warm: Daran erkennt man ja die Freunde Gottes. Dem Täufling wurde ein schönes weißes Kleid gegeben. Damit sagt uns der Vater im Himmel: Bewahre dein Festkleid vor jedem Schmutz; bleibe treu in deiner Freundschaft mit mir!

Und oft gibt es bei der Taufe ein Festmahl; der Tisch wird gedeckt. Dieses Festmahl hört dann eigentlich gar nicht mehr auf: Jeder Getaufte ist ja zum Tisch des Herrn eingeladen – du selbst wirst einmal zur Erstkommunion zugelassen, und dein Leben lang darfst du immer wieder zum Tisch der Kirche kommen, wo sich Christus selbst dir schenken will. Immer wieder darfst du dich mit Gott im Bußsakrament versöhnen, wenn du vom guten Weg abgewichen bist oder ihm den Rücken zugekehrt hast. Ja wirklich: Unser Leben ist ein Fest, weil wir getauft sind.

Ein Fest kann man aber nicht allein feiern; das wäre ein trauriges Fest. Durch die Taufe gehören wir auch zur großen weiten *Kirche* mit Christen in den allermeisten Ländern. In dieser Kirche merken wir viel von der Freude des Festes, das Gott mit uns feiert: Wie prachtvoll können eure Kirchen im Festschmuck sein, wie festlich feiert ihr manchmal in der ganzen Pfarrei den Gottesdienst; und auch jetzt, hier an diesem Platz und in dieser Stunde, erleben wir neu, welche Freude es ist, zur Kirche Christi zu gehören.

Ein Fest kann man nicht allein feiern. Auch Gott selbst ist nicht allein: Er ist der dreifaltige Gott, eine enge, lebendige Einheit von Vater, Sohn und Heiligem Geist. In ihm ist so viel Freude und Liebe, daß möglichst viele an dieser Freude teilhaben sollen. Etwas von diesem großen Glück, in der Einheit mit Gott leben zu dürfen, können wir erahnen, wenn wir in einer guten *Familie* leben. Zur Familie gehören Vater und Mutter. Die meisten von euch haben auch Geschwister. Aber auch dann, wenn die Familien nicht beisammen sind, wollen wir dankbar an Vater und Mutter denken, die uns das Leben geschenkt haben. Wenn du getauft bist, gehörst du zur großen Gemeinschaft der Kirche und zugleich zu einer Familie, die für euch wie eine Kirche im Kleinen sein kann. Wenn ihr dort einander liebt und fest zueinander steht, dann wohnt Gott bei euch, und ihr wohnt mit Gott.

> *Und jeder von euch sollte eigentlich auch an den Priester denken, der euch getauft hat. Fragt eure Eltern danach!*

Ich möchte euch an dieser Stelle bitten: Grüßt von mir eure Eltern, grüßt eure Geschwister, ja überhaupt alle Menschen, die ihr gern habt. Und jeder von euch sollte eigentlich auch an den Priester denken, der euch getauft hat. Fragt eure Eltern danach! Vielleicht ist es euch möglich, ihn einmal zu besuchen oder ihm zu schreiben. Dann sagt ihm: Ich danke Dir, daß Du mich getauft hast! So hat ja in deinem Leben das große Fest begonnen, das Fest, das Gott mit uns ein ganzes Leben lang feiern will.

Nun wollen wir zunächst unser Fest hier *in dieser Halle* fortsetzen. Gern nehme ich dabei an eurer Freude teil.

Nun bin ich hier bei euch im *Freien*. Ich grüße euch noch einmal ganz herzlich, denn jetzt sind wir viel näher beisammen. Ich freue mich, bei euch, den Kindern der Katholischen Jungschar, zu sein. Mit besonderer Anerkennung grüße ich alle Verantwortlichen der Jungschar, die soviel von ihrer Zeit, von ihrem Herzen und von ihrer gläubigen Freude an die jungen Menschen verschenken.

Vor einigen Wochen haben wir Pfingsten gefeiert. Dabei haben wir uns an das erste *Pfingstfest* der Kirche in Jerusalem erinnert. Damals waren die Apostel mit ihren

Freunden im Abendmahlsaal versammelt. Sie waren noch ängstlich und hielten die Tür verschlossen. Dann hat Gott ihnen den Heiligen Geist geschenkt, den Geist der Wahrheit und der Gerechtigkeit, den Geist der Freude und der Liebe. Er hat sie entzündet wie mit Feuer. In ihrer Begeisterung sind sie hinausgegangen zu den Leuten auf den Straßen und Plätzen. Und da ist etwas Wunderbares geschehen: Die Leute aus vielen Völkern und Ländern mit ihren verschiedenen Sprachen, sie alle konnten jetzt einander verstehen, als diese ersten Christen vor ihnen standen und zu ihnen sprachen. Die begeisterten Apostel riefen ihnen die großen Taten Gottes zu, und „alle gerieten außer sich". Dann begann Petrus, ihnen von unserem Herrn Jesus Christus zu erzählen. Da wurde ihnen das Herz weit. Sie spürten, daß Gott ihnen ganz nahe gekommen war. Er hat uns ja seinen Sohn geschenkt, der mit uns ist, der sogar für uns in den Tod gegangen ist. Und ihre Traurigkeit hatte ein Ende, als sie zu glauben begannen, daß er von den Toten auferstanden ist. Das ist unsere *Frohe Botschaft!* Eine bessere Botschaft gibt es nicht: Ob es dir jetzt gut- oder schlechtgeht – wenn du Jesus nachfolgst, ist er immer bei dir auf allen deinen Wegen.

Das konnten die Apostel nur deshalb den Leuten bis ins Herz sagen, weil sie den *Heiligen Geist* empfangen hatten. Auch ihr werdet bald das Sakrament des Heiligen Geistes, die *Firmung*, empfangen. Andere unter euch sind bereits gefirmt. Firmung, das heißt: Der Heilige Geist macht dich stark, den Glauben zu bewahren und die Frohe Botschaft weiterzugeben. Diese Botschaft brauchen alle: die Fröhlichen und die Traurigen, die Gesunden und die Kranken, die Alten und die Jungen. Die Apostel waren nur eine kleine Schar. Als sie aber an diesem Pfingsttag zu den Menschen von Christus redeten, wurden etwa dreitausend Menschen getauft.

> *Feiert an jedem Sonntag die Messe mit – eure Kameraden werden das merken und darüber nachdenken.*

Die Bischöfe sind die Nachfolger dieser Apostel; ich selber bin der Nachfolger des heiligen Petrus. Wir sagen euch Kindern: Ihr müßt uns helfen. Wenn der Bischof oder ein von ihm Beauftragter die Firmung spendet, sagt er damit auch: Ich rechne auf dich, Christus braucht dich, seine Kirche braucht dich!

Am besten gebt ihr die Frohe Botschaft weiter, wenn ihr selbst ganz dahintersteht. Wie geht das? Ich nenne euch ein paar Beispiele: Feiert an jedem Sonntag die Messe mit – eure Kameraden werden das merken und darüber nachdenken. Seid hilfsbereit daheim, in der Schule und überall, ohne viel darüber zu reden – dann seid ihr Boten Christi. Seid ehrlich, auch wenn es Nachteile bringt – dann seid ihr Apostel der Wahrheit Christi.

In eurem Land gibt es darüber hinaus noch eine besonders schöne Gelegenheit, die Frohe Botschaft weiterzugeben: Das ist das *Sternsingen*. Ich weiß, mit welcher Begeisterung ihr da mitmacht. Ich kann mir aber vorstellen, daß es oft mühsam ist, über weite Wege von Haus zu Haus zu gehen und vor fremden Menschen zu stehen. Ich weiß aber auch, wie sehr sich die meisten Leute freuen, zu denen ihr kommt. Nur selten werdet ihr abgewiesen. Ich freue mich mit euch, daß ihr so viele Gaben zusammenbringt, mit denen unseren Missionaren und so vielen Menschen in Not auf der weiten Welt geholfen wird. Ich danke euch dafür.

Alle Menschen brauchen das Evangelium. Ihr wißt, wieviel Krieg und Hunger es auf der Erde gibt. Auch in Ländern, in denen Wohlstand herrscht, gibt es so viele Menschen, die traurig sind, die mit ihrem Leben nichts Rechtes anzufangen wissen. Viele haben die Verbindung mit Gott verloren. Sie alle brauchen das Evangelium, genauso wie die Leute am ersten Pfingstfest vor der Tür der Apostel. Seid auch ihr Apostel! Ich rechne sehr auf euch. Ihr könnt es ruhig zu Hause sagen: Mutter, Vater! Unser Papst, unser Bischof, unsere Kirche brauchen mich! Ihr gehört zur Kirche; sie lebt von der Kraft des Heiligen Geistes. Er wird euch stärken!

Darüber freuen wir uns gemeinsam; dafür feiern wir heute unser Fest, drinnen und draußen.

Liebe Kinder, große und kleine Christen!

Nun muß ich mich bald von euch verabschieden. Ich kann dabei nicht allen die Hand reichen. Ich mache es beim Abschied deshalb so, wie es am Schluß der Messe eure Priester tun: Ich spende euch meinen *Segen*. Dabei mache ich mit der Hand ein *Kreuz* über euch.

> *Ihr könnt es ruhig zu Hause sagen: Mutter, Vater! Unser Papst, unser Bischof, unsere Kirche brauchen mich!*

Warum aber gerade ein Kreuz? Weil es uns am kräftigsten daran erinnert, daß Jesus Christus bis zum letzten für uns eintritt, daß er uns mit ganzer Treue liebt. Wenn ich jemanden segne, dann rufe ich gleichsam ein Leuchten von Gottes Güte für ihn herbei, und zugleich sage ich: Bleib in der Nähe der Güte Gottes! Sei glücklich, freue dich über die Liebe Christi, lebe aus ihrer Kraft! Du kannst nicht immer gesund sein, nicht immer erfolgreich; aber du kannst immer mit Christus sein und an seiner Seite Mut finden.

Unser Herr ist wegen seiner Gottestreue gekreuzigt worden. Das ist geschehen am Weg vor der Stadt, dort wo viele Menschen vorbeikamen. Über seinem Haupt wurde eine Tafel angebracht mit seinem Namen und, daß er der König der Juden sei. Wer diese Tafel ans Kreuz nagelte, wollte Jesus verspotten. Sie haben nicht gewußt, daß sie die Wahrheit schrieben: ja, er ist wie ein guter, starker *König*, ein König für die ganze Welt. Damals schüttelten viele den Kopf, als sie ihn voller Wunden und Schmerzen sahen. Diese Leute kannten Könige mit großer Macht, Könige, vor denen man sich fürchten mußte. Doch solche Könige haben sie meist nicht geliebt. Immer mehr Menschen aber haben angefangen, Christus, diesen König am Kreuz, zu lieben, weil er gerade durch das Kreuz zeigte: Niemand liebt dich so wie er; niemand gibt soviel um dich. Der Segen mit dem Kreuzzeichen erinnert uns an all das.

Ich hoffe, daß ihr zu Hause ein Kreuz habt, vielleicht auch schon ein eigenes. Auf vielen eurer Berggipfel steht ein Kreuz. Liebet dieses Zeichen des Kreuzes! Verehrt es!

Kinderfest in Innsbruck

Wenn ich jemanden liebe und schätze, dann rede ich gern und vertrauensvoll mit ihm. Lernt so, mit eurem Freund und Vorbild Jesus Christus zu sprechen, *lernt beten!* Betet oft allein, vor allem am Anfang und Ende eines jeden Tages. Es ist aber auch schön und wichtig, wenn bei euch daheim gemeinsam gebetet wird. Wenn du all das tust, wirst du Jesus Christus immer besser kennenlernen; du wirst ihn besser verstehen und auch dein eigenes Leben mit seinen Augen zu sehen lernen.

Ein ganz tiefes, festliches „Gespräch" mit Christus ist es, wenn wir gemeinsam die *heilige Messe* feiern. Das hat Jesus ja gemeint, als er sagte: „Tut dies zu meinem Andenken!" In der Messe sind wir mit dem Leiden und Sterben, mit der Auferstehung und dem göttlichen Leben Christi ganz eng verbunden.

Ihr habt wunderschöne Kirchen. Sie wären aber tot, wenn wir sie nicht erfüllten mit unserem Beten und Singen, mit unserer großen Dankbarkeit für die Geschenke Gottes. Ein Mensch, der nicht danken kann, ist sehr arm, wenn er auch alle Reichtümer besäße. Und das schönste Land wird arm, wenn nicht in den vielen Kirchen, vor allem am Sonntag, dem Tag der Auferstehung, dieser gemeinsame Dank vor Gott erklingt.

Liebe Kinder, so will ich euch nun alle zum Abschied segnen mit dem Kreuz, dem Zeichen der Liebe Christi, im Namen des dreieinigen Gottes. Gott behüte und bewahre euch alle! Es segne euch der allmächtige Gott, der Vater und der Sohn und der Heilige Geist. Amen.

Predigt des Papstes bei der Marienvesper in der Basilika Wilten in Innsbruck
(27. Juni 1988)

Liebe Brüder und Schwestern!

Die Kirche beendet in ihrem Stundengebet jeden Tag mit einem Gruß an die Gottesmutter. So möchte ich nun auch meinen Pastoralbesuch in Österreich, gerade in diesem Marianischen Jahr, mit einem Gruß an Maria in eurer Gebetsgemeinschaft beschließen. Dazu haben wir uns *vor dem ehrwürdigen Gnadenbild „Maria unter den vier Säulen" hier in Wilten* versammelt. Die Verehrung der Gottesmutter steht nicht am Rande unseres Glaubens, sondern gehört zum Herzen der Erlösungsbotschaft. In Maria leuchtet die Sonne des Heils auf, das uns in Christus geschenkt ist. Betrachten wir nun gemeinsam den großen Reichtum dieses Heiles!

1. *In Maria ist das Wunder der Wunder geschehen, die Menschwerdung Gottes.*
„Und das Wort ist Fleisch geworden und hat unter uns gewohnt" (*Joh* 1,14). Diese entscheidende Botschaft des christlichen Glaubens ist von Maria nicht zu trennen. In ihr hat das Heil auf dieser Erde seinen Anfang genommen. Und so verweist Maria auf den Sohn Gottes, der ihr Kind und unser Bruder wurde, in dem allein unsere Hoffnung und unser Trost liegen.
Dieser Hinweis auf die Mitte des Glaubens, den uns Maria ständig gibt, ist stets zeitgemäß. Immer mehr Menschen suchen wieder nach der Mitte ihres Daseins. Dieses Suchen mag manchmal auf Irrwege geraten; aber es will ernst genommen werden. Viele fragen neu nach den Wahrheiten des Glaubens. Ja, gerade junge Leute geben sich nicht zufrieden mit vordergründigen Auskünften. Vielmehr fragen sie hartnäckig nach Gott, nach Christus und dem Geheimnis der Kirche. Und damit fragen sie nach der Wahrheit ihres Lebens. Sprechen nicht gerade die Wallfahrten immer mehr Menschen an? Wallfahrten sind aber ein Teil der Pilgerschaft des Volkes Gottes. Sie sind eine betende Wanderung zur Mitte hin, zum Wesentlichen unseres Lebens.
Bitten wir die Mutter Gottes, die uns in ihrem Sohn diese Heimat, diese Mitte geschenkt hat, daß alle Glieder der Kirche von der Sehnsucht danach erfaßt werden und wir uns nicht in Nebensächlichkeiten verlieren. Diesem Ziel müßten alle unsere Einrichtungen, besonders jene der Katechese und der Bildung, dienen. Bitten wir auch

die Mutter Gottes, daß die Kirche in der weiten Welt wie in Österreich und in Tirol die rechte Sprache im wahren Glauben finde, damit sie die Menschen tiefer hineinzuführen vermag in die Fülle der christlichen Botschaft von der Wahrheit, die frei macht. Marias letztes Wort im Evangelium stellt ein Vermächtnis für uns dar: „Was er euch sagt, das tut!" (Joh 2,5).

2. In Maria sehen wir die Macht der Gnade.

Die Jungfrau und Mutter von Nazaret ist jener Mensch, in dem sich der Himmel auf die Erde neigt. Wie eine geöffnete Schale hat sich Maria der verschenkenden Liebe des Allmächtigen dargeboten. Aber was Maria tut, das tut sie bereits aus Gnade. Sie schenkt auch uns die Gewißheit, daß Gott uns liebt und beschenkt. Er ist der Erste, und wir empfangen. Er spricht zuerst, und wir hören. Er ist das Wort, und wir sind die Antwort. Darum sagt der Engel zu ihr: „Du bist voll der Gnade." Diese wunderbare Erinnerung, ein wesentlicher Teil unseres Glaubens, hat ebenso hohe Bedeutung für die Gegenwart:

Noch nie in seiner Geschichte hat der Mensch die Gestaltung der Erde so sehr in die Hand nehmen können wie heute. Noch nie war seine Macht so groß und so erfolgreich. Noch nie aber war ihm die Versuchung so nahe, alles machen zu wollen, was er kann, ohne zu fragen, ob wir es auch dürfen. Die uralte Stimme des Verführers von Anbeginn „Ihr werdet wie Gott" (Gen 3,4) ist keineswegs verstummt.

Doch gerade am Ende dieses Jahrhunderts ahnen wir, daß unsere Fähigkeit zu großen Taten der Wissenschaft und Technik ebenso die Bereitschaft braucht, sich von Gott beschenken zu lassen. Sonst wird unser Können wegführen vom Menschen, ja ihn zerstören, weil wir unser Maß verlieren, das Urmaß, das wir nur in Gott, dem Schöpfer, finden können.

Bitten wir deshalb in dieser Stunde, daß wir dankbar die Gaben annehmen, die Gott uns schenkt: das Vertrauen auf ihn, die geduldige Treue in Ehe und Familie, die Tapferkeit, ein Kreuz zu tragen, die Bereitschaft, das Herz für andere einzusetzen. Wie sehr ist doch dafür die Jungfrau Maria ein leuchtendes Vorbild! Sie hat die Liebe Gottes angenommen, und so wurde ihr Leben fruchtbar für das Heil der Welt.

Wer die Macht der schenkenden Gnade erfaßt hat, wird sich den Sinn für das Gebet bewahren. Wer nichts annehmen will, wird meinen, das Gebet sei überflüssig. Bei Maria, die schweigt, betet und alle Worte Gottes im Herzen erwägt, können wir heutige Menschen in die Schule des Gebetes gehen; dann wird sich auch in unserem Leben die Macht, die Größe und die Liebe Gottes entfalten.

3. Maria lehrt uns die Freiheit und Würde des Dienens.

„Siehe, ich bin die Magd des Herrn, mir geschehe nach deinem Wort." In dieser Antwort Marias ist wohl das Schönste gesagt, was ein Geschöpf zu seinem Schöpfer sagen kann. Sie ist voll hellhöriger Liebe, die auf das eingeht, was der Herr will. Sie steht in äußerstem Gegensatz zu jener stolzen Stimme des gefallenen Engels, der sein rebellisches „Ich will nicht dienen" gegen Gott geschleudert hat. Maria dagegen hat mit ihrer Antwort den Gläubigen aller Zeiten das Tor zur wahren Freiheit und Würde geöffnet.

So viele Güter der Erde und des Lebens stehen uns zur Verfügung. Wirklich notwendig ist uns aber eine Zivilisation der Liebe, eine neue Kultur menschlicher Gemeinschaft. Sonst wird diese Welt nie wohnlich und menschenwürdig werden.

Maria hat ihrem Kinde mit der Hilfe Josefs Wohnung und Schutz gegeben. Die ganze Kirche kann sich darin am Haus von Nazaret orientieren. In ihm herrscht Bereitschaft zum Dienen: Maria nannte sich eine „Magd", und ihr göttlicher Sohn hat den Seinen die Füße gewaschen. „Wer bei euch groß sein will, der soll euer Diener sein." Und Josef hat durch seine Arbeit das tägliche Brot für sich und die anderen verschafft. In der Atmosphäre gegenseitiger Hilfe ist Jesus als Kind aufgewachsen, und diesen Einsatz hat er fortgeführt bis zur letzten und größten Hingabe in seinem Tod am Kreuz.

> *Wer die Macht der schenkenden Gnade erfaßt hat, wird sich den Sinn für das Gebet bewahren.*

Der ganze Mensch wird gesund, wenn er den rechten Geist des Dienens entwickelt. Er atmet die große innere Freiheit, die ein Zeichen seiner unauslöschlichen Würde ist. Maria hat ein verborgenes, bescheidenes Leben geführt. Damit hat sie gerade den Menschen im Schatten, den Menschen ohne zählbaren Erfolg, den unauffälligen Menschen ihre wahre Größe vorgezeichnet.

4. So schauen wir mit Dankbarkeit auf das liebliche Bild unserer Mutter, der Jungfrau Maria. Wir wissen um die Macht ihrer Fürsprache. Sie nimmt alles, was uns bewegt und bedrückt, in ihre gütigen Hände und trägt es zu ihrem Sohn, so wie sie bei seinem ersten Wunder zur Dolmetscherin kleiner und großer menschlicher Sorgen wurde: „Sie haben keinen Wein mehr" (*Joh* 2,3). So spricht sie zu ihm auch heute, wenn uns der Mut, die Treue, die Hoffnung verlorengehen.

Nun muß ich mich von euch verabschieden, und ich bin dankbar, daß ich es zunächst hier an diesem geheiligten Ort tun kann. Ich weiß eure Sorgen und Anliegen und auch meine eigenen Bitten in den Händen der Gottesmutter gut aufgehoben. So empfehlen wir uns alle ihrer Fürbitte und der machtvollen Gnade ihres Sohnes Jesus Christus. Sein Name sei gelobt! Amen.

Verabschiedung am Flughafen Innsbruck

*Ansprache von Bundespräsident Kurt Waldheim
bei der Verabschiedung des Papstes
am Flughafen Innsbruck*
(27. Juni 1988)

Heiliger Vater!

Der zweite Pastoralbesuch Eurer Heiligkeit in Österreich nähert sich seinem Ende. In wenigen Minuten wird Ihr Flugzeug vom österreichischen Boden abheben, um Sie nach Rom zurückzubringen.

Vor Ihrem ersten Pastoralbesuch haben Sie gemeint, daß Ihnen unser Land wohlbekannt und vertraut sei. Wir haben allen Grund, anzunehmen, daß diese Vertrautheit mit Österreich und seinen Menschen durch die zahlreichen Begegnungen in diesen Tagen nicht nur eine Bestätigung erfahren hat, sondern auch vertieft worden ist. Führte Sie doch Ihre Reise diesmal in mehrere Bundesländer, die alle eine unverwechselbare Individualität besitzen und die mit Recht ihre eigene, aus der Geschichte erwachsene Art pflegen.

Aus dieser Geschichte kommt aber auch die Verbundenheit mit den jeweiligen Nachbarvölkern. Weit über hunderttausend Menschen von jenseits der Staatsgrenzen unserer Republik haben die Gelegenheit zu einer persönlichen Begegnung mit dem Vikar Christi auf österreichischem Boden genützt. Das gemeinsame Erlebnis dieses Zusammentreffens mit Eurer Heiligkeit wird auch – davon bin ich überzeugt – die Verbundenheit der Österreicher mit ihren Nachbarn in Mitteleuropa festigen. Eine Verbundenheit, die nicht nur in den Jahrhunderten des Miteinander gewachsen ist, sondern auch auf einem einigenden Glauben beruht.

Der Pastoralbesuch Eurer Heiligkeit hat viele Stationen berührt, die mit dem Leben und Wirken großer Heiliger, aber auch mit dem Zeugnis zahlreicher Märtyrer verbunden sind. In Lorch war Gelegenheit, auch des heiligen Severin zu gedenken, der in den Stürmen einer chaotischen Zeit den am Limes der „pax Romana" siedelnden Menschen in ihrer Bedrängnis nicht nur festen religiösen Halt gab, sondern auch um ihr persönliches Wohl Sorge trug. Mit Standfestigkeit war dieser Heilige darüber hinaus um den Ausgleich mit fremden Kulturen und andrängenden Mächten bemüht. Nahe von Lorch war es auch, wo der heilige Florian in der Enns den Opfertod erlitten hatte.

Die düsteren Mauern des ehemaligen Konzentrationslagers Mauthausen erinnern unweit davon eindringlich an die Märtyrer unserer Zeit. Diese Zeugnisse einer unseligen Epoche unseres Jahrhunderts sind jedoch nicht nur Erinnerung, sondern vielmehr bleibende Mahnung, jedem Haß und jeder Intoleranz zu widersagen sowie das Gebot der Nächstenliebe auch im politischen Leben zur Richtschnur allen Handelns zu machen.

Das Andenken der heiligen Hemma von Gurk wird nicht nur in Kärnten hochgehalten. Ihre Verehrung sprengt die Grenzen von Staaten und verbindet Völker verschiedener Zungen. Salzburg wiederum, der Sitz jenes Erzbischofs, der den Ehrentitel eines Primas Germaniae führt, erinnert daran, wo in frühen Jahrhunderten der Samen des Christentums gesät wurde. Die Beweise der Zuneigung und Liebe aber, die Ihnen, Heiliger Vater, hier in Innsbruck bei der Eucharistiefeier im Berg-Isel-Stadion und in der Begegnung mit den Kindern heute nachmittag entgegengebracht wurden, stärken uns in der Zuversicht, daß sich dieses Land mit dem Ehrentitel „das heilige Land Tirol" auch in Zukunft die Glaubensstärke der Ahnen erhalten wird.

In der Stunde des Abschieds ist es mir ein besonderes Anliegen, Ihnen, Heiliger Vater, im eigenen sowie im Namen meiner Landsleute Dank zu sagen. Dank für die Tage reichen Erlebens der persönlichen Begegnung. Dank für so manches Wort der Stärkung im Glauben und Dank schließlich auch für die Ermutigung, dem heute so oft in Frage gestellten Leben ein überzeugtes „Ja" entgegenzusetzen.

Österreich verabschiedet Sie, Heiliger Vater, mit dem aufrichtigen Wunsch, der Allmächtige möge Sie noch lange in Gesundheit zur Fortsetzung Ihrer hohen Mission erhalten. Diese dient nicht nur der Kirche, sondern allen Menschen guten Willens und damit der Festigung des Friedens in der Welt.

Verabschiedung am Flughafen Innsbruck

Abschiedswort des Papstes am Flughafen Innsbruck
(27. Juni 1988)

Sehr verehrter Herr Bundespräsident!
Liebe Brüder und Schwestern!

1. Schon ist der Augenblick des Abschieds gekommen. Voll neuer und eindrucksstarker Erlebnisse kehre ich aus diesem schönen Land der Berge, Täler und Seen, das zugleich reich ist an kunstvollen Kirchen und Klöstern und alten religiösen Bräuchen, wieder nach Rom zurück. Viele Begegnungen mit einzelnen Personen, mit Gruppen und vor allem dem gläubigen Volk Gottes bei den feierlichen Gottesdiensten in den verschiedenen Diözesen haben sich mir tief eingeprägt und werden *unvergeßliche Erinnerungen* an diesen meinen zweiten Pastoralbesuch in Österreich bleiben.
An erster Stelle danke ich Gott, dem Geber alles Guten, für diese intensiven Tage des geistigen Austausches, des gemeinsamen Gebetes und der Besinnung auf unsere christliche Sendung als einzelne und als Kirche in der Welt von heute. Ihnen, Herr Bundespräsident, danke ich für Ihre freundlichen Abschiedsworte sowie für die herzliche Gastfreundschaft, die Ihr Land und seine Bürger mir und meiner Begleitung auch dieses Mal wieder so großzügig gewährt haben. Ein besonderes *Wort des Dankes* gilt meinen Mitbrüdern im Bischofsamt für ihren hingebungsvollen Dienst im Volke Gottes und ihre treue Verbundenheit mit dem Nachfolger des Apostels Petrus, die sie in diesen Tagen inmitten ihrer Gläubigen und Ortskirchen eindrucksvoll bekundet haben. Zusammen mit ihnen danke ich sodann auch den Vertretern des öffentlichen und kirchlichen Lebens, den Sicherheits- und Ordnungskräften sowie allen Helferinnen und Helfern, die es durch ihren großen Einsatz ermöglicht haben, daß diese Tage meines Pastoralbesuches wieder zu einem frohen Fest des Glaubens werden konnten. Eine besondere Freude hat es mir bereitet, daß sich auch Christen jenseits der Grenzen in so großer Zahl an unseren Begegnungen beteiligen können.

2. Im Auftrag Jesu Christi, als Zeuge seiner frohmachenden Botschaft, bin ich zu euch gekommen, liebe Brüder und Schwestern, um euch im Glauben zu bestärken und euch als Jünger Christi in eurer Sendung in Kirche und Gesellschaft zu ermutigen. Seid euch immer dessen bewußt: Die *kostbare Schönheit eurer Heimat,* die von so vielen Menschen gesucht und dankbar angenommen wird, *bedarf dazu besonders*

eures lebendigen Glaubenszeugnisses. Die vielen religiösen Zeichen und Denkmäler in eurer Landschaft, die von gläubigen Menschen geschaffen wurden, Kirchen, Kapellen, Wegkreuze, sind ein verpflichtendes Erbe, das es immer wieder neu mit Leben zu füllen gilt. Die wahre Schönheit wird dem Menschen erst durch die Gnade des Glaubens geschenkt. Wir sehen das an der einfachen Frau aus dem Volk, in Maria. Und wenn gerade in eurem Land so viele „schöne Madonnen" von Künstlerhand geschaffen worden sind, in Freude aufbewahrt und verehrt werden, so soll dies euch stets daran erinnern: Euer Land, das durch so viele natürliche Vorzüge ausgestattet ist, braucht dazu vor allem euren gelebten Glauben und euer Apostolat, damit die Gnade die Schöpfung vollende. Es braucht euer überzeugendes „Ja zum Glauben", damit dann euer „Ja zum Leben" um so echter und wirksamer wird.

Euer Zeugnis für Christus wird um so überzeugender sein, je mehr es in einmütiger Gemeinschaft zusammen mit anderen, in enger Verbindung mit euren Gemeinden und dem ganzen Volke Gottes, geschieht. *Hütet und vertieft unter euch darum vor allem das hohe Gut der Einheit* und des gemeinschaftlichen Bekenntnisses in Aufrichtigkeit und gegenseitiger Liebe. Durch innere Einmütigkeit und aufrichtige Bruderliebe zeichnete sich die Urgemeinde der Christen aus; sie sind auch heute noch das überzeugendste Merkmal für die Jünger Jesu Christi, damit die Welt glaube. In derselben Großmut und Liebe, die ihr euch gegenseitig erweist, werdet ihr dann auch mit allen Schwestern und Brüdern in Not euren Reichtum an geistigen und materiellen Gütern teilen.

Ich möchte mich von euch verabschieden mit den ermutigenden Worten des Apostels Paulus an die Korinther und euch mit ihm zurufen:

„Seid wachsam, steht fest im Glauben,
seid mutig, seid stark! Alles, was ihr tut,
geschehe in der Liebe" (*1 Kor* 15,13-14).

Gott segne und beschütze euch und euer Land! – Grüß Gott!

Ad-limina-Besuch der österreichischen Bischöfe in Rom 1992

Grußwort von Weihbischof Christoph Schönborn im Namen des Vorsitzenden der Österreichischen Bischofskonferenz, Erzbischof Hans Hermann Kardinal Groër

(25. April 1992)

Heiliger Vater,

im Namen meiner Mitbrüder darf ich Eure Heiligkeit nun zum Abschluß unseres Ad-limina-Besuches dankbar grüßen und zugleich unserer Freude versichern: Wir sind nach Rom gekommen, um „Petrus zu sehen", und haben bei ihm Aufnahme gefunden.
Im Abstand eines Quinquenniums ist der Österreichische Episkopat (nach 1987) in dieser Osterwoche wieder dem Papst als dem Inhaber des Petrusamtes begegnet, um sein Wort zu hören, ihm zu danken, zu berichten, Hilfe anzubieten, aber auch Rat und Hilfe zu erbitten.
Im Abstand eines Quinquenniums durfte Österreich Sie, Heiliger Vater, schon zweimal zu einem Pastoralbesuch begrüßen: September 1983 – 200 Jahre nach der denkwürdigen Reise Pius' VI. nach Wien – und im Juni 1988. Beide Male kamen Eure Heiligkeit über Wien, die „limina" unseres Landes. Beide Male haben wir deutliche Zeichen Ihrer liebevollen Zuwendung und Hirtensorge empfangen.
Wie bei der Begrüßung Eurer Heiligkeit am 23. Juni 1988 im Wiener Stephansdom erlaube ich mir auch in dieser Stunde an Christi Wort beim Letzten Ostermahl zu erinnern: „Simon, Simon, der Satan hat verlangt, euch sieben zu dürfen, wie man Weizen siebt. Ich aber habe für dich gebetet, daß dein Glaube nicht wankt. Du hinwieder stärke deine Brüder!"
Im Glauben daran, daß diese Zusage des Herrn auch dem 263. Nachfolger des heiligen Petrus gilt, erbitten wir von Eurer Heiligkeit den apostolischen Segen für uns und die uns Anvertrauten, für unser Land.

Ansprache des Papstes an die österreichischen Bischöfe

(25. April 1992)

Herr Kardinal,
liebe Mitbrüder!

1. Zu eurem Besuch in der Ewigen Stadt und an den Gräbern der Apostel Petrus und Paulus heiße ich euch herzlich willkommen. Ihr tragt die Verantwortung für die Kirche in den Diözesen eines Landes, das im Herzen europas liegt und das eine lange christliche Tradition seit den ersten Jahrhunderten hat.

Euer Ad-limina-Besuch bedeutet die Bestätigung und Erneuerung eurer sichtbaren Gemeinschaft und Einheit mit dem Papst und mit der Gesamtkirche. „Der Bischof von Rom ist als Nachfolger Petri das immerwährende sichtbare Prinzip und Fundament für die Einheit der Vielheit von Bischöfen und Gläubigen. Die Einzelbischöfe hinwiederum sind sichtbares Prinzip und Fundament der Einheit in ihren Teilkirchen, die nach dem Bild der Gesamtkirche gestaltet sind. In ihnen und aus ihnen besteht die eine und einzige katholische Kirche" (Dogmatische Konstitution *Lumen gentium*, Nr. 23).

> *Wenn es in Europa zu einer neuen Begegnung mit dem Evangelium Jesu Christi kommen soll, ...*

2. In Dankbarkeit vor Gott denke ich zurück an die gnadenvollen Tage des Jahres 1988, während derer ich – eurer brüderlichen Einladung Folge leistend – meinen zweiten Pastoralbesuch der Kirche in Österreich abstatten konnte. Das Zeugnis des Glaubens vieler Menschen, die herzliche Aufnahme allerorts, die gute Vorbereitung und unvergeßliche Begegnungen mit den Menschen des Landes behalte ich in dankbarer Erinnerung. In einer Zeit, der bald unerwartete Veränderungen vor allem in Osteuropa folgen sollten, konnte ich die Gläubigen in eurer Heimat zur Bereitschaft und zum Ausharren in der Wahrheit Christi ermutigen. Die neu bestärkte Hoffnung der Menschen in Österreich wurde besonders in den Jahren 1989/1990 zur Hoffnung und Hilfe für viele Menschen in euren östlichen Nachbarländern. Mit dem Namen eures Landes verbinden heute viele die dankbare Erinnerung an Hilfe für Flüchtlinge, Verfolgte, Einwanderer und Notleidende aus allen Teilen der Welt.

Es ist erfreulich zu hören, daß die Bewußtseinsbildung unter den Gläubigen und Menschen guten Willens in Österreich für die Anliegen der Mission sowie die Beschaffung finanzieller Mittel während der letzten Jahre große Fortschritte gemacht haben. Es ist in der Tat ein großes Zeichen der Liebe der österreichischen Christen, daß so viel für die Mission, die Entwicklungshilfe und die Caritas gegeben wird. Zutiefst bin ich davon überzeugt, daß auch in den Nöten der kommenden Jahre die Katholiken in Österreich zu großzügigem Wohlwollen, zur tätigen Nächstenliebe und zur besonderen Sorge für die Glaubensbrüder bereit sind.

3. Euer Land ist mit der Kultur, Geschichte und Zivilisation Europas besonders eng verbunden. In oft einzigartiger Weise war die Kirche in Österreich, vor allem in den vergangenen Jahrzehnten, die Brücke zu den Glaubensbrüdern in Osteuropa. Im nunmehr veränderten Europa wird euer Land eine gewichtige Stimme haben. Mögen die vielen Kontakte und Initiativen für Osteuropa in der Vergangenheit auch in der Zukunft in neuen Formen ihre Fortsetzung finden. Dankbar gedenken wir des Werkes von Kardinal Franz König, dessen weitblickende und mutige Initiativen nun ihre Früchte tragen. Nunmehr kann die Kirche in Osteuropa in veränderten Verhältnissen der Freiheit am Austausch jener geistlichen Güter mitwirken, die für eine Neuevangelisierung Europas Antrieb und Glaubenszeugnis sein werden.

Die Synode der Bischöfe Europas ist Anlaß gewesen, über die Neuevangelisierung Europas nachzudenken, im Gebet Mut zu fassen und miteinander Wege zu suchen, die sowohl Westeuropa als auch Osteuropa die Erneuerung in der Wahrheit Christi vermitteln können, so daß dieser Erdteil wieder zu neuer missionarischer Kraft findet. Wenn es in Europa zu einer neuen Begegnung mit dem Evangelium Jesu Christi kommen soll, ist zuallererst ein geistiger Aufbruch, eine neue Entschiedenheit und Freudigkeit des Glaubens unter Christen nötig. Nur so können sie „Zeugnis von unserer Hoffnung" geben; nur so wird der Glaube auch wieder schöpferische geistige und kulturelle Kraft werden. Dazu gehört ein mutiger Dialog mit den verschiedenen Strömungen des modernen Geisteslebens, in dem der Glaube reinigend und befruchtend wirken kann, zugleich aber auch selbst vertieft und bereitet wird.

> *... ist zuallererst ein geistiger Aufbruch, eine neue Entschiedenheit und Freudigkeit des Glaubens unter Christen nötig.*

4. Es ist mir ein wirkliches Anliegen, euch zu ermutigen und für eure oft mühevolle Arbeit zu stärken; ich weiß um eure Mühen und Sorgen. Mit Gottes Hilfe werdet ihr eure Prüfungen bestehen, wenn ihr eines Sinnes brüderlich verbunden seid und öffentlich Zeugnis eurer Gemeinschaft mit dem Papst und untereinander gebt, wie es die dogmatische Konstitution über die Kirche des II. Vatikanischen Konzils ausgedrückt hat: „Das Kollegium oder die Körperschaft der Bischöfe hat aber nur Autorität, wenn das Kollegium verstanden wird in Gemeinschaft mit dem Bischof von Rom,

dem Nachfolger Petri, als seinem Haupt ... Die Ordnung der Bischöfe aber, die dem Kollegium der Apostel im Lehr- und Hirtenamt nachfolgt, ja, in welcher die Körperschaft der Apostel immerfort weiter besteht, ist gemeinsam mit ihrem Haupt, dem Bischof von Rom, und niemals ohne dieses Haupt, gleichfalls Träger der höchsten und vollen Gewalt über die ganze Kirche" (*Lumen gentium*, Nr. 22).

Herzlich grüße ich den Vorsitzenden eurer Bischofskonferenz, Herrn Kardinal Hans Hermann Groër, den Erzbischof von Wien. Ebenso herzlich begrüße ich euch alle, besonders jene Mitbrüder, die seit dem letzten Ad-limina-Besuch als neue Mitglieder in das Bischofskollegium eingetreten sind oder dort eine neue Aufgabe übernommen haben: Erzbischof Georg Eder, die Diözesanbischöfe Klaus Küng und Kurt Krenn, den Koadjutor des Militärbischofs, Msgr. Christian Werner, und den Weihbischof der Erzdiözese Wien, Msgr. Christoph Schönborn.

5. Die Quinquennalberichte vermitteln einen objektiven Überblick über den Zustand eurer Diözesen, über erfreuliche Fortschritte und auch Entwicklungen, die zu mancher Sorge Anlaß geben können. Was immer sich heute in Kirche und Welt an irgendeinem Ort zuträgt, hat Auswirkungen auf das Ganze. In der eins werdenden Welt ist die Verantwortung aller für alle zu einer unmittelbaren Erfahrung geworden. Vollbringt deshalb euren bischöflichen Dienst mit Gewissenhaftigkeit und Wachsamkeit immer mehr auch als Dienst der Einheit mit der Gesamtkirche; achtet auf die Einheit der Glaubens- und Sittenlehre, wie sie das Lehramt verbindlich vorlegt.

> *Was immer sich heute in Kirche und Welt an irgendeinem Ort zuträgt, hat Auswirkungen auf das Ganze.*

6. In besonderer Weise müssen wir uns alle die Gestaltung des Theologiestudiums sowie eine gedeihliche Entwicklung der theologischen Fakultäten und Hochschulen angelegen sein lassen. In meinem jüngsten nachsynodalen Schreiben *Pastores dabo vobis* habe ich die grundlegenden Prinzipien der wissenschaftlich-intellektuellen Ausbildung und der spirituellen Formung der Priesteramtskandidaten grundgelegt. „Die wissenschaftlich-intellektuelle Ausbildung der Priesteramtskandidaten findet ihre charakteristische Rechtfertigung in der Natur des geweihten Dienstes selbst und beweist ihre aktuelle Dringlichkeit angesichts der Herausforderung der ‚Neu-Evangelisierung', zu welcher der Herr die Kirche an der Schwelle des dritten Jahrtausends aufruft" (Nr. 51). Zwischen Religion und Wissenschaft, zwischen Glaube und Kultur muß eine harmonische Beziehung bestehen: „Der Theologe ist also vor allem ein Glaubender, ein Mann des Glaubens. Aber er ist ein Glaubender, der sich über seinen Glauben Rechenschaft gibt (fides quaerens intellectum), um zu einem tieferen Verständnis eben dieses Glaubens zu gelangen. Die beiden Aspekte, der Glaube und das gereifte Nachdenken, sind tief miteinander verbunden und verflochten" (*Pastores dabo vobis*, Nr. 53).

Aufgabe der theologischen Fakultäten ist es, die Gegenwart des christlichen Glaubens und seines großen geistigen Erbes an den Universitäten zu sichern. Dazu gehört zunächst die Treue zum eigenen Wesen und Ursprung der Theologie, ohne die sie als Theologie bedeutungslos wird und nichts mehr zu geben hat. Zugleich aber schließt diese Treue die Offenheit für alle Fragen des geistigen Lebens ein, weil sie ihrem Wesen nach Treue zur Wahrheit und Suche nach ihrer tieferen Erkenntnis ist. Deshalb verlangt die Theologie von ihrem eigenen Wesen her den Dialog mit den anderen Fakultäten. Eure Aufgabe als Lehrer des Glaubens ist es, die Theologen in dieser ihrer bedeutenden Sendung beratend und weisend zu begleiten und sie zu ermutigen, wenn das eine oder das andere nötig ist.

In der theologischen Ausbildung der künftigen Priester sowie auch der Religionslehrer und Mitarbeiter geht es nicht nur um die wissenschaftliche Qualität, sondern auch um das „sentire cum Ecclesia" bei Dozenten und Studierenden. Dabei hat die Ausbildung der zukünftigen Priester eine besondere Stellung in der Gestaltung der Studien an den theologischen Fakultäten und Hochschulen. Es ist eure Verantwortung, umsichtig und vorausschauend dafür Sorge zu tragen, daß eine genügend große Zahl geeigneter Priester für die Aufgabe eines akademischen Lehrers der Theologie vorbereitet wird. Gemeinsam mit den Oberen der Ordensgemeinschaften soll das Anliegen der Kirche wahrgenommen werden, daß in der Regel die künftigen Priester auch von Priestern ausgebildet werden. Auch die theologische und spirituelle Formung der künftigen Religionslehrer und Mitarbeiter im Bereich der Kirche obliegt der Verantwortung und Sorge der Bischöfe.

> *Die Frage der geistlichen Berufe muß als das Anliegen der ganzen Diözese stets gegenwärtig sein.*

7. Mit meinem inständigen Gebet begleite ich eure Mühen in der Sorge für geistliche Berufungen, im priesterlichen Dienst und im gottgeweihten Leben. Das Priesterseminar sei das Herzensanliegen eines jeden Bischofs; es bedarf jedoch auch der Mitarbeiter der Seelsorger, der Religionslehrer, der Familien und der Pfarrgemeinden. Die Frage der geistlichen Berufe muß als das Anliegen der ganzen Diözese stets gegenwärtig sein, so daß jeder von Gott Berufene auch in den Stimmen der Menschen den Ruf in den Weinberg des Herrn vernimmt.

Der innere Sinn des priesterlichen Lebens ist nur im österlichen Licht erkennbar. Ostern ermutigt die Priester, die innige Gemeinschaft mit dem erhöhten Herrn zu suchen, „in seinem Namen das Leben zu haben und es in Fülle zu haben" (*Joh* 20,30).

Wir alle haben die Pflicht, uns in der Begegnung mit dem auferstandenen Herrn zu erneuern.

Deswegen bitte ich euch und alle Priester sehr herzlich, den Wert des Bußsakramentes unseren Gläubigen deutlich zu machen, damit sie mit dem österlichen Frieden je neu beschenkt werden können.

8. Die reine und unverkürzte Lehre des Glaubens ist die unverzichtbare Mitte des schulischen Religionsunterrichtes in allen seinen Stufen und Formen. Die lernende Jugend muß durch den Religionsunterricht, der in eurem Land in großzügiger Weise vom Staat unterstützt wird, die Gewißheit erhalten, daß ihnen das umfassende Glaubensgut vorgelegt wird. Nur dann kann der Religionsunterricht jene wahre Lebenshilfe für die jungen Menschen sein, die aus der Gnade und Wahrheit des Erlösers entspringt. Mit großer Hoffnung erwarten wir das Erscheinen des Weltkatechismus, der die Magna Charta der Katechese in aller Welt werden möge. An ihm hat Msgr. Schönborn entscheidend mitgewirkt. Achtet als Hüter und Lehrer des Glaubens darauf, daß die Methoden, Zielsetzungen und Unterrichtsmittel im Religionsunterricht mit dem Anspruch des katholischen Glaubens übereinstimmen, so daß die Lernenden das Christusgeheimnis als die Mitte ihres Lebens erfassen und in die Glaubensgemeinschaft der Kirche als lebendige und geistig gereifte Mitglieder hineinwachsen. Damit wird die Kirche auch in bester Weise an der Heranbildung sittlich verantwortungsbewußter Bürger in Staat und Gesellschaft mitwirken.

Die lernende Jugend muß durch den Religionsunterricht die Gewißheit erhalten, daß ihnen das umfassende Glaubensgut vorgelegt wird.

9. Die Jugend eures Landes sucht den Weg zum Erlöser Jesus Christus, der dem Menschen den Menschen selbst voll kundtut und ihm seine höchste Berufung erschließt (vgl. *Gaudium et spes*, Nr. 22). Es gibt Zeichen der Hoffnung auf eine stärkere Orientierung der jungen Menschen an Gott, an seiner Offenbarung und an seinen Geboten. Beteiligt die Jugend an der Verantwortung für die Anliegen der Kirche und bewahrt sie davor, in eine eigene Welt utopischer Träume, Süchte und Moden, ohne Interesse an Kirche, Staat und Kultur auszuwandern. Lehrt sie, daß die wahre Bestimmung des Menschen die Heiligkeit ist; leitet sie an, das Gute zu tun.

10. Der Schutz der Familien, die gleichsam die Hauskirche Gottes sind, in der Glaube und Liebe, Treue, Hingabe und nimmermüde Sorge füreinander in den Müttern und Vätern für ihre Kinder aufblühen sollen, verdient unsere besondere Aufmerksamkeit. Immer mehr breitet sich im Urteil der Öffentlichkeit die Geringschätzung der Treue, die Entwürdigung der Frau, die Verächtlichmachung der Gebote Gottes, der schrankenlose Egoismus, die entwürdigende Pornographie und das leichtsinnige Spiel des weltzerstörenden Konsumismus aus. Immer drängender wird die Frage über die wirkliche Bestimmung des Menschen. Es ist Jesus Christus, der wahrer Gott und wahrer Mensch ist, der das Geheimnis des Menschen erhellt; er ist der vollkommene Mensch, der als Erlöser dem Menschen die Gottebenbildlichkeit wiedergibt, die von der ersten Sünde Adams her verunstaltet war (vgl. *Gaudium et spes*, Nr. 22). Er steht hinter den Armen, Leidenden, Unterdrückten, Verfolgten und Verachteten; er ist der Anwalt der Schwächsten und Wehrlosen sowie des ungeborenen Lebens: Er ist und

wirkt in seiner Kirche, die für die innigste Vereinigung mit Gott und für die Einheit der ganzen Menschheit gleichsam das Sakrament ist (vgl. *Lumen gentium*, Nr. 1).

11. Große Anerkennung und Wertschätzung hat der unter der Federführung unseres Mitbruders Aichern entstandene gemeinsame Sozialhirtenbrief der österreichischen Bischöfe bei den Menschen eures Landes gefunden. Ihr habt die gute Tradition Österreichs bei der Entfaltung und Anwendung der Katholischen Soziallehre, wie sie seit meinem Vorgänger Leo XIII. von den Päpsten verkündet wird, mit einem wertvollen Dokument fortgesetzt. Gerade die Ereignisse und Veränderungen in Osteuropa haben gezeigt, daß gegen die gottgegebene Würde des Menschen kein unsoziales und menschenverachtendes System auf Dauer bestehen kann. Hundert Jahre nach der Enzyklika *Rerum novarum* können wir mit neuen Einsichten aussprechen, was in der sozialen Gerechtigkeit, in der Respektierung der Menschenwürde und der Menschenrechte, im Frieden, in der menschlichen Person und in der weltweiten Solidarität der Menschheitsfamilie Gottes Absichten mit dem Menschen zugrunde liegt. Mit freudiger Genugtuung habe ich erfahren, daß meine Enzyklika *Centesimus annus* von den Katholiken Österreichs mit großer Bereitschaft aufgenommen, studiert und vielfach zur Entscheidungsgrundlage in sozialen, ethischen und politischen Fragen gemacht wurde.

12. In der Kirche besteht eine Verschiedenheit des Dienstes, aber eine Einheit der Sendung. Es obliegt vor allem dem Apostolat der Laien, die zeitliche Ordnung mit dem Geist des Evangeliums zu durchdringen und zu vervollkommnen. Die Laienchristen verwirklichen in Kirche und Welt ihren eigenen Anteil an der Sendung des ganzen Volkes Gottes (vgl. *Apostolicam actuositatem*, Nr. 2).
Ermutigt die Gläubigen zu sozialer Gesinnung und zu sozialen Taten, zu bürgerlicher und politischer Verantwortung in eurem Land, zur Mitgestaltung einer humanen Kultur, zur Bejahung des Gemeinwohls und zur Gestaltung der zeitlichen Ordnung, entsprechend den höheren Grundsätzen des christlichen Lebens (vgl. *Apostolicam actuositatem*, Nr. 7). Die Achtung vor der Würde des Menschen und die Ablehnung von Gewalt im zwischenmenschlichen und zwischenstaatlichen Zusammenleben sollen oberste Prinzipien für unser Handeln sein. Mit Genugtuung habe ich erfahren, daß verschiedene kirchliche Organisationen in eurem Land meine Besorgnis über den Golfkrieg und die kriegerischen Auseinandersetzungen in Europa sowie über eine menschenwürdige Behandlung der Ausländer in bewundernswerter Weise mitgetragen haben.

> *In der Kirche besteht eine Verschiedenheit des Dienstes, aber eine Einheit der Sendung.*

Das Laienapostolat in seinen besonderen Formen gehört seit langem zur prägenden Kraft in eurem Land. Viele Organisationen und Bewegungen erfüllen heute auf verschiedene Weise ihre Sendung. Eine besondere Stellung nimmt die Katholische

Aktion mit ihren Gliederungen ein, die ihre Mitarbeit am hierarchischen Apostolat unter der Oberleitung der Hierarchie selbst leistet. Die brüderliche Zusammenarbeit aller Kräfte des Laienapostolates wird am besten geeignet sein, den Wettstreit im Guten zu fördern, Machtstreben und Bevormundung aber auszuschließen, gemäß dem Wort Christi „Ihr alle aber seid Brüder".

13. In Österreich gehört der weitaus größte Teil der Bevölkerung der Katholischen Kirche an. Gerade auch in dieser Situation hat die ökumenische Verpflichtung eine besondere Bedeutung.

> *Das Laienapostolat in seinen besonderen Formen gehört seit langem zur prägenden Kraft in eurem Land.*

Ich weiß, mit welchem Engagement sich die „Gemischte Katholisch-Evangelische Kommission" seit ihrer Konstituierung im Jahre 1966 um eine Vertiefung des gegenseitigen Verständnisses bemüht. Diese Arbeit verdient Anerkennung und Ermutigung.

Seit 1964 leistet die Stiftung Pro Oriente einen ökumenischen Dienst, der in seiner Bedeutung weit über die Grenzen Österreichs hinausreicht. Gemäß dem Zweck der Stiftung, zur „Verständigung zwischen den Christen des Ostens und des Westens" beizutragen, hat Pro Oriente gerade auch in den vergangenen Jahren in vielen schwierigen Situationen mit Mut und Phantasie manche Brücke geschlagen. Ohne die Vielfalt ökumenischer Initiativen an dieser Stelle entsprechend würdigen zu können, möchte ich der Stiftung ganz besonders herzlich für ihre Bemühungen danken, serbisch-orthodoxe und katholische Bischöfe am 11. Juni des vergangenen Jahres zusammenzubringen, um zu einer friedlichen Lösung der Konflikte in dieser Region beizutragen.

14. Das schöne Denkmal, das sich an dem an den Stephansdom angrenzenden Platz „Am Graben" befindet, wurde im Jahr 1679 von Kaiser Leopold errichtet; es ist der Heiligsten Dreifaltigkeit geweiht. Auf der dreiteiligen Säule kann man unter anderem lesen:
- Deo Patri, Creatori
- Deo Filio, Redemptori
- Deo Spiritui, Sanctificatori.

Die auf diesem Denkmal ausgedrückte Idee möge das Handeln aller Glieder der österreichischen Kirche in unserer Zeit inspirieren und sie zu begeisterten Mitarbeitern Gottes und Verkündern der Guten Nachricht machen, die Ausdruck der Liebe Gottes zu einem jeden Menschen ist.

So wird die Vorstellung der einen Menschheitsfamilie gefördert, der einen Welt ohne Grenzen, in der die universale Vaterschaft Gottes und die universale Brüderlichkeit unter den Menschen bestätigt wird, die Söhne des gleichen Vaters sind, der im Himmel ist.

Möge Österreich mit seiner großen Geschichte und seinem Reichtum an Weisheit beitragen zu einem „Europa der Nationen". Es kann helfen, die Mauern abzutragen, die durch Teilungen, Unverständnis und Streit entstanden sind; und es kann Achtung und Vertrauen fördern, um die vielschichtigen Probleme zu lösen, die vor allem nach den Ereignissen von 1989 entstanden sind.

Für euer Land, das bald die tausendjährige Erinnerung des Namens „Österreich" feiert, für seine verantwortlichen Politiker, um Wohlergehen und Frieden und für die Kirche will ich die besondere Fürsprache der Gottesmutter erbitten. Von Herzen erteile ich meinen apostolischen Segen euch, euren Priestern, den euch anvertrauten Gläubigen und eurem Land, das für ein in Christus erneuertes Europa Vorbild und Zeuge sein möge.

Dritter Pastoralbesuch von Papst Johannes Paul II. in Österreich (19.-21. Juni 1998)

83. Auslandsreise

Komm Schöpfer Geist

Papst Johannes Paul II. besucht Österreich

Programm

Freitag, 19. Juni 1998

11.15 Uhr	Ankunft und Begrüßung des Papstes auf dem Flughafen Salzburg
12.00 Uhr	Fahrt zur Erzabtei St. Peter
12.15 Uhr	Gebet in der Kirche zum heiligen Petrus und Besuch der Erzabtei
15.45 Uhr	Festgottesdienst im Salzburger Dom – Thema: Mission
18.40 Uhr	Abflug nach Wien

Samstag, 20. Juni 1998

10.00 Uhr	Höflichkeitsbesuch des Papstes beim Bundespräsidenten in der Wiener Hofburg
10.30 Uhr	Begegnung mit staatlichen Autoritäten und dem Diplomatischen Corps in der Wiener Hofburg
15.00 Uhr	Abfahrt nach St. Pölten
16.00 Uhr	Besuch im Dom von St. Pölten und Gebet
16.45 Uhr	Eucharistiefeier im Landhauspark im Regierungsviertel von St. Pölten – Thema: Berufung
19.15 Uhr	Rückfahrt nach Wien zur Apostolischen Nuntiatur

Sonntag, 21. Juni 1998

09.30 Uhr	Festgottesdienst mit Seligsprechungen (Sr. Restituta Kafka, Jakob Kern, P. Anton Maria Schwartz) auf dem Heldenplatz in Wien – Thema: Heiligkeit
12.45 Uhr	Begegnung und Mittagessen mit den Mitgliedern der Österreichischen Bischofskonferenz im Erzbischöflichen Palais
16.15 Uhr	Abschied in der Apostolischen Nuntiatur
16.45 Uhr	Krankenbesuch im Hospiz der Caritas Socialis
18.00 Uhr	Offizielle Verabschiedung des Papstes am Flughafen Wien-Schwechat und Rückflug nach Rom

Rede von Bundespräsident Thomas Klestil bei der Ankunft des Papstes am Flughafen Salzburg

(19. Juni 1998)

Heiliger Vater!

Mit großer Freude heiße ich Sie zu Ihrem dritten Pastoralbesuch in Österreich willkommen. Mit mir begrüßen Sie heute ungezählte Landsleute weit über den Kreis der katholischen Christen hinaus. In Dankbarkeit und Bewunderung erinnern gerade wir Österreicher uns, wie sehr Ihr Pontifikat zur Überwindung der europäischen Teilung und zur Befreiung unserer Nachbarn im Osten aus der Knechtschaft eines totalitären Regimes beigetragen hat.

Es gibt wohl nur wenige Länder – und kaum ein anderes von der Größe Österreichs –, das bereits zum drittenmal die Freude Ihres Kommens hat.

Es gibt wohl nur wenige Länder – und kaum ein anderes von der Größe Österreichs –, das bereits zum drittenmal die Freude Ihres Kommens hat. Wir sehen darin ein Zeichen Ihrer persönlichen Verbundenheit und menschlichen Nähe. Wir empfinden diesen Besuch aber auch als Ausdruck der Wertschätzung für die zutiefst vom katholischen Glauben geprägte Kultur und Geschichte unseres Landes. Und wir wissen, welche Rolle Sie, Heiliger Vater, der Republik Österreich gerade im Prozeß der europäischen Einigung zuweisen. So ist wohl auch der Zeitpunkt dieses Besuchs – nur wenige Tage vor Übernahme der Präsidentschaft in der Europäischen Union – mit Bedacht gewählt: um uns zu ermutigen und uns auf unsere größer werdende Verantwortung hinzuweisen.

Die Stadt Salzburg, in der Sie heute österreichischen Boden betreten, ist sich seit nun 1200 Jahren ihrer zivilisatorischen Mission bewußt. Mit ihrer enormen Strahlkraft als geistig-religiöses und kulturelles Zentrum in der Mitte Europas erinnert sie uns aber auch daran, daß wir bei der Suche nach der Seele Europas nicht auf das feste Fundament und die inspirierende Kraft der christlichen Werte verzichten dürfen.

Umso wichtiger ist es, daß es der Kirche auch an der Schwelle in ein neues Jahrtausend gelingen möge, Antworten auf die Fragen so vieler Suchender und Ratloser zu finden. Mehr denn je brauchen wir heute und morgen unbeirrbare Stimmen, die uns zur Gerechtigkeit, zur Geschwisterlichkeit, zum Frieden und zur Bewahrung der Schöpfung mahnen.

So begrüße ich Sie, Heiliger Vater, noch einmal im Namen unserer Republik und auch ganz persönlich – und hoffe, daß Ihr Besuch erneut dazu beiträgt, den Geist der Besinnung und Erneuerung und das Vertrauen und die Gemeinsamkeit aller unserer Bürger – innerhalb und außerhalb der Kirchen – zu stärken.
Noch einmal: Herzlich willkommen in Österreich!

Grußwort des Papstes bei der Ankunft am Flughafen Salzburg
(19. Juni 1998)

Sehr geehrter Herr Bundespräsident!

1. Mit Freude betrete ich heute wiederum österreichischen Boden. Von Herzen grüße ich alle hohen Persönlichkeiten des öffentlichen Lebens, die mich hier durch ihre Anwesenheit beehren. Zugleich heiße ich alle Bürgerinnen und Bürger dieses schönen Landes willkommen, das ich als Bischof von Rom nun schon zum dritten Mal besuchen darf.
Ich danke Ihnen, verehrter Herr Bundespräsident, für Ihre herzlichen Begrüßungsworte. Mit dem Gefühl brüderlicher Wertschätzung schaue ich auf die Bischöfe dieses Landes und danke ihnen für die erneute Einladung, nach Österreich zu kommen.
Pax! Pax vobis! So grüße ich Sie heute mit dem Wunsch des Auferstandenen: Der Friede sei mit euch. Friede Ihrem Land! Friede der Kirche in Österreich! Friede den Gemeinschaften und Pfarren, Friede den Herzen der Menschen! Friede sei mit euch allen!

2. Der wahre Friede kommt aus dem Herzen. „Liegst dem Erdteil du inmitten, einem starken Herzen gleich", heißt es trefflich in Ihrer Bundeshymne. In den vergangenen Jahren hat sich das Land im Herzen Europas in die Weggemeinschaft derer begeben, die sich die Einigung des Kontinents zum Ziel gesetzt haben. Um das neue Europa aufzubauen, werden viele Hände gebraucht, besonders aber Herzen, die nicht nur für Gewinn und Geld schlagen, sondern für Gott um des Menschen willen. Mein Wunsch ist es, daß das Herz Europas stark und gesund bleibe. Deshalb bete ich dafür, das Denken und Handeln aller Bürgerinnen und Bürger Österreichs möge vom festen Willen geleitet sein, die Würde jedes einzelnen Menschen zu achten und das Leben in allen seinen Formen und Phasen uneingeschränkt zu bejahen. Denn im Reichtum des christlichen Erbes ist es besonders das Verständnis vom Menschen, das die europäische Kultur entscheidend mitgeprägt hat.
Zur sinnvollen Planung eines Hauses gehört der richtige Maßstab. Denn wer kein Maß kennt, verfehlt auch das Ziel. Die Architekten des europäischen Hauses können dabei

auf das christliche Menschenbild zurückgreifen, das der alten Kultur des Kontinents eingeprägt ist und der viel bewunderten Höhe ihrer Schaffenskraft und Leistung den Boden bereitet hat. Das Verständnis vom Menschen als Bild und Gleichnis Gottes ist daher kein antikes Museumsstück aus längst vergangenen Zeiten. Vielmehr stellt es die Grundlage für ein modernes Europa dar, in dem die zahlreichen Bausteine unterschiedlicher Kulturen, Völker und Religionen zur Errichtung des neuen Bauwerks zusammengehalten werden. Ohne diesen Maßstab ist das im Bau befindliche europäische Haus in Gefahr, aus den Fugen zu geraten und auf Dauer keinen Bestand zu haben.

3. Auf diese Weise weitet mein Besuch unseren Blick über die Grenzen dieses Landes auf ganz Europa hinaus, auf alle Völker dieses Kontinents mit ihrer Geschichte, vom Atlantik zum Ural, von der Nordsee bis zum Mittelmeer. Österreich hat in besonderer Weise dessen Geschicke geteilt und entscheidend mitbeeinflußt. Es zeigt exemplarisch, wie eine Vielzahl von Volksstämmen auf begrenztem Raum spannungsreich zusammenleben und mit schöpferischer Gestaltungskraft in der Vielfalt Einheit schaffen kann. Auf dem Territorium des heutigen, im Verhältnis zu anderen Ländern kleinen Österreich haben sich die Wesenszüge von Kelten und Romanen, von Germanen, Ungarn und Slawen eingeprägt und in der Bevölkerung lebendig erhalten. So wird Österreich zum Spiegel und Modell für ein vereintes Europa, das nicht ausgrenzt, sondern Platz hat für alle.

4. Veni Creator Spiritus! Komm, Schöpfer Geist!
Diese Bitte wird wie ein Kehrvers die nächsten Tage durchziehen, die ich in Ihrem geschätzten Land verbringen darf. In den kommenden drei Tagen gehöre ich Österreich!
„Komm, Schöpfer Geist, und entzünde in uns das Feuer deiner Liebe!" Diese Bitte verknüpfe ich mit meinem innigen Dank Ihnen gegenüber, sehr verehrter Herr Bundespräsident, und an Sie, liebe Brüder im Bischofsamt. In der Vorfreude darauf, unsere Gemeinschaft im Glauben und Feiern zu leben, rufe ich den geliebten Bewohnern dieses Landes noch einmal zu: Der Friede sei mit euch!

Begrüßung des Papstes durch Erzbischof Georg Eder beim Gottesdienst im Salzburger Dom
(19. Juni 1998)

Heiliger Vater!

Es sind fast genau 10 Jahre her, daß Sie unserer Erzdiözese, Stadt und Land Salzburg einen ersten Pastoralbesuch machten, es war der 26. Juni 1988. Wenn Sie uns heuer noch einmal die Ehre Ihres Besuches schenken, so ist unsere Freude darüber und unsere Dankbarkeit umso größer, und ich betrachte Ihr Kommen als ein außerordentliches persönliches Geschenk. Sie tun nichts anderes als das, was uns der 1. Satz der 1. Lesung (*Ez* 34,11) sagt: „Ich suche meine Schafe, ich selber kümmere mich um sie." Ich heiße Sie im Namen aller, die hier zusammengekommen sind, herzlich willkommen: Gesegnet, der da kommt im Namen des Herrn!

> *Wir alle wissen, daß der Missionsauftrag der Kirche der Hauptinhalt Ihres fast 20jährigen Pontifikates ist.*

Das deutsche Rom, wie man Salzburg nicht ganz zu Unrecht nennt, ist klein, und auch das Erzbistum, einst einen weiten Teil Mitteleuropas umfassend, ist – im Rahmen der Ereignisse 1803 – klein geworden. Die Bedeutung Salzburgs liegt in der Geschichte: Vor mehr als 1300 Jahren kam der heilige Rupertus als Glaubensbote von Worms am Rhein an die kleine römische Garnisonsstadt an der Salzach. Aber Ihr Vorgänger auf dem Stuhle Petri, Leo III., hat schon im Jahre 798, also vor 1200 Jahren, Salzburg zum Erzbistum erhoben und ihm damit ein großes Missionsgebiet zugewiesen, das weit nach Osten hineinreichte: nach Böhmen, Mähren, Ungarn und bis in das slowenische Maribor.

Wir alle wissen, Heiliger Vater, daß der Missionsauftrag der Kirche, dem das II. Vatikanische Konzil einen kräftigen Auftrieb gegeben hat, der Hauptinhalt Ihres fast 20jährigen Pontifikates ist. Sie sind wirklich in alle Welt gezogen und haben immer wieder betont (*Redemptoris missio*, Nr. 2), daß die missionarische Verkündigung den wichtigsten Dienst darstellt, den die Kirche jedem Menschen und der ganzen Menschheit von heute erweisen kann.

Der Sendungsauftrag der Kirche hat letztlich ihren Ursprung im Herzen des göttlichen Erlösers. Und das Feuer, das aus diesem Herzen schlägt, ist niemand anderer als der Heilige Geist, der die kalte Welt (wieder) entflammen möchte.

Gottesdienst im Salzburger Dom

Heiliger Vater, Sie haben bei der Fahrt um den Dom gesehen, wie diese unsere Kathedrale rundum erneuert worden ist. Sie haben soeben eine Krone für Unsere Liebe Frau von Fatima gesegnet. Wir wollen am Fest der Himmelfahrt Mariens unsere alte Erzdiözese wieder der heiligen Gottesmutter, der Königin der Apostel, anvertrauen, damit auch wir noch mehr zu einer wahren Neuevangelisierung Europas beitragen können.

Heiliger Vater, ich danke Ihnen im Namen aller, die jetzt im Dom und um den Dom warten, um mit Ihnen die große Dankfeier der Eucharistie zu begehen, und ich darf Ihnen sagen: Unsere Herzen stehen offen!

Predigt des Papstes beim Gottesdienst im Salzburger Dom
(19. Juni 1998)

„Der Herr ist mein Hirte, nichts wird mir fehlen" (*Ps* 23,1).

1. Die Worte, die der Psalmist auf Gott im Alten Bund bezieht, dürfen wir heute an unseren Hirten richten, das menschgewordene Wort Gottes: Der Herr ist mein Hirte, nichts wird mir fehlen. Dankbar schauen wir auf den Glauben, der wie ein starker Baum in dieser Gegend Früchte getragen und Geschichte gemacht hat: „Freue dich, Juvavum, denn am Ufer deiner Wasser hat der Herr Bäume gepflanzt, die niemals aufhören, Früchte zu tragen" (1. Antiphon der Lesehore zum Fest Rupert und Virgil).

Das Licht des Glaubens wurde hier wohl zum ersten Mal von dem berühmten Missionar Severin entzündet. Es war am Ende des fünften Jahrhunderts, in einer Zeit, als die römischen Provinzen dem Untergang geweiht waren. Mehr als zwei Jahrhunderte sollten vergehen, bis aus der Stadt Worms am Rhein wieder ein guter Hirte den Weg zur kleinen, weithin zerstörten Stadt an der Salzach fand: der Wanderbischof Rupertus. Er baute Kirchen und richtete geistliche Stützpunkte ein. Schon das erste Gotteshaus wurde dem heiligen Petrus geweiht.

Im Jahre 739 war es der heilige Bonifatius, der als Legat des Papstes für Germanien vier Diözesen errichtete: Regensburg, Passau, Freising und Salzburg. Heute sind die Oberhirten dieser altehrwürdigen Diözesen unter uns. So grüße ich neben Erzbischof Georg Eder, der heute unser Gastgeber ist, ganz besonders Herrn Kardinal Friedrich Wetter von München und Freising, Herrn Bischof Manfred Müller von Regensburg und Herrn Bischof Franz Xaver Eder von Passau.

Reich an Jahren und Glanz ist die Kirche von Salzburg! Nachdem der heilige Bischof Virgil, der aus Irland kam, den ersten Dom eingeweiht hatte, wurde vor 1200 Jahren durch Papst Leo III. Salzburg zur Metropole erhoben.

Die Glanzpunkte der Vergangenheit lassen uns heute am Hochfest des Heiligsten Herzens Jesu mit Recht das Te Deum auf den Herrn anstimmen, der als Guter Hirte die Kirche von Salzburg durch die Jahrhunderte getragen hat. Der Herr ist mein Hirte. Nichts wird mir fehlen.

2. Dieser Tag, an dem ich als Nachfolger des heiligen Petrus zum zweiten Mal das „deutsche Rom" besuchen darf, ist aber nicht nur der Erinnerung an eine stolze Geschichte gewidmet. Er soll jeden einzelnen dazu anregen, sich um eine ehrliche Erneuerung im Glauben und um die entschlossene Bündelung der eigenen Kräfte mit denen der anderen Gläubigen zu bemühen, damit es der neuen Evangelisierung dient.

Dabei weitet sich mein Blick über das Gebiet des Salzburger Landes hinaus. Ich grüße den Bundespräsidenten der Republik Österreich, Herrn Thomas Klestil. Ein herzliches Willkommen rufe ich neben den zahlreichen Brüdern im Bischofs- und Priesteramt, die aus Österreich und den Nachbarländern gekommen sind, sowohl dem Erzbischof von Wien, Kardinal Christoph Schönborn, zu als auch dem Vorsitzenden der Österreichischen Bischofskonferenz, Bischof Johann Weber von Graz-Seckau.

Im Licht der missionarischen Tätigkeit unserer Vorfahren wird uns eines neu bewußt: Wir dürfen den Glauben nicht einschließen in unsere Gotteshäuser. Wir sollen ihn hinaustragen in unsere kleine und große Welt. Der missionarische Einsatz hat in dieser Bischofsstadt eine lange Tradition. Die Bischöfe von Salzburg sind als gute Hirten weit in den Osten gezogen und haben die Frohe Botschaft nach Böhmen, Mähren und Ungarn gebracht. Sie haben ihre Helfer als Missionare ausgesandt bis nach Maribor an der Drau, nach Brixen, an den Lech und zur Donau.

Heute ist die Mutterdiözese Salzburg geographisch zwar kleiner geworden. Aber in den Steinen dieses ehrwürdigen Domes und der erhabenen Festung hat sich das eingeprägt, was Salzburg in der Geschichte war und in Zukunft sein soll: ein Missionszentrum, das ausstrahlt über die Grenzen der Diözese und des Landes hinaus. Salzburg, du Stadt auf dem Berg gebaut, du trägst in deinem Namen das Salz: Deine Bewohner mögen auch

> *Salzburg, deine Bewohner mögen auch in Zukunft das Salz des Evangeliums gläubig annehmen und durch ihr Zeugnis bestätigen.*

in Zukunft das Salz des Evangeliums gläubig annehmen und durch ihr Zeugnis bestätigen. Denk an das Erbe, das dir die Vergangenheit vermacht hat: das Salz der Heilsbotschaft in das umliegende Gebiet hinauszutragen.

Du Sitz des Primas Germaniae, die Geschichte hat dir eine Art Vorsitz in der Mission übertragen: Die Christen dieser Erzdiözese mögen sich der Verpflichtung stets bewußt sein, die ein solches Vorrecht mit sich bringt.

Du hast eine Sendung gegenüber den Männern und Frauen, die einen Weg suchen, der sie „zum Ruheplatz am Wasser" führt. Durch das Zeugnis deiner Gläubigen mögen sie Dem begegnen, der sie auf rechten Pfaden führt, bis sie „auf grünen Auen lagern" und sich stärken können (vgl. *Ps* 23,2-3): Der Herr ist mein Hirte. Nichts wird mir fehlen.

3. „Muß ich auch wandern in finsterer Schlucht, ich fürchte kein Unheil" (*Ps* 23,4). Wir wissen um die Gefahren, die sich in steilen Tälern bei Dunkelheit stellen. Das geographische Bild ist ein trefflicher Spiegel der Seele. Auch unser Inneres ist tückischen Abgründen ausgesetzt. Wir kennen die Dunkelheiten von Enttäuschungen, Schicksalsschlägen und Glaubenszweifeln. Die jedoch auf Gott vertrauen, finden Schutz und Sicherheit in der Obhut des Guten Hirten: „Dein Stock und dein Stab geben mir Zuversicht" (*Ps* 23,4).

Spielen diese Worte aus der Heiligen Schrift nicht auf die Aufgabe des Lehramtes an, das Christus den Hirten der Kirche anvertraut hat? Dieses Amt ist nicht menschliche Erfindung, um in der Seelsorge Herrschaft auszuüben. Christus selbst hat uns zu diesem Dienst bestellt, damit Sein göttliches Wort aus menschlichem Mund weitergetragen werde und den Menschen „Stock und Stab", Halt und Orientierung sei.

Liebe Schwestern und Brüder!

Im Bewußtsein meiner Sendung, die mit meinem Amt als Nachfolger des heiligen Petrus verbunden ist, bin ich zu euch nach Österreich gekommen, um euch ein Wort des Zuspruchs und der Ermutigung zu bringen. Ich danke euch für euer Kommen, in dem ich ein Zeugnis dafür sehe, daß ihr zu Christus gehören wollt. Wie im Evangelium der Hirte das Schaf auf seinen Schultern trägt, so habe ich auch euch in den vergangenen Monaten in meinem Herzen getragen.

Das Herz des Hirten aus Rom schlägt für euch alle!

Verlaßt die Herde des Guten Hirten nicht! Tretet nicht aus, sondern tretet auf – für die Frohe Botschaft, die auch die Dunkelheiten unseres Lebens erleuchten kann: Der Herr ist mein Hirte. Nichts wird mir fehlen.

4. Es ist mir ein großes Anliegen, meine Wertschätzung allen gegenüber auszudrücken, die sich unermüdlich dafür einsetzen, daß die Pfarrgemeinden lebendig sind. Die Pfarren sind ja „die Kirche, die inmitten der Häuser ihrer Söhne und Töchter lebt" (Apostolisches Schreiben *Christifideles laici*, Nr. 26). Es ist erfreulich, daß sich nach dem Zweiten Vatikanischen Konzil eine Vielzahl von Diensten entwickelt hat, denen sich unzählige Laien in hochherziger Weise widmen. Mit hohem Einsatz an Zeit nehmen sie die Mitverantwortung wahr, die ihnen aufgrund der durch Taufe und Firmung übertragenen Würde zukommt.

> *Tretet nicht aus, sondern tretet auf – für die Frohe Botschaft, die auch die Dunkelheiten unseres Lebens erleuchten kann.*

In der Verschiedenheit der Aufgaben das rechte Mit- und Zueinander zu finden, bereitet mitunter Schwierigkeiten. Gleichheit in der Würde bedeutet in der Herde des Guten Hirten nicht Gleichheit in den Ämtern und Tätigkeiten. So können die besonderen Aufgaben des bischöflichen und priesterlichen Hirtenamtes nicht einfach auf Laien übergehen. Andererseits haben die Hirten die spezifischen Aufgaben der Laien zu achten. Deshalb soll es auch nicht geschehen, daß Laien ihre Dienste an Priester, Diakone oder hauptberufliche Mitarbeiterinnen und Mitarbeiter übertragen. Nur wenn jeder den Platz einnimmt, der ihm gebührt, wird der gemeinsame Weg von Hirte und Herde gelingen.

Mir liegt sehr daran, euch, liebe Schwestern und Brüder im Laienstand, meine tiefempfundene Anerkennung auszusprechen. Euer Einsatz ist mit Geld nicht zu bezahlen. Ohne euch wären unsere Pfarrgemeinden nicht nur ärmer. Ihnen würde etwas Wesentliches fehlen. Ich bitte euch alle, euer Apostolat auch in Zukunft ernst zu nehmen, sei es als Lektoren oder Kommunionhelfer, als Mitglieder von Kirchenchören und Gebetsgruppen oder bei der Hinführung der Kinder und Jugendlichen zur Erstkommunion und Firmung. Ausdrücklich ermutige ich die Laien dazu, aufs engste mit ihren Priestern zusammenzuarbeiten.

Dabei erinnere ich an die Bedeutung der Pfarrgemeinderäte, in denen die pastoralen Probleme „in gemeinsamer Beratung" zu prüfen und zu lösen sind (vgl. *Apostolicam actuositatem*, Nr. 10). Wagt den Dialog in euren Gremien!

Nicht vergessen möchte ich die zahllosen Männer und vor allem Frauen, die sich ohne viele Worte, aber mit großer Hingabe im karitativen Bereich aufzehren. Sie kümmern sich um Alte, Kranke und Einsame. Auf diese Weise lassen sie gerade die Menschen auf der Schattenseite des Lebens spüren, was es heißt: Der Herr ist mein Hirte. Nichts wird mir fehlen.

5. „Du deckst mir den Tisch vor den Augen meiner Feinde" (*Ps* 23,5). Auch wenn die Christen nicht gewaltsam verfolgt werden, ist es für sie nicht leicht, Zeugnis zu geben. Vielfach begegnet ihnen die Masse mit Gleichgültigkeit, einer Haltung, die nicht weniger schwer wiegt als offene Feindseligkeit. Die Priester und ihre Mitarbeiter decken den Tisch des Wortes und der Eucharistie. Dabei müssen sie die enttäuschende Erfahrung machen, daß die Zahl der Gäste, die der Einladung folgen, stetig abnimmt. Der Tisch des Wohlstandes und des Konsumismus scheint anziehender zu sein. Deshalb leben viele Zeitgenossen so, als wenn es Gott nicht gäbe. Gleichzeitig haben Formen weitverbreiteter Volksfrömmigkeit überdauert, denen allerdings die Grundlage bewußter Überzeugung fehlt. Deshalb besteht die Gefahr, daß sie in der Konfrontation mit der zunehmenden Säkularisierung austrocknen. Die Gleichgültigkeit gegenüber dem christlichen Erbe ist ebenso gefährlich wie eine offene Feindseligkeit.

Nur eine neue Evangelisierung wird die Vertiefung eines reinen und festen Glaubens gewährleisten, der die überkommenen Traditionen in eine befreiende Kraft verwandeln kann.

Haben wir noch Ressourcen, aus denen wir zehren können? Wo liegen die Quellen, aus denen wir schöpfen dürfen? Christen von Österreich, ihr wißt, wo diese Quellen liegen! Das alte Europa, das zu einer neuen Völkerfamilie zusammenwachsen will, scheint verkrustet. Der Kontinent schickt sich an, die Botschaft, die ihn seit den ersten Jahrhunderten der neuen Zeitrechnung erreicht hat, langsam zu vergessen. In vielen mittel- und osteuropäischen Ländern durfte mehr als fünfzig Jahre lang das Evangelium nicht mehr verkündet werden. Unter diktatorischen Machthabern ohne Gott ist das Licht in den Tabernakeln erloschen. Die Gotteshäuser sind zu Denkmälern vergangener Zeiten erstorben.

Heute dürfen wir jedoch feststellen: Diese Herrschaftssysteme sind untergegangen. Doch die alten Quellen fließen weiter in Fülle und Frische: die Heilige Schrift als Ader der Wahrheit; die Sakramente der Kirche, aus denen die Kraft der Gegenwart Christi fließt; das Gebet, bei dem die Seele Atem holen darf aus dem frischen Sauerstoff der Gnade Gottes.

6. Diese Quellen stehen offen für alle. Gerade ihr, liebe Jugendliche, dürft daraus schöpfen. Ihr sollt wissen: Der Papst zählt auf euch! Auch wenn ihr euch manchmal als kleine Herde fühlt, verliert den Mut nicht: Ihr seid das Kapital des Guten Hirten.

Zwölf Männer sind am Anfang in die ganze Welt hinausgezogen. Deshalb traut der Papst eurer Jugend zu, dem alten Europa wieder ein christliches Gesicht zu geben. Setzt dabei auf euer persönliches Zeugnis. Ihr seid „ein Brief Christi" (2 Kor 3,3), Seine Visitenkarte! Wer euch begegnet, soll wissen, daß er eine gute Adresse hat.

Die Täter der Gewalt haben die Bühne verlassen, gekommen sind die Helden der Liebe.

Bei der Ausübung meines Hirtenamtes habe ich mich in den verschiedenen Gegenden der Welt immer mehr in die Wahrheit hineingehört, über die ich in der Enzyklika *Redemptoris missio* geschrieben habe: „Der Mensch unserer Zeit vertraut mehr den Zeugen als den Lehrern, mehr der Erfahrung als der Lehre, mehr dem Leben und den Taten als den Theorien" (Nr. 42). In der Begegnung mit euch sollen eure Altersgenossen spüren, daß etwas Besonderes in euch steckt, was sie nicht erklären können. Ihr aber kennt es genau – dieses „Etwas", das der Psalm treffend ausdrückt: Der Herr ist mein Hirte. Nichts wird mir fehlen.

7. Aus den nie versiegenden Quellen der Gnade haben die Heiligen geschöpft. Deshalb sind sie wahre Missionare (vgl. *Redemptoris missio*, Nr. 2). So ist die Geschichte eurer Heimat auch eine Geschichte eurer Heiligen. Diese Geschichte reicht bis in die jüngste Vergangenheit.

Vor einigen Monaten wurden in Rom die Priester Otto Neururer und Jakob Gapp seliggesprochen. Am Sonntag werde ich in Wien neben zwei weiteren Dienern Gottes Schwester Restituta Kafka zur Ehre der Altäre erheben. In diesen Gestalten wird deutlich, worin jede Hirtenexistenz gipfelt: „Der Gute Hirt gibt sein Leben hin für die Schafe" (Joh 10,11). Wenn die Kirche an dunkle Kapitel der Geschichte erinnert, dann will sie nicht alte Wunden aufreißen, sondern nur das Gedächtnis heilen. Die Täter der Gewalt haben die Bühne verlassen, gekommen sind die Helden der Liebe. Sie haben bezeugt, daß sich gerade in den tragischen Jahren unseres Jahrhunderts, als auch euer Land vom Bösen mächtig geschüttelt wurde, das Gleichnis vom Guten Hirten erfüllt hat. In ihrem Leben und in ihrem Sterben spiegelt sich ihre Hoffnung wider: Der Herr ist mein Hirte. Nichts wird mir fehlen.

8. Liebe Schwestern und Brüder!
Euer Oberhirte, Erzbischof Eder, hat mich gebeten, die Statue Unserer Lieben Frau von Fatima zu krönen und die 1200 Jahre alte Erzdiözese Salzburg dem Schutz der Gottesmutter anzuvertrauen. Ich habe diese Bitte gern erfüllt. Eure altehrwürdige Kirche hat die Jungfrau Maria stets aufrichtig und tief verehrt. Ich bin sicher, daß die Gottesmutter euren Wunsch nicht abweisen wird, euch als Schutzfrau und Führerin auf eurem Weg zu begleiten.
Ihr vertraue ich eure Erzdiözese und jeden von euch an. Maria möge euch unter ihren Schutzmantel nehmen: „Unter deinen Schutz und Schirm fliehen wir, heilige Gottesmutter. Verschmähe nicht unser Gebet in unseren Nöten ..."
Unter dem Schutz deines Mantels, Maria, sind unsere Ängste und Sorgen gut aufgehoben. Wir schöpfen wieder Mut und Zuversicht. Wir schauen dich an und lernen von dir, uns neu in vollkommener Hingabe zu überantworten: Der Herr ist mein Hirte. Nichts wird mir fehlen. Amen.

Grußworte des Vorsitzenden des Ökumenischen Rates der Kirchen in Österreich, Erzbischof Michael Staikos, griechisch-orthodoxer Metropolit von Austria, im Salzburger Dom

(19. Juni 1998)

Eure Heiligkeit!

„Wenn sich ein Glied freut, dann freuen sich alle mit ihm" (*2 Kor* 12,26). Darum freuen wir uns, das heißt alle Christen und alle Kirchen in Österreich, ob Ihrer Anwesenheit in diesem Land und sind gerne in aufrichtiger, ökumenischer Verbundenheit zusammengekommen, um gemeinsam den Herrn zu loben und zu preisen. „Ehre sei Gott in der Höhe und Friede auf Erden" (*Lk* 2,14).

Uns schmerzt sehr die fehlende volle Koinonia und Communio am Tisch des Herrn, aber wir freuen uns, daß wir gemeinsam unterwegs sind.

Uns, den Verantwortlichen der christlichen Kirchen in Österreich, ist bewußt, Heiligkeit, daß Ihr Besuch der Römisch-katholischen Kirche in diesem Land als ein neuerlicher Pastoralbesuch gilt und deshalb auch die Freude und die Hoffnung innerhalb Ihrer Kirche sehr groß sind.

Aber hier in Österreich, stelle ich in aller ökumenischen Offenheit fest, haben alle Kirchen Christi den reichen Segen Gottes mit Dankbarkeit erfahren. Deshalb betrachten wir uns, alle Kirchen in Österreich, heute, als echte „Schwesterkirchen" in gegenseitiger Achtung und in ökumenischer Koinonia.

Uns schmerzt sehr die fehlende volle Koinonia und Communio am Tisch des Herrn, aber wir freuen uns, daß wir gemeinsam unterwegs sind.

Das gemeinsame Ziel auf unserem gemeinsamen Weg ist uns bekannt. In gemeinsamer Verantwortung und gemeinsamer ökumenischer und solidarischer Liebe wollen wir dem wichtigen Anliegen der Versöhnung dienen. Wir haben keine Alternative. Die Menschen sind müde von Versprechungen und Ankündigungen. Deshalb bemühen wir uns, so gut es uns unsere Kräfte erlauben, ökumenisch zu handeln.

Höhepunkt dieses ökumenischen Handelns war die II. Europäische Ökumenische Versammlung, von 23. bis 29. Juni 1997, die bei uns in Österreich, in Graz, unter dem Thema „Versöhnung, Gabe Gottes und Quelle neuen Lebens", mit großem Erfolg und im Dienste aller europäischen Kirchen und Völker verwirklicht wurde. Wir sind zuversichtlich, daß dieses gesamteuropäische ökumenische Ereignis auch konkrete Konsequenzen haben wird.

Heiligkeit!
Im Namen des Ökumenischen Rates der Kirchen in Österreich, in dem auch die Römisch-katholische Kirche sehr effektiv volles Mitglied ist, grüße ich Eure Heiligkeit herzlich und wünsche innigst, daß unser gemeinsamer Herr Eure Heiligkeit auf Eurem schwierigen Weg beschütze und begleite. Amen.

Grußwort des Papstes an die Vertreter der Ökumene im Salzburger Dom
(19. Juni 1998)

Am Ende dieses feierlichen Gottesdienstes unter dem Thema „Mission" ist es mir ein Anliegen, daran zu erinnern, daß die Christen trotz allem, was sie noch trennt, in der Einen Taufe und in der Annahme des Apostolischen Glaubensbekenntnisses verbunden sind. So grüße ich die Mitglieder des Vorstands des Ökumenischen Rates der Kirchen in Österreich, seinen Vorsitzenden Metropolit Michael von Austria, den Bischof der Evangelischen Kirche in Österreich, Magister Herwig Sturm, und die Vertreter der Ökumene vor Ort sehr herzlich.

Ich danke Ihnen für die Teilnahme an dieser Feier. Meine besondere Anerkennung gilt auch allen in diesem Lande, die sich in beispielhafter Weise für das Gelingen der Zweiten Europäischen Ökumenischen Versammlung in Graz eingesetzt haben. Möge der mühevolle Weg der Versöhnung mit aller Kraft fortgesetzt werden, damit das gemeinsame Zeugnis der Christen eine Stärkung für alle Menschen guten Willens werde.

Begegnung mit staatlichen Autoritäten und Diplomaten in Wien

Ansprache von Bundespräsident Thomas Klestil bei der Begegnung mit staatlichen Autoritäten und dem Diplomatischen Corps in der Wiener Hofburg
(20. Juni 1998)

Heiliger Vater!

Gemeinsam mit den Vertretern unseres Landes und dem Diplomatischen Corps heiße ich Sie heute mit großer Freude hier in der Wiener Hofburg willkommen.

Viele von uns, die heute hier versammelt sind und die diese Begegnung in ganz Österreich miterleben, tragen noch immer die bewegende Erinnerung an Ihre beiden Pastoralbesuche in den Jahren 1983 und 1988 in sich – an die Weisheit und Weitsicht, mit der Sie damals gerade hier, im Zentrum der Geschichte Österreichs und Mitteleuropas, das Bekenntnis zum gemeinsamen, ungeteilten Europa wachgehalten und gestärkt haben.

Heute wissen wir, wie prophetisch Ihr fester Glaube an die Überwindung der europäischen Spaltung war – und wie entscheidend Sie selbst durch Ihr pastorales Wirken und Ihr unablässiges Eintreten für Menschenrechte und Religionsfreiheit zu dieser historischen Wende beigetragen haben.

Die Mauern von einst sind inzwischen gefallen. Die Grenzen haben sich geöffnet, und die Völker jenseits der Trennlinie von gestern wurden aus der Unfreiheit einer menschenverachtenden Ideologie befreit. Europa kann heute, wie es immer Ihr Wunsch war, wieder mit zwei Lungen atmen.

> *Heute wissen wir, wie entscheidend Sie selbst durch Ihr pastorales Wirken und Ihr unablässiges Eintreten für Menschenrechte und Religionsfreiheit zu dieser historischen Wende beigetragen haben.*

Dennoch dürfen wir nicht übersehen, daß noch lange nicht alle Schranken beiseite geräumt sind; daß manche Hoffnungen und Erwartungen, die mit dem Zusammenbruch des Eisernen Vorhangs verbunden waren, noch nicht in Erfüllung gegangen sind; daß der Neuaufbau Europas weit mühevoller ist, als wir alle erwartet hatten.

Mehr und mehr wird uns bewußt, daß die erhoffte Einheit und Solidarität der Völker Europas nur gelingen kann, wenn wir – bei aller Verschiedenheit unserer pluralistischen Gesellschaft – auch zu einer Wertegemeinschaft mit gemeinsamen ethischen Standards und gemeinsamen Zielvorstellungen zusammenwachsen.

Politik und Diplomatie allein sind bei dieser Aufgabe sicher überfordert – sie brauchen das dichte, alle Grenzen überwindende Netzwerk der Kultur, der Humanität, der Solidarität – und natürlich auch der Religion. Das Christentum hat die Seele Europas entscheidend geprägt – es kann auch jetzt mithelfen, den Menschen – jeden Menschen – in seiner unzerstörbaren Würde neu zu entdecken, die geistige Lebenskraft Europas zu erhalten und das Vertrauen der Völker zueinander zu stärken.

Weit über den europäischen Kontinent hinaus spüren wir heute aber auch, daß die Suche nach Sinn zu einer der Schicksalsfragen der Menschheit geworden ist. Ich bin überzeugt, daß die Zukunft jenen gehört, die den kommenden Generationen triftige Gründe dafür nennen können, warum ihr Leben, ihr Hoffen und Mühen wichtig, ja unersetzlich ist. Auch hier werden wir auf die inspirierende und sinnstiftende Kraft des Glaubens und auf die gemeinschaftsfördernden Dienste der Kirchen nicht verzichten können.

Kirche und Staat arbeiten also – bei aller Verschiedenheit ihrer Aufgaben – in einer natürlichen Partnerschaft im Dienst an denselben Menschen. So ist auch unsere Republik an einem lebendigen, vom Geist der Nächstenhilfe und Nächstenliebe erfüllten spirituellen Leben interessiert. Sie begrüßt deshalb auch alle Initiativen, die dazu beitragen, das geschwisterliche Zusammenleben innerhalb und zwischen den Kirchen und Religionen zu stärken.

Sie, Heiliger Vater, haben Österreich als einen „Spiegel und ein Modell Europas", zuletzt sogar als „Herz Europas" bezeichnet – und Sie haben wiederholt auf die besondere europäische Mission unseres Landes hingewiesen. Dieser hohe Auftrag begleitet uns gerade in den kommenden Monaten, in denen wir zum erstenmal die Präsidentschaft in der Europäischen Union übernehmen. Er mahnt uns, über alle Sachfragen der europäischen und internationalen Politik hinaus das geistige und menschliche Zusammenwachsen des ganzen Europa zu fördern – und jenen, die noch außerhalb der Union stehen, auf ihrem Weg ein verständnisvoller Freund und Helfer zu sein.

Heiliger Vater!

Wir feiern heuer den 50. Jahrestag der Allgemeinen Erklärung der Menschenrechte – und vor nunmehr fünf Jahren hat die Menschenrechtskonferenz hier in Wien das Bekenntnis der Weltgemeinschaft zu den Grund- und Freiheitsrechten weiter gefestigt. Es ist mir ein besonderes Bedürfnis, Ihnen heute, in Anwesenheit der Vertreter der Staatengemeinschaft, unsere tiefe Dankbarkeit für Ihr beispielhaftes, weltumspannendes Engagement auszudrücken: als unablässiger Mahner gegen Unrecht und Unmenschlichkeit, gegen Selbstgerechtigkeit und kalte Rücksichtslosigkeit – und als unermüdlicher Vorkämpfer für Gerechtigkeit, Solidarität und Versöhnung.

Niemand anderer auf unserem Globus hat sich diesem großen Ziel der Universalität und Unteilbarkeit der Menschenrechte mit solch übermenschlicher Entschlossenheit und Hingabe gestellt – und niemand sonst erreicht mit seinem Wirken die Herzen so vieler Menschen.

Dennoch benötigt die Sache der Gerechtigkeit heute mehr helfende Hände denn je. Ich möchte Ihnen versichern, daß wir Österreicher uns auch in Zukunft mit all unseren Kräften bemühen werden, aktiv und initiativ an einer gerechteren, einer humaneren und friedlicheren Welt mitzubauen.

Ich bitte Sie, Heiliger Vater, nun das Wort an uns zu richten.

Ansprache des Papstes bei der Begegnung mit staatlichen Autoritäten und dem Diplomatischen Corps in der Wiener Hofburg ("Europa-Rede")

(20. Juni 1998)

Sehr verehrter Herr Bundespräsident!
Sehr geehrter Herr Bundeskanzler!
Sehr geehrte Damen und Herren!

1. Es ist für mich eine besondere Freude und Ehre, heute mit Ihnen, Herr Bundespräsident, den Mitgliedern der Bundesregierung sowie mit Vertretern des politischen und öffentlichen Lebens der Republik Österreich zusammenzutreffen. Unsere Begegnung unterstreicht ein weiteres Mal das gute partnerschaftliche Verhältnis, das seit langer Zeit zwischen Österreich und dem Heiligen Stuhl besteht.

Zugleich dürfen wir sichtbar erleben, wie dieses fruchtbare Miteinander eingebunden ist in das weit gespannte Netz diplomatischer Beziehungen, das Österreich zu Staaten auf der ganzen Welt mitknüpft. Ich danke den anwesenden Diplomaten für die Ehre, die Sie mir durch Ihr Erscheinen erweisen, und für Ihren Einsatz in der „Kunst des Friedens".

Diese historische Stätte ist ein sehr passender Ort, zunächst den Blick über die Grenzen dieses Landes hinaus zu weiten auf das sich einigende Europa und dessen Einbindung in die Völkerfamilie aller Kontinente, um dann in das Innere Österreichs zu schauen.

2. Mein erster Pastoralbesuch in Österreich im Jahre 1983 wurde mit einer Europa-Vesper eröffnet, die wir im Zeichen des Kreuzes feiern durften. Damals hat Kardinal Franz König den Versammelten zugerufen: „In unserem kleinen Land an der Trennungslinie zweier Welten ... kann man, muß man von Europa sprechen!"

Als gut sechs Jahre später die Mauer zu bröckeln begann und der Eiserne Vorhang fiel, schien die Trennungslinie zweier Welten der Vergangenheit anzugehören. Dennoch sind seither manche Euphorien verflogen, und viele Hoffnungen wurden enttäuscht. Denn es reicht nicht aus, dem Menschen nur mit materiellen Gütern die Hände zu füllen, wenn sein Herz dabei leer bleibt und keinen Sinn entdeckt. Auch wenn es ihm nicht immer bewußt ist und er kurzlebige oberflächliche Vergnügungen nicht selten der dauerhaften inneren Freude vorzieht, muß er am Ende doch feststellen: Der Mensch lebt nicht nur von Brot und Spielen.

3. Tatsächlich ist die Trennungslinie zweier Welten weder aus der wirtschaftlichen Wirklichkeit noch aus dem Inneren der Menschen gewichen. Sogar in einem gesellschaftlich wohlgeordneten und wirtschaftlich blühenden Land wie Österreich greifen Orientierungslosigkeit und Zukunftsangst um sich.
Scheint es nicht, daß sich auch in das bislang bewährte Gebäude der Zusammenarbeit zwischen den gesellschaftlichen Gruppen, das zum Wohlstand des Landes und zur Wohlfahrt seiner Bürgerinnen und Bürger wesentlich beigetragen hat, gefährliche Risse eingeschlichen haben?
Greifen nicht, wenige Jahre nach dem Votum der Österreicher für den Beitritt zur Europäischen Union, Euro-Skeptizismus und Frustration um sich?

4. In der Geographie Europas ist Österreich nach vielen Jahrzehnten vom Grenzland zum Brückenland geworden. In wenigen Tagen übernimmt es turnusgemäß den Ratsvorsitz in der Europäischen Union. In der Vergangenheit oft Brennpunkt europäischer Geschichte, wird Wien nun zum Zentrum vieler Hoffnungen, vor allem für jene Länder, die gerade dabei sind, Beitrittsverhandlungen mit der Europäischen Union aufzunehmen. Ich hoffe, daß Schritte gelingen, um den Westen und den Osten dieses Kontinents einander näher zu bringen, jene beiden Lungen, ohne die Europa nicht atmen kann.
Die Verschiedenheit der östlichen und westlichen Traditionen wird die Kultur Europas bereichern sowie durch deren Bewahrung und gegenseitige Ausleuchtung als Grundlage für die ersehnte geistige Erneuerung dienen. Deshalb sollte vielleicht weniger von einer „Osterweiterung" als vielmehr von einer „Europäisierung" des gesamten Kontinents die Rede sein.

> *Deshalb sollte vielleicht weniger von einer „Osterweiterung" als vielmehr von einer „Europäisierung" des gesamten Kontinents die Rede sein.*

5. Lassen Sie mich diesen Gedanken ein wenig vertiefen:
Am Anfang meines Pontifikates habe ich den auf dem Petersplatz in Rom versammelten Gläubigen zugerufen: „Öffnet die Tore für Christus!" (Homilie, 22. Oktober 1978). Heute spreche ich in dieser geschichtlich, kulturell und religiös so bedeutenden Stadt die Einladung an den alten Kontinent noch einmal aus: „Europa, öffne die Tore für Christus!"
Nicht Kühnheit oder Träumerei bewegen mich dazu, sondern Hoffnung und Realismus. Denn europäische Kultur und Kunst, Geschichte und Gegenwart waren und sind noch so sehr vom Christentum geformt, daß es ein völlig entchristlichtes oder gar atheistisches Europa nicht gibt.

Davon zeugen nicht nur Kirchen und Klöster in vielen Ländern Europas, Kapellen und Kreuze an den Wegen durch Europa, christliche Gebete und Gesänge in allen europäischen Sprachen. Noch eindringlicher sprechen die zahllosen lebendigen Zeugen: suchende, fragende, glaubende, hoffende und liebende Menschen; Heilige in Geschichte und Gegenwart.

6. Wir dürfen auch nicht vergessen, daß europäische Geschichte eng mit der Geschichte jenes Volkes verflochten ist, aus dem Jesus Christus hervorgegangen war. In Europa wurde dem jüdischen Volk unaussprechliches Leid zugefügt. Wir können nicht unbedingt davon ausgehen, daß alle Wurzeln dieses Unrechts unwiederbringlich ausgerissen sind. Aussöhnung mit den Juden gehört also zu den Grundpflichten gerade für die Christen in Europa.

7. Noch eine weitere große Aufgabe stellt sich den Baumeistern Europas: aus einer westeuropäischen Wohlstandsinsel eine gesamteuropäische Zone der Freiheit, der Gerechtigkeit und des Friedens zu schaffen. Materielle Opfer werden für die wohlhabenderen Länder unvermeidlich sein, um das unmenschliche Wohlstandsgefälle innerhalb Europas allmählich abzuflachen. Daneben ist geistige Hilfe nötig, um den weiteren Aufbau demokratischer Strukturen und deren Festigung voranzutreiben und eine Kultur der Politik im Sinne rechtsstaatlicher Verhältnisse zu fördern. In diesem Bemühen bietet die Kirche als Orientierung ihre Soziallehre an, in der die Sorge und Verantwortung für den ihr von Christus anvertrauten Menschen im Mittelpunkt steht:

> *Bewahren Sie sich auch weiterhin die Bereitschaft, Ausländer aufzunehmen, die ihre Heimat verlassen mußten!*

„Es handelt sich nicht um einen ‚abstrakten' Menschen, sondern um den realen, ‚konkreten' und ‚geschichtlichen' Menschen", den die Kirche nicht verlassen darf (*Centesimus annus*, Nr. 53).

8. Hier kommt der ganze Globus in den Blick, der sich mehr und mehr zu einem „Weltdorf" zu entwickeln scheint. Die Rede von der Globalisierung ist heute im Munde vieler, die sich den ökonomischen Prozessen in großen Dimensionen widmen. Wenn die Regionen der Welt wirtschaftlich zusammenrücken, soll dies allerdings nicht mit einer Globalisierung an Armut und Elend verbunden sein, sondern in erster Linie mit einer Globalisierung an Solidarität.

Ich bin überzeugt, daß sich Österreich nicht nur aus politischen und ökonomischen Gründen in den Globalisierungsprozeß einbringen wird, sondern auch aufgrund der Beziehungen, die dieses Volk mit anderen Nationen verbinden, wie sein beispielhafter Einsatz für die notleidenden Schwestern und Brüder in Südosteuropa ebenso gezeigt hat wie seine stete Unterstützung der Entwicklungsländer. Außerdem erinnere ich an die Bereitschaft Österreichs, seine Türen Menschen aus anderen Ländern zu

Begegnung mit staatlichen Autoritäten und Diplomaten in Wien

öffnen, die dort ihrer Religionsfreiheit, ihrer Freiheit der Meinungsäußerung oder der Achtung ihrer Menschenwürde beraubt sind. Auch meine Landsleute haben Ihnen in der Vergangenheit viel zu verdanken. Bleiben Sie der guten Tradition dieses Landes treu! Bewahren Sie sich auch weiterhin die Bereitschaft, Ausländer aufzunehmen, die ihre Heimat verlassen mußten!

9. Mit diesem Wunsch wende ich mich nun einer Frage zu, die immer drängender wird. Nicht nur Sie, die Sie in diesem Land leben und Verantwortung tragen, sehen sich einem Problem gegenüber, das zunehmend die Herzen einzelner, aber auch ganzer Familien und Gesellschaftsschichten belastet. Ich meine den fortschreitenden Ausschluß vieler, vor allem jugendlicher und älterer Menschen, vom Recht auf Arbeit.

Subjekt der Arbeit ist der Mensch als Person!

Bedingt durch den wirtschaftlichen Wettbewerb, wird trotz positiver Bilanzen der Arbeitsmarkt nicht belebt. Deshalb erachte ich es als meine Pflicht, die Stimme für die Schwächeren zu erheben: Subjekt der Arbeit ist der Mensch als Person! Auch in der modernen Arbeitswelt soll Platz sein für Schwache und weniger Begabte, für Alte und Behinderte und für die vielen jungen Menschen, denen eine entsprechende Ausbildung vorenthalten wird. Selbst das Zeitalter hochentwickelter Techniken darf den Menschen nicht vergessen! Bei der Bewertung seiner Arbeit müßten neben dem objektiven Ergebnis auch Bemühen und Einsatz, Treue und Zuverlässigkeit ins Gewicht fallen.

10. Damit berühre ich noch einen letzten Themenkreis, der mir sehr am Herzen liegt. Zu den Grundanliegen meines Pontifikates gehört der Aufbau einer „Kultur des Lebens", die einer sich ausbreitenden „Kultur des Todes" entgegenwirken soll. Daher werde ich nicht müde, den unbedingten Schutz des menschlichen Lebens vom Augenblick seiner Empfängnis an bis zum natürlichen Tod einzufordern. Die Zulassung des Schwangerschaftsabbruchs während der Frist der ersten drei Monate, wie sie in Österreich gilt, bleibt eine blutende Wunde in meinem Herzen.

Darüber hinaus stellt sich das Problem der Euthanasie: Auch Sterben ist ein Teil des Lebens. Jeder Mensch hat ein Recht, in Würde zu sterben, wann Gott es will. Wer daran denkt, einem Menschen dieses Recht zu nehmen, nimmt ihm letztlich das Leben. Jeder Mensch hat einen so hohen Wert, daß er mit Geld nie aufzuwiegen ist. Deshalb darf er weder einer schrankenlosen Privatautonomie noch irgendwelchen Sachzwängen gesellschaftlicher oder wirtschaftlicher Art geopfert werden. Manche ältere Zeitgenossen kennen nicht nur aus den Geschichtsbüchern die dunklen Kapitel, die das zwanzigste Jahrhundert auch in diesem Land geschrieben hat. Wenn das Gesetz Gottes außer acht bleibt, wer kann dann garantieren, daß nicht irgendwann eine menschliche Macht wieder das Recht für sich beansprucht, über den Wert oder Unwert einer Phase menschlichen Lebens zu befinden?

Dritter Pastoralbesuch 1998

Verehrter Herr Bundespräsident!
Sehr geehrte Damen und Herren!

11. Treu zur Heimat und offen für Europa, der Vergangenheit verpflichtet und bereit für die Zukunft – das waren Stichpunkte meiner Gedanken, die ich Ihnen heute vorlegen wollte.
Bei allem Stolz, mit dem ich dankbar auf den reichen Schatz des Christentums blicke, bitte ich, dieses Erbe als Angebot zu verstehen, das die Kirche am Ende des zweiten christlichen Jahrtausends lebendig darstellen möchte. Niemand möchte die Universalisierung dieses Erbes als Sieg oder Bestätigung einer Überlegenheit werten. Das Bekenntnis zu bestimmten Werten soll lediglich auf das Bemühen hindeuten, am Aufbau einer wirklichen universalen menschlichen Gemeinschaft mitarbeiten zu wollen: einer Gemeinschaft, die keine Trennungslinien verschiedener Welten mehr kennt. So wird es auch von uns Christen abhängen, ob Europa sich bei seinen zeitlichen Bestrebungen in sich und seine Egoismen einkapselt, wobei es auf seine Berufung und seine Rolle in der Geschichte verzichten würde, oder ob es in der Kultur des Lebens, der Liebe und der Hoffnung seine Seele wiederfindet.
Österreich im Herzen Europas hat Brückenfunktion.
Wie meine Aussage über den Menschen, so ist auch diese Feststellung nicht abstrakt, sondern sehr konkret: Ich wünsche Ihnen allen viel Mut zum Brückenbauen!

Begrüßung des Papstes durch Bischof Kurt Krenn beim Gottesdienst im Landhauspark in St. Pölten
(20. Juni 1998)

Gesegnet ist, der kommt im Namen des Herrn.
Lieber, verehrter Heiliger Vater!

Das hier versammelte Volk Gottes aus der Diözese St. Pölten, aus Niederösterreich, aus Österreich und seinen Nachbarländern begrüßt Sie mit Ehrfurcht und Liebe. Sie kommen zu uns als der Stellvertreter Christi und als Nachfolger des Petrus, dem die Sorge für die gesamte Kirche Christi anvertraut ist.

Wir freuen uns über die Mitfeier der Hochwürdigsten Herren Kardinäle, des Hochwürdigsten Apostolischen Nuntius in Österreich, der Erzbischöfe und Bischöfe, des Vorsitzenden der Österreichischen Bischofskonferenz und unseres Metropoliten. Wir schließen in unser Gebet unseren erkrankten Altbischof Dr. Franz Žak und Kardinal Hans Hermann Groër ein.

Wir sind hier Gäste des Bundeslandes Niederösterreich und der neuen Landeshauptstadt St. Pölten; dem Herrn Landeshauptmann, den Mitgliedern der niederösterreichischen Landesregierung und der Verwaltung des Bundeslandes haben wir für viele Hilfe zu danken; gleicher Dank gilt dem Herrn Bürgermeister und der Landeshauptstadt St. Pölten. Der Herr Bundespräsident unserer Republik und viele bedeutende Persönlichkeiten feiern mit uns und beten zu Gott um Frieden und Wohlergehen für unser Land und für die Menschen in der ganzen Welt. Für unsere Diözese ist es eine historische Gnade, mit dem Papst Eucharistie feiern zu dürfen. Für einige Stunden richtet sich das Interesse von Millionen auf unsere Stadt; wir danken besonders für die Berichterstattung des ORF und anderer Sendeanstalten, aber auch für eine gerechte Information durch die Printmedien.

Wir sind versammelt, Heiliger Vater, um Ihr Wort zu hören und das eucharistische Opfer unseres Erlösers zu feiern. Schon einmal, als St. Pölten noch nicht Diözese war, besuchte ein Papst die Stadt des heiligen Hippolyt: Papst Pius VI. verweilte am 22. April 1782, von Wien kommend, zum Gebet in der Kirche der Englischen Fräulein, ehe er im Stift Melk nächtigte. Der Papst war damals mit großer Sorge nach Österreich gekommen, um die Aufgaben und Rechte der Kirche gegenüber dem damaligen staatlichen System geltend zu machen. Der Erfolg des Papstes blieb gering; aber das

Zeugnis des Papstes über die Sendung der Kirche Christi wirkt bis in unsere Zeit und hat das Recht der Kirche auf ihre besondere Identität bekräftigt.

Heiliger Vater! Unsere Diözese stellt die heutige Eucharistiefeier gemäß Ihrer Botschaft zum Heiligen Jahr 2000 unter die Anrufung des Heiligen Geistes im Anliegen der Berufung zum Christsein, zum geweihten Dienst des Priesters und Diakons und zum gottgeweihten Leben.

Nur als bekehrte Gläubige können wir den Auftrag zur Neuevangelisierung unseres Landes wahrnehmen als Berufung des Laienchristen und als Dienst der Geweihten in unserer Kirche. Mit dem Heiligen Vater beten wir um Versöhnung mit Gott und um die Umkehr unserer Herzen zum dreifaltigen Gott, der die Kirche zum Volk Gottes eint (vgl. *Lumen gentium*, Nr. 4).

Geliebter Heiliger Vater! Wir danken für Ihren ersten Pastoralbesuch in der Diözese St. Pölten; wir danken für die Seligen, die Sie unserer Kirche geben werden, besonders für den Priester Jakob Kern. Es beten heute mit Ihnen unsere Kinder und Familien; es begleiten Sie unsere Priester, Diakone und kirchlichen Mitarbeiter; es vereinen sich mit uns die vielen Gläubigen und alle Menschen guten Willens, die Sie als den großen Lehrer der Barmherzigkeit Gottes und der Würde des Menschen verehren. Seit fast 20 Jahren dienen Sie in großer Aufopferung der Kirche, die der Leib Christi ist. Wir wünschen Ihnen gute Gesundheit und heilige erfüllte Freude im höchsten Amt der Kirche.

Erschüttern Sie mit Ihrer Botschaft die Hartherzigkeit und Gottesverneinung unserer Zeit.

Heiliger Vater! Wir brauchen das Zeugnis Ihrer Liebe in der Wahrheit der Botschaft Christi. Unsere Menschen sehnen sich nach dem Frieden in der Welt, auch nach dem Frieden in der Kirche unseres Landes. Lehren Sie uns begreifen, daß es der Friede Christi, den die Welt nicht gibt, sein muß, der die Früchte des Geistes – Liebe, Freude, Langmut, Freundlichkeit, Güte und Treue (vgl. *Gal* 5,22) – gedeihen läßt. Erschüttern Sie mit Ihrer Botschaft die Hartherzigkeit und Gottesverneinung unserer Zeit.

Wir wollen uns einsetzen für die Heiligung unserer Familien und für die Heiligung des Sonntags, für die soziale Gerechtigkeit, für die einzelnen Menschen und für die Regionen.

Wir glauben, daß Wahrheit ist, was uns Gott in Christus kundgetan hat. Wahrheit wiederum verlangt die Übereinstimmung mit dem, was uns von Gott durch die Kirche gesagt wird. So möge im Heiligen Geist der Wahrheit gelingen, was der Apostel Paulus sagt: „Wir können unsere Kraft nicht gegen die Wahrheit einsetzen, nur für die Wahrheit" (*2 Kor* 13,8).

Wir bitten Sie nun um die Feier des heiligen Opfers, das unser Erlöser einmal für alle Zeit und für alle Menschen dem Vater im Geist darbringt. Das Reich Gottes ist schon mitten unter uns, aber noch nicht ganz (vgl. *Lumen gentium*, Nr. 5). Laßt uns betend rufen: Komm, Herr Jesus (vgl. *Offb* 22,20). Komm, Schöpfer Geist!

Gottesdienst im Landhauspark in St. Pölten

Predigt des Papstes beim Gottesdienst im Landhauspark in St. Pölten
(20. Juni 1998)

„Der Geist des Herrn ruht auf mir: denn der Herr hat mich gesalbt" (*Lk* 4,18).

1. Das ganze Leben Jesu steht unter dem Einfluß des Heiligen Geistes. Am Anfang ist er es, der die Jungfrau Maria im Geheimnis der Menschwerdung umschattet. Am Jordan ist es wieder der Geist, der auf Jesus herabkommt, während der Vater den geliebten Sohn bezeugt. Dann führt der Geist den Sohn in die Wüste. In der Synagoge von Nazaret bestätigt Jesus von sich selbst: „Der Geist des Herrn ruht auf mir" (*Lk* 4,18).
Diesen Geist verspricht Jesus den Aposteln als fortwährenden Garanten seiner Gegenwart in ihrer Mitte. Am Kreuz gibt der Sohn den Geist an den Vater zurück (vgl. *Joh* 19,30). So besiegelt er den Neuen Bund, der aus dem Osterereignis hervorgeht. Am Pfingsttag schließlich gießt er den Heiligen Geist über die Urgemeinde aus, um sie im Glauben zu festigen und die Apostel als lebendige und mutige Zeugen auf die Straßen der Welt hinauszusenden.

2. Von damals bis heute wird der mystische Leib Christi, seine Kirche, auf ihrem Weg durch die Zeit vom Wehen desselben Geistes angetrieben. Die Kirche erleuchtet die Geschichte mit dem glühenden Feuer des Wortes Gottes und reinigt die Herzen der Menschen mit den Strömen reinen Wassers, die aus ihrem Innern fließen (vgl. *Ez* 36,25). So wird sie „das durch die Einheit des Vaters, des Sohnes und des Heiligen Geistes geeinte Volk" (Cyprian, De Dom. Orat., 23).
In dieser Gemeinschaft des dreifaltigen Gottes hat jeder Getaufte die Möglichkeit, unter „dem Gesetz des Geistes, der Leben in Christus Jesus schenkt" (*Röm* 8,2) zu leben. Unter der Führung des Geistes tritt der Christ in den „geistlichen Raum" ein, in dem sich der Dialog mit Gott ereignet. Die Fragen, die der Mensch stellt, sind eigentlich Anrufe, die Gott im Innern des Menschen weckt: Woher komme ich? Wer bin ich? Wohin soll ich gehen?
Liebe Schwestern und Brüder! Ihr seid Gesprächspartner Gottes! Seit ihr in der Taufe zu Christus gehört, hat Gott euch in Christus zu seinen Söhnen und Töchtern adoptiert. Seid euch dieser hohen Würde bewußt! Verspielt nicht diese große Ehre! Gott

hat mit jedem von euch einen ganz persönlichen Plan. Sein Auge ist jedem liebend zugewandt. Er schenkt allen immer sein Ohr. Wie ein treusorgender und feinfühliger Vater ist Er euch nahe. Er gibt euch das, was ihr zum neuen Leben braucht: Seinen Heiligen Geist.

3. Mit eurer Eingliederung in die Kirche habt ihr nicht nur den Namen „Christen", „Gesalbte" erhalten, sondern auch die Salbung des Heiligen Geistes. Deshalb sollt ihr nicht nur Christen heißen, sondern es in Wahrheit sein. Der Geist Gottes ruht auf euch. Denn der Herr hat euch gesalbt (vgl. *Lk* 4,18). Im neuen Leben, das der Taufe entspringt und sich durch das Wort und die Sakramente entfaltet, finden die Gnadengaben, die Ämter und die verschiedenen Formen des gottgeweihten Lebens ihre Nahrung. Schon der Völkerapostel Paulus hat im Blick auf die Gemeinde von Korinth festgestellt: „Es gibt verschiedene Gnadengaben, aber nur einen Geist" (*1 Kor* 12,4).

Gott hat mit jedem von euch einen ganz persönlichen Plan.

Neue Berufungen sind auch heute möglich durch den Heiligen Geist. Dafür muß man eine Umgebung schaffen, die dem Hören auf Gottes Anruf förderlich ist. Große Bedeutung kommt dabei den Pfarrgemeinden zu. Wenn dort eine Haltung wahrer Treue zum Herrn gelebt wird und ein Klima tiefer Religiosität und ehrlicher Bereitschaft zum Zeugnis herrscht, ist es für einen Berufenen leichter, mit „Ja" zu antworten. Die Lebendigkeit einer Pfarrgemeinde wird ja nicht nur an der Anzahl ihrer Aktionen gemessen, sondern an der Tiefe ihres Gebetslebens. Das Hören auf Gottes Wort auf der einen und die Feier und Anbetung der Eucharistie auf der anderen Seite sind die beiden tragenden Säulen, die einer Pfarrgemeinde Halt und Festigkeit geben. Das Klagen über den Mangel an Priestern und Ordensleuten hilft wenig. Berufungen sind menschlich nicht zu „machen". Berufungen können aber von Gott erbeten werden. Mein Wunsch ist es, daß ihr den Herrn der Ernte inständig und stetig um neue Berufungen zum Priestertum und zum gottgeweihten Leben bittet.

4. Als Jesus am Kreuz seinen Geist an den Vater zurückgab, machte er aus allen Jüngern „ein Reich von Priestern und ein heiliges Volk" (*Ex* 19,6). Er baute sie zu einem „geistigen Haus" auf, „zu einer heiligen Priesterschaft, um geistige Opfer darzubringen, die Gott gefallen" (*1 Petr* 2,5). Dies ist das gemeinsame Priestertum, zu dessen Dienst er die Zwölf berufen hat, daß sie „mit ihm seien" (*Mk* 3,14). Dann sandte er sie aus, damit sie in seinem Namen und an seiner Stelle handelten.

Durch das Amtspriestertum führt Christus bis heute seine Heilssendung ununterbrochen fort. Er hat dafür Bischöfe und Priester eingesetzt, die „in der Kirche und für die Kirche eine sakramentale Vergegenwärtigung Jesu Christi, des Hauptes und Hirten, sind; sie verkündigen mit Vollmacht sein Wort, sie wiederholen sein vergebendes Wirken und sein umfassendes Heilsangebot" (Apostolisches Schreiben *Pastores dabo vobis*, Nr. 15). Sie sind gesandt, um den Armen eine gute Nachricht zu bringen, um

Gottesdienst im Landhauspark in St. Pölten

den Gefangenen die Entlassung zu verkünden und den Blinden das Augenlicht und um die Zerschlagenen in Freiheit zu setzen (vgl. *Lk* 4,18). Das Amt in der Kirche ist also keine menschliche Errungenschaft. Es ist eine göttliche Stiftung. Bei aller Anerkennung und Wertschätzung für die kostbaren Dienste der Laien in den Pfarrgemeinden darf man nicht vergessen: Im sakramentalen Bereich kann der Laie nie das ersetzen, was den Priester auszeichnet. Letztlich kann ein Priester nur von einem Priester ersetzt werden.

5. An dieser Stelle grüße ich Herrn Bischof Kurt Krenn, der zusammen mit seinem Weihbischof Heinrich Fasching nicht nur mit Sorgfalt dieses heutige Fest des Glaubens vorbereitet hat, sondern sich mit allen Kräften bemüht, auch in Zukunft den Gläubigen in den vielen Pfarren der ihm anvertrauten Diözese St. Pölten Priester zu senden. Nicht vergessen möchte ich Altbischof Franz Žak, der für seinen Nachfolger einen guten Grund gelegt hat. Ich grüße alle Brüder im Bischofsamt, besonders den Metropoliten, Herrn Kardinal Christoph Schönborn, und den Vorsitzenden der Österreichischen Bischofskonferenz, Bischof Johann Weber.

> *Das Priestertum ist kein Auslaufmodell, sondern eine Berufung mit Zukunft!*

Ich freue mich, daß der verehrte Herr Bundespräsident Thomas Klestil bei dieser Feier unter uns ist. Mit ihm grüße ich die Vertreter des politischen und öffentlichen Lebens, die uns die Ehre ihrer Anwesenheit geben.

Wenn ich mich an die Priester und Diakone wende, verbinde ich damit ein Wort der Anerkennung und Dankbarkeit: Diese Gefühle weite ich auf alle geweihten Amtsträger aus, die in den verschiedenen Diözesen dieses Landes wirken. Wie in St. Pölten, so gibt es auch in den anderen Teilen Österreichs viele, die sich mit unermüdlicher Hingabe in der Seelsorge aufzehren und sich weder Krankheit noch fortgeschrittenem Alter beugen. Mit Bewunderung blicke ich ebenso auf jene Priester, die bereit sind, sich über die ihnen anvertrauten Pfarren hinaus auch um Nachbargemeinden zu kümmern, damit den Gläubigen die Heilsmittel nicht fehlen. Lob gebührt auch den vielen Ordensleuten, die sich in der Seelsorge einsetzen. Zudem möchte ich die Priester nicht vergessen, die aus anderen Ländern kommen; einige davon sind aus meiner Heimat. Sie alle leisten einen wertvollen Beitrag zur Pastoral.

Liebe Priester, die jungen Menschen schauen auf euch. Sie sollen feststellen, daß ihr trotz eurer Arbeitslast frohe Diener des Evangeliums seid und in der Wahl eurer Lebensform Erfüllung und Zufriedenheit findet. An eurem Zeugnis sollen die jungen Menschen sehen: Das Priestertum ist kein Auslaufmodell, sondern eine Berufung mit Zukunft!

6. Wie sollte man hier nicht auch in Dankbarkeit gegenüber dem Heiligen Geist an die vielen Ordensgemeinschaften denken, die in der Geschichte gerade dieser Diözese für die Seelsorge so wichtig geworden sind!

Liebe Brüder und Schwestern, ich grüße euch aus ganzem Herzen. Ihr lebt nach den evangelischen Räten und bemüht euch, durch euer Verhalten den Weg zum Himmelreich zu weisen. Das gottgeweihte Leben gehört ins Herz der Kirche als ein Element, das für die Erfüllung ihrer Sendung entscheidend ist. Es drückt das Wesen christlicher Berufung und die Spannung der ganzen Kirche aus, die als Braut zur Vereinigung mit ihrem einzigen Bräutigam drängt.

7. Nicht vergessen möchte ich die christlichen Eheleute. Auch eure Lebensform ist eine Berufung! Ich spreche euch mein Lob aus und ermutige euch in allen euren Anstrengungen, aus der Gnade des Ehesakramentes zu leben. Eure Familien mögen „Hauskirchen" sein, in denen die Kinder lernen, den Glauben zu leben und zu feiern.

Eure Familien mögen „Hauskirchen" sein, in denen die Kinder lernen, den Glauben zu leben und zu feiern.

Ihr Väter und Mütter seid die erste Schule für eure Kinder. Bemüht euch um Eintracht im Hause, um den Geist des Glaubens, der Hoffnung und der Liebe, um die regelmäßige Teilnahme am kirchlichen Leben, um Gelassenheit und Stärke bei der Lösung der täglichen Schwierigkeiten. Bittet den Herrn, daß eure Kinder einmal den Weg wählen, den Gott mit ihnen plant! Laßt ihnen auch die Freiheit, in die radikale Nachfolge Jesu Christi zu treten, wenn sie Gottes Ruf dafür verspüren. Kinder sind kein Besitz. Sie sind euch von Gott für eine bestimmte Zeit anvertraut. Eure Sendung besteht darin, sie in die Freiheit hineinwachsen zu lassen, aus der heraus sie sich verantwortlich binden können.

8. In den Familien entscheidet sich auch die Zukunft von Kirche und Gesellschaft. Neben den vielen pastoralen Initiativen und Hilfen erwähne ich besonders das Internationale Theologische Institut für Studien zu Ehe und Familie, das als junge Pflanze in Gaming eingesetzt wurde und von den Bischöfen Österreichs mitgetragen wird. Gebe Gott, daß daraus ein starker Baum werde, der viele Früchte zugunsten der Wertschätzung von Ehe und Familie hervorbringt.

9. Liebe Schwestern und Brüder!
„Wir wollen einander lieben; denn die Liebe ist aus Gott" (1 Joh 4,7). Viele unserer Zeitgenossen haben Gott als Vater verloren. Deshalb fehlt ihnen auch die Muttersprache des Glaubens. Helfen wir ihnen, sich in das Alphabet des Glaubens einzulesen. Zuneigung, Anteilnahme und Liebe gehören in den religiösen Grundwortschatz, den jeder versteht. Darauf kann man eine Grammatik des Lebens aufbauen, die dem Menschen hilft, den Plan, den Gott mit ihm hat, im Heiligen Geist zu buchstabieren. Lebt in Taten vor, was ihr mit Worten lehrt. Zeigt, daß eine Frucht des Geistes auch die Freude ist. An der Schwelle des dritten Jahrtausends muß der Gedanke wieder neu ins Bewußtsein rücken: Wie Gott mit jedem einen Plan hat, so hat er für jeden auch

eine Sendung. Ihr seid nicht nur Nachlaßverwalter der Vergangenheit, sondern auch Wegbereiter einer Zukunft, in die der Heilige Geist die Kirche führt!

Euer Landespatron, der heilige Leopold, möge euch Vorbild und Fürsprecher sein. Er war nicht nur Vater seiner Familie, sondern auch Landesvater. Sein Gedenkstein, den ich bei meinem letzten Pastoralbesuch in Österreich segnen durfte, steht heute hier in diesem neuen Regierungsviertel. Er soll euch allen Ansporn und Ermutigung sein!

Wir schauen auf die heilige Jungfrau Maria, deren Leben ein Weg im Heiligen Geiste war.

Maria, Magna Mater Austriae, dir vertrauen wir die Sorge um die Berufungen in den Priester- und Ordensstand an.

Maria, Mutter Gottes, trete bei deinem Sohn für die Kirche in Österreich ein. Bewirke, daß ihr viele junge Menschen geschenkt werden, die bereit sind, sich für die Nachfolge Christi zu entscheiden und sich selbst hinzugeben für das Reich Gottes.

Maria, Mutter der Kirche, bitte für uns! Amen.

Begrüßung des Papstes durch Erzbischof Christoph Kardinal Schönborn beim Gottesdienst mit Seligsprechungen auf dem Heldenplatz in Wien

(21. Juni 1998)

„Du bist Petrus, und auf diesem Fels werde ich meine Kirche bauen, und die Mächte der Unterwelt werden sie nicht überwältigen" (*Mt* 16,18).

> *Nicht wenige fühlen sich von den Hirten nicht verstanden und in ihren Sorgen übergangen.*

Mit diesem Wort des Herrn an Simon Petrus begrüßen wir den Nachfolger des Apostels Petrus, in der Gewißheit des Glaubens, daß Jesu Wort durch alle Jahrhunderte feststeht und wirksam bleibt.

Zum zweiten Mal dürfen wir mit Ihnen, Heiliger Vater, hier auf dem „Heldenplatz" Gottesdienst feiern: 1983 war es die „Europavesper", heute die Seligsprechung dreier Österreicher im Rahmen der Eucharistiefeier. Heute wie vor 15 Jahren geht unser Blick weit über die Grenzen unseres Landes hinaus, auch über die Grenzen, die Sünde und Schuld zwischen Menschen und Völkern gezogen haben und die der Heilung und Versöhnung bedürfen. Ich nenne nur einige dieser Grenzen und Gräber: die Wunden der Verachtung, Verfolgung und Vernichtung des jüdischen Volkes; der Riß der Glaubensspaltung zwischen Katholiken und Protestanten; die Gräben, die Österreich in verfeindete politische Lager geteilt haben; die Konflikte, die unsere Kirche erschüttern. Sie haben bei manchen das Vertrauen in den Papst und in uns Bischöfe erschüttert. Nicht wenige fühlen sich von den Hirten nicht verstanden und in ihren Sorgen übergangen. All das ruft nach gegenseitiger Versöhnung und Vergebung, nach Umkehr und Erneuerung.

An Zeichen der Erneuerung fehlt es nicht: Ein solches Zeichen sind die Gläubigen aus vielen Ländern, die heute mit Ihnen, Heiliger Vater, Eucharistie feiern: besonders zahlreich aus Polen, sei es aus der großen polnischen Gemeinde in Wien, sei es aus der Heimat – „Serdecznie witam w Wiedniu polskich pielgrzymow, ktorzy przybyli na spotkanie z swoim i naszym Ojdem Swietym!" –, aus den anderen Nachbarländern, aus den Afroasiatischen Gemeinden hier in Wien, aus den Gemeinden unserer Erzdiözese und aus den anderen Diözesen unseres Landes. Die konzelebrierenden Kardinäle und Bischöfe sind Zeichen dieser die Grenzen überschreitenden Gemeinschaft der Kirche: die Kardinäle aus Krakau und Prag, aus Nitra und Esztergom, aus

Köln (aber er stammt aus Schlesien!) und sogar aus Paris (dessen Eltern aus Galizien kamen), die drei Nachbarbischöfe, aus Brünn (der Heimat Sr. Restitutas), aus Trnava und aus Györ (der Nachfolger des vor kurzem seliggesprochenen Bischofs Vilmos Apor).

Ein Zeichen der Erneuerung sind die vielen Jugendlichen, die zum Erstaunen mancher Skeptiker überall in der Welt den Papst lieben und sich von ihm geliebt wissen. Ein besonderes Zeichen sind die vielen Behinderten. Sie blicken zu Ihnen, Heiliger Vater, als ihren großen Bruder auf und fühlen sich durch Ihr so beeindruckendes Zeugnis in ihrer Würde verstärkt!

Viele andere wären in diese Begrüßung einzuschließen. Ich nenne namentlich nur die vielen Männer und Frauen der Ordnungskräfte, die zum Teil rund um die Uhr im Einsatz sind.

Doch vor allem sind Sie selber, Heiliger Vater, Zeichen der Einheit und der Versöhnung. Die Liebe Christi drängt Sie (*2 Kor* 5,14), die Mühen der Reise auf sich zu nehmen und uns, Ihre Brüder und Schwestern, nach dem Auftrag Jesu, im Glauben zu stärken (vgl. *Lk* 22,32) und uns, unserem Land, unseren Nachbarn die Botschaft der unzerstörbaren Hoffnung zu bringen: die Botschaft von Kreuz und Auferstehung Jesu Christi, deren Strahlkraft Sie mit Ihrem ganzen Leben bezeugen und die jetzt in der Feier der heiligen Messe erneut gegenwärtig wird.

Willkommen in Wien, Heiliger Vater! Grüß Gott und Vergelt's Gott!

Dritter Pastoralbesuch 1998

Predigt des Papstes beim Gottesdienst mit Seligsprechungen auf dem Heldenplatz in Wien
(21. Juni 1998)

1. „Für wen halten mich die Leute?" (*Lk* 9,18)
Diese Frage hat Jesus einmal seinen Jüngern gestellt, die mit ihm unterwegs waren. Auch den Christen auf den Straßen unserer Zeit legt Jesus die Frage vor: „Für wen halten mich die Leute?"
Wie vor fast zweitausend Jahren in einem versteckten Winkel der damals bekannten Welt, so scheiden sich auch heute an Jesus die Geister: Die einen billigen ihm die Fähigkeit prophetischer Rede zu. Andere halten ihn für eine großartige Persönlichkeit, ein Idol, das Menschen zu fesseln vermag. Wieder andere trauen ihm sogar zu, eine neue Epoche einzuleiten.
„Ihr aber, für wen haltet ihr mich?" (*Lk* 9,20)
Die Frage kann man nicht neutral beantworten. Sie verlangt eine Grundsatzentscheidung und geht alle persönlich an. Auch heute stellt Jesus die Frage: Ihr Katholiken Österreichs, ihr Christen dieses Landes, ihr Bürgerinnen und Bürger, für wen haltet ihr mich?
Es ist eine Frage, die aus dem Herzen Jesu kommt. Wer sein eigenes Herz öffnet, der wünscht sich, daß das Gegenüber nicht nur mit dem Kopf antwortet. Die Frage aus dem Herzen Jesu muß uns selbst zu Herzen gehen: Wer bin ich für euch? Was bedeute ich euch? Kennt ihr mich eigentlich? Bekennt ihr euch zu mir? Habt ihr mich lieb?

2. Damals hat Petrus als Sprecher der Jünger geantwortet: Wir halten dich „für den Messias Gottes" (*Lk* 9,20). Etwas ausführlicher gibt Matthäus das Bekenntnis des Petrus wieder: „Du bist Christus, der Sohn des lebendigen Gottes" (*Mt* 16,16).
Heute bekennt der Nachfolger des Apostels Petrus, der ich durch Gottes Gnade bin, stellvertretend für euch und gemeinsam mit euch: Du bist der Messias Gottes. Du bist Christus, der Sohn des lebendigen Gottes.

3. Im Laufe der Jahrhunderte wurde immer wieder um das richtige Bekenntnis gerungen. Dank sei Petrus, dessen Worte einen Maßstab gesetzt haben!
An ihm müssen sich die Bemühungen messen lassen, mit denen die Kirche auf ihrem Weg durch die Zeit versucht auszudrücken, was ihr Jesus bedeutet. Dabei genügt das

Gottesdienst auf dem Wiener Heldenplatz

Lippenbekenntnis allein nicht. Die Kenntnis von Schrift und Tradition ist wichtig, das Studium des Katechismus ist wertvoll, aber was nützt das alles, wenn dem Glaubenswissen die Taten fehlen?

Das Christusbekenntnis ruft in die Christusnachfolge. Zum richtigen Bekenntnis muß das richtige Leben treten. Rechtgläubigkeit verlangt Glaubwürdigkeit. Diese anspruchsvolle Wahrheit hat Jesus den Seinen gegenüber von Anfang an nicht verschwiegen. Gerade hat Petrus ein außerordentliches Bekenntnis abgelegt. Im gleichen Atemzug müssen er und der ganze Jüngerkreis sich von Jesus erklären lassen, was ihr Meister sich von ihnen erwartet: „Wer mein Jünger sein will, der verleugne sich selbst, nehme täglich sein Kreuz auf sich und folge mir nach" (Lk 9,23).

Wie es am Anfang war, so ist es bis heute geblieben: Jesus Christus sucht nicht nur Menschen, die ihm zujubeln. Er sucht Menschen, die ihm nachfolgen.

4. Liebe Schwestern und Brüder! Wer die Geschichte der Kirche mit liebendem Auge betrachtet, darf dankbar entdecken, daß es trotz aller dunklen Punkte und Schattenseiten immer und überall Menschen gegeben hat und gibt, deren Leben neues Licht auf die Glaubwürdigkeit des Evangeliums wirft.

Heute wird mir die große Freude geschenkt, drei Christen aus der Kirche eurer Heimat in das Buch der Seligen eintragen zu dürfen. Jeder von ihnen hat auf eigene Weise das Messiasbekenntnis mit dem persönlichen Lebenszeugnis eingelöst.

Alle drei zeigen uns, daß mit „Messias" nicht nur ein Titel für Christus gemeint ist, sondern die Bereitschaft, an der messianischen Ordnung mitzuarbeiten: Große werden klein, und Schwache kommen zum Zug.

> *Das Christusbekenntnis ruft in die Christusnachfolge. Zum richtigen Bekenntnis muß das richtige Leben treten. Rechtgläubigkeit verlangt Glaubwürdigkeit.*

Auf dem Heldenplatz, hier und heute, haben nicht die Helden der Welt das Wort, sondern die Helden der Kirche, drei neue Selige. Vor sechzig Jahren hat vom Balkon dieses Platzes aus ein Mensch für sich das Heil proklamiert. Die neuen Seligen haben eine andere Botschaft. Sie sagen uns: Nicht in einem Menschen liegt das Heil, sondern: Heil Christus, dem König und Erlöser!

5. Jakob Kern entstammt einer einfachen Wiener Arbeiterfamilie. Aus seinem Studium im Knabenseminar in Hollabrunn reißt ihn der Erste Weltkrieg heraus. Eine schwere Kriegsverletzung macht sein kurzes Leben im Priesterseminar und im Prämonstratenser-Stift Geras zu einer, wie er selber sagt, „Karwoche". Um Christi willen hält er sein Leben nicht fest, sondern opfert es bewußt auf für andere. Zunächst wollte er Weltpriester werden.

Doch ein Ereignis sollte für ihn andere Weichen stellen: Ein Prämonstratenser verläßt sein Kloster und schließt sich der neu entstandenen, von Rom getrennten tschechischen Nationalkirche an. In diesem traurigen Vorfall entdeckt Jakob Kern seine

Berufung: Er will für den Ordensmann Sühne leisten. Gewissermaßen an seiner Stelle tritt Jakob Kern ins Kloster Geras ein. Gott hat das Geschenk des „Stellvertreters" angenommen.

Der selige Jakob Kern steht vor uns als Zeuge für die Treue zum Priestertum. Ursprünglich war es ein Kindertraum: Schon als kleiner Junge hat er Pfarrer gespielt. Im Laufe seines Lebens ist dieser Wunsch immer reifer geworden. Im Leiden geläutert, ging dem Ordensmann der tiefe Sinn priesterlicher Berufung auf: das eigene Leben mit dem Kreuzesopfer Christi zu vereinen und für das Heil anderer stellvertretend hinzugeben.

Möge der selige Jakob Kern, der ein lebensfroher, „farbtragender" Student war, vielen jungen Männern Mut machen, dem Ruf Christi zum Priestertum hochherzig zu folgen. Seine Worte von damals sind uns gesagt: „Heute braucht man mehr denn je ganze und heilige Priester. Jedes Gebet, jedes Opfer, jede Mühe und Plage werden, wenn mit der richtigen Intention verbunden, heiliges Saatgut Gottes, das früher oder später seine Frucht bringt."

6. In Wien hat sich vor hundert Jahren Pater Anton Maria Schwartz vom Los der Arbeiter anrühren lassen. Vor allem den jungen Menschen in der Ausbildung, den Lehrlingen, widmet er sein Leben. Seine Herkunft aus ärmlichen Verhältnissen vergißt er nie, so daß ihn mit den Bedürftigen aus dem Arbeitermilieu eine Herzensverwandtschaft verbindet. Um ihnen zu helfen, gründet er die „Kongregation der frommen Arbeiter" nach der Regel des heiligen Josef von Kalasanz, die bis heute blüht. Eine große Sehnsucht erfüllt ihn: eine Gesellschaft im Umbruch zu Christus zurückzuführen und sie in Christus zu erneuern. Er hat Verständnis für die Not der Lehrlinge und Arbeiter, denen oft Halt und Orientierung fehlen. Mit Phantasie und Liebe wendet er sich ihnen zu. Er findet Mittel und Wege, „die erste Arbeiterkirche Wiens" zu bauen. Verborgen und bescheiden, ohne sich abzuheben zwischen Häusern mit kleinen Wohnungen, gleicht das Gotteshaus dem Wirken dessen, der es errichtet und vierzig Jahre lang mit Leben erfüllt hat.

Auf dem Heldenplatz, hier und heute, haben nicht die Helden der Welt das Wort, sondern die Helden der Kirche, drei neue Selige.

Am „Arbeiterapostel" Wiens schieden sich aber auch die Geister. Vielen ging sein Einsatz zu weit. Andere schlugen ihn für höchste Auszeichnungen vor. Pater Schwartz blieb sich treu und scheute nicht davor zurück, auch mutige Schritte zu wagen. Mit seinen Forderungen nach Ausbildungsplätzen für Jugendliche und nach einem arbeitsfreien Sonntag ist er bis in den Reichstag vorgedrungen.

Er hinterläßt uns eine Botschaft: Unternehmt alles, was euch möglich ist, um den Sonntag zu schützen! Zeigt, daß dieser Tag zu Recht arbeitsfrei bleiben muß, weil er als Tag des Herrn gefeiert wird! Helft vor allem den Jugendlichen, denen das Recht auf Arbeit vorenthalten wird! Wer dafür sorgt, daß die Jugend von heute Brot hat, der trägt dazu bei, daß die Erwachsenen von morgen ihren Kindern Sinn vermitteln können.

Ich weiß, daß es dafür keine einfachen Lösungen gibt. Deshalb wiederhole ich ein Wort, unter das der selige Pater Schwartz seine vielfältigen Bemühungen gestellt hat: „Wir müssen mehr beten."

7. Schwester Restituta Kafka war noch nicht volljährig, als sie den Wunsch äußerte, ins Kloster zu gehen. Die Eltern sind dagegen. Aber die junge Frau hält unbeirrt an ihrem Ziel fest, „aus Liebe zu Gott und den Menschen" Schwester zu werden. Besonders in den Armen und Kranken möchte sie Christus dienen. Bei den „Franziskanerinnen der christlichen Liebe" findet sie den Weg, ihre Berufung im nüchternen, oft harten Spitalsalltag zu leben. Mit Leib und Seele Krankenschwester, wird sie in Mödling bald zur Institution. Ihre fachliche Kompetenz, ihre Durchsetzungskraft und ihre Herzlichkeit tragen dazu bei, daß sie von vielen nicht mehr Schwester Restituta, sondern Schwester Resoluta genannt wird.

Ihr Mut und ihre Unerschrockenheit lassen sie auch vor der nationalsozialistischen Herrschaft nicht schweigen. Schwester Restituta setzt sich über das Verbot der politischen Führung hinweg und läßt in allen Krankenzimmern Kreuze anbringen. Am Aschermittwoch 1942 wird sie von der Gestapo abgeholt. Im Gefängnis beginnt für sie eine mehr als einjährige „Fastenzeit", die am 30. März 1943 auf dem Schafott endet. Als letzte Worte sind uns überliefert: „Für Christus habe ich gelebt, für Christus will ich sterben."

An der seligen Schwester Restituta können wir ablesen, zu welchen Höhen innerer Reife ein Mensch an der Hand Gottes geführt werden kann. Für das Bekenntnis

> *Man kann uns Christen vieles nehmen. Aber das Kreuz als Zeichen des Heils lassen wir uns nicht nehmen.*

zum Kreuz hat sie ihren Kopf hingehalten. Sie hat es im Herzen bewahrt und vor der Hinrichtung noch einmal leise ausgesprochen, als sie den Gefängnispfarrer um ein „Kreuzerl auf die Stirne" bat.

Man kann uns Christen vieles nehmen. Aber das Kreuz als Zeichen des Heils lassen wir uns nicht nehmen. Lassen wir nicht zu, daß man es aus der Öffentlichkeit entfernt! Hören wir auf die Stimme des Gewissens, die uns sagt: „Man muß Gott mehr gehorchen als den Menschen!" (*Apg* 5,29)

8. Liebe Schwestern und Brüder! Die heutige Feier bekommt eine europäische Note. Neben dem verehrten Herrn Bundespräsidenten der Republik Österreich, Herrn Thomas Klestil, geben uns auch die Präsidenten von Litauen und Rumänien sowie Vertreter des politischen Lebens aus dem In- und Ausland die Ehre ihrer Anwesenheit. Ich grüße sie herzlich und mit ihnen die Völker, die sie vertreten.

In der Freude, daß uns heute drei neue Selige geschenkt wurden, wende ich mich an alle Schwestern und Brüder des Volkes Gottes, die hier versammelt sind oder sich über Radio und Fernsehen mit uns verbunden haben. Ich grüße den Oberhirten der Erzdiözese Wien, Herrn Kardinal Christoph Schönborn, und den Vorsitzenden der

Österreichischen Bischofskonferenz, Herrn Bischof Johann Weber, sowie alle Brüder im Bischofsamt, die von nah und fern zum Heldenplatz gekommen sind. Nicht vergessen möchte ich die vielen Priester und Diakone, die Ordensleute und die pastoralen Mitarbeiter der Pfarren und Gemeinschaften.

Liebe Jugendliche! Einen besonderen Gruß schulde ich heute euch. Ich freue mich, daß ihr in so großer Zahl anwesend seid. Wieviele von euch sind von weither gekommen! Ich meine das nicht nur geographisch ... Aber ihr seid da: das Geschenk der Jugend, auf die das Leben wartet!

Die drei Helden der Kirche, die wir gerade in das Buch der Seligen eingeschrieben haben, können euch eine Lebenshilfe sein: der junge Jakob Kern, der gerade in seiner Krankheit das Vertrauen der Jugend gewann; Pater Anton Maria Schwartz, der es verstand, die Herzen der Lehrlinge zu erreichen; Schwester Restituta Kafka, die den Mut aufbrachte, für ihre eigene Meinung einzustehen.

Sie waren keine „fotokopierten Christen", sondern jeder für sich war ein Original, unauswechselbar und einzigartig. Sie haben angefangen wie ihr: als junge Menschen, voller Ideale und auf der Suche nach einem Sinn, für den es sich zu leben lohnt. Noch etwas macht die drei neuen Seligen so anziehend: Ihre Lebensgeschichten zeigen uns, wie sie als Persönlichkeiten nach und nach gereift sind. Auch euer Leben ist noch keine reife Frucht.

> *Die Kirche von heute braucht keine Teilzeitkatholiken, sondern Vollblutchristen! Die drei neuen Seligen waren es. An ihnen können wir Maß nehmen.*

Deshalb kommt es darauf an, daß ihr das Leben pflegt, damit es zur Blüte und Reife kommen kann. Nährt es mit dem Saft des Evangeliums! Haltet es Christus hin, der Sonne des Heiles! Pflanzt das Kreuz in euer Leben ein – das Kreuz als wahren Baum des Lebens!

9. Liebe Schwestern und Brüder! „Ihr aber, für wen haltet ihr mich?"

Wir werden in wenigen Augenblicken das Glaubensbekenntnis beten. In diesem Bekenntnis, mit dem wir uns in die Gemeinschaft der Apostel und der Überlieferung der Kirche sowie in die Schar der Heiligen und Seligen stellen, soll auch unsere persönliche Antwort vorkommen. Die Überzeugungskraft der Botschaft ist auch an die Glaubwürdigkeit ihrer Botschafter gebunden. Deshalb fängt die Neuevangelisierung bei uns selber an, bei unserem Lebensstil.

Die Kirche von heute braucht keine Teilzeitkatholiken, sondern Vollblutchristen! Die drei neuen Seligen waren es. An ihnen können wir Maß nehmen.

Danke, seliger Jakob Kern, für Deine priesterliche Treue!

Danke, seliger Pater Anton Maria Schwartz, für Deine Begleitung der Arbeiter!

Danke, selige Schwester Restituta Kafka, für Dein Schwimmen gegen den Strom der Zeit!

Ihr Heiligen und Seligen Gottes, bittet für uns. Amen.

Gottesdienst auf dem Wiener Heldenplatz

(Nach dem Gottesdienst eröffnete der Papst den Angelus mit folgenden Worten:)

Liebe Schwestern und Brüder!

Am Ende dieser erhebenden Feier wenden sich unsere Gedanken Maria zu, der Magna Mater Austriae. Seit Jahrhunderten bis heute stellt sich das österreichische Volk unter ihren Schutz und Schirm. Auch die drei neuen Seligen haben sich selbst und ihre Anliegen ihrer mütterlichen Fürbitte anvertraut. Sie haben das Jawort, das Maria auf die Botschaft des Engels gab, für ihre eigene Sendung nachgesprochen:
Der selige Pater Anton Maria Schwartz hat „ja" gesagt zu den täglichen Herausforderungen, die er durch die Seelsorge an den Arbeitern kennenlernte.
Der selige Priester Jakob Kern hat „ja" gesagt zu Krankheit und Leid, die ihm in jungen Jahren auferlegt wurden.
Die selige Schwester Restituta Kafka hat „ja" gesagt zum Kreuz, das für sie nicht nur ein Schmuckstück war, sondern zur Lebensform wurde.
Die drei neuen Seligen mögen euch allen Vorbild und Ansporn sein, „ja" zu sagen zu dem Weg, den Gott mit euch gehen will.

(Anschließend richtete Johannes Paul II. folgende Grußworte in verschiedenen Sprachen an die Anwesenden:)

Ungarisch:
Herzlich grüße ich die ungarischen Gläubigen, die mit uns zusammen gefeiert haben. Das Zeugnis der drei neuen Seligen stärke sie in der Nachfolge Christi.

Polnisch:
Herzlich grüße ich meine hier bei dieser Messe anwesenden Landsleute, diejenigen, die in Österreich wohnen, und die, die aus Polen gekommen sind. Die heute zur Ehre der Altäre erhobenen neuen Seligen mögen für euch bitten. Geht in ihren Spuren, blickt auf ihr Leben, folgt ihren Werken!

Tschechisch:
Ich richte einen herzlichen Gruß an die Pilger aus der lieben tschechischen Republik und wünsche ihnen, daß sie treue Zeugen ihrer reichen christlichen Tradition seien.

Slowakisch:
Nun grüße ich die slowakischen Pilger und wünsche von Herzen, jeder möge dem leuchtenden Beispiel der neuen Seligen in immer größerer Treue zu Christus folgen können.

Ansprache des Vorsitzenden der Österreichischen Bischofskonferenz, Bischof Johann Weber, bei der Begegnung des Papstes mit den österreichischen Bischöfen im Erzbischöflichen Palais in Wien
(21. Juni 1998)

Heiliger Vater!

Tief bewegt und dankbar für das Glaubenszeugnis, das Sie der Kirche und allen Menschen unseres Landes geschenkt haben, dürfen wir Ihnen am Ende Ihres dritten Pastoralbesuches in Österreich als Gemeinschaft der Bischöfe begegnen.
Wir blicken dabei nicht allein auf die drei Tage der geistlichen Herausforderung und Ermutigung, die wir gerade erlebt haben, sondern auf das Geschenk Ihres ganzen, zur Nachfolge Christi einladenden Petrusamtes.
Wir sind dankbar für Ihren von Herzen kommenden und zu Herzen gehenden Ruf an junge Menschen, ihrer Berufung nachzuspüren und sie mit Freude anzunehmen – zum Priester, in den Ordensstand, zur Ehe und in die vielfältigen Dienste am Nächsten. In einer Zeit der Beliebigkeit und Unverbindlichkeit eröffnen Sie uns die Vision einer Kultur der liebenden Hingabe und Treue.

> *In einer Zeit der Beliebigkeit und Unverbindlichkeit eröffnen Sie uns die Vision einer Kultur der liebenden Hingabe und Treue.*

Wir sind dankbar für die große Perspektive eines neuen, im Geist des Evangeliums gestalteten Europa. Sie widerspricht und widersteht dem Leid, den Schrecken, Spaltungen und dem Materialismus gerade unseres Jahrhunderts, weist uns den Weg in eine ganz neue Nachbarschaft und wird uns hoffentlich davor bewahren, ökonomische oder mentale Barrieren anstelle der alten aufzubauen.
Wir sind bewegt von Ihrem unermüdlichen Gebet und Einsatz für den Frieden auf der ganzen Erde und dankbar für die vielen ökonomischen, interreligiösen und politischen Dialoge, die von Ihnen inspiriert, gefördert und in den Krisengebieten dieser Erde mit dem Risiko des Lebens geführt wurden. Ihre lebendige Verkörperung der Kultur des Friedens Christi wird weit in das kommende Jahrtausend hineinleuchten!
Wir sind bewegt und herausgefordert durch die vom Stellvertreter Christi immer wieder eingemahnte Option für die Armen und das ungeschützte menschliche Leben. Sie

wird gerade in unserer Wohlstandsgesellschaft, die zu leicht das Schicksal von Arbeitslosigkeit, Flüchtlingen, Behinderten und einsamen Menschen verdrängt und der Verantwortung für den Beginn und das Ende menschlichen Lebens ausweicht, ein unabweisbares Kriterium des Einsatzes der Katholischen Kirche bleiben. Ihr anschließender Besuch im Hospiz der Caritas Socialis, Heiliger Vater, wird ein lebendiges Zeichen für die von Ihnen erhoffte Kultur des Lebens sein.

Sie haben heute im Gottesdienst am Heldenplatz Schwester Restituta Kafka, Jakob Kern und Pater Anton Schwartz seliggesprochen und damit uns und der ganzen Kirche drei einfache, von Gott erfüllte Menschen bezeichnet, deren Gestalten uns auf unserem Weg zu Gott voranleuchten werden. Das gilt besonders auch für uns Bischöfe: die Liebe und Treue zu Christus, der Mut zum Glaubenszeugnis, der Dienst zur Fülle und Heiligung des Lebens aller. Ihnen, Heiliger Vater, ist in besonderer Weise dafür Dank zu sagen, daß Sie durch Ihren Besuch die Gemeinschaft der österreichischen Bischöfe in diesem tiefsten Sinne Christi bestärkt haben, gerade nach einer Phase massiver innerkirchlicher Auseinandersetzungen und Probleme. Aus der Begegnung und Gemeinschaft mit Ihnen erwächst für den laufenden „Dialog für Österreich" spirituelle Weite und menschliche Tiefe.

So sage ich im Namen der österreichischen Bischöfe und aller katholischer Gläubigen Dank mit zwei volkstümlichen Redeweisen: Wenn einer besonders oder unverhofft zu Hilfe kommt, sagen wir: „Er ist ein Segen!" Ja, Sie sind ein Segen für uns, und Ihr dritter Pastoralbesuch war ein Segen, in dem tiefen religiösen Sinn, der in der christlichen Tradition unseres Landes verankert ist. Aus dieser Tradition kommt auch das herzliche „Vergelt's Gott", das ich Ihnen aussprechen darf.

Dritter Pastoralbesuch 1998

Ansprache des Papstes bei der Begegnung mit den österreichischen Bischöfen im Erzbischöflichen Palais in Wien

(21. Juni 1998)

Meine lieben bischöflichen Mitbrüder!

1. Ich bin dankbar, daß uns diese Begegnung als Möglichkeit geschenkt wird, um im kleinen Kreis über die Verantwortung nachzudenken, die wir als Nachfolger der Apostel auf unseren Schultern tragen. Von Herzen grüße ich euch alle als Gemeinschaft und jeden einzelnen. Ich mache mir die Worte des heiligen Petrus zu eigen: „Gottes Macht behütet euch durch den Glauben ... Deshalb seid ihr voll Freude, obwohl ihr jetzt vielleicht kurze Zeit unter mancherlei Prüfungen leiden müßt" (*1 Petr* 1,5-6).

2. Ihr seid unter vielerlei Hinsicht geprüft worden. Selbst wenn dies nicht der Augenblick ist, um eine allgemeine Wertung vorzunehmen, möchte ich euch dennoch versichern, daß ich euch in dieser ganzen Zeitspanne mein besonderes Gebetsgedenken geschenkt habe. Als Wegbegleiter in bedrängter Zeit hat mein Herz in Rom unablässig für euch geschlagen, denen die Hirtensorge in diesem geschätzten Land übertragen ist. Wenn ich vor dem Allerheiligsten innehielt, habe ich euch oft vor den Herrn getragen und dabei die Priester, Diakone und Mitarbeiter in der Seelsorge sowie die euch anvertrauten Männer und Frauen, Alt und Jung, Glaubende, Zweifelnde und Verunsicherte eingeschlossen. Diese ständige Nähe im Geist kann ich nun durch meine Anwesenheit bei euch auch sichtbar unter Beweis stellen. So sollt ihr noch mehr spüren, mit welcher Anteilnahme ich euch zur Seite stehe. Ja, ich verstehe mich als „Helfer zu eurer Freude" (*2 Kor* 1,24).

Auf unserem persönlichen Weg ebenso wie auf den Straßen, die sich die Kirche durch die Geschichte bahnt, gibt es Strecken, auf denen es schwerfällt, von der Freude zu künden. Es gibt Momente, in denen sich durch das Gestrüpp dorniger Probleme die Ausübung unseres Amtes auch deshalb als besonders schwierig erweist, da es Mißverständnissen und falschen Deutungen ausgesetzt ist. Wie bedrückend Erfahrungen solcher Art auch empfunden werden, so stehen wir doch unter dem gemeinsamen Auftrag, „Freudenboten" (*Röm* 10,15) zu sein für Kirche und Welt, mithin für alle, die sich Großes erwarten vom anbrechenden dritten Jahrtausend. In Zeiten, in denen die

Würde des Bischofsamtes in erster Linie als Bürde auf unseren Schultern lastet, empfiehlt es sich, das Herz und die Gedanken in dankbarer Erinnerung an den Anfang zurückwandern zu lassen, um dadurch die Gnade wieder zu entfachen, die uns durch die Handauflegung zuteil geworden ist. Denn Gott hat uns nicht einen Geist der Verzagtheit gegeben, sondern den Geist der Kraft, der Liebe und der Besonnenheit (vgl. *2 Tim* 1,6-7).

3. Wenn wir an den Tag zurückdenken, an dem wir durch die Handauflegung zunächst in den priesterlichen und dann in den bischöflichen Dienst eingeweiht wurden, dann wird in uns das beredte Zwiegespräch lebendig, in dem wir vor dem Empfang der Weihe dem Bischof gegenüber unser Adsum gesprochen haben: Hier bin ich. Ich bin bereit. In diesem Zwiegespräch hatten nicht wir selbst das erste Wort. Unser Part lag in der hochherzigen Antwort: Ich bin bereit, mich in den Dienst Gottes zu stellen mit meinen Anlagen und Fähigkeiten, mit meinen Hoffnungen und meinem Bemühen, mit meinem Licht und meinem Schatten. Alles haben wir mitgebracht, als wir freudig Adsum sagten.

Dieses Wort der Bereitschaft, das jeder unverwechselbar in seinem eigenen Namen öffentlich ausgesprochen hat, bekam für mich noch eine besondere Bedeutung, als ich es als junger Bischof auf dem Zweiten Vatikanischen Konzil gemeinsam mit den anderen Mitgliedern der ökumenischen Versammlung wiederholt habe: Adsumus, Domine, Sancte Spiritus! Hier sind wir, Herr, Heiliger Geist! So haben wir alle Sitzungen des Konzils begonnen. In diesem Gebet habe ich erfahren und begriffen, daß das persönliche Adsum in das Adsumus der Gemeinschaft eingebettet ist. Wie

Der Ruf des Herrn und die Sendung zum gemeinsamen Werk stiften Gemeinschaft.

Jesus Christus selbst seine Apostel persönlich beim Namen gerufen und sie zugleich als „die Zwölf" eingesetzt hat (vgl. *Mk* 3,13-19), so bilden bis heute die Berufung des Herrn und die hochherzige Antwort des einzelnen die Grundlage für unsere persönliche Hingabe und für die Bildung einer unverbrüchlichen Gemeinschaft, die durch Handauflegung und Gebet besiegelt wird. Der Ruf des Herrn und die Sendung zum gemeinsamen Werk stiften Gemeinschaft. Denn von den Ursprüngen der Kirche an ist der Hirtendienst nicht nur einzelnen individuell aufgetragen, sondern jedem von ihnen als Teil einer Gemeinschaft, die Kollegium heißt. Mit Recht können wir deshalb sprechen: Adsumus. Wir sind bereit. Ein Bischof allein verwirklicht den Plan Christi nicht. Die Bischöfe in Einheit untereinander mit Christus in ihrer Mitte bilden das volle Subjekt des Hirtendienstes in der Kirche, wie es dem Plan ihres Stifters entspricht.

4. Bei der gegenseitigen Verwiesenheit, in der Adsum und Adsumus zueinander stehen, ist es geboten, diese enge Verbindung noch etwas näher auszuleuchten, um ihre Bedeutung für unsere Tage zu erhellen. Wie jede Gemeinschaft Raum gewähren muß für die Entfaltung des einzelnen, so hat innerhalb des Adsumus auch das unver-

wechselbare Adsum sein Recht und seinen Platz. Denn bei aller Gemeinsamkeit bedarf es der Ehrfurcht vor der je eigenen Berufung und Sendung. Im Raum des Gemeinsamen soll der einzelne Bischof sich selbst entfalten und die eigene seelsorgerliche Verantwortung wahrnehmen können. Abgesehen von den Unterschieden an Fähigkeiten und Charakteren, die sie in ihr bischöfliches Wirken einbringen, haben die einzelnen Bischöfe ja eine ihnen eigene Vollmacht inne und heißen daher mit Recht Vorsteher des Volkes, das sie leiten (vgl. *Lumen gentium*, Nr. 27). Diese Vollmacht, die sie im Namen Christi persönlich ausüben, ist jedoch nicht auf das Herrschen ausgerichtet, sondern nimmt Maß am Beispiel des Guten Hirten, der nicht gekommen ist, sich bedienen zu lassen, sondern zu dienen (vgl. *Mt* 20,28). Jedem Bischof ist deshalb das Wort des heiligen Petrus gesagt: „Seid nicht Beherrscher eurer Gemeinden, sondern Vorbilder für die Herde!" (*1 Petr* 5,3).

Wenn das Adsumus gebührend Raum für das Adsum des einzelnen läßt, muß es gleichzeitig geprägt sein vom Bemühen aller um Einheit. Andernfalls zerfällt das einzige Lehramt Jesu Christi in ein Vielerlei einzelner Stimmen. Anstelle eines symphonischen Zusammenklangs entsteht ungeordneter Lärm. Das ist denen nicht angemessen, die gemeinsam in der langen Reihe apostolischer Sukzession stehen, deren Anfang im Herrn der Kirche selbst liegt. Das innige Band des einzelnen mit Christus bedeutet Verpflichtung aller füreinander. Deshalb gehört es zum bischöflichen Wirken, einander Beistand zu leisten, Beistand im pastoralen Dienst, Beistand im brüderlichen Austausch, Beistand im öffentlichen Leben und nicht zuletzt Beistand im Gebet füreinander. Denn es tut jedem gut zu wissen, daß er nicht allein steht. Eine wertvolle Hilfe ist dabei das Organ der Bischofskonferenz, die nach dem Wunsch des Zweiten Vatikanischen Konzils durch den Austausch von Kenntnissen und Erfahrungen und durch gegenseitige Beratung unter den Bischöfen „ein heiliges Zusammenwirken der Kräfte zum gemeinsamen Wohl der Kirchen" fördern soll (*Christus Dominus*, Nr. 37). Als Hirten der euch anvertrauten Herden steht ihr ja gemeinsam vor Gott, aneinander gebunden in der bischöflichen Gemeinschaft, in die jeder sich selbst unverwechselbar einbringt. Ein schönes Zeichen, daß ihr in eurer jeweiligen Diözese das in Österreich pilgernde Gottesvolk gemeinsam begleitet, könntet ihr dadurch setzen, daß ihr euch miteinander als Bischofskonferenz für einige Tage zurückzieht und auf den Weg geistlicher Exerzitien begebt.

5. Das Adsumus auf dem Konzil war nicht nur Gebet, sondern gleichzeitig Programm. Wie sich die Bischöfe zu ihren Beratungen als Gebetsgemeinschaft versammelten, so stellten sie sich auch als Dialoggemeinschaft unter den Schutz und Beistand des Heiligen Geistes. So ist es nicht verwunderlich, daß die Beziehung des dreifaltigen Gottes zum Menschen wiederholt als dialogisches Geschehen umschrieben wurde (vgl. *Gaudium et spes*, Nr. 19; *Dei Verbum*, Nr. 8.21.25). Im Licht des Heilsgeheimnisses vollzieht sich dann die Sendung der Kirche als dialogische Vermittlung. In Christus, dem einzigen Mittler zwischen Gott und Mensch, findet die Kirche, sein my-

stischer Leib, ihren Platz als umfassendes Heilssakrament für die Welt (vgl. *Lumen gentium*, Nr. 1.9.48.59; *Gaudium et spes*, Nr. 42.45; *Ad gentes*, Nr. 15; *Sacrosanctum Concilium*, Nr. 5.26).

So ist es der Kirche aufgetragen, sowohl nach innen als auch nach außen einen „Dialog des Heiles" zu pflegen, damit alle in ihr „den unergründlichen Reichtum Christi" (*Eph* 3,8) finden können. Für diesen Dialog habe ich mich von Anfang meines Pontifikates an eingesetzt und versucht, während meiner bald zwanzigjährigen Amtszeit zu seinem Gelingen beizutragen (vgl. Enzyklika *Redemptor hominis*, Nr. 4). Dabei möchte ich an meinen Vorgänger seligen Angedenkens Papst Paul VI. erinnern, der seine erste Enzyklika *Ecclesiam suam* dem Thema des aufrichtigen Dialogs gewidmet und im Verlauf seines Pontifikats kompetente und wirkungsvolle Dialogorgane eingeführt hat. Ich war in diesen Jahren bestrebt, mich der bestehenden Einrichtungen zu bedienen, um das Gespräch besonders auf den Gebieten anzustoßen, auf denen es etwas ins Stocken geraten war (vgl. zuletzt Enzyklika *Ut unum sint*, Nr. 28-39).

Mit Anerkennung und Dankbarkeit blicke ich auch auf die zahlreichen Strukturen, die dem Dialog der Kirche nach innen und nach außen auf vielen Feldern eine Form geben und ihn so fruchtbar werden lassen. Auch ihr habt euch, liebe Brüder, auf der Ebene eurer Bischofskonferenz zu einer Initiative entschlossen, die den Dialog anregen und vertiefen soll. Im „Dialog für Österreich" wollt ihr die Ortskirchen, denen ihr vorsteht, die Orden, die geistlichen Gemeinschaften, Bewegungen und Gruppen miteinander ins Gespräch bringen. Zu diesem Zweck habt ihr den Kreis der möglichen Dialogteilnehmer sehr weit gezogen und euch an Pfarrgemeinderäte und apostolische Gruppen, an öffentliche Körperschaften und Verbände, an Einzelpersonen und Gemeinschaften gewandt (vgl. Grundtext zum „Dialog für Österreich", S. 3).

> *So ist es der Kirche aufgetragen, sowohl nach innen als auch nach außen einen „Dialog des Heiles" zu pflegen.*

6. Mit dieser Initiative zum Dialog, aus dem ihr niemand ausschließen wollt, beabsichtigt ihr, nicht nur eine heute allgemein gepflegte Umgangsform oder eine neutrale Methode zu fördern, um das Zusammentreffen verschiedener Menschen zu erleichtern. Die Palette der Gesprächsformen ist breit. Sie kennt freundschaftlichen Gedankenaustausch, sachliche Erörterung, wissenschaftliche Diskussion oder Prozesse gesellschaftlicher Konsensbildung. Auch wenn das Wort Dialog in den letzten Jahrzehnten unter mancherlei Mißverständnis und Entstellung zu leiden hatte, darf man es dennoch nicht von seinem Mißbrauch her bestimmen. Der Dialog, den die Kirche führt und zu dem sie einlädt, ist niemals nur eine harmlose Form des Sich-Öffnens auf die Welt hin oder gar eine Spielart oberflächlicher Anpassung. Vielmehr wird damit ein Sprechen und Handeln beschrieben, das vom Tun Gottes gehalten und vom Glauben der Kirche geprägt ist. In diesem Sinn soll der „Dialog für Österreich" ein „Dialog des Heiles" werden, der dann zu flach geriete, würde er sich mit einem aus-

schließlich horizontalen Verlauf begnügen und auf den Austausch von Standpunkten im Sinne eines anregenden Miteinanderredens beschränken. Vielmehr wird er eine vertikale Dimension anstreben, die ihn auf den Erlöser der Welt und Herrn der Geschichte hinlenkt, der uns mit Gott und untereinander versöhnt (vgl. Enzyklika *Ut unum sint*, Nr. 35).

7. Ein solcher Dialog ist für alle Beteiligten eine Herausforderung, wirklich eine Art geistliches Experiment. Es geht darum, auf den anderen zu hören und sich im persönlichen Zeugnis selbst zu öffnen, aber auch im Wagnis zu lernen, den Ausgang des Dialogs Gott zu überlassen. Im Unterschied zu einem Gespräch lockerer Fügung zielt der Dialog auf das gemeinsame Finden und Anerkennen der Wahrheit. Wie oft habt ihr als Hirten versucht und seid bis heute dabei, die euch anvertrauten Priester und Laien mit Hilfe des geduldigen Gesprächs in Liebe zur Wahrheit zu führen. Ihr wißt aus Erfahrung, daß ein geglückter Dialog einem zuvor bestehenden offenen Problem oder einer Streitfrage ein Ende zu setzen vermag. Zugleich kennt ihr aber auch die mitunter schmerzliche Kehrseite eurer Bemühungen: Statt Wahrheitsfindung und Verständigung kommt das Gespräch nicht über einen substanzlosen Diskurs hinaus, der letztlich an der Wahrheit uninteressiert ist.

> *Ein solcher Dialog ist für alle Beteiligten eine Herausforderung, wirklich eine Art geistliches Experiment.*

Eine solche Konzeption entspricht dem Dialog des Heiles nicht. Dieser steht für alle Beteiligten immer unter dem Wort Gottes. Deshalb setzt er ein Minimum an vorgängiger Kommunikationsgemeinschaft und fundamentaler Gemeinsamkeit voraus. Es ist der lebendig überlieferte Glaube der Gesamtkirche, der für alle Partner die Grundlage des Dialogs bildet. Wer diese gemeinsame Basis preisgibt, nimmt jedem Gespräch in der Kirche die Voraussetzung, zum Dialog des Heiles zu werden. Darum wird es immer wieder darauf ankommen, in Erfahrung zu bringen, ob ein bestimmter Dissens möglicherweise auf grundlegende Differenzen zurückzuführen ist. Ist dies der Fall, müssen solche Differenzen im Vorfeld gelöst werden. Ansonsten droht der Dialog entweder in Unverbindlichkeit zu verflachen oder sich in marginalen Spitzfindigkeiten zu verflüchtigen. Jedenfalls kann keiner in ehrlicher Weise eine Rolle in einem dialogischen Prozeß übernehmen, wenn er nicht bereit ist, sich der Wahrheit auszusetzen und immer mehr in sie hineinzuwachsen.

Öffnung gegenüber der Wahrheit bedeutet Bereitschaft zur Umkehr. Darum wird der Dialog nur dann zur Wahrheit führen, wenn er über den erforderlichen Sachverstand hinaus von Aufrichtigkeit und Freimut, von Aufnahmebereitschaft im Hören der Wahrheit und vom Willen zur Selbstkorrektur gehalten wird. Ohne Bereitschaft, sich zur Wahrheit bekehren zu lassen, verkümmert jeder Dialog. Ein fauler Kompromiß wäre ein Hohn auf ihn. Deshalb muß gewährleistet sein, daß die Zustimmung der Redenden nicht bloß vorgetäuscht oder erschlichen ist, sondern aus deren Herzen kommt. In diesem Zusammenhang trifft euch Bischöfe die Aufgabe der Unterscheidung, wodurch ihr zu „Mitarbeitern für die Wahrheit" werdet (3 Joh 8).

8. Der Dialog des Heiles ist ein spirituelles Unternehmen: Er vertieft die Einsicht in den Reichtum der kirchlichen Gemeinschaft und die Geheimnishaftigkeit des Glaubens. So eröffnet er denen, die sich ehrlich darauf einlassen, einen fruchtbaren Raum der Kommunikation in der einen Wahrheit. Die Beteiligten erfahren ihn als geistlichen „Austausch von Gaben und Geschenken" (Lumen gentium, Nr. 13).
Wird der Dialog nach innen überzeugend geführt, bleibt auch seine Wirkung nach außen nicht aus. So ist der Dialog ein pastorales Mittel und dient der Evangelisierung. Denn einem Dialog mit Profil wird es an Strahlkraft nicht mangeln. Selbstverständlich wird er in Ehrlichkeit zu führen sein. Bei aller Offenheit soll das kirchliche Bekenntnis dabei seine Entschiedenheit bewahren. Dialogpartner mit klaren Konturen haben eine hohe Chance, sich verständlich zu machen und dafür auf ehrlichen Respekt zu stoßen, selbst wenn der Dialog in der Sache streckenweise hart und mühsam sein mag und sich das Gegenüber wenigstens zum gegebenen Zeitpunkt nicht in der Lage sieht, den angebotenen Standpunkt anzunehmen.

> *Ohne Bereitschaft, sich zur Wahrheit bekehren zu lassen, verkümmert jeder Dialog.*

9. Wenn ich zum Dialog ermutige, steht außer Zweifel, daß ich damit nicht einfach meine, wir sollten noch mehr reden. Es wird ja in unserer Zeit sehr viel gesprochen, und doch verbessert dies die gegenseitige Verständigung oft nicht. Leider gibt es auch das Scheitern des Dialogs. Deshalb möchte ich auf zwei Gefährdungen besonders hinweisen, die euch sicher nicht unbekannt sind.
Die erste Gefahr liegt im Machtanspruch. Er entsteht dort, wo sich Gesprächspartner nicht mehr vom Verstehenwollen leiten lassen, sondern den Raum des Dialogs einzig und allein für sich beanspruchen. Prägt sich diese Linie ein, findet bald kein offener Austausch mehr statt. Die bereichernde Andersheit wird zum kämpferischen Gegensatz, der die Bühne der eigenen monologischen Selbstdarstellung sucht. Zwischen die Gesprächspartner tritt eine kalte Mauer, die in sich geschlossene Welten voneinander trennt. In das redliche gemeinsame Ringen um die Wahrheit mischen sich Ansprüche, Drohungen und Diktate. Dies widerspricht dem Sinn des Heilsdialogs, der im Glaubenden die Bereitschaft beansprucht, jedem Rede und Antwort zu stehen, der nach der Hoffnung fragt, die ihn erfüllt. Dabei soll er sich an die Weisung des Apostels Petrus erinnern, der darauf hingewiesen hat, bescheiden und ehrfürchtig zu bleiben (vgl. 1 Petr 3,15f).
Eine weitere Gefahr liegt in dem Umstand, daß am laufenden Dialog die öffentliche Meinung beteiligt ist. Die Kirche unserer Zeit möchte immer mehr eine „gläserne Kirche" sein, transparent und glaubwürdig. Das ist nur zu begrüßen. Wie aber jedes Haus besondere Räume kennt, die nicht allen Gästen von Anfang an zugänglich sind,

so darf und soll es auch im häuslichen Dialog der Kirche Räume zu Gesprächen hinter verschlossenen Türen geben, was nichts mit Geheimhaltung, sondern mit gegenseitigem Respekt zum Nutzen der Sache zu tun hat, die untersucht wird. Das Gelingen des Dialogs ist nämlich gefährdet, wenn er sich vor einer unzureichend qualifizierten oder zu wenig vorbereiteten Öffentlichkeit und unter nicht immer unparteiischem Einsatz der Massenmedien abspielt. Eine voreilige oder unangemessene Befassung der Öffentlichkeit kann einen an sich hoffnungsvollen Dialogprozeß empfindlich stören.

Angesichts dieser Gefährdungen wird es euch ein Anliegen sein, mit Einfühlsamkeit und Ehrfurcht eure Dialoge des Heiles fortzuführen. Die Kirche in Österreich soll immer mehr „Zeichen jener Brüderlichkeit (sein), die einen aufrichtigen Dialog ermöglicht und gedeihen läßt. Das aber verlangt von uns, daß wir vor allem in der Kirche selbst, bei Anerkennung aller rechtmäßigen Verschiedenheit, gegenseitige Hochachtung, Ehrfurcht und Eintracht pflegen, um ein immer fruchtbareres Gespräch zwischen allen in Gang zu bringen, die das eine Volk Gottes bilden, Geistliche und Laien.

Stärker ist, was die Gläubigen eint, als was sie trennt. Es gelte im Notwendigen Einheit, im Zweifel Freiheit, in allem die Liebe" (*Gaudium et spes*, Nr. 92).

Liebe Brüder im Bischofsamt!

10. Nachdem ich euch heute ein wenig mein Herz geöffnet und euch meine Anliegen und Sorgen im Hinblick auf die Kirche in eurem geschätzten Land mitgeteilt habe, schließe ich mit dem Aufruf: Gebt dem Heiligen Geist in euch Raum! Ahmen wir Maria nach, deren ganzes Leben ein Dialog des Heiles war. Im Heiligen Geist hat sie das Wort empfangen, damit es Fleisch werden konnte. Lernen wir von ihr, die still und schweigend bis zum Äußersten unter dem Kreuz stand, als Er Seinen Geist für uns Menschen dahingab. Schauen wir auf sie, die unter den Aposteln betend zugegen war, als diese auf die junge Kirche den Heiligen Geist herabbeteten. Die Jungfrau Maria ist nicht nur unsere Fürsprecherin, sondern Modell für ein Leben im Heiligen Geist. Von ihr können wir lernen, was Mitwirkung am Heil der Welt bedeutet. So werden wir zu Helfern für die Freude und zu Mitarbeitern der Wahrheit. Wie Maria sich als „Magd des Herrn" (*Lk* 1,38) verstand, so sollen auch wir uns stets bewußt bleiben, daß wir bescheidene „Diener Christi" und treue „Verwalter von Geheimnissen Gottes" sind (*1 Kor* 4,1). Ich lege euch die Bitte ans Herz: Gebt den Dialog nicht auf! Auch in Zukunft werde ich euch im Gebet nahe sein: Laß alle eins sein, damit Österreich glaube! Mit diesem Wunsch erteile ich euch von Herzen den apostolischen Segen.

> *Ich lege euch die Bitte ans Herz: Gebt den Dialog nicht auf!*

Ansprache des Papstes beim Besuch im Hospiz Rennweg der Caritas Socialis in Wien
(21. Juni 1998)

An die geliebten Schwestern und Brüder im Caritas-Socialis-Hospiz Rennweg und an alle, die in der Welt der Krankheit und des Leidens leben und arbeiten

1. Im Namen unseres Herrn Jesus Christus, der „unsere Krankheiten getragen und unsere Schmerzen auf sich geladen hat" (*Jes* 53,4), grüße ich euch mit tiefer Zuneigung. Meinem Pastoralbesuch in Österreich würde etwas Wesentliches fehlen, wäre mir nicht die Gelegenheit zur Begegnung mit euch Kranken und Leidenden geschenkt. Ich wende mich mit dieser Botschaft an euch und nütze zugleich die Gelegenheit, um allen, die in den Krankenhäusern, Kliniken, Altenheimen und Hospizen hauptberuflich oder ehrenamtlich tätig sind, meine tiefe Anerkennung für ihren aufopferungsvollen Dienst auszudrücken. Meine Anwesenheit und mein Wort sollen sie in ihrem Einsatz und ihrem Zeugnis stützen. An einem Tag wie heute, an dem ich meine Schritte in das Caritas-Socialis-Hospiz setzen darf, ist es mir ein Anliegen darzulegen, daß die Begegnung mit dem menschlichen Leid eine Frohe Botschaft in sich birgt. Denn das „Evangelium vom Leiden" (Apostolisches Schreiben *Salvifici doloris*, Nr. 25) ist nicht nur in den Heiligen Schriften aufgezeichnet, sondern wird an einem Ort wie diesem täglich neu geschrieben.

2. Wir leben in einer Gesellschaft, in der Schmerz, Leid, Krankheit und Tod gern aus dem persönlichen und öffentlichen Bewußtsein verdrängt werden. Gleichzeitig jedoch wird das Thema in der Presse, im Fernsehen und auf Tagungen vermehrt aufgegriffen. Die Verdrängung des Sterbens zeigt sich auch darin, daß viele Patienten in Krankenhäusern oder anderen Institutionen außerhalb ihres gewohnten Lebensbereiches sterben. In Wirklichkeit aber wünschen sich die meisten Menschen, ihre Augen auf dieser Erde in ihrer häuslichen Umgebung zu schließen, umsorgt von vertrauten Angehörigen und treuen Freunden. Die Familien fühlen sich jedoch oft seelisch und körperlich überfordert, um diesen Wunsch zu erfüllen. Besonders hart trifft es Alleinstehende, die keinen haben, der ihnen am Ende ihres Lebens seine Nähe schenkt und sie begleitet. Auch wenn sie mit einem Dach über dem Kopf sterben, ihr Herz ist obdachlos.

Um dieser Not abzuhelfen, haben sich in den vergangenen Jahren kirchliche, kommunale und private Initiativen gebildet, um die häusliche, aber auch die stationäre Begleitung, medizinische Betreuung und Pflege sowie den seelsorgerlichen Beistand Sterbender besser zu ermöglichen und betroffenen Angehörigen kompetente Hilfen anzubieten. Eine dieser wertvollen Initiativen ist die Hospizbewegung, die im Haus der *Caritas Socialis* am Rennweg eine beispielhafte Verwirklichung gefunden hat. Dabei haben sich die Schwestern vom Anliegen ihrer Gründerin Hildegard Burjan leiten lassen, die als „charismatische Künderin sozialer Liebe" an den Brennpunkten menschlicher Not präsent sein wollte.

Wer wie ich dieses Hospiz besuchen darf, geht nicht entmutigt nach Hause. Im Gegenteil: Der Besuch ist mehr als eine Besichtigung. Er wird zur Begegnung. Die kranken, leidenden und sterbenden Menschen, die der Besucher hier antrifft, laden ihn durch ihr selbstverständliches Dasein dazu ein, Leiden und Tod nicht totzuschweigen. Er wird ermutigt, die Grenzen des eigenen Lebens wahrzunehmen und sich damit ehrlich auseinanderzusetzen. Das Hospiz läßt die Erfahrung reifen, daß Sterben Leben vor dem Tod ist.

> *Das Hospiz läßt die Erfahrung reifen, daß Sterben Leben vor dem Tod ist.*

Hier kann auch der letzte Teil des irdischen Lebens bewußt erlebt und individuell gestaltet werden. Weit davon entfernt, ein „Sterbehaus" zu sein, wird diese Stätte zu einer Schwelle der Hoffnung, die über das Leiden und den Tod hinausführt.

3. Die meisten Menschen, denen nach medizinischen Untersuchungen die Diagnose der Unheilbarkeit mitgeteilt wurde, leben in der Angst vor dem Fortschreiten ihrer Krankheit. Zu den momentanen Beschwerden tritt die Furcht vor einer weiteren Verschlechterung. In einer solchen Situation wird für viele der Sinn ihres Lebens brüchig. Sie fürchten sich vor dem möglichen bevorstehenden Leidensweg. Die bedrohliche Zukunft überschattet die noch erträgliche Gegenwart. Wem ein langes und erfülltes Leben geschenkt wird, mag dem Tod vielleicht gelassener entgegensehen und „lebenssatt" (*Gen* 25,9) sein Sterben akzeptieren. Für die meisten Menschen jedoch kommt der Tod immer zu früh, auch wenn sie hochbetagt sind. Viele Zeitgenossen wünschen sich einen kurzen und schmerzlosen Tod, andere erbitten sich Zeit zum Abschiednehmen. Fast immer werden Fragen und Ängste, Zweifel und Wünsche die letzte Etappe des Lebensweges begleiten. Selbst den Christen bleibt die Angst vor dem Tod oft nicht erspart, der nach dem Zeugnis der Heiligen Schrift der letzte Feind ist (vgl. *1 Kor* 15,24; *Offb* 20,14).

4. Das Ende des Lebens stellt dem Menschen tiefgreifende Fragen: Wie mag das Sterben sein? Werde ich allein sein oder liebe Menschen um mich haben? Was erwartet mich danach? Wird mich Gott in seine Arme nehmen?

Sich behutsam und sensibel diesen Fragen zu stellen, darin besteht die Aufgabe besonders derer, die im Krankenhaus und im Hospiz tätig sind. Besonders kommt es darauf an, so über Leiden und Tod zu sprechen, daß diese ihre Schrecken verlieren. Denn auch das Sterben ist ein Teil des Lebens. Unsere Zeit ruft geradezu nach Menschen, die dieses Bewußtsein wieder neu zu wecken vermögen. Während es im Mittelalter eine „Kunst des Sterbens" gab, wird in unseren Tagen auch unter Christen die bewußte Annahme des Sterbens und die Einübung darin nur zögernd gewagt. Zu sehr ist der Mensch darauf ausgerichtet, das Leben auszukosten. Er geht lieber in der Gegenwart auf und lenkt sich durch Arbeit, berufliche Bestätigung und Vergnügen ab. Trotz oder gerade wegen der vorfindlichen Konsum-, Leistungs- und Erlebnisgesellschaft wird jedoch der Durst nach Transzendenz eher noch größer. Auch wenn deren konkrete Jenseitsvorstellungen mitunter sehr diffus zu sein scheinen, gibt es zunehmend weniger Menschen, die glauben, daß mit dem Tod alles aus sei.

5. Zwar verstellt der Tod auch dem Christen den unmittelbaren Einblick in das, was kommen wird, aber er darf sich an die Zusage Christi halten: „Ich lebe, und auch ihr werdet leben" (Joh 14,19). Die Worte Jesu und das Zeugnis der Apostel spiegeln in reicher Bildersprache die neue Welt der Auferstehung wider, aus der die Hoffnung spricht: „Dann werden wir alle beim Herrn sein" (1 Thess 4,17). Um den Schwerkranken und Sterbenden diese Botschaft nahezubringen, müssen diejenigen, die sich der Patienten annehmen, mit ihrem

Selbst den Christen bleibt die Angst vor dem Tod oft nicht erspart, der nach dem Zeugnis der Heiligen Schrift der letzte Feind ist.

eigenen Verhalten zeigen, daß ihnen die Worte des Evangeliums ernst sind. Deshalb zählen Sorge und Begleitung von Menschen im Angesicht des Todes zu den wichtigsten Kriterien kirchlicher Glaubwürdigkeit. Denn wer sich in der letzten Phase dieses Lebens von überzeugenden Christen getragen weiß, der kann leichter darauf vertrauen, daß nach dem Tod Christus als das neue Leben auf ihn wartet. So breitet sich über allem gegenwärtigen Schmerz und Leid der Glanz einer Frohen Botschaft aus: „Für jetzt bleiben Glaube, Hoffnung und Liebe, diese drei; doch am größten unter ihnen ist die Liebe" (1 Kor 13,13). Und die Liebe ist stärker als der Tod (vgl. Hld 8,6).

6. Wie das Wissen, geliebt zu sein, die Angst vor dem Leiden mindern kann, so bewirkt die Achtung vor der Würde des Leidenden, daß er auch in dieser anspruchsvollen und schwierigen Phase des Lebens einen Gewinn für seine menschliche und christliche Reife zu entdecken weiß. Den Menschen vergangener Zeiten war klar, daß das Leiden zum Leben gehört. Dies wurde auch allgemein akzeptiert. Heute zielt das Bestreben eher dahin, das Leiden zu umgehen. Die vielen schmerzstillenden Medikamente sind ein beredtes Beispiel dafür. Ohne die Nützlichkeit, die ihnen in vielen Fällen zukommt, zu schmälern, sollte man jedoch nicht vergessen, daß ein vorschnelles Abstellen des Leidens die Auseinandersetzung mit ihm und die damit verbundene Erlangung einer größeren menschlichen Reife verhindern kann. Damit der Patient

auf diesem Weg wachsen kann, braucht er an seiner Seite kompetente Menschen, die ihn wirklich begleiten. Eine Voraussetzung, dem anderen tatsächlich beizustehen, liegt daher im Respekt vor seinem besonderen Leiden und in der Anerkennung der Würde, die der Kranke auch in dem Verfall bewahrt, die das Leiden bisweilen mit sich bringt.

7. Die Hospizarbeit knüpft an dieser Überzeugung an. Sie zielt darauf ab, alte, kranke und sterbende Menschen in ihrer Würde zu achten und ihnen zu helfen, ihr Leiden als Reifungs- und Vollendungsprozeß ihres Lebens zu erfassen. Was ich in der Enzyklika *Redemptor hominis* als Leitmotiv formuliert habe, daß nämlich im Menschen der Weg der Kirche liegt (vgl. Nr. 5), wird im Hospiz eingelöst. Nicht die hochentwickelte Technik der Apparatemedizin steht im Mittelpunkt, sondern der Mensch in seiner einzigartigen Würde.

Die Bereitschaft, die mit Geburt und Tod verfügten Grenzen anzunehmen und zu einer grundlegenden Passivität unseres Lebens „ja" sagen zu lernen, führt deshalb zu keiner Entfremdung des Menschen. Vielmehr geht es um die Annahme des eigenen Menschseins in seiner vollen Wahrheit und mit den Schätzen, die jeder Phase des irdischen Lebenslaufes je eigen sind. Auch in seiner letzten Gebrochenheit wird ja menschliches Leben niemals „sinnlos" oder „unnütz". Gerade von den kranken und sterbenden Patienten wird unserer Gesellschaft ein grundlegender Unterricht erteilt. Diese sieht sich ja den Anfechtungen der modernen Mythen wie Lebenslust, Leistung und Konsumismus ausgesetzt. Die kranken und sterbenden Menschen erinnern uns daran, daß keiner über den Wert oder Unwert des Lebens eines anderen Menschen zu befinden hat, selbst nicht über das eigene. Das Leben ist Geschenk Gottes, ein Gut, über das nur Er allein bestimmen kann.

> *Es muß wieder klar werden, daß das Leben ein Geschenk ist, das der Mensch in seiner Verantwortung vor Gottes Angesicht führen soll.*

8. In dieser Perspektive stellt die Entscheidung zum aktiven Töten immer eine Willkür dar, auch wenn man sie als Geste der Solidarität und des Mitleids ausgeben will. Der Kranke erwartet von seinem Nächsten eine Hilfe, um das Leben bis zuletzt durchzustehen und es in Würde zu beschließen, wann Gott es will. Die künstliche Verlängerung des Lebens um jeden Preis auf der einen und die Beschleunigung des Todes auf der anderen Seite mögen unterschiedlichen Grundeinstellungen entspringen. Sie stimmen aber darin überein, daß sie Leben und Tod als Wirklichkeiten sehen, die vom Menschen selbst in Freiheit zu setzen seien. Diese falsche Sicht gilt es zu überwinden. Es muß wieder klarwerden, daß das Leben ein Geschenk ist, das der Mensch in seiner Verantwortung vor Gottes Angesicht führen soll. Hier entspringt der Einsatz für eine humane und christliche Sterbebegleitung, wie sie im Hospiz umgesetzt wird. Von unterschiedlichen Richtungen herkommend, sind Ärzte und Pflegende, Seel-

sorger und Schwestern, Angehörige und Freunde bestrebt, Kranke und Sterbende zur persönlichen Gestaltung ihrer letzten Lebensphase zu befähigen, so gut dies im Nachlassen ihrer körperlichen und geistigen Kräfte möglich bleibt.
Dieses Engagement hat hohen menschlichen und christlichen Wert. Er zielt darauf ab, Gott als „Freund des Lebens" (*Weish* 11,26) entdecken und im Leiden die Frohe Botschaft herauslesen zu helfen: „Ich bin gekommen, damit sie das Leben haben und es in Fülle haben" (*Joh* 10,10).

9. Diesem Antlitz Gottes, der ein Freund des Lebens und der Menschen ist, begegnen wir vor allem in *Jesus* von Nazaret. Zu den ausdrucksstärksten Ausfaltungen dieses Evangeliums zählt das Gleichnis vom barmherzigen Samariter. Der Leidende am Straßenrand weckte das Mitleid des Samariters: „Er ging zu ihm hin, goß Öl und Wein auf seine Wunden und verband sie. Dann hob er ihn auf sein Reittier, brachte ihn zu einer Herberge und sorgte für ihn" (*Lk* 10,33f). In der Herberge des barmherzigen Samariters liegt eine der Wurzeln des christ-

> *In der Herberge des barmherzigen Samariters liegt eine der Wurzeln des christlichen Hospizgedankens.*

lichen Hospizgedankens. Gerade entlang der großen mittelalterlichen Pilgerwege boten die Hospize denen Rast und Ruhe, die unterwegs waren. Den Müden und Erschöpften waren sie Stätten erster Hilfe und Erholung, den Kranken und Sterbenden wurden sie zu Orten des körperlichen und seelischen Beistandes.
Bis heute ist die Hospizarbeit diesem Erbe verpflichtet. Wie der barmherzige Samariter auf seinem Weg stehenblieb und den Leidenden umsorgte, so ist es auch den Begleitern der Sterbenden angeraten innezuhalten, um die Wünsche, Bedürfnisse und Anliegen der Patienten zu erspüren. Aus dieser Wahrnehmung kann eine Vielfalt geistlichen Tuns erwachsen, wie das Hören auf das Wort Gottes und das gemeinsame Gebet. Auf menschlicher Ebene tut es gut, sich im Gespräch auszutauschen oder einfach anteilnehmend dazusein, ohne dabei die zahllosen kleinen Dienste und Aufmerksamkeiten zu vergessen, die von Wärme und Zuneigung zeugen. Wie der Samariter den Verletzten mit Öl behandelte, so sollte auch die Kirche das Sakrament der Krankensalbung denen nicht vorenthalten, die es wünschen. Auf dieses Angebot des unverbrüchlichen Zeichens der Nähe Gottes hinzuweisen, gehört zu den Pflichten wahrhaftiger Seelsorge. Denn die palliative Betreuung sterbender Menschen braucht wesentlich ein spirituelles Element. Der Sterbende soll das „Pallium" spüren, die Ummantelung, in der er sich im Augenblick seines Hinscheidens bergen darf. Wie das Leid des Verletzten das Mitleid des Samariters geweckt hat, so möge aus der Begegnung mit dem Leiden im Hospiz eine Leidensgemeinschaft aller werden, die einen Patienten auf der Lebensetappe seines Sterbens begleiten. Gefühle der Nähe und Anteilnahme mögen daraus erwachsen, wie sie der wahrhaft christlichen Liebe entsprechen. Denn die Tränen dieser Welt trocknen nur die, die selbst weinen können. Eine besondere Rolle kommt in diesem Haus den Schwestern der Caritas Socialis zu,

denen die Gründerin geschrieben hat: „In den Kranken können wir immer den leidenden Heiland pflegen und so recht mit Ihm verbunden sein" (Hildegard Burjan, Briefe, 31). Hier findet die Frohe Botschaft ihr Echo: „Was ihr für einen meiner geringsten Brüder getan habt, das habt ihr mir getan" (*Mt* 25,40).

10. Allen, die sich in der Hospizbewegung unermüdlich einsetzen, gilt meine höchste Wertschätzung. Darin schließe ich alle ein, die in Krankenhäusern und Pflegeheimen Dienst tun, und auch jene, die ihre schwerkranken und sterbenden Angehörigen nicht allein lassen. Besonders danke ich den Kranken und Sterbenden, die unsere Lehrer sind, wenn wir das Evangelium vom Leiden besser verstehen wollen. Credo in vitam. Ich glaube an das Leben. Schwester Leben und Bruder Tod nehmen uns in die Mitte, wenn unser Herz unruhig wird angesichts der letzten Aufgabe, vor die jeder von uns auf dieser Erde einmal gestellt wird: „Euer Herz lasse sich nicht verwirren ... Im Haus meines Vaters gibt es viele Wohnungen" (*Joh* 14,1f).

Ich segne euch von ganzem Herzen.

Ansprache von Bundespräsident Thomas Klestil bei der Verabschiedung des Papstes am Flughafen Wien-Schwechat
(21. Juni 1998)

Heiliger Vater!

In wenigen Minuten wird Ihr dritter Pastoralbesuch in Österreich zu Ende gehen – der Augenblick des Abschiednehmens ist gekommen. Unsere Republik und die Katholische Kirche, die Sie schon länger als jeder andere Papst dieses Jahrhunderts leiten und führen, kehren dann – nach drei Tagen – in die Normalität ihres Alltages zurück. Einige berührende Erfahrungen und Erinnerungen aber werden vielen von uns unauslöschlich im Gedächtnis bleiben. Ich weiß, wie unterschiedlich jeder von uns diese Tage erlebt hat – ich möchte mich deshalb bewußt auf meine eigenen Empfindungen beschränken:

Heiliger Vater, leben Sie wohl – und tragen Sie unser Österreich weiter im Herzen!

- Unvergeßlich bleiben die starke Kraft des Guten und die Sehnsucht nach Wahrheit, Gemeinsamkeit und nach bleibenden Werten. Sie sind überall dort spürbar geworden, wo sich Zehntausende auf den Weg gemacht haben, um mit Ihnen zu sein.
- Unvergeßlich bleibt auch, mit welcher Leidenschaft Sie, Heiliger Vater, uns Österreicher einmal mehr auf unsere europäische Aufgabe verwiesen haben: als Brücke in der Mitte des Kontinents, als Brennpunkt so vieler Hoffnungen unserer Nachbarn – und als blühendes, wohlgeordnetes Land, das jeden Grund hat, der Skepsis, Frustration und Zukunftsangst zu widerstehen.
- Unvergeßlich bleibt schließlich die totale Hingabe, mit der Sie, Heiliger Vater, den Menschen die großen Ziele Ihres Pontifikats näherbringen. Sie haben uns damit ein Beispiel dafür gegeben, was der einzelne vermag, wenn er nur bereit ist, bis an die Grenzen seiner Kraft der Gleichgültigkeit und Kaltherzigkeit unserer Zeit zu begegnen.

Für all das und vieles mehr danke ich Ihnen persönlich, aber auch im Namen so vieler Landsleute, die in diesen Tagen direkt oder indirekt an Ihrer Seite waren.

Dritter Pastoralbesuch 1998

Heiliger Vater, wenn Österreicher von vertrauten, hochgeschätzten und liebgewordenen Gästen Abschied nehmen, dann rufen wir ihnen gewöhnlich ein herzliches „Lebewohl" zu.

Auch ich tue es heute – im Wissen um die enormen Herausforderungen für Kirche und Welt an der Schwelle in ein neues Jahrtausend. Heiliger Vater, leben Sie wohl – und tragen Sie unser Österreich weiter im Herzen!

Abb. 77: Beim Verlassen des Flugzeuges grüßt der Papst das Empfangskomitee auf dem Flughafen Salzburg

Abb. 78: Begrüßung durch den österreichischen Bundespräsidenten Thomas Klestil. Bildmitte: Kardinalstaatssekretär Angelo Sodano, links der persönliche Sekretär des Papstes, Bischof Stanisław Dziwisz

Abb. 79: Ehrenbezeugung durch das österreichische Bundesheer bei der Ankunft in Salzburg

Abb. 80: Im Dom von Salzburg feiert der Papst mit den Gläubigen die heilige Messe

Abb. 81: Der Papst, ins Gebet vertieft, während des Gottesdienstes in Salzburg

Abb. 82 und 83: Kommunion beim Gottesdienst in Salzburg

Abb. 84: Segnung von Behinderten nach dem Gottesdienst in Salzburg

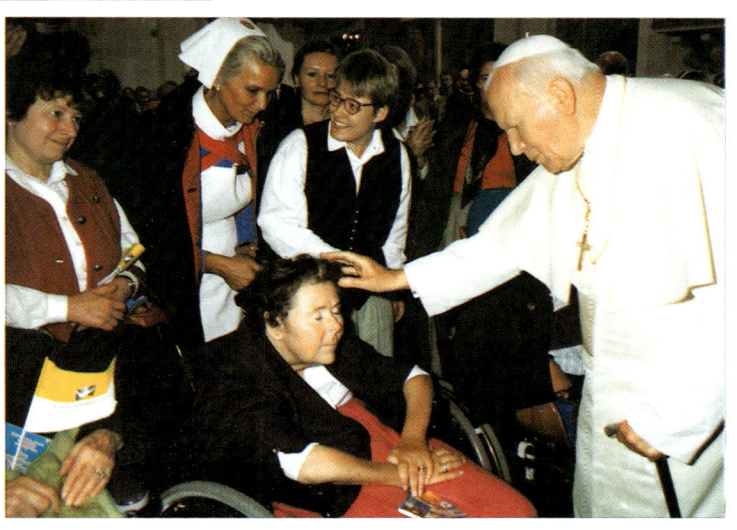

Abb. 85: Beim Verlassen des Domes grüßt der Papst Kinder und Jugendliche. Rechts hinter dem Papst der Salzburger Erzbischof Georg Eder

Abb. 86: Ministranten begrüßen den Papst

Abb. 87: Papst Johannes Paul II. begrüßt als Vertreter der Ökumene den griechisch-orthodoxen Metropoliten Michael Staikos (Mitte) und den evangelisch-lutherischen Landesbischof Herwig Sturm

Abb. 88: Im Kreis der Mönche der Erzabtei St. Peter in Salzburg

Abb. 89: Bei der „Europa-Rede" im Festsaal der Wiener Hofburg

Abb. 90: Beim Empfang des Bundespräsidenten in der Wiener Hofburg

Abb. 91: Nach der Ankunft am St. Pöltner Domplatz begrüßt der Papst die Gläubigen

Abb. 92: Gebet im Dom von St. Pölten. Links Diözesanbischof Kurt Krenn, rechts der Apostolische Nuntius, Erzbischof Donato Squicciarini

Abb. 93: Die Bühne für den Gottesdienst im Landhauspark in St. Pölten

Abb. 94: Ein Priester überreicht dem Papst das Evangeliar beim Gottesdienst in St. Pölten

Abb. 95: Eucharistiefeier beim Gottesdienst in St. Pölten

Abb. 96: Das Festgelände im Landhauspark in St. Pölten

Abb. 97: Der Papst fährt im Papamobil auf dem Heldenplatz ein.
Dahinter der Wiener Erzbischof, Christoph Kardinal Schönborn

Abb. 98: Die Bühne auf dem Heldenplatz vor der Neuen Hofburg

Abb. 99: Der Papst grüßt die Gläubigen beim Gottesdienst am Heldenplatz

Abb. 100: Die Reliquien der drei neuen Seligen werden zum Altar gebracht

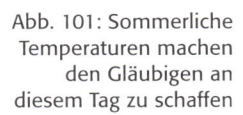

Abb. 101: Sommerliche Temperaturen machen den Gläubigen an diesem Tag zu schaffen

Abb. 102: Bischof Weber begrüßt als Vorsitzender der Österreichischen Bischofskonferenz im Rahmen der Begegnung mit den österreichischen Bischöfen

Abb. 103: Der Papst im Gespräch mit den Kardinälen Franz König und Christoph Schönborn

Abb. 104:
Gebet in der Kapelle der Apostolischen Nuntiatur.
Rechts: Der Apostolische Nuntius,
Erzbischof Donato Squicciarini

Abb. 105: Begrüßung im Haus der Caritas Socialis

Abb. 106: Der Papst im Gespräch mit einer Bewohnerin des Hauses der Caritas Socialis

Abb. 107: Papst Johannes Paul II. erteilt beim Abschied
auf dem Flughafen Wien-Schwechat seinen Segen

Abb. 108: Bischöfe und Vertreter des Staates winken dem Papst zum Abschied zu

Abb. 109: Ad-limina-Besuch der österreichischen Bischöfe in Rom 1998.
Gegen den Uhrzeigersinn: Papst Johannes Paul II., Erzbischof Dr. Christoph Kardinal Schönborn (Wien), Bischof Dr. Johann Weber (Graz-Seckau), Bischof DDr. Klaus Küng (Feldkirch), Bischof Dr. Paul Iby (Eisenstadt), Weihbischof Jakob Mayr (Salzburg), Weihbischof Dr. Andreas Laun (Salzburg), Abt Dr. Kassian Lauterer (Abtei Wettingen-Mehrerau), Msgr. Dr. Michael Wilhelm (Sekretär der Bischofskonferenz), Weihbischof Dr. Alois Schwarz (Wien), Weihbischof DDr. Helmut Krätzl (Wien), Weihbischof Dr. Heinrich Fasching (St. Pölten), Bischof Dr. Alois Kothgasser (Innsbruck), Militärbischof Mag. Christian Werner, Bischof Dr. Kurt Krenn (St. Pölten), Bischof Dr. Maximilian Aichern (Linz), Bischof Dr. Egon Kapellari (Gurk), Erzbischof Dr. Georg Eder (Salzburg)

Im Lauf seines Pontifikates hat Papst Johannes Paul II. fünf Österreicher seliggesprochen:

Abb. 110: Sel. Pater Anton Maria Schwartz

Abb. 111: Sel. Jakob Kern

Abb. 112: Sel. Sr. Restituta Kafka

Abb. 113: Sel. Jakob Gapp

Abb. 114: Sel. Otto Neururer

Verabschiedung am Flughafen Wien-Schwechat

Ansprache des Papstes bei der Verabschiedung am Flughafen Wien-Schwechat
(21. Juni 1998)

Sehr geehrter Herr Bundespräsident!
Liebe Brüder im Bischofsamt!
Meine Damen und Herren!

1. Meine dritte Pastoralreise in dieses schöne und geschätzte Land Österreich neigt sich dem Ende zu. Die Stunde des Abschieds ist da. Dankbar und bewegt blicke ich auf die vergangenen Tage in Ihrer Mitte zurück. Ich bin gekommen als Pilger im Glauben, Diener der Freude und Mitarbeiter an der Wahrheit. Reich beschenkt und mit vielen schönen Eindrücken im Herzen kehre ich nun wieder in meine Bischofsstadt Rom zurück.

2. Der Abschied ist Anlaß zu einem aufrichtigen und umfassenden „Vergelt's Gott". An erster Stelle danke ich Gott, dem Geber alles Guten, für die Tage intensiver geistlicher Begegnung, liturgischen Feierns und gemeinsamer Besinnung für einen neuen Aufbruch der Kirche in Österreich.

Ein besonderes Wort des Dankes gilt meinen geliebten Brüdern im Bischofsamt, die unter Einsatz aller ihrer Kräfte nicht müde werden, sich in diesen nicht immer leichten Zeiten dem Dienst an der Einheit in Wahrheit und Liebe zu widmen. Die Einladung zu dieser Pastoralreise und das Zusammensein mit der Bischofskonferenz, das ich in den vergangenen Tagen erleben durfte, waren für mich ein Zeichen des Trostes und der Ermutigung. Denn sie bestätigen mich darin, daß die Bischöfe in Gemeinschaft untereinander und mit dem Nachfolger des heiligen Petrus fest entschlossen sind, zusammen mit den Priestern, Diakonen, Ordensleuten und Laien die Zukunft der Kirche Österreichs zu gestalten.

> *Europa hat dem Christentum viel zu verdanken. Aber auch das Christentum schuldet Europa vielfachen Dank.*

Mein tiefempfundener Dank gilt auch Ihnen, sehr geehrter Herr Bundespräsident, und damit den Vertretern des öffentlichen Lebens und allen Bürgerinnen und Bürgern dieses geschätzten Landes. Auch diesmal haben Sie mir in wahrhaft hochherziger Weise Ihre Gastfreundschaft gewährt. Dabei möchte ich die ungezählten Helferinnen und Helfer nicht vergessen, die sich seit Wochen mit großer Sorgfalt um den reibungslosen Ablauf dieser Reise gemüht und dabei wohl so manche Überstunde geleistet haben. An dieser Stelle verdienen gerade diejenigen ein Wort der Anerkennung, die im Verborgenen zum Gelingen meines Besuches beigetragen haben: der Sicherheits- und Ordnungsdienst, die Bereitschaft zur Ersten Hilfe und die unzähligen Frauen und Männer, die unauffällig im Hintergrund wirkten.

3. Mit meinem Besuch wollte ich dem Land und der Kirche in Österreich meine tiefempfundene Wertschätzung bekunden und gleichzeitig einige Perspektiven für den Weg in die Zukunft weisen. Während wir uns in Salzburg dem Thema Mission widmeten, haben wir in St. Pölten über die Frage der Berufungen nachgedacht. Schließlich wurde es mir geschenkt, daß ich heute morgen in Wien drei Diener Gottes aus eurem Land in das Buch der Seligen eintragen konnte. Im Laufe der beeindruckenden Feier auf dem Heldenplatz konnte ich wiederum feststellen, daß das „Heldentum der Kirche" ihre Heiligkeit ist. Die „Helden der Kirche" sind nicht unbedingt diejenigen, die nach menschlichen Maßstäben bedeutende Seiten der Weltgeschichte geschrieben haben, sondern Frauen und Männer, die in den Augen vieler vielleicht klein erscheinen, aber vor Gott groß sind. In den Reihen der Mächtigen mögen wir sie vergeblich suchen, im Buch des Lebens aber sind ihre Namen groß geschrieben.

Gott segne das viele Gute in Ihrem Land. Er segne das Gute, das die Kirche in Österreich wirkt.

4. Die Lebensgeschichten der Seligen und Heiligen sind glaubhafte Dokumente, die auch die Menschen von heute lesen und verstehen. Angesichts der geschichtlichen und geographischen Offenheit Ihres Landes gewinnt dieser Gedanke eine besondere Note. Die Fundamente Österreichs wurden von Märtyrern und Bekennern aus der Zeit des verfallenden Römischen Reiches gelegt. Dann kamen irische Mönche und schottische Missionare aus dem christlichen Westen hierher. Die Slawenapostel Cyrill und Method erreichten mit ihrem Christianisierungswerk den Umkreis von Wien. So lag es nahe, daß ich während meines Aufenthaltes in Ihrem Land, dort, wo der Donaustrom West und Ost miteinander verbindet, an der einstigen Trennungslinie zweier Welten auch auf das Europa der Zukunft zu sprechen kam. Nach der „sanften Revolution" und dem Fall des Eisernen Vorhangs haben wir Europa neu geschenkt bekommen.
Dieses Geschenk ist Aufgabe und Verpflichtung. Europa braucht ein geistiges Antlitz. Bei allen politischen Planungen und ökonomischen Konzepten, die gegenwärtig die Diskussionen beherrschen, gilt es zu bedenken: Europa hat dem Christentum viel zu verdanken. Aber auch das Christentum schuldet Europa vielfachen Dank. Denn von Europa aus wurde es in viele andere Teile der Welt getragen. Deshalb kann und darf sich auch in unseren Tagen Europa seiner geistigen Verantwortung nicht entziehen. Voraussetzung dafür aber ist eine Rückbesinnung auf seine christlichen Ursprünge. Den Christen im Europa der Zukunft kommt also eine hohe Aufgabe zu.

Verabschiedung am Flughafen Wien-Schwechat

5. Die vielen Gedanken, die mich in diesem Augenblick bewegen, fasse ich nochmals in dem Dankeswort zusammen, das von Herzen kommt: „Vergelt's Gott!" Zugleich wünsche ich Ihnen allen: „Segne's Gott!"

Das gute Wollen im Überlegen und Planen: Gott segne es.
Das gute Wort in Begegnungen und Dialogen: Gott segne es.
Das gute Vollbringen der Ideen und Vorsätze: Gott segne es.
Gott segne das viele Gute in Ihrem Land. Er segne das Gute, das die Kirche in Österreich wirkt.
Gott segne Sie alle und jeden einzelnen.
„Vergelt's Gott!"

Ad-limina-Besuch der österreichischen Bischöfe in Rom 1998

*Grußwort des Vorsitzenden der
Österreichischen Bischofskonferenz,
Erzbischof Christoph Kardinal Schönborn*
(20. November 1998)

Heiliger Vater,

mit einem herzlichen Vergelt's Gott sagen wir österreichischen Bischöfe Ihnen Dank für die Tage unseres Ad-limina-Besuches. Mit großer Bewunderung und Verehrung blicken wir auf die 20 Jahre Ihres Pontifikats. Unermüdlich haben Sie sich im Dienst an der ganzen Kirche, aber auch für alle Menschen überall in der Welt verzehrt. Der Einsatz aller Ihrer Kräfte im selbstlosen Dienst an den Menschen ist uns ein großes Vorbild für unseren bischöflichen Dienst.
Höhepunkt unseres Besuches war zweifellos die Eucharistiefeier, in der wir eben gemeinsam mit Ihnen das „Geheimnis des Glaubens" feiern durften. In Ihren Begrüßungsworten zu Beginn der Eucharistiefeier haben Sie uns eindringlich jene Einheit ans Herz gelegt, die Christus unter seinen Jüngern wollte und für die er sein Leben gegeben hat, „damit sie eins seien, wie Du und ich, Vater, eins sind" (vgl. *Joh* 17,21). Wir nehmen dieses Wort als Bitte und Auftrag nach Österreich mit.
Ein Blick auf den Kalender des Heiligen Vaters für die nächsten Monate zeigt, daß Sie unermüdlich die Pfarren Ihrer Diözese Rom besuchen. Dieser Einsatz für die eigene Ortskirche, der Sie als Bischof von Rom dienen, ist für uns alle ein Vorbild der Nähe zu den eigenen Gläubigen und zum Presbyterium der eigenen Diözese.
Dankbar blicken wir auf den dritten Pastoralbesuch zurück, der Sie im Juni nach Österreich geführt hat. Die drei großen Themen: Mission, Berufung, Heiligkeit bleiben für uns Ausdruck des Grundauftrags, aber auch des Geheimnisses der Kirche.
Schließlich danken wir für die Ermutigung zum Dialog in Liebe und Wahrheit. Trotz aller Schwierigkeiten und Verwundungen, die noch zu überwinden und zu heilen sind und die den Dialog belasten, wissen wir uns weiterhin diesem Weg verpflichtet. Dazu erbitten wir Ihre Weisung am Ende unseres Ad-limina-Besuches und Ihren Segen für uns, Ihre bischöflichen Mitbrüder, und für alle unsere Gläubigen und für unser Heimatland Österreich.

Ansprache des Papstes an die österreichischen Bischöfe
(20. November 1998)

Herr Kardinal, verehrte Brüder im Bischofsamt!

1. Die Gnade unseres Herrn Jesus Christus, die Liebe Gottes, des Vaters, und die Gemeinschaft des Heiligen Geistes sei mit euch allen und mit jedem einzelnen von euch! Ich freue mich, euch anläßlich des Ad-limina-Besuches empfangen zu dürfen. Die Wallfahrt an die Gräber der Apostelfürsten ist ein bedeutsamer Augenblick im Leben eines jeden Bischofs. Denn sie bietet ihm die Gelegenheit, seine Gemeinschaft mit dem Nachfolger Petri zum Ausdruck zu bringen und mit ihm die Sorgen und Hoffnungen zu teilen, die mit dem Bischofsamt verbunden sind.
Der „affectus collegialis" führt uns zum Gebet, zur Eucharistiefeier und zu den Begegnungen zusammen, um als Brüder über die seelsorglichen Probleme, die uns am meisten bedrängen, nachzudenken. Uns alle bewegt dabei der Wunsch, auf den Anruf des Herrn inmitten der Vielstimmigkeit der menschlichen Meinungen zu hören und auf diese Weise immer mehr dem zu entsprechen, was Er von uns erwartet. Der Nachfolger des heiligen Petrus wurde mit der Sendung betraut, seine Brüder im Glauben zu stärken (vgl. *Lk* 22,32) und in der Kirche „sichtbares Prinzip und Fundament der Glaubenseinheit und Gemeinschaft" (*Lumen gentium*, Nr. 18) zu sein, für die übrigens alle Bischöfe gemeinsam mit ihm und jeder in eigener Weise verantwortlich sind.

2. Diese meine Hirtensorge hat mich erst vor wenigen Monaten gedrängt, euch Oberhirten und den euch anvertrauten Gläubigen in Österreich einen dritten Pastoralbesuch abzustatten. Bei dieser Gelegenheit habe ich eure Aufmerksamkeit auf ein Thema gelenkt, das gerade in der Kirche eures geschätzten Landes besonders drängend erscheint: der wahre Sinn des Dialogs in der Kirche. Während ich euch einige Kriterien an die Hand gegeben habe, die das Gespräch als geistliche Erfahrung auszeichnen, habe ich zugleich auf Gefährdungen hingewiesen, die den Dialog fruchtlos machen können. Ich legte damals besonderen Wert darauf, euch zu ermuntern, in der Kirche einen Heilsdialog aufzubauen: „Dieser steht für alle Beteiligten immer unter dem Wort Gottes. Deshalb setzt er ein Minimum an vorgängiger Kom-

munikationsbereitschaft und fundamentaler Gemeinsamkeit voraus. Es ist der lebendig überlieferte Glaube der Gesamtkirche, der für alle Partner die Grundlage des Dialogs bildet" (Ansprache an die österreichischen Bischöfe in Wien am 21. Juni 1998, Nr. 7).

3. Ich bin froh, daß ihr den wahren Dialog in den euch anvertrauten Teilkirchen zum vorrangigen Anliegen eurer Hirtensorge gemacht und dabei versucht habt, alle Gläubigen einzubeziehen.

Damit ist uns das Stichwort unserer heutigen Überlegungen gegeben. Ich möchte mit euch über die *Communio* nachdenken. Sie ist die Voraussetzung des Dialogs. Deshalb habe ich in meiner eben genannten Ansprache auf die Notwendigkeit einer „vorgängigen Kommunikationsbereitschaft und fundamentalen Gemeinsamkeit" hingewiesen, damit ein konstruktiver Dialog zustande kommen kann. Gleichzeitig ist die *Communio* auch Frucht des Dialogs. Wenn die Positionen offen und ehrlich einander gegenübergestellt werden und wenn die Gesprächspartner eine Grundlage gemeinsamer Überzeugungen trägt, dann kann der Dialog ohne weiteres zu einem vertieften gegenseitigen Verständnis führen. Der Dialog des Heiles muß sich in der *Communio* der Kirche vollziehen. Ohne diese grundlegende Überzeugung läuft man Gefahr, daß sich der Dialog in ein oberflächliches und unverbindliches Gemeinschaftserlebnis verliert.

4. In diesem Zusammenhang tut es gut, mit den Augen des Zweiten Vatikanischen Konzils einen Blick auf das Sein und die Sendung der Kirche zu werfen. Beim Blättern durch die zahlreichen Konzilsdokumente, die die verschiedenen Seiten der Kirche ausfalten, eröffnet sich uns eine Sicht, die Beachtung verdient. Wenn die Konzilstexte von *Communio* reden, dann geht es zunächst weniger um Organisationsfragen der Kirche, um Strukturen, Kompetenzen und Methoden, als vielmehr um die eigentliche „Sache" (res), aus der die Kirche kommt und für die sie lebt. Die Texte sprechen von der Kirche als Mysterium. Dieses Mysterium der Kirche wiederzuentdecken und im Leben der Kirche umzusetzen, darin bestand das vielbeschworene „aggiornamento" des Konzils, das daher von modischer Anpassung der Heilswahrheit an den Geschmack der Zeit ebenso weit entfernt ist wie von einer weltfremden Vergeistigung der Kirche in ein verschwimmendes und damit unsagbares Geheimnis hinein.

> *Der Dialog des Heiles muß sich in der Communio der Kirche vollziehen.*

Ich erinnere mich an den tiefen Eindruck, den bei vielen Konzilsvätern der Titel „De Ecclesiae Mysterio" über dem ersten Kapitel von *Lumen gentium* hervorgerufen hat. Dieser Ausdruck war manchen damals wohl genauso fremd, wie er es vielen heute schon wieder ist. Mysterium meint eine transzendente Heilswirklichkeit, die auf sichtbare Weise offenbar wird. So besteht nach dem Konzil das Mysterium der Kirche darin, daß wir durch Christus in dem Einen Geist Zugang zum Vater haben, um auf diese

Weise der göttlichen Natur teilhaftig zu werden (vgl. *Lumen gentium*, Nr. 3-4; *Dei Verbum*, Nr. 1). Die *Communio* der Kirche ist also vorgebildet, ermöglicht und getragen von der *Communio* des dreifaltigen Gottes. Die Kirche ist gleichsam die Ikone der trinitarischen Gemeinschaft von Vater, Sohn und Heiligem Geist.

5. Auf den ersten Blick scheinen solche Aussagen vielleicht weit weg zu sein von den pastoralen Anliegen derer, die mit den konkreten Problemen des Volkes Gottes zu tun haben. Ich bin sicher, daß ihr mit mir darin übereinstimmt, daß dieser Eindruck unbegründet ist. Wer die Kirche als heilsmächtige Wirklichkeit ernst nimmt, der ist sich bewußt, daß sie ihre Bedeutung nicht um ihrer selbst willen erhält. Eine Kirche, die sich nur als rein menschliche Gemeinschaft begreift, wäre nicht imstande, angemessene Antworten auf die menschliche Sehnsucht nach einer Gemeinschaft zu geben, die trägt und Sinn zu stiften vermag. Ihre Worte und Taten würden als zu leicht befunden angesichts der Schwere der Fragen, die auf den Herzen der Menschen lasten. Denn der Mensch strebt nach etwas, das über ihn selbst hinausgeht, alle menschlichen Sichtweisen übersteigt und sie in ihrer Begrenztheit als ungenügend entlarvt. Wie tröstlich und zugleich ermutigend ist es für uns, daß es die Kirche als Mysterium gibt. Sie weist über uns hinaus und kann so zu Gottes Botschafterin werden. In der Kirche bietet sich Gottes Selbstmitteilung der Sehnsucht des Menschen dar, der danach strebt, der vollen Verwirklichung seiner selbst zu begegnen.

> *Eine Kirche, die sich nur als rein menschliche Gemeinschaft begreift, wäre nicht imstande, angemessene Antworten auf die menschliche Sehnsucht nach einer Gemeinschaft zu geben, die trägt und Sinn zu stiften vermag.*

6. Damit ist die Gottesfrage gestellt – das vielleicht ernsteste Problem, das ihr als Hirten in Österreich zu bewältigen habt. Auch wenn die Frage nach Gott nicht so deutlich in den Schlagzeilen der Öffentlichkeit erscheint, bewegt sie doch die Herzen der Menschen. Leider wird sie heute oft mit einem versteckten Atheismus oder mit einem zur Schau gestellten Indifferentismus beantwortet. Dahinter steckt der Wunsch, menschliches Glück und Gemeinschaft auch ohne Gott begründen zu können. Solche Versuche greifen jedoch zu kurz. Wehe der Kirche, wenn sie sich zu viel um zeitliche Fragen kümmern und zu wenig dazu kommen sollte, sich mit den Themen zu beschäftigen, die das Ewige betreffen!

Heute ist es angezeigt, die Erneuerung der geistlichen Dimension der Kirche zu fördern. Kirchliche Strukturprobleme rücken wie von selbst an die zweite Stelle, wenn die alles entscheidende Frage nach Gott auf der Tagesordnung der kirchlichen Debatte erscheint. Diese Frage wartet darauf, mit Geduld in einem redlichen Heilsdialog mit den Männern und Frauen innerhalb und außerhalb der Kirche behandelt zu werden. Im Mysterium Kirche liegt auch der Schlüssel für unseren bischöflichen Auftrag im Dienste des Volkes Gottes. Die erste Frage, die uns als Hirten gestellt werden kann, lautet nicht: Was habt ihr alles organisiert?, sondern: Wen habt ihr in die *Communio* des dreifaltigen Gottes geführt?

7. Dieser Gedanke bringt Licht in die Kirche als Mysterium und stellt sie in Beziehung zur Teilhabe an den von Gott geschenkten Gütern des Heils. Hier kommt der Eucharistie eine besondere Bedeutung zu. Nicht umsonst heißt der Empfang der Eucharistie auch „Kommunion". Der heilige Augustinus hat die Eucharistie entsprechend „Zeichen der Einheit und Band der Liebe" genannt (in: Ioannis Evangelium Tractatus, XXVI, VI, 13). Darauf haben die Konzilsväter zurückgegriffen, wenn sie die ekklesiale *Communio* in der eucharistischen Kommunion verankert sahen: „Beim Brechen des eucharistischen Brotes erhalten wir wirklich Anteil am Leib des Herrn und werden zur Gemeinschaft mit ihm und untereinander erhoben" (*Lumen gentium*, Nr. 7).

8. An dieser Stelle kann ich zwei große Sorgen nicht verschweigen, die aus bestimmten rückläufigen Zahlen hervorgehen: einerseits die Teilnahme an der sonntäglichen Eucharistiefeier und zum anderen der Mangel an Berufungen. Wie groß meine Anerkennung dafür ist, daß ihr euch für den Schutz des Sonntags im gesellschaftlichen und wirtschaftlichen Leben einsetzt, so sehr fühle ich mich auch verpflichtet, euch zu ermahnen: Werdet nicht müde, die euch anvertrauten Gläubigen mit Festigkeit an das Sonntagsgebot zu erinnern, wie es die Bischöfe seit den ersten Jahrhunderten getan haben: „Laßt alles am Tag des Herrn und eilt voll Eifer zu eurer Versammlung, denn sie ist euer Lobpreis für Gott. Welche Entschuldigung werden andernfalls jene vor Gott haben, die am Tag des Herrn nicht zusammenkommen, um das Wort des Lebens zu hören und sich von der ewig währenden göttlichen Speise zu nähren?" (Didascalia Apostolorum, II, 59, 2-3).
Berichtet euren Priestern: Der Papst kennt die Schwierigkeiten, denen viele Seelsorger durch die Arbeitsüberlastung und die mit ihrem Amt verbundenen Sorgen jeglicher Art ausgesetzt sind. Der Papst weiß um den pastoralen Eifer vieler Weltpriester und Ordensleute, der sie in ihrem Einsatz mitunter bis an den Rand der Erschöpfung führt. Die Last wird in den Pfarren eurer Diözesen noch schwerer, wo auch die Geographie des Landes zahlreiche Strapazen und Opfer abverlangt.
Während ich den Priestern meine Wertschätzung bekunde, halte ich es für meine Pflicht, auch die Laien zu ermuntern, mit ihren Priestern einen von Wohlwollen und Ehrfurcht getragenen Dialog zu führen und sie nicht als „Auslaufmodell" einer kirchlichen Struktur zu sehen, die in den Augen mancher vielleicht auch ohne Weiheamt auskommen könnte.

9. Gerade diese Überzeugung, die selbst bei gläubigen Männern und Frauen verbreitet ist, hat sicherlich auch dem Rückgang an Berufungen in euren Ortskirchen Vorschub geleistet: Ich weiß, daß ihr euch mit allen Kräften darum bemüht, den jungen

Menschen die Begegnung mit Jesus Christus zu erleichtern, und ihnen Hilfestellung dabei gebt, den Ruf zu entdecken, den Er an jeden von ihnen im Hinblick auf eine bestimmte Aufgabe in der Kirche richtet. Im übrigen wissen wir zu gut, daß Berufungen von Menschen nicht „gemacht" werden können. Statt dessen müssen sie von Gott unablässig erbeten werden. Berufung ist – gerade am Anfang – eine zarte und verletzliche Knospe. Sie braucht aufmerksame und intensive Pflege.

Die Beziehung muß lebendig sein zwischen denen, die schon Priester sind, und den Jugendlichen, die ein leises Verlangen in sich verspüren, diesen Weg einzuschlagen. Besonders wichtig ist es, daß diese jungen Menschen auf glückliche und glaubwürdige Priester treffen, die von ihrer Entscheidung tief überzeugt sind und zu ihren Mitbrüdern und ihrem Bischof ein Band herzlicher Freundschaft pflegen. Dafür ist es notwendig, daß der Bischof nicht als „Beamter" in weiter Ferne oder „Chef" von oben erscheint. Als väterlichen Freund sollen ihn die erfahren dürfen, die mit ihm den Dienst an den Gläubigen teilen.

Stärker als die Zahlen rückläufiger Tendenzen sind die Zeichen des anbrechenden Heils.

Eine Kultur echter *Communio* zwischen Priestern und Bischöfen sowie deren frohes Zusammenwirken zum Wohl der Kirche sind der beste Mutterboden, auf dem Berufungen gedeihen können. Darauf hat schon das Konzil hingewiesen: Die Bischöfe sollen inmitten der ihnen Anvertrauten „wie Diener" sein, „gute Hirten, die ihre Schafe kennen und deren Schafe auch sie kennen, wahre Väter" also, sodaß sich die Priester als „Söhne und Freunde" betrachten dürfen (*Christus Dominus*, Nr. 16).

10. Ehrwürdige Brüder, trotz allem gibt uns die Gewißheit Kraft: Stärker als die Zahlen rückläufiger Tendenzen sind die Zeichen des anbrechenden Heils. Das bezeugen die zwei Tische, die der Herr uns in seiner Güte unablässig deckt: den Tisch des Wortes Gottes und den Tisch der Eucharistie (vgl. *Sacrosanctum Concilium*, Nr. 51; *Dei Verbum*, Nr. 21). Gerade als Bischöfe habt ihr die hohe Ehre und zugleich die heilige Pflicht, *in persona Christi* Gastgeber sein zu dürfen, damit die Gläubigen vom Tisch des Wortes und des Sakraments in reichem Maße zehren können.

11. In den Konzilsdokumenten wird die Kirche als „creatura Verbi" beschrieben; denn im Worte Gottes liegt solche „Gewalt und Kraft, daß es für die Kirche Halt und Leben, für die Kinder der Kirche Glaubensstärke, Seelenspeise und reiner, unversieglicher Quell des geistlichen Lebens ist" (*Dei Verbum*, Nr. 21; vgl. *Lumen gentium*, Nr. 2). Dieses Bewußtsein hat im Volk Gottes ein lebendiges Interesse für die Heilige Schrift geweckt. Es steht außer Zweifel, daß daraus jeder einzelne für seinen Glaubensweg Nutzen ziehen kann.

Leider sind jedoch auch Mißverständnisse und Fehlentwicklungen nicht ausgeblieben: Es haben sich einige Sichtweisen über die Kirche eingeschlichen, die weder dem biblischen Befund noch der Überlieferung der Kirche entsprechen. Der biblische Ausdruck vom „Volk Gottes" (*laos tou theou*) wurde im Sinne eines politischen Volksverbandes (*demos*) gedeutet, der in seinem Aufbau den Richtlinien folgt, die für jede andere gesellschaftliche Größe gelten. Da die Regierungsform, die mit dem heutigen Empfindungsvermögen am meisten im Einklang steht, die Demokratie ist, wurden unter manchen Gläubigen Rufe nach einer Demokratisierung der Kirche laut, die sich gerade in eurem Land und über dessen Grenzen hinaus mächtig Gehör verschafft haben. Gleichzeitig hat die authentische Auslegung des Wortes Gottes und die Verkündigung der Lehre der Kirche mitunter einem falsch verstandenen Pluralismus Platz gemacht. Daraufhin dachte man, die geoffenbarte Wahrheit ließe sich demoskopisch erheben und demokratisch bestimmen.

Muß man nicht tief betrübt sein, wenn man feststellt, welche irrigen Auffassungen in Fragen des Glaubens und der Sitten, aber auch in bestimmten Angelegenheiten der kirchlichen Disziplin in das Denken vieler Laien eingedrungen sind? Über die geoffenbarte Wahrheit kann keine „Basis" befinden. Die Wahrheit ist kein Produkt einer „Kirche von unten", sondern kommt „von oben", von Gott. Die Wahrheit ist nicht Geschöpf des Menschen, sondern Geschenk des Himmels. Der Herr selbst hat sie uns als Nachfolgern der Apostel anvertraut, damit wir sie – ausgestattet mit dem „sicheren Charisma der Wahrheit" (*Dei Verbum*, Nr. 8) – unversehrt weitergeben, rein bewahren und treu auslegen (vgl. *Lumen gentium*, Nr. 25).

> *Die Wahrheit ist kein Produkt einer „Kirche von unten", sondern kommt „von oben", von Gott.*

12. Mit Zuneigung nehme ich Anteil an den Sorgen und Leiden eures Amtes und sage euch, liebe Brüder: Habt Mut zur Liebe und zur Wahrheit! Freilich habt ihr recht, wenn ihr nichts als Wahrheit gelten lassen wollt, was ohne Liebe ist. Aber akzeptiert auch nichts als Liebe, was ohne Wahrheit ist! Den Menschen in Liebe die Wahrheit verkünden – das ist das echte Heilmittel gegen den Irrtum. Ich bitte euch, diesen Auftrag mit allen euren Kräften zu erfüllen. An jeden einzelnen von euch sind die Worte gerichtet, die der heilige Paulus an seinen Schüler Timotheus geschrieben hat: „Leide mit mir als guter Soldat Christi Jesu. ... Bemühe dich darum, dich vor Gott zu bewähren als ein Arbeiter, der sich nicht zu schämen braucht, als ein Mann, der offen und klar die wahre Lehre vertritt. ... Verkünde das Wort, tritt dafür ein, ob man es hören will oder nicht. Weise zurecht, tadle, ermahne in unermüdlicher und geduldiger Belehrung" (*2 Tim* 2,3.15; ebd., 4,2).

13. Wie ich mir eure Sorgen zu eigen mache, so möchte ich auch eure Freude darüber teilen, was ihr in Kirche und Gesellschaft für die Kultur des Lebens leistet. Gerade die Kultur des Lebens spannt sich zwischen den Polen von Wahrheit und Liebe auf. Steht mutig zu eurem Zeugnis in der überlieferten Lehre und bleibt darin fest.

Besonders möchte ich die Ehe nennen. Auch wenn menschliche Erfahrung dem Zerbrechen zahlreicher Ehen vielfach hilflos gegenübersteht, die sakramentale Ehe ist und bleibt nach dem Willen Gottes unauflöslich. Ein weiteres Beispiel sei genannt: Selbst wenn es Mehrheiten in der Gesellschaft anders beschließen sollten, die Würde eines jeden Menschen bleibt unantastbar von der Empfängnis im Mutterleib bis zum natürlichen Tod, wann Gott es will. Und schließlich: Obwohl von neuem darüber diskutiert wird, als handele es sich dabei um eine disziplinäre Frage, die Kirche hat vom Herrn keinerlei Vollmacht erhalten, Frauen die Priesterweihe zu spenden (vgl. Apostolisches Schreiben *Ordinatio sacerdotalis*, Nr. 4).

14. Auf andere Themen möchte ich trotz ihrer Bedeutung nicht weiter eingehen. Auf einen Befund muß ich jedoch noch hinweisen: Während bei allen hoch zu schätzenden kulturellen Besonderheiten die Einheit der Menschen und Völker auf der ganzen Welt zunehmend ins Bewußtsein rückt, besteht zuweilen der Eindruck, daß die Kirche in eurem Land der Versuchung nachgibt, sich in sich selbst zu verkrümmen, um sich mit soziologischen Fragen zu beschäftigen, anstatt daß sie sich für die große katholische Einheit begeistert: jene allumfassende *Communio*, die eine im Nachfolger Petri verklammerte Gemeinschaft von Teilkirchen ist (vgl. *Lumen gentium*, Nr. 23). Verehrte Brüder, sucht jede Gelegenheit, um eure Gläubigen dazu einzuladen, den Blick über die Kirchtürme Österreichs hinaus zu weiten. Gerade das Große Jubiläum des Jahres 2000 könnte der Anlaß sein, euren Gläubigen dabei zu helfen, mit neuer Leidenschaft auf Entdeckungsreise nach den Reichtümern der einen, heiligen, katholischen und apostolischen Kirche zu gehen und die Kirche inniger lieben zu lernen.

> *Wäre es nicht ein schönes Zeichen, wenn es in eurem geschätzten Land gelänge, weniger über die Kirche zu diskutieren, als vielmehr die Kirche zu meditieren?*

15. Liebe Brüder im Bischofsamt! Mit großem Wohlwollen lege ich euch diese Gedanken über die Kirche als *Communio* ans Herz. Über *Communio* läßt sich viel reden und schreiben, am wichtigsten aber ist, daß wir sie als Nachfolger der Apostel beispielhaft zu leben versuchen. Am Ende möchte ich euch einen Wunsch anvertrauen: In den vergangenen Monaten und Jahren wurde über die Kirche in Österreich viel geschrieben. Wäre es nicht ein schönes Zeichen, wenn es in eurem geschätzten Land gelänge, weniger über die Kirche zu diskutieren, als vielmehr die Kirche zu meditieren? Wie ich am Anfang sagte, stellt die Kirche als *Communio* die Ikone der Gemeinschaft des dreifaltigen Gottes dar. Vor einer Ikone versagt die kritische Rezension; man muß sich dem Blick liebender Kontemplation überlassen, um immer mehr in das göttliche Geheimnis einzudringen, auf dessen Hintergrund die Kirche erst richtig verstanden werden kann.

16. Ich beschließe meine Worte mit der Einladung an euch, auf die Ikone der *kirchlichen Communio* zu schauen: die allerseligste Jungfrau Maria, die von vielen eurer Landsleute tief und innig verehrt wird. „Ewig im Geheimnis Christi gegenwärtig"

(*Redemptoris Mater*, Nr. 19), steht sie mitten unter den Aposteln im Herzen der Urkirche und der Kirche aller Zeiten. Denn es „versammelte sich die Kirche im Obergemach mit Maria, die Mutter Jesu war, und mit seinen Brüdern. Es kann also nicht von der Kirche die Rede sein, ohne daß dort Maria, die Mutter des Herrn, anwesend wäre mit seinen Brüdern" (Chromatius von Aquileia, Sermo 30, 1).

Maria, die Magna Mater Austriae, sei eure Begleiterin und Fürsprecherin in eurem Bemühen, euer Amt aus einem frohen und mutigen „sentire cum Ecclesia" heraus zu erfüllen und in den euch Anvertrauten die „anima ecclesiastica" bilden zu helfen. Ich verspreche euch auch weiterhin meine Begleitung im Gebet, damit der Heilige Geist euch auf eurem Weg mit der Fülle seiner Gaben beistehe. Dazu erteile ich euch und allen Gliedern eurer Diözesen von Herzen den apostolischen Segen.

WEIHEGEBET DES PAPSTES AN DIE GOTTESMUTTER IN MARIAZELL

1. Selig bist Du, Maria, die Du geglaubt hast!
So lobpreisen wir Dich zusammen mit Elisabet
(vgl. Lk 1,45). Selig bist Du, Mutter unseres Herrn
Jesus Christus und Mutter der Kirche.
Unser aller Mutter bist Du, die wir heute diese
Wallfahrt zu Deinem Heiligtum in Mariazell
unternommen haben: Bischöfe, Priester, Diakone,
Ordensleute, Seminaristen, Novizen und viele
Gläubige von nah und fern zusammen mit dem
Nachfolger des Apostels Petrus inmitten des
pilgernden Gottesvolkes.
Vor Dir möchten wir dieses Gebet unserer Weihe
aussprechen. Deinem reinen Herzen vertrauen wir
alles an, was uns in dieser Stunde zutiefst bewegt:
all unsere berechtigten Wünsche und Hoffnungen,
zugleich aber auch unsere Sorgen und Leiden.
Führe uns mit unseren Freuden und Lasten zu
Deinem Sohn, in das Heiligtum seines liebenden
Herzens, damit er seinen Brüdern und Schwestern
den Vater zeige, das selige Ziel unserer Wege.

2. Heilige Mutter von Mariazell! Dir überantworten
wir dieses Land mit seinen Dörfern und Städten,
ganz Österreich und seine Bewohner. Sein kostbares Erbe, das Christentum, möge weiterhin
das Leben der einzelnen und der Familien, das
Leben der Gesellschaft und des Staates heilen

und prägen. Es helfe allen, den tiefsten Sinn ihres irdischen Lebensweges zu finden. Es wecke wieder Mut und Hoffnung für die Tage und Jahre, die kommen.

3. Deinem mütterlichen Herzen, Maria, vertrauen wir vor allem diejenigen an, die von Leid und Schmerz bedrückt sind: Kranke und Behinderte, Männer und Frauen in schwierigen Ehen, Kinder in zerstrittenen Familien, Menschen mit drückenden Schulden, Arbeitslose, Entwurzelte, Strafgefangene. Wieviel Tränen, wieviel Angst, wieviel Dunkel auf dem Weg! Das Kreuz Deines Sohnes leuchte ihnen auf als Zeichen des unendlichen Erbarmens Gottes. Zeige ihnen die Gesinnung Christi, die es möglich macht, das Böse durch das Gute zu besiegen (vgl. Röm 12,21), durch tapfere Liebe zu einer neuen Lebenserfüllung zu gelangen. Nimm an, barmherzige Mutter, jeden selbstlosen Samariterdienst, jede freiwillig geschenkte Stunde im Dienst für den Nächsten in Bedrängnis!

4. Ebenso empfehlen wir Dir die Menschen in der vollen Kraft ihres Lebens, Männer und Frauen, die für ihre Familie, für ihren Berufsbereich, für die Gemeinschaftsaufgaben im Lande verantwortlich sind. Laß sie in der Frohen Botschaft Licht und Kraft für ihre Pläne und Entscheidungen finden, geleitet von einem reifen christlichen Gewissen: die Väter und Mütter, die Lehrer und Ärzte, die Wissenschaftler und Politiker, die Polizisten, Soldaten und alle, die dem Gemeinwohl dienen. Zeige ihnen den leuchtenden Wert der Wahrheit, das hohe Gut der Gerechtigkeit, den stillen Glanz der Selbstlosigkeit!

5. Deinen mütterlichen Schutz, Maria, erbitten wir auch für die junge Generation: Kinder, Burschen und Mädchen, junge Männer und Frauen. Geleite sie behutsam Schritt für Schritt auf dem Weg christlicher Verantwortung für sich selbst und die Gemeinschaft: die Mutigen und die Starken, die Unternehmungslustigen und die Zupackenden; ebenso die Stillen, die Zögernden, die Abwägenden; die Lachenden und die Ernsten. Laß in ihren Herzen das Licht jener Ideale nicht verlöschen, die dem Leben des Menschen seinen wahren Wert geben. Niemand soll sie auslöschen: weder die jungen Menschen selbst noch irgend jemand sonst. Mutter, segne die Jugend, daß sie fähig werde, von sich selbst viel zu fordern und anderen viel zu geben, den Versuchungen einer Genußwelt zu widerstehen und dem Wohl ihres Nächsten zu dienen.

6. Schließlich weihen wir Dir, Gottesmutter von Mariazell, die Kirche Jesu Christi hier in Österreich: alle, die in ihr Verantwortung tragen und ihr dienen, alle Hirten und Gläubigen in den Diözesen Salzburg und Wien; St. Pölten und Linz; Graz-Seckau und Eisenstadt; Gurk, Innsbruck und Feldkirch. Die Kirche erfülle heute wie in Zukunft ihren Heilsauftrag: im Namen des Evangeliums Jesu Christi, in fester Einheit mit den anderen Ortskirchen der Weltkirche und mit dem Petrusamt in Rom, zum Wohl und Segen aller Menschen dieses Landes, der Einheimischen und der Zugezogenen, der Gläubigen und der Suchenden.
Mutter der Kirche, zeige dem Volk Gottes in diesem Lande wieder den Weg, Berufungen zum Priestertum und Ordensleben in größerer

Zahl zu entdecken und zu fördern. Möge sich zugleich das vielfältige Laienapostolat noch vertiefen und ausbreiten, die missionarische Verantwortung aller noch zunehmen. Magna Mater Austriae, segne die Kirche Österreichs! Christus, Guter Hirt der Deinen, nimm im Herzen Deiner Mutter unser ganzes Vertrauen, unseren guten Willen, unsere hochherzige Weihe entgegen. Amen.

(13. September 1983)

Anhang

Heilige Schrift

Konzilsdokumente und Päpstliche Schreiben

Quellen und Literatur

Personenregister

Geographisches Register

Sachregister

Autoren

Bildnachweis

Heilige Schrift

Altes Testament

Gen 1,27	S. 149
Gen 3,4	S. 341
Gen 4,9	S. 306
Gen 25,9	S. 410
Gen 28,17	S. 283
Ex 3,6	S. 228
Ex 19,6	S. 388
Dtn 30,20	S. 284
Ps 23,1	S. 368
Ps 23,1-4	S. 308
Ps 23,2-3	S. 369
Ps 23,4	S. 369, 370
Ps 23,5	S. 371
Ps 27,4	S. 182
Ps 30,11-13	S. 281
Ps 33,12	S. 171
Ps 121,1f	S. 176
Ps 122,1	S. 176, 264
Ps 122,2	S. 264
Ps 127,1	S. 174
Ps 139,1-2	S. 231
Ps 139,1.13-15	S. 233
Ps 139,14	S. 231
Spr 31,10-20	S. 268
Hld 8,6	S. 411
Weish 1,13	S. 281
Weish 2,23	S. 281
Weish 11,26	S. 413
Sir 24,3	S. 141
Sir 24,12	S. 141
Jes 21,11	S. 309
Jes 49,1	S. 233
Jes 49,6	S. 236
Jes 53,4	S. 409
Jes 57,14	S. 213
Jes 60,1	S. 184
Jes 60,2	S. 184
Jes 60,3-5	S. 180
Jer 31,15f	S. 225
Klgl 3,1-3	S. 240
Klgl 3,4	S. 241
Klgl 3,5-6	S. 241
Klgl 3,7.9	S. 241
Klgl 3,15.16	S. 241
Klgl 3,22-23	S. 242
Ez 34,11	S. 366
Ez 36,25	S. 287
Ez 36,26	S. 81
Hos 11,9	S. 328

Neues Testament

Mt 3,3	S. 232, 235
Mt 5,13	S. 77, 283
Mt 5,43-45	S. 79
Mt 5,48	S. 140
Mt 6,33	S. 256
Mt 7,24-27	S. 81
Mt 9,36-38	S. 267
Mt 11,11	S. 232
Mt 11,27	S. 265
Mt 11,28	S. 265
Mt 11,29	S. 270
Mt 11,30	S. 267
Mt 16,16	S. 394
Mt 16,18	S. 392
Mt 16,25	S. 285
Mt 20,28	S. 404
Mt 25,35ff	S. 122
Mt 25,40	S. 123, 414
Mt 26,26-27	S. 270
Mt 28,19	S. 17, 321
Mt 28,20	S. 27, 325
Mk 1,4	S. 232
Mk 3,13-19	S. 403
Mk 3,14	S. 182, 184, 388
Mk 5,23	S. 281
Mk 5,36	S. 281
Mk 5,42	S. 281
Mk 16,15	S. 17, 184, 212
Lk 1,26.27	S. 136
Lk 1,32.33	S. 137
Lk 1,38	S. 408
Lk 1,45	S. 181, 269, 432
Lk 1,46f	S. 333
Lk 1,59-63	S. 232
Lk 1,66	S. 232
Lk 2,14	S. 374
Lk 4,18	S. 387, 388, 389
Lk 6,8	S. 276
Lk 6,12	S. 152
Lk 6,20-23	S. 75
Lk 9,18	S. 394
Lk 9,20	S. 394
Lk 9,23	S. 395
Lk 9,23-24	S. 266
Lk 10,16	S. 267
Lk 10,33f	S. 413
Lk 11,27	S. 152
Lk 15,18	S. 109, 111, 112
Lk 18,10ff	S. 140
Lk 18,27	S. 152
Lk 22,31f	S. 209, 246, 349
Lk 22,32	S. 8, 17, 179, 195, 393, 424
Lk 24,31	S. 259
Joh 1,1	S. 181, 210
Joh 1,5	S. 211
Joh 1,6-7	S. 210
Joh 1,7	S. 210, 212
Joh 1,7-8	S. 211
Joh 1,10	S. 210
Joh 1,10-11	S. 211
Joh 1,12	S. 215
Joh 1,14	S. 138, 211, 340
Joh 1,15	S. 211
Joh 2,3	S. 342
Joh 2,5	S. 178, 239, 341
Joh 3,16f	S. 329
Joh 3,21	S. 250
Joh 4,17	S. 139
Joh 4,24	S. 106
Joh 6,48	S. 256
Joh 6,68	S. 243

Anhang

Joh 7,38f	S. 333	Röm 12,10	S. 200	Eph 3,20	S. 313
Joh 8,32	S. 139	Röm 12,21	S. 433	Eph 4,2.4-6	S. 323
Joh 8,44	S. 139	Röm 15,1f	S. 331	Eph 4,15	S. 138, 319
Joh 10,10	S. 173, 208, 215, 231, 237, 248, 253, 285, 324, 331, 413	Röm 15,5-7.13	S. 315	Eph 4,29-32	S. 331
		Röm 15,13	S. 64	Phil 4,7	S. 99
Joh 10,11	S. 372	1 Kor 1,5f	S. 318	Kol 1,15	S. 210, 231
Joh 12,24	S. 257	1 Kor 1,13	S. 319	Kol 1,18	S. 319
Joh 14,1f	S. 414	1 Kor 2,6-7	S. 81	Kol 3,16	S. 265
Joh 14,6	S. 93, 283, 327	1 Kor 3,2	S. 139		
Joh 14,19	S. 282, 411	1 Kor 3,7ff	S. 105	1 Thess 4,17	S. 411
Joh 14,21	S. 94, 258	1 Kor 3,11	S. 82	1 Thess 5,23	S. 99
Joh 14,23	S. 309	1 Kor 4,1	S. 408		
Joh 14,28	S. 152	1 Kor 12,4	S. 388	1 Tim 2,14	S. 213
Joh 15,26	S. 212	1 Kor 12,13	S. 317, 318	1 Tim 4,10	S. 74
Joh 15,27	S. 212	1 Kor 12,26	S. 198		
Joh 17,21	S. 196, 252, 423	1 Kor 12,27	S. 318	2 Tim 1,6-7	S. 403
Joh 18,37	S. 212	1 Kor 13,4-6	S. 295	2 Tim 1,10	S. 173
Joh 19,25	S. 327	1 Kor 13,8	S. 285	2 Tim 2,3.15	S. 429
Joh 19,30	S. 329, 387	1 Kor 13,13	S. 411	2 Tim 4,2	S. 139, 429
Joh 19,37	S. 328	1 Kor 15,13-14	S. 346	2 Tim 4,3	S. 197
Joh 20,21	S. 137, 212	1 Kor 15,14	S. 173		
Joh 20,30	S. 353	1 Kor 15,24	S. 410	Hebr 12,2	S. 154
Joh 21,15-18	S. 195	1 Kor 15,32	S. 307		
		2 Kor 1,18-20	S. 323	1 Petr 1,5-6	S. 402
Apg 1,14	S. 137	2 Kor 1,24	S. 402	1 Petr 2,5	S. 388
Apg 2,12	S. 317	2 Kor 3,3	S. 372	1 Petr 2,21.24	S. 173
Apg 2,37f	S. 318	2 Kor 5,14	S. 393	1 Petr 3,15	S. 61, 102, 294
Apg 2,41f	S. 318	2 Kor 8,9	S. 286	1 Petr 3,15f	S. 407
Apg 3,6	S. 293	2 Kor 12,3	S. 319	1 Petr 5,3	S. 404
Apg 4,12	S. 136	2 Kor 12,26	S. 374		
Apg 4,32	S. 182	2 Kor 13,8	S. 386	2 Petr 3,18	S. 102
Apg 5,29	S. 397	2 Kor 13,11	S. 320		
Apg 17,28	S. 231			1 Joh 1,10	S. 316
Apg 20,28	S. 153	Gal 2,5	S. 138	1 Joh 4,7	S. 390
		Gal 5,22	S. 386		
Röm 1,11ff	S. 151	Gal 5,22f	S. 333	3 Joh 8	S. 407
Röm 3,23	S. 110	Gal 6,2	S. 277		
Röm 6,3.5	S. 323			Offb 2,5	S. 265
Röm 6,11	S. 321	Eph 1,3.7.12	S. 100	Offb 2,29	S. 183
Röm 8,2	S. 387	Eph 1,4-5	S. 111	Offb 3,6.13.22	S. 183
Röm 8,24	S. 62	Eph 1,22; 4,15	S. 319	Offb 20,14	S. 410
Röm 8,28-30	S. 180	Eph 2,4 (2,4)	S. 329	Offb 22,16	S. 78
Röm 8,29	S. 184	Eph 2,4f	S. 329	Offb 22,20	S. 386
Röm 8,30	S. 184	Eph 2,7ff	S. 318		
Röm 10,15	S. 412	Eph 2,10	S. 329		
Röm 10,17.14	S. 251	Eph 2,14.16	S. 321		
Röm 12,2	S. 323	Eph 3,8	S. 405		

Konzilsdokumente und Päpstliche Schreiben

Zweites Vatikanisches Konzil:

Ad gentes
Nr. 15	S. 405
Nr. 21	S. 138

Apostolicam actuositatem
Nr. 2	S. 355
Nr. 7	S. 355
Nr. 10	S. 371

Christus Dominus
Nr. 16	S. 428
Nr. 20	S. 196
Nr. 37	S. 404

Dei Verbum
Nr. 1	S. 426
Nr. 8	S. 404, 429
Nr. 21	S. 404, 428
Nr. 25	S. 404

Gaudium et spes
	S. 304
Nr. 1	S. 39, 214
Nr. 10	S. 114, 280
Nr. 13	S. 111
Nr. 16	S. 251
Nr. 19	S. 404
Nr. 22	S. 354
Nr. 24	S. 233
Nr. 26	S. 219
Nr. 41	S. 127
Nr. 42	S. 213, 405
Nr. 45	S. 405
Nr. 82	S. 133
Nr. 92	S. 408

Lumen gentium
	S. 425
Nr. 1	S. 354
Nr. 2	S. 428
Nr. 3-4	S. 426
Nr. 4	S. 386
Nr. 5	S. 386
Nr. 7	S. 427
Nr. 9	S. 64
Nr. 13	S. 407
Nr. 18	S. 424
Nr. 19	S. 405
Nr. 19-24	S. 38
Nr. 20	S. 153, 251
Nr. 22	S. 352
Nr. 23	S. 195, 350, 430
Nr. 25	S. 153, 246, 252, 429
Nr. 27	S. 404
Nr. 28	S. 183
Nr. 35	S. 249
Nr. 38	S. 26, 212
Nr. 48	S. 405
Nr. 58	S. 327
Nr. 59	S. 405

Nostra aetate
	S. 226

Perfectae caritatis
Nr. 15	S. 182

Presbyterorum ordinis
Nr. 1	S. 267
Nr. 4	S. 61
Nr. 8	S. 183

Redintegratio unitatis
Nr. 4	S. 105
Nr. 5	S. 105

Sacrosanctum Concilium
Nr. 5	S. 405
Nr. 26	S. 405
Nr. 51	S. 428

Päpstliche Schreiben:

Aperite portas Redemptori
(Johannes Paul II., 1983)
S. 23

Catechesi tradendae
(Johannes Paul II., 1979)
Nr. 5	S. 248
Nr. 45	S. 249

Centesimus annus
(Johannes Paul II., 1991)
	S. 355
Nr. 53	S. 382

Christifideles laici
(Johannes Paul II., 1988)
Nr. 26	S. 370

Dives in misericordia
(Johannes Paul II., 1980)
Nr. 5-6	S. 112

Evangelii nuntiandi
(Paul VI., 1975)
Nr. 18	S. 253

Familiaris consortio
(Johannes Paul II., 1981)
	S. 114, 197, 252
Nr. 6	S. 113
Nr. 84	S. 198

Humanae vitae
(Paul VI., 1968)
S. 114, 197, 252

Laborem exercens
(Johannes Paul II., 1981)
	S. 166
Nr. 1	S. 170
Nr. 5	S. 158

Ordinatio sacerdotalis
(Johannes Paul II., 1994)
Nr. 4	S. 430

Pastores dabo vobis
(Johannes Paul II., 1992)
Nr. 15	S. 388
Nr. 51	S. 352
Nr. 53	S. 352

Redemptor hominis
(Johannes Paul II., 1979)
	S. 56
Nr. 1	S. 20

Anhang

Nr. 2	S. 36	Rerum novarum		Tertio millennio	
Nr. 4	S. 405	(Leo XIII., 1891)		adveniente	
Nr. 5	S. 412		S. 355	(Johannes Paul II., 1994)	
Nr. 14	S. 146, 170			Nr. 24	S. 38

Redemptoris Mater
(Johannes Paul II., 1987)
S. 23, 327
Nr. 19 S. 431

Redemptoris missio
(Johannes Paul II., 1990)
Nr. 2 S. 366, 372
Nr. 42 S. 372

Salvifici doloris
(Johannes Paul II., 1984)
Nr. 25 S. 409

Sollicitudo rei socialis
(Johannes Paul II., 1987)
S. 216
Nr. 47 S. 306

Ut unum sint
(Johannes Paul II., 1995)
Nr. 3 S. 37
Nr. 28-39 S. 405
Nr. 35 S. 406
Nr. 41 S. 37
Nr. 95 S. 37

Quellen und Literatur

Quellen:

Archiv der Österreichischen Bischofskonferenz
Diözesanarchiv Wien
Linzer Diözesanblatt, Nr. 10/1. August 1988
Osservatore Romano, deutsche Ausgabe, Jahrgänge 1982, 1983, 1987, 1988, 1992, 1998
Österreichische Präsidentschaftskanzlei

Verwendete Dokumentationen und Literatur (Auswahl):

Die Ansprachen des Hl. Vaters Johannes Paul II. in Österreich 1988 anläßlich seines Pastoralbesuches, Eisenstadt 1988
AVISO 83. Papst Johannes Paul II. in Österreich. Österreichischer Katholikentag. Predigten, Reden und Ansprachen, „Kathpress"-Sonderdienst zum Österreichischen Katholikentag 1983, Nr. 18, Wien 1983
Czoklich Fritz, Der Papst in Österreich, Graz-Wien-Köln 1988
Der 3. Pastoralbesuch Papst Johannes Paulus II. in Österreich (19.-21. Juni 1998). In: Jahrbuch der Katholischen Kirche in Österreich 1998, hrsg. vom Sekretariat der Österreichischen Bischofskonferenz, Wien 1998, 91-98
Hummer Franz, Reisen als apostolischer Auftrag. Nach-Gedanken zum 3. Pastoralbesuch Papst Johannes Pauls II. in Österreich (19.-21. Juni 1998). In: Jahrbuch der Katholischen Kirche in Österreich 1998, hrsg. vom Sekretariat der Österreichischen Bischofskonferenz, Wien 1998, 99-102
Jahrbuch der Diözese Gurk 1989, Klagenfurt 1988
Johannes Paul II. 1988 in Österreich. Ja zum Glauben – Ja zum Leben. In: Entschluß, 1. Sonderheft Nr. 9-10/1987
Johannes Paul II. 1988 in Österreich. In: Entschluß, 2. Sonderheft Nr. 12/1987
Johannes Paul II. und Österreich. Beiträge von Hanns Humer, Maximilian Liebmann, Paul Schulmeister, Innsbruck-Wien 1988
Österreichischer Katholikentag 1983. „Hoffnung leben – Hoffnung geben". Besuch von Papst Johannes Paul II. in Österreich. Eine Dokumentation, hrsg. von Alois Kraxner/Eduard Ploier/Walter Schaffelhofer, Graz-Wien-Köln 1984
Papst Johannes Paul II. in Österreich. Die aktuellsten Fotos vom Papstbesuch. 10.-13. September 1983, Wien, o.J.
Papst Johannes Paul II. in Österreich. Wortlaut aller Reden. Dokumentation der österreichischen Kirchenzeitungen, Nr. 27a/4. Juli 1988, Linz 1988
Reden beim Besuch von Papst Johannes Paul II. in Österreich. 19. bis 21. Juni 1998. Dokumentation der Manuskripte der Reden, Predigten und Ansprachen, Kathpress-Sonderpublikation Nr. 4/98, Juni 1998
Was Petrus uns gesagt hat... Der dritte Pastoralbesuch von Papst Johannes Paul II. in Österreich 19.-21. Juni 1998, hrsg. von der Gemeinschaft vom hl. Josef, Kleinhain, o.J. (1998)

An dieser Stelle sei den vielen Personen und Einrichtungen – auf diözesaner, staatlicher und privater Ebene –, die für dieses Buch mit Rat und Tat zur Seite gestanden sind bzw. geholfen haben, Quellenmaterial in schriftlicher Form, Fotos und Tonbänder ausfindig zu machen oder solche zur Verfügung gestellt haben, ein herzliches Danke und Vergelt's Gott gesagt.

Personenregister

Abraham S. 87, 226, 228
Aichberger, Elisabeth S. 91
Aichern, Maximilian S. 11, 170, 254, 355; Abb. 1, 39, 58, 76
Allaf, Mowaffak S. 155
Apollo S. 105
Apor, Vilmos, sel. S. 393
Arno, hl. S. 247
Athenagoras I. S. 17, 98, 312
Augustinus, hl. S. 427
Batthyany, Ladislaus S. 237, 239
Beethoven, Ludwig van S. 148
Beran, Josef S. 28
Berg, Karl S. 192, 244, 279, 280, 300, 316, 322; Abb. 1, 39, 41, 59, 68
Bonifatius, hl. S. 368
Burjan, Hildegard S. 410, 414
Cagna, Mario S. 130; Abb. 20
Callo, Marcel, sel. S. 243, 330
Cardijn, Joseph S. 168
Casaroli, Agostino S. 47; Abb. 18
Chromatius von Aquileia S. 431
Cyprian S. 387
Cyrankiewicz, Józef S. 33
Cyrill, hl. S. 72, 418
Dimitrios I. S. 98, 312, 322
Diognet S. 214
Dionysia, Sr. Abb. 21
Dostojewskij, Fjodor S. 305, 307
Dziwisz, Stanisław S. 55, 56; Abb. 68, 78
Eder, Franz Xaver S. 368
Eder, Georg S. 11, 352, 366, 368, 373; Abb. 76, 85, 109

Eder, Gernot S. 142
Einstein, Albert S. 148
Eisenberg, Paul Chaim Abb. 43
Elisabet, Mutter Johannes' des Täufers S. 181, 182, 232, 269, 432
Erentrud, hl. S. 283
Eugen von Savoyen, Prinz S. 72
Fasching, Heinrich S. 13, 389; Abb. 109
Firmian, Leopold Anton Freiherr von S. 314
Florian, hl. S. 42, 72, 254, 255, 260, 261, 343
Foucauld, Charles de S. 141
Franz von Assisi, hl. S. 95, 160, 216
Fürstenberg, Kardinal S. 50
Fussenegger, Gertrud S. 298
Gapp, Jakob, sel. S. 372; Abb. 113
Gärtner, Josef S. 135
Gerhardt, Paul S. 320
Gernat, Silke S. 289
Glaser, Anna S. 51; Abb. 22
Glaser, Lonny S. 51, 54; Abb. 22
Gomułka, Władysław S. 33
Groër, Hans Hermann S. 194, 209, 210, 349, 352, 385; Abb. 39, 41
Grosz, Paul S. 222; Abb. 43
Hadrian VI., Papst S. 49
Hemma, hl. S. 262, 264, 267, 268, 269, 271, 272, 344
Hippolyt, hl. S. 385
Hitler, Adolf S. 223
Hofbauer, Clemens Maria, hl. S. 105, 140, 213
Hohenberg, Georg S. 40
Iby, Paul S. 12; Abb. 109
Innitzer, Theodor S. 41

Innozenz XI., Papst, sel. S. 44, 86, 89
Jachym, Franz Abb. 1
Jakobus, Apostel S. 84
Jaworski, Janusz S. 55
Johannes der Täufer S. 210, 211, 212, 215, 229, 232, 235, 236
Johannes XXIII., Papst S. 18, 31, 36, 39, 98, 312
Johannes Paul I., Papst S. 34, 41
Johannes von Salisbury S. 219
Josef, hl. S. 342
Josef II., Kaiser S. 72
Josef von Kalasanz, hl. S. 396
Kafka, Sr. Restituta, sel. S. 372, 397, 398, 399, 401; Abb. 112
Kapellari, Egon S. 11, 90, 262, 264; Abb. 1, 39, 59, 76
Karner, Peter S. 100
Keglevic, Miro S. 287
Kern, Jakob, sel. S. 386, 395, 396, 398, 399, 401; Abb. 111
Kirchschläger, Rudolf S. 69, 124, 187; Abb. 18
Klestil, Thomas S. 15, 362, 369, 377, 389, 397, 415; Abb. 78
Knall, Dieter S. 100, 103, 314, 317; Abb. 68
Kolbe, Maximilian Maria, hl. S. 243
König, Franz S. 31, 45, 52, 59, 60, 72, 97, 98, 107, 109, 119, 171, 179, 194, 210, 351, 380; Abb. 1, 18, 103
Kostelecky, Alfred S. 194; Abb. 39
Kothgasser, Alois S. 12; Abb. 109
Krätzl, Helmut S. 13, 54; Abb. 1, 39, 76, 109

445

Anhang

Krenn, Kurt S. 11, 49, 194, 352, 385, 389; Abb. 39, 76, 92, 109
Kreuzeder, Ernst S. 310; Abb. 68
Kripp, Josef S. 41
Kubski, Anton S. 41
Kuharić, Franjo S. 81, 237, 238
Küng, Klaus S. 11, 352; Abb. 76, 109
Kuntner, Florian Abb. 1, 39, 76
László, Stefan S. 45, 229, 231; Abb. 1, 39, 52, 76
Laun, Andreas S. 13; Abb. 109
Lauterer, Kassian S. 12; Abb. 109
Ledóchowska, Maria Julia, sel. S. 84
Leo III., Papst, hl. S. 366, 368
Leo XIII., Papst S. 355
Leopold, hl. S. 391
Leopold I., Kaiser S. 356
Lettmann, Reinhard S. 49
Lustiger, Jean-Marie S. 75
Luther, Martin S. 100, 105
Macharski, Franciszek S. 77
Magnus von St. Lambrecht S. 180
Maria Theresia, Kaiserin S. 72
Marini, Piero Abb. 68
Martin, hl. S. 235, 236
Martin V., Papst S. 49
Mayer, Rupert S. 330
Mayr, Jakob S. 12; Abb. 1, 39, 76, 109
Meisner, Joachim S. 79
Method, hl. S. 72, 418
Miloradić, Mate-Mersich S. 238
Mindszenty, Joszef S. 31
Mohammed S. 87
Monduzzi, Dino S. 48
Mose S. 226

Moser, Karl Abb. 1, 39
Mozart, Wolfgang Amadeus S. 305
Müller, Josef S. 161
Müller, Manfred S. 368
Mutter Teresa S. 236
Nedbal, Johannes S. 44, 48
Neururer, Otto, sel. S. 326, 331, 372; Abb. 114
Nikodemus S. 151
Noè, Virgilio S. 44
Norbert, hl. S. 328
Nostradamus S. 41
Norwid, K. C. S. 174
Ortner, Gustav S. 28
Oppenheimer, Jakob Robert S. 146
Paracelsus S. 305
Paskai, László S. 237, 238
Paul VI., Papst S. 17, 18, 36, 38, 98, 197, 312, 405
Paulus, Apostel S. 18, 19, 41, 62, 98, 138, 173, 184, 194, 195, 231, 269, 277, 285, 294, 302, 307, 308, 315, 317, 318, 319, 320, 323, 331, 333, 346, 350, 386, 388, 429
Petrus, Apostel S. 7, 8, 17, 18, 24, 41, 61, 82, 84, 96, 107, 136, 138, 173, 194, 195, 199, 200, 209, 239, 242, 246, 255, 271, 276, 279, 293, 294, 318, 324, 326, 334, 337, 345, 349, 350, 368, 370, 385, 392, 394, 395, 402, 404, 407, 417, 424, 432
Piccolomini, Aeneas Silvius S. 143
Pilatus, Pontius S. 149, 212, 283, 309
Pius VI., Papst S. 22, 72, 101, 126, 349, 385
Pius IX., Papst S. 40, 44
Pius XI., Papst S. 227
Pius XII., Papst S. 32, 33, 40, 41

Plaschka, Richard G. S. 142, 143
Ploier, Eduard S. 116
Reinhardt, Max S. 148
Rilke, Rainer Maria S. 148
Rohracher, Andreas S. 314
Rupert, hl. S. 247, 279, 283, 366, 368
Sapieha, Adam S. 32
Scheler, Max S. 32
Schmidt, Wolfgang S. 314; Abb. 68
Schmutz, Erich S. 175
Schönborn, Christoph S. 9, 10, 54, 349, 352, 354, 369, 389, 392, 397, 423; Abb. 76, 97, 103, 109
Schwartz, Anton Maria, sel. S. 396, 397, 398, 399, 401; Abb. 110
Schwarz, Alois S. 13; Abb. 109
Schwarzenberg, Johannes S. 41
Schweiger, Fritz S. 301
Severin, hl. S. 72, 84, 255, 260, 261, 343, 368
Simon von Cyrene S. 121
Slipyi, Josef S. 28
Sobieski, Jan, König von Polen S. 44, 72, 86, 172, 175, 177
Sodano, Angelo Abb. 78
Sölle, Dorothee S. 303
Squicciarini, Donato S. 17; Abb. 92, 104
Staikos, Michael S. 374; Abb. 87
Stecher, Reinhold S. 326, 327, 334; Abb. 1, 39, 69, 76
Stephan, König von Ungarn, hl. S. 239
Stephanus, hl. S. 136, 209
Stein, Edith, sel. S. 243, 330
Stöger, Alois S. 59
Sturm, Emil S. 314
Sturm, Herwig S. 376; Abb. 87

Personenregister

Taschner, Otto S. 118
Theresia Benedikta vom Kreuz, sel. S. 243
Theresia von Lisieux, hl. S. 141
Thomas von Bergamo S. 331
Tsiter, Chrysostomos S. 98, 103, 312; Abb. 16, 68
Viezuianu, Dumitru Abb. 68
Virgil, hl. S. 247, 279, 283, 368
Vitalis, hl. S. 247
Wagner, Alois S. 44; Abb. 58

Wagner, Leopold Abb. 59
Waldheim, Kurt S. 206, 216, 343; Abb. 40, 42
Weber, Johann S. 10, 264, 271, 369, 389, 398, 400; Abb. 1, 39, 59, 76, 102, 109
Wechner, Bruno S. 327, 334; Abb. 1, 39, 69
Weinbacher, Jakob S. 59
Weiß, Andreas S. 289
Werner, Christian S. 12, 352; Abb. 76, 109
Wesoły, Szczepan S. 171
Wetter, Friedrich S. 368
Wiechert, Ernst S. 234

Wilhelm, Michael Abb. 109
Wojtyła, Karl (Vater) S. 42, 47
Wurzrainer, Georg S. 273
Wyszyński, Stefan S. 31, 32, 33, 34, 35, 52, 54
Zacharias, Vater Johannes' des Täufers S. 232
Žak, Franz S. 261, 385, 389; Abb. 1, 39, 58
Zsifkovics, Ägidius Johann S. 13
Zwingli, Huldrych S. 105

DIÖZESENPLAN
MIT DEN
PAPSTBESUCHEN

1983 – 1988 – 1998

Hoffnung leben Hoffnung geben
Österreichischer Katholikentag 1983

JA ZUM GLAUBEN
JA ZUM LEBEN
JOHANNES PAUL II.
in Österreich 1988

Komm Schöpfer Geist
Papst Johannes Paul II. besucht Österreich

Geographisches Register

Ain-Karim	S. 180, 232	
Altenberg	S. 288	
Äquatorial-Afrika	S. 17	
Aquileia	S 269	
Armagh	S. 288	
Assisi	S. 216, 297	
Athen	S. 308	
Australien	S. 18	
Auschwitz	S. 78, 242, 243	
Berlin	S. 79	
Betlehem	S. 211	
Bogotá	S. 18	
Böhmen	S. 31, 171, 366, 369	
Brasilien	S. 24	
Brixen	S. 369	
Brünn	S. 393	
Budapest	S. 31	
Budweis	S. 254	
Burgenland	S. 238	
Castel Gandolfo	S. 45, 288, 292	
Deutschland	S. 24	
Eisenstadt	S. 12, 115, 207, 229, 230, 231, 232, 236, 237, 239, 434	
Elfenbeinküste	S. 24	
Ephesus	S. 17, 331	
Esztergom	S. 237, 392	
Fatima	S. 18, 276	
Feldkirch	S. 11, 115, 326, 434	
Frankreich	S. 24	
Freising	S. 368	
Friaul	S. 262, 268, 269	
Gabun	S. 17, 20	
Galizien	S. 393	
Gaming	S. 390	
Gänserndorf	S. 33	
Genf	S. 18, 39, 155	
Georgia, USA	S. 315	
Geras	S. 395, 396	
Göttweig	S. 49, 50	
Gran	S. 238
Graz	S. 10, 115, 262, 263, 264, 266, 322, 369, 374, 376, 434
Guinea-Bissau	S. 20
Gurk	S. 11, 115, 207, 262, 263, 264, 266, 269, 271, 434
Györ	S. 230, 393
Heiliges Land	S. 8, 18, 228
Hiroshima	S. 146
Holland	S. 315
Hongkong	S. 18
Indien	S. 169, 236
Indonesien	S. 18
Innsbruck	S. 12, 27, 60, 115, 207, 223, 326, 327, 331, 334, 335, 340, 343, 344, 345, 434
Iran	S. 18
Israel	S. 38, 224, 228
Italien	S. 7, 19, 262, 268, 271,
Jasna Góra	S. 23, 174, 177
Javier	S. 18
Jericho	S. 312
Jerusalem	S. 137, 232, 240, 264, 312, 317, 318, 333, 336
Judäa	S. 180, 182
Jugoslawien	S. 45, 229, 232, 238, 269
Juvavum	S. 368
Kamerun	S. 17
Kärnten	S. 269, 344
Karthago	S. 41, 42
Kenia	S. 24
Klagenfurt	S. 60
Köln	S. 223, 288, 302, 393
Konstantinopel	S. 322, 324
Korinth	S. 388
Krakau	S. 7, 28, 31, 32, 34, 35, 39, 42, 50, 51, 52, 52, 53, 54, 77, 171, 177, 232, 392
Kroatien	S. 161, 229, 230, 232, 237
Latium	S. 41
Lauriacum	S. 72, 207, 255
Libanon	S. 18, 185, 228
Linz	S. 11, 60, 254, 255, 322, 434
Lissabon	S. 20
Litauen	S. 397
Loosdorf	S. 84
Lorch	S. 254, 255, 257, 261, 343
Lourdes	S. 276
Lublin	S. 32, 52
Ludzmierz/Tatra	S. 55
Mainz	S. 226
Mariazell	S. 23, 55, 70, 84, 98, 176, 178, 179, 180, 183, 185, 189, 207, 239, 432, 434
Maribor	S. 366, 369
Mähren	S. 366, 369
Mauthausen	S. 207, 240, 241, 242, 243, 257, 330, 344
Mehrerau	S. 12, 244
Melk	S. 41, 84, 385
Mexiko	S. 21, 24, 40
Mödling	S. 397
München	S. 368
Münster	S. 49
Nazaret	S. 141, 181, 342, 387
New York	S. 18, 39, 155, 157
Nicaragua	S. 21
Niederösterreich	S. 33, 72, 107, 210, 385
Nitra	S. 392
Nowa Huta	S. 52
Oberösterreich	S. 72
Ostgalizien	S. 43
Pakistan	S. 18
Papua-Neuguinea	S. 55
Paris	S. 75, 77, 146, 147, 393
Passau	S. 368
Philippinen	S. 18, 162, 169
Phrygien	S. 317
Piekary Slaskie	S. 177
Polen	S. 7, 24, 31, 32, 33, 34, 35, 52, 53, 54, 84, 86, 171, 177, 227, 392, 399

449

Anhang

Posen S. 41	Serbien S. 161	Villach S. 51
Prag S. 28, 392	Slowakei S. 171	Vorarlberg S. 44, 327, 335
Regensburg S. 368	Slowenien S. 161, 269, 271	Wadowice S. 7, 170
Rimini S. 288	Spanien S. 18, 24, 40	Warschau S. 33, 46, 226
Rocca di Papa S. 288, 292	Sri Lanka S. 18	Westukraine S. 43
Rom S. 7, 18, 22, 23, 28, 32, 33, 34, 35, 38, 40, 41, 42, 43, 44, 45, 46, 49, 50, 51, 54, 55, 56, 73, 84, 99, 100, 101, 151, 171, 188, 195, 206, 220, 223, 232, 236, 239, 242, 246, 252, 257, 288, 310, 312, 314, 317, 322, 326, 331, 343, 345, 349, 350, 351, 352, 364, 370, 372, 381, 412, 417, 423, 434	St. Pölten S. 11, 13, 23, 25, 115, 254, 255, 385, 386, 387, 389, 418, 434	Wettingen S. 12
	Steiermark S. 44, 180	Wien S. 9, 10, 13, 15, 21, 22, 23, 25, 26, 27, 28, 31, 32, 33, 41, 42, 43, 46, 49, 52, 53, 54, 56, 60, 63, 69, 70, 72, 78, 79, 86, 88, 90, 92, 97, 98, 101, 103, 104, 105, 107, 109, 115, 118, 119, 120, 124, 126, 130, 131, 133, 135, 136, 140, 142, 143, 145, 146, 150, 155, 157, 161, 163, 170, 171, 172, 175, 176, 177, 187, 188, 194, 206, 207, 209, 210, 212, 213, 216, 217, 218, 222, 224, 227, 303, 306, 309, 310, 322, 349, 352, 369, 372, 377, 378, 380, 381, 385, 390, 392, 393, 394, 395, 396, 397, 400, 402, 409, 415, 417, 418, 425, 434
	Südtirol S. 326	
	Szombathely S. 230	
	Rußland S. 40	
	Teschen S. 31, 32	
	Tirol S. 314, 326, 327, 335, 341, 344	
	Transsilvanien S. 239	
	Trausdorf S. 42, 45, 229, 231	
	Trnava S. 393	
	Tschechoslowakei S. 31, 254	
	Tschenstochau S. 174	
	Tunis S. 41	
	Türkei S. 17, 18, 161	
	Udine S. 264	
	Uganda S. 18	
	Ukraine S. 28	
Rumänien S. 397	Ungarn S. 45, 107, 229, 232, 237, 238, 239, 366, 369	
Salzburg S. 11, 12, 13, 23, 115, 207, 244, 246, 247, 273, 275, 279, 280, 283, 287, 288, 289, 292, 293, 298, 301, 302, 305, 310, 314, 315, 317, 321, 322, 334, 344, 362, 364, 366, 367, 368, 369, 373, 374, 376, 418, 434	USA S. 24, 228, 315	
	Vancouver S. 100, 106	
	Vatikan S. 7, 19, 22, 37, 43, 45, 48, 51, 55, 60, 217, 223, 224, 236	Wilten S. 328, 340
Saint Lucia S. 17		Worms S. 366, 368
Samoa S. 18		Zagreb S. 81
Santiago de Chile S. 21		Zwettl S. 40
Santiago de Compostela S. 84		
Sarajewo S. 42, 45		
Schlesien S. 393		
Schwechat S. 22, 27, 28, 206	Vietnam S. 161	

Sachregister

Ad-limina-Besuch
- Akt der Frömmigkeit — S. 184, 424
- Zeichen der Einheit — S. 195, 350
- um Rechenschaft abzulegen — S. 195, 244

Alte Menschen
- sind Teil der Zukunft einer Gesellschaft — S. 121
- fordern heraus zu Liebe und Solidarität und Verantwortung — S. 122f, 332
- werden von der Kirche gebraucht — S. 277
- Verdrängung des Sterbens im persönlichen und öffentlichen Bewußtsein — S. 409
- menschenwürdiges Lebensende im Hospiz — S. 409ff

Arbeit
- Arbeitslosigkeit — S. 92, 116, 165, 196, 259, 332
- Arbeiter als Apostel der Arbeiter — S. 139, 168
- Einfluß des technischen Fortschritts — S. 158
- Gastarbeiter — S. 161ff, 332
- Katholische Arbeitnehmer Bewegung Österreichs — S. 161, 168
- Solidarität in der Arbeit — S. 162, 166f, 259f
- Frauen in der Arbeitswelt — S. 165f
- Behinderte in der Arbeitswelt — S. 166
- Mitarbeit des Menschen an Gottes Schöpfung — S. 166
- Johannes Paul II. an der Seite der Arbeiter — S. 170
- Sorge für Arbeitsplätze — S. 219, 396
- Mensch ist Subjekt der Arbeit — S. 383
- Anton Maria Schwartz – „Arbeiterapostel" Wiens — S. 396ff

Behinderte
- jedes Leben ist lebenswert — S. 122, 278, 412
- fordern heraus zu Liebe, Solidarität und Verantwortung — S. 122f
- in der Arbeitswelt — S. 166
- werden von der Kirche gebraucht — S. 277f

Berufung
- und Jugendliche — S. 96
- gemeinsame Berufung hat besondere Ausprägungen — S. 180f
- gemeinsame Sorge für die Weckung geistlicher Berufe — S. 235, 269, 353, 386, 427f
- Eltern sollen Berufung der Kinder begleiten — S. 390

Bergpredigt
- Auslegung der Seligpreisungen — S. 75f
- überwindet Spaltungen in Kirche und Welt — S. 79
- als vollkommenes Gesetz des Lebens — S. 81
- als Schule, um heilig zu werden — S. 140

Bischof
- Bischofsbestellung durch den Papst — S. 24, 196f
- soll öffentlichem Meinungsdruck widerstehen — S. 24, 200
- und die Gottesfrage als eigentliche Frage hinter vielen Problemen — S. 25, 426
- Verkündigung des unverkürzten, unverfälschten Glaubens — S. 25, 193, 246
- Apostolat des Amtes — S. 137
- Ausübung des Amtes — S. 150
- Gottverbundenheit als Motivation für den Dienst — S. 152
- dreifaches Amt des Bischofs — S. 153
- Verpflichtung zur Einheit — S. 153, 193, 247, 351f
- hat authentisches Lehramt — S. 197, 246, 266, 370
- Darlegung und Durchführung der Konzilsbeschlüsse — S. 197
- soll offen dem Papst Fragen und Sorgen vorlegen — S. 247
- Sorge für das Priesterseminar — S. 353
- Würde und Bürde des Amtes — S. 403f
- Teil eines Kollegiums — S. 403f
- Communio zwischen Bischöfen und Priestern — S. 428
- repräsentiert Christus — S. 428

Bischofskonferenz
- Mitglieder der Österreichischen Bischofskonferenz — S. 10ff

451

Anhang

- und der „Dialog für Österreich" S. 23, 401, 405ff
- Pastoralplan über die christliche Hoffnung S. 62
- Bedeutung der Bischofskonferenz S. 153, 244, 404
- Verpflichtung zur Einheit S. 153
- aufgerufen zur Neu-Evangelisierung S. 192
- Sozialhirtenbrief S. 355
- gemeinsame geistliche Exerzitien S. 404
- vom Papst zum Dialog gebeten S. 408
- weiß sich dem Dialog verpflichtet 423

Bußsakrament
- besonderer Stellenwert des Bußsakraments S. 96, 112, 140, 198, 258, 285, 336, 353
- Umkehr S. 111, 319
- Sünde hat eine persönliche und eine soziale Dimension S. 111
- Vorbereitung auf das Sakrament S. 138
- Sorge um das Bußsakrament S. 198, 258, 353
- ermöglicht persönliche Begegnung mit dem Herrn S. 199
- wird vom Priester gespendet S. 267

Dialog
- zweifacher Dialog des Papstes bei den Pastoralreisen S. 22
- „Dialog für Österreich" S. 23, 401, 405ff
- des Heiles in der Communio der Kirche S. 24f, 405ff, 424f
- ökumenischer Dialog S. 27, 73, 97ff, 104, 310ff, 356, 374ff
- zwischen den politischen Kräften in Österreich S. 124
- zwischen Kirche und Staat in Österreich S. 124
- zwischen den Nationen S. 128
- Diplomatie soll Raum für Dialog offenhalten S. 132
- der Kirche mit der Welt der Arbeit S. 170
- zwischen den Religionen S. 222ff
- des Menschen mit Gottes Schöpfung S. 308
- im Dienst der Neu-Evangelisierung S. 351, 407
- der Theologie mit den anderen Fakultäten S. 352
- in den Gremien S. 371
- vom Papst geführte und geförderte Dialoge S. 400, 405
- Konzil als Dialoggemeinschaft S. 404
- Voraussetzungen für einen fruchtbaren Dialog S. 405ff, 424ff
- eine Art geistliches Experiment S. 406ff
- zwischen Laien und Priester S. 427

Diplomatie
- Nuntius als Doyen des Diplomatischen Corps S. 130, 133
- soll Hoffnung vermitteln S. 130
- als Kunst des Friedens S. 131ff, 380
- soll Raum für Dialog offenhalten S. 132
- als Dienst am Menschen S. 132
- Diplomatie des Heiligen Stuhls S. 133

Ehe
- Sorge um und für die Ehe S. 63, 102, 110, 113, 178, 196, 198, 214, 219, 249, 259, 269, 284, 330f, 341, 429, 433
- konfessionsverschiedene Ehen S. 102, 324
- Sexual- und Ehemoral S. 197
- ist Berufung S. 390, 399
- Internationales Theologisches Institut in Gaming S. 390

Entwicklungshilfe
- zahlreiche Initiativen und Engagierte S. 87, 127, 184, 236, 258, 290, 351, 382
- im Rahmen der UNO S. 157f
- Partnerschaft von Nord und Süd S. 216
- hat letzte Wurzel in der Liebe Gottes S. 285
- im Zeichen der Globalisierung S. 382f

Eucharistie
- vorrangiger und tiefster Vollzug des Glaubens S. 25, 257
- und Ökumenismus S. 101, 323f
- schenkt Gemeinschaft S. 112, 270
- besitzt besonderen Stellenwert S. 139, 181, 198, 208, 285
- Ausschluß wiederverheiratet Geschiedener S. 198

Sachregister

- Sorge um die Eucharistie	S. 198f, 256
- schenkt Kraft im Glauben	S. 208
- befähigt zur Nachfolge und zum Apostolat	S. 213, 286
- und Ostergeheimnis	S. 270
- ist Danksagung	S. 271
- stärkt die Nächstenliebe	S. 285
- Konvergenzerklärung über „Taufe, Eucharistie und Amt"	S. 323
- Erstkommunion	S. 336, 371
- ist Säule der Pfarrgemeinde	S. 338
- Zeichen der Einheit und Band der Liebe	S. 427

Europa
- Österreich und die europäische Wertegemeinschaft	S. 15
- Brückenfunktion Österreichs in Europa	S. 27, 127, 220, 381, 384, 415
- braucht ein geistiges Antlitz	S. 27
- als Aufgabe für die Christen	S. 27, 87, 419
- Österreich und Europa	S. 70, 72, 86, 350, 357, 362ff, 377f, 415
- auf Grundlage des Evangeliums und des Christentums	S. 82, 84f, 364, 378, 381, 400, 418
- Österreich als Spiegel und Modell Europas	S. 84, 365, 378
- dunkle Züge der europäischen Geschichte	S. 85, 240ff, 382
- Österreich im Herzen Europas	S. 86, 220, 350, 378, 384
- 1683 – Verteidigung der Freiheit Europas	S. 177
- bedarf der Neu-Evangelisierung	S. 192, 212, 220, 237, 265, 351, 367, 371
- Konferenz für Sicherheit und Zusammenarbeit in Europa	S. 217, 310
- „Seele Europas"	S. 362, 378
- atmet mit zwei Lungen	S. 377, 381
- Präsidentschaft Österreichs in der Europäischen Union	S. 378
- Euro-Skeptizismus	S. 381
- Erweiterung der EU als „Europäisierung" des Kontinents	S. 381
- verflochten mit der Geschichte des jüdischen Volkes	S. 382

Familie
- Sorge um und für die Familie	S. 8, 26, 59, 63, 110, 113f, 128, 130, 168, 173, 177, 196, 219, 269, 284, 289, 341, 354, 383, 409, 432f
- als Hauskirche	S. 113f, 354, 390
- verantwortete Elternschaft	S. 113f
- Eltern als erste Katecheten	S. 139, 249
- Sexual- und Ehemoral	S. 197
- zeitgemäße Familienpastoral	S. 197, 249
- als Ort der Glaubenserfahrung	S. 330
- Dankbarkeit den Eltern gegenüber	S. 336
- Eltern sollen Berufung der Kinder begleiten	S. 390
- Internationales Theologisches Institut in Gaming	S. 390

Firmung
- Vorbereitung auf das Sakrament	S. 138, 371
- ermächtigt zur Mitwirkung in der Kirche	S. 199, 337, 370
- Empfang des Sakraments	S. 250, 337
- Stärkung durch den Heiligen Geist	S. 337, 388

Frau
- Dienst der Frau im evangelischen Pfarramt	S. 102
- im kirchlichen Dienst	S. 139
- in der Arbeitswelt	S. 164ff
- im Dienst der Sakramentenvorbereitung und Glaubensverkündigung	S. 249f, 236, 268
- Entwürdigung der Frau	S. 354
- im karitativen Dienst	S. 371
- kann nicht die Priesterweihe empfangen	S. 430

Friede
- zwischen den abrahamitischen Religionen	S. 87, 224, 228
- bedrohter Friede	S. 92, 132
- Einsatz der Christen für Friede	S. 116
- Staat bzw. Kirche im Dienst am Frieden	S. 125, 128, 152, 160
- Diplomatie als Kunst des Friedens	S. 131ff
- Fortschritte im Entspannungsprozeß	S. 216f

Anhang

- Konferenz für Sicherheit und
  Zusammenarbeit in Europa S. 217
- durch Dialog zwischen den Religionen
  S. 222
- Sehnsucht nach Friede in Welt und
  Kirche S. 386

Gebet
- Aufruf zum Gebet S. 88, 140, 296, 339, 341
- das Gebet Alter und Kranker als besonderer Dienst S. 121
- unersetzlicher Bestandteil der Berufung S. 181
- ist Atemholen der Seele S. 372

Gewissen
- als Grundlage der Würde des Menschen S. 251f
- Pflicht zur Gewissensbildung S. 252
- auf die Stimme des Gewissens hören S. 397

Glaube
- Gottesbeziehung als Fundament des Glaubens S. 25, 330
- unverkürzte Lehre und Festigung im Glauben S. 25
- gelebter und bezeugter Glaube S. 26, 212ff
- Erneuerung des Glaubens S. 63, 74, 107, 212ff, 236
- Übereinstimmung von Glaube und Leben S. 214
- befähigt zur Freude S. 284, 295, 334
- Familie als Ort der Glaubenserfahrung S. 330
- Pfarrgemeinde als Ort der Glaubenserfahrung S. 331

Heilige
- Seligsprechung S. 23, 26, 326, 372, 386, 392, 395ff, 401, 418
- anonyme Selige S. 76
- sind wahre Missionare S. 372
- sind Helden der Kirche S. 395, 398, 418

Heiliger Stuhl
- Lateranverträge mit Italien S. 40
- Diplomatie des Heiligen Stuhls S. 133
- als aktives Mitglied verschiedener internationaler Organisationen S. 155
- unterhält gute Beziehungen zu Österreich S. 217f, 380
- diplomatische Beziehungen zwischen Israel und dem Heiligen Stuhl S. 224, 228

Heiliges Jahr
- 1983 S. 99, 173
- 2000 S. 8, 15, 27, 386

Islam
- Friede zwischen den abrahamitischen Religionen S. 87, 224, 228
- oft Vorbild in der gläubigen Gottesverehrung S. 87

Jesus Christus
- ruft in die Nachfolge S. 26, 93, 395
- verbunden mit der Schöpfung S. 93
- sein Umgang mit den Menschen S. 93
- ist gekommen, um zu dienen und zu heilen S. 123
- Geheimnis seiner Menschwerdung S. 210ff
- ist das Brot des Lebens S. 256f
- sein Umgang mit den Kranken S. 276
- begegnet den Menschen als Heiland S. 276f
- sein Erlösungswerk S. 280ff, 293ff
- in ihm wird die „Menschenfreundlichkeit" Gottes sichtbar S. 285
- Messiasbekenntnis des Petrus S. 394

Judentum
- Judenverfolgung bzw. -vernichtung S. 73, 87, 223, 225ff, 240, 392
- Friede zwischen den abrahamitischen Religionen S. 87, 224, 228
- Wende im Verhältnis von Juden und Christen S. 222f, 226f
- Anschuldigung des Gottesmordes S. 222
- Abschaffung des „Anderl von Rinn"-Kultes S. 223
- Vergangenheitsbewältigung in Österreich S. 223
- diplomatische Beziehungen zwischen Israel und dem Heiligen Stuhl S. 224, 228

Sachregister

- Aussöhnung mit Juden als Grundpflicht der Christen S. 382
- Europa ist verflochten mit der Geschichte des jüdischen Volkes S. 382

Jugend
- Sorge um und für die Jugend S. 59, 63f, 330, 354, 396
- Herausforderungen für die Jugend S. 92
- Verantwortung für Kirche und Gesellschaft S. 94ff, 296f
- und Berufungen S. 96, 295
- und das Bußsakrament S. 96, 296
- Apostolat unter den Jugendlichen S. 139, 372
- kirchliche Jugendarbeit S. 287
- ihre Lebens- und Glaubensrealität S. 289ff
- fehlende Glaubensvermittlung an die Jugend S. 290
- als Erlöste den Glauben bezeugen S. 293ff
- Liebe und Sexualität S. 295
- Pflege des Gebets S. 296

Katechese
- zeitgemäße und lebendige Verkündigung S. 25, 63, 248ff
- von der Umkehr und Heimkehr des Menschen S. 115
- in klaren Glaubenssätzen S. 138
- unter Anwendung guter Methoden S. 139
- unverfälschte, unverkürzte Weitergabe des Glaubens S. 193, 248, 354
- Weltkatechismus S. 198, 354
- Erwachsenenkatechese S. 249
- Gemeindekatechese S. 249
- angemessene katechetische Ausbildung S. 249

Katholikentag 1983
S. 23, 59ff, 64, 70f, 83, 87, 98, 104f, 107, 109, 111f, 114ff, 127, 135, 175f, 180, 185, 188f, 207

Kirche
- missionarische Dimension der Kirche S. 18, 27, 253, 265f
- Öffnung zur Welt S. 18, 39
- „Kirche von unten" S. 24, 137, 429
- „Kirche von oben" S. 24, 137, 429
- Dialog des Heiles in der Communio der Kirche S. 24f, 405ff, 424f
- Gottesfrage als eigentliche Frage S. 25, 426
- im kommunistischen Ostblock S. 31ff, 40, 43, 52f
- Schwierigkeiten der nachkonziliaren Zeit S. 36
- Umbau der Kirchenstruktur in Richtung Kollegialität S. 37f
- Kirche Santa Maria dell'Anima in Rom S. 44, 48ff, 59
- Hilfe bei den Grundfragen des Menschen S. 114f
- partnerschaftliches Verhältnis von Staat und Kirche S. 124, 128, 133, 218, 220f
- umfassender apostolischer Auftrag zum Dienst am Menschen S. 128
- moralisches Gewissen und Einsatz für Grundwerte S. 128
- Urkirche als Abbild des Volkes Gottes S. 137
- und Wissenschaft S. 142ff, 298ff, 352
- und Kunst S. 142ff, 298ff, 352
- und Medien S. 142ff
- Mensch ist der Weg der Kirche S. 146, 170
- Kirchenaustritte S. 192, 196
- Konflikte in der Kirche in Österreich S. 193, 196, 392, 401
- kirchliche Jugendarbeit S. 286f
- Kritik an der Kirche in kircheneigenen Publikationen S. 330
- Pfarrgemeinde als Ort der Glaubenserfahrung S. 331
- neue Freiheit der Kirche in Osteuropa S. 351, 372
- angetrieben vom Heiligen Geist S. 387
- lebendige Pfarrgemeinden S. 388
- soll „Dialog des Heiles" pflegen S. 403, 424ff
- ist Communio S. 425ff
- ist Volk Gottes, aber nicht Demokratie S. 24, 429
- Aufruf, die Kirche zu meditieren S. 430

Kranke
- Betreuung von Kranken S. 118ff
- Gesunde werden von Kranken beschenkt S. 120

Anhang

- Kreuz der Krankheit annehmen S. 121
- fordern heraus zu Liebe und Solidarität und Verantwortung S. 122f, 332
- Jesu Umgang mit den Kranken S. 276
- werden von der Kirche gebraucht S. 277f
- Verdrängung der Krankheit im persönlichen und öffentlichen Bewußtsein S. 409
- menschenwürdiges Lebensende im Hospiz S. 409

Krankensalbung
- Zeichen der Nähe Gottes S. 413

Kreuz
- als Zeichen des Leides S. 73, 273
- als Zeichen der Hoffnung, Erlösung und Versöhnung S. 73, 83ff, 329
- im Kreuz ist die Liebe des Vaters S. 112
- Kreuz der Krankheit annehmen S. 121
- als Symbol des Sieges S. 173
- als Zeichen des Segens S. 338
- Restituta Kafka – Bekenntnis zum Kreuz S. 397ff
- muß im öffentlichen Raum bleiben S. 397

Kunst
- und Kirche S. 142ff, 298f
- hat den Mensch als Thema S. 146
- in der Liturgie S. 148, 298f
- Unerschöpflichkeit der Kunst S. 148f

Laie(n)
- als Glaubenszeuge S. 26, 212ff, 266
- Wirken der laienapostolischen Gruppen S. 59, 74, 135ff, 199f, 355f
- Sorge um und für die Laien S. 63, 199
- Katholischer Laienrat Österreichs S. 135f
- Apostolat der Laien S. 137ff, 266, 355, 370f
- als Brücke zwischen Welt und Kirche S. 138
- im Dienst der Glaubensvermittlung S. 138
- als Religionslehrer S. 138, 249, 353
- im Dienst der Sakramentenvorbereitung S. 138, 249f, 370f
- bilden Gemeinschaften S. 139
- als Pastoralassistenten S. 139, 257
- als Pfarrgemeinderäte S. 139, 371, 405
- als kirchliche Angestellte S. 139
- als Mitarbeiter der Caritas S. 139, 371
- Einheit in der Vielfalt der laienapostolischen Gruppen S. 200
- Einsatz für menschenwürdige Behandlung der Ausländer S. 344
- besondere Stellung der Katholischen Aktion S. 356
- als Lektor S. 371
- als Kommunionhelfer S. 371
- enge Zusammenarbeit bzw. Dialog mit dem Priester S. 371, 427

Leben
- „Kultur des Todes" S. 26, 208, 383
- „Kultur des Lebens" S. 26, 383, 429
- Gefährdungen des Lebens S. 110, 234, 282, 306
- Abtreibung S. 113, 196ff, 214, 234, 258, 306
- jedes Leben ist lebenswert S. 122, 278, 412
- Schutz des Lebens S. 117, 128, 219, 253, 258, 278, 284, 332, 354, 383, 400
- Wert des kleinen Lebens S. 141
- Kontrazeption S. 197f
- Euthanasie S. 234, 383
- Sterben als Teil des Lebens S. 410f
- menschenwürdiges Lebensende im Hospiz S. 409ff

Maria
- Fest Mariä Namen 23, 44, 176
- Magnifikat S. 71, 182f
- Magna Mater Austriae S. 71, 177, 180, 391, 399, 435
- Angelus S. 115, 286, 333, 399
- Maria im Heilsgeschehen S. 136ff, 183f, 327ff, 340
- Mater Gentium Slavorum S. 177, 180
- Magna Hungarorum Domina S. 180, 239
- im Schweigen Hörende S. 181, 341
- anempfohlene Schutzfrau Österreichs S. 189, 432f
- unter dem Kreuz des Herrn S. 327ff, 333
- und die Macht der Gnade S. 341
- Freiheit und Würde des Dienens S. 341f
- und ihre Macht der Fürsprache S. 342

Sachregister

- Unsere Liebe Frau von Fatima
 S. 367, 372
- Schutzfrau der Erzdiözese Salzburg
 S. 373
- Ikone der kirchlichen Communio S. 430
- Weihegebet an die Gottesmutter in
 Mariazell S. 442ff

Medien
- und Kirche S. 142ff
- haben Mensch als Thema S. 146
- sollen auch das Gute vermitteln S. 149

Mensch
- findet in Christus Identität und Berufung
 S. 20
- als Ebenbild Gottes S. 26, 81,
 146ff, 159, 165f, 233, 278, 285, 354
- und das Drama der Freiheit S. 110
- und die Grundfragen des Lebens
 S. 114f, 280
- hat Würde, weil von Gott ins Leben
 gerufen S. 122, 233
- als Thema von Wissenschaft, Kunst und
 Medien S. 146ff
- ist der Weg der Kirche S. 146, 170
- nimmt durch seine Arbeit am Werk des
 Schöpfers teil S. 166
- ist bedroht S. 233f, 306f, 354f
- Gewissen als Grundlage der Würde des
 Menschen S. 251f
- Sinn des Leides S. 273f
- gebannt von der Lebensangst S. 282
- erlöst durch Jesus Christus S. 293ff
- als Hüter der Schöpfung S. 306f
- verschiedene Menschenbilder S. 307
- steht im Mittelpunkt der Sozialehre der
 Kirche S. 382
- ist Subjekt der Arbeit S. 383

Menschenrechte
- Österreichs Einsatz für die
 Menschenrechte S. 15, 86,
 127, 217, 219
- Johannes Paul II. und die
 Menschenrechte S. 36, 377f
- Kirche für Menschenrechte S. 61,
 85, 87, 132, 166,
 227, 302, 355

Mission
- missionarische Dimension der Kirche
 S. 18, 27, 253, 265f, 366
- Papst als Missionar S. 18, 366
- Missionsgeschichte Österreichs S. 72,
 84, 247, 366, 368, 418
- Heilige sind wahre Missionare S. 372

Motto
- Hoffnung geben – Hoffnung leben
 S. 23, 60ff, 109
- Ja zum Glauben – Ja zum Leben S. 23,
 25, 208, 213, 219, 235f, 246ff, 255,
 265, 269, 284, 293, 323, 334, 346
- Komm Schöpfer Geist S. 23, 365

Neu-Evangelisierung
- als dringlicher Auftrag S. 25f, 192,
 200, 212, 220, 237, 248, 251f,
 265, 351f, 367, 369, 371, 386, 398
- Europas S. 192, 212, 220,
 237, 265, 351, 367, 371
- und wissenschaftlich-intellektuelle
 Priesterausbildung S. 352f

Ökumenismus
- als Hauptaufgabe des Zweiten
 Vatikanischen Konzils S. 37, 103ff
- als Anliegen von Johannes Paul II S. 37ff
- Stiftung „Pro Oriente" S. 45f, 98,
 104, 312, 322, 356
- in Österreich 73, 97ff, 310ff, 356, 374ff
- Ökumenischer Rat der Kirchen in Österreich S. 100, 310, 321, 374ff
- leidvolle Geschichte konfessioneller
 Auseinandersetzungen S. 101,
 103, 314f, 322, 392
- Amt in der Evangelischen Kirche
 S. 101f, 324
- Trennung am Tisch des Herrn S. 101,
 319, 324
- konfessionsverschiedene Ehen
 S. 102, 324
- Religionsfreiheit und Ökumenismus
 S. 103f
- „Ökumenische Morgenfeier" im Radio
 S. 104, 310
- Kolloquium „Koinonia" S. 104
- „Lainzer Gespräche" S. 104

Anhang

- Begründung der Einheit der Kirche in der Trinität S. 106
- Weltgebetswoche für die Einheit der Christen S. 310
- Weltgebetstag der Frauen S. 310
- Ökumenischer Jugendrat in Österreich S. 310
- ökumenische Begleitung der KSZE S. 310
- I. Europäische Ökumenische Versammlung in Basel S. 310
- Taufe als ökumenisches Grundsakrament S. 318f, 376
- versöhnte Verschiedenheit der Konfessionskirchen S. 319
- gemeinsames Bekenntnis S. 321, 376
- Konvergenzerklärung über „Taufe, Eucharistie und Amt" S. 323
- Dienstamt des Petrus S. 324
- Ökumenische Weltversammlung S. 324f
- „Gemischt Katholisch-Evangelische Kommission" S. 356
- II. Europäische Ökumenische Versammlung in Graz S. 374, 376

Ordensleute
- Sorge um und für Ordensberufe S. 59, 63, 179ff, 196, 235, 259f, 267
- Wichtigkeit des Gebetes S. 181f
- Dienst der alten und kranken Ordensleute S. 185
- angemessene katechetische Ausbildung S. 249
- sind ein prophetisches Zeichen der Anwesenheit Gottes S. 259
- leben nach den evangelischen Räten S. 389

Österreich
- und die europäische Wertegemeinschaft S. 15
- Einsatz für die Menschenrechte und Religionsfreiheit S. 15, 86, 127, 217, 219, 382
- Brückenfunktion in Europa bzw. in der Welt S. 27, 127, 220, 381, 384, 415
- Botschaft beim Heiligen Stuhl S. 28, 40ff
- und die Länder Osteuropas S. 54f, 220, 351, 357
- humanitäre und karitative Initiativen S. 64, 87, 350f, 382f
- Bundeshymne S. 70, 129, 207, 364
- und Europa sowie die Welt S. 70, 72, 86, 357, 362, 377, 415
- Missionsgeschichte Österreichs S. 72, 84, 247, 366, 368, 418
- und der ökumenische Dialog S. 73, 97ff, 310ff, 356, 374ff
- Aufnahme von Flüchtlingen S. 73, 87, 350, 383
- als Spiegel und Modell Europas S. 84, 365, 378
- im Herzen Europas S. 86, 220, 350, 378, 384
- partnerschaftliches Verhältnis von Staat und Kirche S. 124f, 218, 220f, 378, 380
- verdienstvolle Sozialpartnerschaft S. 124, 165
- Verbundenheit des Papstes mit Österreich S. 126, 362, 370, 402
- Einsatz für Religionsfreiheit S. 127, 382
- Gewährung von Asyl S. 127, 350, 382
- Einsatz für den Frieden S. 127
- Maßnahmen der Entwicklungshilfe S. 87, 127, 184, 236, 258, 290, 351, 382
- Volksgruppen in Österreich S. 161, 230, 238f, 262, 365
- Maria anempfohlen S. 189
- Segenswünsche für Österreich S. 189, 221, 346, 357, 418
- unterhält gute Beziehungen zum Heiligen Stuhl S. 217f, 380
- und die Grundlagen der gesellschaftlichen Ordnung S. 219f
- Vergangenheitsbewältigung S. 223f
- Dreiländerwallfahrt S. 264, 269
- Präsidentschaft in der Europäischen Union S. 378

Papst
- als Nachfolger des Petrus S. 7, 17, 195, 209, 349, 385, 392, 417
- als Missionar und Seelsorger S. 18
- als Pilger S. 19f
- als sichtbares Prinzip der Einheit der Kirche S. 20, 24, 195, 246

Sachregister

- im Dienst des Friedens S. 21, 59, 99, 160, 206, 400
- als Staatsoberhaupt S. 7, 8, 22
- und Bischofsbestellung S. 24, 196f
- Verkündigung des unverkürzten, unverfälschten Glaubens S. 25
- als moralische Autorität der Menschheit S. 26, 155
- Papstwahl von Johannes Paul II. S. 34f, 51
- Johannes Paul II. und der Zusammenbruch des Kommunismus S. 35ff, 377
- Johannes Paul II. und die Menschenrechte S. 36, 377f
- Johannes Paul II. und Religionsfreiheit S. 36, 377
- Primatsausübung und Ökumenismus S. 37
- Attentat auf Johannes Paul II. S. 42
- besucht die Kirche Santa Maria dell'Anima in Rom S. 44, 48ff
- mit Österreich verbunden S. 126, 362, 370, 402
- Johannes Paul II. an der Seite der Arbeiter S. 170
- als Brückenbauer S. 187
- fördert und führt Dialoge S. 400

Pastoralreisen
- drei Pastoralreisen nach Österreich S. 8, 22ff, 362
- stärken das weltweite Ansehen des Papstes S. 8, 38f, 59
- theologische Grundlagen S. 17
- Beginn der Reisetätigkeit S. 18f
- Zweites Vatikanisches Konzil als Voraussetzung S. 18, 38
- zweifacher Dialog des Papstes bei den Pastoralreisen S. 22
- wollen die Erneuerung der Kirche stärken S. 154

Politik
- als Dienst am Menschen S. 124, 132
- Dialog zwischen den politischen Kräften in Österreich S. 124
- Anforderungen an einen Politiker S. 129, 133
- Pflege und Erneuerung der politischen Kultur S. 332

Priester
- repräsentiert Christus S. 25, 267, 388
- Priestermangel S. 25, 182, 267, 330, 388, 427
- kann nur durch einen Priester ersetzt werden S. 25, 267, 389
- Sorge um und für Priesterberufe S. 59, 63, 170ff, 196, 198, 235, 259f, 267, 353, 427
- soll ein Zeichen der Hoffnung geben S. 61
- Gottverbundenheit als Motivation für den Dienst S. 152, 266
- Wichtigkeit des Gebetes S. 181f
- Gemeinschaft unter den Priestern S. 183
- Dienst der alten und kranken Priester S. 185, 266, 389
- theologische Ausbildung der Kandidaten S. 198
- angemessene katechetische Ausbildung S. 249
- Dankbarkeit dem Taufpriester gegenüber S. 336
- wissenschaftlich-intellektuelle Priesterausbildung S. 352f
- als akademische Lehrer der Theologie S. 353
- Sorge des Bischofs für das Priesterseminar S. 353
- deckt den Tisch des Wortes und der Eucharistie S. 371
- kein Auslaufmodell, sondern eine Berufung mit Zukunft S. 389, 427
- Jakob Kern als Zeuge für die Treue zum Priestertum S. 395f, 398f
- Communio zwischen Bischöfen und Priestern S. 428
- keine Vollmacht der Kirche, Frauen die Priesterweihe zu spenden S. 430

Religionsfreiheit
- Johannes Paul II. und Religionsfreiheit S. 36, 377
- und Ökumenismus S. 103f
- Österreichs Einsatz für Religionsfreiheit S. 127, 382

Anhang

- Einsatz der Kirche für Religionsfreiheit
  S. 227

Säkularisierung
  S. 59, 62, 73, 151, 192, 196, 247f, 298, 307, 371

Schöpfung
- bedrohte Schöpfung S. 91f, 196, 234, 306f, 331
- Jesus Christus verbunden mit der Schöpfung S. 93
- in ihr ist Gott ohne Unterlaß am Werk S. 94
- Einsatz der Christen für bedrohte Umwelt S. 116
- Staunen und Ehrfurcht gegenüber der Schöpfung S. 147f, 253, 309
- Geheimnis der Schöpfung S. 210f, 309
- von Gottes Vorsehung umfangen S. 231
- Mensch als Hüter der Schöpfung S. 306ff
- Dialog des Menschen mit Gottes Schöpfung S. 308

Sonntag
- Feier der heiligen Messe S. 112, 266, 337, 427
- Schutz des Sonntags und der Feiertage S. 259, 332, 396, 427
- Heiligung des Sonntags S. 386

Soziallehre der Kirche
- und Sozialpartnerschaft S. 165
- als Thema der Papstreisen S. 26f
- Mensch ist der Weg der Kirche und Thema der Soziallehre S. 144, 170
- Einladung zum Studium der Soziallehre S. 166, 355
- als Hilfe und Orientierung zur Lösung der Probleme S. 166, 255, 382
- Sozialhirtenbrief der österreichischen Bischöfe S. 355
- Mensch ist Subjekt der Arbeit S. 383

Taufe
- als ökumenisches Grundsakrament S. 103, 105, 316, 319f, 376
- Vorbereitung auf das Sakrament S. 138
- befähigt zum Apostolat S. 139, 213
- befähigt zur Mitverantwortung in der Kirche S. 199, 370
- Konvergenzerklärung über „Taufe, Eucharistie und Amt" S. 323
- begründet Gotteskindschaft S. 335, 387
- schenkt Gemeinschaft mit der Kirche S. 236, 336
- Dankbarkeit dem Taufpriester gegenüber S. 336
- schenkt neues Leben S. 388

Theologie
- als Wissenschaft für den Menschen S. 146
- „Theologie vom Tode Gottes" S. 152
- setzt Glauben und Leben mit der Kirche voraus S. 250
- als Wissenschaft S. 302f
- wissenschaftlich-intellektuelle Priesterausbildung S. 198, 352f
- im Dialog mit den anderen Fakultäten S. 353

Türkenbelagerung Wiens 1683
  S. 23, 69, 71, 73, 85ff, 98, 107, 172, 175ff

Vereinte Nationen
- Besuch von Paul VI. in New York 1965 S. 18
- Internationales Jahr der Jugend S. 63
- Besuch von Johannes Paul II. in Wien S. 155ff
- und Entwicklungshilfe S. 157f
- dienen der Zusammenarbeit in der Welt S. 157
- und ihre Organisationen sollen dem Menschen dienen S. 159f
- gebunden an das Gemeinwohl S. 159
- im Dienst des Friedens S. 160

Wissenschaft
- und Kirche S. 142ff
- hat Mensch als Thema S. 146, 158
- Ambivalenz der Wissenschaft S. 146
- ethische Verantwortung der Wissenschafter S. 147, 304
- und Glaube sind komplementär S. 301
- Theologie als Wissenschaft S. 302f

Sachregister

- muß sich wieder mit Weisheit und Glaube verbinden S. 308
- harmonische Beziehung zwischen Wissenschaft und Glaube S. 352

Zweites Vatikanisches Konzil
- als Öffnung zur Welt S. 18, 39
- als Voraussetzung für die Pastoralreisen der Päpste S. 18
- Schwierigkeiten der nachkonziliaren Zeit S. 36
- und Ökumenismus S. 37, 97, 103ff
- Religionsfreiheit und Ökumenismus S. 103f
- und die Grundfragen des Menschen S. 116f, 280
- Apostolat des Amtes und des Laien S. 137, 355, 370
- Wesen des bischöflichen Amtes S. 153
- als Neubeginn und Erneuerung für die Kirche S. 153f, 197
- Nachfolger Petri als sichtbares Prinzip der Einheit S. 195, 246
- Dienst und Verpflichtung der Bischöfe zur Einheit S. 195, 351f
- authentisches Lehramt der Bischöfe S. 197, 246
- Darlegung und Durchführung der Konzilsbeschlüsse S. 197
- betont das Glaubenszeugnis der Christen S. 212ff
- und Grundlagen der gesellschaftlichen Ordnung S. 219f
- Wende im Verhältnis von Juden und Christen S. 222f, 226f
- Lehre vom Gewissen S. 251
- und das Sakrament der Priesterweihe S. 267
- Missionsauftrag der Kirche S. 366
- als Gebetsgemeinschaft S. 403
- und die Bischofskonferenz S. 404
- als Dialoggemeinschaft S. 404
- beschreibt die Kirche als Communio S. 425

Autoren

GLASER, Lonny: Gründerin und Vizepräsidentin des Kirchlichen Instituts Janineum
HOHENBERG, Georg: Botschafter der Republik Österreich beim Heiligen Stuhl 1988 - 1994
KLESTIL, Thomas: Bundespräsident der Republik Österreich seit 1992
KÖNIG, Franz Kardinal: Erzbischof von Wien 1956 - 1985, Vorsitzender der Österreichischen Bischofskonferenz 1959 - 1985
NEDBAL, Johannes: Rektor des Collegio Pontificio S. Maria dell'Anima in Rom bis 1998
SCHÖNBORN, Christoph Kardinal: Erzbischof von Wien seit 1995, Vorsitzender der Österreichischen Bischofskonferenz seit 1998
SQUICCIARINI, Donato, Titularerzbischof von Tiburnia: Apostolischer Nuntius in Österreich seit 1989

Bildnachweis

Archiv der Österreichischen Bischofskonferenz: Abb. 113
Archiv Hermann-Josef Weidinger, Karlstein/ Thaya: Abb. 111
Archiv Kalasantiner, Wien: Abb. 110
Contrast Photo GmbH, Wien: S. 6; Abb. 5, 8, 11, 29, 41, 42, 75, 77, 81, 101
Diözesanarchiv Innsbruck: Abb. 112, 113, 114
Foto Felici, Rom: Abb. 21, 33
Foto Habermüller, Innsbruck: Abb. 71
Foto Hofer, Bad Ischl: S. 15
Foto Moser, Innsbruck: Abb. 72
Fotostudio Haslinger, Wien: S. 17
Johann Gürer, Wien: Abb. 3, 6, 7, 14, 15, 23, 27, 40, 56, 61, 65
Hopi Media, Wien: S. 28
Arturo Mari, Rom: Titelbild, Abb. 9, 35, 43, 45, 46, 47, 48, 49, 50, 51, 52, 53, 59, 60, 69, 70, 74
Franz Josef Rupprecht, Mönchhof: S. 10-13; Abb. 78, 107, 108
Konsistorialarchiv Salzburg (Copyright: Oskar Anrather): Abb. 62, 63, 66, 67, 68
Lamprechter Fotostudios GmbH, Innsbruck: Abb. 73
Pressebilddienst Votava, Wien: Abb. 2, 4, 10, 13, 16, 18, 19, 25, 26, 30, 31, 34, 37, 38
Pressefoto Ferdinand Bertl, Gerersdorf: Abb. 12, 32, 44, 54, 55, 58, 93, 97
Rupertusblatt, Salzburg: Abb. 64
Servizio Fotografico de L'Osservatore Romano, Vatikan: Abb. 1, 17, 20, 22, 24, 39, 76, 79, 80, 82, 83, 84, 85, 86, 87, 88, 89, 90, 91, 92, 94, 95, 96, 98, 99, 100, 102, 103, 104, 105, 106, 109
Vereinte Nationen/Informationsdienst, Wien: Abb. 28